中国印刷年鉴

CHINA GRAPHIC ARTS ANNUAL

2013

中国印刷技术协会 编

中国经济出版社
CHINA ECONOMIC PUBLISHING HOUSE

图书在版编目（CIP）数据

中国印刷年鉴 . 2013/ 中国印刷技术协会编
北京：中国经济出版社，2013.10
ISBN 978-7-5136-2577-7

I. ①中… II. ①中… III. ①印刷工业—中国—2013—年鉴 IV. ① F426.84-54
中国版本图书馆 CIP 数据核字（2013）第 118919 号

中国印刷年鉴（2013）

总 编 辑 乔卫兵
副总编辑 李祥柱
责任编辑 郑 潇 徐品泓 黄小凯

出版发行：中国经济出版社（100037 · 北京市西城区百万庄北街 3 号）
网 址：www.economyph.com
电 话：010-64471681
经 销：各地新华书店
承 印：北京永诚印刷有限公司
开 本：889mm × 1194mm 1/16
插页印张：5.5
字 数：864 千字
印 张：21.5
书 号：ISBN 978-7-5136-2577-7 / Z · 999
版 次：2013 年 10 月第 1 版
广告经营许可证：京平工商广字第 0688 号
印 次：2013 年 10 月第 1 次印刷
定 价：380 元

《中国印刷年鉴》编辑委员会

编辑说明

一、《中国印刷年鉴》是我国印刷行业唯一一本大型资料性工具书。2013年卷为总第26卷，收录了我国印刷及相关行业2012年度整体发展的数据信息资料，对于促进印刷资源的开发利用、促进相关部门对印刷业的深入研究和科学决策起到了重要的参考作用。

二、为综合反映我国印刷业2012年的发展状况，本卷年鉴共设综述、专栏、地方印刷、纪事、文摘、法规政策、标准汇编、统计8个栏目。为加强对印刷及关联产业各专业工作的评述，部分栏目下设二级栏目。

三、本卷年鉴在保持历年资料内容和结构的基础上，做了部分补充和调整。

1. 考虑到栏目内容的一致性，将原“海关统计”栏目中“全国印刷设备、器材进出口数据分析”一文调整到“综述”栏目。

2. 为了使统计资料的内容更加全面和翔实，本卷年鉴“分类统计”栏目中新增“2012年全国骨干书刊印刷企业主要经济指标排行表”和“2012年全国报纸印刷厂报纸制版量统计表”。

四、本卷年鉴增设“专栏”。为准确把握中国绿色印刷企业的发展情况，年鉴编辑部在2013年中国印刷技术协会与中国印刷杂志社联合开展的绿色印刷认证企业状况调查活动的基础上，将收集的大量信息资料归类整理并分析撰写了“2012年度中国绿色印刷企业生态发展调查报告”。希望能为读者了解当前我国绿色印刷现状提供一些参考，为政府有关部门制定科学的政策和规划提供依据。

五、本卷年鉴的编纂工作，得到国家新闻出版广电总局有关司局、全国各地新闻出版局的关心和指导，得到各地印刷协会、海内外印刷界专家和学者以及广大读者的帮助和支持。在此，谨致谢忱。由于本卷年鉴的资料来源广泛，数据统计口径不尽一致，编写过程中难免存在疏漏、错误之处，敬请广大读者批评、指正。

《中国印刷年鉴》编辑部

2013年9月30日

目录 CONTENT

综述

专栏

目录

地方印刷

纪事

目录

目录

长荣股份
MASTERWORK
有恒
M K
MASTERWORK
有恒·长荣
Together & Better
4连冠
中国印机行业经济效益
综合指数连续四年领先
4 years of consecutive championship in the composite index
of economic benefit in Chinese printing machinery industry.
国家级企业
技术中心
国家名牌
模切机 烫金机
糊盒机 喷码机
检品机
市场占有率
市场销售收入
产品销售率
流动资本周转率
全员劳动生产率
MK420Q[mini] 全自动单张纸检品机
智能高效·品质保障
色差、墨皮、纸张褶皱、套印偏移、漏烫、凹凸偏位、光油套印、全息标走位、
一维码检测、二维码检测……只有想不到，没有“看”不到
• 结构全新升级，更高稳定性，更低噪音
• 最多可加装5组4K和8K相机，确保精准
• 可调式专利光源可创造准确的检测环境
• 搭配业内检测速度最高的自主机械平台
365 Service
365服务
6S
6S分公司
Print
云印刷
精益生产
300195
上市公司
专利示范企业
天津长荣印刷设备股份有限公司
MASTERWORK MACHINERY CO., LTD.
天津市北辰科技园双辰中路11号 邮编 300400 电话: 86 22 26978899 (售后直线) 86 22 26976666 (总机) 传真: 86 22 26973430 网址: www.mkmchina.com
广告主：天津长荣印刷设备股份有限公司 广告商：曼惟（天津）广告传媒有限公司 天津长荣印刷设备股份有限公司保留对广告传达信息改变和设计改进的权益，而无需事先通知。所示图片为广告示意图，请以实物为准。 乃天津长荣印刷设备股份有限公司之商标

目录

目录

CRON CTP

科雷机电 重磅推出

www.cron.com.cn

G型机重大更新

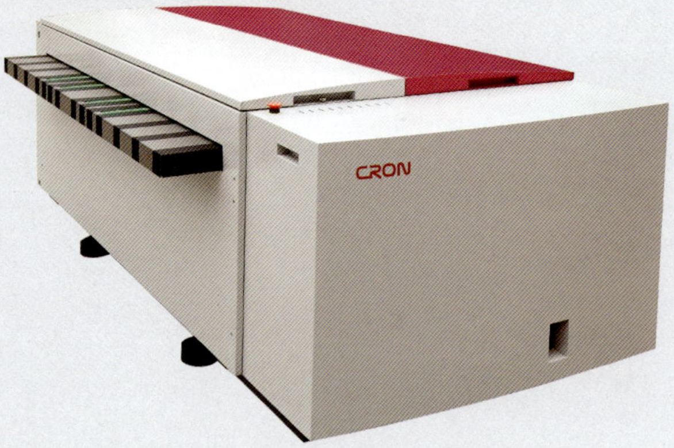

龙域G型系列

G型机重大更新：激光箱安装在扫描平台上，用来减少激光器和镜头之间的距离，以便能够减少由于密排引起的能量损失 / 光纤固定在扫描平台的一边，用来避免由于扫描平台的移动引起的成像异常 / 平台表面结构的升级，更简单、更可靠、更方便维修 / 激光箱应用水冷却系统 / 可实现激光控制程序的在线升级功能 / 增加空气动力辅助系统 / 确保进版和收版更加顺利和可靠 / 优化和调整了侧拉规。

全新自动供版机

AL26/36/46/66/72系列自动供版机能够使制版过程装版自动化，提供供版容量可达500张，多达5种版材规格，纸版自动分离，不同规格版材之间自动切换，有效解决了大幅面版材单人操作困难问题，高效、省时、省力、省成本。

72"/66"系列供版机参数

	AL66/72-100	AL66/72-200	AL66/72-50M3
最大版材尺寸	1850×1422毫米		
最小版材尺寸	650×550毫米		
版材类型	UV/热敏版材		
最大供版张数	100张	200张	150张

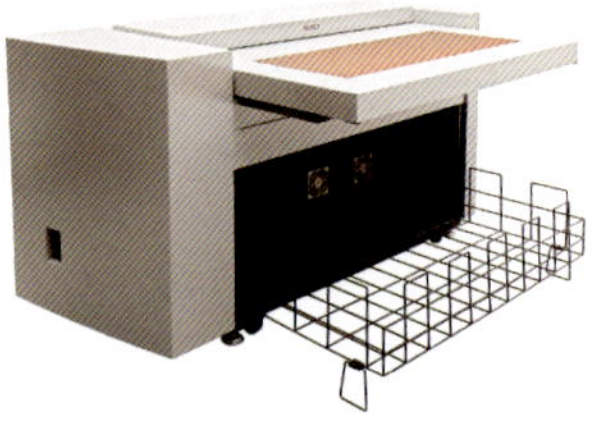

46"系列供版机参数

型号	AL46-200	AL46-500	AL46-50M3	AL46-50M5
最大版材尺寸	1160×940毫米			
最小版材尺寸	450×370毫米			
版材类型	UV/热敏版材			
最大供版张数	200张	500张	150张	250张

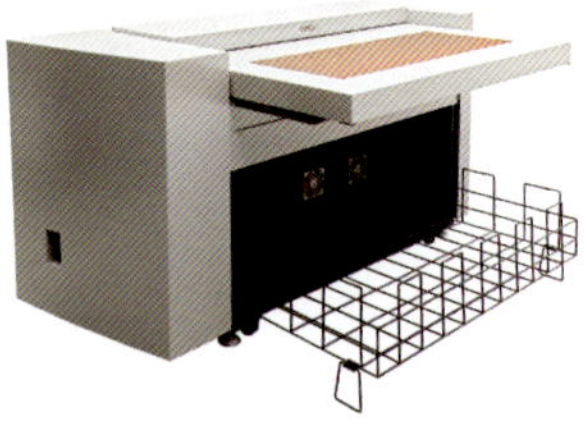

36"系列供版机参数

	AL36-200	AL36-500	AL36-50M3	AL36-50M5
最大版材尺寸	925×670毫米			
最小版材尺寸	320×240毫米			
版材类型	UV/热敏版材			
最大供版张数	200张	500张	150张	250张

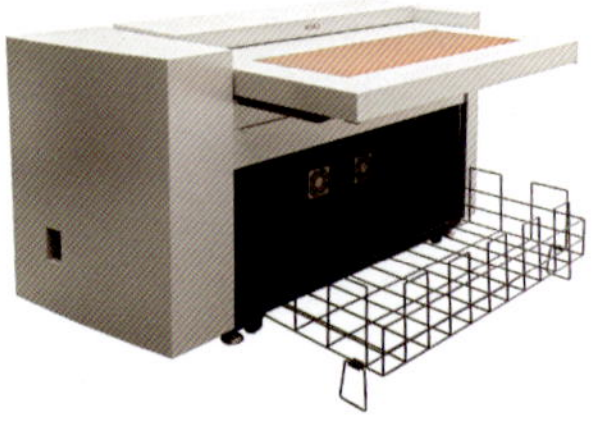

26"系列供版机参数

型号	AL26-200	AL26-50M3
最大版材尺寸	670×560毫米	
最小版材尺寸	320×240毫米	
版材类型	UV/热敏版材	
最大供版张数	200张	150张

CRON | **杭州科雷机电工业有限公司** 杭州市萧山经济技术开发区金一路99号
电话：0571-8283 8989 传真：0571-8283 8877

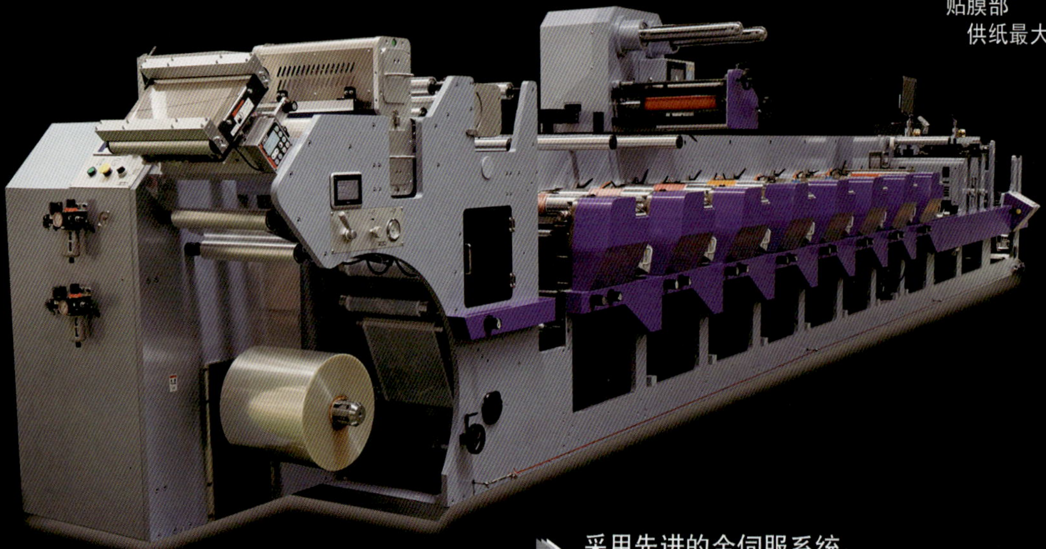

目录

标准汇编

中华人民共和国国家环境保护标准

中华人民共和国国家标准

企业简介
Enterprise introduction

山东鸿杰印务集团是以书刊、教材教辅、精装书刊、精品包装为一体的产业集团。集团公司下设山东鸿杰印务有限公司、山东奥博包装有限公司。集团公司成立于1991年，经过20多年的发展，厂区占地面积480余亩，建筑面积13万平方米，现有在职员工1200余人，其中高、中级技术人才和高校毕业生占员工总数的31.3%。现拥有国内外先进的印刷装订设备200余台(套)，以世界顶端的美国高斯八色商业轮转机、德国产海德堡印刷机为代表的印刷设备，以瑞士马天尼精装联动线、胶订联动线为代表的装订设备等。世界一流的印刷装订设备大大增强了公司的联动配套生产能力和综合加工能力，使公司真正成为山东乃至全国实力雄厚的印刷包装企业。

山东奥博包装有限公司主要以包装加工为主，主要产品有药品、食品、礼品、化妆品等精品包装盒及各种规格的印刷和包装。目前世界上先进的印刷设备——德国产曼罗兰全张四色印刷机两台，落户于奥博包装公司，它是大幅宽的平张纸印刷机，印刷尺寸可达1620mm×1200mm，时速可达每小时12000张，为山东省填补了一项技术空白。

美国高斯八色商业轮转机

瑞士马天尼精装联动线

2012年7月获得国家“绿色印刷”认证标志

在中国印刷行业首批企业信用等级评价中，获得3A级企业等级。

书刊产品展示

包装产品展示

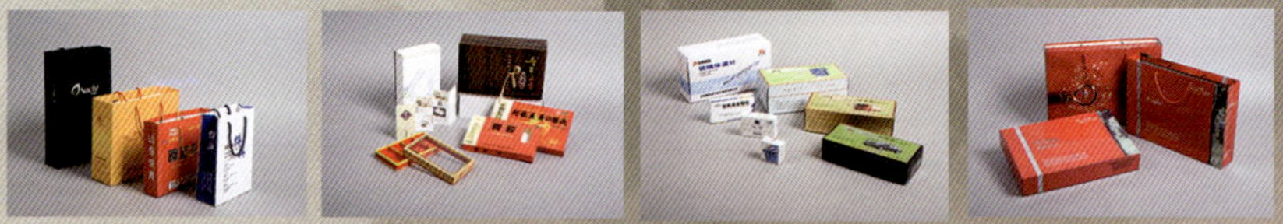

地址：山东省淄博市桓台县唐山镇驻地　邮编：256400　电话：0533-8520001/8510898　传真：0533-8520001

统计

分类统计

上海烟印　演绎精品

上海烟草包装印刷有限公司
SHANGHAI TOBACCO PACKAGE PRINTING CO., LTD.

原上海烟草工业印刷厂
Original Name: SHANGHAI TOBACCO INDUSTRY PRINTING FACTORY

企业简介
Company Profile

上海烟印是一家集产品创意设计、制版、胶印、凹印、烫金、丝网印刷、模切、糊盒于一体，致力于为卷烟、食品、医药、化妆品、文体、日用化工等知名企业提供专业包装解决方案的包装印刷企业。

Our company is a package printing enterprise which gathers product creative design, plate making, offset, gravure, hot stamping, screen, die-cutting, and gluing. We are dedicated to providing professional package solutions for the leading enterprises in tobacco, food, pharmaceuticals & cosmetics, recreation and sports, and daily-used chemicals industries.

客户满意是烟印人永恒的追求

上海烟草工业印刷厂自 2008 年起改制更名为上海烟草包装印刷有限公司

联系方式
地址：上海市浦东新区张杨北路 3939 号
邮编：200137　电话：021-61666868　传真：021-58614779
网址：www.shyyc1018.com　邮箱：webmaster@shyyc1018.com

目录

广告索引

目录对页

海德堡中国有限公司
中国•国望机械集团有限公司
天津长荣印刷设备股份有限公司
王子制纸商贸（中国）有限公司
宁波亚洲浆纸业有限公司
杭州科雷机电工业有限公司
太阳机械股份有限公司
北京中科纳新印刷技术有限公司
山东鸿杰印务集团有限公司
上海烟草包装印刷有限公司
海南锋达彩印有限公司
北京印刷学院
山东斯道拉恩索华泰纸业有限公司

彩色插页

佳能（中国）有限公司
爱克发印艺亚洲
MBO印刷设备系统（北京）有限公司
深圳市精密达机械有限公司
曼罗兰（中国）有限公司
乐凯华光印刷科技有限公司
德阳市利通印刷机械有限公司
芬欧汇川（中国）有限公司
天津东洋油墨有限公司
苏州紫兴纸业有限公司
杭华油墨化学有限公司
上海激光有限公司
苏州科斯伍德油墨股份有限公司
威海滨田印刷机械有限公司
潍坊华光精工设备有限公司
汕头市东田转印有限公司
高斯图文印刷系统（中国）
旺昌机械工业（昆山）有限公司
江苏昌昇集团有限公司
杭州东信光电科技有限公司
上海紫光机械有限公司
东洋油墨制造株式会社北京办事处
上海紫宏机械有限公司
上海明治橡胶制品有限公司
德国博星集团
昆山诺丹舜蒲胶辊有限公司
东莞市晟图钉装机械设备有限公司
北京康得新复合材料股份有限公司
烟台金宝精密印刷设备有限公司
深圳职业技术学院
上海出版印刷高等专科学校
中华商务联合印刷（香港）有限公司
雅昌文化集团
鹤山雅图仕印刷有限公司
有限公司
力嘉创意文化产业园
重庆新华印刷厂
江西新华印刷集团有限公司
贵州新华印务有限责任公司
山东德州新华印务有限责任公司
皖南海峰印刷包装有限公司
湖南天闻新华印务有限公司
新疆新华华龙印务有限责任公司
内蒙古爱信达教育印务有限责任公司
东港安全印刷股份有限公司
青岛星球印刷有限公司
重庆旭阳印务有限公司
南京爱德印刷有限公司
金杯印刷有限公司
保定市中画美凯印刷有限公司
天津中天证照印刷有限公司
河北省零五印刷厂
山东临沂新华印刷集团有限公司
上海立德精细化工有限公司
上海印刷（集团）有限公司
成都博瑞传播股份有限公司印务分公司
中印南方印刷有限公司
浙江华岳包装机械有限公司
杭州日报报业集团盛元印务有限公司
北京中融安全印务公司
北京印刷二厂
北京汇林印务有限公司
贝克牌气泵设备（上海）有限公司

以绿色科技创新
引领印刷包装产业转型升级
北京印刷学院绿色印刷包装产业技术研究院简介

印刷电子技术

高阻隔绿色包装薄膜

北京印刷学院是原国家新闻出版总署与北京市共建的唯一一所普通高等院校，2010年，经北京市政府批准，成立北京印刷学院绿色印刷包装产业技术研究院。研究院的主要任务和功能是围绕绿色印刷包装产业及其先进装备制造业和出版、设计等文化创意产业，以“政府推动、高校主导、企业共建、服务北京、面向国际”为主要实施方式，以建设国家级印刷包装产业技术创新平台和公共服务平台、绿色印刷包装高新技术产业特色基地和开放性创新团队为支撑，以“重大科研课题和产业化项目”为主要抓手，促进产业发展方式转变，带动产业结构优化升级，积极服务和引领行业发展。

研究院外部环境优越

研究院位于北京印刷学院校园内，地处环渤海经济圈中心的北京市大兴区，距北京中心城区约10公里，离首都第二国际机场约半小时车程；紧靠五环路和京开高速公路等重要交通主干道，地铁4号线更是毗邻学校东大门；国家新媒体产业基地、北京国际印刷包装产业基地和中国（大兴）工业设计产业基地均选址大兴。优越的地理位置、完善的交通体系和产业聚集区位优势，为研究院的发展提供了得天独厚的条件。

积极创新机制体制

研究院作为独立事业法人实行理事会领导下的院长负责制，保证研究院的机构独立运行和享有充分自主权，真正实现政事分离，责权明确。理事长由北京市相关领导担任；常务副理事长由学校党政领导担任。理事会单位由政府部门、行业协会、相关科研机构及企业组成。研究院注重高端人才培养。建有院士工作站、特聘教授工作站和博士后工作站等，吸引和聚集一批绿色印刷包装材料与技术领域的高端人才，支撑和引领产业发展和技术进步。

凸显六大研究方向

一是绿色印刷油墨研究；二是绿色印刷装备与工艺；三是绿色包装材料与技术研究；四是绿色制版与先进材料研究；五是印刷电子材料与技术研究；六是绿色印刷包装产业发展战略研究。

研究院坚持以绿色科技创新引领印刷包装产业转型升级为使命，在市委市政府的正确领导下，努力建成一流的产业技术研究院。

地址：北京市大兴区兴华大街二段1号 **邮编：**102600
电话：010-60261012 / 60261013

目录 CONTENT

General Circumstance

Special Column

Parochial Printing

Printing Chronicle

Digest

Statute and Policy

Standards

Statistic

Sort Statistic

Custom Statistics

2012年印刷复制管理工作综述

国家新闻出版广电总局印刷发行司

2012年是我国全面建设小康社会进程中关键的一年。在党的十八大胜利召开的鼓舞下，在全面建成小康社会宏伟目标的指引下，在推进社会主义文化强国建设的鞭策下，印刷发行文化管理司不折不扣地贯彻落实新闻出版总署党组部署，紧紧围绕强化市场监管、促进行业发展等要义，真抓实干、努力创新，推动印刷复制工作取得了较好成绩。

一、加强印刷复制监管，为党的十八大胜利召开营造良好氛围

为全面贯彻落实党的十七届六中全会精神，加强市场监管，净化市场环境，为党的十八大胜利召开营造良好氛围，根据第二十五次全国“扫黄打非”工作电视电话会议要求，印刷发行管理司始终保持高度的政治责任感和使命感，紧紧围绕加强监管这一主题，强化监管职责，行业监管工作取得一定成效。

（一）指导各地圆满完成十八大有关出版物的印刷复制任务

印刷发行管理司在2012年年初召开的印刷复制发行监管座谈会上部署了2012年十八大有关出版物的印制任务，要求各地印刷复制管理部门除了把监管放在最重要的位置外，一定要确保党的十八大的报告、理论著作、相关读物等重点出版物的出版印刷复制发行任务圆满完成。在十八大召开期间，印刷发行管理司还跟踪、指导有关印刷企业印制好有关材料，并针对印制方面存在的问题及时提出了改进意见，确保了印制质量。在党的十八大胜利闭幕不久，即在辽宁省沈阳市召开了国家印刷复制示范企业和绿色印刷培训班，阎晓宏副署长出席并讲话，向参加会议的各地骨干印刷复制企业强调，要把党的十八大文件印刷复制发行好，通过我们各环节的工作，实现把党的十八大文件及时送到全国各行各业，真正做到家喻户晓，保证广大干部群众在第一时间拿到的党的十八大文件及有关学习辅导读物是质量合格的。

各相关企业认真部署落实，特别是北京新华印刷有限公司，承担了十八大重要印件的印制工作，公司上下同心，安排周密，圆满完成了这个光荣而艰巨的任务。

（二）重点部署监管工作，量化各地监管任务

新闻出版总署于2012年2月16日印发了《关于开展加强印刷复制发行监管专项行动的通知》。3月13日，印刷发行管理司组织各地新闻出版行政管理和文化市场综合执法部门的主要负责人在北京召开了2012年印刷复制发行监管座谈会，阎晓宏同志在讲话中深入分析了2012年的国内外政治经济形势，特别强调了当前印刷复制监管工作的艰巨性、复杂性，提出要有前所未有的高度政治责任感，把思想统一到“为党的十八大召开营造良好氛围、促进文化繁荣发展、维护社会和谐稳定”这一工作目标上来，坚决有力地抓好2012年的印刷复制监管工作。

会上，印刷发行管理司王岩镔司长通报了“两会”前印刷复制发行专项检查的情况，明确指出了当前印刷行业存在的问题，具体部署了2012年的监管工作，特别强调2012年专项行动要对严重违规印刷复制发行企业坚决“查处一批，整改一批，关停一批”。据统计，2012年，监管专项行动共对724家企业给予了行政处罚，吊销了44家企业的经营许可证，还有15家企业的法人代表因触犯法律已移交司法机关进行查处。印刷发行管理司通过简报、通报和检查等形式，进一步督促各地落实监管职责，用案件的查处来震慑各种违法违规行为，保持行业监管的高压态势。

（三）组织印刷复制检查，指导各地严查违规

1. 集中开展“两会”前印刷复制发行专项检查。2012年2月26日至3月2日，印刷发行管理司会同全国“扫黄打非”办、国家版权局和公安部治安局，组成3个检查组，对北京、山西、甘肃、四川、辽宁、河南和重庆等7个重点地区的印刷复制发行企业及出版物市场进行了专项检查。在检查过程中，检查组会同当地新闻出版及文化市场综合执法部门共随机抽查了23家印刷企业、4家光盘复制企业、

7家发行企业和8个出版物批发交易市场。共发现5家印刷企业、3家发行企业存在违规经营行为，3个出版物批发交易市场存在违规经营现象。各地对检查组反馈的情况给予了高度重视，并快速严格落实了有关处理意见。通过此次专项检查，进一步落实了地方属地管理责任，增强了印刷复制发行企业的守法经营意识。

2. 对重点地区重点印刷复制企业进行抽查。为督促各地开展印刷复制发行监管专项行动，落实2012年年初布置的查处任务目标。印刷发行管理司根据"重点地区出版物市场和非法盗印复印行为集中整治行动"阶段性检查情况以及各地印刷复制发行检查工作汇报情况，于6月、7月分两次组成检查组，由司领导带队，对河北、河南的5个重点地市20余家印刷复制企业进行了抽查。从抽查的情况来看，检查组所到的几个地市分管新闻出版的地市领导和印刷行政管理部门的负责同志均能高度重视印刷业的监管工作，执法部门加大了对印刷企业的检查力度。这几个地方的监管工作较以前有明显的改善。在检查过程中，没有发现重大违法违规现象，但印刷企业未严格执行印刷委托书制度的现象依然较为突出。

3. 配合扫黄办深化"扫黄打非"专项行动。根据全国"扫黄打非"工作领导小组办公室的部署，印刷发行管理司遭宏遂同志3次带队对内蒙古、河南、山东、广东等地进行了专项检查，督促各地深入落实《关于迎接党的十八大，深化"扫黄打非"专项行动的紧急通知》要求，保持监管工作的高压态势。同时，还按照新闻出版总署的要求，将各个检查组反馈回来有关印刷方面的问题向各地印刷行政主管部门和执法部门进行了通报。

4. 根据线索对涉嫌违规企业进行突击检查。2012年8月，印刷发行管理司接到全国扫黄办提供的匿名举报线索，随即抽调力量组成检查组，对涉嫌违规的北京缤索印刷有限公司进行了突击检查。检查组在该公司生产车间及库房发现其部分出版物印刷品不能提供合法有效的印刷委托手续，还涉嫌印刷含有低俗内容的漫画图书。检查组随即对相关材料和证据进行了留存，并通知北京市文化市场行政执法总队对该公司进行严厉查处。北京市文化市场行政执法总队给予该公司罚款的行政处罚。

（四）组织开展印刷企业年度核验工作

年度核验工作既是行业管理的重要环节，又是对市场主题准入的后续监管。2011年底，新闻出版总署向全国印发了《关于开展2012年印刷企业年度核验工作，严格依照核验程序，认真审查企业资质，依法进行把关，通过年度核验工作掌握印刷复制业发展的基本情况，进一步完善"规模以上重点印刷企业联系制度"，增强优势企业的示范引导作用，要把年检当作监管的重要手段，当作了解企业情况的重要途径，当作实现管理的重要措施，为印刷复制业平稳有序、健康快速发展提供保障。2012年，印刷发行管理司还首次将各地数字印刷有关情况纳入年度核验，掌握当前数字印刷的发展状况。

同时，印刷发行管理司向各地强调要以年检为抓手，对严重违规、不符合资质条件的印刷复制企业坚决不予年度核验，坚决注销营业执照，据统计，安徽省2011年注销印刷企业45家，湖北省注销印刷企业35家，贵州省注销印刷企业24家，四川省注销印刷企业20家等。

（五）创新完善管理手段，研究破解监管难题

2012年，印刷发行管理司以加强质量管理入手，继续与总署质检中心共同组织开展了"3·15"教材教辅产品和食品包装装潢印刷品质量监督检测活动，以关系青少年儿童身体健康的印刷产品和关系人民群众身体健康的食品包装为抓手，切实加强管理工作。

新闻出版总署2011年出台了《全国印刷复制行政执法报告评价制度实施办法》，该办法要求各地定期报送印刷复制检查和行政处罚情况，新闻出版总署能及时掌握各地开展印刷复制检查和查办案件有关工作情况，督促各地切实履行监管职责。2012年，印刷发行管理司利用2012年印刷复制发行监管暨"3·15"质检活动座谈会的机会，举办了印刷复制行政执法培训班，邀请有关同志宣讲了新修订的《出版管理条例》《音像制品管理条例》和《出版物市场管理规定》，通报了近期全国印刷复制行政执法报告情况，并发放了新闻出版总署统一印制的《印刷复制行政执法记录册》。

二、加快落实重点带动战略，推动印刷复制业转变发展方式

（一）绿色印刷实施取得了重要的阶段性成果

绿色印刷实施两年来，在促进行业节能减排、调整产业结构、惠及社会民生等方面已经取得了重要的阶段性成果。据统计估算，我国印刷业因实施各项环保措施，能耗及材料综合成本每年减少约5亿元；挥发性有机化合物（VOC）的排放每年减少排放总量的约1.5%；绿色印刷认证企业数量目前只占全国总数的0.15%，但其产值却占到了全行业的4.5%。特别是2012年4月6日，新闻出版总署、教育部、环境保护部联合下发了《关于中小学教科书实施绿色印刷的通知》要求从2012年秋季学期起，全国各地使用的绿色印刷中小学教科书数量要占到本地中小学教科书

使用总量的30%，再经过1～2年，基本实现全国中小学教科书绿色印刷全覆盖。据统计，2012年中小学秋季教科书共1000多种，2亿册采用了绿色印刷，全国一半以上中小学生至少人手一本绿色印刷教科书。

2012年11月5日，印刷发行管理司与环境保护部科技标准司在北京共同召开了2012年绿色印刷推进会。会上，王岩镔同志向社会媒体发布了实施绿色印刷成果分析报告，发布了正式出版的《绿色印刷手册》。阎晓宏同志出席会议并讲话，他指出，实施绿色印刷是新闻出版总署贯彻实施国家环境保护战略、落实国务院工作部署、推进印刷业科学发展的自觉选择；绿色印刷的实施情况是检验我们贯彻落实科学发展观的一个重要指标，必须充分认识实施绿色印刷对促进印刷业节能减排、调整产业机构、贯彻以人为本的重要意义，并要求相关部门和单位各司其职、团结合作，认真落实印刷业"十二五"发展规划。

印刷发行管理司还积极开展绿色印刷宣传，通过全行业媒体宣传，解读政策规范，剖析先进案例，指导企业生产，在全行业倡导绿色印刷之风气。在第八届深圳文博会、上海国际印刷周上，设置了绿色印刷专区，宣传绿色印刷理念，展出绿色印刷产品，收到了良好的效果。与次同时，印刷发行管理司还针对当前反映的一些问题，加强管理和引导。在2012年文博会第三届绿色印刷技术交流会的讲话和业内杂志的采访中，王岩镔同志都强调了绿色认证工作要规范开展，特别是认证咨询服务工作的开展，同时引导印刷企业将工作重点放在如何达标上，努力提高生产工艺水平，真正实现绿色印刷。

（二）评选首批国家印刷复制示范企业

根据新闻出版总署2011年年底发布的《国家印刷复制示范企业管理办法》有关要求，从2012年开始到"十二五"期末，将在全国范围内建立100家左右国家印刷示范企业和10家左右的光盘复制示范企业，充分发挥示范企业在转变发展方式、调整产业机构、提升行业素质等方面的引导和辐射作用。2012年7月24—26日，印刷发行管理司组织评审专家组，经过资料审查、集体审定评审办法、审议投票、最终审定等环节，对全国11个省（市）上报的65家印刷企业和6家复制企业进行了评审，专家组最终评出首批25家印刷示范企业和4家复制示范企业。随后，评审结果在新闻出版总署门户网站上进行了公式，并在国家印刷复制示范企业培训班上向示范企业发放了奖牌和证书。

（三）引导光盘复制业转型升级

2012年11月7日，王岩镔同志在中国音像协会光盘工作委员会召开的2012年理事大会上，深入分析了当前国内外经济形式变化趋势，对光盘复制业所面临的由市场需求急剧萎缩而导致企业相对产能过剩、利润普遍下降、技术人员流失等问题，与各地复制管理部门负责人和光盘复制企业负责人进行了探讨，总结提出了"需求再造"、"换位应用"、"多维扩展"和"深耕细作"4种转型突破的模式，鼓励各光盘复制企业根据自身的特点，紧紧把握环保、绿色、低碳的产业大方向，进行大胆的尝试，并在资金、人员、技术等方面加大投入，深入挖掘企业内在潜力，在绩效管理、人员培训、技术改造等多方面提升企业的竞争实力，打造出市场知名品牌，力争取得更好的成绩。

2012年书刊印刷企业发展概况

中国印刷及设备器材工业协会书刊印刷专业委员会

2012年是“十二五”的第二年，原新闻出版总署放缓了新企业的审批、加大了对大型企业的扶持等政策，使不适应市场的中小企业被淘汰出局，规模以上印刷企业大幅提升，不断推动印刷行业向大型企业集中，提高了行业的集约化程度；绿色印刷进入了具体实施环节，再过1-2年，将实现全国中小学教科书绿色印刷的全覆盖；数字印刷处于快速发展阶段，传统印刷作为主力推动了数字印刷发展进程，使书刊印刷企业在变革中求得了发展。

一、从数据看书刊印刷企业现状

（一）印刷企业的基本情况

根据原新闻出版总署统计，2011年我国有印刷企业102484家，同比下降1.8%；从业人员356.67万人，同比减少2.7%；印刷总产值8677.13亿元，同比增长12.59%；资产总额9256.66亿元，同比增长9.96%；利润总额739.87亿元，同比增长8.31%；对外加工贸易额680.09亿元，同比增长2.9%。其中，出版物印刷企业6812家，印刷总产值1313.94亿元，同比增长0.94%；包装装潢印刷企业47377家，印刷总产值6318.77亿元，同比增长20.6%；其他印刷品企业44848家，印刷总产值708.51亿元，同比下降15%；专项排版、制版、装订企业2676家，印刷总产值77.32亿元；专营和兼营数字印刷企业799家，印刷总产值39.74亿元。

2012年，印刷业总产值达到8677.13亿元，比2011一年增长12.59%，高于同期国民经济9.3%的增长率，整体规模已经接近全球第二位。同时，全行业资产总额增长10%，利润总额增长8.3%，企业数量减少1.8%，从业人员减少2.7%。在企业数量、从业人员数量均减少的情况下，总产值和利润总额仍然快速增长，这表明，我国印刷业的集约化程度在不断提升，同时，反映出我国印刷业发展的态势良好，总体上仍在健康快速发展的轨道上。

近年来，在加大调整结构力度、促进产业转型升级的多种措施推动下，我国印刷业规模以上重点印刷企业（年产值5000万元以上）的业绩已经凸显出来。2012年，全国规模以上重点印刷企业2439家（其中，25家印刷企业被授予国家印刷示范企业称号），占全行业企业总数的2.4%；规模以上重点印刷企业的总产值为4396.9亿元，占全行业总产值的50.7%，比2011年提高了4个百分点。规模以上印刷企业的数量快速增长，占全行业总产值的比例持续提升，这表明规模以上重点印刷企业的整体实力在不断增强，已逐渐成长为我国印刷业发展的主力军。

（二）2012年书刊印刷企业统计分析

中国印刷及设备器材工业协会书刊印刷专业委员会汇集了全国128家书刊印刷（含其他印刷）企业2012年主要经济效益指标完成情况。这些企业分布在全国29个省、自治区、直辖市。其中，北京隆达印刷包装集团4家，天津新闻出版局5家，上海印刷（集团）有限公司5家，在京部队印刷企业7家，中央在京各部委印刷企业及其他在京印刷企业33家，分布在各省、自治区的印刷企业74家。

2012年主要经济指标总量、主要产品产量完成情况及企业盈利情况如下：

主要经济指标总量情况：2012年全国书刊印刷企业工业总产值119亿元，较2011年增加2亿元，同比增加11.22%；工业销售产值123亿元，较2011年增加13亿元，同比增加11.81%；工业增加值46亿元，较2011年增加10亿元，同比增加27.78%；主营业务收入128亿元，较2011年增加15亿元，同比增加13.27%；实现利税12.4亿元，较2011年增加1.8亿元，同比增加16.98%；实现利润4.9亿元，较2011年增加1.1亿元，同比增加16.98%；人均创利税24285元，较2011年增加3860元，同比增加18.90%；人均工资40432元，较2011年增加5136元，同比增加14.55%。

主要产品产量完成情况：2012年全国书刊印刷企业照相排字39.7亿字，较2011年增加0.1亿字，同比增加0.25%；书刊印刷3629万对开色令，较2011年增加725万对开色令，同比增加 29.97%；胶印印刷 16329 万令，较 2011 年增加 1939 万令，同比增加 13.47%；书刊装订 7276 万令，较 2011 年增加 4079 万令，同比增加 27.59%。

印刷企业盈利情况：2012 年 128 家企业中盈利企业 88 家，占 71%，其中，100 万元以上的 48 家，较 2011 年增加 3 家；200 万元以上 41 家，较 2011 年增加 4 家；300 万元以上 30 家，与 2011 年持平；500 万元以上 27 家，较 2011 年增加 4 家；1000 万元以上 16 家，较上年增加 3 家。

实现利税：完成千万元以上的 32 家，较 2011 年增加 6 家；完成 500 万元以上的 52 家，较 2011 年增加 4 家。2010—2012 年主要经济指标总量、主要产品产量完成情况及企业盈利情况详见表 1。

表 1　2010—2012 年主要经济指标总量、主要产品产量完成情况及企业盈利情况

	项目	2012 年	2011 年	同比增长（%）	2010 年	同比增长（%）
主要经济指标	工业总产值（现价）（亿元）	119	107	11.22	107.2	−0.17
	工业销售产值（现价）（亿元）	123	110	11.81	107.3	1.03
	工业增加值（生产法）（亿元）	46	36	27.78	39	−7.69
	主营业务收入（亿元）	128	113	13.27	109.1	3.54
	实现利税（亿元）	12.4	10.6	16.98	10.1	4.95
	实现利润（亿元）	4.9	3.8	19.51	4.1	−7.32
	人均创利税（元 / 人）	24285	20425	18.90	17868	14.31
	人均工资（元 / 人）	40432	35296	14.55	30059	17.42
产品产量	照相排字（亿字）	39.7	39.6	0.25	33.7	17.51
	书刊印刷（万对开色令）	3629	2904	24.97	2768	4.91
	胶印印刷（万令）	16329	14390	13.47	13837	4.00
	书刊装订（万令）	7276	3197	27.59	2800	14.81
盈利企业	盈利企业（家）	88	82	6	100	−2
	盈利企业占总数（%）	71	71	持平	85	−11
	100 万元以上（家）	48	45	3	46	−1
	200 万元以上（家）	41	37	4	35	2
	300 万元以上（家）	30	30	持平	28	2
	500 万元以上（家）	27	23	4	21	2
	1000 万元以上（家）	16	13	3	16	−3
实现利税	完成千万元以上（家）	32	26	6	25	1
	完成 500 万元以上（家）	52	48	4	41	7

从表 1 可以看出，2012 年主要经济指标总量、主要产品产量完成情况及企业盈利情况各项指标比 2011 年都有不同程度的增长，这是近几年书刊印刷统计中可喜的数字。为什么在市场经济猛烈冲击的情况下会出现全面增长？

1. 128 家企业代表着全国有一定经济实力的书刊印刷企业。在书刊印刷企业的大军里，传统书刊印刷企业曾经是印刷行业的一支劲旅，然而，随着改革的不断深入和市场化进程的加快，传统书刊印刷企业的日子不太好过，当年在市场上处于垄断地位的“老大”，在部分地区、部分市场失去了部分“土地”。然而，经过痛苦的整合、转型、升级，近年来从传统书刊印刷企业中脱颖而出了一些在市场上叫得响、有实力的企业。在充满博弈的市场竞争中，正在用各种方式证明着自己也能重拳出击。

2. 电子出版物的兴起考验着传统印刷。对于传统的印刷业，互联网的渗透率提升、无纸化趋势逐渐明显。据悉，目前上海、北京等城市的部分区域在试点电子书包，书刊印刷业面临着较大的压力。但是从相关数据看，高端的图书、画册等印刷品的产量还是呈现上升的趋势。目前，传统书刊印刷企业急速转型，增置高档数码设备以适应新形势，增加了经济效益。

3. 从产品产量完成情况分析：照相排字增长的幅度较小，主要是大量的印前工作基本转向出版社，过去的拣字、排版、照相制版、打样等工序，大部分已被直接制版所替代；印刷产量增加是由于传统的书刊印刷企业本来就有一定的实力，通过绿色认证保住了教材和儿童读物活源，通过更新设备增加了产量；装订产量增幅较大，是由于近年来印刷行业不景气，使大量技术工人外流，新劳动法出台后用工成本增加，迫使大型书刊印刷企业购置印后成本。这样一来，既解决了用工难问题，也提高了质量、降低了成本，增加了产量。

二、2012 年书刊印刷企业开拓发展，紧跟出版改革的步伐

（一）书刊印刷企业集约化程度逐步提高

由于政府主管部门放缓了对新印刷企业审批，加大了对大型印刷企业的扶持等政策，使不适应市场的中小企业被淘汰出局。2012 年，全国已有 20 多家印刷企业由于违法违规经营情节严重，有关处罚已进入司法程序；给予停业整顿印刷企业 63 家；各地通过印刷企业年度核验还注销了全国 100 多家企业的印刷经营许可证。

北京市场 700 种左右的彩刊，集中在四五家企业印刷，与 2011 年相比，集中度进一步提升。另外，上海印刷业的产值接近 3/4 也都是仅由 246 家印刷企业创造的，而且每年新增的业务也主要集中在这 246 家企业上。这也说明中小企业将面临更加严酷的竞争，一批不适应市场的企业将被淘汰出局。规模以上印刷企业大幅提升，推动了印刷行业向大型企业集中，提高了行业的集约化程度。

（二）绿色印刷实施阶段，各地推出创新举措

2012 年 4 月，原新闻出版总署、教育部、环境保护部联合印发了《关于中小学教科书实施绿色印刷的通知》，各地在推动绿色印刷实施中做了大量的工作。北京市新闻出版局 2012 年投入 200 多万元专项经费，为企业提供免费的绿色印刷认证技术服务，还组织开展了“北京市绿色印刷婴幼儿读物试点项目”，通过选择最受社会关注的婴幼儿绿色健康读物为示范，引导阅读消费向绿色印刷产品聚焦。上海市新闻出版局于 2011 年 5 月，在金山国家绿色创意印刷示范园区建立了新闻出版总署出版产品质量监督检测中心上海分中心和上海绿色认证检测中心。上海新华印刷有限公司采用国内首台机组式宽幅面联机折页柔性版印刷机，印刷了 35 万余册中小学教科书。

（三）数字印刷加快发展，促使传统书刊印刷企业变革

据惠普公司数字印刷事业部中国区总经理徐曼女士提供的数据显示，全球 2011 年由传统印刷方式转向数字印刷方式的印量大约有 2000 亿印张，这一数据反映出数字印刷处在快速发展阶段。据原新闻出版总署产业司公布的数据，2011 年全国共出版图书、期刊和报纸总印张 3099.1 亿印张。从以上两个数字分析判断出，数字印刷是我国印刷业缩小与发达国家差距的最大有可为的领域，但需要数字印刷设备供应商、软件开发商、印刷企业以及用户的通力合作。例如：美国柯达、瑞士汉格拉（Hunkeler）和深圳精密达“组团”解决江苏凤凰集团数字出版印刷“联线”的成功经验，为减少库存、提高出版物质量、满足个性化需求提供了很好的解决方案。

（四）一批书刊印刷企业努力践行着改革的道路，积累着成功的经验

1. 江苏凤凰新华印刷有限公司。

江苏凤凰新华印刷有限公司在大力发展经济的同时，更注重自身的环保社会责任，积极推进绿色印刷，进行技改研发。相继投资 3000 万元，进行集中供气、集中供墨、集中收废的设施建设和 PUR 技术设备改造；积极参与印刷复制业环保标准的研究制定，使用 LED 照明灯，推广高效节能技术和产品的应用，为绿色经济、低碳发展做出积极贡献。参与国家有关绿色印刷标准的起草工作，同时积极进行国产 PUR 热熔胶的生产实践和推广；企业另外又投入了 1000 多万元构建了 ERP 系统、墨控系统和数字印刷设备。数字化流程的引进和全色彩管理系统的应用，减少了资源的浪费，同时提高了设备的利用率和产能。江苏凤凰印刷有限公司作为绿色印刷的先行者，与江苏省印刷技术研究所合作成立了研发中心，建设绿色印刷检测的省级重点实验室，将成为原总署出版产品质量监督检测中心江苏分中心和江苏绿色印刷认证检测中心。

凤凰新华数字印刷技术公司，构建“沟通无距离、过程无实物、质量无差异”的新型印刷管理和业务交互模型，使企业印刷数字化成功转型升级。项目所构建的业务平台，成为江苏省书刊印刷企业中第一个真正意义上的全流程印刷数字化工艺及管理系统。通过这个数字交互协作平台，广泛开展国际业务承接和国内印企协作。同时，建立数字资产管理中心，变数字资料为数字资源，直至数字资产的管理，为全媒体跨平台出版提供服务，大大延伸拓展了印刷产业空间。数字化转型升级，快速提升了公司的技术创新能力和综合竞争力，使不同地域和各子公司的地方文化资源得到充分利用，国际业务快速提升，为调整公司产品结构，转变经济增长方式，实现“十二五”翻番目标奠定了基础。

江苏凤凰新华印刷有限公司响应集团“十二五”期间印务板块战略，相继控股、投资了九家企业，业务涉及教育图书印刷、精品图书印刷、数字图书印刷、商业包装印刷、报刊杂志印刷、金融票据印刷，数字资产管理、创意产业发展、绿色检测认证等众多领域。突出“市场导向、品牌建设、全员营销”的理念，三管齐下、多元发展，形成“集团业务、社会业务、国际业务”三足鼎立的格局。

江苏凤凰新华印刷有限公司与美国、加拿大、英国、西班牙、哈萨克斯坦等十多个国家进行业务合作。2011 年开始承接哈萨克斯坦教材印制外单，首创建厂 57 年来的第一张外单，为企业大批量承揽国际业务积累了宝贵的经验。2012 年 4 月 18 日在英国埃塞克斯郡挂牌成立凤凰传媒国际（伦敦）有限公司，实现“全球贸易、数码印刷和全面文化交流”三大功能，为公司海外业务开启新的起点。凤凰传媒集团董事长陈海燕与英国埃塞克斯郡副郡长凯文·本特雷先生签约，党和国家领导人李长春见证了这一历史时刻。凤凰传媒国际承载着促进中英文化交流进一步深入发展；联合中英两国优秀企业和文化精英，共同拓展全球文化市场的双重使命。

2011 年，江苏凤凰新华印务设立了江苏凤凰新华创意产业园，产业园充分运用印前数字技术，前移进入设计创意环节，推动印企由“重资产”向“轻资产”转变，由传统加工业态向创意经营业态转型跨越，成为按需印刷优质的生产与服务平台。

2012 年，承载着互联网时代核心内容与“物流”两大领域的“江苏凤凰云计算中心”项目已经正式启动，中心规划面积 2.5 万平方米，投资 5 亿元人民币，全面建成后将容纳 4000 个机架，具备近 10 万台服务器的托管能力，存储海量的信息内容，将成为华东地区最大、全国前三的数据中心。凤凰云计算中心作为数字内容存储、处理、发送的平台，是数字版权、数字产品运营体系的“物流中心”，也是 DCI 体系快速发展的基本保障。高标准地打造云计算中心，让未来的各种数字产品和 DCI 服务都能在上面通畅地运营交易，对于中小企业而言，云计算让他们具备直接与大公司同台竞技的 IT 能力，带来的是革命性的消费模式。江苏凤凰创意产业园、云计算中心项目的启动，是江苏凤凰新华印务推动企业由“重资产”向“轻资产”转变，引领企业由传统加工业态向创意经营业态转型跨越的关键一步，为公司转变经济增长方式、加快战略转型提供了重要的保障。

2. 江西新华印刷集团有限公司。

江西新华印刷集团有限公司抓住 2012 年的扭转阶段，提出了“改善管理、提高效率、统筹资源、降本增效”的扭转期战略目标。通过实施对下属各单位的人员进行定编定岗及薪酬结构规范性调整、原辅材料的集中采购、对外市场的不断开拓、生产工艺的革新完善等行之有效的措施，仅半年时间就节约成本 250 多万元，增加社会业务销售收入 1000 余万元。此外，公司在 2012 年上半年，与江西新闻出版职业技术学院签订了合约，开展校企联合办学，实行订单式对口培训。在校学生就是企业的准员工，企业生产淡季学生在校学习理论，企业生产旺季学生进入企业学习技能，实行“旺进淡出”，达到校企双赢。公司与供应商合作技改将原本需要花费大投入的污水处理系统改造成为处理能力只有 0.5 立方米 / 小时的小型污水处理器，从而杜绝了从印刷车间 CTP 房流出的高浓度的污水直接排放，既符合环保要求，又节省了投入。在优化产品结构，发展新兴产业方面，公司正在积极推广应用数字、网络技术，以信息化推进“数字印刷和印刷数字的重大工程”。江西新华印刷集团有限公司在创新中求得了生存，在发展中赢得了声誉。

3. 北京盛通印刷股份有限公司。

北京盛通印刷股份有限公司主要从事全彩出版物综合印刷服务，并定位于出版物和商业印刷的高端市场，承印大型高档全彩杂志、大批量商业宣传资料等快速印品以及高档彩色精装图书。

盛通印刷凭借先进的印刷设备、精湛的印刷工艺、高效率的生产能力和专业化的服务使企业始终占于行业的先锋地位。

拥有国际最先进的印刷及配套设备是盛通印刷始终坚持的方向，特别是在印刷数字化应用方面，更是处于行业领先地位。主要设备都配有 CIP3 接口，整个生产流程实现了数字化管理。其中，公司印前 CTP 设备主要来自于德国海德堡、美国柯达，印刷设备主要来自于美国高斯、德国海德堡，装订设备主要来自于瑞士马天尼等国际知名厂商。

良好的设备基础加之企业的先进的管理理念，使之拥有稳定的合作伙伴。出版单位对质量和服务的要求非常高，一旦建立对印刷企业品质和服务的信任，通常就会保持与印刷企业较高的合作粘合度，在业务合作中建立多层次的紧密联系，形成稳固的长期合作。自设立以来，公司始终定位于高端彩色期刊及精装图书印刷，逐渐形成了一批长期稳定的客户群体，且多为全国知名的出版社、传媒公司和海外大型出版集团等近 170 种大型彩色期刊杂志的长期印刷任务。公司出口的精装图书在俄罗斯、欧洲等海外市场赢得了良好的声誉。

盛通印刷在技术上取得领先的同时，企业也大力推进精细化管理，注重内部细节控制和流程设计，通过系统的构建和优化，实现了印刷的高品质和高效率。公司主要管理人员均有多年从事印刷行业的管理经验。公司管理层从员工培训体系开始着手，推广规范化管理，覆盖员工在厂内所有的工作环节，形成了一套严谨的标准作业流程。

目前，盛通印刷已实现从传统的出版物印刷加工企业向全彩出版物综合印刷服务企业的转变，盛通印刷构建了超过百人的印前技术服务团队，除为客户提供传统的制版、印刷、装订服务外，已介入到参与选题、创意设计、软件技术支持、文件管理、封装、仓储、短距离物流等环节。企业印前技术服务团队通过将服务内容嵌入到客户工作环境和流程中，深入了解客户需求，实现与客户紧密、高效、便捷的沟通与合作，为客户提供全面优质的印刷解决方案，不断保持和提高公司与客户的粘合度。

此外，盛通印刷地处北京经济技术开发区，紧临京沪高速公路，北京为我国重要交通枢纽，也是重要的国际交通枢纽，便捷的国内、国际交通，便于公司承接国内、国际业务。

盛通印刷凭借先进的技术优势和完善的管理体系取得了良好的品牌信誉，拥有一批优质的客户群体。与此同时，根据行业政策、市场环境变化，盛通印刷积极主动地调整发展战略，继续开创良好的发展前景。伴随着企业上市进程的顺利进行，致力于绿色印刷事业的盛通印刷将在资本市场道路上以实际行动践行企业的职责和义务。

北京盛通印刷股份有限公司 2012 年成功登上深圳中小板资本市场的舞台，为盛通下一步发展奠定坚实基础。通过 GMG 色彩管理软件工具、CIP3 油墨预置文件系统、GMI 闭环色彩管理体系形成系统集成，在 ISO12647-2 的标准下真正构成闭环色彩管理，稳定地生产出高质量的彩色产品。对 ERP 系统进行了的升级，通过新的 ERP 系统将更好地为生产提供指导，为营业提供支持，并进一步促进公司实现商流、物流、资金流、信息流的集成一体化。

四、书刊印刷企业目前存在的问题、面临的机遇和挑战

1. 用工难，留工更难，留住技术工人就难上加难，结构性用工短缺现象突出，这在印刷业更加明显。印刷工价多年保持不变，印刷企业面临着巨大的压力。行业的工人待遇不高，技术培训和发展空间都很有限，可是培养一名熟练的技术工人时间很长。既懂 IT 又懂印刷的人才少之又少。为调动职工工作积极性，企业必须全面推进薪酬制度改革，调整分配结构和激励力度，将个人绩效与薪酬挂钩，多劳多得，能者得益，充分发挥分配机制对企业发展的强大推动力。

2. 现有设备没有完全符合生产需求，都或多或少存在问题，企业还要根据自己的生产情况进行技术改造。以上三家企业诠释了企业成功参与科研、参与技改的例证。

3. 绿色环保材料少而贵，绿色认证过程还存在很多问题。有的企业还不知道申报绿色认证的途径，也有申报了排不上队，排了队时间比较长，这些问题都有待改进。

4. 改革势在必行，中心企业需要做精做细，需要有成功的经验。每个企业必须全面梳理运作模式，构建更为符合实际情况和未来发展要求的组织架构，确定适合自己企业生存发展的改革道路。

5. 国际金融危机、欧债危机的影响；人们生活方式的改变，读书习惯的改变，使得出版印刷业赖以生存的市场需求也在跟着变化。

五、书刊印刷企业发展方向

随着文化产业逐步成为我国国民经济的支柱型产业，我国印刷业也将迎来新的一轮成长期。只要我们善于跟踪市场需求，善于不断学习和创新，抓住并切实用好战略机遇期，特别注意理解好、用好促发展的各种优惠政策，企业就能够保持一定的增长速度。印刷业作为为各产业服务的“穿衣带帽”的一个行业，随着国民经济的稳定增长、市场的繁荣发达和各类商品需求量的增加，需求总量会在一个时期相对稳定，这是个基本的判断。在我国传统印刷仍居主导地位，但要注重坚持技术创新、技术改造、转型升级、绿色印刷、数字化印刷及印刷数字化，拓展新的服务领域。

美国为了降低成本把传统印刷业务外移，移至新兴经济体国家，而其自身发展数字印刷、包装印刷。当前网络技术，数字媒体、移动媒体得到快速发展，产值也很大，但目前在广告、网络游戏等方面，如手机阅读对纸媒市场的冲击不到 6%，还未形成与纸媒对峙的局面；数字印刷增幅大，发展速度快，对传统印刷形成一定的冲击，但今后会与传统印刷并行发展，要注意拓展服务内容，关注今后发展；创意印刷发展势头猛，社会需求逐渐增大。如儿童书、小年历、旅游手册等；新的服务领域，如非接触式印刷：建材、纺织等印刷行业外的产业用印刷方式来实现。

2013 年书刊印刷企业集约化程度更加明显，突出“市场导向、品牌建设、全员营销”的理念，形成集团、社会、国际三大市场的业务特点，由传统加工业态向创意经营业态转型跨越，由被动加工变主动经营，再由追随用户需要的变化而变化到引领用户需求而求发展。

2012年我国包装印刷行业发展状况

李志伟

几年来，受国际金融危机的影响，我国包装印刷行业发展速度继续呈放缓趋势，由于国内消费市场的刚性需求，总体来看，可以说是走出低迷徘徊有站稳回升之势。但由于金融危机影响的长期化、复杂化、不确定等众多因素的共同影响，回暖到前几年的高速发展状态还需要一个较长的时间。由于连续多年呈两位数的快速增长，深层次问题和矛盾逐渐显露出来，供大于求的矛盾加剧、原材料价格上涨、物流和人工成本的上升而造成了微利经营，包装印刷利润率为10% ~ 15%，出版物印刷利润率为3% ~ 5%，印刷行业平均利润率水平为6.4%，同质化价格竞争困扰企业的发展。

从整体包装印刷行业的经济形势看，虽受到经济危机的影响，但整体仍保持了持续发展态势，高于国内GTP增速。从2012年上报的125家包装印刷企业经济效益调查数据分析，同比2011年，销售总额增长、利税基本持平、从业人数减少、企业资产投入增加。2012年125家包装印刷企业主要经济指标完成情况详见表1。

表1　2012年125家包装印刷企业主要经济指标完成情况

指标名称 / 年份	销售总额（亿元）	利税总额（亿元）	资产总额（亿元）	从业人数（人次）
2011年	174.7530	13.9592	270.8613	30553
2012年	224.8764	13.7708	314.1524	29650

注：据2012年上报的125家包装印刷企业经济效益调查数据显示，其中，年销售额1000万元～5000万元的企业共47家，占统计企业总数的37.6%；5000万元～10000万元的企业共44家，占统计企业总数的35.2%；10000万元以上企业共34家，占统计企业总数的27.2%。从销售额来看，企业发展稳步增强。

一、转型升级是包装印刷企业发展的方向

众所周知，我国包装印刷企业以中小型规模占绝大多数，受金融危机、经济低迷的冲击，中小包装印刷企业的发展问题成为整个行业关注的焦点。虽有一些中小企业逆势而上，开发出拥有自主知识产权和自主品牌的产品，提高了在国内外市场上的竞争力和市场占有率，但是经过艰难创业发展起来的印刷包装中小企业面临的成本高、融资难、用工荒等难题，严重阻碍着中小企业的发展。

据原国家新闻出版总署统计，2011年我国各类印刷企业总数约为10万家，其中包装印刷企业47377家，占总数的40%以上。

印刷包装中小企业要重视转型升级。行业总体表现为低端产能过剩，高端产能不足的结构性矛盾。要想走出低水平竞争的“陷阱”，就要利用好企业的“船小好调头”的优势，改变过去粗犷的经营方式，用科学信息化手段进行管理和决策，不断提高资源、劳动力的使用效率，以提高市场竞争力。

市场在变，企业也在变，市场现实决定企业命运，企业生存反映市场特征，新陈代谢始终是市场发展的主要特征。而今，随着市场的向前推进和不断变化，印刷包装中小企业一定要抓住这难得的发展机遇，努力转变生产方式和发展思路，加速转型升级，注重实施科学管理，全面提升企业效益，推进企业稳健快速发展。

人工成本快速上升，企业转型压力增大。随着就业观念的变化，低劳动力成本的时代已成为历史。原来以低劳动力成本维系的经营管理模式遭遇挑战，劳动密集型企业普遍面临用工成本快速上升的压力。企业一线技术工人的频繁流动，用工成本上升已成为现实。迫使包装印刷行业加快转型升级的步伐，摆脱已往对低成本劳动力的过度依赖。

二、纸类包装仍然是食品包装印刷发展的重要途径

现代包装产业基材的四大支柱分别为，纸、塑料、玻璃、金属。在这四种包装基材中，由于纸制品原材料来源广泛，易于回收再利用，所以在包装市场中占有份额较

大、增长最快。目前，纸盒、纸箱、纸袋、纸桶、纸浆模塑制品主要用于食品以及轻工、医药、电了、家电等领域，极大地推动了食品纸制品包装的发展。纸包装中的主要门类有：彩色纸盒包装、微型瓦楞包装、纸箱包装、蜂窝纸板等。

食品纸制品包装重点发展低克重、高强度、轻量化的高档纸盒、纸箱，淘汰低档纸箱、纸盒，改变材料结构，积极发展各种彩色裱纸纸盒，各种开窗纸包装品及彩面E型、F型细瓦楞纸盒，新型纸容器，彩色印刷纸箱、模切线纸箱等。

三、传统印刷现阶段仍是包装印刷的主要印刷方式

就目前包装印刷行业来看，可变数据印刷方式具有传统印刷所不具备的优越性，数码印刷技术、设备、相关的耗材要在不断的市场实际应用中改进和发展。数码印刷是具发展潜力的一种新型印刷方式。在包装印刷行业中传统印刷方式还是主流，数字化印刷作为一种补充，会挤占一定的份额，但从目前的包装印刷市场需求来看，传统印刷方式仍是首选。

在包装印刷领域，传统印刷设备完善，印前、印中、印后的技术工艺成熟，产品质量稳定。在大批量、高画质的高端精品包装印刷领域具有绝对的优势，其产品的色彩耐久性高、光泽度高，产品的色差小，单个产品的成本低均被市场所接受。所以在处理数字印刷与传统印刷的关系上，不要一哄而上，不能认为数字印刷一定会取代传统印刷。对于一个企业而言，印刷方式的选择取决于企业所服务的客户及其产品，要树立稳步推进、长期发展的理念，传统印刷与数字印刷是相辅相成的互补关系。传统印刷的企业要适时根据自身企业的发展引入数字化印刷的技术、设备和人才。

受电子出版、数字印刷的影响，传统印刷方式的格局正在发生变化，书刊、报纸印刷的市场份额出现下降，包装印刷中柔性版印刷比例有所增长。从中国印刷及设备器材工业协会提供的印刷版材统计数据分析来看，传统印刷方式在一段时期内仍将保持总量第一的位置。

四、包装印刷行业的现状、问题和展望

随着人民生活水平的提高和生活节奏的加快，对生活日用品包装需求提出了更高的要求，特别是在食品包装领域，如方便食品、糖果、乳制品（液体奶、奶粉）、小食品、调味品、肉类、水产品等。近年来，上述产品中尤以乳制品、果汁饮料、茶饮料、小食品等产品包装发展最快。

据有关部门预测，我国乳制品、肉类、蔬菜、果汁饮料以及调味料产品包装将有较大发展，这类产品的最佳包装是无菌包装。此外，尚有许多新型软包装有待开发，如目前鲜肉保鲜及低温保鲜包装尚未普及，水果、蔬菜保鲜几乎是空白，这预示着食品软包装需求量还有很大的发展空间。

我国的软包装工业兴起于20世纪70年代末，1979年由广东罐头厂以补偿贸易的方式，在国内率先引进了一套瑞典利乐包装有限公司的复合纸砖型无菌包装设备，用来包装果汁饮料、奶制品等液体饮料。产品投放市场后，引起了广大消费者和食品工业、包装印刷行业的兴趣与关注。自1984年起，软包装市场日益繁荣，使我国的软包装市场进入了一个新的发展时期。

时至今日，30多年过去，复合纸质无菌包装的生产销售近90%的市项份额依然掌握在跨国公司的手中，我国不少包装印刷企业在复合纸质无菌软包装领域进行了开发研制，投入了大量的人力和财力，开创了具有自主品牌的产品，打破了跨国公司对我国市场绝对垄断地位。但是，民族品牌在复合纸质无菌包装领域所占份额还是很小的，不足总量的10%，在生产经营中还存在不少的困难。虽然，我国许多包装企业已经掌握了无菌液态食品包装材料的制造技术，质量都达到无菌复合软包装的标准，且价格便宜，但在国内消费市场立足艰难，国内大部分乳制品公司仍然依赖国外大客户的包材供应商。

许多无菌纸包装的原材料主要依靠进口，上游截流对民营企业来说是根本无法生存的问题，很多零配件和原材料供应商不愿供货，技术垄断给这些企业增加不少困难和采购成本。

所以如何扶植民族包装印刷工业，不只是包装印刷企业的事情，中国的市场大，发展空间也大，有待开发的包装产品也很多，如何把先进的技术引进来，消化吸收，提高我国包装印刷行业的整体技术素质，发展我们自己的民族工业是一个全方位的问题。为包装印刷工业扫清前进道路上的障碍，给与包装印刷工业政策性的支持，使包装印刷行业健康发展。

五、企业环保意识提升，绿色印刷引起行业重视

印刷行业“十二五”规划提出大力推动绿色印刷发展，建立环保印刷体系，力争到“十二五”末期达到30%的印刷企业获得绿色印刷资质。截至2012年底，共有184家印

刷企业通过了绿色印刷认证。我国印刷设备制造企业也率先研发环保的版材。此前，成都新图材料股份有限公司以”新图绿色新境界”的口号亮相于2013北京国际印刷技术展览会，旨在进一步强调及展现新图对世界印刷环保做出贡献的坚定决心和坚实脚步。

印刷行业的龙头企业——乐凯华光印刷科技有限公司也在2013北京国际印刷技术展览会上隆重展出华光热敏CTP版、免处理热敏CTP版、柔性树脂版等环保节能产品，演绎华光“绿色印刷”发展主题。实现了制版的无废液排放，充分展示了乐凯华光——绿色印刷推动者的巨大魅力。

浙江康尔达新材料股份有限公司的环保新展品，实现快速曝光，无需显影，提高了制版效率，并采用亲水性涂层，低碳环保，真正实现绿色印刷。

由此可见，随着企业环保意识的提升和环保版材技术的日趋成熟，让绿色环保版材进入更多的印刷企业、印刷回归环保时代为期不远。

六、书刊报业印刷进军包装印刷

信息化、网络化、电子书的发展，很大程度上冲击了印刷市场。威胁着传统的纸质书报类出版物的印刷，导致书刊印刷业务的下降，不少从事书刊印刷、报业印刷的企业利用现有的资源转型从事包装印刷。

报业印企转做包装已是普遍现象，从曼罗兰的设备订购情况就能看出。不仅报业印刷设备卖得好，包装印刷设备也卖得好。很多报纸印刷厂家（集团）在订购曼罗兰的单张纸胶印设备，而单张纸多色胶印机是包装印刷企业首选的机型。

包装印刷后加工主要涵盖覆膜、上光、模切、电化、铝烫印等整饰工艺。对印刷后的半成品按一定的工艺流程进行印后加工，这些工艺对加工精度要求高，工序复杂，所以附加值也高。

转型做包装不是一件容易的事，首先就是工艺复杂，头绪繁多。要选好先进印后加工设备，控制材料浪费，降低产品加工成本，才能达到高附加值的预期目的。

七、包装印刷随产业格局变化发展模式遭遇新的挑战

我国多年来形成的以“珠三角”、“长三角”、“京津冀”为重心的包装印刷基地已向中西部地区转移。地区性印刷技术能力差距缩小，包装印刷产品服务半径不大、技术人员的流动、印刷装备的快速更新，以及地区性高新技术产业带动了新的包装印刷园区的形成。对于便捷、高效的市场追求，产业集群化发展已经成为经济发展的重要模式之一。一体化的产业格局为包装印刷企业的发展进行了产能的优化升级，更有利于经济的发展。

以环渤海地区为例，经过长时期的建设与发展，天津宝坻区已建成各类印刷企业90余家，初步形成了门类齐全、产品多样，从设计到印刷、加工、包装、装订、物流为一体的印刷产业格局。印刷品种包括出版物印刷、布袋印刷、纸袋印刷、编织袋印刷、手提袋印刷等。主要产品包括图书、期刊、报纸等各类出版物以及各种楞形瓦楞纸板、蜂窝纸板、中高档纸箱等。产品广泛用于食品、五金、电子、机械、化工、纺织建材、电器等多种行业。印刷特点由原来的单双色印刷逐步向多色、彩色印刷方向发展。经过近几年的发展，已成为环渤海地区产业的重要支柱。

新产业园区的形成，表明了该地区对产业有需求。从整个包装行业来看，原有的包装基地、包装城，加上新一轮转型进来的原报业、书刊印刷企业，把本来产能就过剩的包装印刷这个“盘子”进行新的瓜分，加剧了大家都看好的包装印刷领域竞争。行业整合、重组、退出等现象在一段时期内将会较明显的表现出来。

受国内外经济环境影响，未来一段时期内，我国包装印刷行业面临转型升级的压力，为了应对竞争环境的变化，包装印刷企业将在绿色印刷、数字印刷进行尝试，对印刷后工序的设备进行更新换代，通过采用先进、智能化、自动化的设备，由过去的劳动密集型向技术密集型转变。

包装印刷行业是随着社会工业化发展而逐步壮大起来的。虽然面临许多的困难与挑战，但存在于国内消费市场的巨大刚性需求，使包装印刷仍有很大的发展空间。保持稳健发展态势，抓住市场发展的机遇，我国包装印刷行业将会随经济的发展创造更大的经济效益。

（作者系中国印刷及设备器材工业协会包装印刷分会秘书长）

企业转型核心：提高经济增长质量和效益

2012年1—4季度印机行业64家经济指标完成情况分析

张致远

2012年是"十二五"的第二个年头，从印机行业骨干企业1—4季度主要经济指标数据汇总情况看，与同期相比负增长是主调，但是企业技术创新、产品升级；管理转型、效益优先的潜能显示出新动力，一批优秀企业步入健康持续发展的轨道，预计未来一定会显现巨大成果，带动行业更上一层楼。

第一部分：印机行业运营情况分析

一、主要经济指标情况分析

（一）主要经济指标全面下滑

2012年1—4季度主要经济指标情况见表1。

表1　2012年1—4季度主要经济指标情况

（单位：万元）

指标名称	2012年1-4季度	2011年1-4季度	同比增长（%）	2012年4季度	2012年3季度	同比增长（%）
工业总产值	661916	773337	−14.41	163677	166394	−1.63
工业销售产值	653573	749738	−12.83	170181	160358	6.13
工业增加值	191306	230431	−16.98	41787	41089	1.70
产品销售收入	648355	737436	−12.08	171195	161393	6.07
利润总额	29894	61068	−51.05	896	9493	−90.56
成本费用总额	595475	655193	−9.11	159619	149589	6.71
出口交货值	64085	67391	−4.91	15363	16557	−7.21
新产品产值	374443	461922	−18.93	88964	97263	−8.53

注：以上数据均为同比数，已将受种种因素影响不在报表的海门北人、无锡光华、江西通达、神力集团、温州瑞龙、杭州吴泰等企业除外。

进入"十二五"开局的2011年，各项主要经济指标较"十一五"末的2010年都呈现两位数的增长，其中工业增加值增长12.81%，显示生产投入产出好，生产活动力强；销售收入增长10.21%，显示在2009年金融危机之后，市场从低谷步入企稳回升的新阶段；出口交货值增长20.34%，显示国际市场复苏走旺的迹象。但是好景不长，企盼步步高升的势头，在2012年初始便泼了一盆凉水，让人们产生困惑不解，措手不及。所以，自2010—2012年印机运营陡增骤降，呈现"等边三角形"状态，即"△"。

我们对64家的工业增加值、产品销售收入和利润总额三项主要指标做了分析，其中，工业增加值较2011年增长的16家占25%，减少的48家占75%；产品销售收入较2011年增长的企业16家占25%，减少的48家占75%；利润总额较2011年增长的17家占27%，减少的33家占52%，亏损14家占21%，较2011年亏损企业增加7家，亏损额增加22275万元。上述三项指标较2011年有不同程度增加的"三增企业"有11家，他们是：天津长荣、汕樟轻工、菏泽生建、浙江蓝宝、上海新星、好利旺（上海）、德阳利通、平凉亨达、浙江国威、汕头市欧格、渭南科赛等。

（二）经济效益综合指数大幅下降

经济效益综合指数是衡量行业经济运营质量好坏的重要指标，同样也是反映企业生产经营运行的重要指标。从行业"十一五"来看，2006年效益指数达163.4%，2007年165.1%，2008年受金融危机波及指标下滑至历史谷底为101.09%，2009年回暖至125.68%，2010年继续升温至178.48%，五年平均达到146.75%。进入"十二五"的首年——2011年效益指标继续保持"十一五"末的温度，达176.99%。行至2012年每况愈下，跌至143.38%，下降33.61%，不能不看到波动下滑的产品市场需求和产品成本的攀升上涨，给企业和行业带来效益减少的严重程度。2012年1—4季度经济效益综合指数详见表2。

（三）行业的起伏和震荡

印机行业三年里大起大落，反映最为敏感的是平张纸胶印机产品，我们知道生产多色胶印机的十一家企业：上海光华、大族冠华、北人股份、中景集团、江苏昌昇、华

综述

表 2　2012 年 1—4 季度经济效益综合指数

指标	经济效益综合指数（%）	总资产贡献率（%）	资本保值增值率（%）	资产负债率（%）	流动资产周转率（次）	成本费用利润率（%）	全员劳动生产率（元/人）	产品销售率（%）
标准值	100	10.7	120	60	1.52	3.71	16500	96
2012 年 1-4 季度	143.38	5.49	96.43	47.76	0.82	5.02	115999.00	98.74
2011 年 1-4 季度	176.99	9.02	105.00	46.23	1.07	9.24	127761.10	96.95
增长值（增长率）	-33.61	-3.53	-8.57	1.53	-0.25	-4.22	-9.21	1.79

光精工、威海印机、潍坊东航、威海滨田、青岛瑞普和新机等企业，这些企业一方面要面对国际印机“大腕”如海德堡、高宝、罗兰、小森、三菱等名厂商和名品牌的激烈竞争；另一方面又面对惠普、柯达、佳能/奥西、施乐、网屏等新兴的数字印刷机、数字喷墨印刷机的冲击性挑战和蚕食传统印刷市场的局面。两面夹击，拼争残酷，你争我夺，日趋激烈。

2012 年 10 家平张纸多色胶印机生产企业 2010 年实现多色机的销售额 173314 万元（约 17.3 亿元），2011 年实现销售额 183151 万元（约 18.3 亿元），同比增长 5.7%；2012 年实现销售额 116150 万元（约 11.6 亿元），同比下降 36.6%。2012 年 10 家企业主要经济指标情况详见表 3。

表 3　2012 年 10 家企业主要经济指标情况

企业简称	产品销售收入（万元）			利润总额（万元）			综合效益指数（%）		
	2012 年	2011 年	同比增长（%）	2012 年	2011 年	同比增长（%）	2012 年	2011 年	同比增长（%）
北　人	87485	103523	-15.5	-18182	2431	盈转亏	15.49	126.85	-87.8
上海光华	33100	42178	-21.5	553	-458	亏转盈	80.60	97.64	-17.5
江苏昌昇	16669	21596	-22.8	23	559	-95.9	109.97	124.05	-11.4
中景集团	15629	24186	-35.4	1314	3047	-56.9	171.24	258.00	-33.6
大族冠华	30943	35631	-13.2	2810	4727	-40.6	240.12	301.52	-20.4
华光精工	9697	18577	-47.8	913	2196	-58.4	151.27	223.01	-32.2
威海滨田	5501	6346	-13.3	-107	408	盈转亏	169.38	219.45	-22.8
潍坊东航	7741	9385	-17.5	1138	1491	-23.7	195.84	232.88	-15.9
威海印机	6236	12415	-49.8	63	936	-93.3	162.51	255.36	-36.4
青岛瑞普	7711	10497	-26.5	-1324	718	盈转亏	-2.9	97.53	-102.9

以上三项主要指标反映以平张纸多色胶印机为主导产品的 10 家企业整体经营效果不佳，呈现一个波动下行的趋势。

但是，平张纸多色胶印机的生产企业，在 2012 年还是做出非凡业绩：

1. 11 家多色胶印机生产企业（含新乡市新机创新机械有限公司）2012 年市场销售情况。

2012 年 11 家企业（含新乡市新机创新机械有限公司）市场销售情况详见表 4。

表 4　2012 年 11 家多色胶印机生产企业（含新乡市新机创新机械有限公司）市场销售情况

（单位：百万）

年度 \ 产品	八开机		四开机		对开机		全张机		合计	
	台	金额	台	金额	台	金额	台	金额	台	金额
2010 年	508	34725	772	92373	115	39978	17	6238	1412	173314
2011 年	449	27173	896	102441	113	41471	27	12044	1485	183151
2012 年	387	11941	589	62105	98	33653	19	8451	1093	116150
同比增长（%）	-13.80	-56.05	-34.76	-39.37	-13.27	-18.85	-29.63	-29.83	-26.49	-36.58

据表4统计数据显示，四个规格中，高档八开机2台/342万元，占八开机额度的2.87％；高档四开机17台/4547万元，占四开机额度7.33％；高档对开机38台/14992万元，占对开机额度44.55％；高档全张机5台/2486万元，占全张机额度30.50％。

其中，国产高端机62台/26367万元，进口高端机预计1100台/56亿人民币。国产高端机占总台份的5.3%，占总销售额的4.5%。

2. 高档机（时速为1.5万张以上）研制情况。

上海光华时速1.5万对开张的ST40市场销售10台/5195万元，并研制时速1.7万张的EP106型平张纸多色胶印机，与当今国际先进水平相当。

北人时速1.5万对开张的多色胶印机市场销售11台/3354万元，形成小批进入市场。并研制时速高于1.5万对开张的"数字化单张纸多色胶印机"，与国际水平相当。

江苏昌昇时速1.5万对开的CS102市场销售10台/4130万元，形成小批进入市场。

大族冠华于2012年7月收购日本筱原公司之后，同年10月销售"筱原"牌时速1.6万对开张的920平张纸多色胶印机7台，落户中国市场之中。2012年11月开始研制"单张纸喷墨数码印刷机"，该产品可以单双面印刷，并设有涂布单元。

威海滨田于2012年10月试制成功时速1.5万张的920规格的平张纸多色胶印机，完成了从中小型胶印机向高档的大规格对开机转型的任务。

以上五家企业在漫漫的拼搏途中，深深体会到高档装备研发制造难、提高升级难、产业化难、市场里认可更难。不管怎样，这五家企业在与国际品牌机拼争中，提振了士气，显示了实力，成就了转型，增添了光彩，我们祝贺之余也不能不清醒看到，在传统技术与新兴技术交融替代的时期，印机行业也在悄悄地发生着微震。像上海紫明、浙江飞云、哈印机、潍坊华田、河南舞阳、南宁七彩虹等以平张纸胶印机为主导的企业，生产经营面临着前所未有的困难，甚至个别企业年收入低于千万元或千万元多一点点，近几年苦苦挣扎，拼以生存。在大浪淘沙中，大连大地印刷机器制造厂苦于产品的更新换代，企业经营困难，于2011年转产其它行业，退出印机生产领域；江西通达印刷机械有限公司始终以平张纸单双色胶印机为主导产品，六年时间里技术无进步，市场无新品，2011年仅销售38台单双色机，最终不得不选择出局；海门北人在北人压缩战线，整合资源的战略变革中，关门停产；无锡光华印刷有限公司专门为胶印机生产收纸、水墨、滚筒等部套，受体制制约，技术创新程度低，在行业里未形成"高、精、专"特色产品，短短三年里从2000多万销售额跌至千万元，只好停产待转。一些印后产品企业也在发生变化，如：京东电子、河北装潢、神力集团、温州瑞龙、跃华等等，也先后进行调整重组转产改行。

（四）印刷机械进口下降，出口增长

1. 进口部分。

（1）印刷机械进口量有所下降。2011—2012年印刷机械进口情况详见表5。

表5　2011—2012年印刷机械进口情况

产品名称	进口数量（台）		同比增长（%）	进口额（万美元）		同比增长（%）	占比（%）
	2012年	2011年		2012年	2011年		
印前设备	739	707	4.53	3970	5865	-32.32	1.65
印刷设备	211190台	236013	-10.52	174709	190948	-8.51	72.61
印后设备	6421台	6836	-6.08	22193	21668	2.42	9.22
印机附件（kg）	13521348	9595820	40.91	39749	35474	12.05	16.52
合计				240621	253955	-5.26	

从表5显示的数据统计分析，2012年进口印机产品较2011年有所下降，但仍处在高位上。"十一五"期间（2006年至2010年）印机产品平均进口额为17.74亿美元，2012年达24亿美元，较"十一五"均值高35.29%。特别自2010年起至2012年进口额均突破20亿美元，分别达22.9亿美元、25.4亿美元和24亿美元。这说明我国外汇储备充足，鼓励先进产品进口政策的落实；再者人民币升值而带来进口产品价格的实惠以及印刷业在转型期中对先进产品需求的渴望。

（2）主要印刷机械产品进口量和进口额增少降多。2011—2012年主要印刷机械产品进口情况详见表6。

表 6　2011—2012 年主要印刷机械产品进口情况

产品名称	进口数量（台）		同比增长（%）	进口额（万美元）		同比增长（%）
	2012 年	2011 年		2012 年	2011 年	
计算机直接制版机	491	493	-0.41	3783	5041	-24.96
卷筒纸胶印机	37	34	8.82	8284	5736	44.42
平张纸四色胶印机	620	801	-22.60	35077	44385	-20.98
平张纸四色以上胶印机	376	416	-9.62	46842	56250	-16.73
卷筒纸凸版机	85	124	-31.46	667	1604	-58.42
平张纸凸版机	76	93	-18.28	1477	1316	12.23
柔版印刷机	48	69	-30.44	3691	4464	-17.32
凹版印刷机	80	92	-13.05	13902	13722	1.31
网版印刷机	3194	3901	-18.13	16159	21353	-24.33
数字喷墨机	190073	206178	-7.82	24434	23754	2.86
数字印刷机	8240	15045	-45.24	9293	9067	2.49
锁线机	78	53	47.17	852	719	18.50
胶订机	197	236	-16.53	2120	2675	-20.75
切纸机	5015	4585	9.37	13441	13505	-0.48
制包、袋机	64	46	39.13	2723	1061	156.64

表 6 中显示的 15 种主要进口印刷机械产品里，以进口额计算，2012 年较 2011 年增长的品种有：制包、袋机（156.64%）、卷筒纸胶印机（44.42%）、锁线机（18.50%）、平张纸凸版机（12.23%）、数字喷墨机（2.86%）、数字印刷机（2.49%）、凹版印刷机（1.31%）等 7 种，其余 8 种均为负增长。

2. 出口情况。

（1）自 2011 年起，印刷机械出口七年来连续增长。2011—2012 年印刷机械出口情况见表 7。

表 7　2011—2012 年印刷机械出口情况

产品名称	出口数量（台）		同比增长（%）	出口额（万美元）		同比增长（%）	占比（%）
	2012 年	2011 年		2012 年	2011 年		
印前设备	9071	6259	44.93	14100	9539	47.82	10.54
印刷设备	343478	291317	17.91	81137	73439	10.49	60.63
印后设备	3514640	2969684	18.35	18819	17029	10.52	14.05
印机附件（kg）	16310453	19341792	-15.67	19775	22426	-11.92	14.78
合计				133831	122433	9.31	

从表 7 显示数据分析，2012 年各类印刷机械产品出口额（附件除外）均以两位数的速度增长，自 2006 年起连续七年增长，取得成绩可佳。自 2008 年金融危机后，欧美经济增速放缓，始终处于低速状态，全球国际市场需求不旺，给产品出口带来许多困难。印机行业知难而进，乘胜而上。据历年统计，印刷机械产品出口情况如下：2006 年至 2010 年（“十一五”）平均出口总额为 7.76 亿美元；2011 年（“十二五”）出口总额为 12.24 亿美元，较“十一五”年均值增长 57.74%；2012 年出口总额为 13.38 亿美元，较 2011 年增长 9.31%

（2）主要印刷机械产品出口增多降少。2011—2012 年主要印刷机械产品出口情况详见表 8。

表 8　2011—2012 年主要印刷机械产品出口情况

产品名称	出口数量（台）		同比增加（%）	出口额（万美元）		同比增加（%）
	2012 年	2011 年		2012 年	2011 年	
计算机直接制版机	1781	1762	1.00	8189	8460	–3.20
卷筒纸胶印机	218	152	43.43	2624	2462	6.58
平张纸单双色胶印机	409	453	–9.71	411	474	–13.29
平张纸四色胶印机	46	57	–19.29	1009	1045	–3.44
平张纸四色以上胶印机	203	120	69.17	2844	2521	12.82
卷筒纸凸版机	1130	950	18.95	1772	1476	20.06
平张纸凸版机	240	336	–28.57	1191	1429	–16.65
柔版印刷机	608	682	–10.85	2394	1832	30.68
凹版印刷机	1825	1801	1.34	4821	3334	44.61
园网式印刷机	602	396	52.02	580	559	3.76
平网式印刷机	8115	20743	–60.87	3294	2347	40.35
数字喷墨机	23647	181298	28.88	63317	45864	38.06
数字印刷机	13589	10147	33.88	2433	2425	0.33
锁线机	2798	4899	–42.88	128	157	–18.47
胶订机	4890	64617	–92.43	501	565	–11.32
书本装订机	193271	126632	52.63	1692	1536	10.16
切纸机	3642335	2771983	31.40	11588	12666	–8.51
制包、袋机	2002	1553	28.92	3285	2105	56.05

（五）顺应大势转型发展

印机行业出现这种情况不足为怪，在经济转型期中，我国既是一个高速发展的社会，又是一个快速分化的社会，国内外交织的矛盾和种种风险，各行各业都不同程度地出现经营困难，指标下滑，企业震荡，产业调整。在 2012 年里我们真正体会到转型之难，也深刻认识到，科学发展比任何一项工作都更为重要。在这种情况下，对我国经济的未来发展大势要认清、要研究、要有对策，并予以高度重视：

1. 要适应经济增速放缓，平稳增长的大趋势。

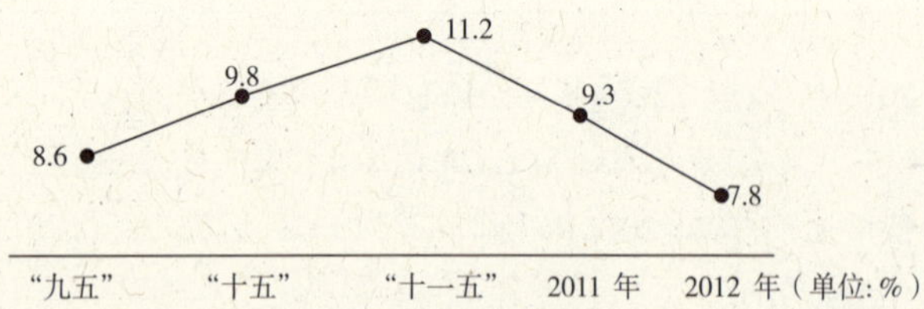

图 1　GDP 数据情况

据图 1 数据显示，“九五”、“十五”、“十一五”期间的 GDP 实际年均增速分别达 8.6%、9.8% 和 11.2%，均较原先目标有一定超越，而这种高增长造成“不平衡、不协调、不持续”发展的严重局面，也让中国承受资源、环境、生态和气候等各种高风险的代价。

为此，中国必须将经济增速放缓，而进行经济转型。印机行业必须转型，即从高速增长转为平稳增长，从规模扩张式发展转为质量效益发展。

2. 要尽快摆脱对外需求过度依赖，认清“进出口并重，走出去”和人民币升值的大趋势。

欧美经济低迷，大市场需求不旺。希腊主权债务危机的深化和向其它欧元区国家扩散，全球金融危机的中心转移到了欧洲。德默克尔总理讲：“欧元区至少还要再过 5 年才能从严重债务危机中恢复过来。”据欧盟委员会预测，2012 年欧元区经济增长率仅为 0.1%，在新的一年里难以改观。尽管美国“财政悬崖”解决方案的通过，金融市场松了口气，股市普遍大涨，但是，据荷兰合作银行分析师称，受财政悬崖遗留和未来的政治影响，美国经济复苏将进一步放缓。

人民币升值造成出口产品丧失价格优势，进口产品增大价格优势。自 2005 年 7 月 21 日汇率改革以来，至 2011 年末，人民币对美元单边累计升值 31.35%。即 2005

年1美元折合人民币8.25元，2012年1美元折合人民币6.22元，人民币升值为2.03元。加上原材料、辅料、人工成本的增长，出口产品成本要上升35%，也就是出口产品的利润将缩水35%。

印机行业产品出口必须转型，即从依赖于低成本驱动转为高附加值，从产品处于产业链中低端转为中高端。

3. 资源性产品价值量上涨，劳动力由过剩向短缺转折，对经济发展的制约作用是大趋势。

资源产品煤、电、气、水、金属材料等价格渐进上涨已经开始，并将继续。

招工难、老龄化的矛盾日益凸现，印机行业人力资源要从传统的人才结构中解脱出来，转为更多更广泛地融入国内外的新兴技术人才。从单一技能型人才转为适用的复合型技能人才。

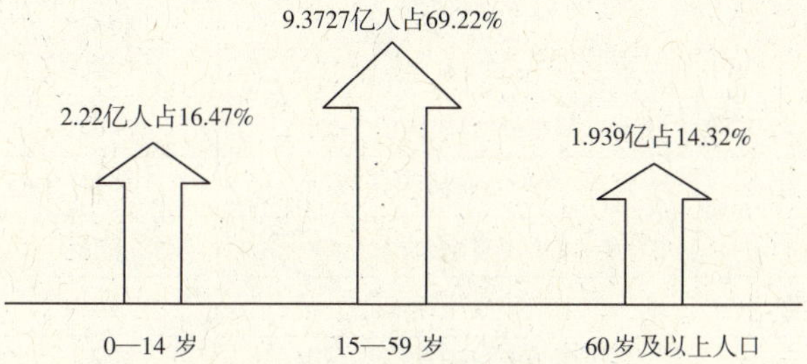

图2　2012年人口年龄结构

国家统计局公布的中国2012年人口年龄结构（总人口13.5404亿人）详见图2。

4. 积极稳妥推进“新型城镇化”，振兴内需市场是经济健康持续发展的大趋势。

中央经济工作会议布署2013年六项主要任务中，十分突出地提出推进城镇化的工作，城镇化是中国当前最大的结构调整，最大的内需源泉，也是最大的改革“红利”。据国务院参事刘恒介绍，未来会有近4亿农民进城，一个农民进城的成本约为20万，这部分投入将达到80万亿。印机行业要抓住先机，实现观念上转变，从主要服务于大城市转向更为广泛地服务新建城镇。从对高精尖产品研发转向中小城镇需求的适用产品上，拓宽产业链。

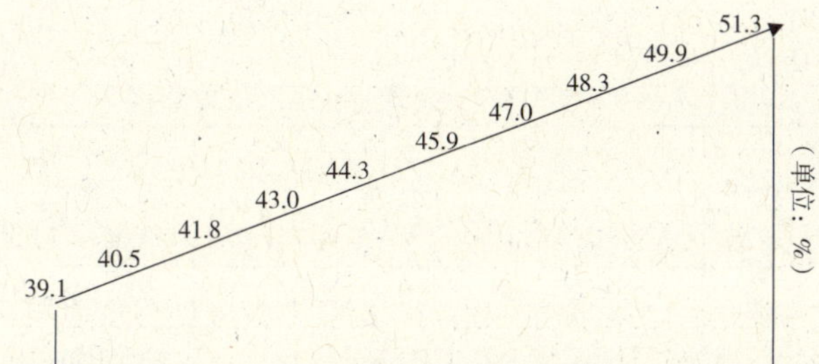

图3　2002—2011年中国城镇化率

5.“强拆”利益固化的“藩篱”，进行政治经济体制改革，是一场严峻的不可避免的大趋势。

2013年主要任务包括“全面深化经济体制改革，坚定不移扩大开放。”其中提出“要深入研究全面深化体制改革的顶层设计和总体规划，明确提出改革总体方案、路线图、时间表。”

习近平同志在2012年12月赴广东考察时指出：改革要“敢于啃硬骨头，敢于涉险滩，即勇于冲破思想观念的障碍，又勇于突破利益固化的藩篱。而在所有的突破利益固化的藩篱中，各级政府带头最为关键。改革者进入深水区或攻坚区，实际上也是进入到了政府自身改革的深水区和攻坚区。几乎所有重大的改革，都会牵扯到政府的改革”。

吴敬琏讲：中国当前的经济体制，是一种既有市场经济因素，又有大量旧体制残余的过渡性的经济体制。它既可能通过进一步的改革前进到法治的市场经济，也可能蜕化为国家资本主义乃至权贵资本主义。

如果没有步伐较大的改革阻断这一路径，使之回归市场化、法治化和民主化的正途，就会锁定在这一路径中。而一旦路径被锁定，就会像诺斯（知名经济学家）所说，除非经过大的社会震荡，就很难退出了。

在新的一轮改革浪潮中，印机企业要认真理清自己改革的路径，总结经验教训，深化改革开放，提高生产力水平。也要关注政府改革动向和改革政策，从政府改革的成果中分享“红利”，发展企业、惠及职工。

第二部分：2012年1-4季度行业主要经济指标排序

一、工业经济效益综合指数排行榜

2012年工业经济效益综合指数排行榜详见表9。

表9　2012年工业经济效益综合指数排行榜

序号	单位名称	经济效益综合指数（%）
1	天津长荣印刷设备股份有限公司	566.54
2	淮南光华光神机械电子有限公司	429.33
3	好利旺机械（上海）有限公司	339.78
4	深圳市精密达机械有限公司	311.51

（续）

序号	单 位 名 称	经济效益综合指数（%）
5	河北海贺胜利印刷机械集团有限公司	289.90
6	浙江蓝宝机械有限公司	256.36
7	浙江国威印刷机械有限公司	245.36
8	广东汕樟轻工机械有限公司	244.07
9	上海新星印刷器材有限公司	243.49
10	辽宁大族冠华印刷科技股份有限公司	240.12

注：国家规定标准值 100%。

二、总资产贡献率排行榜

2012 年总资产贡献率排行榜详见表 10。

表 10　2012 年总资产贡献率排行榜

序号	单 位 名 称	总资产贡献率（%）
1	广东汕樟轻工机械有限公司	30.72
2	咸阳超越离合器有限公司	24.61
3	汕头市欧格包装机械有限公司	24.55
4	深圳市精密达机械有限公司	19.64
5	浙江蓝宝机械有限公司	19.63
6	好利旺机械（上海）有限公司	19.44
7	河北海贺胜利印刷机械集团有限公司	18.58
8	温州正博印刷机械有限公司	17.58
9	德阳市利通印刷机械有限公司	15.51
10	天津长荣印刷设备股份有限公司	15.00

注：国家规定标准值 10.7%。

三、资本保值增值率排行榜

2012 年资本保值增值率排行榜详见表 11。

表 11　2012 年资本保值增值率排行榜

序号	单 位 名 称	资本保值增值率（%）
1	广东汕樟轻工机械有限公司	135.51
2	上海紫明印刷机械有限公司	132.81
3	淮南光华光神机械电子有限公司	131.52
4	河北海贺胜利印刷机械集团有限公司	129.39
5	潍坊华田精工设备有限公司	126.45
6	汕头市欧格包装机械有限公司	126.41

（续）

序号	单 位 名 称	资本保值增值率（%）
7	深圳市精密达机械有限公司	124.59
8	菏泽生建机械有限责任公司	120.99
9	浙江华岳包装机械有限公司	117.05
10	上海新星印刷器材有限公司	115.36

注：国家规定标准值 120%。

四、流动资金周转率排行榜

2012 年流动资金周转率排行榜详见表 12。

表 12　2012 年流动资金周转率排行榜

序号	单 位 名 称	流动资金周转率（次）
1	江苏方邦机械有限公司	4.05
2	上海德拉根印刷机械有限公司	3.70
3	国望机械集团有限公司	3.61
4	瑞安市华威印刷机械有限公司	3.24
5	温州正博印刷机械有限公司	3.13
6	南通海盟罗兰机械有限公司	3.02
7	常州市永盾机械有限公司	2.60
8	广东汕樟轻工机械有限公司	2.47
9	浙江蓝宝机械有限公司	2.26
10	白山市轻工机械厂	2.25

注：国家规定标准值 1.52 次。

五、全员劳动生产率排行榜

2012 年全员劳动生产率排行榜详见表 13。

表 13　2012 年全员劳动生产率排行榜

序号	单 位 名 称	全员劳动生产率（元 / 人）
1	天津长荣印刷设备股份有限公司	541402
2	好利旺机械（上海）有限公司	300508
3	浙江国威印刷机械有限公司	244000
4	浙江蓝宝机械有限公司	216090
5	辽宁大族冠华印刷科技股份有限公司	210267
6	威海滨田印刷机械有限公司	204759
7	河北海贺胜利印刷机械集团有限公司	195252
8	深圳市精密达机械有限公司	192889

（续）

序号	单 位 名 称	全员劳动生产率（元/人）
9	威海印刷机械有限公司	193699
10	高斯图文印刷系统（中国）有限公司	192128

注：国家规定标准值 16500 元/人。

六、2012 年 1—4 季度产品销售收入排行榜

2012 年 1-4 季度产品销售收入排行榜详见表 14。

表 14 2012 年 1—4 季度产品销售收入排行榜

序号	单位名称	销售收入（万元）
1	北人集团公司	87485
2	天津长荣印刷设备股份有限公司	60600
3	高斯图文印刷系统（中国）有限公司	46251
4	陕西北人印刷机械有限责任公司	36502
5	上海光华印刷机械有限公司	33100
6	辽宁大族冠华印刷科技股份有限公司	30943
7	松德机械股份有限公司	25245
8	上海亚华印刷机械有限公司	17359
9	江苏昌昇集团股份有限公司	16669
10	广东汕樟轻工机械有限公司	16546

七、2012 年 1—4 季度出口交货值排行榜

2012 年 1—4 季度出口交货值排行榜详见表 15。

表 15 2012 年 1—4 季度出口交货值排行榜

序号	单 位 名 称	出口交货值（万元）
1	高斯图文印刷系统（中国）有限公司	9741
2	天津长荣印刷设备股份有限公司	6107
3	上海亚华印刷机械有限公司	4977
4	北人集团公司	4957
5	松德机械股份有限公司	3782
6	陕西北人印刷机械有限责任公司	3358
7	浙江蓝宝机械有限公司	3191
8	上海德拉根印刷机械有限公司	3050
8	江苏方邦机械有限公司	3050
9	上海光华印刷机械有限公司	2203
10	辽宁大族冠华印刷科技股份有限公司	2187

第三部分：转型中的范例

中国印刷业在“十二五”提出由大变强，其核心是“转型升级，调整结构”。对印机行业提出了新的要求，即“五个转型”：

（1）传统纸质出版物向数字出版物转型，具体是“数字化印刷和印刷数字化”工程；

（2）传统印刷向绿色印刷转型，具体是“绿色印刷工程”；

（3）从专注传统书报刊产业服务转向为包装装潢、文化等多元产业服务；

（4）印刷装备由中、低端向高端转型，实现产品数字化、智能化；

（5）企业从生产经营型向生产服务型转型，实现产业链上下游的服务扩展。

在转型过程中，一批优秀企业不断推出新的技术和新的产品，赢得好口碑，树立好形象，获得好效益，得到好发展，步入良性循环。

一、转型中脱颖而生的好产品

中国印刷及设备器材工业协会于 2012 年 8 月 18 日—8 月 25 日，召开“全国印刷装备进步奖”专家评审工作会议，专家组严格依照评选办法实施细则，详细查阅申报奖励项目材料，经过充分讨论、评议、打分，最后确定一等奖 8 项、二等奖 17 项、三等奖 6 项。荣获一等奖的八项产品名称如下（排名不分先后）：

1. 德阳市利通印刷机械有限公司“节能型微机程控切纸机”；

2. 深圳市精密达机械有限公司“精密达 Superbinder（超级）-8000 型智能化高速胶订联动线完善项目”；

3. 天津长荣印刷设备股份有限公司“MK21060STE 机组式模烫机”；

4. 天津长荣印刷设备股份有限公司“MK3920SW 卷筒纸机组式烫印机”；

5. 陕西北人印刷机械有限责任公司“RXJ 系列卷筒料卫星式柔性版印刷机”；

6. 陕西北人印刷机械有限责任公司“AZJ 系列（FR300 型）无轴传动机组式凹版印刷机”；

7. 高斯图文印刷系统（中国）有限公司“高速单倍径卷筒纸胶印机的研制”；

8. 北人印刷机械股份有限公司“BEIREN75A 卷筒纸塔式报纸印刷机”。

综

述

上述八项产品主要技术经济指标达到国际同类技术或产品的先进水平，并在市场上形成不同程度的产业化规模。

其余二、三等奖已发文至各企业和通过媒体予以公布，此文不再刊登。

二、转型中成长壮大的优秀企业

（一）出类拔萃的明星——天津长荣印刷设备股份有限公司

1. 注重科研投入。

近三年天津长荣累计投入研发费用4100万元，占同期公司销售收入的5.3%，并与天津大学、上海理工大学等四家高校签订了合同协议，与以色列 Power Paper 公司进行技术合作，聘请高等院校、科研院所和市政府专家为公司顾问，使得创新智力资源得以有效扩充。研发中心有专职研发人员和新产品试制人员超过160余人，接近员工总数的四分之一。中心内设有一个产品设计室和三个实验室，购置试验检测试制仪器120余套，总价值超过4000万元。公司积极推进信息化管理，研发中心单独配备 X3850M2 型服务器及120个高配置终端，推行三维 CAD、有限元分析、PDM 管理及 CAPP 的应用及 ERP 系统管理，主要、关键部件实现了无图纸加工。

2. 注重自主创新。

五年来公司开发共性、关键技术125项，包括数控伺服技术、数码喷码技术和 CCD 图像识别处理技术、卷筒纸机组式烫印机整机技术、一次走纸供多次压印工的模切烫印机整机技术、数控伺服驱动的间歇式高速、高精度传动定位技术、无轴传动控制技术、数字化伺服多轴联动控制技术、光标定位控制技术、电化铝烫控制系统、多轴联动定位控制系统等关键技术。开发的技术和产品均拥用自主知识产权，多项技术填补国内空白。公司共申请专利126项，其中发明专利接近50%。已授权专利55项，是全国印机行业中申报、持有专利最多的厂家之一。

3. 注重客户需求。

“以客户利益为中心、创新经营、永续发展”的经营方针，十几年没有变化，但是其中的内涵在不断赋予它新的内容。（1）初期的目标就是为客户提供好的产品；（2）后来我们将提供特色、周到细微的服务增加其中；（3）再后来将为客户量身订做需要的产品，开发适应不同层次客户需要的新品，为客户创造价值理念增加其中。上市后又提出“365”营销新标准。即重点 VIP 客户3年免费服务；6S 服务中心“销售、服务、配件、维修、培训和信息反馈”于一体；主要市场的服务人员5小时内到达现场；常用备件24小时内满足客户需求，一般备件，5天内满足客户需求。

4. 注重经营质量。

长荣2009年收入30221万元（3亿元）、2010年39805万元（4亿元）、2011年57366万元（5.7亿元），2012年可达60600万元（6亿元），增长31%、44%，2012年增长5.6%；经济效益综合指数566.54%，位居行业首位，其中全员劳动生产率54.1万/人年，是行业平均水平的4.6倍。

5. 注重两个市场运作。

资本市场的进入必须要有一个好的产品市场作基础，长荣产品跟进，市场繁荣，效益倍增的坚实基础，决定了长荣于2011年3月29日公司股票在深圳证券交易所挂牌上市成功，长荣苦苦坚持和等待近四年光景，最终募得资金10亿元。这样，上市公司为长荣搭建起更好更快、做强做大、健康持续发展的平台。

（二）革故鼎新的典范——辽宁大族冠华印刷科技股份有限公司

1. 不断改革，不断发展。

自上世纪九十年代末，开始进行国企改民企的大变革，随后十几年里改革步伐未止，结合企业发展实际，成功地进行了三次股权变革，激励职工爱岗情绪，稳定企业提升势头。

2006年原营口冠华引进战略合作伙伴深圳大族激光合资成立大族冠华，将传统胶印制作民营企业与新兴激光技术民营企业相结合，形成1+1＞2的效应。

2007年收购营口三鑫、冠华印机、冠华普润特等公司，以资本运作方式整合地域资源，形成区域龙头，增大区域竞争优势，在行业中起到了示范作用。

2011年9月大族冠华寻求良机，以878.85万元美元（折合人民币5500万元）的合适价格，于2012年7月完成收购日本筱原株式会社全部优良资产，是行业里民营企业走出去，收购国外企业首家。

2. 产品技术向高端转型。

收购“筱原”重大意义在于拥有高端、大规格的平张纸多色胶印机的技术，奠定大族冠华转型升级的牢固基础。

（1）具有国际先进水平的速度分别达到1.5万张/时至1.7万张/时的560mm、660mm、750mm、790mm、920mm和1090mm等六种平张纸胶印机整套专有技术资料、工艺资料、十三项核心技术和功能、八项发明专利、20多台加工关主件的柔性生产线、加工中心、工装工具、刀具量具等。

（2）“筱原”品牌；30多家海外销售网络；22人的研发团队。

3. 大族冠华在胶印机生产企业里是成长最好的、发展最快的、技术转型效果最明显的企业。

（1）2009年产品销售收入35861万元（3.6亿元）、

2010 年 38074 万元（3.8 亿元）、2011 年 35621 万元（3.6 亿元），2012 年达 30943 万元（3.1 亿元），经济效益综合指数为 240.13%，行业第十位。

（2）目前大族冠华接到 50 多个“筱原”产品订单，其中一半为对开规格。1.6 万张 / 时的 920 对开四色胶印机已经进入市场。

（3）在做好平张纸胶印机的基础上，又进入包装后道装备的研制，速度为 25m/ 分钟的卷筒纸激光模切机正在研制中。

大族冠华只要踏踏实实、认认真真把日本筱原的产品技术承接下来，那么在胶印机制造方面的成功潜能是巨大的。

（三）独辟蹊径的先行者——浙江蓝宝机械有限公司

从 2009 年起新产品不断推出，促进了企业的经营效益的增长，2009 年销售收入 6650 万元（利润 430 万元）、2010 年销售收入 8050 万元（利润 547 万元）、2011 年销售收入 9252 万元（利润 470 万元），2012 年销售收入 11503 万元，效益指数 256.36%，名列行业第六位。蓝宝年年稳定发展提升，其最主要的是科技创新力度大，新产品不断推出。自 2011 年以来相继自主开发卷筒纸横切装订联动机本生产线、卷进筒纸柔印铁订本生产线等四种制本装备，同时与美国合作开发缝线薄本全自动生产线，是行业里制本装备领头羊。

（四）天道酬勤的优秀配套企业——好利旺机械（上海）有限公司

好利旺主要为印机高档产品或出口产品专门配套气泵，近几年印机市场的变化，市场份额起伏不定，为此，好利旺拓展纺织业领域、畜牧业领域，连续不断地产出了干燥机、过滤器、散热器，空气箱等产品，企业连续多年收入不减效益增长。企业不仅产品勤于精而且管理勤于严，是行业里效率高的精干企业。

（五）宏才远志的高目标追求者——深圳市精密达机械有限公司

精密达以马提尼国际名牌产品为目标，不断创新技术、开发新品，先后推出高端产品“Superbinder（超级）-8000 型智能化高速胶订联动线”和“DIGITALROBOT（数码机人）2000B 数字化按需印后装订生产线”和“剑桥 12000 智能化全自动胶装联动线”等。这些高端产品的市场化之后，与进口联动线相比具有明显的竞争优势，同时也带动国内同类设备厂商竞相研发与生产，促进了书刊印后设备制造水平的提高。

（六）纵马加鞭的速行者——浙江通业印刷机械有限公司

国内生产输纸机的专业企业，成功研发胶印机、模切机、覆膜机、凹印机、上光机、丝印和数码印刷机七大领域的 160 多种产品。2003 年首家自主研发的 1.5 万张 / 时的高速输纸机，国内同类产品中名列前茅。2012 年 12 月 27 日与德国马贝克签订技术合作协议书，全作生产“高端飞达”。

河北海贺胜利印刷机集团有限公司在模切机、烫金领域里做出成绩，是玉田传统产业的一面大旗，也是行业优秀者之一；广东汕樟轻工机械有限公司的凹印机产品，经营指标优秀，年年升高，效益指数 244.07%，位居第八位。

还有，长沙奥托、德阳利通、上海新星，江苏方邦、国望、国威、德拉根、松德机械、陕西北人等等。虽然企业在某些指标上还不够完美，但这些企业对技术进步的追求，对新产品研发的专注，可圈可点，显示了未来企业转型的潜能，值得行业学习。

当然，印机行业的转型升级，不是一蹴而就的事，产品向高端技术挺进难度大，掌控核心技术难度更大；时间紧迫，要想缩短与先进国家差距，四平八稳迈向新台阶，恐怕会丢失市场难以守住，要想赶上或超过国际水平，只能跳跃式发展。跳跃式发展不是不讲科学，而是一是要树立一种开放式的思维观念，广泛吸取社会资源为已用，广泛集成社会技术之长再创新，广泛寻求合作伙伴共发展，形成一种大开放、大提升、大发展的势头。二是要不拘一格招揽人才，租借人才、聘用人才、以重金换取领军人才，这样我们铺摊子、搞技术、攻难关、解课题、出产品才有组织保障，才有把握实现产品高端化。三是要投入，特别是在关键技术攻关上的投入、核心技术掌控上的投入、试验条件上的投入以及人才上的投入，将有限资金用在刀刃上。四是形成科技发展的战略规划，也就是科技发展路线图要制定好。

由于我国正处在结构调整的开始阶段，从制度高层面看还没有形成固化的气候，多年积累的一系列矛盾和问题并没有彻底解决；整体改革滞后和一些刚刚着手的改革措施其效应在慢慢体现；加上外部需求环境不会好到哪里去，因此从总体上说，经济形势仍不容乐观。要有心理准备，2012 年遇到的困难，2013 年仍会存在，仍处于“稳增长”和“调结构”的纠结中。

无论从国家经济发展的大势上来看，还是从印机行业发展趋势上来看，技术和产品上的转型升级是企业更好生存，更好发展的必走之路。衷心希望企业的主要经营者抓住良机，紧紧围绕提高经济增长质量和效益这个中心，推动企业转型升级，扎扎实实地走上健康持续发展的道路上。

（作者系中国印刷及设备器材工业协会印刷机械分会名誉理事长）

综述

2012年印刷器材行业发展概况

袁建湘　岳德茂

2012 年在中国印刷业平稳发展、总量继续增长的形势下，作为生产印刷消耗材料的印刷器材行业也呈现出平稳发展的态势。主要印刷器材产品，如印刷用纸、油墨、各类版材、柔印材料等仍在增长中，但发展不够平衡。首先，印刷器材的增长速度较前几年有明显放缓，一些产品年增长 20%、30% 的境况已不复存在。其次，印刷行业结构的不断调整，对印刷器材的生产也有一定影响。如胶版印刷在国内印刷中所占比例逐渐下降，致使胶印油墨、橡皮布以及某些胶印版材在国内市场销量份额出现了小幅下降。在国外市场方面，对中国印刷器材产品的需求仍在延续，印刷器材整体出口金额仍维持了一定水平。有些产品由于其优秀的性价比，在国际市场上仍然保持主导地位。如胶印版材出口数量超过 2011 年 10% 以上。2012 年我国印刷器材产品出口金额达 6 亿美元，比 2011 年增长 3.36%；进口金额 4.04 亿美元，比 2011 年下降 9.76%。 我国印刷器材产业已经基本形成规模化生产，多数器材产品实现了国产化，且产品的品种、质量、技术方面都已达到较高水平，除了极少数产品仍需进口外，基本满足了我国印刷工业发展的需要。特别是高端产品的市场占有率明显增长。如国产印刷橡皮布销售的产品中有八成以上是气垫橡皮布；胶印版材中 CTP 版销量已超过五成；铜版纸的质量已基本达到国际水平，除满足国内需求外还有批量出口。2012 年印刷器材行业全年生产总值达到约 4600 亿元（含印刷用纸）。

一、印刷用纸和纸板

为了加强对环境的保护，近年来国家加大了对污染大、规模小的造纸企业的整治力度，造纸行业产业集中度的推进速度较快。经过不断整合，造纸企业总数量有所减少，大型企业越来越多。据中国造纸协会调查资料，2012 年全国纸及纸板生产企业约 3500 家，比两年前减少了约 200 家。全国纸及纸板生产量 10250 万吨，较 2011 年增长 3.22%；消费量 10048 万吨，较 2011 年增长 3.04%；人均年消费量为 74 千克，比 2011 年增长 1 千克。造纸行业近两年增长速度已明显放缓。2003—2012 年的十年间，全国纸及纸板生产量平均年增长 10.13%，消费量平均年增长 8.54%。2011 年只有 7% 的增长，而 2012 年则只有百分之三点几的增长。2011 年与 2012 年全国纸和纸板产量、消费量发展情况详见表 1。

表 1　2011 年与 2012 年全国纸和纸板产量、消费量发展情况

	总产量（万吨）	总消费量（万吨）	人均消费量（千克）
2011 年	9930	9752	73
2012 年	10250	10048	74
增长率（%）	3.22	3.04	1.37

在纸种分类中与出版印刷、包装印刷、广告印刷、票据印刷等密切相关的占据了较大的份额，这几项的发展势必推动造纸业的不断前进。2012 年主要纸品种情况见表 2。

表 2　2012 年主要纸品种情况

项目	新闻纸	未涂布书写印刷纸	涂布印刷纸	其中：铜版纸	白纸板	箱纸板	瓦楞原纸
生产量（万吨）	380	1750	780	695	1390	2080	2020
比 2011 年增长（%）	– 2.56	1.16	7.59	8.59	3.73	4.52	2.02
消费量（万吨）	393	1684	638	581	1379	2257	2027
比 2011 年增长（%）	1.03	– 0.18	6.51	9.21	4.31	4.05	1.81

2012年纸和纸板除新闻纸的生产量和未涂布书写纸的消费量比2011年有所下降外，其他纸种都有所增加且趋于稳定。由于近十年来，造纸工业发展迅猛，企业都具备了一定规模，抵御风险的能力有了一定提高，原料结构有所改善，技术水平、装备水平、产品质量显著提高，加上国家扩大内需政策的引导，2012年中国造纸工业生产依然保持了一定的增长率。据国家统计局数字，2012年规模以上造纸生产企业工业总产值（当年价）7075亿元，同比增长8.80%；工业销售产值（当年价）6926亿元，同比增长8.30%；主营业务收入6888亿元，同比增长6.87%。

2012年我国进口纸及纸板、纸浆、废纸、纸制品合计4979万吨，较2011年增长10.13%，进口金额220亿美元，较2011年减少8.33%。其中，纸及纸板进口311万吨，较2011年减少6.04%；纸浆进口1647万吨，较2011年增长13.98%；废纸进口3007万吨，较2011年增长10.23%。

2012年出口纸及纸板、纸浆、废纸、纸制品合计766万吨，较2011年增长0.52%，出口金额138亿美元，较2011年增长4.55%。其中，纸及纸板出口513万吨，较2011年增长0.79%；纸浆出口7.99万吨，较2011年减少19.37%；废纸出口0.24万吨，较2011年减少33.33%。

表3　2012年纸及纸板产量超过百万吨的生产企业

公司名称	产量（万吨）
玖龙纸业（控股）有限公司	1045
理文造纸有限公司	414
山东晨鸣纸业集团股份有限公司	398
华泰集团有限公司	270
山东太阳纸业股份有限公司	269
金东纸业（江苏）股份有限公司	204
中国纸业投资总公司	195
宁波中华纸业有限公司（含宁波亚洲浆纸业有限公司）	156
吉安集团股份有限公司	131
荣成纸业（中国）控股有限公司	111
山东博汇纸业股份有限公司	110
山东世纪阳光纸业集团有限公司	107
海南金海浆纸业有限公司	102
安徽山鹰纸业股份有限公司	101

二、油墨

（一）2012年油墨行业的基本情况

2012年油墨行业呈现上半年平稳、下半年逐步恢复的态势。全国油墨产品总生产量为61.5万吨，比2011年增加4吨，年增长率为6.9%。工业总产值146亿元，比2011年增长9.7%。产品销售收入160亿元，比2011年增长11%。全行业利润总额约9.5亿元，比2011年增长33.8%。国内全年消费61.5万吨，比2011年增长6%。据油墨行业统计，过去十年，年平均增长率在10%以上。爆发经济危机的2008年和2011年，年增长率在个位数。2012年的增长率又有所下降。表4为2007—2012年全国油墨生产量和增长情况。

表4　2007—2012年全国油墨生产量和增长情况

	2007年	2008年	2009年	2010年	2011年	2012年
年产量（万吨）	39	41.5	47	53.5	57.5	61.5
同比增长（%）	16.4	7	13	13.5	7.5	6.9

（二）油墨企业的集中度情况

经过近十年油墨行业的快速发展，我国拥有主营业务年收入在500万元以上的油墨生产厂300家左右，从业人员2万多人，全行业年综合生产能力近70万吨。

过去，年产量在10000吨以上的企业有十家左右。近几年企业产能扩大很快，年生产量超过10000吨以上的已有20家左右，最高的洋紫荆油墨产量已达60000吨以上，已接近进入世界十强行列。产业集中度和区域分布集中的特点也较为明显，油墨行业的产业带已经基本形成。表5为2012年油墨产量前10位企业，表6为2012年油墨销售收入前10位企业，表7为2012年油墨销售利润前10位企业。

表5　2012年油墨总产量前10位企业

名次	公司名称	产量（吨）
1	洋紫荆油墨（集团）有限公司	61843.0
2	天津东洋油墨有限公司	41454.0
3	杭华油墨化学有限公司	30818.8
4	浙江永在化工有限公司	25441.0
5	迪爱生（太原）油墨有限公司	23136.0
6	广东天龙油墨集团股份有限公司	23091.3
7	珠海乐通化工股份有限公司	21688.0
8	东莞市英科水墨有限公司	20617.6
9	上海DIC油墨有限公司	14871.0
10	苏州科斯伍德油墨股份有限公司	14250.0

表 6　2012 年油墨销售收入前 10 位企业

名次	公司名称	销售额（万元）
1	洋紫荆油墨（集团）有限公司	143291.0
2	杭华油墨化学有限公司	92081.0
3	天津东洋油墨有限公司	89560.0
4	上海 DIC 油墨有限公司	64670.0
5	珠海市乐通化工股份有限公司	48625.0
6	浙江永在化工有限公司	46996.0
7	广东天龙油墨集团有限公司	38925.4
8	迪爱生（太原）油墨有限公司	37312.0
9	苏州科斯伍德油墨股份有限公司	33534.0
10	深圳市深赛尔股份有限公司	32960.0

表 7　2012 年油墨销售利润前 10 位企业

名次	公司名称	利润（万元）
1	洋紫荆油墨（集团）有限公司	9699.0
2	天津东洋油墨有限公司	8856.0
3	杭华油墨化学有限公司	8600.0
4	深圳市深赛尔股份有限公司	5594.0
5	苏州科斯伍德油墨有限公司	4802.0
6	新东方油墨有限公司	3770.0
7	浙江永在化工有限公司	3273.0
8	上海油墨泗联化工有限公司	2470.0
9	珠海乐通化工股份有限公司	2246.0
10	广东天龙油墨集团有限公司	2119.4

注：表 5—表 7 数据为油墨协会统计信息专业组提供。

（三）印刷油墨进出口情况

2012 年油墨出口数量为 2.47 万吨，比 2011 年下降 8.69%；出口金额 1.11 亿美元，比 2011 年下降 4.32%。油墨进口数量 2.42 万吨，比 2011 年下降 25.62%；进口金额 3.71 亿美元，比 2011 年下降 9.97%。从油墨进出口的情况看，全年进出口的总量都比 2011 年有所下降，特别是进口数量下降幅度较大。从进出口构成比例上看，黑色油墨进出口数量下降较大。从以上数字我们可以看出，我国印刷行业对进口油墨的需求，特别是普通黑色油墨需求下降。进口油墨单价要远远高出出口油墨单价许多，这说明进口油墨以高档油墨为主，国内某些高档油墨生产还不能满足需要。而出口则以中低档油墨为主，出口地区以香港、东南亚、中东、中亚地区为主。这个问题近些年逐步好转，但根本解决还需以时日。油墨出口数量首次超过进口数量。这是一个标志性的转变，表示我国又一个印刷器材大类产品由净进口国变为净出口国。

（四）印刷油墨的多品种化

1. 我国印刷油墨仍以胶印油墨为主。我国胶印油墨近几年通过不断技术改进，质量水平有了长足进步，已基本达到了高档印刷品的要求。近两年油墨行业一个显著特征是胶印油墨产量逐步下降，在全部油墨产量中的占比由约 55% 以上逐步下降到只占 45% 左右，柔印油墨和凹印油墨特别是水性油墨增长较快。凹印油墨年产量占油墨总产量的 25% ~ 30% 之间。

2. 凹版印刷油墨市场需求持续旺盛，在包装材料印刷中被广泛使用，包装精美的食品、烟、酒、化妆品等大量使用。但凹印油墨生产和凹印印刷过程中还存在着甲苯、二甲苯等有害物质，印刷品中也有很多残留物，对环境和人体健康都有很多不利影响。作为替代物的水性油墨近年来虽然发展较快，但在性能和印刷质量标准上仍与传统凹印油墨有一定差距，影响了水性油墨的市场推广。随着人们环保意识的提高和对健康的日益重视，水性油墨在技术上不断改进，质量不断提高，水性油墨必将取得越来越大的市场份额。

3. 柔性版印刷油墨将会有一定进展，过去在中国影响柔版印刷快速发展的最大障碍是柔性版材没有国产货，进口版材价格奇高。柔性版材已经实现国产化，进口版材价格也大幅下降，这必将促进柔性版印刷在我国快速发展，柔性版印刷油墨的需求也会快速增长。

4. 喷墨印刷专用油墨将会成为油墨发展的机遇，数字印刷技术的发展将带动喷墨技术应用于印刷，喷墨印刷将是未来印刷发展的亮点，而喷墨印刷专用油墨未来也将会有较大发展。抓住印刷技术发展的脉搏，为印刷业提供优质合格、适销对路的油墨产品将是油墨生产企业的重要课题。

5. 环保油墨得到了重视。近年来，旨在保护环境、保护人身健康的“绿色印刷”的理念日益受到人们的重视。油墨是当今印刷过程中较大的污染源，传统油墨的生产过程和使用都会对环境和人的健康带来影响。开发研制无污染或降低有害程度的新型油墨是油墨行业面临的一个艰巨任务。近年，我国油墨企业一方面改造生产环境，减少生产过程对人健康的危害和环境的污染，另一方面进行环保油墨新产品的研发，已经取得了较大成果。但是，环保型油墨在整个油墨总产量当中占的比例还较低，今后环保型油墨将成为油墨生产企业重点的发展项目。醇溶性油墨、大豆油墨、UV 油墨、水性油墨等使用量会越来越大，应用范围也会越来越广，这将为油墨企业生产方向起到明确的导向作用，环保型油墨将成为油墨生产企业重点的发展方向。

三、胶印版材

（一）2012 年胶印版材的基本状况

2012 年胶印版材行业有卷筒式生产线的企业近 60 家，正常生产的生产线 80 多条。产品除满足国内需求外，还大量出口，产品行销全世界 100 多个国家和地区。目前，我国是世界上胶印版材生产量最大的国家，各种版材总生产能力约为 4 亿多平方米，2012 年实际生产量 3.71 亿平方米，年生产总值 86 亿多元人民币。2012 年胶印版材生产销售及出口量情况详见表 8。

表 8　2012 年胶印版材生产销售及出口量情况

	实际生产量（亿平方米）	同比增长（%）	总销售量（亿平方米）	同比增长（%）	全年销售额（亿元）	同比增长（%）	其中出口量（亿平方米）	同比增长（%）
总计	3.71	–	3.60	– 0.43	86.1	– 1.24	1.23	10.36
PS 版	1.51	– 22	1.49	– 22	31.2	– 23		
CTP	2.20	23	2.11	23	54.9	17		

我国胶印版材行业起步于 80 年代初，30 多年时间，从无到有，今天成为世界最大的生产国，经过了高速发展的历史。前十几年版材总产量年平均增长率可达 20% 以上。但 2011 年受印刷市场低迷影响，胶印版材年增长率仅为 7%，2012 年继续下滑，销售额增长率则成为负数。主要是传统 PS 版产品产量下降较大，接近 22% 之多，而 CTP 版则增长 23% 以上。这一现象表明继 2010 年的"CTP 年"之后，2011 年、2012 年胶印版材行业技术升级换代的趋势更加明朗。作为印前新技术代表的 CTP 制版技术已经被广泛采用，整个胶印版材行业转型升级已被快速推进。

（二）2012 年 CTP 版材的突出进步

1. CTP 版的产销量均超过了 PS 版。

2012 年 CTP 版生产量和销售量的绝对数量获得了大丰收，2011 年在我国本土实际生产的 CTP 版材的数量已达 2.2 亿平方米，总销售量已达 2.11 亿平方米，这一数字比 2011 年的 1.78 亿平方米和 1.71 亿平方米分别都增长了 23% 以上。这一增长率虽然赶不上前两年的每年 40% 以上的增长率，但增长率仍然超过了 20%。造成增长率稍减的原因之一是受到 CTP 制版机新增装机量的影响，2010 年和 2011 年两年间新增制版机约为 2500 台，而去年 CTP 制版机新装机量大约在 1000 台以内，这是影响到 CTP 版产量的增速的原因之一；其次，绝对值基数大了对增速的百分比也会有一定影响。图 1 为 2010—2012 年 PS 版产销量变化图，图 2 为 2010—2012 年 CTP 版产销量变化图。

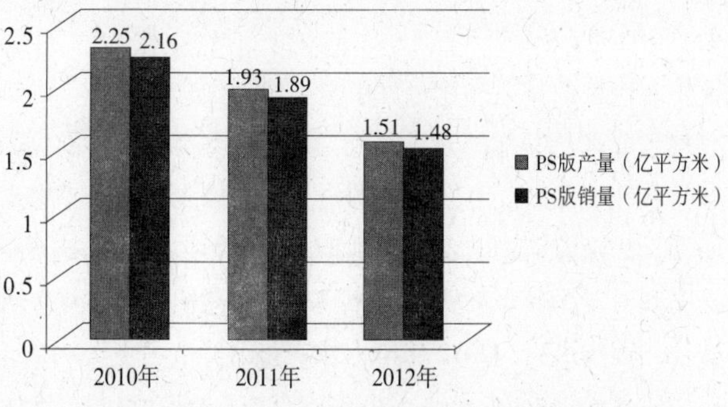

图 1　2010—2012 年 PS 版产销量变化图

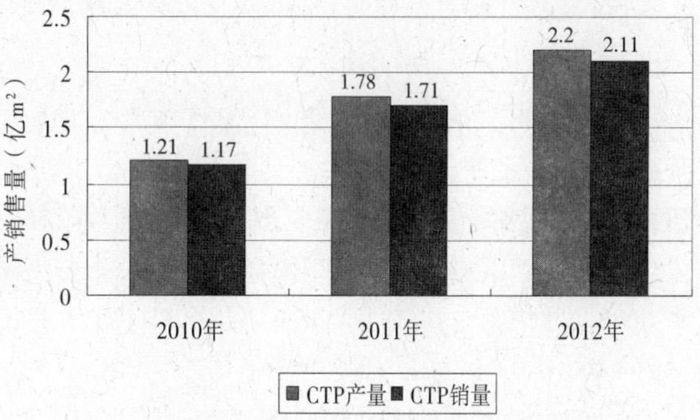

图 2　2010—2012 年 CTP 版产销量变化图

从两张图可以看出 PS 版 2010—2012 年三年间产销量连年下降，CTP 版三年间连续上升，并且在绝对值上完全超过了 PS 版。

2. 2012 年 CTP 版的国内使用量首次超过了 PS 版。

从 2010—2012 年的三年中，CTP 版和 PS 版的总销售量大约在 3.34 ~ 3.6 亿平方米之间，其中在国内这三年的销售量分别为 2.1 亿平方米、2.4 亿平方米、2.2 亿平方米。也就是说在国内两种版材三年的总销售量变化不大，而这几年国内两种版材的消费比例却出现了较大变化。其中 PS 版早在 2008 年以来国内的使用量就没有明显增加，每年大约在 1.5 亿平方米左右。而 CTP 版的使用量连年递增，其中 2010 年使用量达到总版材量的 30%，2011 年上升至 46%，此时 CTP 版的使用量仍没有达到总量的 50%，也就是在 2012 年之前 PS 版仍然占据着主导地位。而 2012 年则发生了根本的变化，PS 版使用量下降至 44%，CTP 版使用量达到了 56%，首次超过了 PS 版。图 3 为 2010—2012 年

PS 版和 CTP 版在国内消费量对比。

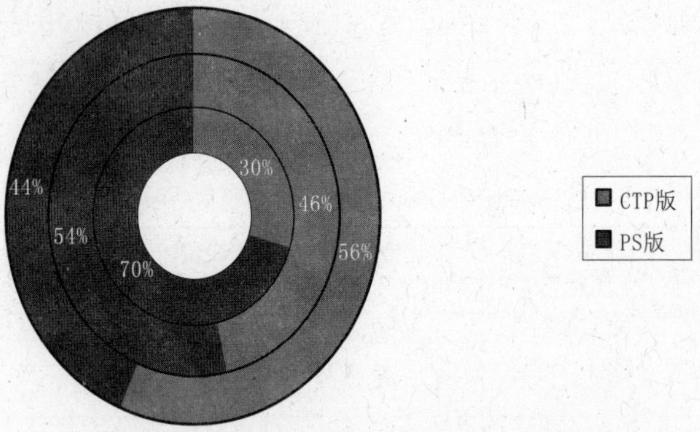

图 3　2010—2012 年 PS 版和 CTP 版在国内消费量对比

注：从内圈至外圈分别为 2010 年、2011 年和 2012 年。

3. 2012 年 CTP 版出口数量首次超过了 PS 版。

从胶印版材的总体的外销量来看，除了 2009 年因国际金融危机导致外销量减少外，其余年份都呈不同程度的增长。根据中国印刷及设备器材工业协会对行业内的统计，2008 年外销量为 1.01 亿平方米，2009 年外销量为 0.91 亿平方米，2010 年外销量 1.16 亿平方米，2011 年外销量为 1.12 亿平方米，2012 年达到 1.37 亿平方米，创历史新高。虽然总体外销量在上升，实际上两种版材却发生了显著变化。多年来我国一直以 PS 版为主，每年都在 6000 万平方米左右，然而 2010 年开始 PS 版的外销量一路下滑，2011 年则达到近几年的新低，为 5187 万平方米。而 CTP 版的出口量除了 2009 年受金融风暴影响有所降低外，基本上是连年递增的，2011 年更是达到了新高，一举超过了 PS 版的外销量。图 4 为 2008—2012 年 PS 版材和 CTP 版材的外销量变化曲线图。

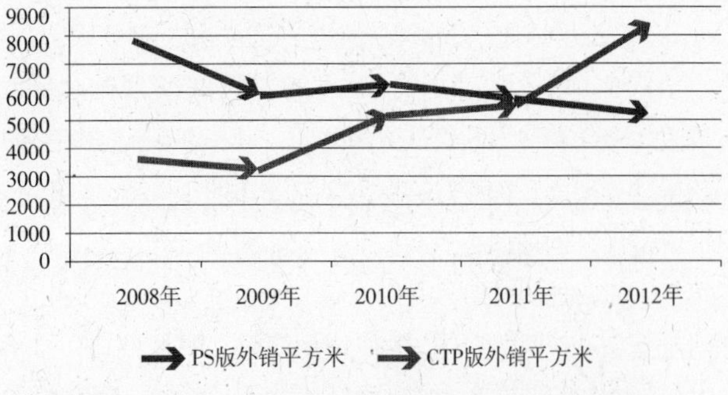

图 4：2008—2012 年 PS 版材和 CTP 版材的外销量变化曲线图

注：双线为 PS 版的外销量，单线为 CTP 版的外销量。

2012 年 CTP 版销售额也占到了胶印版材总销售额的 64% 左右。可以说，我国 CTP 版在胶印版材中已占据主导地位，并且会进一步快速发展，占据更多的市场份额。从以上数据还可以得出，国产胶印版材的质量水平和价格水平在国际市场上是有竞争力的，是受到国内外用户广泛欢迎的。当然我们也要看到，在国际市场中价格和质量的竞争仍然是比较激烈的，如何提高高端产品的份额，仍是我们需加强的问题。

4. CTP 版材的多品种化有待进一步提高。

在 CTP 版的品种方面，目前国产 CTP 版的类型包含热敏版、光敏版、UV 版、喷墨版等所有类型，销售比例中热敏版约占近 70%，UV-CTP 版占 25%，其余类型占 5%。应当指出 UV-CTP 版在节省胶片和免除晒版拷贝方面是和 CTP 版一样的，所以容易被用户采用，但这种版材与严格意义上的 CTP 版还有差距，有待进一步提高技术水平。目前，我国计算机直接制版已有相当规模，毫无疑问中国 CTP 技术的发展速度将是空前的，正在努力接近发达国家的印刷水平。因此，在版材的新品种上还需要下功夫，尤其是更加环保的免冲洗版材需要加快研发进度和增加使用率，这样才能成为印刷版材的强国。

四、制版软片

2012 年国内制版软片生产 1211 万平方米，比 2011 年增长了 14%。由于计算机直接制版技术的发展，制版软片的整体需求量逐年减少，但需求的绝对数量仍很可观。国内生产能力严重不足，还需大量进口，估计每年仍需进口一、二千万平方米。国内能够生产软片的企业过少，形成规模化生产的只有乐凯华光印刷科技有限公司一家。近年，国内制版软片价格上升较快，从一个方面促进了印前 CTP 技术的发展和普及，CTP 的成本优势也越发明显。由于制版软片需求逐步下降，企业对这种夕阳产业投资动能不足，不愿大量投资，增加了行业发展前景的不确定性。

五、印刷橡皮布

2012 年，印刷橡皮布总销量为 142 万平方米，比 2011 年有所下降，销售额 3.78 亿元，比 2011 年下降了 6%。其中出口 24 万平方米，比 2011 年减少了 48%。

印刷橡皮布是印刷过程中传递图文信息的中介，是印刷机重要且易损耗的组成部分，其性能直接影响印刷机的运行和印刷品的质量。目前国内有普通橡皮布和气垫橡皮布两种。随着印刷装备、印刷工艺和承印物质量水平不断提高，对于橡皮布的要求也相应提高，高档气垫橡皮布所占比例逐步提高。2012 年国内橡皮布消费市场中气垫橡皮布约占 85% 左右，普通实垫橡皮布约占 15% 左右。国内

（下转第 53 页）

2012年我国印刷设备、器材进出口数据分析报告

刘万瑞

一、印刷设备、器材进出口概况分析

2012年印刷设备、器材进出口总金额为51.8686亿美元（总额含柔性版分项，同比时不计），较2011年的51.1201亿美元增长1.14%，其中进口30.3835亿美元，下滑4.87%；出口21.4851亿美元，增长11.05%。详细数据见表1。

表1　2012年、2011年印刷设备器材进出口情况对比

（单位：亿美元）

项目	2012年		2011年		同比增长（%）	
	进口	出口	进口	出口	进口	出口
设备器材总额	30.3835	21.4851	31.7840	19.3361	–4.87%	11.05%
印刷设备	26.3435	15.4777	27.4714	13.5388	–4.11%	14.32%
印前	0.7734	1.4085	1.0098	1.5062	–23.41%	–6.49%
印后	2.4287	2.0290	2.4439	1.8718	–0.62%	8.40%
印刷机	17.4739	9.6868	19.0948	7.5788	–8.49%	27.81%
胶印机	10.0844	0.7739	11.1142	0.7366	–9.27%	5.06%
其他常规印刷机	4.0153	2.3386	4.6986	2.0133	–14.54%	16.16%
数字式印刷机	3.3741	6.5743	3.2821	4.8289	2.80%	36.14%
辅机、零件	5.6675	2.3535	4.9229	2.5820	15.13%	–8.85%
印刷器材	4.0399	6.0074	4.3126	5.7973	–6.32%	3.36%
印刷油墨	3.7071	1.1119	4.1178	1.1621	–9.97%	–4.32%
胶印版材	0.1848	4.8796	0.1948	4.6353	–5.13%	5.27%
柔性版	0.1480	0.0160				
参考项						
非数字印刷体系	14.9289	3.6289	16.6100	3.3039	–10.12%	9.84%
数字印刷体系	8.2125	8.4113	7.4078	6.8568	10.86%	22.67%
软片	5.0587	0.3860	6.1433	0.7864	–17.66%	–3.86

从表1，我们可以看出：

1.“印刷制版软片”以“软片”名称保留但被列为参考项。

2011年及以前的统计均把印刷制版软片列入印刷器材大项中。近年来由于“CTP”技术的进步与普及，印刷制版软片的实际使用量有大幅度下降，进口数量理应处于下滑状态。但海关进口数据却较为平稳、仅见小幅“上扬”或“下挫”。经调查、研究发现，在同一商品名称下进口的“印刷制版软片”实际有三个用途：印刷制版、医疗卫生、印制线路板。毫无疑问，印刷制版软片在印刷领域确实还在

用。鉴于此，为确切地反映实际情况，2012 年缩减了统计品种，同时将其列为“参考项”，名称改为“软片”。

2. 新增统计内容。

税号：37013025，2012 年海关新设，商品名称为柔性树脂版。

税号：84439921，由于长时间沿用“2007 年版本”税目，尽管期间也作了一些调整，但仍有遗漏，比如税号 84439921（数字印刷用热敏打印头），2012 年“总结”及 2013 年统计将其列入统计范畴。

两个体系：面对“数字印刷体系”的“崛起”和“非数字印刷体系”的“不振”，报表将这两个体系作为参考项列入总表，以期引起大家的关注。

3. 两个体系内涵的界定。

非数字印刷体系：

印刷机，胶印机（所有税号）+ 其他常规印刷机（所有税号）。

辅机零件，卷筒料给料机（84439111）+ 其他印刷用辅助机器（84439119）+ 用 8442 所列印版等印刷的机器用其他零件附件（84439190）。

数字印刷体系：

印刷机，数字式印刷机（所有税号）。

辅机零件，数字印刷设备用辅助机器（84439910）+ 数字印刷设备用热敏打印头（84439921）+ 数字印刷设备的其他零件及附件（84439190）。

二、进出口国（地区）地域分布情况分析

该部分数据基本上是以“贸易国”分类的统计数据，如以“产销国”分类则另当别论，尤其是进口，差距较大。

印刷设备器材出口已经遍布全球，从表 2、表 3 数据可以看出，占最大比重的是亚洲。深入分析可以说明，一是出口目的地所占比重与整个世界印刷业市场分布不合拍；二是出口的国家和地区很多，但明显可以看出有相当多的国家和地区处于试探性外销；成熟的销售市场有待于继续开发。从表 3 看出中国香港排在第一位，其原因是除了满足中国香港市场自身的需求外，它还起到了“集散地”的作用。

相对于出口，进口“原产地”相对集中的多，同样中国香港还是充当一个“转运站”的角色。

表 2　2012 年印刷设备器材出口地区金额比重

	亚洲	非洲	欧洲	拉丁美洲	北美洲	大洋洲
占比重（%）	59	4	18	7	10	2

表 4　2012 年印刷设备器材进口“原产地”各大洲所占金额比重

	亚洲	欧洲	北美洲
占比重（%）	52	42	6

表 3　2012 年印刷设备器材出口目的国（地区）金额比重前十名

	中国香港	美国	日本	荷兰	韩国	印度	印尼	泰国	中国台湾	德国
占比重（%）	11.64	9.23	7.67	5.27	4.87	4.83	4.56	3.62	3.50	2.92

表 5　2012 年印刷设备器材进口“原产地”（国家、地区）金额比重前十名

	日本	德国	中国香港	荷兰	美国	中国台湾	爱尔兰	意大利	英国	中国
占比重（%）	22.70	19.02	11.14	6.70	5.38	5.31	5.07	3.30	2.90	2.84

三、印刷设备器材进口数据列表

表 6　印前设备

（单位：万美元）

商品名称	单位	2012 年		同比增长（%）	
		数量	金额	数量	金额
铸字机	台	13	8	18.18	7.87
机直接制版设备	台	491	3785	–0.41	–24.95
其他制版机器、器具及设备	台	192	418	8.47	–41.60
品目 8442 其他的机器、器具及设备	台	43	103	645.38	1.48

（续）

商品名称	单位	2012 年		同比增长（%）	
		数量	金额	数量	金额
制版用机器、器具及设备的零件	吨	196	1153	-31.77	-36.45
印版、滚筒等；制成供印刷用的板	吨	1109	2268	25.10	-6.24
合计			7734	11.17	-23.43

表 7　印后设备

（单位：万美元）

商品名称	单位	2012 年		同比增长（%）	
		数量	金额	数量	金额
锁线装订机	台	78	852	47.17	18.29
胶订机	台	197	2120	-16.53	-20.74
其他书本装订机器	台	1067	3057	-44.31	-17.51
书本装订机器的零件	千克	51017	347	-53.52	-40.56
切纸机	台	5015	13441	9.40	-0.48
制造包、袋和信封的机器	台	64	2723	39.13	156.56
切纸机零件	千克	706387	1747	-22.71	-20.09
合计			24278	-26.02	-0.62

表 8　印刷机进口

（单位：万美元）

商品名称	单位	2012 年		同比增长（%）	
		数量	金额	数量	金额
胶印机					
卷取进料式胶印机	台	37	8284	8.82	44.43
办公室用片取进料式胶印机	台	1	<1	-66.67	-96.10
平张纸进料式单色胶印机	台	17	75	240.00	494.96
平张纸进料式双色胶印机	台	13	583	0	-31.33
平张纸进料式四色胶印机	台	620	35060	-22.60	-21.01
其他平张纸进料式胶印机	台	376	46867	-9.62	-16.68
未列名胶印机	台	115	9975	23.91	155.38
合计	台	1179	100844	-13.56	-9.27
其他常规印刷机					
卷取进料式凸版印刷机，不含柔印机	台	85	667	-31.45	-58.40
非卷取进料式的凸版印刷机，不含柔印机	台	76	1477	-18.28	12.24
苯胺印刷机	台	49	3688	-28.98	-17.38
凹版印刷机	台	81	14036	-11.96	2.29
圆网印刷机	台	43	2162	-46.25	-19.18
平网印刷机	台	2427	11052	38.13	24.60
其他网式印刷机	台	719	2939	-65.16	-70.03
未列名印刷机	台	8222	4131	-10.11	-8.75

（续）

商品名称	单位	2012 年		同比增长（%）	
		数量	金额	数量	金额
合计	台	11702	40153	-12.84	-14.54
数字式印刷机					
可连接的数字式喷墨印刷机	台	189603	23764	-6.16	5.02
可连接的数字式静电照相印刷机（激光印刷机）	台	2228	7548	-18.75	2.26
可连接的其他数字式印刷设备	台	2766	1353	-47.95	-1.17
数字式喷墨印刷机	台	557	704	-86.49	-37.39
数字式静电照相印刷机（激光印刷）	台	5	68	400.00	86.47
其他数字式印刷设备	台	3241	304	-53.62	8.65
合计	台	198400	33741	-10.32	2.80

表 9　辅机零件进口

（单位：万美元）

商品名称	单位	2012 年		同比增长（%）	
		数量	金额	数量	金额
卷筒料给料机	千克	139658	346	114.27	60.82
其他印刷用辅助机器	千克	8354215	1963	593.41	55.94
8442 所列印版等印刷的机器用	千克	1858720	5983	-55.30	-7.94
数字印刷设备用辅助机器	千克	57742	306	-8.42	2.59
数字印刷设备用热敏打印头	千克	404267	22441	0.91	8.10
数字印刷设备的其他零件及附件	千克	2048529	25637	67.01	20.25
合计			56675		15.12

表 10　印刷器材进口

（单位：万美元）

商品名称	单位	2012 年		同比增长（%）	
		数量	金额	数量	金额
印刷油墨	千克	24243832	37071	-25.62	-9.97
黑色印刷油墨	千克	2580906	5061	-44.08	-26.45
其他印刷油墨	千克	21662926	32010	-22.58	-6.67
胶印版材合计	M^2	1162016	1848	-19.08	-5.40
PS 版	M^2	329810	1040	-3.02	18.61
CTP 版	M^2	832206	808	-40.75	-24.43
柔性树脂版	M^2	217811	1480		
合计			40399		-9.76

四、印刷设备器材出口数据列表

表 11　印前设备

（单位：万美元）

商品名称	单位	2012 年		同比增长（%）	
		数量	金额	数量	金额
铸字机	台	2667	56	120.23	-30.83
计算机直接制版设备	台	1777	8173	0.79	-3.39
其他制版机器、器具及设备	台	2013	689	-8.46	-21.16
品目 8442 其他的机器、器具及设备	台	2610	174	140.33	39.60
制版用机器、器具及设备的零件	千克	117690	479	-13.03	-5.84
印版、滚筒等；制成供印刷用的板	千克	4571884	4514	-32.31	-9.98
合计			14085		-6.49

表 12　印后设备

（单位：万美元）

商品名称	单位	2012 年		同比增长（%）	
		数量	金额	数量	金额
锁线装订机	台	2798	129	-42.89	-18.04
胶订机	台	4890	501	-92.43	-11.32
其他书本装订机器	台	193271	1671	52.62	8.82
书本装订机器的零件	千克	142123	128	-41.48	-12.11
切纸机	台	3310891	13240	19.44	4.53
制造包、袋和信封的机器	台	2002	3285	28.91	56.06
切纸机零件	千克	1843437	1336	-10.54	-13.46
合计			20290	4.29	8.37

表 13　印刷机

（单位：万美元）

商品名称	单位	2012 年		同比增长（%）	
		数量	金额	数量	金额
胶印机					
卷取进料式胶印机	台	218	2629	43.42	6.81
办公室用片取进料式胶印机	台	1014	3	3068.75	63.41
平张纸进料式单色胶印机	台	325	299	-12.40	-6.11
平张纸进料式双色胶印机	台	84	112	2.44	-27.84
平张纸进料式四色胶印机	台	46	1009	-19.30	-3.42
其他平张纸进料式胶印机	台	203	2844	69.17	12.79
未列名胶印机	台	1351	843	67.61	-2.26
合计	台	3241	7739	99.69	5.06
其他常规印刷机					
卷取进料式凸版印刷机，不包括柔印机	台	1127	1769	18.63	19.85
非卷取进料式的凸版印刷机，不包括柔印机	台	240	1191	-28.57	-16.64

（续）

商品名称	单位	2012 年		同比增长（%）	
		数量	金额	数量	金额
苯胺印刷机	台	609	2385	-10.70	30.19
凹版印刷机	台	1825	4821	1.33	44.59
圆网印刷机	台	602	580	52.02	3.80
平网印刷机	台	8113	3294	-60.89	40.37
其他网式印刷机	台	1106	992	-36.50	10.22
未列名印刷机	台	79284	8352	-4.95	1.16
合计		92906	23386	-15.58	16.16
数字式印刷机					
可连接的数字式喷墨印刷机	台	229791	62292	32.39	44.35
可连接的数字式静电照相印刷机（激光印刷机）	台	1883	1140	-6.92	4.26
可连接的其他数字式印刷设备	台	2251	327	-67.38	25.74
数字式喷墨印刷机	台	3811	1019	-50.65	-62.43
数字式静电照相印刷机（激光印刷机）	台	5	5	66.67	9.23
其他数字式印刷设备	台	9450	961	-6.84	-9.99
合计	台	247191	65743	23.39	36.14

表 14　辅机零件

（单位：万美元）

商品名称	单位	2012 年		同比增长（%）	
		数量	金额	数量	金额
卷筒料给料机	千克	176116	58	380.09	327.54
其他印刷用辅助机器	千克	2699174	2491	-22.51	-3.57
用 8442 所列印版等印刷的机器用	千克	4158595	2616	0.25	-11.15
数字印刷设备用辅助机器	千克	198216	202	-7.92	-36.85
数字印刷设备用热敏打印头	千克	230699	10216	5.49	-0.69
数字印刷设备的其他零件及附件	千克	2403218	7952	-3.10	-17.79
合计		9866018	23535	-6.77	-8.58

表 15　印刷器材出口

（单位：万美元）

商品名称	单位	2012 年		同比增长（%）	
		数量	金额	数量	金额
黑色印刷油墨	千克	3204221	1559	-31.62	-27.85
其他印刷油墨	千克	21537973	9560	-3.90	1.06
合计	千克	24742194	11119	-8.69	-4.32
PS 版	m^2	69927430	20173	-5.82	-3.84
CTP 版	m^2	63273850	28623	29.17	12.87
合计	m^2	86270431	48796	9.23	5.29
柔性树脂版	m^2	36966	160		

五、结论

大体来讲，在世界经济疲软、中国经济发展速度放缓的严峻形势下，2012 年印刷设备器材进出口形势还是相当不错的，尽管进口有些下滑，但出口仍有 10% 以上的增长速度。影响比较大的是印刷机的进出口，作为整体其进口下滑 8.51%，但出口增长 27.83%。辅机零件，尤其是与数字印刷相关的辅机零件，进口增长、出口下滑是否可以认为是国内需求（含外销和内需）的强劲增长。胶印版材尽管出口受到很大阻力，在近年连续增长的情况下，2012 年仍实现了 5% 的增长势头。

1. 非数字印刷体系和数字印刷体系。

称作两个体系不一定确切，主要是想表达这个意思。本文上述曾用“数字印刷体系”的“崛起”和“非数字印刷体系”的“不振”这句话来形容现在两个体系的发展态势。图 1 给出了 2010 年—2012 年两个体系进出口的金额情况，应该说“崛起”和“不振”在图中表现得还是比较明显的。

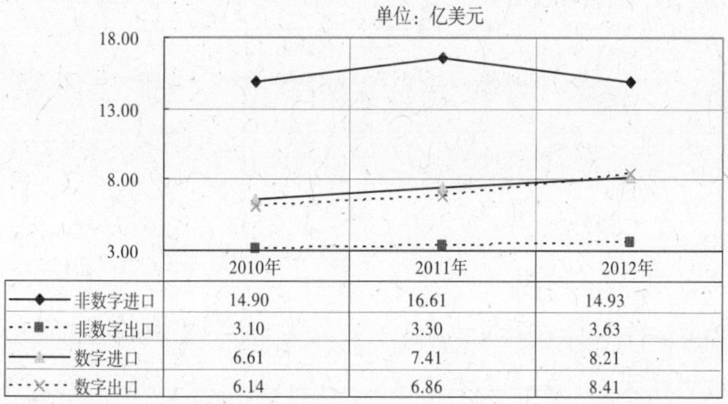

图 1　数字印刷体系和非数字印刷体系近三年进出口形势图

2. 数字式喷墨印刷机。

按海关分类，数字印刷机共三大类，数字式喷墨印刷机、数字式静电照相印刷机（激光印刷机）、其他数字式印刷设备，其中每类又分成“可与数据处理装置或网络连接”和没有此注释的两个品种。在这六个品种中“可与数据处理装置或网络连接的数字式喷墨印刷机”的进出口数量、金额均占相当大的比重。该机进口占六种机型总进口数量的 95.56%、进口金额占总金额的 70.43%；该机出口数量占总出口数量的 92.96%、出口金额占总金额的 94.75%。

辅机零件进出口中，用于喷墨印刷机的也占有很大份额。84439921（热敏打印头）全部用于喷墨印刷机，另一个用得更广泛也是我们熟知的“压电式打印头”也以十位数税号的形式存在于 84439929 种。

从进出口金额所占比例足可以看出可与数据处理装置或网络连接的数字式喷墨印刷机在印刷机中的重要性。

表面看来，喷墨印刷对占压倒优势的胶印印刷影响不大。喷墨印刷的业务大部分对传统胶印来讲是新兴的或不甚重要的，如标书、菜单、样稿等。又如照片（图片）、商品促销广告、户外广告等，影响最大的可能是带有可变数据的印刷。从这个角度讲，喷墨印刷和胶印印刷两个是互补的，可以在印刷领域各自发挥自己的优势。

喷墨印刷属非接触式印刷，“承印物”更为广泛，其材质、形状、表面等对“印刷过程”均构不成太大限制，而传统胶印在这些领域则是“望尘莫及”。

再看一下 3D 打印的发展情况，即目前最受推崇的喷墨打印技术。

它是一种以数字模型文件为基础，运用粉末状金属或塑料等可粘合材料，通过逐层打印的方式来构造物体的技术。它通常是采用数字式打印机来实现。软件通过电脑辅助设计技术（CAD）完成一系列数字切片，并将这些切片的信息传递到 3D 打印机上，后者会将连续的薄形层面堆叠起来，直到一个固态物体成型。它与传统打印机最大不同在于其“墨水”是实实在在的原材料。

由喷墨印刷机进出口情况分析国内生产现状。

有一点是肯定的，国内没有喷墨头（打印头）的生产企业，无论其企业性质（国有、外商独资、合资、私企等）如何，全部依赖进口，而他又是制造喷墨印刷机的核心。

按企业性质属性来讲，喷墨印刷机的出口业务集中在外商独资、合资企业中。

表 16　喷墨印刷机出口企业分布（按企业性质）

企业性质	出口数量（台）	出口金额（美元）	占数量（%）	占金额（%）
国有企业	52934	126791827	23.04	20.35
中外合资企业	738	9133833	0.32	1.47
外商独资企业	163317	363476820	71.07	58.35
集体企业	245	1732752	0.11	0.28
私人企业	12553	121770716	5.46	19.55
个体工商户	4	9540	<0.01	<0.01
总计	229791	622915488	100.00	100.00

从事出口业务的国有企业约为 74 家，但经营性企业（外贸、仓储、物流等）占 48 家，有 19 家从名称来看不属印刷及制造业，还有 7 家不能作出明确判断，但即使是这类印机生产企业，其出口数量也仅为 48 台，所占比重很小。

进出口数据不是生产数据，但基本上可以反映出其整体布局。

重要的行业，或将来对“国计民生”具重大影响的行业，国有生产企业的“缺席”将不利于产业的健康发展。

3. 胶印版材。

图 2 显示了 2008 年—2012 年胶印版材出口的情况。

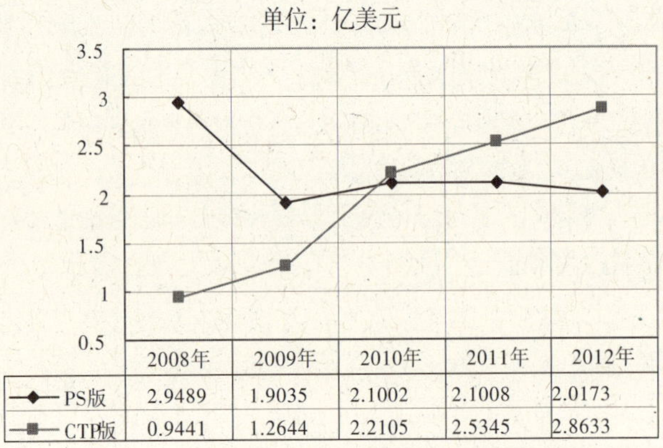

图 2　2008–2012 年胶印版材出口金额

近年胶印版材出口一直处于增长态势，但幅度不大。自 2010 年双方处于一个“交汇点”后，CTP 版一直处于上升态势、PS 版则处于下滑态势，这也符合“CTP”技术进步的潮流。

我国已经是世界范围内胶印版材生产、出口大国。

纵观国内生产企业的出口，外商独资及合资企业占出口金额的 54%，私人企业以其庞大的群体占出口金额的 23%，少数国营企业的集合占 20%。

私营企业一般规模较小、群体数量大，面对激烈的市场竞争，合并、重组势在必行，这一趋势已经显现。

为企业生存而产生的竞相降价、竞相出口的势头越来越激烈，国外“反倾销”事件也屡见不鲜，业内建立“竞争规则”的呼声越来越高。

4. 软片。

2012 年缩小了税号统计范围，仅追踪 4 个税号，其进出口金额占总量的 80% 左右。在更详细的跟踪中发现，确有医疗卫生单位进口，总金额在 45% 左右；多层线路板制造单位进口不足 2%。上述数据仅仅是给出了一个定性的结论：进口的“印刷制版软片”确实如我们原来预料的那样应用在三个领域，但由于“进口企业”不等同为“使用单位”，故仍难以给出各领域的准确用量。

表 17　胶印机、喷墨印刷机、胶印版材进出口分类统计表

（单位：万美元）

胶印机进口原产地前十名

产销国（地区）	进口金额	占比（%）
德国	66224	65.67
日本	25470	25.26
美国	2613	2.59
法国	2302	2.28
英国	1645	1.63
瑞典	905	0.90
韩国	722	0.72
捷克	658	0.65
中国	96	0.09
台澎金马单独关税区	68	0.07
总计	100844	100.00

胶印机出口目的地前十名

产销国（地区）	出口金额	占比（%）
美国	746	9.64
印度尼西亚	624	8.07
印度	501	6.48
南非	488	6.30
泰国	377	4.87
日本	306	3.96
尼日利亚	305	3.95
英国	269	3.47
越南	261	3.37
朝鲜	256	3.32
总计	7739	100.00

按省市统计胶印机进口前十名

省份	进口金额	占比（%）
江苏省	19950	19.78
广东省	18959	18.80
北京市	16506	16.37
上海市	12712	12.61
浙江省	10224	10.14
福建省	5028	4.99
山东省	2503	2.48
四川省	2339	2.32
陕西省	2105	2.09
安徽省	2048	2.03

按省市统计胶印机出口前十名

省份	出口金额	占比（%）
广东省	2877	37.19
上海市	2527	32.67
浙江省	614	7.93
江苏省	607	7.85
山东省	319	4.12
辽宁省	243	3.14
北京市	219	2.83
黑龙江省	101	1.31
陕西省	69	0.89
福建省	24	0.32

按企业所有制统计胶印机进口

企业性质	进口金额	占比（%）
私人企业	43121	42.76
国有企业	31880	31.61
外商独资企业	16920	16.78
中外合资企业	6560	6.51
集体企业	2180	2.16
中外合作企业	183	0.18

按企业所有制统计胶印机出口

企业性质	出口金额	占比（%）
私人企业	4603	59.50
中外合资企业	1812	23.42
外商独资企业	782	10.11
国有企业	520	6.72
集体企业	19	0.25

两种喷墨印刷机进口

产销国	进口金额	占比（%）
日本	6537	26.72
中国	3201	13.08
美国	2287	9.35
法国	1879	7.68
印度尼西亚	1723	7.04
马来西亚	1528	6.24
以色列	1326	5.42
意大利	918	3.75
泰国	882	3.60
韩国	774	3.17
总计	24468	100.00

两种喷墨印刷机出口

产销国（地区）	出口金额	占比（%）
美国	11910	18.81
荷兰	8315	13.13
中国香港	8154	12.88
日本	6035	9.53
德国	4375	6.91
印度	3324	5.25
巴西	2308	3.65
泰国	2015	3.18
墨西哥	1827	2.89
新加坡	1387	2.19
总计	63310	100.00

按省份统计两种喷墨印刷机进口前十名

省份	进口金额	占比（%）
上海市	9752	39.85
北京市	9081	37.11
广东省	3016	12.33
江苏省	713	2.91
浙江省	607	2.48
山东省	538	2.20
福建省	323	1.32
天津市	165	0.68
重庆市	81	0.33
四川省	61	0.25
合计	24468	100.00

按省份统计两种喷墨印刷机出口前十名

省份	出口金额	占比（%）
广东省	35097	55.44
江苏省	10955	17.30
上海市	9022	14.25
浙江省	2373	3.75
辽宁省	1738	2.74
安徽省	1361	2.15
北京市	926	1.46
福建省	315	0.50
四川省	252	0.40
新疆维吾尔自治区	230	0.36
合计	63310	100.00

综

述

按所有制统计两种喷墨印刷机进口

企业性质	进口金额	占比（%）
外商独资企业	15488	63.30
私人企业	5487	22.43
国有企业	2787	11.39
中外合资企业	479	1.96
集体企业	219	0.90
中外合作企业	8	0.03

按所有制统计两种喷墨印刷机出口

企业性质	出口金额	占比（%）
外商独资企业	36530	57.70
国有企业	12842	20.28
私人企业	12723	20.10
中外合资企业	1032	1.63
集体企业	178	0.28
个体工商户	1	<0.01

胶印版材出口目的地前十名

产销国（地区）	出口金额	占比（%）
韩国	7132	14.62
台澎金马单独关税区	4024	8.25
马来西亚	3231	6.62
印度尼西亚	3100	6.35
中国香港	2551	5.23
澳大利亚	2403	4.92
泰国	2263	4.64
日本	2260	4.63
印度	2208	4.52
俄罗斯联邦	2136	4.38
总计	48796	100.00

按省份统计胶印版材出口前十名

省份	出口金额	占比（%）
江苏省	10825	22.19
河南省	8126	16.65
福建省	8063	16.52
上海市	7258	14.87
河北省	4657	9.54
浙江省	3970	8.13
四川省	2602	5.33
北京市	890	1.82
重庆市	528	1.08
广东省	382	0.78

按企业性质统计胶印版材出口

企业性质	出口金额	占比（%）
外商独资企业	26199	53.69
私人企业	11410	23.38
国有企业	9550	19.57
集体企业	1198	2.46
中外合资企业	439	0.90

附加说明：

1. 本报告中所提2012年我国印刷设备、器材进出口有关数据，参见“海关统计”栏目中“2012年我国进出口印刷机械、器材数量、金额统计总表”。

2. 本报告所指的印刷设备、器材进出口的数据统计只是在一定时间段、一个固定范围内的统计值，因此报告的目的是为大家提供一个相对固定范围的统计值，以了解这个领域进出口的发展趋势。首先，它并非涵盖全部内容。比如印刷设备中的模切机、烫金机，器材中的橡皮布、电化铝、薄膜，感光材料后处理及印刷过程中使用的化学品或部分或全部未含在其中。其次，含非印刷用品。即使是统计范围内商品也含有非印刷“用品”，比如现在呼声最高的“3D”打印机或其大部分即含在数字式印刷机中，制版软片也并非是“印刷制版”的专用品。但同样无法对其进行拆分。最后，税号变化。海关每年均对商品及税号进行变动，或重新划定出若干个范围，或推出若干个新商品，这也是我们的统计范围会经常出现变化的原因，但这些变化会在年度、月度、环比及同比数据中得以体现。

3. 2012年将海关新设税号37013025（柔性印刷版）纳入统计范畴，该商品当年实现进口1480万美元，出口160万美元；2012年“年终总表”将税号84439921（数字印刷设备用热敏打印头）纳入统计范畴，该商品当年进口2.2441亿美元，出口1.0216亿美元；由于商品“印刷制版软片”已经名不符实，2012年虽还保留在统计范畴内，但品种减少并将其列为参考项，同时更名为“软片”；面对“数字印刷体系”的“崛起”和“非数字印刷体系”的“不振”，报告中将两个体系数据列出，以期引起大家的关注。

4. 报告中的同比数据（与上年同期比较）已经考虑了上述因素。

（作者系中国印刷及设备器材工业协会副秘书长）

2012年度全国报纸印刷量及制版量调查统计报告

中国报业协会印刷工作委员会

2012年度全国报纸印刷总印量的调查范围为中央各报、各省市自治区、计划单列市、经济特区及部分地市报纸印刷厂共计146家，年报纸总印刷量为1141.09亿印张。

本次调查的范围与2011年相同，调查的总印刷量应占全国报纸总印刷量的70%。以此计算，2012年度全国报纸印刷总印量为1630亿印张，较2011年的1678亿印张降低2.86%。全年耗用新闻纸366万吨，较2011年的377万吨降低2.92%。全国报纸年度总印刷量，经历了2008年、2009年两年的下降和2010、2011两年的增长后，2012年度全国报纸总印刷量有接近3%的下降幅度。

报纸印刷量统计表，以年印刷量由大到小顺序排列。为了便于分析各地区的情况，2012年仍按地区、省市，分别列了汇总表。经分析有如下一些特点：

1. 2012年印刷量负增长的单位有67家，占146家单位的46%。而2011年印刷量负增长的单位仅为28家，只占调查企业总数的19%。

2. 从印刷量的分档汇总看，2012年印刷量在10亿印张以上的企业总印刷量较2011年下降4.40%，其中负增长的单位有26家，占37家单位的70%。在2011年负增长单位仅为5家，只占14%。2012年年印刷量在10亿印张以下的各档均为正增长。

3. 从全国31个省、市、自治区的年印刷量看，印量正、负增长的基本各占50%。其中广东省、江苏省、上海市、海南省、四川省、重庆市、辽宁省、吉林省下降较多，湖北省、西藏自治区、青海省、甘肃省、河北省增加较多。

4. 从全国六大区域看，东北地区、华东地区、中南地区和西南地区是负增长，西北地区增长较大，华北地区基本持平。

表1　2012年度全国主要报纸印刷量调查汇总表

2012年印刷量分档	家数	2012年印刷量		2011年印刷量（亿对开印张）
		亿对开印张	较2011年增长（%）	
10亿印张以上	37	756.11	-4.40	790.88
5亿—10亿印张	33	240.23	1.03	237.79
2亿—5亿印张	32	100.90	0.53	100.37
1亿—2亿印张	21	30.99	3.30	30.00
1亿印张以下	23	12.86	6.81	12.04
合计	146	1141.09	-2.56	1171.08

注：表中印刷量分档具体内容详见“分类统计”栏目中“2012年全国报纸印刷厂报纸年印刷量统计表”。

表2　2012年度全国各地区报纸印刷量分布统计表

地区	省市	单位数量		2012年省市分列		2012年地区合计		2011年省市分列（亿印张）	2011年地区合计（亿印张）
		省市	地区	印量（亿印张）	较2011年增长（%）	印量（亿印张）	较2011年增长（%）		
	北京	13		89.62	-2.17			91.61	
	天津	2		28.58	1.67			28.11	
华北地区	河北	11	34	27.35	5.84	167.54	0.18	25.84	167.24
	山西	3		15.31	1.80			15.04	
	内蒙古	5		6.68	0.60			6.64	
	辽宁	5		54.45	-5.19			57.43	
东北地区	吉林	3	12	13.63	-5.08	95.29	-3.41	14.36	98.65
	黑龙江	4		27.21	1.30			26.86	

（续）

地区	省市	单位数量		2012 年省市分列		2012 年地区合计		2011 年省市分列（亿印张）	2011 年地区合计（亿印张）
		省市	地区	印量（亿印张）	较 2011 年增长（%）	印量（亿印张）	较 2011 年增长（%）		
华东地区	上海	6	44	58.16	-8.11	399.13	-2.62	63.29	409.85
	江苏	10		57.23	-8.20			62.34	
	浙江	10		112.40	-2.67			115.48	
	安徽	3		19.23	-2.09			19.64	
	福建	4		37.60	2.09			36.83	
	江西	3		19.58	-3.93			20.38	
	山东	8		94.93	3.31			91.89	
中南地区	河南	11	32	39.61	0.56	295.94	-4.12	39.39	308.66
	湖北	5		58.26	11.95			52.04	
	湖南	2		19.45	-1.92			19.83	
	广东	10		156.38	-10.18			174.11	
	广西	3		15.11	-2.26			15.46	
	海南	1		7.13	-8.94			7.83	
西南地区	重庆	3	13	26.49	-8.75	122.83	-5.19	29.03	129.56
	四川	5		61.42	-7.02			66.06	
	贵州	2		15.28	1.33			15.08	
	云南	2		18.32	0.05			18.31	
	西藏	1		1.32	22.22			1.08	
西北地区	陕西	4	11	33.30	4.49	60.36	5.67	31.87	57.12
	甘肃	1		9.43	12.93			8.35	
	青海	2		3.43	13.58			3.02	
	宁夏	1		2.68	-1.47			2.72	
	新疆	3		11.52	3.23			11.16	
总计	31	146 家		1141.09 亿印张			-2.56	1171.08 亿印张	

2012 年度针对 143 家报纸印刷厂提供的有效数据开展了全国报纸印刷制版量及 CTP 使用情况的调查统计工作。143 家报纸印刷厂的总制版量为 1749 万张，其中 CTP 制版量为 1342 万张，占总制版量的 76.7%。

据测算，本次调查的总制版量应占全国报业总制版量的 70%。以此计算，2012 年全国报业总制版量为 2499 万张，其中 CTP 制版量为 1917 万张。据调查统计，报纸印刷 CTP 制版全国六大区域的情况见表 3。

表 3　全国六大区域报纸印刷 CTP 制版分布情况

地区	单位数量	CTP 制版数量（万对开张）	CTP 占比（%）
华北地区	33	213	66.6
东北地区	12	108	69.2
华东地区	42	424	80.3
中南地区	32	401	91.3
西南地区	13	126	70.0
西北地区	11	70	70.1

在调查统计的 143 家报纸印刷厂中，安装 CTP 制版设备的印刷厂有 133 家，占比 93.0%，全部使用 CTP 制版的印刷厂有 39 家，占比 27.1%。可以看到，CTP 制版已经得到了相当多的报业印刷厂的认可，发展迅速，CTP 制版在全国报纸印刷中已经得到了基本普及。

2012年中国造纸工业年度报告

中国造纸协会

一、全国纸及纸板生产及消费情况

(一)纸及纸板生产量和消费量

据中国造纸协会调查资料，2012年全国纸及纸板生产企业约3500家，全国纸及纸板生产量10250万吨，较上年增长3.22%。消费量10048万吨，较上年增长3.04%，人均年消费量为74千克(13.54亿人)，比上年增长1千克。2003—2012年纸及纸板生产量年均增长10.13%，消费量年均增长8.54%。2003—2012年纸及纸板的生产和消费情况见图1。

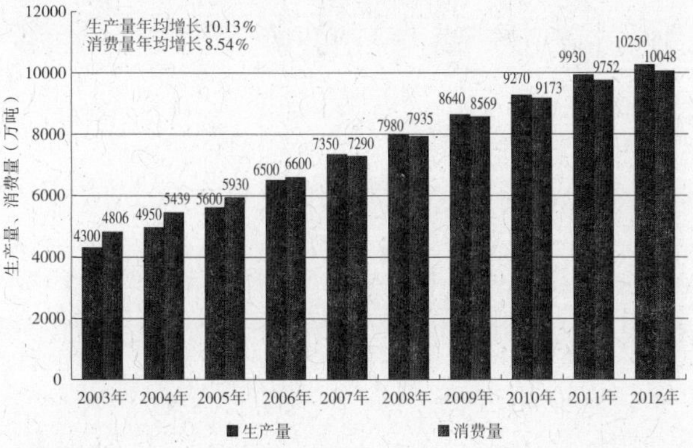

图1　2003—2012年纸及纸板的生产和消费情况

在主要产品中：新闻纸生产量380万吨，占纸及纸板总产量的3.71%，同比减少2.56%，消费量393万吨，占纸及纸板总消费量的3.91%，同比增长1.03%；未涂布印刷书写纸生产量1750万吨，占纸及纸板总产量的17.07%，同比增长1.16%，消费量1684万吨，占纸及纸板总消费量的16.76%，同比减少0.18%；涂布印刷纸生产量780万吨，占纸及纸板总产量的7.61%，同比增长7.59%，消费量638万吨，占纸及纸板总消费量的6.35%，同比增长6.51%；其中，铜版纸生产量695万吨，占纸及纸板总产量的6.78%，同比增长8.59%，消费量581万吨，占纸及纸板总消费量的5.78%，同比增长9.21%；生活用纸生产量780万吨，占纸及纸板总产量的7.61%，同比增长6.85%，消费量731万吨，占纸及纸板总消费量的7.28%，同比增长8.46%；包装用纸生产量640万吨，占纸及纸板总产量的6.24%，同比增长3.23%，消费量655万吨，占纸及纸板总消费量6.52%，同比增长3.64%；白纸板生产量1390万吨，占纸及纸板总产量的13.56%，同比增长3.73%，消费量1379万吨，占纸及纸板总消费量的13.72%，同比增长4.31%，其中涂布白纸板生产量1340万吨，占纸及纸板总产量的13.07%，同比增长3.88%，消费量1329万吨，占纸及纸板总消费量的13.23%，同比增长4.48%；箱纸板生产量2080万吨，占纸及纸板总产量的20.29%，同比增长4.52%，消费量2157万吨，占纸及纸板总消费量的21.47%，同比增长4.05%；瓦楞原纸生产量2020万吨，占纸及纸板总产量的19.71%，同比增长2.02%，消费量2027万吨，占纸及纸板总消费量的20.17%，同比增长1.81%；特种纸及纸板生产量220万吨，占纸及纸板总产量的2.15%，同比增长4.76%，消费量183万吨，占纸及纸板总消费的量1.82%，同比增长2.23%。2012年纸及纸板生产和消费情况见表1，2012年纸及纸板各品种生产和消费比例详见图2。

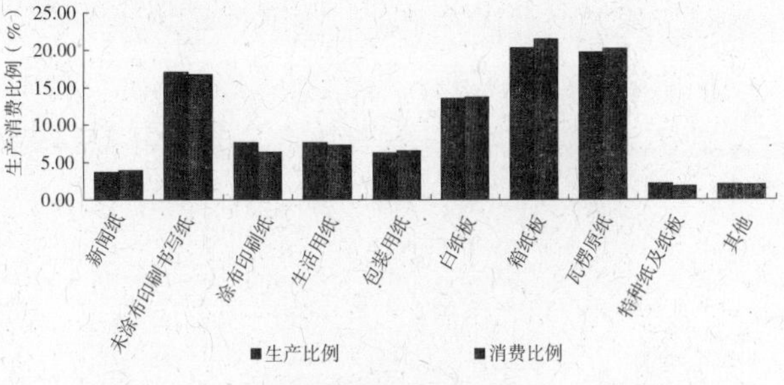

图2　2012年纸及纸板各品种生产和消费比例

表 1　2012 年纸及纸板生产和消费情况

（单位：万吨）

品种	生产量			消费量		
	2011 年	2012 年	同比增长（%）	2011 年	2012 年	同比增长（%）
总量	9930	10250	3.22	9752	10048	3.04
新闻纸	390	380	–2.56	389	393	1.03
未涂布印刷书写纸	1730	1750	1.16	1687	1684	–0.18
涂布印刷纸	725	780	7.59	599	638	6.51
其中：铜版纸	640	695	8.59	532	581	9.21
生活用纸	730	780	6.85	674	731	8.46
包装用纸	620	640	3.23	632	655	3.64
白纸板	1340	1390	3.73	1322	1379	4.31
其中：涂布白纸板	1290	1340	3.88	1272	1329	4.48
箱纸板	1990	2080	4.52	2073	2157	4.05
瓦楞原纸	1980	2020	2.02	1991	2027	1.81
特种纸及纸板	210	220	4.76	179	183	2.23
其他纸及纸板	215	210	–2.33	206	201	–2.43

（二）2003—2012 年生纸及纸板主要产品生产和消费情况

1. 新闻纸。

2012 年新闻纸生产量 380 万吨，较上年减少 2.56%；消费量 393 万吨，较上年增长 1.03%。2003—2012 年生产量年均增长率为 6.98%，消费量年均增长率为 5.58%。2003—2012 年新闻级生产量及消费量见图 3。

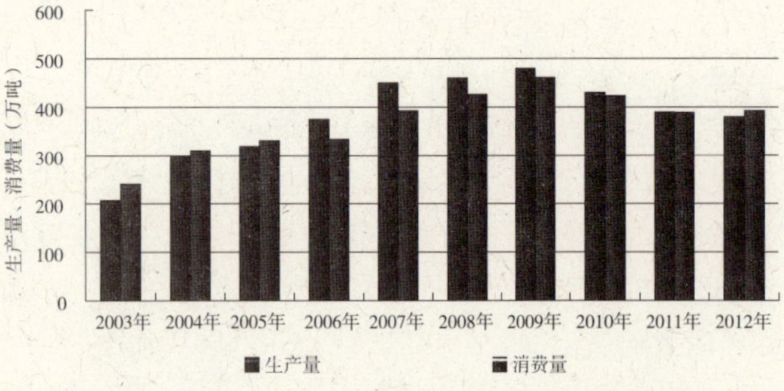

图 3　2003—2012 年新闻纸生产量及消费量

2. 未涂布印刷书写纸。

2012 年未涂布印刷书写纸生产量 1750 万吨，较上年增长 1.16%；消费量 1684 万吨，较上年减少 0.18%。2003—2012 年生产量年均增长率为 6.90%，消费量年均增长率为 6.28%。2003—2012 年未涂布印刷书写纸生产量及消费量见图 4。

3. 涂布印刷纸。

2012 年涂布印刷纸生产量 780 万吨，较上年增长

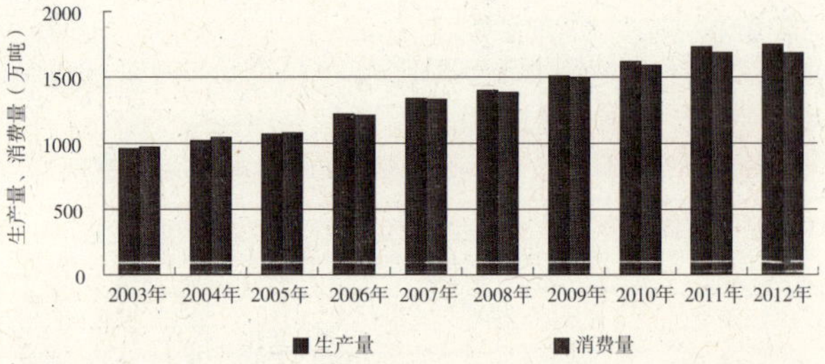

图 4　2003—2012 年未涂布印刷书写纸生产量及消费量

7.59%；消费量 638 万吨，较上年增长 6.51%。2003—2012 年生产量年均增长率为 13.99%，消费量年均增长率为 8.83%。2003—2012 年涂布印刷纸生产量及消费量见图 5。

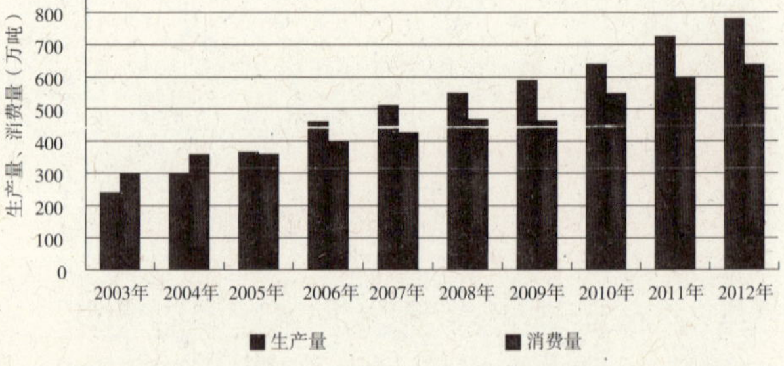

图 5　涂布印刷纸 2003— 2012 年生产量和消费量

其中，2012 年铜版纸生产量 695 万吨，较上年增长 8.59%；消费量 581 万吨，较上年增长 9.21%。2003—2012 年生产量年均增长率为 14.22%，消费量年均增长率为 11.01%。2003—2012 年铜版纸生产量及消费量见图 6。

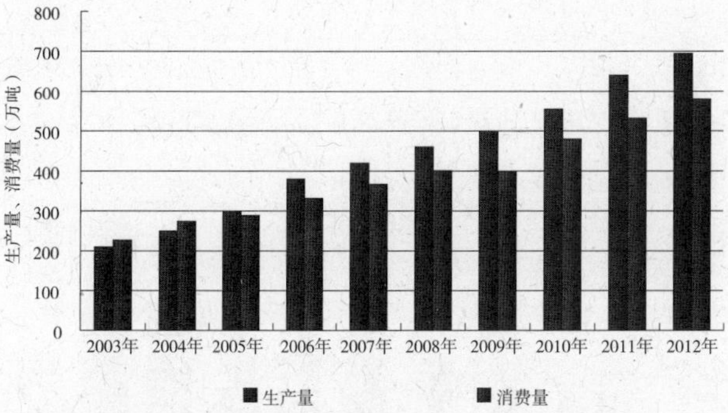

图 6　2003—2012 年铜版纸生产量及消费量

4. 生活用纸。

2012 年生活用纸生产量 780 万吨，较上年增长 6.85%；消费量 731 万吨，较上年增长 8.46%。2003—2012 年生产量年均增长率为 9.42%，消费量年均增长率为 9.31%。2003—2012 年生活用纸生产量及消费量见图 7。

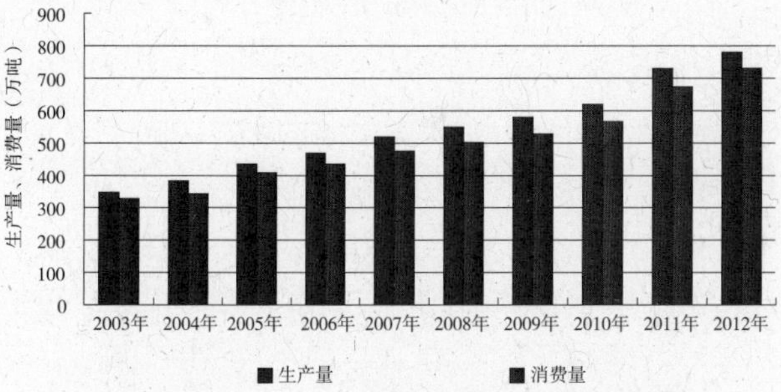

图 7　2003—2012 年生活用纸生产量及消费量

5. 包装用纸。

2012 年包装用纸生产 640 万吨，较上年增长 3.23%；消费量 655 万吨，较上年增长 3.64%。2003—2012 年生产量年均增长率为 3.25%，消费量年均增长率为 2.95%。2003—2012 年包装用纸生产量及消费量见图 8。

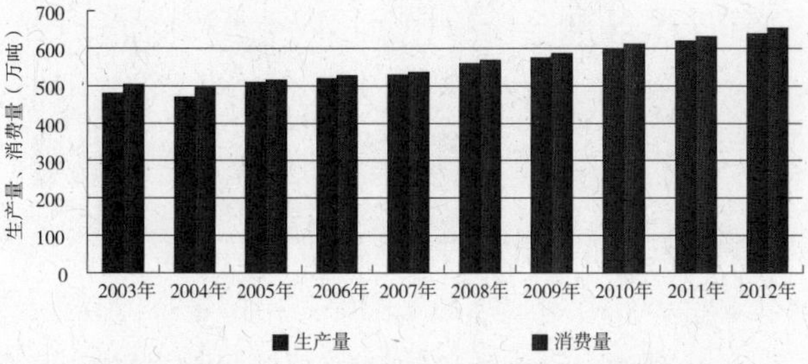

图 8　2003—2012 年包装用纸生产量及消费量

6. 白纸板。

2012 年白纸板生产量 1390 万吨，较上年增长 3.73%；消费量 1379 万吨，较上年增长 4.31%。2003— 2012 年生产量年均增长率为 10.85%，消费量年均增长率为 8.81%。2003—2012 年白纸板生产量及消费量见图 9。

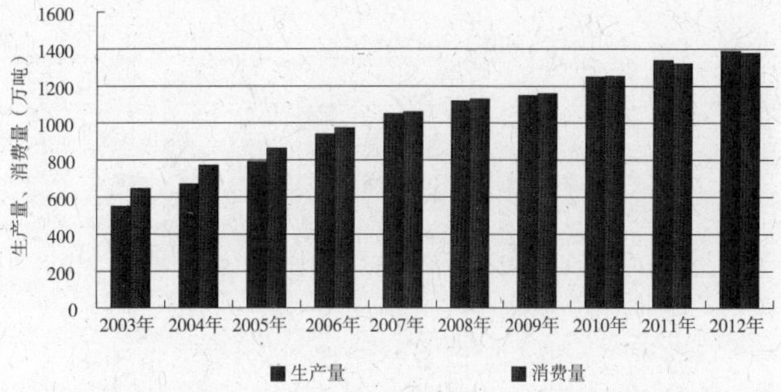

图 9　2003—2012 年白纸板生产量及消费量

其中，2012 年涂布白纸板生产量 1340 万吨，较上年增长 3.88%；消费量 1329 万吨，较上年增长 4.48%。2003—2012 年生产量年均增长率为 11.33%，消费量年均增长率为 9.18%。2003—2012 年涂布白纸板生产量及消费量见图 10。

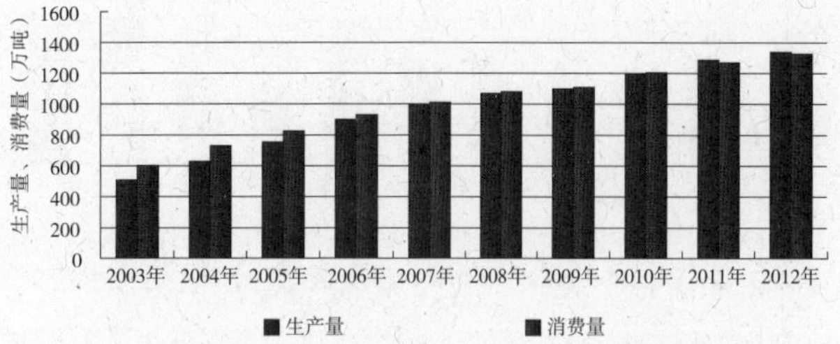

图 10　2003—2012 年涂布白纸板生产量及消费量

7. 箱纸板。

2012 年箱纸板生产量 2080 万吨，较上年增长 4.52%；消费量 2157 万吨，较上年增长 4.05%。2003— 2012 年生产量年均增长率为 13.23%，消费量年均增长率为 11.71%。2003—2012 年箱纸板生产量及消费量见图 11。

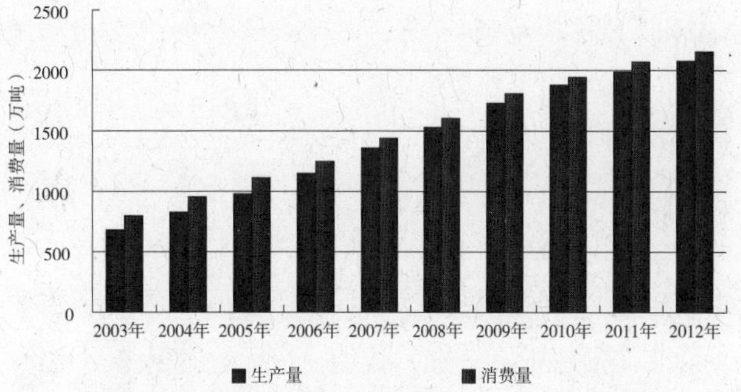

图 11　2003—2012 年箱纸板生产量及消费量

8. 瓦楞原纸。

2012 年瓦楞原纸生产量 2020 万吨，较上年增长 2.02%；消费量 2027 万吨，较上年增长 1.81%。2003—2012 年生产量年均增长率为 13.05%，消费量年均增长率为 10.85%。2003—2012 年瓦楞原纸生产量及消费量见图 12。

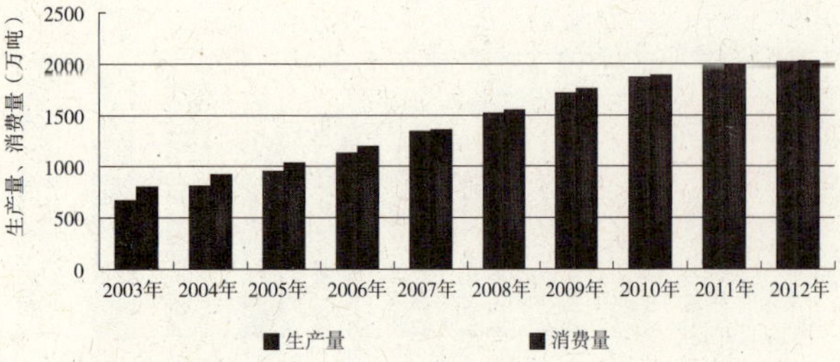

图 12　2003—2012 年瓦楞原纸生产量及消费量

9. 特种纸及纸板。

2012 年特种纸及纸板生产量 220 万吨，较上年增长 4.76%；消费量 183 万吨，较上年增长 2.23%。2003—2012 年生产量年均增长率为 11.90%，消费量年均增长率为 5.93%。2003—2012 年特种纸及纸板生产量及消费量见图 13。

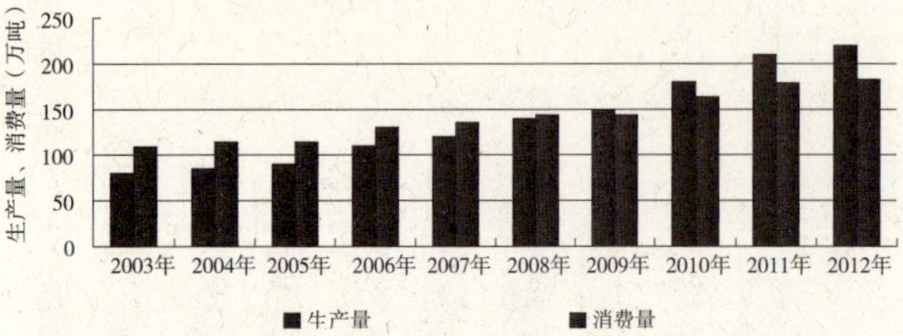

图 13　2003—2012 年特种纸及纸板生产量及消费量

二、纸及纸板生产企业经济指标完成情况

据国家统计局统计数据，2012 年 1 月—12 月规模以上造纸生产企业 2748 家；从业人员 70.38 万人；工业总产值（当年价）7075 亿元，同比增长 8.80%；工业销售产值（当年价）6926 亿元，同比增长 8.30%；主营业务收入 6888 亿元，同比增长 6.87%；产销率 97.00%，较上年下降 0.50 个百分点；产成品存货 296 亿元，同比增长 1.42%；利税总额 554 亿元，同比增长 5.29%，其中利润总额 343 亿元，同比增长 3.61%；资产总计 7868 亿元，同比增长 6.83%；资产负债率 58.82%，较上年减少 0.61 个百分点；负债总额 4628 亿元，同比增长 5.71%；在统计的 2748 家造纸生产企业中，亏损企业有 354 家，占 12.88%。2003—2012 年工业总产值（当年价）及主营业务收入见图 14。2003—2012 年利税总额及利润总额见图 15。

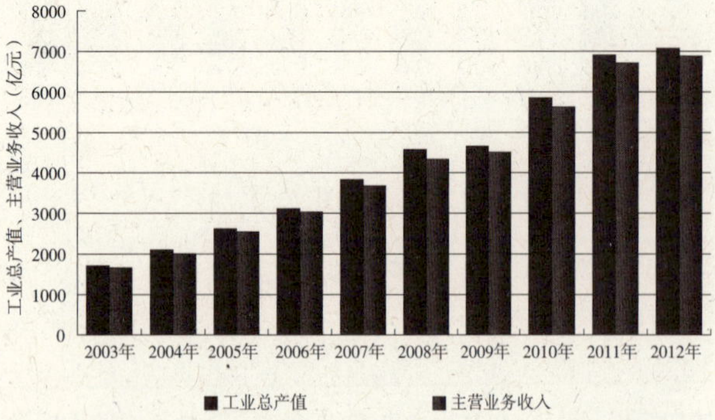

图 14　2003—2012 年工业总产值（当年价）及主营业务收入

注：2007 年—2010 年主营业务收入数据为中国造纸协会数据。

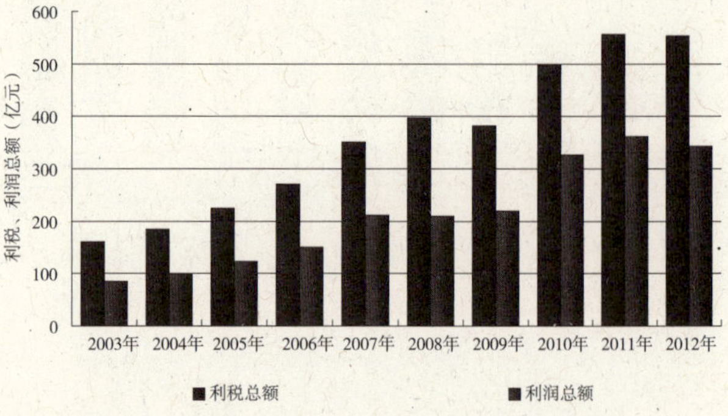

图 15　2003—2012 年利税总额及利润总额

注：2007—2010 年利税总额和利润总额数据为中国造纸协会数据。

三、造纸生产企业经济类型与规模结构

根据国家统计局提供的 2012 年 1 月—12 月规模以上造纸生产企业的相关数据分析，2012 年国有及国有控股企业有 72 家，占 2.62%；"三资"企业有 336 家，占 12.23%；集体及其他企业有 2340 家，占 85.15%。在造纸企业主营业务收入总额中，国有及国有控股企业占 10.72%；"三资"企业占 27.79%；集体及其他企业占 61.49%。在利税总额中，国有及国有控股企业占 6.35%；"三资"企业占 26.67%；集体及其他企业占 66.98%。在利润总额中，国有及国有控股企业占 3.35%；"三资"企业占 27.08%；集体及其他企业占 69.57%。造纸生产企业经济类型与规模结构详细情况见图 16。

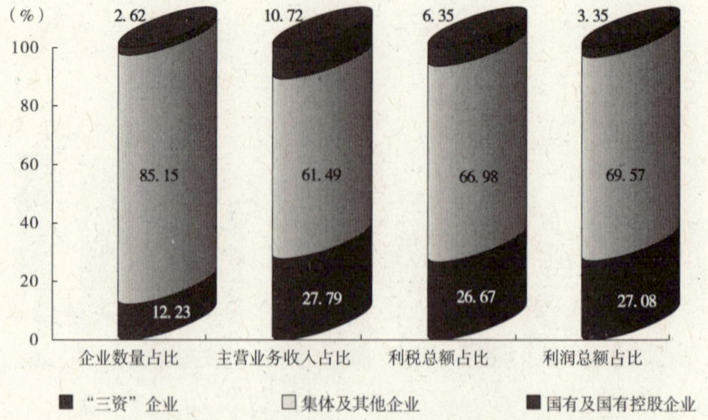

图 16　造纸生产企业经济类型与规模结构

注：数据来源于国家统计局（规模以上工业企业统计）。

按照我国大、中、小型企业划分标准，2012 年在 2748 家规模以上造纸生产企业中，大中型造纸企业 504 家占 18.34%，小型企业 2244 家占 81.66%；在纸及纸板产品主营业务收入中，大中型企业占 65.28%，小型企业占 34.72%；在利税总额中，大中型企业占 62.82%，小型企业占 37.18%；

在利润总额中，大中型企业占 62.14%，小型企业占 37.86%。2012 年造纸生产企业主要经济指标情况详见图 17。

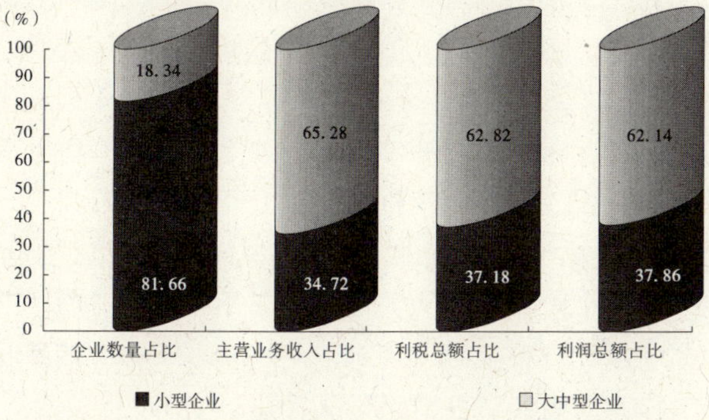

图 17　2012 年造纸生产企业主要经济指标情况

注：数据来源于国家统计局（规模以上工业企业统计）。

四、纸浆生产和消耗情况

（一）2012 年中国造纸工业纸浆生产情况

据中国造纸协会调查资料，2012 年全国纸浆生产总量 7867 万吨，较上年增长 1.86%。其中：木浆 810 万吨，较上年减少 1.58%；废纸浆 5983 万吨，较上年增长 5.71%；非木浆 1074 万吨，较上年减少 13.39%。2003—2012 年中国造纸工业纸浆生产情况详见表 2。

（二）2012 年纸浆消耗情况

据中国造纸协会条查资料，2012 年全国纸浆消耗总量 9348 万吨，较上年增长 3.36%。木浆 2291 万吨，占纸浆消耗总量 25%，其中进口木浆占 16%、国产木浆占 9%；废纸浆 5983 万吨，占纸浆消耗总量 64%，其中进口废纸浆占 26%、国产废纸浆占 38%；非木浆 1074 万吨，占纸浆消耗总量 11%，其中稻麦草浆占 6%、竹浆占 2%、苇（荻）浆占 2%、蔗渣浆占 1%。2012 年中国造纸工业纸浆消耗情况见表 3。2003—2012 年国产纸浆消耗情况见图 18。2003—2012 年纸浆总消耗情况见图 19。

表 2　2003—2012 年中国造纸工业纸浆生产情况

（单位：万吨）

品种 \ 年度	2003 年	2004 年	2005 年	2006 年	2007 年	2008 年	2009 年	2010 年	2011 年	2012 年
纸浆合计	3307	3723	4441	5196	5924	6415	6733	7318	7723	7867
木浆	217	238	371	526	605	679	560	716	823	810
废纸浆	1920	2305	2810	3380	4017	4439	4997	5305	5660	5983
非木浆	1170	1180	1260	1290	1302	1297	1176	1297	1240	1074
苇浆	115	120	138	144	144	150	144	156	158	143
蔗渣浆	50	40	63	74	90	97	98	117	121	90
竹浆	60	70	86	95	120	146	161	194	192	175
稻麦草浆	845	900	929	908	849	808	676	719	660	592
其他浆	100	50	44	69	99	97	97	111	109	74

表 3　2012 年中国造纸工业纸浆消耗情况

（单位：万吨）

品 种	2011 年	占比（%）	2012 年	占比（%）	同比增长（%）
总量	9044	100	9348	100	3.36
木 浆	2144	24	2291	25	6.86
其中：进口木浆	1330[2]	15	1489[3]	16	11.95
废纸浆	5660	62	5983	64	5.71
其中：进口废纸浆	2182	24	2405	26	10.22
非木浆	1240	14	1074	11	-13.39

注：1. 废纸浆 = 废纸量 ×0.8

2. 2011 年进口木浆 1445 万吨，扣除溶解浆 115 万吨，实际消耗量 1330 万吨。

3. 2012 年进口木浆 1647 万吨，扣除溶解浆 158 万吨，实际消耗量 1489 万吨。

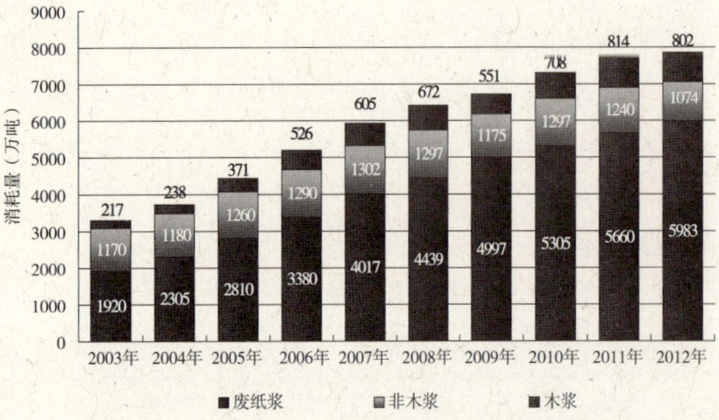

图 18　2003—2012 年国产纸浆消耗情况

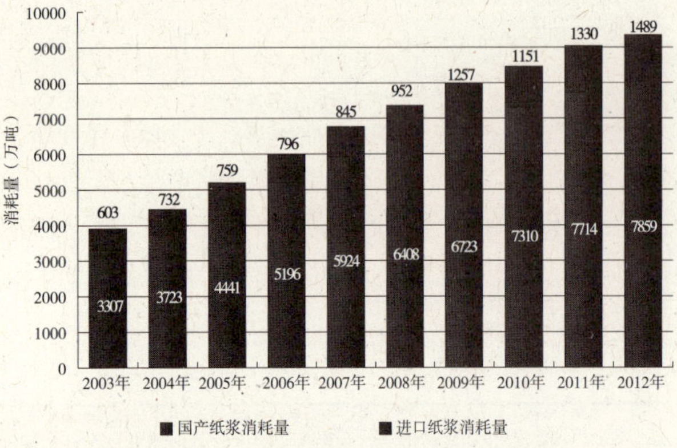

图 19　2003—2012 年纸浆总消耗情况

五、纸制品生产和消费情况

（一）纸制品生产量和消费量

根据国家统计局数据，2012 年全国规模以上纸制品生产企业 4382 家，生产量 4804 万吨，较上年增长 6.43%；消费量 4573 万吨，较上年增长 6.65%；2012 年进口量 14 万吨，出口量 245 万吨。2005—2012 年纸制品生产量年均增长 14.41%，消费量年均增长 14.58%。2005—2012 年纸制品生产及消费情况见图 20。

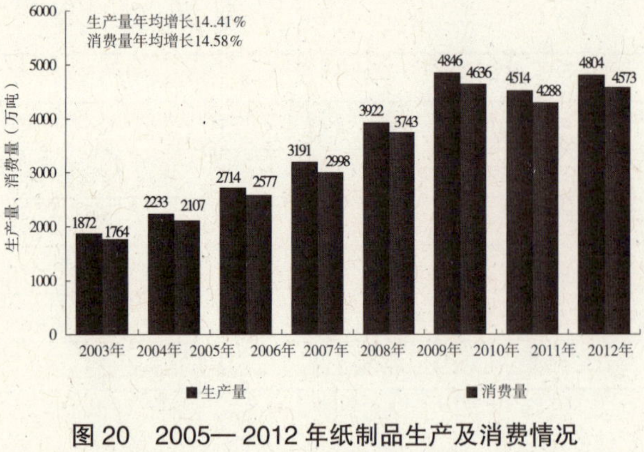

图 20　2005— 2012 年纸制品生产及消费情况

注：数据来源于国家统计局（ 规模以上企业统计）。

（二）纸制品生产企业经济类型与规模结构

2012 年全国规模以上纸制品生产企业 4382 家，其中国有及国有控股企业有 46 家，占 1.05%；“三资”企业有 822 家，占 18.76%；集体及其他企业有 3514 家，占 80.19%。在纸制品生产企业主营业务收入总额中，国有及国有控股企业占 0.79%；“三资”企业占 27.83%；集体及其他企业占 71.38%。在利税总额中，国有及国有控股企业占 0.95%；“三资”企业占 30.04%；集体及其他企业占 69.01%。在利润总额中，国有及国有控股企业占 0.84%；“三资”企业占 31.03%；集体及其他企业占 68.13%。纸制品生产企业经济类型与规模结构见图 21。

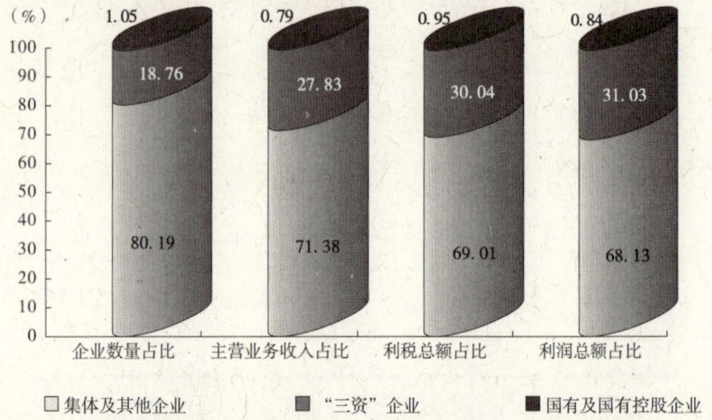

图 21　纸制品生产企业经济类型与规模结构

注：数据来源于国家统计局（规模以上工业企业统计）。

按照我国大、中、小型企业划分标准，2012 年在 4382 家规模以上纸制品生产企业中，大中型纸制品生产企业 455 家占 10.38%，小型企业 3927 家占 89.62%；在纸制品生产企业主营业务收入中，大中型企业占 29.65%，小型企业占 70.35%；在利税总额中，大中型企业占 34.84%，小型企业占 65.16%；在利润总额中，大中型企业占 35.74%，小型企业占 64.26%。纸制品生产企业主要经济指标情况见图 22。

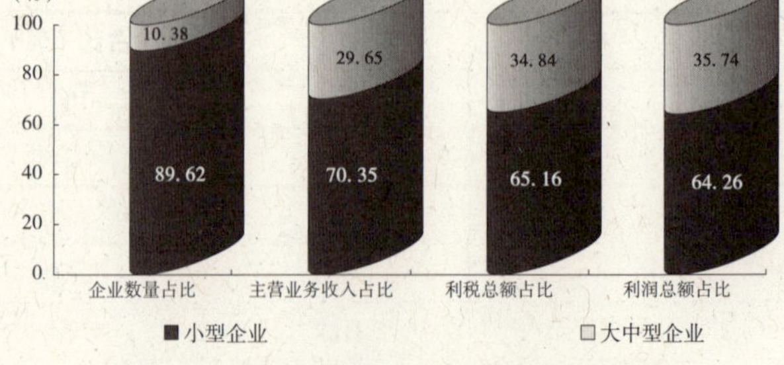

图 22　纸制品生产企业主要经济指标情况

注：数据来源于国家统计局（规模以上工业企业统计）。

六、纸及纸板、纸浆、废纸及纸制品进出口情况

（一）2012 年纸及纸板、纸浆、废纸及纸制品进口情况

2012 年纸及纸板进口 311 万吨，较上年减少 6.04%；纸浆进口 1647 万吨，较上年增长 13.98%；废纸进口 3007 万吨，较上年增长 10.23 %；纸制品进口 14 万吨，较上年减少 17.65%。

2012 年进口纸及纸板、纸浆、废纸、纸制品合计 4979 万吨，较上年增长 10.13%，用汇 220 亿美元，较上年减少 8.33%。2012 年进口纸及纸板平均价格为 1218.14 美元 / 吨，较上年平均价格减少 3.44%；进口纸浆平均价格为 674.64 美元 / 吨，较上年平均价格减少 18.31%；进口废纸平均价格为 208.57 美元 / 吨，较上年平均价格减少 18.33%。2012 年中国纸浆、废纸、纸及纸板、纸制品进口情况见表 4。

表 4　2012 年中国纸浆、废纸、纸及纸板、纸制品进口情况

（单位：万吨）

品 种	2011 年进口量	2012 年进口量	同比增长（%）
纸浆	1445	1647	13.98
废纸	2728	3007	10.23
纸及纸板	331	311	–6.04
新闻纸	1	13	1200.00
未涂布印刷书写纸	40	35	–12.50
涂布印刷纸	37	35	–5.41
其中：铜版纸	30	27	–10.00
包装用纸	18	20	11.11
箱纸板	93	84	–9.68
白纸板	79	72	–8.86
其中：涂布白纸板	79	72	–8.86
生活用纸	9	4	–55.56
瓦楞原纸	17	14	–17.65
特种纸及纸板	30	28	–6.67
其他纸及纸板	7	6	–14.29
纸制品	17	14	–17.65
总 计	4521	4979	10.13

注：数据来源于中国海关总署。

（二）纸及纸板、纸浆、废纸及纸制品出口情况

2012 年纸及纸板出口 513 万吨，较上年增长 0.79%；纸浆出口 7.99 万吨，较上年减少 19.37%；废纸出口 0.24 万吨，较上年减少 33.33%；纸制品出口 245 万吨，较上年增长 0.82%。

2012 年出口纸及纸板、纸浆、废纸、纸制品合计 766 万吨，较上年增长 0.52%，创汇 138 亿美元，较上年增长 4.55%。2012 年出口纸及纸板平均价格为 1226.39 美元 / 吨，较上年平均价格减少 2.75%；出口纸浆（以棉短绒纸浆为主）平均价格为 1588.88 美元 / 吨，较上年平均价格减少 31.63%；出口废纸平均价格为 334.17 美元 / 吨，较上年平均价格增长 54.86%。2012 年中国纸浆、废纸、纸及纸板、纸制品出口情况见表 5。

表 5　2012 年中国纸浆、废纸、纸及纸板、纸制品出口情况

（单位：万吨）

品 种	2011 年出口量	2012 年出口量	同比增长（%）
纸浆	9.91	7.99	–19.37
废纸	0.36	0.24	–33.33
纸及纸板	509	513	0.79
新闻纸	2	0	
未涂布印刷书写纸	83	101	21.69
涂布印刷纸	163	177	8.59
其中：铜版纸	138	141	2.17
包装用纸	6	5	–16.67
箱纸板	10	7	–30.00
白纸板	97	83	–14.43
其中：涂布白纸板	97	83	–14.43
生活用纸	65	53	–18.46
瓦楞原纸	6	7	16.67
特种纸及纸板	61	65	6.56
其他纸及纸板	16	15	–6.25
纸制品	243	245	0.82
总 计	762.27	766.23	0.52

注：数据来源于中国海关总署。

（三）纸及纸板各品种进出口量比重

2012 年纸及纸板各品种进口量比重见图 23。2012 年纸及纸板各品种出口量比重见图 24。

（四）2003—2012 年纸及纸板主要产品进出口情况

1. 新闻纸。

2012 年，新闻纸进口量大于出口量，净进口量 13 万吨。2003—2012 年新闻纸进口量及出口量见图 25。

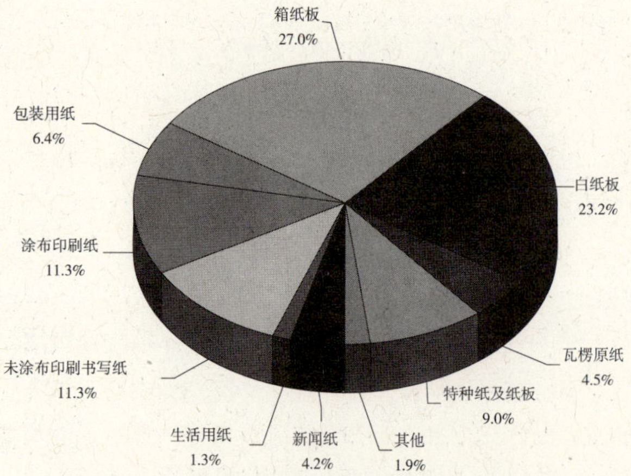

图 23　2012 年纸及纸板各品种进口量比重

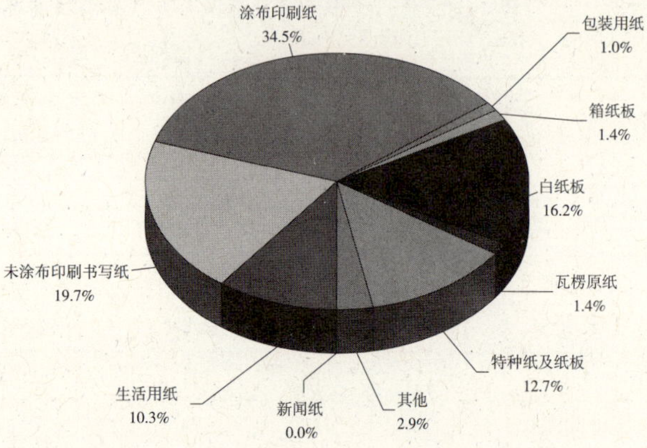

图 24　2012 年纸及纸板各品种出口量比重

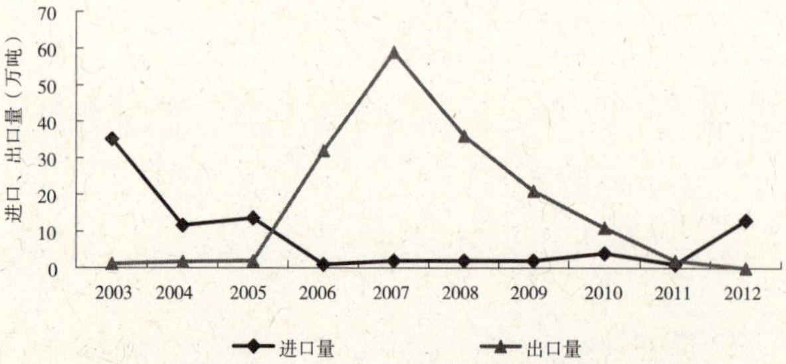

图 25　2003—2012 年新闻纸进口量及出口量

2. 未涂布印刷书写纸。

2012 年，未涂布印刷书写纸出口量大于进口量，净出口量 66 万吨。2003—2012 年未涂布印刷书写纸进口量及出口量见图 26。

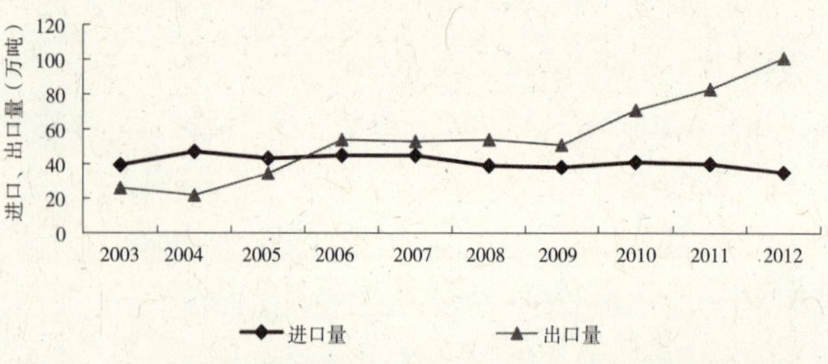

图 26　2003—2012 年未涂布印刷书写纸进口量及出口量

3. 涂布印刷纸。

2012 年，涂布印刷纸出口量大于进口量，净出口量 142 万吨。2003—2012 年涂布印刷纸进口量及出口量见图 27。

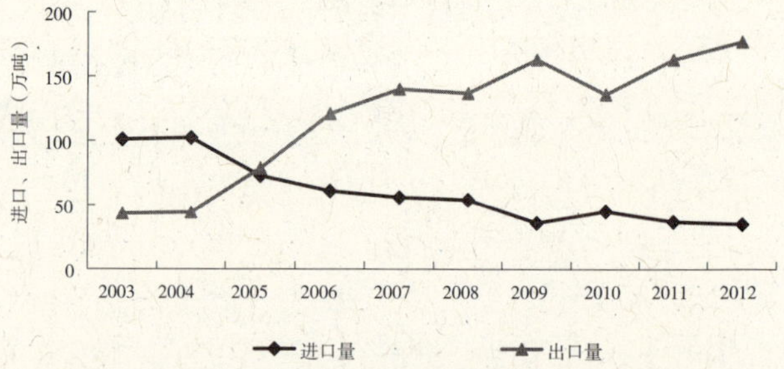

图 27　2003—2012 年涂布印刷纸进口量及出口量

其中，2012 年铜版纸出口量大于进口量，净出口量 114 万吨。2003—2012 年铜板纸进口量及出口量见图 28。

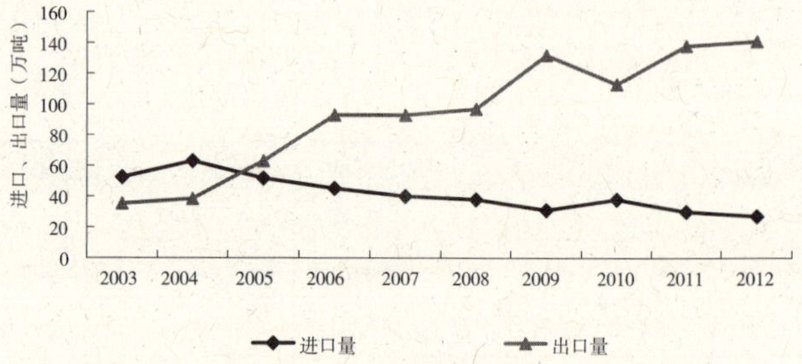

图 28　2003—2012 年铜版纸进口量及出口量

4. 生活用纸。

2012 年，生活用纸出口量大于进口量，净出口量 49 万吨。2003—2012 年生活用纸进口量及出口量见图 29。

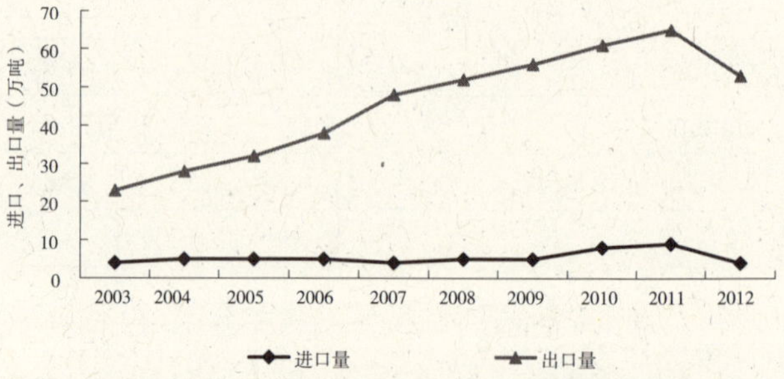

图 29　2003—2012 年生活用纸进口量及出口量

5. 包装用纸。

2012 年，包装用纸进口量大于出口量，净进口量 15 万吨。2003—2012 年包装用纸进口量及出口量见图 30。

6. 白纸板。

2012 年，白纸板出口量大于进口量，净出口量 11 万吨。2003—2012 年白纸板进口量及出口量见图 31。

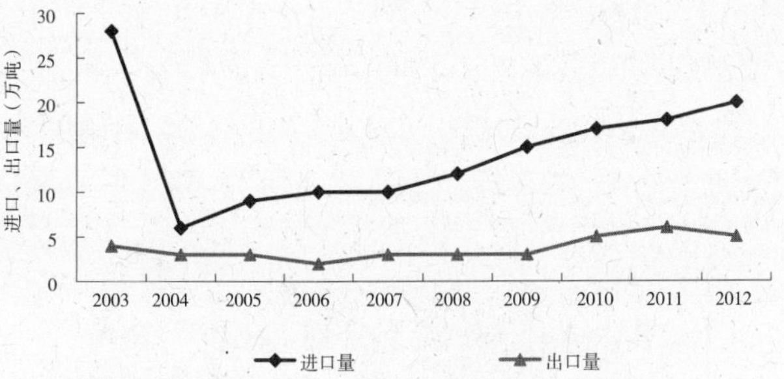

图 30　2003—2012 年包装用纸进口量及出口量

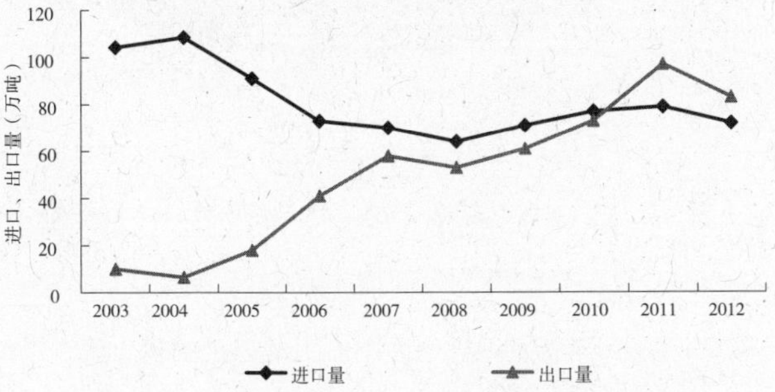

图 31　2003—2012 年白纸板进口量及出口量

其中，2012 年涂布白纸板出口量大于进口量，净出口量 11 万吨。2003—2012 年涂布白纸板进口量及出口量见图 32。

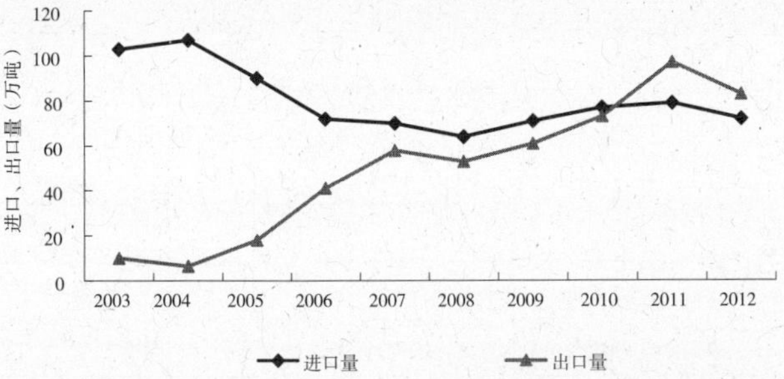

图 32　2003—2012 年涂布白纸板进口量及出口量

7. 箱纸板。

2012 年，箱纸板进口量大于出口量，净进口量 77 万吨。2003—2012 年箱纸板进口量及出口量见图 33。

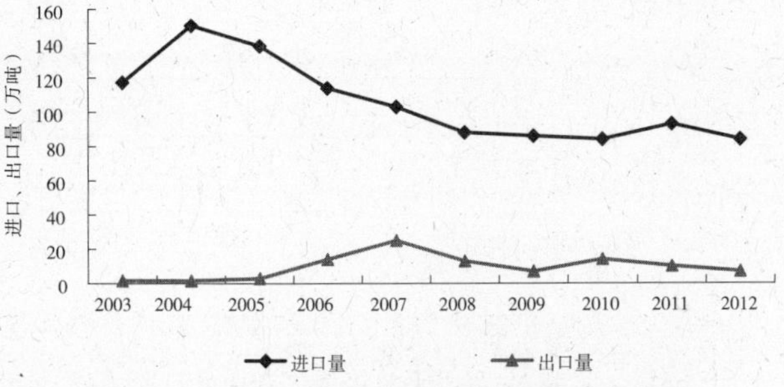

图 33　2003—2012 年箱纸板进口量及出口量

8. 瓦楞原纸。

2012 年，瓦楞原纸进口量大于出口量，净进口量 7 万吨。2003—2012 年瓦楞原纸进口量及出口量见图 34。

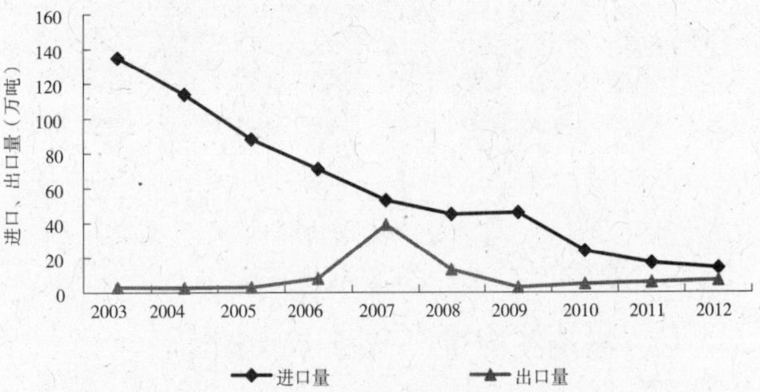

图 34　2003—2012 年瓦楞原纸进口量及出口量

9. 特种纸及纸板。

2012 年，特种纸及纸板出口量大于进口量，净出口量 37 万吨。2003—2012 年特种纸及纸板进口量及出口量见图 35。

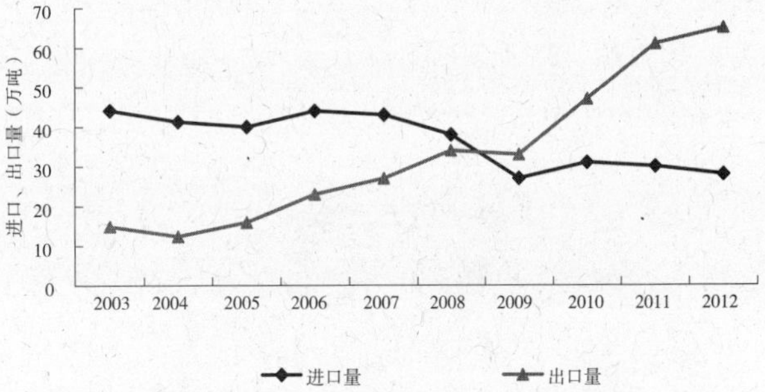

图 35　2003—2012 年特种纸及纸板进口量及出口量

（五）纸制品进出口情况

1. 2012 年纸制品进口量 14 万吨，较上年减少 3 万吨，同比减少 18%。2005—2012 年纸制品进口情况见图 36。

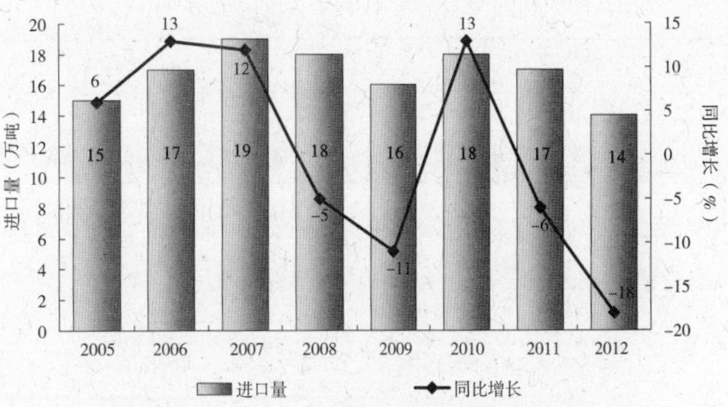

图 36　2005—2012 年纸制品进口情况

2. 2012 年纸制品出口量 245 万吨，较上年增加 2 万吨，同比增长 1%。2005—2012 年纸制品出口情况见图 37。

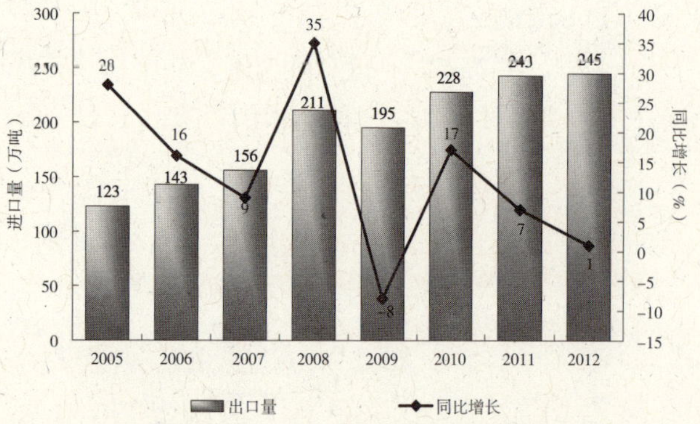

图 37　2005— 2012 年纸制品出口情况

七、纸及纸板生产布局与集中度

根据中国造纸协会调查资料分析 ,2012 年我国东部地区 12 个省（区、市），纸及纸板产量占全国纸及纸板产量比例为 75.4%，比上年提高 3.7 个百分点；中部地区 9 个省（区）比例占 18.4%，比上年降低 2.0 个百分点；西部地区 10 个省（区、市）比例占 6.2%，比上年降低 1.7 个百分点。2012 年纸及纸板生产量区域布局变化见表 6，2012 年纸及纸板生产量区域布局图见图 38。

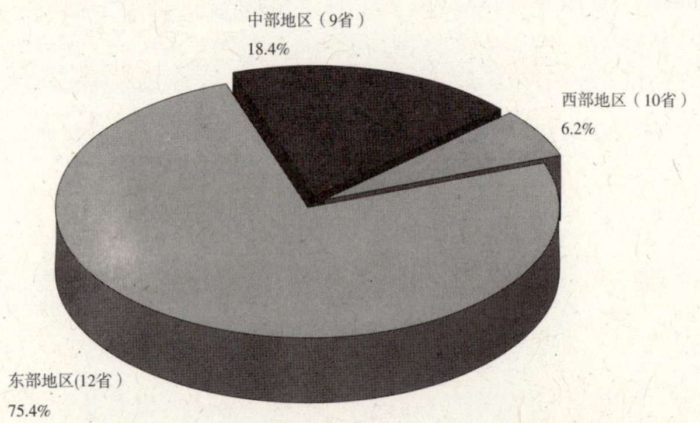

图 38　2012 年纸及纸板生产量区域布局图

表 6　2012 年纸及纸板生产量区域布局变化

年份 / 产量 类别 / 地区	2011 年		2012 年	
	产量（万吨）	比例（%）	产量（万吨）	比例（%）
纸及纸板产量	9930	100	10250	100
其中：东部地区	7121	71.7	7728	75.4
中部地区	2023	20.4	1887	18.4
西部地区	0786	07.9	0635	06.2

注：数据来源于中国造纸协会调查资料。

2012 年纸及纸板产量超过 100 万吨的省份有山东、广东、浙江、江苏、河南、福建、河北、湖南、广西、四川、湖北、安徽、天津、重庆、江西和海南 16 个省（区、市），产量合计已达 9692 万吨，占全国纸及纸板总产量的 94.56%。2012 年纸及纸板产量 100 万吨以上的省（区、市）详细情况见表 7。2012 年主要省（区、市）纸及纸板产量比例见图 39。

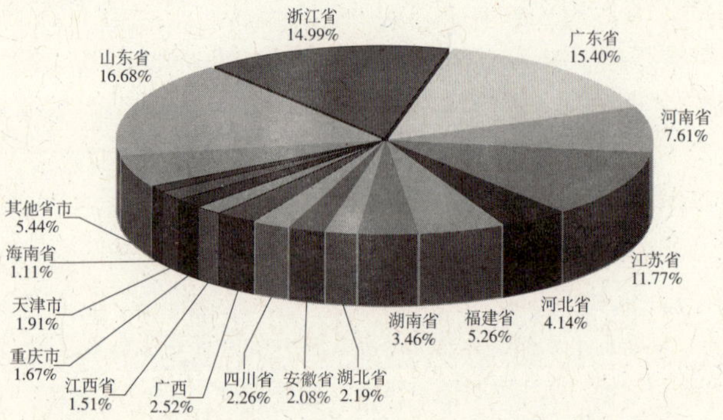

图 39　2012 年主要省（区、市）纸及纸板产量比例

注：据中国造纸协会调查资料。

表 7　2012 年纸及纸板产量 100 万吨以上的省（区、市）

（单位：万吨）

产量 省份	2011 年	2012 年	比上年增长（%）
山东省	1630	1710	4.91
广东省	1496	1579	5.55
浙江省	1477	1536	3.99
江苏省	1051	1206	14.75
河南省	828	780	–5.80
福建省	480	539	12.29
河北省	401	424	5.74
湖南省	372	355	–4.57
广西壮族自治区	194	258	32.99
四川省	340	232	–31.76
湖北省	199	224	12.56
安徽省	235	213	–9.36
天津市	126	196	55.56
重庆市	178	171	–3.93
江西省	185	155	–16.22
海南省	113	114	0.88
合计	9305	9692	4.16

注：中国造纸协会调查资料。

八、环境保护

根据环境保护部统计，2011 年制浆造纸及纸制品业（统计企业 5871 家，比上年增加 301 家）用水总量为

128.77 亿吨，其中，新鲜水量为 45.59 亿吨，占工业总耗新鲜水量 627.97 亿吨的 7.26%。重复用水量为 83.18 亿吨，水重复利用率为 64.60%，比上年提高 2.01 个百分点。万元工业产值（现价）新鲜水用量为 67.4 吨，比上年减少 22.2 吨，降低 24.8%。造纸工业 2011 年废水排放量为 38.23 亿吨，占全国工业废水总排放量 212.90 亿吨的 18.0%，比上年降低 0.6 个百分点。排放废水中化学需氧量（COD）为 74.2 万吨，比上年 95.2 万吨减少 21.0 万吨，占全国工业 COD 总排放量 322.0 万吨的 23.0%，比上年减少 3.0 个百分点。万元工业产值（现价）化学需氧量（COD）排放强度为 11 千克，比上年降低 39%。排放废水中氨氮为 2.5 万吨，占全国工业氨氮总排放量 26.2 万吨的 9.5%，比上年减少 0.7 个百分点。造纸工业废水处理设施年运行费用为 61.0 亿元，比上年减少 3.9 亿元，降低 6.0%。

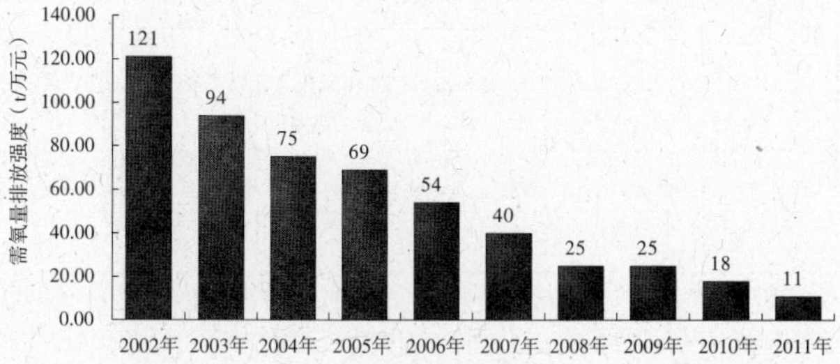

图 40　2002—2011 年造纸行业万元工业产值化学需氧量排放强度

2011 年造纸及纸制品业二氧化硫排放量 54.3 万吨，比上年增多 3.5 万吨，增加 6.9%；氮氧化物排放量 22.1 万吨，比上年减少 1.5 万吨，降低 6.4%；烟（粉）尘排放量 20.7 万吨，基本与上年持平。废气治理设施年运行费用 24.7 亿元，比上年增多 10.5 亿元，增加 73.9%。2002—2011 年造纸行业万元工业产值化学需氧量排放强度见图 40。

九、综述

2012 年我国造纸工业整体保持了适度增长，产销基本平衡，但受国内外经济环境复杂多变及产能提高的影响，市场竞争加剧，原有竞争优势和增长动力减弱，市场信心和预期不稳，企业生产与经济运行困难增大，总体经济效益下滑。另外，节能减排政策和管理力度加大，企业环保投资和运行成本增加，淘汰落后产能任务艰巨，造纸行业正处于调整结构、转型升级和寻求新的平衡过程中。

我国造纸工业已步入转型期，由数量主导型向质量效益型转变势在必行。随着我国新型工业化、信息化、城镇化、农业现代化的发展，内需将进一步增长，必将给造纸工业发展带来新的机遇与挑战。

表 8　2012 年重点造纸企业产量前 30 名

序号	公司名称	产量（万吨）		
		2011 年	2012 年	同比增长（%）
1.	玖龙纸业（控股）有限公司	835.00	1045.00	25.15
2.	理文造纸有限公司	353.98	414.13	16.99
3.	山东晨鸣纸业集团股份有限公司	348.82	397.73	14.02
4.	华泰集团有限公司	254.70	270.00	6.01
5	山东太阳纸业股份有限公司	242.26	268.78	10.95
6	金东纸业（江苏）股份有限公司	220.12	204.00	–7.32
7	中国纸业投资总公司	210.00	195.00	–7.14
8	宁波中华纸业有限公司（含宁波亚洲浆纸业有限公司）	152.65	156.00	2.19
9	吉安集团股份有限公司	69.62	131.00	88.16
10	荣成纸业（中国）控股有限公司	115.80	111.00	–4.15
11	山东博汇纸业股份有限公司	116.36	109.76	–5.67
12	山东世纪阳光纸业集团有限公司	96.13	106.75	11.05
13	海南金海浆纸业有限公司	86.97	102.28	17.60
14	安徽山鹰纸业股份有限公司	89.36	100.87	12.88
15	浙江景兴纸业股份有限公司	94.61	92.55	–2.18
16	芬欧汇川（中国）有限公司	88.00	90.00	2.27

（续）

序号	公司名称	产量（万吨）		
		2011 年	2012 年	同比增长（%）
17	福建联盛纸业有限责任公司	79.77	87.73	9.98
18	中冶纸业银河有限公司	79.65	79.39	–0.33
19	漯河银鸽实业集团有限公司	84.40	75.92	–10.05
20	山东泉林纸业有限责任公司	76.23	73.57	–3.49
21	山东华金集团有限公司	55.94	68.30	22.10
22	山东贵和显星纸业有限公司	55.68	65.65	17.91
23	金华盛纸业（苏州工业园区）有限公司	63.29	64.96	2.64
24	大河纸业有限公司	52.05	58.65	12.68
25	东莞建晖纸业有限公司	75.74	57.94	–23.50
26	徐州建平纸业有限公司	41.19	56.08	36.15
27	广州造纸集团有限公司	49.31	51.87	5.19
28	浙江永泰纸业集团股份有限公司	34.60	49.58	43.29
29	江苏长丰科技集团有限公司	46.46	45.82	–1.38
30	金红叶纸业集团有限公司	35.23	42.85	21.63

注：2012 年纸及纸板产量超过百万吨的生产企业共 14 家，分别为：玖龙纸业（控股）有限公司、理文造纸有限公司、山东晨鸣纸业集团股份有限公司、华泰集团有限公司、山东太阳纸业股份有限公司、金东纸业（江苏）股份有限公司、中国纸业投资总公司、吉安集团股份有限公司、荣成纸业（中国）控股有限公司、山东博汇纸业股份有限公司、山东世纪阳光纸业有限公司、海南金海浆纸业有限公司、安徽山鹰纸业股份有限公司。按已收集到的数据排列。

2012年全国新闻出版业基本情况（摘登）

国家新闻出版广电总局

2012 年全国出版图书、期刊、报纸总印张为 3074.01 亿印张，折合用纸量 711.36 万吨，与上年相比用纸量降低 0.79%。其中：书籍用纸占总量 13.08%，课本用纸占总量 8.95%，图片用纸占总量 0.01%，附录用纸占总量 0.01%；期刊

用纸占总量 6.47%；报纸用纸占总量 71.49%。

一、图书

截至 2012 年年底，全国共有出版社 580 家（包括副牌社 33 家），其中中央级出版社 220 家（包括副牌社 13 家），地方出版社 360 家（包括副牌社 20 家）。

2012 年全国共出版图书 414005 种（初版 241986 种，重版、重印 172019 种），总印数 79.25 亿册（张），总印张 666.99 亿印张，折合用纸量 156.78 万吨，定价总金额 1183.37 亿元。与上年相比，图书品种增长 12.04%（初版增长 16.62%，重版、重印增长 6.17%），总印数增长 2.85%，总印张增长 5.12%，定价总金额增长 11.32%。其中：

1. 书籍 332042 种（初版 213125 种，重版、重印 118917 种），总印数 44.15 亿册（张），总印张 394.04 亿印张，折合用纸量 92.60 万吨（包括附录用纸 0.27 亿印张，折合用纸量 0.01 万吨），定价总金额 825.47 亿元（包括附录定价总金额 19.52 亿元）。与上年相比，种数增长 14.36%（初版增长 17.82%，重版、重印增长 8.62%），总印数增长 4.63%，总印张增长 9.47%，定价总金额增长 13.64%。

2. 课本 81271 种（初版 28363 种，重版、重印 52908 种），总印数 34.75 亿册（张），总印张 270.79 亿印张，折合用纸量 63.64 万吨，定价总金额 351.13 亿元。与上年相比，种数增长 3.82%（初版增长 9.32%，重版、重印增长 1.09%），总印数增长 1.01%，总印张下降 0.79%，定价总金额增长 6.35%。

3. 图片 692 种（初版 498 种，重版、重印 194 种），总印数 0.08 亿册（张），总印张 0.22 亿印张，折合用纸量 0.08 万吨，定价总金额 1.00 亿元。与上年相比，种数下降 21.63%（初版下降 26.55%，重版、重印下降 5.37%），总印数下降 13.03%，总印张下降 16.52%，定价总金额下降 15.71%。

4. 附录总印数 0.27 亿册（张），总印张 1.95 亿印张，折合用纸量 0.46 万吨，定价总金额 5.77 亿元。

二、期刊

2012 年，全国共出版期刊 9867 种，平均期印数 16767 万册，总印数 33.48 亿册，总印张 196.01 亿印张，定价总金额 252.68 亿元。与上年相比，种数增长 0.18%，平均期印数下降 0.67%，总印数增长 1.91%，总印张增长 1.70%，定价总金额增长 5.98%。

三、报纸

2012 年，全国共出版报纸 1918 种，平均期印数 22762.00 万份，总印数 482.26 亿份，总印张 2211.00 亿印张，定价总金额 434.39 亿元，折合用纸量 508.53 万吨。与上年相比，种数下降 0.52%，平均期印数增长 5.79%，总印数增长 3.17%，总印张下降 2.68%，定价总金额增长 8.48%。

四、音像制品与电子出版物

截至 2012 年年底，全国共有音像制品出版单位 369 家，电子出版物出版单位 268 家。

五、出版物发行

2012年，全国共有出版物发行网点172633处，与上年相比增长2.40%。其中新华书店及其发行网点9403处，与上年相比减少1.16%；供销社发行网点748处，与上年相比减少24.97%；出版社自办发行网点446处，与上年相比减少0.22%；文化、教育、广电、邮政系统发行网点37821处，与上年相比增长3.75%；上述系统外批发网点7505处，与上年相比增长5.10%；集个体零售网点116091处，与上年相比增长1.89%。

2012年，全国出版物发行业从业人员72.64万人，与上年相比减少0.14%。其中新华书店及其发行网点从业人员14.03万人，与上年相比增长0.57%；文化、教育、广电、邮政系统发行从业人员9.01万人，与上年相比增长17%；上述系统外批发点从业人员16.02万人，与上年相比增长5%；集个体零售网点从业人员32.64万人，与上年相比减少6%。

2012年，全国新华书店系统、出版社自办发行单位出版物总购进189.03亿册（张、份、盒）、2160.79亿元，与上年相比数量增长2.70%，金额增长6.71%。其中：新华书店系统购进123.59亿册（张、份、盒），比上年增长0.07%，购进金额1180.31亿元，比上年增长9.49%。

2012年，全国新华书店系统、出版社自办发行单位出版物总销售187.62亿册（张、份、盒）、2116.06亿元，与上年相比数量增长5.30%，金额增长8.32%。其中：新华书店系统销售124.87亿册（张、份、盒）、1194.88亿元，与上年相比数量增长6.26%，金额增长14.85%。

六、印刷复制

（一）印刷复制总体情况

2012年，印刷复制（包括出版物印刷、包装装潢印刷、其他印刷品印刷、专项印刷、打字复印、复制和印刷物资供销）实现营业收入10360.49亿元，与上年相比增长11.34%；增加值2679.51亿元，与上年相比增长15.25%；利润总额721.81亿元，与上年相比增长17.44%。

（二）出版物印刷（含专项印刷）

2012年，全国出版物印刷企业（含专项印刷）8714家，职工年末平均人数55.09万人，与上年相比下降4.39%；职工工资总额204.22亿元，与上年相比增长28.72%；人均年工资3.71万元，与上年相比增长34.91%。

1. 出版物印刷厂产值产量（含专项印刷）。

（1）工业销售产值1409.88亿元，比上年增长6.75%。

（2）图书、报纸、其他出版物黑白印刷产量32654.34万令，与上年相比增长8.52%。彩色印刷产量164712.99万对开色令，比上年增长7.72%。

（3）装订产量29740.21万令，比上年增长2.61%。

（4）印刷用纸量63821.20万令（包含平版纸和卷筒纸）。

2. 出版物印刷厂主要经济指标（含专项印刷）。

（1）资产合计年末数1997.22亿元，与上年相比增长12.08%。

（2）年末负债合计979.97亿元，与上年相比增长7.06%。

（3）所有者权益合计年末数1017.24亿元，与上年相比增长17.38%。

（4）主营业务收入1397.70亿元，与上年相比增长6.50%。

（5）利润总额106.82亿元，与上年相比增长36.30%。

（6）增加值518.15亿元，与上年相比增长25.65%。

（三）包装装潢印刷厂主要经济指标

1. 营业收入7523.00亿元，与上年相比增长11.49%。

2. 增加值1742.65亿元，与上年相比增长14.87%。

3. 利润总额475.75亿元，与上年相比增长17.45%。

（四）其他印刷品印刷厂主要经济指标

1. 营业收入1032.54亿元，与上年相比增长14.64%。

2. 增加值312.98亿元，与上年相比增长5.90%。

3. 利润总额99.56亿元，与上年相比增长3.30%。

七、出版物进出口

（一）图书、报纸、期刊出口

2012年，全国累计出口[1]图书、报纸、期刊2061.77万册（份）、7282.58万美元；与上年相比，数量增长33.09%，金额增长23.56%。其中：全国出版物进出口经营单位累计出口1639.27万册（份）、4863.15万美元；与上年相比，数量增长43.27%，金额增长24.52%。其中：

1. 图书出口1325.69万册、4250.09万美元；与上年相比，数量增长54.91%，金额增长29.71%。

2. 期刊出口220.31万册、556.00万美元；与上年相比，数量下降12.88%，金额下降3.04%。

3. 报纸出口93.27万份、57.06万美元；与上年相比，数量增长162.58%，金额增长2.88%。

（二）图书、报纸、期刊进口

2012年，全国出版物进出口经营单位累计进口图书、报纸、期刊3138.07万册（份）、30121.65万美元；与上年相比，数量增长5.31%，金额增长6.16%。其中：

1. 图书进口 743.51 万册、13707.99 万美元；与上年相比，数量下降 1.50%，金额增长 17.49%。

2. 期刊进口 490.33 万册、14120.03 万美元；与上年相比，数量增长 11.61%，金额增长 1.55%。

3. 报纸进口 1904.23 万份、2293.63 万美元；与上年相比，数量增长 6.67%，金额下降 18.09%。

（三）音像制品、电子出版物与数字出版物出口及进口情况

2012 年，全国累计出口音像制品、电子出版物与数字出版物 26.15 万盒（张）、2191.50 万美元；与上年相比，数量增长 214.30%，金额增长 45.86%。其中：全国出版物进出口经营单位累计出口 9.34 万盒（张）、33.54 万美元；与上年相比，数量增长 21.14%，金额下降 4.63%。

2012 年，全国出版物进出口经营单位累计进口音像制品、电子出版物与数字出版物 18.56 万盒（张）、16685.95 万美元；与上年相比，数量下降 53.15%，金额增长 18.05%。

八、版权管理与版权贸易

（一）版权管理

2012 年，全国版权合同登记 18645 份，其中图书 16554 份，期刊 199 份，音像制品 319 份，电子出版物 417 份，软件 1085 份，电影 24 份，电视节目 14 份，其他 33 份。

2012 年，全国作品自愿登记 560583 份，其中文字作品 179471 份，音乐作品 3901 份，曲艺 58 份，舞蹈 40 份，杂技 4 份，美术作品 85873 份，摄影作品 239801 份，建筑 102 份，影视 30335 份，设计图 3968 份，地图 227 份，模型 13 份，其他 16790 份。

（二）版权贸易

2012 年，全国共引进版权 17589 种，其中图书 16115 种，录音制品 475 种，录像制品 503 种，电子出版物 100 种。

2012 年，全国共输出版权 9365 种，其中图书 7568 种，录音制品 97 种，录像制品 51 种，电子出版物 115 种。

（上接第 26 页）

高中档印刷机数量增长很快，中低档印刷机淘汰较多，印刷精品的需求量越来越大，对橡皮布的质量要求也越来越高。今后普通橡皮布的市场需求会继续下降，气垫橡皮布的市场需求会越来越高。国内市场中进口品牌橡皮布销量仍然很大，约占国内市场消费量的 30% 左右。

六、印刷胶辊

2012 年，国内印刷胶辊由于受印刷机械销售严重下滑的影响，与 2011 年比较也有较大下降，全年生产量约为 10 亿立方厘米，销售收入不到 3 亿元人民币，比 2011 年降低了 20% 左右。我国印刷胶辊行业的特点是：生产厂家多、生产规模小、装备水平低、技术落后。多数企业只能生产中低档的胶辊，在低速印刷机上使用，高速印刷机的胶辊不能满足需要。而国内进口高速印刷机越来越多，国内多数胶辊生产企业显然跟不上这发展的步伐，很多高速印刷机仍采用进口胶辊。这种状况已经有所改善，国内一些重点企业已在瞄准高端市场，通过引进技术、设备、原料，推动高档印刷胶辊的研发制造，填补市场空白。

印刷胶辊生产情况统计比较困难，且产量的计量单位不统一，一部分是以立方厘米计量，也有一部分是以胶辊支数计量，不大好比较。只能根据现有数据对其发展趋势进行推断。2012 年实际全国产量要比这个数据大，这是需要说明的。

七、柔性版

柔性版过去国内只有小规模作坊式的生产，产量低、质量差，远不能满足国内需要。柔性版市场基本被国外大公司的知名品牌占领，售价奇高，极大地限制了国内柔性版印刷的发展，以致柔性版印刷在整个印刷中所占比例极低。2010 年后国内引进了部分设备，经过消化、吸收、改造，注入自有技术，已形成一定生产能力。2012 年生产柔性版 12 万平方米，出口 3.7 万平方米，进口柔性版 21.78 万平方米，进口金额 1480 万美元。据分析，柔性版可能还有一些进口途径，如登记在其他产品的海关税号等。目前国内柔性版年消费量大约在 40 ~ 50 万平方米左右。国内柔性版的规模化生产，促使进口柔性版价格大幅下降，促进了国内柔性版印刷的发展。

（作者袁建湘系中国印刷及设备器材工业协会印刷器材分会秘书长，岳德茂系分会高工）

中国绿色印刷企业生态发展年度调查报告（2012）

中国印刷杂志社专题报道组

前　言

为准确把握中国绿色印刷企业的发展情况，促进绿色印刷健康发展，为政府有关部门制定科学的政策和规划提供有价值的参考依据，2013 年 1 月至 6 月期间，中国印刷技术协会与中国印刷杂志社以问卷调查形式，在 184 家[①]获得绿色印刷认证的企业中开展了对绿色印刷企业的状况调查，共回收有效问卷 150 份。调查内容为绿色印刷企业 2012 年有关财务状况数据，绿色印刷对企业的影响及有关绿色印刷业务的问题。耗时半年有余，收集到了大量有关绿色印刷企业的第一手信息。因为该项调查工作是杂志社在经过多方论证后，集全社人力的首次尝试，受到调查范围的限制以及调查问卷的不完善性等因素的影响，本调查报告难免存在不足之处，敬请广大读者指正并提出宝贵意见。

第一部分　绿色印刷企业现状描述

一、绿色印刷企业的盈利情况

参与调查的 150 家绿色印刷企业 2012 年度的盈利情况，如表 1 所示。

表 1　2012 年度绿色印刷企业的盈利情况

利润分布	企业数量	占参与调查企业的比例（%）
亏损企业	11	7
绿色产品盈利占总利润 0 ~ 20%	49	33
绿色产品盈利占总利润 20% ~ 80%	53	35
绿色产品盈利占总利润 80% ~ 100%	37	25

二、绿色印刷为企业带来的利好

我们为绿色印刷给企业带来的利好设计了 4 个观点，这些利好在绿色印刷企业发展过程中受到的关注程度如何，详细情况如表 2 所示。

表 2　绿色印刷给企业带来的利好情况

利好	企业数量	占参与调查企业的比例（%）
提升企业品牌形象及声誉	150	100
带来了更多业务量	36	24
有利于增加企业利润	81	54
有利于完善内部管理	83	55

三、企业在推广绿色印刷产品时遇到的主要障碍

企业在推广绿色印刷产品时遇到的障碍主要有哪些，企业是如何看待这些障碍的，详细情况如表 3 所示。

① 截至 2012 年底，全国共有 184 家印刷企业获得绿色印刷认证证书。

表 3　绿色印刷企业在推广绿色印刷产品时遇到的障碍

主要障碍	企业数量	占参与调查企业的比例（%）
成本高，客户不愿意购买	71	47
相关配套政策不完善	107	71
社会对绿色印刷宣传不够	83	55
企业内部管理及对绿色技术应用等方面	33	22

四、企业在实施绿色印刷过程中需要加强的方面

企业在实施绿色印刷过程中，哪些方面需要加强，详细情况如表 4 所示。

表 4　绿色印刷企业在实施绿色印刷过程中认为需要加强的方面

有待加强的方面	企业数量	占参与调查企业的比例（%）
加大对硬件设施的投入	77	51
加强对员工的环保教育及培训	90	60
加强对客户的宣传力度	78	52
行业主管部门对行业的引导和业务指导	98	65
对绿色环保新技术的应用	84	56

五、对于使用绿色低碳的材料、工艺、设备是如何看待的

对于使用绿色低碳的材料、工艺、设备，企业是如何看待的，详细情况如表 5 所示。

表 5　绿色印刷企业对于使用绿色低碳材料、工艺、设备的观点

观点	企业数量	占参与调查企业的比例（%）
价格高、投入大，不划算	29	19
市场逐步接受，虽然投入大，可接受	83	55
成本压力大，市场不认可	32	21
对绿色新技术、材料不了解，不敢使用	8	5

六、未来绿色印刷发展的关键

绿色印刷企业对未来绿色印刷发展的关键有何看法，详细情况如表 6 所示。

七、绿色印刷企业获取绿色印刷相关信息的途径

绿色印刷企业获取绿色印刷相关信息的途径主要有哪些，详细情况如表 7 所示。

八、绿色印刷企业希望行业协会提供哪些帮助

绿色印刷企业希望得到行业协会提供的哪些帮助，详细情况如表 8 所示。

表 6　绿色印刷发展的关键

关键点	企业数量	占参与调查企业的比例（%）
政府制定相关扶持政策	143	95
淘汰小、散、乱企业，净化市场环境	92	61
加强宣传，引导社会接受绿色印刷	116	77
扶持一批龙头企业，引导行业健康发展	87	58

表 7　绿色印刷企业获取绿色印刷相关信息的主要途径

途径	企业数量	占参与调查企业的比例（%）
政府主管部门网站	68	45
专业媒体	29	19
行业协会	149	99
相关交流会、技术研讨会、展会	50	33

表 8　绿色印刷企业希望获得行业协会帮助的情况

需求	企业数量	占参与调查企业的比例（%）
及时提供国内外绿色印刷发展动向的最新信息	101	67
举办针对性强的培训班、研讨会	87	58
提供有针对性的技术咨询	96	64
推动最新绿色技术在企业的普及应用	89	59

第二部分　绿色印刷企业样本分析

为推动我国生态文明、环境友好型社会建设，促进印刷行业可持续发展，国家新闻出版广电总局和环境保护部于 2011 年 10 月 8 日发布了《关于实施绿色印刷的公告》，决定在印刷全行业动员和部署实施绿色印刷工作。公告提出，第一步，在有条件的地区和企业要针对青少年儿童紧密接触的印刷品特别是在中小学教科书上率先进行绿色印刷试点，同时鼓励骨干绿色印刷企业积极申请绿色印刷认证；第二步，2012 年至 2013 年，在

印刷全行业构筑绿色印刷框架，陆续制订和发布相关绿色印刷标准，逐步在票据票证、食品药品包装等领域推广绿色印刷；建立绿色印刷示范企业，出台绿色印刷的相关扶持政策；基本实现中小学教科书绿色印刷全覆盖，加快推进绿色印刷政府采购；第三步，2014 年至 2015 年，在印刷全行业建立绿色印刷体系，完善绿色印刷标准，绿色印刷基本覆盖印刷产品类别，力争使绿色印刷企业数量占到我国印刷企业总数的 30%，淘汰一批落后的印刷工艺、技术和产能，促进印刷行业实现节能减排，引导我国印刷产业加快转型和升级。

2012 年是实施“十二五”发展规划承上启下的重要一年，也是公告发布一周年的重要时间节点，经过一年的实施，我国绿色印刷产业进展的情况如何？发展过程中遇到了哪些困难和障碍？需要得到哪方面帮助？带着这些疑问，中国印刷技术协会和中国印刷杂志社在全国范围内进行了调查摸底工作，通过访谈和调查，我们对全国绿色印刷企业的整体状况形成了一个初步印象，主要表现在以下几个方面：

一、绿色产品成为大多数绿色印刷企业的主要利润来源

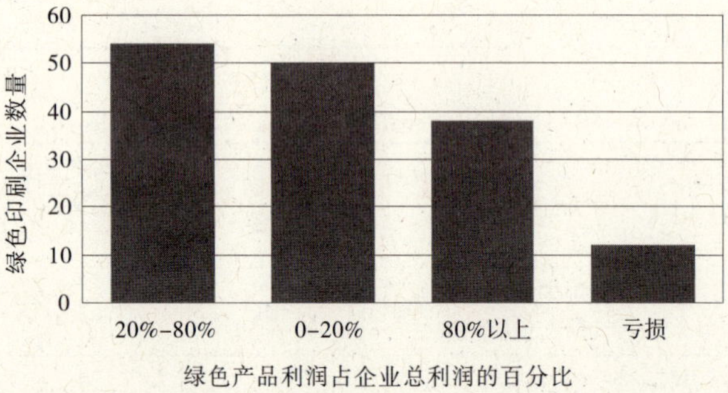

图 1　绿色印刷企业绿色产品利润在总利润中的份额

从利润分布图看，2012 年参与调查的企业中经营绿色印刷品的共 150 家，整体利润有亏有盈。其中，绿色产品利润占企业总利润的份额呈现出如下四种状态：

1. 没有盈利，甚至成了企业亏损的因素；

2. 利润很少，仅占企业总利润很小的比重；

3. 盈利较多，占据了企业总利润一半左右的比重；

4. 是企业利润的主要来源，甚至是企业利润的全部，即企业已经成功转型，成了名副其实的绿色印刷企业。

从绿色产品利润占企业总利润百分比图来看，这四种状态在数据上呈现出一种既不可思议又合理的内在联系。按照常理，既然是绿色产品，社会应该接受，企业的业务量应该增加，盈利是理所当然的事，但是，少数企业却出现了亏损的情况。分布图显示，亏损企业共 11 家，占调查企业总数的 7%；另一部分企业虽然没有亏损，但是绿色产品利润占总利润的比重并不大，只有 20% 以下，这部分企业有 49 家，占调查企业总数 33%；剩下的是发展比较好的企业，绿色产品利润占总利润的百分比分别为 20% ~ 80% 和 80% 以上，数量为 53 家和 37 家，分别占调查企业总数的 35% 和 25%。从调查企业反映来看，绿色印刷产品是行业发展方向，具有节能环保、无污染、使用者乐于接受等优点。绿色印刷的实施，改变了企业的发展方向和盈利结构，在环保和可持续发展方面起到了不可替代的作用，推动了企业绿色转型的进程，为企业科学发展带来了更多的新思路和新思考。

二、绿色印刷企业对绿色印刷的关注点分析

中国印刷业发展到今天，印刷企业数量已经超过了 10 万家，从业人数也达到了 400 万左右，而行业利润日渐微薄，市场竞争压力越来越大。行业内的微小变化都能对企业的兴衰产生直接影响，对于国家推行的绿色印刷战略，更是一石激起千层浪，在印刷行业引起了广泛关注和积极响应。

调查结果显示，绿色印刷有助于提升企业品牌形象及声誉的观点是企业最为关注的因素，150 家绿色印刷企业均对此观点表示认可，达到了 100%；认为有利于增加利润的企业数量为 81 家，占企业总数的 54%；同意有利于完善内部管理和可以给企业带来更多业务量的观点企业数量为 83 和 36 家，分别占企业总数的 55% 和 24%。从数据可以看出，绿色印刷本身得到了业界正面回应，但是企业是为盈利存在的，没有利润，实力再雄厚的企业也会被拖垮。因此，如何利用绿色印刷的环保优势给企业带来更大的利润和更多的业务量是关键所在。图 2 显示了国家实施

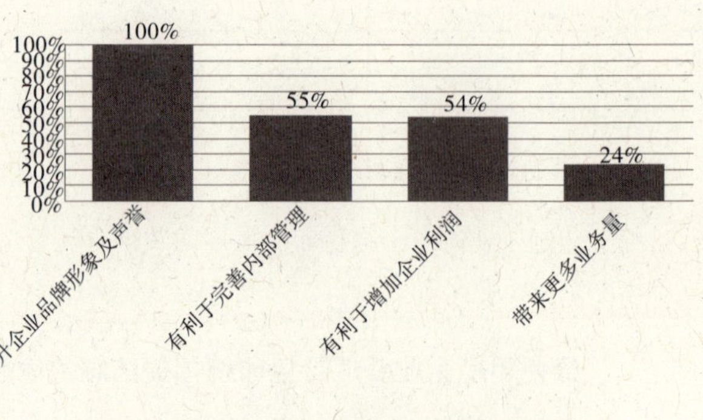

图 2　绿色印刷企业对绿色印刷的关注点

推动绿色印刷战略以来绿色印刷企业对绿色印刷带来利好因素的关注程度。

三、企业在推进绿色印刷进程中面临着多种制约因素

在绿色印刷推进过程中，企业面临着生产成本、技术服务水平、市场认知度、相关技术成熟度、产品质量、生产流程再造等多方面的制约因素，企业渴望相关政府部门与上级单位能帮助和引导他们尽快解决这些难题，尽早完成企业转型发展。

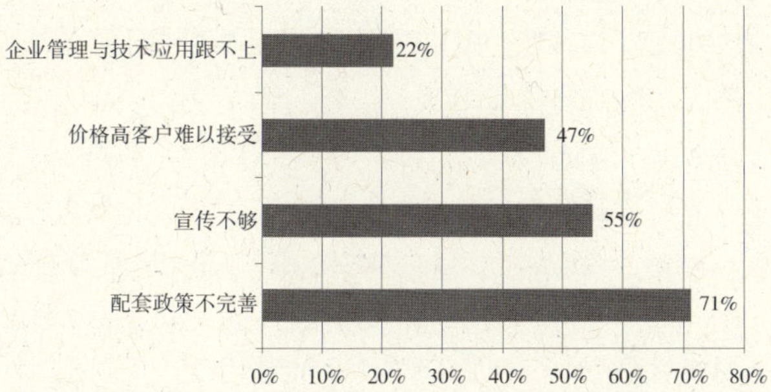

图 3　绿色印刷企业在推广绿色产品时遇到的主要障碍

调查显示，107 家被调查企业认为配套政策不完善是制约绿色印刷发展的最主要因素，占企业总数的 71%；其次，83 家被调查绿色印刷企业认为宣传力度不够，占企业总数的 55%；71 家被调查绿色印刷企业认为价格高、客户难以接受，占企业总数的 47%，排在了第三的位置；此外，33 家被调查绿色印刷企业认为企业管理与技术服务水平是制约其推进绿色印刷的因素，占企业总数的 22%。

在企业需求调查栏里，企业希望新闻媒体对绿色印刷的宣传力度要加强，进一步增强全民对绿色环保的意识，得到社会的关注和支持，也要得到地方政府的认可。政府对获证企业扶持政策尽快落实，提高企业积极性；加强督导绿色印刷企业原辅材料供应商进行产品环保认证，便于绿色认证企业选择。

在对绿色印刷认识方面，部分企业还存在误区，表现在对推行绿色印刷的态度不积极，对采用环保材料、实施绿色印刷的工艺观望等待。还有观点认为实施绿色印刷不符合我国印刷产业的实际，为时尚早，认为我国的印刷状况已经很好，搞绿色印刷是多此一举，认为我国还没有达到发达国家的水平，实施绿色印刷可能对印刷产业的发展不利。这些错误的认识导致行业推行绿色印刷战略在一定程度上受到制约。

四、企业在使用绿色低碳的环保材料时遇到了多种问题

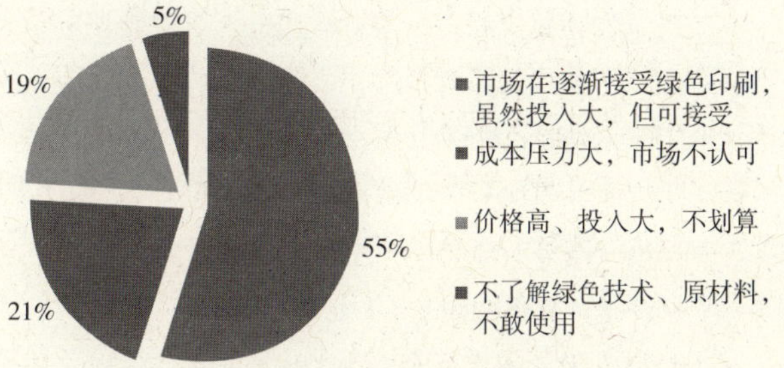

图 4　绿色印刷企业对绿色低碳材料、工艺、设备的认可程度

企业在印刷绿色产品时必然要用到新技术、低碳材料、新工艺和新设备，问题由此产生。图 4 是调查企业在使用绿色原材料时遇到的四个主要问题。调查显示，认为生产绿色产品成本投入过大，市场不认可的绿色印刷企业有 32 家，占调查企业总数的 21%；认为绿色产品价格高、投入大、不划算的绿色印刷企业有 29 家，占调查企业总数的 19%；对绿色技术、原材料不了解，不敢使用的绿色印刷企业有 8 家，占调查企业总数的 5%；认为市场在逐渐接受绿色印刷，虽然投入大，但仍可接受的绿色印刷企业有 83 家，占调查企业总数的 55%。从统计数据可以看出，所有的被调查企业都认为绿色产品投入大，区别在于有的企业勇敢去做并坚持了下来，有的企业尝试了，但没有成功，而少数企业根本不了解绿色技术和原材料，连尝试都没有。

从调查的企业技术需求来看，有 135 家绿色印刷企业（占企业总数的 95%）希望政府及行业主管部门制定相关优惠政策，对实施绿色印刷的企业给予政策扶持，或适当提高绿色印刷品的工价，减少企业负担，使更多绿色印刷企业通过实施绿色印刷带来实实在在的利好和实惠，使广大绿色印刷企业步入良性循环的发展模式，更好的促进印刷产业转型，实现绿色印刷的发展目标。

在原材料方面，绿色辅材的优势明显，也得到越来越多印刷企业和印刷辅材供应商的重视，但是数据显示普及和发展之路并非一帆风顺，期间有许多的问题与阻碍，主要集中在以下几个方面。

1. 观念陈旧。由于绿色原材料近几年才逐渐兴起，有些企业经营者对其认可度并不高，不愿使用不熟悉的绿色辅材，害怕因此会影响生产进度，因此，其市场占有率并不高，仅 10% ~ 20% 的印刷企业完全使用绿色辅材。

2. 企业管理者存在误解。由于我国大部分印刷企业为中小型企业，许多管理人员没有经过专业培训，对绿色原材料的使用存在误解，担心应用过程中会出现问题。

3. 原材料质量不稳定。印刷企业对绿色印刷辅材是很熟悉的，但所使用的原辅料特别是润版液及润版添加剂等材料虽然标识是绿色环保产品，但质量很不稳定且价格高。绿色印刷企业希望加大环保型原材料的研发投入（如油墨、上光油、粘合剂等），同时加快印刷工艺的改进和提升，尽快适应目前绿色环保的需求。

在价格方面，调查企业认为，从企业获得绿色认证以来，环保产品价格未上调，而原辅材料和各项费用不断增加，包括用人成本的增加，使得企业的利润空间越来越小，希望政府主管部门在政策上给予支持，使得绿色印刷做得更加扎实。

在成本方面，采用绿色印刷技术较传统印刷而言，成本上升是必然的。绿色环保印刷需要资金投入，出版企业与印制企业难以长期承担。但是基于对政策方向性的要求以及对环保发展趋势的认知，绿色印刷企业都会责无旁贷的去执行绿色印刷战略。但是面对成本压力也着实苦不堪言，企业呼吁国家是否可以考虑给予绿色印刷企业一定的补贴。

五、企业获取绿色印刷相关信息的途径有待进一步拓宽

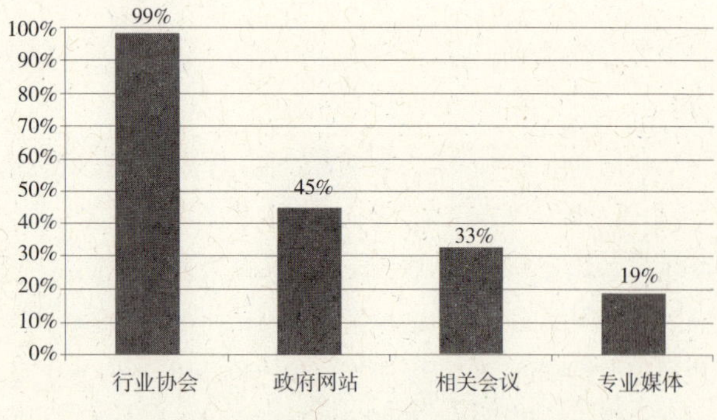

图 5　绿色印刷企业获取绿色印刷信息的途径

信息时代，沟通是关键，更进一步说，企业的生产经营、谋略发展跟信息咨询密切相关，落后市场一步就可能面临着亏损甚至倒闭，因此，印刷企业都格外重视绿色印刷信息的获取。由于种种原因，虽然科技越来越发达，但企业仍然感到信息获取渠道太少，信息沟通的时效性不能满足企业发展需求。图 5 是参与调查企业最常使用的四种信息获取方式。

调查结果显示，绿色印刷企业获取绿色印刷相关信息的途径较少，欠缺对绿色印刷应用技术知识的了解。他们希望能经常性、有针对性地开设培训班、研讨会等，便于企业更好地理解绿色环保认证等有助于企业发展的关键信息。在被调查的企业里，有 149 家，占企业总数的 99% 的绿色印刷企业都是通过行业协会了解绿色印刷信息的；有 68 家，占企业总数的 45% 的绿色印刷企业是通过政府网站获取信息的；而从专业媒体获取信息的绿色印刷企业只有 29 家，占企业总数的 19%，可见媒体并未充分发挥其宣传优势；通过相关会议获取信息的绿色印刷企业有 50 家，占企业总数的 33%。在所调查的四种信息传播途径中，行业协会起到了决定性作用，由此可见行业协会在印刷行业内的纽带作用是非常重要的。

在电子通信高度发达的今天，印刷行业也必须与时俱进，除了上述几种常规的信息沟通方式外，要充分利用手机、网络等通讯设备，建立绿色印刷企业相关联系人微信、微博或 QQ 群，便于大家相互沟通、交流，协会也可随时发布相关信息，多给予信息支持，增强信息交流的及时性。

六、企业希望从行业协会得到更多的帮助

在调查的企业里有很多是从传统印刷企业转型过来的，这些企业因为较早关注与重视绿色印刷，一直在使用环保材料、采用环保技术、引进环保设备等方面采取了一系列有效措施，投入较大，收效也颇丰。但在未来的发展趋势中，环保和绿色仍然是传统行业的主旋律，所以企业会更多地关注绿色印刷。他们希望行业协会能提供更多符合绿色印刷标准的供应商资料，包括其产品和验证报告，加强印刷上游企业对绿色印刷的支持和投入，国家也应出台对绿色印刷企业上游供应商的标准要求，为绿色印刷企业提供价格合理且符合绿色印刷产品要求的材料、设备，从而加快印刷企业的绿色化转型进程。

图 6 显示的是调查样本企业最需要行业协会给予四个方面帮助的关注程度，结果显示，转型成功或从绿色印刷

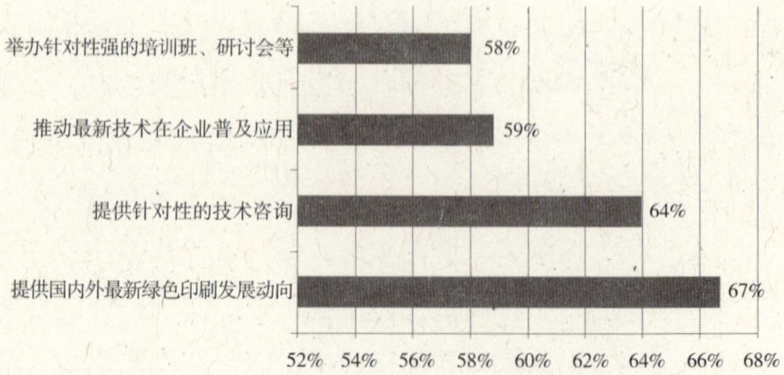

图 6　绿色印刷企业对行业协会寄予的期望

专栏

业务中盈利的企业希望从行业协会方面得到更多的帮助。其中，67% 的绿色印刷企业希望协会能及时提供国内外最新的绿色印刷发展动向信息，以便企业能及时了解行业发展形势，在绿色印刷推进过程中把握主动性。在技术应用和设备改造方面，希望协会能提供针对性强的技术咨询服务，便于转型企业尽早应用绿色技术和设备；58% 的绿色印刷企业对国家政策和方针不是特别清楚，担心发展方向，希望协会能多举办相应的培训班和研讨会等；对于一半以上的中小型绿色印刷企业来说，推动最新绿色技术的应用和提供针对性的技术咨询是他们最关心的，分别为 89 家和 96 家，占企业总数的 59% 和 64%，他们希望协会能满足他们的发展需求，为企业能尽早走上良性发展道路提供技术上的支持。

在人员培训方面，希望能帮助企业培训相关人员，了解扶持政策内容，申请绿色认证程序，帮助企业尽快享受国家或地方扶持政策；对广大正在发展的中小型绿色印刷企业，希望行业协会能出面组织已经成功转型的绿色印刷企业介绍其先进的管理经验和技术应用等，帮助他们走出困境。

七、企业在绿色印刷方面取得的成绩及绿色认证的进展情况

（一）取得的成绩

我国绿色印刷经过近两年的发展，全行业的绿色印刷框架基本成型。绿色印刷实施的组织管理体制基本建立，范围和路径也已确定，绿色印刷的各项标准正在完善；绿色印刷的配套保障措施正在加快制订；获得绿色印刷认证的企业数量不断增加，要求认证的企业数量也在增加。在促进节能减排、调整产业结构、惠及社会民生等方面取得了重要的阶段性成果。据估算，绿色印刷企业因实施各项环保措施，能耗及材料综合成本每年减少约 6 亿元；挥发性有机化合物（VOC）的排放总量每年减少约 2%；截止到 2012 年底，全国共有 184 家印刷企业获得了绿色印刷认证证书，印刷企业申报绿色印刷认证的积极性普遍提高，各地充分发挥自身优势，全力推进绿色印刷。2012 年中小学秋季教科书共 1000 多种，基本实现中小学教科书绿色印刷全覆盖并逐步在票据票证、食品药品包装等领域推广。国家已经出台绿色印刷的相关扶持政策，部分地方新闻出版行政主管部门正在绿色技术改造、认证咨询等方面给予企业一定的政策和资金扶持。建立了一批绿色印刷示范企业，正逐步推动涉及公共文化服务的印刷产品实现绿色全覆盖。

（二）绿色认证情况

环境标志产品认证是环境保护部对全国各行业产品是否达到环境保护要求而开展的一项十分严肃、十分重要的工作，是实施绿色印刷的重要途径。认证中对标准的要求是刚性的，不开展认证工作，绿色印刷标准就得不到执行，实施绿色印刷和产业调整就成为一句空话。调查显示，多数客户非常重视绿色印刷企业及印刷产品所取得的各种环保资质认证。从认证过程看还存在以下两个问题。

第一，时间紧、难度大。由于我国印刷业发展不平衡，印刷行业的总体素质较低，企业资质认证体系尚不健全，基础较薄弱。很多印刷企业的硬件条件和资质都不具备，认证起来较耗时间。

第二，认证费用较高。关于认证费，据参评企业反映，收费较高，一般企业很难承受，从已经获得绿色认证企业的经历来看，企业期待国家给予绿色补贴。

（三）绿色认证趋势

随着认证工作不断推进，获得认证资质的企业在增加，绿色印刷认证也呈现出绿色理念、绿色标准、认证产品种类以及辅助服务能力逐步深化的四大发展趋势。

第一，绿色意识在加强。业内对做绿色印刷认证的理解随着认证工作的推进也在逐渐深入。企业已经逐渐认识到了绿色印刷给自身竞争力提升、行业可持续发展以及环保带来的益处，由过去的被动认证转变成了主动申报。

第二，认证标准在增加。随着平版印刷绿色标准和商业票据绿色印刷标准的陆续出台，我国绿色印刷认证体系得到逐步完善，使绿色印刷认证工作基本涵盖了主流的印刷生产工艺。

第三，绿色产品逐渐增多。随着标准的逐步出台，以此为基准，能够检测的绿色印品也在逐渐增多。现行的绿色印刷标准不仅包含环境要求，还包含对印品的纸张、油墨、润版液等原辅材料的重点要求。

第四、认证服务逐渐深化。企业参与绿色认证的积极性在增强，对与之相配套的认证工作的辅助服务也提出了越来越高的要求。随着检测需求的增加，国家新闻出版广电总局质检中心以及各地检测分中心也逐渐获得了检测资质，这使得与绿色印刷相配套的检测服务也在逐步提高，为达到“十二五”期末印刷企业通过绿色认证数量达到 30% 的目标提供了有力支持。

第三部分　存在的问题剖析

基于我国绿色印刷企业的现状，结合调查数据我们对可能影响绿色印刷发展的几个关键因素进行了深入剖析。

通过绿色印刷企业在发展过程中的需求、利润构成和产品结构所传递的信息，找出其中存在的问题，主要表现在以下几个方面。

一、如何解决绿色印刷企业关注的热点问题

从对绿色印刷企业的调查问卷来看，企业在发展过程中遇到了多种问题，如何解决这些问题成为绿色印刷战略不断推进的关键所在。

（一）绿色印刷企业认证及收费问题

在我国全方位实施绿色印刷是一个新鲜事物，国际上可借鉴的经验并不多，在推进过程中难免会出现很多问题，例如，企业绿色认证难、认证费用高、企业难以消化增加的成本等，这是很正常的现象，关键在于如何解决。国家新闻出版广电总局印刷发行司巡视员曹宏遂认为：在检测认证过程中首先暴露出印刷行业总体素质较低，企业资质认证体系尚不健全，基础薄弱等问题。按照环保部的要求，检测机构必须有中国计量认证（CMA）资质，但是印刷行业拥有该项资质的检测机构还不多，当企业都要申请检测认证时，就不能满足要求。

关于绿色印刷企业认证收费的问题，据了解，环境保护认证费用是由国家统一规定，根据认证企业的规模和人数来进行收费，这些费用的收取一定程度上增加了企业负担。为了解决这些问题，曹宏遂巡视员表示，行业主管部门计划从两头抓起，一头是出版单位，另一头是绿色产品使用单位，对于实施绿色印刷的企业，总局正在积极与财政部沟通，建议对认证企业给予一定的补贴以解决成本增加给企业发展造成的困难。

（二）如何做到环保与效益双赢

调查数据显示，150家绿色印刷企业均认同实施绿色印刷可以提升企业形象及声誉这一观点。但是，仅有占调查企业24%的36家企业认为，实施环保绿色印刷可以带来更多的业务量。可见环保和效益双赢在企业眼里是很难实现的。为什么会出现这样的认识，分析可知，国内绿色印刷企业的认证工作刚刚起步，积极申请的企业在少数，大部分厂商仍在徘徊观望，不少企业更将“绿色环保”视为“洪水猛兽”，直觉上认为这必然是增加成本的投资，尤其是在目前行业利润微薄，但原材料、人工成本高企的矛盾下，强调环保势必会给印刷企业雪上加霜。其实此种认识的存在，是因为企业的决策者还没有解放思想，未能意识到绿色印刷是实现环保与效益双赢的平衡点。事实上，实行绿色印刷，有益于环保，谁也不能置身事外，同时，印刷企业通过节能减排，能够降低生产成本，从而提升自身的竞争力，可谓鱼与熊掌兼得，环保与效益是可以实现双赢的。

（三）国家如何补贴

国家对绿色印刷企业何时补贴、如何补贴是参与调查企业重点关注的问题。从目前看，还没有出现因为印刷企业实施绿色印刷方式而工价上涨的消息，但是，物价年年都在涨，如何解决这个问题？从企业角度考虑，总局、发改委等有关部门需要进行相关调研，提高绿色产品定价，作为项目的捆绑性措施。只要属于绿色印刷，就按绿色工价补贴。而政府可以采取强制性措施，推行绿色印刷战略，如果政府没有硬性规定和相关补贴措施，企业很难全部实施绿色印刷，即便实施了也不会长久。

（四）绿色印刷需要整个产业链齐抓共管

在参与调查企业的需求栏里，很多企业明确指出，国家不能只要求企业实施绿色印刷，还应该要求纸张、油墨、制版、印后加工等各个环节实施绿色环保措施。因为，实施绿色印刷的范围包括印刷的生产设备、原辅材料、生产过程以及出版物、包装装潢等印刷品，涉及印刷产品生产全过程，如果印刷的原辅材料不环保，那么印刷品是不可能环保的，因此国家必须从产业链源头抓起，这样才能做到真正的绿色印刷。

就印刷生产而言，走环保之路，毫无疑问对社会有利，对生产工人有利，对消费者有利。上游产品绿色环保，下游印刷企业的工作就轻易很多，反之则必然是事倍功半。绿色印刷强调对印刷整个过程的评价与环境行为的控制，即在设计、制造、使用、废弃四个阶段的全生命周期的过程中，不但强调设计和生产过程的控制，而且也对印刷产品在使用和废弃阶段提出明确的量化要求。因此，印刷企业走绿色环保道路应该从上游的原辅材料生产企业抓起。加强试验室建设，规范环保检测的步骤和程序，不断探索印刷原材料环保检测的前置处理，实施从印刷产品到印刷原辅材料整个工艺链的环保检测。

（五）如何解决企业成本增加的问题

尽管大多数印刷企业意识到绿色印刷是我国印刷产业未来的发展方向，但大多数企业属于中小企业，往往资金不够雄厚。在企业建设初期大多以满足生产为考虑，并未充分考虑用于节能降耗的设备，发展过程中又缺乏经验与相关人才，在探索印刷环保过程中走了不少弯路。尽管生产阶段注重节省成本，但节能降耗的经济效益并不明显。另一方面，印刷环保工程前期需要投入资金改进原辅材料、设备、管理流程等，当投入资金数额较大时，看似增加了印刷过程成本，且企业并不知道如何核

算绿色印刷带来的收益，企业经济效益受到了损失，从而挫伤了企业实施绿色印刷的积极性。因此，对于绿色印刷企业的成本增加问题，需要有相关的机构引导企业合理实施绿色印刷，通过现有设备改造与更新，有效帮助企业节能减排，提高经济效益，解决由于实施绿色印刷造成的成本增加问题。

二、如何解决绿色印刷产业发展过程中遇到的多种制约因素

绿色印刷产业的推动单靠企业自身是无法完成的，毕竟企业是为盈利而存在的，而发展和改革的过程中会遇到多种困难和制约因素，这必须借助外力方可解决。因此，绿色印刷产业的发展完善必须在相关政府部门和上级主管单位主导下才能完成。从图 7 所示的调查企业反馈信息来看，有 98 家，占调查企业总数 65% 的绿色印刷企业认为需要行业主管部门的有效引导；有 90 家，占调查企业总数 60% 的绿色印刷企业认为，企业内部员工环保教育和培训非常重要，是企业开展绿色印刷的关键因素；有 84 家，占调查企业总数 56% 的绿色印刷企业认为重视绿色印刷技术的应用也很重要；另外，有 77 家和 78 家，分别占调查企业总数 51% 和 52% 的绿色印刷企业认为硬件设备的投入和加强客户的绿色概念宣传非常重要。

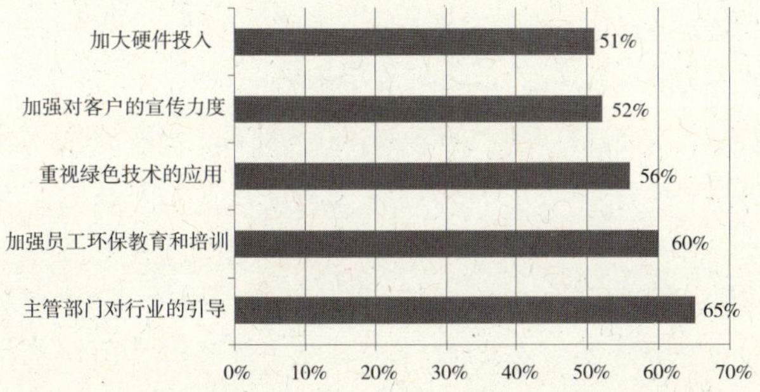

图 7　绿色印刷企业认为绿色印刷发展需要加强的方面

（一）对新技术的支持和绿色印刷概念的宣贯

1. 对于四新技术应用的支持。

对于绿色印刷新材料、新技术、新工艺、新设备的应用，政府应出台相关政策和指导性意见及规范，帮助企业做出正确选择，减少盲目性；对推广的新技术、新设备有针对性地进行培训和研讨。

2. 加强宣传引导。

社会舆论要引导公民接受绿色产品。在现实中，绿色产品的售价一般都比非环保产品高，积极生产绿色产品需要有人为之买单，如若只是政府为之买单，显然绝大部分产品还是很难做到绿色。必须指出的是，眼下恰是绿色印刷企业经营相对困难的时期，原辅材料和劳动力价格的上升，经济危机导致的海外市场不景气都给绿色印刷企业的生存带来压力，只靠企业自身显然已无力消化新增成本。因此，舆论引导消费者主动消费绿色产品十分重要。

各地方也要结合自身实际，大力宣传实施绿色印刷战略、推进绿色印刷进程的必要性和意义，开展多种形式的宣传教育活动，普及绿色印刷知识，提高全社会的绿色印刷意识。

（二）有针对性地开展教育培训工作

在调查反馈信息中，部分绿色印刷企业认为有必要在专业高等院校和职业学院开展绿色印刷专业技能知识教育，为绿色印刷在整个行业的推广培养人才，提供技术支持。还有企业认为目前对绿色印刷的认证工作的相关标准把握有待提高，希望多些人员参加相关培训，或组织专家深入企业内部进行培训。因此，相关主管部门应该响应企业需求，结合绿色印刷标准实施，对企业人员开展多层次、多形式的教育培训工作，同时提高政府行政管理人员的监督管理能力，提高行业协会工作人员的指导协调能力，提高检测机构和企业内部人员的技术保障能力，增强全行业从业人员的绿色印刷意识。

（三）加大政策扶持力度

新闻出版广电总局和环境保护部将与有关部门和地区共同研究出台绿色印刷的扶持政策，鼓励有关企业、科研机构和高等院校建立产学研相结合的实施绿色印刷的新模式，对实施绿色印刷取得突出业绩的部门和企业进行奖励。各地方政府和相关部门也要结合自身实际，研究出台有关绿色印刷的扶持政策。

三、如何解决绿色印刷企业使用环保材料时遇到的多种问题

绿色印刷企业在生产过程中经常遇到材料成本高、产品价格高、市场接受难度大、对绿色环保新技术不了解等问题，导致绿色印刷战略实施过程中受到很大的阻力，究其原因不外乎以下四种情况：一是观念陈旧；二是企业管理者对绿色印刷存在误解；三是绿色原材料质量不稳定；四是价格较高。

（一）如何解决企业对绿色印刷新技术的误解和不认可

对于误解和不认可绿色印刷新技术的观念是可以理解的，由于我国大部分印刷企业为中小型企业，许多管理人员没有经过专业培训，对绿色原材料的使用存在误解和不认可，担心应用过程中会出现问题。这主要是因为绿色印

刷技术是近几年才兴起的新鲜事物，有些企业经营者比较保守，不愿使用不熟悉的绿色辅材，害怕因此影响生产进度，对于此种情况需从两个方面解决，一是加强宣传和引导，二是发挥好成功绿色印刷企业的示范作用，使其看到绿色印刷带来的经济效益和国家有关政策的支持。

（二）如何解决印刷原辅材料质量及价格问题

印刷企业对印刷辅材是很熟悉的，但所使用的原辅料特别是润版液及润版添加剂等材料虽然标注是绿色环保产品，但质量很不稳定且价格高，打击了绿色印刷企业的积极性。因此，在绿色印刷的实施过程中，应该大力发展绿色印刷高新技术，推进绿色印刷产业发展需要标本兼治，发展绿色印刷高新技术是根本。绿色印刷不仅涉及到印刷环境和印刷品，还涉及到印刷材料、工艺、设备与技术。研究和推广绿色印刷技术，有利于印刷企业节能减排、保护环境和资源，保障员工和消费者的身心健康。印刷企业通过发展绿色印刷高新技术不但保护了环境，维护了员工与消费者的健康，同时也节约了资源，降低了成本，节省了费用，提升了品牌，提高了收益。特别是以出口为主的印刷企业，绿色印刷已经成为获得海外客户订单的通行证。

在价格方面，参与调查企业认为，从企业获得绿色印刷认证以来，环保产品价格未上调，而原辅材料和各项费用不断增加，包括用人成本的增加，使得企业的利润空间越来越小，希望出版社和政府主管部门在政策上给予支持。事实上，国家新闻出版广电总局和财政部正在就绿色印刷补贴和价格问题积极沟通，相信不久的将来价格问题会得到解决，绿色印刷工作也会做得更加扎实。

（三）如何理解企业在实施绿色印刷过程中的暂时性亏损

作为一个企业，利益当然是被看重的，但是作为社会中的一份子，企业也需要牺牲少部分利益来进行产品技术的革新，从而推动绿色印刷在全行业的普及。虽然引进环保型的印刷设备以及有关工艺流程的熟悉和专业技术人才的培养都需要消耗企业的成本和精力，但是从长远发展来看，绿色印刷是未来印刷业发展的大趋势，改革也意味着能够在印刷行业中不断积累绿色印刷的经验，为以后的发展打下良好的基础。企业通过对自身工艺、绿色原材料的选用，产品质量的高要求一定能赢得市场客户的一致认可。这种通过牺牲自身少部分利益换来广大客户认可的行为，看似吃了亏，实则占了大便宜，换个角度讲这是企业勇于承担社会责任的举措，不失一种明智的发展战略。

四、绿色印刷企业如何把握今后的发展方向

在参与调查的绿色印刷企业里除了少数大型企业，大部分属于中小型企业，这也是我国印刷业的主要特点，各企业必须要清醒地认识到自身的情况，结合市场需求和自身特点找到发展切合点，只有这样才能在激烈竞争的市场中占有一席之地。

（一）发掘自身特点，重点发展专长技术

如果说规模化绿色印刷企业有能力做一些大的技术研发项目，那么对于规模不大的绿色印刷企业来说，完全可以围绕自己的需要，在采用新技术、新工艺、新材料方面根据自身情况投资一些费用相对低的技术、产品研发。但是，相当一段时间来，我国印刷企业根本就缺乏这样的思想认识。生产企业不重视研发工作的状况普遍存在，一定程度上影响了我国印刷业绿色化进程。因此，为了企业的可持续发展，必须在研发上下功夫。

（二）加强产学研结合

有 53 家，占 35% 参与调查的企业认为，应该加强企业与科研院校的联系，将企业遇到的问题交给科研机构解决，而科研机构的研发成果要积极在企业里推广。其实，企业提出的这些问题就是优化组合资源。企业进行技术创新，不必完全依靠自身力量进行技术开发，要善于借力发展，依靠别人的技术、设备等资源，来推进自身发展，促进生产力水平不断提高。我国高校、科研院所技术资源丰富，也需要与企业对接，才能实现科技资源的有效转化。实践证明，产学研有机结合是一种有效的途径。如有些被调查企业近年来发展迅速，究其原因就是得益于多年来与科研院所的大力合作，在工艺改进、质量检测、安全控制、节能减排等多方面取得了技术突破，解决了企业的许多瓶颈问题，切实地提升了企业的技术创新能力。正是这样的企业通过与高等院校和科研院所的联营、投资、参股等多种合作方式，使以企业为主体，科研机构、高校为相互连动的技术创新体，实现了社会技术资本、产业资本和人才资本的优化组合，有效地提升了企业的技术创新能力。

（三）重视企业的品牌建设

名牌产品首先是优异的质量与可靠的信誉作保证，也正因为如此，名牌产品具有极大的市场吸引力与高附加值，会成为消费者的潜意识购买对象。中国的印刷企业虽然多，但却没有真正意义上的品牌，也没有自己的品牌绿色印刷企业。品牌是一个企业最具价值的东西，仅仅一个苹果的品牌就值 39301 亿美元，可见品牌的价值巨大。绿色印刷的出现，为印刷企业的品牌建设提供了良好的平台，在未来五年绿色印刷必将成为印刷行业发展的主动脉，谁能打造真正的绿色化印刷企业就是打造了自己的品牌，在行业

中树立了自己的口碑，企业的业务量就会源源不断，企业发展也会蒸蒸日上。

（四）企业重组

中国印刷产业布局不太合理，从参与调查的企业数据也可看出，我国印刷企业中小型企业居多，缺乏有竞争力的大企业。经济危机往往带来并购商机，在经济低增长的形势下，一些企业的资产严重贬值，这使得并购的成本大幅降低。因此，企业重组不失一个好的发展方法，通过并购重组，淘汰了落后产能，提高了产业集中度，对内部资源进行重新配置，对各家企业的发展方向重新定位，各自发展优势板块，避免了同质化。通过并购重组，把对手变成战友，把朋友变成家人，壮大了重组公司的产业力量，拓展了业务空间，增强了竞争优势，应该说，企业重组是企业发展的好办法。

五、绿色印刷产业的发展包含哪些关键因素

虽然绿色印刷是由企业具体实施的，但战略是由国家提出的，因此，绿色印刷是否能持续进行下去，国家政府部门是关键因素。调查结果显示，有 143 家，占调查企业总数 95% 的绿色印刷企业认为绿色印刷需要政府扶持。有 116 家，占调查企业总数 77% 的绿色印刷企业反映加强宣传是绿色印刷发展的第二大关键因素，这里的宣传包含两个层面，一是对社会的宣传，让广大人民认识到绿色产品的优点，让大家明白开展绿色印刷是为了大家的生活环境和质量得到改善和提高，是为了大家的身心健康和可持续发展的需要。二是对企业员工的宣传，让操作人员明白，绿色印刷能避免传统印刷的污染，改善车间工作环境，有利于职工的身心健康。有 92 家，占调查企业总数 61% 的绿色印刷企业认为净化印刷市场是促进绿色印刷发展的第三大因素。有 87 家，占调查企业总数 58% 的绿色印刷企业认为政府和上级主管单位的引导是绿色印刷产业推进的另一个关键因素。

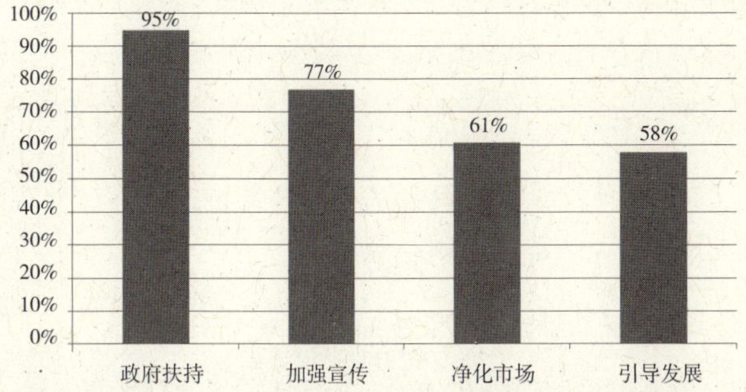

图 8　绿色印刷企业认为未来绿色印刷发展的关键因素

从调查数据来看，无论是哪一个关键因素，都需要政府和上级单位出面干预和引导，这是完全可以理解的。因为，绿色印刷前期需要大量的资金投入，投产之后的市场反映又没有保证，如果市场不接受，这对企业是毁灭性的打击，因此，必须由政府出面在政策、资金、技术等方面给予支持。面对我国庞大的印刷市场，有很多小、散、乱、污染型的作坊型印刷企业，这类企业由于整体实力太弱，没有能力进行企业转型，产能很低，污染较重，但是产品价格低廉，有一定的市场，主管单位必须对此类企业进行改组或淘汰，净化市场，建立公平合理的竞争环境。只有政府和主管部门坚持不懈地政策扶持、宣传引导及净化竞争市场，绿色印刷才能不断取得新的进展，才能走上良性的发展道路。

第四部分　对于实施绿色印刷提出几点建议

客观地说，中国绿色印刷企业发展过程中存在的问题，既有企业自身认识和经营理念的因素，也有行业基础管理和政府制度建设方面的因素。既是政府、行业和企业之间的问题，也是当前市场经济环境下的共性问题，为了更好地促进绿色印刷企业的发展，经过充分调查论证，提出如下建议。

一、政府层面：基于“十二五”战略目标的实现，建立支撑战略发展的导向机制

（一）加快绿色印刷实施步伐，大力调整产业结构

充分发挥政府在实施绿色印刷方面的主导作用，积极扩大绿色印刷实施范围，利用市场制约调节机制，促使企业在有形和无形力量的引导下，主动加大绿色环保技术的投入，提高技术水平，改善生产环境，向绿色印刷企业转变，从而促进印刷业淘汰落后产能，实现产业结构调整。引导企业开发新的产品，培育新的消费观念，形成新的经济增长点，拓展新兴市场，向社会提供更多优质健康环保的印刷产品。将政策和资源向有能力、有潜力、有竞争力的绿色印刷企业倾斜，鼓励优势企业能够做大做强，淘汰落后的工艺和产能，通过“有形的手”引导市场竞争，推动产业结构的调整。

（二）增加第三方认证机构数量

鉴于我国印刷企业众多，绿色认证效率较低的情况，应当适时增加第三方认证机构数量。根据国际惯例，任何一项标准体系是否最终在行业或企业成功建立并实施有赖于第三方检测机构的认定，对于印刷环保标准体系的建设

专栏

专栏

而言，检测机构同样是必不可少的。

第二方的认证活动必须公开、公正、公平，才能有效。目前我国有10多万家印刷企业，分布在全国各地，这一数量庞大的企业群体要建立起标准化的环保体系是一项巨大的工程，需要与之相适应的检测机构的配合。根据我国目前的情况，为了全面推动绿色印刷检测体系的建立，建议可以在每个省设立一个专门的检测机构，由政府或权威机构对具备标准检测资质的机构进行资质认可，获得认可的机构即可开展绿色印刷标准的宣贯、技术服务与认证工作，对于快速普及绿色印刷标准的相关知识并推动绿色印刷标准体系的全面建立将是一大助力。

（三）成立专业化机构对印刷环保系统进行设计和推广

截至到目前，国内尚无专门机构或单位对印刷环保工程进行系统设计与产业化推广，而仅靠企业自身系统地推进环保工程存在诸多问题。因此，成立专门的印刷环保工程系统设计机构，为企业提供印刷环保工程设计势在必行。印刷环保工程能为印刷企业提供绿色印刷前沿科技信息与可行的实用技术方案以及服务。系统涵盖了新型绿色印刷材料（如环保油墨、低酒精润版液、轻型纸、可降解材料、环保胶黏剂）、环保印刷技术（屏幕软打样、无水胶印）以及环保设备（集中供气、蓄冷空调）等方面的内容，为企业提供印前、印刷与印后各方面的环保与节能减排技术，包括各种废液的循环利用与综合处理、废气处理及余热回收等，印刷车间节能改造设计，印刷企业的信息化建设，以及印刷企业产生的各种废弃物的在线监测监控，从而实现为大多数印刷企业提供整个印刷过程中可行的环保服务。印刷环保工程系统研发方面，形成一套完整全面的支撑绿色印刷的环保系统，从绿色印刷、工程设计、技术应用等多个层面，为印刷企业提供各个环节和细节的方案设计、技术改造与产业升级的支撑技术系统与环保工程解决方案，不仅有助于印刷环保工程的系统化和产业化建设，而且可以有效降低成本，利于绿色印刷战略的全面推进。

（四）培育样板工程和优势骨干企业

针对不同层次、不同地区、不同类型的印刷企业展开有针对性的重点样板工程建设，将多家知名印刷企业打造成为具有示范作用的多个“绿色印刷”环保工程基地，提高企业的科研技术水平和自主创新能力，为推动我国印刷业的“绿色发展与低碳发展”起到示范和带头作用，实现企业节能减排、低碳发展和清洁生产。

为规模以上重点绿色印刷企业创造良好的发展环境，加大资金、政策扶持力度，加快培育具有引领辐射作用的国家印刷示范企业。将部分产品指定给达标的企业，使部分优秀企业迅速作强；同时，对具有一定条件的企业，引导他们通过技术升级，达到合格的标准，跻身强企之列。而那些不能达标的企业，将通过不断扩大绿色印刷的品种淘汰出局，最终实现印刷产业结构调整的目的。

（五）完善行业监督管理，创造健康环境

政府主管部门要进一步强化政策调节和市场监管，完善有关法律法规，严格落实市场准入和退出政策，综合运用法律、行政、经济、科技等手段提高管理效能，为印刷业创造公平有序的竞争环境。对于绿色印刷的达标企业，应该享受到国家更多的优惠政策，包括资金和技术支持、业务支持、税费减免等。努力提高企业绿色认证的积极性，让企业自觉投身绿色印刷事业，以保证绿色印刷的健康发展。

（六）鼓励使用环境标志、环保认证和绿色印刷产品

2011年10月，国务院印发了《关于加强环境保护重点工作的意见》，明确提出“鼓励使用环境标志、环保认证和绿色印刷产品”。2011年12月16日，国务院办公厅印发了《关于加强环境保护重点工作部门分工的通知》，确定了国家质检总局、工业和信息化部、财政部、环境保护部、国家新闻出版广电总局等部门分别承担相关工作。这是国家对绿色印刷工作的高度重视和肯定，为绿色印刷发展指明了方向，也是我们大力推进绿色印刷实施的重要依据。

（七）优化行业区域发展布局，为绿色印刷产业发展指明方向

我国已形成了三个各具特色的印刷产业带，这三大产业带充分利用自身资源借势发展，分工合理、特色鲜明、优势互补，促进了我国印刷业协调发展，也将成为推动我国实现绿色印刷的重要力量。围绕我国新闻出版业与印刷业的发展战略布局、结构调整方向、区域产业协调重点，建立绿色印刷企业示范基地，有目的、有步骤、有重点地对行业优势资源进行再配置，并协调推动绿色印刷产业化发展的配套工业与设施建设，在满足国家重点经济区域、产业、企业不断涌现的专业服务需要的同时，优化印刷产业区域发展的总体布局。组建若干大型企业集团和众多术有专攻的中小企业，并着力打造各自的品牌，为下一步工作部署指明方向。

二、行业层面：积极响应国家号召，发挥行业组织作用，主动帮扶印刷企业

（一）积极推动绿色印刷工作

印刷行业协会应从以下三个方面推动绿色印刷工作：一是从中小学教科书等政府采购的公共产品出发，从食品、

药品包装等关系人民群众身体健康的产品出发，培养人们的环保意识，以更好地体现印刷业为社会、为人民服务的职能；二是进一步完善绿色印刷的标准，行业制定的绿色印刷标准中不仅要包含对材料本身的限制要求，还应将材料生产者的管理也纳入印刷材料绿色采购管理的范畴，这样，印刷企业在选择材料生产商时就会站在消费者的立场，主动选择那些在生产经营活动中实施环境保护措施的材料供应商，与致力于环境减负、材料回收利用、与环保标签认定的供应商合作，这不仅有利于印刷企业选择符合绿色标准的材料，更能够引导整个印刷产业共同关心环境问题，可以更好地引导企业向绿色环保方向发展；三是引导印刷企业提高现代化管理水平，加大技术创新力度，生产优质绿色印刷产品，在不断满足国民经济和人民群众生活的各种需求的同时，引导整个印刷业由数量增长向质量提升、由粗放经营向效益增长、由依靠资源扩张向依靠科技进步转变，加快印刷业转型升级步伐。

（二）充分发挥行业组织的作用

在国家新闻出版广电总局和环境保护部制订规划、政策和目标要求之后，行业协会等相关组织应充分发挥作用，努力做到以下三点：

1. 受政府部门委托，组织制订行业绿色印刷标准，政府部门审定颁布。

2. 与环保部门共同建立检测机构体系。

3. 与环保部门合作或受委托组织行业绿色印刷认证工作。

（三）引导企业正确认识绿色印刷认证

认证机构执行的是国家认证认可制度，也就是说，对于认证机构，国家有专门的行业监管机构对其进行监督管理。绿色印刷认证并非一日之功，而是一个系统工程。审核、取证环节是对整个过程所产生结果的评价，取得证书固然是重要的，但也应认识到，企业通过绿色印刷的实施奠定了持续发展的基础，这才是绿色印刷认证真正的价值和意义所在。绿色印刷是一个系统工程，不仅需要较大的资金投入，还需要有完善的管理措施，有着很多严谨的程序，对此，行业协会和各地方主管部门应加大宣传力度，使企业认识到绿色印刷并非高不可攀，绿色印刷与企业管理是互联互通的。

（四）为企业提供技术、信息、政策等方面的帮扶和支持

定期举办政策解读会、研讨会、技术培训班、技术论坛等相关会议，帮助企业更好地了解最新的政策、标准、技术等信息，使他们尽早地走上绿色环保的良性发展道路，也是对国家“十二五”战略的极大支持。

三、企业层面：积极建立和完善企业自身的绿色印刷标准，注重技术与管理创新、重视人才，为企业发展赢得主动

（一）不断完善企业自身的绿色印刷环保体系

对印刷业而言，减轻环境负荷有各种各样的设备、技术与手段，但最基本的仍是企业的整体配合与努力，企业自身绿色印刷标准的制定正是为了对企业的体制、管理与系统进行完善，从而长期有效地推进。绿色印刷企业首先必须遵守现有的国家与行业相关的环境法规，比如遵守防止公害、节约能源与资源、化学品的管理和减少使用、控制并减少废弃物的产生等环境法规。而且，对于拥有绿色印刷资质的企业来说，仅满足于不超过现有的社会既定标准是不够的，还需要制定更加严格的自主标准；第二，绿色印刷企业应该努力降低环境负荷，制定具体的环保减负目标，如对能源、资源、废弃物、化学品、VOC、空气、噪音等环境因素设定具体减负目标，并围绕这一目标进行持续改善；第三，绿色印刷企业应当构筑企业环境管理体系，具有环境保护的对策机制，配备环境组织和体制、设定环境方针、实施环境保护活动，如建立绿色采购体系；第四，企业应当定时定期公开与环境有关的企业信息，制作环境报告书，这也是绿色印刷企业对社会应尽的责任；第五，绿色印刷企业在进行外部委托加工时也应对外包公司以要求使用绿色环保材料和加工工序为下单条件，绿色印刷企业既然是为社会提供环保的印刷服务，那么提供产品与服务的所有相关企业也都应在各自的领域内从事环保的生产活动。这样，各印刷企业也将对其他相关企业产生影响，环保型企业的范围也将逐步扩大。

（二）注重技术与管理创新

传统印刷技术与工艺是造成环境污染的重要源头，高新印刷科技的发展不仅能改变传统的印刷方式，而且为降低环境污染提供了可行途径。比如，传统印刷通过印版将原稿信息转移到承印物上，印版的制作不仅需要大量的水、铝材等自然资源，而且产生大量的废水、固体废弃。发展迅速的数码印刷技术不需制版，不仅减少印刷工序提高生产效率，而且可以有效避免版材生产带来的环境污染问题。印刷环保技术系统是通过研究与开发最新的，包含印前、印刷和印后各方面的最新绿色印刷科技，如计算机油墨配色、数字印刷、无水胶印、柔性版印刷等技术。不同企业有不同的需求，各企业应致力于研发有助于其印刷生产的新型绿色印刷技术，或与高校共建或协作建立相应的技术中心，为绿色印刷提供技术保障。

高效合理的管理系统是印刷企业提高生产效率，降低资源浪费，实现绿色印刷的有效途径之一。先进的管理方式，良好的操作习惯可以培养企业与员工良好的环保意识，在平时生产与管理过程中注重节约资源，降低能耗，间接为企业带来经济效益。企业应积极建立环保管理系统，围绕环保的要求展开环境管理。

（三）注重印刷装备的绿色化改造

绿色印刷是一个系统工程，涉及印刷设备、器材和各种原辅材料，印刷企业生产环境和技术工艺。在大量印刷设备还达不到绿色环保要求的情况下，处于微利的印刷企业不可能全部将所有设备更新为绿色装备。旧印刷装备的绿色化改造是达到行业绿色印刷目标的迫切问题和现实选择。在印刷装备改造过程中，企业可以通过应用无水胶印系统单元、短墨路供墨单元、印刷机预置单元、无溶剂复合单元等，对传统印刷装备进行绿色化升级改造，从而提升整个行业印刷装备的环保性能。

（四）全面推行节能减排

除了印刷过程，绿色印刷企业应将节能减排贯穿于企业日常生产管理的方方面面。根据对部分企业的调研，目前印刷企业在节能减排方面的改进举措主要集中在包括厂房在内的辅助设施，对废水、废液、废气、废纸、废热等形成循环利用系统，以及对废弃物的回收与再利用上。如将厂房内所有照明灯管更换为T5节能灯或LED节能灯，据悉每年可节省电费数十万元；在印刷机上安装辅助的喷粉回收装置以使喷粉得以循环利用；增加润版液回收过滤系统，延长润版液更换时间以减少VOC排放；增加二次燃烧烘干系统，经二次燃烧的气体可直接排放到大气中；在机台上加装排风管道，在排风口安装活性碳装置以吸附过滤VOC；将燃油叉车改为电瓶叉车；采用中央空压系统、中央真空泵及中央鼓风系统等，以减少材料和能源的浪费等等。

为了充分利用和再利用水、电、气等自然能源，企业还应该投入使用更多的先进配套处理系统。从实践效果来看，先进配套设施的投入对改善环境、节约能源产生了积极的作用。废弃物的回收与再利用则应涵盖废纸、化学废料、生活垃圾、生产辅料以及各类边角废料等，其回收应由供应商或有资质的回收商处理，建立统一的收集与分类标准。企业节能减排措施的全面推行，除了能保护环境，另一个重要的好处是帮助企业节省了大量资金和树立了良好的声誉。

结　语

我国如此大规模、成体系地实施绿色印刷战略在世界范围内并不多见，这项由政府推动，下至企业，并涉及行业协会和质检机构的全行业绿色环保印刷建设工程也是我国在世界范围内变被动为主动，积极与国际接轨的突破性举动。对于每个绿色印刷企业，应该清醒的认识到时代的变化，变化是永恒的，行业发展的转型要求每个企业调整节奏，适应变化。对行业而言，必将面临着管理理念、方式方法、技术信息服务的转型；对企业而言，正确的目标，坚持不懈的努力，也是转型发展过程中必然经历的时期。绿色印刷在国内尚处于初级阶段，虽已经取得阶段性成果，但与国际先进水平相比仍存在较大差距。我们应建立默契，达成共识，实现行业与企业的共同成长，为印刷业“十二五”发展规划的实现尽心尽力，围绕着成为世界印刷强国的目标，做出自己不懈的努力。

如何实现
再版书一本重印？

rethink.
storaenso

TOYO INK
中国驰名商标
中国环境标志产品认证
SONY绿色合作伙伴认证企业
美国大豆油协会SOYOIL认证企业
ISO9001质量管理体系认证企业
ISO14001环境管理体系认证企业
GB/T28001职业健康安全管理体系认证企业
中国印刷机械器材“用户满意品牌”
符合ISO2846-1标准的油墨
重点推荐绿色环保型系列产品
无芳豆油型胶印高光快干油墨 TK THK系列
无芳豆油型胶印高光不结皮油墨 TK TNSG系列
无芳豆油型胶印轮转油墨 TOW系列
无芳豆油型热固胶印轮转油墨
TT WD系列 TOH系列 THW系列
无芳豆油型书刊胶印轮转油墨 TNW系列
紫外线固化油墨和光油 FD系列
UV固化油墨/模拟压纹光油/涂布UV光油
GC FINE无苯无酮一液型高性能凹版复合油墨
CONTAINS SOYOIL
RoHS
天津東洋油墨有限公司
地址：中国天津市西青经济开发区兴华二支路12号 邮编：300385 电话：022-23974597 传真：022-23979440
www.tjtoyoink.com.cn

SHANGHAI LASER GROUP CO.,LTD

上海激光有限公司

上海激光有限公司（原上海激光（集团）总公司）在中国率先成为陶瓷网纹辊和橡胶无接缝辊的供应商，更是一家领先于行业的由中科院激光专业团队组成的从事激光雕刻的专业公司，在激光陶瓷网纹辊和橡胶无接缝辊的制造领域历经耕耘，专业积累深厚。

公司可提供柔性印刷所需要的各种配套产品和技术服务，产品种类齐全，覆盖面广，满足客户多方面的需求。

激光雕刻无接缝橡胶辊

激光雕刻陶瓷网纹辊

激光雕刻设备

六角型

自选

斜螺旋

菱型

产品和服务：

A. (1) 激光雕刻陶瓷网纹辊
   (2) 激光雕刻无接缝橡胶辊
   (3) 网纹辊超声波清洗机 网纹辊清洗剂
   (4) 刮墨刀柔印贴版胶带

B. 激光切割

C. 激光打标

D. 激光焊接

E. 激光应用服务

地址：上海市嘉定区马陆镇嘉新公路919弄86号 邮编：201801
电话：021-54930717/59903978
传真：021-54358321
http://www.shlasergroup.com
Email: sales@ shlasergroup.com

2012年地方印刷业概况

北京市印刷业

一、基本情况

2012年，北京新设立印刷企业72家。至2012年底，北京共有印刷企业1838家，其中出版物印刷企业704家，数字印刷企业34家，排版制版装订等专项印刷企业116家，包装装潢印刷品印刷企业304家，其他印刷品印刷企业680家。

2012年北京印刷行业统计年报汇总了1691家印刷企业的相关数据。资产总额为405.2亿元，按出版物印刷企业、数字印刷企业、排版制版装订等专项印刷企业、包装装潢印刷品印刷企业、其他印刷品印刷企业等五个类别分别合计，为211.7亿元、1.6亿元、3亿元、112.7亿元、76.2亿元。完成主营业务收入总额为287.1亿元，按上述五个类别分别合计，为118.84亿元、1.91亿元、1.86亿元、106.55亿元、57.96亿元。实现利润总额为29.1亿元。年末从业人员总计72102人。工业销售产值过亿元的印刷企业42家，主营业务收入总额为153.9亿元，其中出版物印刷企业18家，主营业务收入合计43.1亿元；包装装潢印刷品印刷企业19家，主营业务收入合计76.2亿元；其他印刷品印刷企业5家，主营业务收入合计34.6亿元。出版物印刷企业完成的印刷量中，单色业务2478万令，多色业务9673万对开色令。印刷企业拥有的设备中，直接制版机192台，商业和报纸轮转印刷机118台，其中商业八色轮转机42台，对开四色以上胶印机579台，生产型数字印刷机164台，无线胶订生产线184台。

二、主要工作

（一）绿色印刷

2012年，北京市新闻出版局制订了《北京市推进绿色印刷战略的实施方案》。组织开展了北京市绿色印刷工程宣传语征集活动，经评审获选的宣传语用于绿色印刷公益广告并在北京电视台播出。拍摄并在北京电视台播放了绿色印刷专题宣传片。在北京国际图书节上组织了北京市绿色印刷工程主题展，并请绿色印刷形象大使参与宣传。组织实施“婴幼儿读物绿色印刷示范推广项目”，共推出128个选题共计167.8万册绿色印刷。认真落实义务教育阶段中小学教科书绿色印刷工作要求，秋季教材绿色印刷率达到总量的42%。积极推进印刷企业绿色印刷认证工作，截至12月底北京通过绿色印刷认证的企业累计达25家。加强绿色印刷产品的质量监督检测，完成1000余份样本的环保质量检测。在全国绿色印刷宣传周期间举行丰富多彩的活动。举办了首届北京地区绿色印刷产业促进交流会。

（二）监督管理

组织开展了全市印刷复制企业依法经营和安全生产状况检查活动。开展了全国“两会”前印刷复制业专项检查活动。开展了复制行业的专项检查活动。开展了2012年印刷企业年度核验工作。为迎接十八大，于2012年9月底召开了全市印刷复制行业加强管理促进发展大会，会议的召开为营造良好舆论氛围发挥了积极作用。市新闻出版局全年举办了4期印刷企业负责人法规培训班，近600名印刷企业负责人参加了培训；还会同北京印刷协会和认证咨询机构举办了两期绿色印刷认证专题培训，来自174家印刷企业的280多名学员参加了培训。各区县通过专题培训或者以会代训的方式分别举办了不少于两期行业管理的培训。

（三）质量管理

根据新闻出版总署部署，自3月15日至9月底开展了北京市教材教辅产品和食品包装装潢印刷品质量监督检测活动。活动期间，抽查并检测教材、教辅图书2230种，样本3315册；抽样送检、送审绿色印刷产品、食品包装印刷品、复制产品及编校质量样本80种、样本258个。督促不合格产品相关单位实施了整改。2012年年底，市新闻出版局和北京市印刷工业产品质量监督检验站分别被总署授予2012年度质检活动先进单位荣誉。

（四）协会工作

北京印刷协会是北京地区印刷业的主要行业组织。2012年，行业组织积极履行协会宗旨，在服务印刷企业和配合行政部门等方面做了大量富有成效的工作。行业组织积极开展研讨交流、展览展示、培训咨询、会员企业间产品质量送评和互检等活动。其中，以印刷企业参加投标的相关培训和辅导使企业得到的帮助最直接。此外，为印刷企业提供所购设备瑕疵的技术论证，帮助企业实现索赔目标，从而维护企业合法权益，也是2012年的协会工作的一个重要亮点。协会还为政府部门承担了行业统计年报相关工作。在协助市新闻出版局开展绿色印刷推进工作中，协会的工作贴近企业、细腻周到，特别是为企业的绿色印刷资质认证所做的大量促进和服务工作受到企业广泛好评。北京印刷协会还参与举办了华北、东北八省市区印刷企业联谊活动。

（北京市新闻出版局印刷复制业管理处供稿）

天津市印刷业

一、基本情况

在年度核验中，天津市核验合格的印刷企业为1701家，从业人员52199人，其中，出版物印刷企业128家，从业人员8351人；包装装潢印刷企业947家，从业人员37617人；其他印刷品印刷企业626家，从业人员6231人。

截至2012年底，天津市印刷企业资产总额234.57亿元，印刷工业总产值192.51亿元，实现利润总额7.21亿元。按企业类型划分，印刷企业资产总额：出版物印刷企业35.49亿元；包装装潢印刷企业189.84亿元；其他印刷品印刷企业9.24亿元。印刷工业总产值：出版物印刷企业14.73亿元；包装装潢印刷企业170.42亿元；其他印刷品印刷企业7.36亿元。利润总额：出版物印刷企业0.08亿元；包装装潢印刷企业6.86亿元；其他印刷品印刷企业0.27亿元。

2012年，天津市有7个区印刷工业总产值超过10亿元，分别是：滨海新区、武清区、东丽区、北辰区、南开区、西青区和宝坻区。随着环渤海经济区的初步形成和将天津市打造成为中国北方印刷工业基地目标的提出，上述区域的聚集特征和发展势头将更加凸现，成为拉动天津乃至中国北方印刷工业发展的重要基础。

2012年，天津市规模以上（年印刷产值5000万元以上）印刷企业73家，其中，年印刷产值超亿元企业31家。规模以上企业按经营类别划分，包装装潢印刷企业66家，约占总数的90%；出版物印刷企业7家，约占总数的10%。按企业类型划分，外商投资印刷企业23家，约占总数的32%；内资企业50家，约占总数的68%。从产品类型分析，包装装潢印刷产品占工业总产值的比重超过88.5%。此外，73家规模以上重点印刷企业的工业总产值为94.13亿元，占天津市印刷工业总产值的48.9%。由此分析，规模以上重点印刷企业工业总产值占了天津市印刷工业总产值的近一半，成为天津市印刷产业中的骨干力量。

二、存在的主要问题

1. 印刷企业发展不均衡。一些设备先进、质量可靠、管理规范、信誉较好的印刷企业发展比较健康，印刷销售收入有较大增长，而一些设备较差、管理不规范、产品质量得不到保障的印刷企业则处境困难，普遍处于维持状态，一些企业还出现了销售、利润下滑的情况。个别企业由于经营不善，目前处于停产甚至关闭状态。

2. 印刷产品质量有待进一步提升。从全市印刷产品总体质量水平看，近年来呈上升趋势，但也有部分印刷企业的质量意识不强，出现了印刷产品质量不够稳定等问题，已经引起高度重视。2013年，天津市新闻出版局印刷业管理处将进一步加强质量监管，下大力量着力解决印刷产品中存在的质量问题，全面提升天津市印刷质量的总体水平，并为绿色环保印刷的推广普及做出不懈努力。

3. 随着城市规划和建设进程的加快，市区工业型企业，纷纷向城郊或农村转移，同时，新农村城镇规划改造，也使一些当地印刷企业迁址甚至停业，给年度核验工作乃至印刷业监管工作造成了一定影响。

三、对印刷业发展的措施和建议

1. 全力打造北方印刷业聚集区，加快天津印刷业发展步伐。按照低碳、环保、低能耗的发展要求，大力扶持印刷产业园区的发展，使之形成产业链优势明显、具备名牌效应和产业引领作用的印刷产业园区或聚集区，逐步形成具有完备产业体系的印刷产业集群，满足市场多层次全方位需求，推动全市印刷产业和谐健康发展。

2. 支持和鼓励印刷企业，坚持以科学发展观为指导，转变发展方式，更新经营理念，调整产品结构，谋求长远发展。

3. 强化监管，立足服务，不断提升印刷企业核心竞争力和内部凝聚力，规范经营行为，净化市场环境，为贯彻落实党的十八大精神，促进我市文化大发展大繁荣做出贡献。

（天津市新闻出版局印刷业管理处供稿）

河北省印刷业

一、基本情况

截至2012年底，河北省共有各类印刷企业和单位9213家，其中：出版物印刷企业280家，包装装潢印刷企业1688家，排版、制版、装订专项企业512家，其他印刷品印刷企业2879家，复印打印单位3854家。经统计，河北省印刷行业从业人员18.32万人，资产总额387.17亿元。2012年全省印刷业工业总产值576.9亿元，工业增加值127.62亿元，实现利税总额62.91亿元。

（一）河北省印刷业继续保持了健康稳定发展

由于采取一系列积极有效地的监管措施，河北省的印刷业产业结构不断优化，综合效益不断提高。在此次年度审核中，进一步严格了审核标准，对于资质不达标和经营差的企业不予通过年度核验。加上新批准设立的印刷企业，除打字复印单位增加外，河北省印刷企业总数仍比上年有所减少。河北省提高了出版物和包装装潢印刷企业的准入门槛，不仅严格控制了小型印刷企业的准入，从源头上有效遏制了低水平重复建设，也极大地激励了现有印刷企业找市场求发展的积极性和主动性。总的来看，经过进一步加强行业监管，河北省印刷企业积极应对市场变化，上规模、上档次。质量管理、生产产能、技术设备、人才培养等方面都有不同程度的提高，2012年基本保持了健康稳定发展的态势。

（二）在监管和行业发展中存在的主要问题

河北省印刷业虽然结构调整取得了一定成效，但面对日益激烈的市场竞争和新型媒体的出现，在发展中还存在着一些亟待解决的问题。一是企业规模较小，整体生产水平偏低，缺少名牌企业和具有国际影响力的大型骨干企业的问题还依然存在。二是市场开发力度不够，开放度低，利用国外和省外的资金少，承接境外订单少，是河北省印刷业的一个明显弱势，外加工贸易额占河北省总产出的比例还不够大。三是由于受企业招工难大背景的影响，全省印刷行业从业人员比上年减少约1万余人，另外技术工人也有不同程度的流失，为此，从业人员素质、企业管理水平和技术水平还需进一步提高。四是产业结构和产品结构还需进一步调整，产业链条还需要不断完善。

二、促进印刷业发展的措施

（一）继续优化产业结构，推动印刷业科学发展

一是优化产业结构。积极引导印刷企业向“专、精、特、新”方向发展，实现各种规模、档次、特色印刷企业并存互补的印刷产业格局，不断增强市场竞争能力。二是加快产业园区建设。积极推进印装园区建设进度，在全省形成多个印刷包装产业集群和环京津印刷产业带，发挥产业集聚效应，壮大产业规模，提高产业竞争力。三是转变发展方式。对现有印刷企业实施动态监管，逐步建立行之有效的企业考核制度和退出机制，促进从数量扩张型向质量效益型转变，增强企业综合竞争力。

（二）推进改革创新和技术进步，激发印刷业发展活力

一是加大改革力度。推进国有印刷企业公司制改革和股份制改造，

完善法人治理结构，转换经营机制，增强企业发展的动力和活力。引导民营印刷企业以市场为导向，以资本为纽带，实行股权多元化，大胆吸收外部资金，强化现代企业的激励约束机制。二是推进科技进步和绿色印刷。围绕新工艺、新技术、新产品，鼓励印刷企业技术创新和引进先进技术设备，积极支持发展数字印刷和印刷数字化，大力推进绿色环保印刷。三是提高从业人员素质。引导印刷企业引进和用好高层次管理人才和技术人才。加强与专业院校、技校或国内外知名印刷企业合作，有针对性地培养一批高技能印刷技术人才，全面提高印刷技术水平。

（三）加强行业监管，优化印刷业发展环境

一是实施科学监管。尽快研发适合河北省实际的《印刷管理系统》软件，逐步建立起省、市新闻出版局联网的网络审批、监管、查询系统，构建快捷、透明网络管理平台。二是强化监管措施。通过进一步完善监管制度，及时掌握违法印制活动的新动向，做到日常监管与重点监控相结合，行政执法与刑事打击相衔接，确保河北省印刷市场健康繁荣。三是加强行业服务。以开展2013年“3·15”质检活动为契机，加强对印刷产品质量的监督管理，健全产品质量保障制度，对批质量不合格产品实施召回。充分发挥行业协会作用，加强行业自律，规范经营行为，营造公平竞争的环境。

（河北省新闻出版局供稿）

山西省印刷业

一、基本情况

2012年，在经济增长速度放缓，企业生产成本增加，特别是中小企业融资难度加大的情况下，山西省的印刷业仍然保持了较好的发展势头。

截至2012年底，山西省共有各类印刷企业4018家，从业人员40324人。其中：出版物印刷企业160家，包装装潢印刷企业406家，其他印刷品印刷企业1063家，专项排版、制版、装订企业19家，打字复印单位2363家。

2012年，山西省印刷业工业总产值852157.43万元，较2011年增长26.9%；销售收入840291.06万元，较2011年增长27.6%；工业增加值315109.15万元，较2011年增长8.7%；资产总额801016.55万元，较2011年增长23.3%；利润总额25153.30万元，较2011年减少23.7%；营业税金及附加24137.69万元，较2011年增长6.5%。

2012年，山西省规模以上重点企业（年印刷产值5000万以上）共有21家，较2011年的19家增加两家；实现销售收入191454.0万元，工业增加值70635.0万元，利润总额10554.8万元，从业人员7263人。

2012年，山西省数字印刷企业（含专营和兼营）共有70余家，数字印刷装机164台（套），实现销售收入约22300万元。其中专营数字印刷企业7家，实现销售收入7486.32万元，工业增加值3866.14万元。

2012年，山西省筹（在）建印刷园区（基地）4个，分别是山西新华印业绿色印刷园区、山西杏花村包装有限责任公司、三五三四绿色印刷基地、山西凌志集团包装印刷基地。总投资约234000万元，占地总面积约33.40万平方米，预期产值20亿元。

2012年山西省印刷行业基本情况，见表1—表5。

表1　2012年印刷企业年度核验情况汇总表

项目	完成情况	项目	完成情况
印刷企业数量（家）	4018	资产总额（万元）	801016.55
销售收入（万元）	840291.06	利润总额（万元）	25153.30
营业税金及附加（万元）	24137.69	工业增加值（万元）	315109.15
工业总产值（万元）	852157.43	从业人员数量（万人）	4.0324
外资企业数量（家）	7	外商注册资金额（万美元）	5400
外商投资总额（万美元）	12000		

表 2　2012 年山西省印刷行业分类经济指标完成情况

	企业数量（家）	销售收入（万元）	工业增加值（万元）
出版物印刷	160	213727.80	96321.56
印刷品印刷	406	403843.62	126625.90
印刷品印刷	1063	138394.01	58810.85
排版、制版装订专项	19	29655.71	10321.27
打字复印	2363	46683.60	18793.43
数字印刷	7	7486.32	3866.14

表 3　2012 年山西省印刷行业分行业经济指标完成情况

	企业数量（家）	销售收入（万元）	工业增加值（万元）
书刊印刷	150	110276.8	41470.0
报纸印刷	38	89320.4	30846.3
纸包装印刷	380	266927.5	98433.0
金属罐包装	7	30074.5	11587.2
塑料软包装	51	80827.0	29099.2
普通票据	31	32163.0	20025.0
安全印刷	65	4022.0	2109.0

表 4　年印刷总产值 5000 万元以上印刷企业情况

项目	完成情况	项目	完成情况
印刷企业数量（家）	21	资产总额（万元）	168200
销售收入（万元）	188620	利润总额（万元）	10555
营业税金及附加（万元）	11035	工业增加值（万元）	70635
工业总产值（万元）	191454	从业人员数量（万人）	7263

表 5　2012 年山西省印刷园区建设情况

名称	实际投资（万元）	占地面积（亩）	投产时间	预期产值（万元）
山西新华印业绿色印刷园区	50000	111	2013 年	20000
山西杏花村包装有限责任公司	54000	150	2015 年	50000
三五三四绿色印刷基地	80000	200	2013—2015 年	80000
山西凌志集团包装印刷基地	50000	40	2013 年	50000

二、管理工作

（一）绿色印刷方面

2012年山西省新闻出版局会同省教育厅、物价局、环保厅、出版集团等部门，先后召开了山西省绿色印刷推进工作座谈会、山西省绿色印刷推进会，并邀请环保部门绿色认证专家到山西省现场指导企业进行绿色认证。将绿色印刷的宣传知识印制到中小学教科书封三上的做法，得到总署的高度认可，专门发信息向全国宣传推广。2012年共有两家企业通过绿色认证，教科书共有106个品种，10099858册实现了绿色印刷，超过教材印刷总量的30%。

（二）质量管理方面

2012年共检测图书（包括教材教辅）2515种，优质品56种，占送检总数2.2%，合格品2430种，占96.6%，单项不合格品16种，占0.6%，不合格品13种，占0.6%；委托检验期刊200种，241本，优质品16本，占总本数的0.65%，良好品72本，占2.93%，合格品2322本，占94.35%，不合格品51本，占2.07%；委托检验报纸78种，1098份，良好品27份，占总份数2.46%，合格品1054份，占95.99%，不合格品17份，占1.55%。

（三）技术设备方面

2012年，山西省印刷企业资产总额达到801016.55万元，较2011年增长了23.3%。除土地、厂房扩建投资外，印刷企业在技术改造、引进设备方面的投资也占到很大份额。在劳动力短缺，人工成本增加的情况下，印刷企业对自动化程度较高的印刷设备投资较大，特别是规模企业在高端全自动设备上的投资更为明显，数字印前、印刷设备的投资也相对活跃。

（四）生产产能方面

随着投资的增加，技术改造、高端设备引入步伐的加快，山西省印刷企业生产产能有较大幅度提高，2012年销售收入达到840291.06万元，较2011年增长了27.6%。其中包装印刷业增长幅度较大，较2011年增长了31.63%；出版物印刷平稳增长，较2011年增长7.81%。虽然产能有了较大幅度的增长，但2012年全行业利润仅25153.30万元，较2011年下降23.7%。

（五）人才培训方面

2012年，继续扩大山西印刷行业职业教育校企联盟范围，实施长期人才培训战略；继续举办高校平面设计大赛着力推动包装设计人才培养，解决山西省包装印刷瓶颈问题。

三、主要特点

2013年，山西省印刷复制业力争在调控有力、竞争有序、经营规范的基础上，逐步形成布局合理、结构优化、功能齐全、技术先进、质量提高、增效明显、适合市场需求的印刷加工工业和服务体系，以太原为中心，以运城、晋中、吕梁、大同为支点的印刷产业带初见雏形，努力实现全省印刷业营业收入超100亿元；将绿色印刷纳入全省转型综改专项工作，中小学教材绿色印刷超过70%；积极推进数字印刷建设，力争实现销售收入超过5亿元。近几年，山西省印刷业发展势头良好，主要表现在以下几个方面：

1. 印刷市场秩序进一步规范。

2012年，山西省新闻出版局继续开展“双打”行动及印刷业监管专项行动，进一步规范了印刷市场秩序。

2. 印刷业继续保持较高的增长速度。

2011年，在全球受经济危机影响的大形势下，山西省印刷业逆市飘红，印刷业实现销售收入近66亿元，较2010年增长了38.7%，创历史新高，占新闻出版业销售收入的50%。

3. 规模以上企业绩效大幅提升。

2011年，山西省规模以上重点企业（年印刷产值5000万以上）共有19家，较2010年的13家增长了6家；实现销售收入17亿元，较2010年增长了65.18%，占全省印刷业销售收入的四分之一。

4. 印刷园区聚集引领作用凸显。

建设印刷园区、基地是推动行业集约化发展，加快实现转型升级的重要途径。2012年山西省在建的印刷园区、基地有：山西新华绿色印刷园区、汾酒集团包装印刷产业园、太原印刷城、凌志集团印刷包装基地、长治海晟包装印刷基地、三五三四绿色印刷基地等项目，总投资超过20亿元，占地近700亩，全部投产后将实现年销售收入15亿元。

5. 绿色印刷的实施取得重要突破。

实施绿色印刷是新闻出版系统贯彻国家环保战略，推进产业转型升级的自觉行动。目前，山西省有两家企业通过了绿色环保认证，2012年中小学秋季教科书共有106个品种1000万册采用了绿色印刷，超过全国平均水平，并率先将绿色印刷的宣传引入教科书。

6. 数字印刷实现持续高速增长。

据统计，2011年，山西省有数字印刷企业70余家，其中专营数字企业20余家，兼营数字企业50余家，生产型数码印刷机装机总量近200台，销售收入近3亿元。不少打字复印店率先引进数字设备，数字印刷迅速崛起，逐步取代传统小规模印刷企业，连锁经营模式已经出现，上千万产值的规模的就有四五家，山西光明图文系统有限公司等在全国极具影响。

（山西省新闻出版局印刷业管理处供稿）

内蒙古自治区印刷业

一、基本情况

根据新闻出版总署印刷企业年度核验工作的要求，内蒙古自治区新闻出版局向全区各盟市新闻出版局下发了《关于2012年度印刷企业年度核验工作的通知》，并在内蒙古自治区新闻出版局网站及通过内蒙古印刷协会进行了通告和公示，专题布置印刷企业年度核验工作。在年度核验工作中，根据全区各盟市新闻出版局上报的各印刷企业基本情况，组织专人进行核实，逐一分析，对合格企业进行年检换证工作；对不合格企业根据总署通知要求，提出了整改意见和达标要求，令其限期整改。根据上报年度核验资料，针对内蒙古自治区印刷企业的总量、印刷产值、资产总额等几个重要指标，在综合统计的基础上，并在深入调研的基础上，对印刷业基本情况的进行分析，同时为动态监管印刷企业提供了数据支持。

通过年度核验，2012年内蒙古自治区共有各类印刷企业719家，从业人员46193人。其中：出版物印刷企业148家，从业人员19866人；包装装潢印刷企业189家，从业人员15162人；其他印刷品印刷企业382家，从业人员11165人。内蒙古自治区共有规模以上（年印刷产值5000万以上）印刷企业5家。

二、管理工作

（一）加强监管，规范印刷行业秩序

2012年，根据国家新闻出版总署《全国印刷复制行政执法报告评价制度实施办法》精神，内蒙古自治区各盟市新闻出版局对各自辖区内印刷企业进行专项检查。检查中对违规印刷企业提出警告。对现场检查中企业未办理手续印制内部资料、基础台账不健全、生产委印单手续不齐等问题提出了规范要求。通过检查，净化了文化环境，保障了印刷市场秩序。

（二）确保党的十八大胜利召开做好出版物印刷质量质检工作

根据新闻出版总署《关于开展印刷复制企业和出版物市场专项检查的通知》部署，在全区范围内，开展印刷复制企业和出版物市场专项检查。质检活动围绕“3·15”少年儿童出版物、红色旅游经典景区出版物市场进行检查，以在印在制的出版物检查为重点，对印刷企业现场进行批质量检查，并对其仓库内的成品质量进行批质量抽样检测。检测过程中，检测组人员还对企业负责人、技术人员等进行了质量标准的宣讲或答询，进一步提高了企业的质量意识和执行行业标准的自觉性。经过精心组织，周密安排，全方位投入，保障了质检活动取得了预期的成果。

（三）优化服务、促进行业发展

2012年为使内蒙古自治区印刷企业按照又好又快地发思路要求，全面提高审批办证效率，优化行政服务环境。内蒙古自治区新闻出版局急企业之所急，在接到企业申办件后，耐心为申办企业解疑答惑，及时协调到企业实地勘验工作，确保审批工作准时完成，新建和办理变更手续印刷企业数量达27家。

2012年全区在印刷业管理工作中加强行业调研，探讨加快产业结构调整步伐、促进产业升级的发展思路，全年深入各企业，围绕印刷品审批工作、图书期刊印制委托书办理工作以及数字印刷发展问题进行了专题调研，写出了相关调研报告，并及时调整相关管理政策，做到既加强印刷监督管理，又促进企业发展。

三、对印刷业发展采取的措施和建议

继续加大对印刷企业的扶持力度，在印刷管理上给印刷企业营造更为宽松的发展环境，简化申办手续和方法，对符合国家发展规划、绿色环保、数字印刷等重点项目给予政策倾斜。通过政策、区位、资源、市场和技术五大导向，加大资源整合力度，合理布局印刷产业，引导具有先进印刷技术水平，经济规模和效益突出，有品牌、有规模、有市场竞争力的印刷企业进入印刷产业聚集区，使印刷产业园区或印刷产业聚集区规模化、有序化、高端化，形成内蒙古自治区印刷业的产业集群，推动印刷资源整合，提升综合实力，完善内蒙古自治区印刷产业服务体系。

内蒙古自治区印刷业管理工作将按照新闻出版总署的总体部署进一步加强印刷业监督管理。继续做好全区印刷业总量结构布局的宏观调控工作，做好数据分析和动态监控。努力构建监管体系，建立规模以上重点印刷企业联系制度，加大对印刷复制企业经营者的培训、教育力度。严格履行印刷业五项制度。加大对各盟市新闻出版部门印刷管理工作的指导，强化与各有关部门的横向联系，建立起全区印刷业

监管联动机制，推动全区印刷业整体水平不断提升。加强监管，努力工作，确保印刷管理工作的完成。

（内蒙古自治区新闻出版局印刷发行处供稿）

吉林省印刷业

一、基本情况

近几年来印刷产业的快速发展，逐步形成了以平版、凹版、柔版、丝网等多种印刷方式的大、中、小印刷企业。2012年吉林省共有各类印刷企业1612家（不含打字复印），其中出版物印刷企业215家，包装装潢企业458家，其他印刷品印刷企业923家，专项排版制版企业14家，专营数字印刷企业2家；按主营业务分书刊印刷企业200家，报纸印刷企业15家，纸质包装印刷企业283家，金属（盒）盖包装印刷5家，塑料包装企业162家，普通票据印刷45家；按性质分国有印刷企业20家，集体印刷企业30家，其余为民营印刷企业；从业人员39912万人。

吉林省印刷产品门类多样，涉及纸箱、票据、铁盖（桶）、商标、不干胶印刷等。2012年，吉林省印刷业资产总值91亿元，销售收入112.4亿元，工业总产值112.5亿元，工业总产出114.24亿元，利润总额11亿元。工业总产值按企业类型分别实现出版物印刷企业31.8亿元、包装装潢印刷企业48.6亿元、其他印刷品印刷企业30.7亿元。此外，打字复印全年实现产值2.0亿元，复制实现2.5亿元。实现利税总额11亿元。2012年，出版物用纸量约为2446万令，约64万吨，包装印刷品用纸量100万吨，其他印刷品用纸量60万吨。

2012年，吉林省印刷工业总产值1000万元以上的印刷企业300家；规模以上（年印刷产值5000万元以上）印刷企业13家，其中总产值在亿元以上的企业8家，出版物企业超亿元的两家。规模企业产值达到156823万元，占总产值的14%。

二、印刷设备

吉林省印刷设备比往年有很大突破，国际先进设备不断进驻企业；印前设备主要有：美国数码喷墨系统760、柯达直接制版系统800组装、北大方正直接制版机8500、美国mako888CTP、免处理制版机、晒版机、激光照排机等。

印刷设备主要有：生产型数字印刷机荷兰奥西5160、2100数码印刷机、惠普3550数码印刷机、佳能7000、佳能6000、富士施乐800等；海德堡全开、对开五色胶印机、海德堡102对开八色胶印机、意大利凹版1000对开八色印刷机、上海高斯对开无轴卷筒胶印机、上海高斯机组式对开平版胶印机、上海高斯对开四色、上海高斯八色、九色对开轮转机、北人卷筒纸对开六色胶印、北人富士八色胶印机、北人报轮机对开4787、北人对开四色、北人全开对辊、北人九色报纸扩版机、北人富士八色商用表格机、德国速霸102、740对开四色胶印机、日本小森四色、六色对开胶印机、日本利优比754胶印机、德国罗兰对开四色胶印、日本秋山对开四色胶印机、对开八色胶印机、日本滨田卷筒胶印、日本三菱对开四色胶印、罗兰全开六色印刷机、德国高宝全开四色机、海德堡对开四色胶印、上海光华对开胶印等；

印后设备有：全自动骑马装联动机、全自动精装联动线、瑞士马天尼胶订联动机、三面切书机、粘页机、锁线机、注塑机、吹膜机、书芯自动粘合烘干机、瑞士全自动模切机、自动平压模切烫金机等。

三、发展趋势

（一）政策引导

2009年8月，吉林省新闻出版局在学习先进，充分调研的基础上形成并出台了《加快吉林省印刷业发展指导意见》，就印刷业发展战略、发展步骤、发展重点和政策扶持、人才培养等方面进行全方位的规划，为产业发展指明了方向。此外，吉林省新闻出版局还在规范企业经营提高服务质量上提出了要求，专门下发了文件，成为全行业共同遵守的准则，吉林省新闻出版局还积极下放审批权限，减少企业办事成本，为企业营造宽松的发展环境。

（二）项目带动

按照项目带动，创新驱动的总思路，成立了由省政府批准的长春文化印刷产业园，园区出台了多项优惠政策，加大了招商引资力度，整合了现有资源，形成了以印刷为主的上下游产业链，印刷园区已打造成集设计、印刷、物流、仓储、制造为一体的多功能产业集群。2010，年长春文化印刷产业园成为吉林省新闻出版局重点建设项目之一。

2010年，借国家振兴老东北工业基地和实施长吉图开发开放先导区战略的契机，吉林省新闻出版局又提出了建设长吉图印刷包装产业带和四平、通化、辽源包装印刷产业带，着力提升两条产业带的集聚规模和产业能力，带动全省辐射东北亚。产业带实施以来，长春、四平、吉林、通化、辽源等地结合自身资源优势，成立了园或基地，引进了多家有规模和实力的印刷企业，与长春新华印刷集团一道，成为了产业带上强有力的支撑点。

（三）新兴产业推动

绿色印刷和印刷数字化是当今世界印刷业发展的重要趋势。吉林省新闻出版局积极发挥绿色印刷和数字技术对印刷产业创新内生增长的推动作用，带动产业转型和升级。目前，有1家企业通过绿色印刷企业认证，10家正在申报，有两家数字印刷企业申领了印刷经营许可证。绿色印刷和印刷数字化的推进呈现出好的势头。

（四）平台帮带

发挥印刷协会企业之家的作用，每年与吉林省包装技术协会共同组织企业产品评奖，参加国家协会组织的各工种技能竞赛，参加论坛研讨，组织走出去参观见学，了解国际印刷发展方向，开拓视野，提高印刷和企管水平。一系列的活动，解放了思想，增强了发展意识，全行业掀起了比学赶的热潮。为产业发展增添了新的动力。

（吉林省新闻出版局印刷复制管理处供稿）

黑龙江省印刷业

2012年，黑龙江省共有印刷企业1708家，其中出版物印刷企业177家，包装装潢印刷企业52家，其他印刷品印刷企业1479家。印刷企业从业人员26568人，其中出版物印刷企业从业人员8169人，包装装潢印刷企业从业人员2663人，其他印刷品印刷企业从业人员15736人。

2012年，黑龙江省印刷企业实现工业总产值466121万元，比上年增长46269万元，增幅为11.02%。其中出版物印刷企业实现工业总产值150875万元，比上年增长21820万元，增幅为16.91%。包装装潢印刷企业实现工业总产值100987万元，比上年增长5106万元，增幅为5.33%。其他印刷品印刷企业实现工业总产值202410万元，比上年增长14993万元，增幅为8%。

2012年，黑龙江省印刷业销售收入488939万元，实现利润总额31742万元，其中出版物印刷企业实现销售收入142501万元，包装装潢印刷企业实现销售收入107029万元，其他印刷品印刷企业实现销售收入219158万元。印刷企业资产总额547094万元（其中出版物印刷企业资产总额188463万元），年末负债217731万元（其中出版物印刷企业负债101400万元）。

2012年，黑龙江省新闻出版局印刷发行管理处以及黑龙江省印刷技术协会集中力量对出版物印刷企业进行重点检查，整顿和规范印刷市场秩序。组织印刷企业参加2012年上海国际印刷周、华北、东北八省市（区）印刷企业论坛等大型活动。大力推进绿色印刷战略，广泛宣传并大力倡导绿色印刷理念。开展绿色印刷周宣传活动，积极组织印刷企业参加国家印刷复制示范企业和绿色印刷培训班，推动企业积极开展绿色认证。举办一期印刷企业负责人法规培训班及第三届全省印刷行业职业技能大赛。开展全国首批印刷行业信用等级评价申报工作等各种行业活动。

（黑龙江省新闻出版局印刷发行管理处供稿）

上海市印刷业

一、基本情况

2012年，上海市有注册印刷企业4985家，截至2013年2月28日，通过2013年年度核验的印刷企业有4572家，未通过年度核验的印刷企业有413家，其中，约250家印刷企业已经不再经营，约100多家印刷企业由于各种原因未提交或暂缓通过年度核验，这413家印刷企业对发布的2012年上海印刷产业发展报告基本不产生影响。

（一）上海印刷业经济指标完成情况

工业总产值773.11亿元，比2011年689.41亿元增加了83.70亿元，增长12.14%；销售收入780.14亿元，比2011年688.09亿元增加了92.05亿元，增长13.37%；工业增加值（GDP）230.00亿元，比2011年200.10亿元增加了29.90亿元，增长14.94%；对外加工贸易总额79.78亿元，比2011年69.61亿元增加了10.17亿元，增长14.60%；数字印刷销售收入6.57亿元，比2011年的6.47亿元增加了0.10亿元，增长1.54%；工业总产出为801.95亿元，比2011年729.63亿元增加了72.32亿元，增长9.91%。2012年上海印刷企业利润总额57.87亿元，比2011年的48.73亿增加了9.14亿元，增长18.76%；总资产960.56亿元，比2011年的806.81亿元增加了153.75亿元，增长19.06%；净资产509.67亿元，比2011年的406.91亿元增加了102.76亿元，增长25.25%；工资总额75.52亿元，比2011年的63.31亿元增加了12.21亿元，增长19.29%。

（二）上海市印刷企业从业人员情况

2012年从业人员总数为167919人，比2011年的165100人增加了2819人，增长1.71%。其中男职工总数为93643人，占印刷企业员工总数的55.77%，比2011年的90796人增加了2847人，增长3.14%；女职工总数为74276人，占印刷企业员工总数的44.23%，比2011年的74304人减少了28人，减少0.04%。男职员总数比女性职员多19367人。

2012年从业人员总数为167919人。其中，20岁及以下人员为7360人，占全体员工数的4.38%；21–30岁人员为57166人，占全体员工数的34.16%；31–40岁人员为52076人，占全体员工数的31.01%；41–50岁人员为33452人，占全体员工数的19.92%；51–60岁人员为15097人，占全体员工数的8.99%；61岁以上人员2768人，仅占全体员工数的1.65%。

2012年印刷企业技术岗位上的员工总数为29132人，占上海印刷企业从业人员总数的17.35%(其中有一部分印刷企业，将在技术岗位工作、但未取得等级工证书的人员不计算在技术岗位员工总数中，很大一部分外来民工也没有计算在内，实际技术岗位员工总数应该超过17.35%)，比2011年的26255人增加2877人，增长10.96%，其中，技师（含高级技师）人数为1714人，占技术岗位员工总数的5.88%；高级工人数为4136人，占技术岗位员工总数的14.20%；中级工人数为9055人，占技术岗位员工总数的31.08%；初级工人数为14227人，占技术岗位员工总数的48.84%。

2012年上海印刷企业取得各类技术职称的总人数为12738人，占上海印刷企业从业人员总数的7.59%，比2011年的11113人增加了1625人，增长14.62%。其中，取得高级技术职称的人数为1364人，占上海印刷企业从业人员总数的0.97%，占取得技术职称总人数的10.71%；取得中级技术职称总人数为4675人，占上海印刷企业从业人员总数的2.78%，占取得技术职称总人数的36.70%，取得初级技术职称的总人数为6699人，占上海印刷企业从业人员总数的3.99%，占取得技术职称总人数的52.59%。

二、产业发展

（一）“十二五”规划承上启下的关键之年成绩斐然

按照“十二五”规划的发展目标，上海印刷业工业总产值平均每年增长10%以上。2012年上海印刷业工业总产值773.11亿元，比2011年689.41亿元增加了83.70亿元，增长12.14%，超过“十二五”规划平均每年增长10%的目标。其中，出版物印刷企业工业总产值比2011年增加2.60%，包装装潢印刷企业工业总产值比2011年增加13.16%，其他印刷品印刷企业工业总产值比2011年增加7.29%。

按照“十二五”规划的集约化和规模指标，到“十二五”期末，上海有1—2家印刷企业工业产值超过50亿元，有5—8家印刷企业工业产值超过10亿元，工业产值达到1亿元以上的企业数达到145家。2012年，上海已有1家印刷企业的工业总产值达到47.88亿元，距离50亿元的目标仅一步之遥。工业总产值超过10亿元的企业达到6家，比2011年增加了1家。工业总产值在5亿元至10亿元之间的企业达到11家，比2011年增加6家。工业总产值1亿元以上的企业已达149家，提前达到“十二五”规划的目标要求。

按照“十二五”规划的企业转型指标，促进印刷业向信息技术、创意设计、加工服务三位一体的方向扩展，加快从被动加工型产业向主动服务型产业的转变。到“十二五”期末，形成数十家具备现代服务业特征的品牌印刷企业。2012年，上海具备总部经济和平台经济的印刷企业有3家；《印刷经理人》评定的全国十佳创新型企业，上海有5家；2012年，国家印刷复制示范企业评选出的25家印刷企业，上海有7家；首批国家级信用等级印刷企业评选，共有49家企业获评A级以上信用等级，上海有17家企业上榜。上海印刷业一方面加快转型，更加注重创新能力；另一方面，提升服务能力，更加突出品牌效应。

按照“十二五”规划的“走出去”指标，到“十二五”期末，上海印刷业对外加工贸易总额达到140亿元。2012年，上海印刷对外加工贸易额79.78亿元，比2011年69.61亿元增加了10.17亿元，增长14.60%。相比2011年，增速有所放缓，呈现稳步增长态势，为实现140亿元的目标，还需要进一步加快印刷企业走出去的步伐。

（二）转型发展成果显著

上海印刷企业正逐步沿产业链向创意设计、市场服务延伸，大力发展增值印刷，寻找新的产业增长点、开拓创新商业运作模式。目前，上海已经有5家国家级创新型印刷企业。上海柯创转型向上游拓展，把出版社从客户变成合作伙伴，大大增强自身话语权。上海金汇通以创意与运营一体化的服务模式，提供包括品牌策划及设计、包装整合设计、品牌传播、创意包装制作等创意集成服务。上海瑞时创造了“研发设计＋加工＋生产＋仓储物流”的全产业链模式，从事纸制POP系列展架等终端促销用品的创意设计和生产加工业务。复旦四维全力打造数字图文中心，使印刷企业在单一的产业模式下拓展新的发展空间。上海文艺大一与上海东方网股份有限公司合作建设“东方网印”公共平台，使商业门户网站与印前工作流程和公司的ERP管理系统相链接，达到国际先进水平。

2012年，国家印刷复制示范企业评选结果揭晓，25家印刷企业中有7家来自上海，占28%。这些具有示范作用的骨干印刷企业或集团的认定、挂牌、扶持和宣传，将进一步优化上海印刷业的产业结构、培育优势企业，加快自主创新和技术进步。

全国印刷业百强企业中上海有16家企业入选，首批国家级信用等级印刷企业评选，共有49家企业获评A级以上信用等级，上海有17家企业上榜，占全国的34.69%。其中获得AAA级别的上海企业有12家，占所有AAA企业总数的41.38%。这充分说明上海印刷企业在树立品牌，增强实力方面走在全国的前列。

实施绿色印刷是印刷业推动行业转型升级的重要抓手，是印刷业发展的战略方向，也是推动生态文明、环境友好型社会建设的重要举措。目前，上海获得绿色印刷认证的企业数量达到21家，在各省市中名列前茅。

（三）上海市印刷业集约化程度继续提高

2012年，上海市工业总产值5000万元规模以上企业数量为260家，占上海4572家印刷企业的5.69%，比2011年增加了14家，增长了5.69%。

按企业经营类别分类，出版物印刷企业40家，比2011年减少3家，减少6.98%，占260家5000万元规模以上企业的15.38%；包装装潢印刷品印刷企业204家，比2011年增加14家，增长7.37%，占260家5000万元规模以上企业的78.46%。其他印刷品印刷企业11家，比2011年增加2家，增长22.22%，占260家5000万元规模以上企业的4.23%；排版、制版、装订专项企业1家，与2011年持平，占260家5000万元规模以上企业的0.38%；打印、复印、名片印刷企业4家，比2011年增加1家，增长33.33%，占260家5000万元规模以上企业的1.54%。在工业总产值5000万元规模以上企业中，包装装潢印刷品印刷企业占主导地位。

按照企业性质分类，国有（包括集体）企业9家，与2011年持平，占260家5000万元规模以上企业的3.46%；三资企业104家，比2011年减少4家，下降3.7%，占260家5000万元规模以上企业的40%；民营企业147家，比2011年增加18家，增长13.95%，占260家5000万元规模以上企业的56.54%。在工业总产值5000万元规模以上企业中，三资企业和民营企业占主导地位。

2012年，上海印刷业的总资产960.56亿元，比2011年806.81亿元增加153.75亿元，增长19.06%。其中，2012年5000万元规模以上企业的总资产为637.86亿元，比2011年的518.21亿元增加119.65亿元，增长23.09%，占上海市印刷业总资产的66.41%。

2012年，上海市印刷业净资产509.67亿元，比2011年406.91亿元增加102.76亿元，增长25.25%。其中，2012年5000万元规模以上企业的净资产为328.96亿元，比2011年的260.97亿元增加67.99亿元，增长26.05%，占上海印刷业净资产的64.54%。

2012年，上海市印刷业工业总产值773.11亿元，比2011年689.41亿元增加83.70亿元，增长12.14%。其中，2012年5000万元规模以上企业的工业总产值为570.86亿元，比2011年的493.05亿元增加77.81亿元，增长15.78%，占上海市印刷业工业总产值的73.84%，比2011年提高2.34个百分点。

2012年，上海市印刷业利润总额为57.87亿元，比2011年48.73亿增加9.14亿元，增长18.76%。其中，2012年5000万元规模以上企业的利润总额为51.46亿元，比2011年的40.28亿元增加11.18亿元，增长27.76%，占上海市印刷业利润总额的88.92%。5000万元规模以上企业的利润是上海市印刷业利润总额的主要来源。

2012年，上海市印刷业工业增加值230.00亿元，比2011年200.10亿元增加29.90亿元，增长14.94%。其中，2012年5000万元规模以上企业的工业增加值为173.23亿元，比2011年的134.05亿元增加39.18亿元，增长29.23%，占上海市印刷业工业增加值的75.32%，比2011年提高8.34个百分点。

2012年，上海市印刷业对外加工贸易额为79.78亿元，比2011年69.61亿元增加10.17亿元，增长14.60%。其中，2012年5000万元规模以上企业的对外加工贸易额为70.93亿元，比2011年的49.22亿元增加21.71亿元，增长44.11%，占上海市印刷业对外加工贸易额的88.91%，比2011年提高18.21个百分点。

2012年，上海市印刷业全年应付工资总额75.52亿元，比2011年63.31亿元增加12.21亿元，增长19.29%。其中，2012年5000万元规模以上企业的工资总额为49.57亿元，比2011年的37.57亿元增加12亿元，增长24.21%，占上海市印刷业工资总额的65.64%，比2011年提高6.3个百分点。

2012年，上海市印刷业从业人员总数为167919人，比2011年165100人增加2819人，增长1.71%。其中，2012年5000万元规模以上企业的员工总数为85674人，比2011年的79115人增加6559人，增长8.29%，占上海市印刷业从业人员总数的51.02%，比2011年提高3.11个百分点。

2012年，5000万元规模以上企业在总资产、净资产、工业总产值、利润总额、工业增加值、对外加工贸易额、工资总额、员工总数8项指标的增长率均超过了全市的平均水平。由此可见，上海市印刷业的集约化程度明显提高。

（四）三资企业继续稳步增长

2012年，上海市印刷业三资企业数量为216家，比2011年增加3家，增长1.41%，占上海印刷企业总数量的4.72%。

2012年，三资企业总资产为327.01亿元，比2011年增加61.46亿元，增长23.15%，占上海印刷业总资产的34.04%。三资企业净资产为182.14亿元，比2011年增加36.51亿元，增长25.07%，占上海印刷业净资产的35.74%。

2012年，三资企业的工业总产值为264.69亿元，比2011年增加9.46亿元，增长3.71%，占上海市印刷业工业总产值的34.24%。三资企业利润总额为23.09亿元，比2011年增加7.21亿元，增长45.44%，占上海印刷业利润总额的39.89%。三资企业的工业增加值为94.62亿元，比2011年增加23.99亿元，增长33.96%，占上海市印刷业工业增加值的41.14%。三资企业对外加工贸易总额为54.46亿元，比2011年增加7.50亿元，增长15.98%，占上海市印刷业对外加工贸易总额的68.27%。

2012年，三资企业全年应付工资总额为28.05亿元，比2011年增加6.32亿元，增长29.06%，占上海市印刷业应付工资总额的37.14%。三资企业员工总数为49308人，比2011年减少127人，减少0.26%，占上海市印刷业从业人员的29.36%。

2012年，上海市印刷业三资企业的数量和员工总数与2011年相比基本持平，总资产、净资产、利润总额、工业增加值、对外加工贸易总额、工资总额6项指标的增长率均高于全市平均水平，仅有工业总产值的增长率低于全市平均水平，这反映了三资企业总体上仍然保持稳步增长的势头。

（五）出版物印刷企业、包装装潢印刷品印刷企业、其他印刷品印刷企业的发展现状

2012年，上海市出版物印刷企业为210家，比2011年204家增加6家，占上海市印刷企业总数的4.59%；包装装潢印刷品印刷企业为2534家，比2011年2520家增加14家，占企业总数的55.42%；其他印刷品印刷企业为1233家，比2011年1272家减少39家，占企业总数的26.97%。

2012年，出版物印刷企业工业总产值、工业增加值、销售收入和对外加工贸易额比上年增长分别为2.60%、-5.31%、1.25%、3.80%；包装装潢印刷企业的工业总产值、工业增加值、销售收入和对外加工贸易额比上年增长分别为13.16%、29.24%、14.90%、17.24%；其他印刷品印刷企业的工业总产值、工业增加值、销售收入和对外加工贸易额比上年增长分别为7.29%、-35.35%、8.21%、-50.99%。

2012年，出版物印刷企业总资产、净资产、工资总额和利润总额比上年增长分别为4.73%、3.71%、3.74%、-15.01%；包装装潢印刷企业总资产、净资产、工资总额和利润总额比上年增长分别为25.78%、34.36%、28.78%、32.08%；其他印刷品印刷企业总资产、净资产、工资总额和利润总额比上年增长分别为3.61%、1.24%、12.92%、-14.14%。

出版物印刷企业的数量、工业总产值、销售收入、对外加工贸易额、总资产、净资产、工资总额等指标均比2011年有小幅提高，但工业增加值和利润总额有明显下降。其他印刷品印刷企业的数量小幅下降，工业增加值、对外加工贸易额、利润总额等指标均有大幅下降。包装装潢印刷品印刷企业不仅数量有所提升，工业总产值、工业增加值、销售收入、对外加工贸易额、总资产、净资产、工资总额、利润总额等指标的增幅均超过10%。整体看来，包装装潢印刷品印刷企业的增长势头最为迅猛，出版物印刷企业和其他印刷品印刷企业缺乏增长的动力。

（六）国有企业、三资企业、民营企业的发展现状

2012年，国有企业（包括国有、集体、联营）共有282家，工业总产值、工业增加值、销售收入和对外加工贸易额比上年增长分别为2.19%、4.26%、3.29%、50.68%；三资企业216家，工业总产值、工业增加值、销售收入和对外加工贸易额比上年增长分别为3.71%、33.96%、3.91%、15.98%；民营企业（包括股份合作、股份有限公司、其他有限责任公司、私营等）4074家，工业总产值、工业增加值、销售收入和对外加工贸易额比上年增长分别为18.97%、4.62%、20.72%、11.47%。

2012年，国有企业（包括国有、集体、联营）的总资产、净资产、工资总额和利润总额比上年增长分别为4.96%、4.70%、-5.06%、2.66%；三资企业的总资产、净资产、工资总额和利润总额比上年增长分别为23.14%、25.07%、29.08%、45.49%；民营企业（包括股份合作、股份有限公司、其他有限责任公司、私营等）的总资产、净资产、工资总额和利润总额比上年增长分别为18.63%、29.88%、17.00%、6.89%。

国有企业（包括国有、集体、联营）的工业总产值、工业增加值、销售收入、总资产、净资产、利润总额等指标小幅增长，对外加工贸易额大幅增长，工资总额略有下降。三资企业的工业增加值、对外加工贸易额、总资产、净资产、工资总额、利润总额等指标均有大幅增长。民营企业（包括股份合作、股份有限公司、其他有限责任公司、私营等）的工业总产值、销售收入、对外加工贸易额、总资产、净资产、工资总额等指标均有大幅增长，工业增加值和利润总额有小幅增长。整体看，三资企业和民营企业的增长势头要强于国有企业。

（七）承接对外加工贸易的企业比例不断攀升

2012年，上海市印刷业对外加工贸易总额为79.78亿元，比2011年69.61亿元增加了10.17亿元，增长14.60%。2012年，上海市从事对外加工贸易的印刷企业291家，比2011年增加5家，增长1.75%，占上海市印刷企业总数的6.36%。

按经营类别分类，承接对外加工贸易的出版物印刷企业34家，与2011年持平；承接对外加工贸易的包装装潢印刷品印刷企业228家，比2011年增加3家；承接对外加工贸易的其他印刷品印刷企业25家，与2011年持平；承接对外加工贸易的打印、复印、名片印刷企业4家，比2011年增加两家。

按企业性质分类，承接对外加工贸易的国有（包括集体）企业3家，与2011年持平；承接对外加工贸易的三资企业91家，比2011年增加3家；承接对外加工贸易的民营企业197家，比2011年增加2家。

2012年，上海291家承接对外加工贸易的印刷企业中，对外加工贸易额相比2011年增长的企业为159家，占54.64%；与2011年持平的企业有11家，占3.78%；相比2011年有所降低的企业为121家，占41.58%。

综合看来，上海从事对外加工贸易的印刷企业数量稳步增加，大多数企业的对外加工贸易额相比2011年有所提高，整个上海印刷业对外贸易总额呈现出持续增长的态势。另外，上海印刷企业从事对外加工贸易的比例也在不断攀升。按经营范围分类，包装装潢印刷品印刷企业仍是对外加工贸易的主力军；按企业性质分类，三资企业和民营企业在对外加工贸易上占主导地位。

（上海市新闻出版局印刷管理处供稿）

浙江省印刷业

一、基本情况

截至2012年底，浙江省共有各类印刷企业14714家，比上年减少371家。其中，出版物印刷企业439家，包装装潢印刷企业9134家，其他印刷品印刷企业4763家，排版、制版、装订专项企业366家，专营数字印刷企业12家。

2012年，浙江省印刷企业资产总额1628.58亿元，比上年增长18.38%；销售收入1115.76亿元，比上年下降8.37%；工业总产值1150.69亿元，比上年下降10.08%；工业增加值273.59亿元，比上年增长6.16%；利润总额84.25亿元，比上年增长10.56%；从业人员47.23万人，比上年减少3.67万人。共有外商投资印刷企业75家，外商注册资金9.69亿美元，比上年增长58.42%。

浙江省共有数字印刷企业17家，其中，专营12家，兼营5家；数字印刷机53台(套)，数字印刷企业总销售额12.48亿元。

浙江省总产值5000万元以上的印刷企业共338家，比上年增加41家，其中产值超亿元的有158家；浙江省已建成印刷园区11个，其中：苍南6个，平阳2个，嘉兴1个，台州2个，园区总面积423.3万平方米。

二、管理和服务工作

(一)强化监管，确保发展

为进一步加强对印刷复制业的监督管理，规范印刷复制秩序，促进印刷复制业健康有序发展，根据新闻出版总署《关于开展加强印刷复制发行监管专项行动的通知》(新出字〔2012〕28号)和全国印刷复制发行监管会议的部署要求，浙江省新闻出版局印刷复制管理处结合实际认真组织开展印刷复制监管专项行动。从检查情况看，浙江省印刷企业的总体情况较好，绝大部分企业都能自觉遵守《印刷业管理条例》的规章制度，落实承印管理的有关规定，对省外委托印刷的出版物能自觉履行备案手续，承接境外委托印刷的版权授权明晰、内容健康，印刷企业管理整体上规范有序。通过专项行动，浙江省印刷经营秩序进一步好转，企业依法经营意识明显增强，专项行动取得了较好成果。同时，针对检查中发现的问题，及时发出了《关于进一步加强承印验证严格把关的紧急通知》，重申和强调了有关管理规定。据统计，截至2012年底，全省共检查13742家印刷企业、4家复制企业，几乎达到了全覆盖，对397家违规印刷企业实施了行政处罚，其中，移交司法部门处理、吊销《印刷经营许可证》印刷企业1家，责令停产停业整顿64家，罚款177家(罚款金额209万余元)，警告155家。同时，各地加强了宣传，大造声势。先后在省内的《浙江日报》《杭州日报》《宁波日报》《嘉兴日报》《鄞州日报》《义乌商报》等主流媒体及各种内部资料上宣传报道了专项行动有关情况，大力宣传开展加强印刷复制监管专项行动工作的意义，保持舆论强势，营造良好的工作氛围。

(二)提升质量，推进发展

浙江省印刷业牢固树立"百年大计，质量第一"的发展理念，大力实施品牌战略，始终把提高印刷产品质量作为一项基础性、经常性的工作来抓，努力提升印刷产品的核心竞争力。按照国家新闻出版总署有关加强印刷质量监督管理的要求，认真组织出版物印刷质量监督检测工作，规范了印刷质量管理体系，增强了全行业质量建设的自觉性。根据总署要求，2012年组织实施了中小学教材教辅产品和食品包装装潢印刷品的检测，主要对印装质量、环保质量和教辅产品的内容、编校质量等三个方面的内容进行了抽检。一是抽检中小学春、秋季教材教辅产品110种，按照CMA管理体系的要求和规范程序检测，认定110种印刷产品批质量全部符合国家和行业颁布的相关质量标准和要求，批合格率100%。二是编校质量的检测。在各出版社自查的基础上，共抽检13家出版单位的52种图书，审读了521.89万字，总差错数为222.6个，平均差错率为万分之0.43。三是环保质量情况的检测，共抽检了省内知名食品生产企业和综合性大型超市15个品种、212份的包装盒，经总署出版产品质量监督检测中心检测，环保质量全部合格。

2012年8月，新闻出版总署出版产品质量监督中心对浙江省14家图书出版社进行了出版产品质量监督抽查，共抽取14家图书出版社的70种、1544册图书，涉及省内28家印刷企业。经过检测，单册合格率99.55%，批质量合格率100%。

(三)积极服务，扶持发展

1. 加快推进实施绿色印刷。

保护环境、促进可持续发展已成国际共识，加快实施绿色印刷战略，是浙江省从印刷大省向印刷强省迈进的必由之路，也是新闻出版行政管理部门贯彻国家环保战略的份内职责。近年来，浙江省一直把加快实施绿色印刷作为印刷业管理的工作重点，先后为贯彻落实新闻出版总署、环境保护部《关于实施绿色印刷的公告》和新闻出版总署、教育部、环保部《关于中小学教科书实施绿色印刷的通知》，采取了多种积极措施，推进实施绿色印刷工作。一是加大宣传培训力度。先后在全省印刷管理工作会议、浙江省印刷协会年会等会议上大力宣传实施绿色印刷是印刷业转型升级、持续发展的必然趋势，突出宣传实施绿色印刷的深远意义；先后召开座谈会，请已经通过认证的企业介绍认证过程和需要注意的问题；举办认证培训班，请认证公司的专家详细讲解绿色印刷标准和认证要求，普及绿色印刷知识。二是鼓励企业获取认证。印刷企业获得中国环境标志认证，是实施绿色印刷的基础性工作。在大力宣传发动的基础上，积极鼓励支持印刷企业申请认证，对首批获得认证的企业给予资金补助，起到了很好的导向作用。截至2013年4月，浙江省已有17家印刷企业获得了绿色印刷认证，还有近50家企业正在申请认证。三是推进中小学教科书实施绿色印刷。根据新闻出版总署等三部门的规定，从2012年秋季学期开始，绿色印刷中小学教科书应占到本地使用总量的30%以上，再经过1～2年，实现中小学教科书绿色印刷全覆盖。为此，浙江省采取资助、挖潜等多种形式，落实中小学教科书绿色印刷。2012年秋季中小学教科书完成绿色印刷共103种，总印数2358万册，约占全部品种的37.73%和总印数的39.63%，均超额完成了任务。同时作出部署，要求2013年秋季中小学教科书绿色印刷占比达到70%，确保实现2014年春季中小学教科书绿色印刷全覆盖。

2. 组团参加上海国际印刷周。

按照新闻出版总署关于2012年上海国际印刷周协调会的精神，特别是总署印刷复制发行管理司有关印刷业比较发达的江苏、浙江、广东等省市必须要有一定的展位规模的要求，浙江省认真策划，经与多家印刷企业沟通协调，先后制定了参展方案、落实了特装公司，组团参展。通过组团参加上海印刷周，既较好展示了浙江印刷风貌，又为省内印刷企业搭建了一个联系平台，为浙江省更多印刷企业跨出浙江提供了政府支持和服务。浙江省参展企业突出绿色、数字和精品等特色，充分展示了浙江印刷的新面貌，受到了新闻出版总署的充分肯定和业界好评。同时在第六届上海印刷大奖评选中，浙江省印刷企业共获得1个金奖、8个银奖、8个铜奖、27个提名奖。

3. 认真组织印刷技能大赛。

根据新闻出版总署、人力资源和社会保障部《关于举办第三届全国印刷行业职业技能大赛第42届技能大赛选拔赛的通知》的规定，浙江省新闻出版局与省人力资源和社会保障厅共同成立了大赛组委会及其办公室，确定了竞赛方式和奖励办法，召开了组委会会议，制定了实施方案。在完成省内赛事、决出名次的基础上，按照全国大赛决赛的规定，浙江省先后派出选手参加了全国各工种、各组别的决赛。在全国决赛中，浙江省选手分别夺得了平版印刷工职工报轮组第二、第三、第九、第十、第十二、第十四名的优异成绩。赛后，依照省新闻出版局、省人力资源和社会保障厅《关于举办浙江省印刷行业职业技能大赛暨第三届全国印刷行业职业技能大赛浙江初赛》的规定，并报请省人力资源和社会保障厅核准后，授予12名选手“浙江省技术能手”的荣誉称号；14名选手晋升为技师职业资格，38名选手晋升为高级工职业资格，8名学生晋升为高级工职业资格，16名学生晋升为中级工职业资格。通过高规格大范围表彰印刷技能大赛的优胜选手，为浙江省印刷业培养一支高素质的职工队伍树立了标杆，起到了良好的导向作用，突出彰显了政府行政管理部门的公共服务职能。

（浙江省新闻出版局印刷复制管理处供稿）

安徽省印刷业

一、基本情况

截至2012年底，安徽省印刷企业总数2959个，其中，出版物印刷企业232个、包装装潢印刷企业1355个、其他印刷品印刷企业1332个、专项印刷企业36个，数字印刷4家，安徽省复制企业4个，印刷行业从业人员90526人。据统计，安徽省印刷工业总产值264.67亿元，占全国印刷工业总产值的2.79%。与上年相比，安徽省印刷工业总产值增加30.79亿元，增长率为13.16%，高于全国印刷总产值平均增长率约3个百分点。安徽省印刷业资产总额300.29亿元，利税总额18.19亿元。安徽省年印刷工业总产值超过5000万元的规模以上重点印刷企业112个，其中黄山永新股份有限公司工业总产值超过12亿元。作为安徽包装印刷基地，桐城市各类印刷企业264家，其工业总产值之和为45.15亿元；合肥庐阳产业园（出版物印刷产业园）41家印刷企业，工业总产值之和为13.38亿元。2012年安徽省新闻出版局新批的阜阳省级包装印刷产业园共有17家印刷企业，初步统计其工业总产值之和为7.92亿元。

二、绿色印刷认证

继续推进绿色印刷认证工作，继安徽新华印刷股份有限公司获得绿色印刷认证后，合肥远东印务有限公司、合肥杏花印务股份有限公司、芜湖新华印刷有限公司、合肥义兴印刷有限责任公司4家是获得绿色印刷认证的企业。在推进教材绿色印刷进程中，安徽省2012秋季绿色教材占教材总量的44.02%，实现了国家规定的30%教材绿色印刷的预定目标。

三、扩展印刷电子监管的范围和对象

2011年与信息中心合作开发了局域网印刷企业年检管理软件，此软件简化了报表审批、年检备案程序，取得了预期效果。2012年，安徽省新闻出版局印刷发行管理处和信息中心在局域网印刷企业年检管理软件基础上，重新研发“安徽印刷管理信息平台”软件，将电子监管范围和对象从地方市局扩展到了全省印刷管理相关部门、印刷企业企业，更新监管软件，实现全面电子监管。做到企业信息可时时查询。使安徽省新闻出版局印刷复制管理处的监管工作更有效率，做到一旦发现问题，可以比纸质时代更快处理，大大缩短科工作时间。

四、时刻关注印刷质量情况

2012年8月6日，总署出版产品质量监督检测中心第5次来皖进行图书印刷质量抽检。此次受检单位是安徽省11家图书出版社，共抽取图书55种、1256册，涉及27家印刷企业，抽检合格率为100%。为保持安徽印刷质量管理持续在全国先进行列，安徽省新闻出版局印刷发行管理处创新工作思路，采取“请进来”方法，邀请专家坐专题讲座，并借总署第5次来皖进行印刷质量抽查平台，狠抓管理。

五、大力支持印刷、发行产业的发展

为增强印刷产业竞争力，安徽省新闻出版局印刷发行管理处和出版产业处合作，共同推进印刷产业园发展工作。8月7日—9日组织赴上海金山国家绿色创意印刷示范园区进行学习和调研。并同意批准了阜阳印刷包装印刷产业园为省级印刷产业园。11月23日在阜阳市举行隆重的揭牌仪式。这是继2006年批准的合肥庐阳产业区出版物印刷产业园的第二家省级印刷产业园。

开展会展工作，致力于宣传安徽印刷业。安徽省首次组团参加由新闻出版总署、上海市新闻出版局共同主办的“上海国际印刷周”，筹备和完成“安徽印刷”展台设计和布展工作。通过企业展示，促进印刷企业与文化产业、创意产业、信息产业和现代服务业融合。

（安徽省新闻出版局印刷复制管理处供稿）

福建省印刷业

一、基本情况

截至2012年底，福建省共有3191家印刷企业，销售收入3868316万元，资产总额4388851万元，利润总额349085万元，其中出版物印刷企业186家（销售收入490343.9万元）、包装装潢印刷企业2011家（销售收入3214631万元），其他印刷品企业858家（销售收入120628万元），专项排版、制版装订企业126家（销售收入35388万元），专营数字印刷企业10家（745万元），从业人员13.75万人，印刷工业产值438亿元，比2011年增长14.1%。福建省印刷企业规模不断壮大，最近几年每年以超过10%的速度增长，涌现出一大批较大规模的印刷企业。据统计，福建省2012年年销售收入超亿元的企业已有55家，其中年销售收入超过5亿元的有4家，规模以上印刷企业139家。2012年福建省有6家印刷企业进入中国印刷企业百强排行榜，其中厦门合兴包装印刷股份有限公司进入全国印刷企业百强榜的第八位，产品销售收入19亿元；

昇兴（福建）集团有限公司进入全国印刷企业百强榜的第21位，产品销售收入9.9亿元；福建福贞金属包装有限公司进入全国印刷企业百强榜的第26位，产品销售收入8.8亿元；艾派集团（中国）有限公司进入全国印刷企业百强榜的第40位，产品销售收入6.9亿元；福建鸿博印刷股份有限公司进入全国印刷企业百强榜的第90位，产品销售收入4亿元；祥恒（莆田）包装有限公司进入全国印刷企业百强榜的第96位，产品销售收入3.7亿元。厦门合兴包装印刷股份有限公司、福州鸿博印刷股份有限公司、厦门安妮纸业股份有限公司已经分别在深交所上市。福建省还有两家印刷企业正进入上市前的辅导期第三年，如：厦门吉宏印刷包装科技股份有限公司和昇兴（福建）集团有限公司。福建省印刷业呈现出良好的发展势头。

二、管理工作

1. 以印刷法规培训和专项检查为抓手，做好管理工作。

一是结合2012年年度核验工作开展了印刷法规培训，增强了印刷业经营者的法律法规意识。福建省各地将年度核验作为管理工作的重要手段，认真部署，精心组织，较好地完成了各地的年检工作。二是认真部署全省印刷复制企业开展专项检查，确保“两会”期间出版物市场繁荣有序、社会和谐稳定以及意识形态安全。三是认真贯彻落实总署下发的《全国印刷复制行政执法报告评价制度实施办法》，认真组织全省各地出版行政管理部门对印刷复制企业进行检查。

2. 制定印刷业“十二五”发展规划，积极推动印刷工业园区发展建设，大力促进全省印刷业的发展。

福建省已有龙岩、漳州、泉州等地建立了印刷工业园区。莆田、石狮等地拟建立印刷园区。

3. 鼓励和支持印刷企业申请绿色印刷认证，加快发展绿色印刷。

实施绿色印刷不仅符合社会发展的要求，符合以人为本的要求，也是印刷业转型升级的重要举措。在福建省新闻出版局大力宣传和努力下，福建省印刷企业通过绿色印刷认证的只有3家，还有3家印刷企业进入验收阶段，有十多家企业准备申请认证。

4. 支持发展数字印刷企业，适应科技发展趋势和市场需求。

科技进步是推动印刷业实现转型升级的动力，随着计算机网络和信息技术的日新月异，文化产品的生产方式、传播方式与接受方式也面临着变革，数字印刷将越来越显示出它的强大生命力，福建省新闻出版局抓住数字印刷的发展先机，鼓励支持企业发展数字印刷。福建省有专营数字印刷企业10家，兼营数字印刷企业十多家。

（福建省新闻出版局印刷复制业管理处供稿）

江西省印刷业

一、基本情况

2012年，江西省印刷业数量及从业人数：截至2012年年底，江西省共有印刷企业1743家，其中出版物印刷企业122家，包装装潢印刷品企业518家，其他印刷品印刷企业1088家，专项印刷企业15家。全行业固定从业人员7.09万人。

2012年，江西省印刷工业总产值约222.139亿元，同比增长34.2%，其中出版物印刷34.738亿元，占15.6%；包装装潢印刷142.787亿元，占64.4%；其他印刷品印刷42.951亿元，占19.3%；排版、装订等专项印刷1.631亿元，占0.7%。资产总额约214.7736亿元，同比增长23.2%，工业增加值61.83亿元，工业总产出193.9亿元，对外加工31.38亿元，2012年，江西省印刷业销售收入总额214.2257（亿元）、营业税金及附加7.9217（亿元）、资产总额214.7736（亿元）、利润总额27.8637（亿元）。

二、发展特点

一是企业数量进一步增加，与上年相比，产值超过5000万的企业增加16家，同比增长34%。

二是规模进一步扩大，63家规模以上企业实现工业总产值114.198亿元，占全省印刷工业总产值的51.4%。

三是包装装潢印刷企业快速增长，在63家规模以上企业中，包装装潢印刷企业43家，占68.8%，实现工业总产值84.3991亿元，占规模以上企业工业总产值的73.9%。

四是全省规模以上重点印刷企业多集中于赣中南地区。

三、存在的问题

1. 江西省印刷业整体水平偏低。

一是印刷企业整体结构不合理，规模小，市场占有率低。部分国有印刷企业历史包袱重，机制不活，市场竞争力差，开发能力弱，设备更新及技术推广慢，管理滞后，改制缓慢，生存与发展面临困难。二是印刷产品结构不合理。多数小型印刷厂家还维持作坊式印刷水平，仅能承印社会零星业务，出版物生产企业黑白印刷生产能力相对过剩，而装订能力、高档彩色印刷能力、荧光屏、高档印刷业务外流情况严重。包装装潢印刷能力相对不足，品种不全，档次不高，与市场需求不相适应。三是印刷装备水平偏低。江西省高档印刷机装机容量少，大部分企业对设备投入积极性不高。主要问题是设备投入和产出不成比例，印刷市场竞争激烈，工价偏低抑制了企业对设备投入的热情。

2. 印刷数字化水平低。

先进的数字制版、数字化印刷、数字化工作流程等比较滞后。绝大多数印刷企业经营人员和技术工人业务素质较低，经营管理人员的发展意识不强，导致企业竞争力减弱。

3. 专业印刷专业人才不足。

以技师、高级技工为主的企业技术骨干队伍没有真正形成，企业技师和高级技术的人数比率明显偏低。

四、实施绿色印刷的情况

1. 绿色印刷认证工作稳步推进。

江西省新闻出版局局高度重视绿色印刷的认证工作，多次举办绿色印刷知识讲座，邀请有关专家对绿色印刷知识和有关认证申报工作进行讲解。江西省有 4 家出版物印刷企业通过了绿色认证，还有 5 家出版物印刷企业正在积极申报中。

2. 印刷企业绿色认证希望得到政府的扶持。

在绿色印刷实施过程中，企业反映由于成本增加，使已经进入微利时代的印刷企业更加艰难。考虑到成本因素，印刷企业实施绿色认证积极性不高。

（江西省新闻出版局印刷复制管理处供稿）

河南省印刷业

一、基本情况

2012 年河南省依法持有《印刷经营许可证》的印刷企业共有 3233 家（不含复印打字），经核验通过年度登记的 3128 家。按管理类别划分：通过年度核验登记的出版物印刷企业 374 家；数字印刷企业 6 家；专项排版制版装订企业 44 家；包装装潢印刷企业 1124 家；其他印刷品印刷企业 1580 家。

河南省印刷行业资产总额 234 亿元，工业总产值 198 亿元，年利润总额 16 亿元，营业税金及附加 4 亿元，固定从业人数 11 万人。

2012 年工业总产值超过 5000 万元以上的企业有 71 家（出版物印刷的 13 家，包装装潢印刷的 58 家）；河南省采取环保节能措施的企业占企业总数的 14%。

二、主要工作

1. 加强管理人员业务知识的培训，从队伍上保证各项工作的落实。

采取多种形式，加强对管理人员的学习和培训，使他们熟悉委托事项的依据、程序、条件等内容，掌握印刷业管理的规定要求，努力提高依法行政能力，确保正确履行委托管理职责，逐步建立一支高水平、高素质的执法队伍。

2. 全力打造中原印刷业聚集区，加快河南印刷业发展步伐。

加快引进培养印刷技术人才，按照低碳、环保、低能耗的发展要求，大力扶持印刷产业园区的发展，使之形成产业链优势明显、具备名牌效应和产业引领作用的印刷产业园区或聚集区，逐步形成具有完备产业体系的印刷产业集群，满足市场多层次全方位需求，推进河南省印刷产业和谐健康发展。

3. 立足服务，强化监管。

支持和鼓励印刷企业，坚持以科学发展观为指导，转变发展方式，更新经营理念，调整产品结构，增强创新意识，不断提升印刷企业核心竞争力和内部凝聚力；规范经营行为净化市场环境，为绿色环保印刷的推广普及，促进河南省文化大发展大繁荣做出贡献。

（河南省新闻出版局印刷业管理处供稿）

湖北省印刷业

一、基本情况

1. 印刷企业总量。

截至2012年底，湖北省共有印刷企业6372家。其中，出版物印刷企业310家，包装装潢印刷企业574家，排版、制版、装订专项企业88家，专营数字印刷企业7家，其他印刷品印刷企业1733家，复印、影印、打字单位3660家，从业人员10万多人。不计三印企业，湖北省印刷企业总量为2712家，从业人员8万多人。其中，国有企业73家，占2.69%；集体企业54家，占1.99%；民营企业2560家，占94.40%；中外合资企业19家，占0.70%；外资企业6家，占0.22%。

2. 印刷企业生产状况。

2012年，湖北省印刷企业（含复印、影印、打字单位）工业总产值265亿元。其中，书刊印刷工业总产值为35.65亿元，包装印刷工业总产值为164亿元，报纸印刷工业总产值为8亿元，专营数字印刷工业总产值为1.94亿元，其他印刷工业总产值为50亿元，“三印”企业总产值为4.86亿元。湖北省印刷工业总产量为5740万令，比上年同期增长12%。其中书刊印刷工业总产量为1365万令，比上年同期增长1.48%；包装印刷工业总产量为2816万令，比上年同期增长24.76%；报纸印刷工业总产量为818万令，比上年同期增长0.24%；其他印刷工业总产量为741万令，比上年同期增长7.70%。2012年湖北省印刷企业全年用纸总量为1461400吨。其中书刊印刷全年用纸总量为474700吨，包装印刷全年用纸总量为603750，报纸印刷全年用纸总量为150760吨，其他印刷全年用纸总量为232190吨。

3. 印刷企业经营状况。

2012年，湖北省印刷企业（含复印、影印、打字单位）销售收入达到2648750.18万元，年税金49765.5万元，年利润总额180269.52万元，资产总额2198650.86万元，负债总额289500万元。其中书刊印刷企业年销售收入为356470万元，年税金8500万元，年利润总额31020万元，资产总额556580万元，负债总额165800万元；包装印刷企业年销售收入为1636887.18万元，年税金34025.5万元，年利润总额120356.52万元，资产总额1301460.86万元，负债总额80950万元；报纸印刷企业年销售收入为79130万元，年税金240万元，年利润总额8000万元，资产总额102016万元，负债总额18500万元；其他印刷企业年销售收入为496354万元，年税金7000万元，年利润总额20893万元，资产总额238594万元，负债总额24250万元。

二、管理工作

（一）以专项检查为抓手，不断创新管理工作，为迎接党的十八大胜利召开营造良好的舆论氛围和文化环境

一是结合年检普遍开展了法规培训，增强了印刷经营者的法律法规意识。各地将年检工作作为管理的重要手段，认真部署，精心组织，高质量地完成了任务，促进了管理工作。大部分市州结合年检工作开展了印刷法规培训，据统计，湖北省各地组织印刷法规培训38期，培训印刷企业法人及相关负责人2000多人（次）。二是认真开展湖北省印刷复制企业专项检查，营造良好的文化环境，确保2012年出版物市场繁荣有序、健康发展。把印刷复制监管作为抓管理促发展的重点，并确定2012年是印刷复制监管年。湖北省印刷复制管理工作积极主动，重点突出、亮点纷呈、成效明显。坚持开展印刷“中小学教辅材料”专项检查、印刷发行监管专项检查等各项专项行动；坚持落实《全国印刷复制行政执法报告评价制度实施办法》，坚持采取明查与暗防结合、专项检查与“扫黄打非”相结合等多样化检查形式，加大执法力度，并组织各地印刷企业签订了《印刷复制企业经营责任书》，坚决完成总署下达的“查处一批，整改一批，关停一批”的目标要求。为营造良好的舆论氛围和文化环境迎接党的十八大胜利召开，在湖北省深入开展了印刷复制行业监管专项行动，效果显著。2012年开展对印刷企业检查3550多次，检查印刷企业3079多家，检查次数8080多人次，出动车辆2183次，给予口头劝诫的有291家，给予警告行政处罚的有31家，给予没收印刷复制品136万册，给予罚款8家，共计7.1万元，吊销许可证行政处罚的企业4家，移送司法机关1家。

（二）努力打造"活动"品牌，不断展示湖北印刷的实力和风采，提升湖北印刷的整体形象

2012年，湖北新闻出版局局以重大活动为契机，大力宣传了湖北印刷业整体形象，充分展示了湖北印刷企业的实力和风采，扩大了湖北印刷品牌在全国的影响力和竞争力。一是深圳文博会主题突出，亮点纷呈。此次会展以"毕昇故里、印象湖北，荆楚书香、刷新历史"为主题，展现了湖北省24家重点优秀印刷企业、8个印刷工业园区以及技术创新、人才培养、数字印刷与绿色印刷等取得的骄人成绩和发展前景，展示了260多种精品书刊，彰显了企业风采。举行了首届"湖北十佳优秀印刷企业"颁奖活动，启动了《湖北印刷概览》首发仪式。展会期间，湖北日报、湖北电视台、深圳特区报、中国新闻出版报、中国文化报、中国改革报、长江商报等十多家媒体对湖北展团参展情况进行了全面深入报道。湖北省新闻出版局荣获"优秀展示奖"。二是上海国际印刷周特色鲜明，彰显了企业风采和品牌。2012年上海国际印刷周，湖北省新闻出版局组织了湖北省10家知名印刷企业参展，展区全景展现了湖北新华印务有限公司、大枫纸业股份有限公司、武汉彩峰快印等10家优秀印刷企业，重点展示了绿色印刷、数字印刷、创意印刷取得的发展成就和发展前景。湖北呈现的200多种精品书刊和个性化印刷产品，彰显了企业风采和品牌。湖北日报、中国新闻出版报等媒体对湖北展团参展情况进行了报道。三是全国印刷经理人年会盛况空前，反响强烈。2012年9月全国印刷经理人年会暨百强颁奖晚会在武汉隆重召开，本届年会由中国印刷技术协会、中国印刷科学技术研究所、湖北省新闻出版局主办。部分省市新闻出版局相关部门负责人，各地印刷行业协会相关人士、全国百强印刷企业经理等350多人出席了此次盛会。湖北省新闻出版局与香港印刷业商会签署了共同推进印刷业发展战略合作协议。此次全国百强印刷企业评选，湖北有6家企业入选，排名全国第五，中部第一。

（三）把握质检工作重点，完善印刷复制质量监督体系，湖北省印刷质量的整体水平明显提高

一是开展了2012年"3.15"教材教辅产品和食品包装装潢印刷品质量监督检测活动。此次检测活动，抽样检查了教材教辅共108种，其中教材77种（国家指定教材71种，省级指定教材6种），教辅31种；总数量3492册，其中教材2500册，教辅992册；批质量检测共108种，其中教材77种，教辅31种。涉及相关出版单位6家，印刷企业16家。经专家检测认定没有不合格产品，合格品率达到100%。抽样检测了湖北省6家包装装潢印刷企业的包装装潢产品17种90张（份），经检测，没有不合格产品。总体而言，湖北省"3·15"质量监督检测活动完成得顺利圆满，受到总署表扬，湖北省新闻出版局被总署授予2012年"3·15"质检活动先进单位。二是开展了2012年春秋两季中小学教材印刷质量抽检和湖北省出版物印刷质量检测认定。共抽检教材156种4452册，经专家检测，没有批质量不合格产品。2012年湖北省送检样书8267种，认定为省优产品6220种，优质品率达到75%，湖北省书刊印刷质量水平稳步提高。三是围绕质检活动，积极推进绿色印刷实施。为进一步加强对绿色印刷理念的宣传力度，湖北省新闻出版局举办了绿色印刷培训班，来自湖北省各地的60多家骨干印刷企业负责人参加了培训。目前，湖北省有6家印刷企业通过了绿色印刷认证。

（四）增强服务意识，推进产业发展，提升服务水平

一是服务水平有了明显的提高。组织质检专家深入基层，走进企业，定期上门为印刷企业进行定向服务，帮助企业查找质量问题，分析原因，找出解决问题的办法，在企业中树立服务形象。二是印刷工业园区建设取得了新的进展。以华中国家绿色印刷包装物流产业园、宜昌三峡科技包装工业园和随州印刷工业园等17家印刷工业园区建设为平台，积极推进园区建设，做好印刷招商引资和承接产业转移的工作。据统计，全省2012年全年印刷招商引资超过10亿元。三是人才培养工作有了新的突破。努力推进湖北省新闻出版局与武汉大学印刷高级人才培养基地的建设，做好高级印刷人才的培养和印刷技工的培训。举办了第三届全省印刷行业职业技能大赛并组织企业参加第三届全国印刷行业职业技能大赛，成绩良好。湖北省新闻出版局被评为"优秀组织单位奖"。

（湖北省新闻出版局印刷业管理处供稿）

湖南省印刷业

一、基本情况

截至2013年3月底，湖南省共有各类印刷企业5097家（含三印企业2860家），其中出版物354家，内资及专项印刷企业107家，数字印刷企业3家，包装装潢印刷企业514家，其他印刷品印刷企业1259家，三印企业2860家。与2012年同期相比，湖南省企业总数减少322家，主要体现在包装装潢和其他印刷品印刷企业数目的变动。2013年年检中，为摸清家底，规范管理和实施网络系统管理，湖南省新闻出版局印刷复制管理处对全省印刷企业进行了重新编号、换证，对部分资质条件不符的企业推迟年检，或是下达了整改通知书，有部分企业可能还没有来年检，所以今年的数据变动比较大。印刷业从业人员9.4万人，比上年同期减少6000余人。2013年年度核验表明，2012年湖南省实现印刷工业总产值314亿元，同比增长36%。自2000年以来，湖南省印刷产业已连续数年保持高速增长态势，产业规模持续扩大。

二、产业实力继续提高

截至2013年3月底，湖南省印刷业总资产达230亿元，增长3亿元。规模印刷企业不断涌现，年工业总产值过亿元的印刷企业家23家，年产值过5000万元的45家，年产值过1000万元的450多家。2012年年产值过千万的企业明显增加，增加90多家。这些规模企业已成为引领湖南省印刷产业发展的主要力量。湖南天闻新华印务有限责任公司、常德金鹏凹版印刷有限责任公司等三家企业以年产值9.4亿元、7.7亿元和19.6亿元连续第九年位列“全国印刷企业百强”。印刷类型涉及出版物印刷、包装印刷、防伪印刷、数字印刷等各领域，印刷产品能满足市场的多种个性化需求。

三、技术设备大幅增强

2012年，湖南省印刷企业淘汰了一批落后印刷设备，投入了大批资金用于技术改造和设备更新，印刷业设备、技术力量进一步增强。2012年新增四色胶印机30余台套，对开海德堡新增20多台，价值200万元以上的数字印刷设备10多台，CTP直接制版设备11台套。湖南省已经拥有国内外最先进的图文数字制版，高速多色胶印和凹印，无线胶装联动等自动化程度较高的现代设备。

四、印刷质量稳步提高

通过湖南省新闻出版局及各市州局组织书刊送样检测，2012年上、下半年，湖南省出版物印刷质量检测认定专家委员会检测湖南省14家出版单位、85家印刷企业送检的图书、课本样本共1560个品种。检测认定结果合格品种1424个，合格率占99%，不合格品3个品种（占0.23%）。2012年下半年检测抽查59个品种、960册书籍，发现1种批质量不合格。合格率为98.40%。湖南省书刊印刷质量继续保持了较高水平。

五、大力推进印刷产业发展

2012年湖南省新闻出版局在促进产业发展上做了三件事：一是起草了《湖南省印刷业规定》实施办法。正在送湖南省人民政府审议。二是继续认真贯彻落实新颁布的《数字印刷管理办法》。及时向全省各级新闻出版行政部门发出了《关于贯彻落实〈数字印刷管理办法〉的通知》，要求各级各部门认真组织学习，结合实际抓好贯彻落实，切实鼓励区域内高端数字化印刷发展，做好数字印刷各项管理工作。三是大力推进湖南省绿色印刷。根据新闻出版总署的要求，联合省印刷协会组织召开了有主要出版物、食品包装和票据印刷企业参加的全省绿色印刷推介会，印发《绿色印刷手册》，宣传推进绿色环保印刷的理念，鼓励企业采用环保印刷技术，积极推进湖南省印刷企业实施绿色印刷认证工作。湖南省现有通过绿色认证印刷企业5家，另外湘潭航顺印务公司、益阳景泰丰印业公司、永州奔腾集团、武岗雄杰食品包装、邵阳彩虹包装有限公司等一批印刷企业都正积极筹备认证工作。

六、认真抓好项目建设

2012年，湖南省印刷产业发展继续以抓好印刷产业项目建设为重点，一是着重抓好现有沙黄花印刷科技产业园等4个园区建设工作。

大力推进娄底市、湘西等市州印刷工业园的筹建工作。二是做好承接产业转移。2012年有4家规模印刷企业在湖南省落户，引进资金近3亿元。三是根据省文化产业引导资金办公室的安排，新闻出版管理部门对省内25个印刷产业项目进行摸底调查，经专家评议，最终有5个印刷企业项目获得文化产业引导资金的支持。

七、加强监管维护印刷市场正常秩序

据统计，湖南省各级新闻出版管理部门共查处违法违规印刷经营活动62起，没收非法印刷品140多万册，罚没款90多万元。湖南省新闻出版局及各市州局督办、查办了一批违法行为严重，社会影响较大的非法印刷案件，起到了净化印刷市场，震慑非法印刷的效果。近年来的实践表明，大案要案的查处极大地震慑了非法印刷经营者，湖南省非法印刷复制经营活动逐年下降，印刷经营者法律法规意识、守法经营意识明显增强。

（湖南省新闻出版局印刷复制管理处供稿）

广东省印刷业

一、基本情况

2012年，广东省共有19992家各类印刷企业（不包含三印），其中：出版物印刷企业633家，包装装潢印刷品印刷企业13020家，其他印刷品印刷企业6039家，排版、制版、装订专项企业226家。在各类印刷企业中，国有企业149家，集体企业364家，全民所有制企业53家，外资独资272和港澳台资企业754家，中外合资企业197家，中外合作企业81家，“三来一补”企业402家，有限责任公司9124家，股份有限公司61家，股份合作制578家、个人独资企业4909家，合伙360家、私营63家、个体工商户2714家。

2012年，广东省印刷行业从业人员80.47万人。其中：出版物印刷企业从业人员100870人，包装装潢印刷品印刷企业从业人员615832人，其他印刷品印刷企业从业人员74303人，排版、制版、装订专项企业从业人员4612人。

2012年，广东省印刷工业总产值1699.3602亿元，其中：出版物印刷企业产值259.80亿元，包装装潢印刷品印刷企业产值1356.10亿元，其他印刷品印刷企业产值76.03亿元，排版、制版、装订专项企业产值6.49亿元，数字印刷0.95亿。广东省规模以上企业数量534家，数字印刷企业43家（含1家数字印刷连锁经营企业）

二、主要工作

2012年，为全面落实新闻出版总署印刷发行管理司关于进一步加强印刷复制发行业监管工作的要求，广东省新闻出版局主动结合广东省委、省政府在全省范围内开展的“三打两建”专项行动，持续保持严打印刷行业中各种违法违规行为的高压态势，加大了对印刷企业的日常监管力度，有力促进广东印刷业健康、稳定发展，为党的十八大胜利召开营造了良好的文化氛围。

（一）印刷质检体系建设

2012年4月，筹建了广东省印刷品质量检测站并开始转入正常运作。5月下旬向新闻出版总署质检中心提出成立“新闻出版总署印刷品质量检测中心华南分中心”的申请，7月18日新闻出版总署出版产品质量监督检测中心批复，同意广东省成立“出版产品质量监督检测中心华南分中心”。

（二）印刷行业标准化建设

2012年，“全国印刷标准化（胶印）技术应用研究与推广基地”落户深圳雅昌彩色印刷有限公司，“全国报纸印刷标准化试验与推广基地”落户星光集团有限公司，“全国包装印刷标准化科研与技术推广基地”落户鹤山雅图仕印刷有限公司，“全国商业轮转印刷标准化试验与推广基地”落户中华商务联合印刷（广东）有限公司。6月8日，国家标准化技术委员会在深圳召开了“书刊印刷标准化分技术委员会”和“包装印刷标准化分技术委员会”成立大会，将两个分技术委员会落户广东。广东省质监局同意广东省印刷协会筹建“广东省印刷标准化技术委员会”。

（三）“3·15”质检活动

2012年组织专家及新闻媒体记者到印刷企业和流通市场、广州购书中心、省新华发行集团成品仓库进行抽样检测。共抽检教材教辅70多种近10000册。还重点对全省的月饼包装盒、粽子包装盒进行了抽样并送总署检测，对检测结果进行了发布，广东送检的月饼包装盒、粽子包装盒检测全部合格。

（四）绿色印刷和中小学教材绿色化

加大绿色印刷理念的宣传力度，以举办绿色印刷宣贯会为契机，使绿色印刷深入人心，广东省2012年共举办了7期绿色印刷培训班。通过举办绿色印刷研讨会和经验交流会，开展绿色印刷知识有奖问答活动等多种形式的宣传教育活动，普及绿色印刷知识，提高全社会的绿色印刷意识。2012年广东省共有18家印刷企业获得了绿色印刷认证，新增绿色印刷企业3家。根据总署要求从2012年秋季学期起，各地使用的绿色印刷中小学教科书数量应占到本地中小学教科书使用总量的30%。广东省新闻出版局派出3个检查组，深入各出版物印刷企业进行检查督促。经核查有21个品种的中小学教材均采用环保纸张、油墨、胶水等绿色环保方式印制，总计240多万册。

（五）印刷复制示范企业

根据新闻出版总署《〈国家印刷复制示范企业管理办法〉的通知》精神，7月份部署和组织印刷企业积极参加国家印刷复制示范企业认定工作，全年完成了21家企业上报申报工作，5家获得了批准。

（六）全国印刷技能大赛

2012年11月23日，广东省组队参加了第三届全国印刷行业职业技能大赛广东选拔赛和第42届世界技能大赛广东选拔赛，学生组和职工组共85人参加四个工种的比赛，7人获一等奖，27人获二等奖，6个印刷企业获得突出贡献单位奖，广东省新闻出版局获得优秀组织单位奖。

（广东省新闻出版局供稿）

广西壮族自治区印刷业

2012年广西壮族自治区印刷企业共有1648家，其中出版物印刷企业194家（包括数字印刷企业5家）、包装装潢印刷企业588家、其他印刷品印刷企业866家。

经年度核验统计，广西壮族自治区2012年印刷工业总产值94.08亿元。比2011年84.87亿元增长10.85%，其中出版物印刷企业总产值25.47亿元，占27.08%；包装装潢印刷企业60.79亿元，占64.62%；其他印刷品印刷企业7.81亿元，占8.30%。2012年广西壮族自治区印刷企业资产总额90.50亿元，其中出版物印刷企业28.05亿元，占31.00%；包装装潢印刷企业54.04亿元，占59.71%；其他印刷品印刷企业8.41亿元，占9.29%。

同2011年相比，2012年广西壮族自治区印刷业规模得到进一步扩大，2012年工业总产值超亿元的企业12家，比2011年增加了玉林嵘丰印刷物资有限公司、广西集盛纸品有限公司、南宁鲜迪印业有限公司3家，在12家工业总产值超亿元的企业中，出版物企业5家，桂林澳群彩印有限公司以4.32亿元名列出版物企业第一名，包装装潢企业7家，广西真龙彩印包装有限公司以6.98亿元在包装装潢印刷企业中独占鳌头；5000万元以上的企业30家，其中出版物印刷企业9家，包装装潢印刷企业21家；1000万元以上的企业157家，其中出版物印刷企业48家，包装装潢印刷企业109家，包装印刷产值已连续五年占广西壮族自治区印刷工业总产值六成以上。2012年广西壮族自治区印刷业总资产已达90.500亿元，成为广西壮族自治区文化产业的支柱产业。

从地区分布看，南宁、桂林、玉林等主要城市仍然是印刷业发展的主力军，南宁市印刷工业总产值31.16亿元，占全区印刷业总产值的33%以上，桂林和玉林印刷工业总产值分别为19.75亿元和16.33亿元，以上三个市的总量为67.23亿元，占全区总量的71%。值得关注的是，印刷工业长期比较落后的钦州市、崇左市、河池市2012年工业总产值比2011年分别增长100%、47.66%、38.25%。

从企业类型看，包装装潢印刷企业仍然保持良好的发展势头，贺州市、防城港市包装装潢印刷企业的总产值所占整个行业的比例达到90%以上，广西壮族自治区印刷工业60%以上是包装装潢在支撑；2012年出版物印刷企业虽然有所发展，工业总产值虽然略有增长，但总体来看，形势不容乐观，只占整个产业的27.08%；在其他印刷品印刷企业中，南宁、玉林两个市的工业总产值超过亿元。

从2012年印刷设备统计数字看，比往年有较大的提高，设备投入比往年增加，2012年广西壮族自治区印刷行业购置设备共632台，总价值为3.90亿元，其中印前设备71台，价值为1077.62万元；印中设备242台，价值为2.79亿元；印后设备319台，价值1亿元。在全区印刷企业中，印中设备共有四色以上胶印机356台，进口设备占有230台，具备CTP印前设备的有24家。

总的来看，2012 年广西壮族自治区印刷业得到了进一步的发展。从上述分析得出的结论是：调整产业结构，转变印刷业发展方式仍然是当前和今后一个时期的主要任务；发挥地区优势，幅射和带动周边地区的发展符合广西壮族自治区发展实践；加强人才培养，增加机器设备投入，注重绿色环保是促进广西壮族自治区印刷业发展的必由之路。

（广西壮族自治区新闻出版印刷业管理处供稿）

海南省印刷业

一、基本情况

截至 2012 年年底，海南省共有印刷企业 318 家。其中出版物印刷企业 31 家、包装装潢印刷企业 92 家其他印刷企业 195 家。

二、2012 年全省印刷业发展特点

（一）海南省印刷业基本情况

海南省共有 4 家出版物印刷企业获得绿色环保认证资格。每年对出版物印刷企业承印的教材进行批质量检测合格率达 100%。2012 年印刷工业总产值超过 5000 万元的有 4 家、超过 2000 万元的 14 家。在技术设备更新上，从国内外购置先进设备有 60 多台，有 65% 以上的出版物印刷企业和包装装潢印刷企业派技术员到设备生产厂家学习，竞争能力不断得到提高。

（二）规模以上重点印刷企业基本情况

1. 海南省年印刷总产值超过 5000 万的重点印刷企业有 4 家：海南海宇锡板工业公司（涂漆印刷）、海南赛诺实业有限公司（塑料包装）、海南华森印务有限公司（包装装潢、增值税发票印刷）、海南日报社印刷厂（报纸印刷）。

2. 年印刷总产值超过 2000 万元的印刷企业有 16 家，其中 8 家出版物印刷企业，8 家包装装潢印刷企业。

（三）以真诚服务为宗旨，促进行业的繁荣

首先是培育扶持规模企业。对年产值超过 3000 万元的企业给予重点扶持；对有发展潜力的 30 家其他印刷企业鼓励其升级为包装装潢企业；指导 11 家印刷企业申办绿色印刷认证。其次是指导海南省印刷行业协会组织开展三届全省印刷技能大赛，组织技术工人培训和参加全国会议、机器设备展。组织印刷企业进行绿色环保认证前的培训与辅导。协调环保部门指导具备绿色环保印刷企业进行环保设施的改造。邀请海南省相关部门讲授印企如何按时为员工交纳保险，帮助相关印刷企业参与政府采购招投标的协调等服务工作，为印刷企业营造了良好的发展环境。据不完全统计海南省印刷企业产值年均增长都在 10% 以上，2012 年工业产值达 14.8 亿元。

（四）以科学管理为手段，保证印刷业发展不偏离方向

1. 重大节日和敏感时期抓监管。

近几年来，每年在全国“两会”、“国庆”、“春节”和重大活动期间，海南省文化广电出版体育厅牵头组织海南省“扫黄打非”办、省文化市场稽查队和省印刷行业协会对全省印刷企业进行抽查，各市县文体局在全省统一部署下，有条不紊展开，没有发现承印非法政治性出版物，保证了文化源头的安全。

2. 建章立制抓监管。

面对海南省印刷业自身发展过程中产生的问题，结合印刷管理工作的实际，相继建立了属地管理机制，层层签订承包责任书，诚信企业协助管理，文化市场稽查部门监查等措施，逐步把监管的视线延伸到各个印刷企业，增强了印刷企业的约束力。在管理中，各市县文体局结合自身的特点，想办法、出主意、订措施。

3. 社会舆论监督抓监管。

海南省 318 家印刷企业经营和信誉等信息提供在网上供社会公众查询；省、市、县（区）建立了印刷违规举报电话；邀请省印刷行业协会和诚信规范的印刷企业法人代表当监督员，不定期开会通报情况等，增强了监管的有效性。

（海南省文化广电出版体育厅报刊印刷发行处供稿）

重庆市印刷业

一、基本情况

截至2013年3月10日，通过年度核验的重庆市印刷企业共1671家。其中：出版物印刷企业80家，内部资料印刷企业（专营数字印刷）46家，包装装潢印刷企业596家，专项印刷（制版、装订）企业50家，其他印刷品印刷企业899家。另外还有2246家复印、打印单位。

2012年，重庆市印刷企业固定资产原值136.44亿元，同比增长17.5%；实现工业总产值134.57亿元，同比增长16.1%；利润合计16.87亿元，较上年的8.63亿大幅增长。2012年固定从业人员42893人，全行业用纸57.22万吨，塑料10.48万吨，金属1.44万吨。

从工业总产值和销售收入来看，包装装潢印刷企业占比分别为76%和77.5%，仍然占据整个印刷行业的绝对主导地位；专营数字印刷企业和排版、制版、装订专项企业的资产投入和产值都很小；出版物印刷企业数量上占总数的4.78%，贡献印刷行业13.25%产值，同比下降2.9%。

二、发展特点

（一）印刷产业集中度增强

2012年包装装潢印刷品印刷资产总值比上年增加21.6亿元，工业总产值增加18.5亿元；出版物印刷的资产总值和工业总产值相比上年均有所下降。重庆市现有的36家规模以上印刷企业（年产值5000万元以上）有30家集中在包装装潢印刷品印刷行业，2012年新增的9家规模以上印刷企业全是包装装潢印刷品印刷企业，包装装潢印刷品印刷产业的快速发展从根本上带动了重庆市整个印刷产业的发展。

（二）数字印刷推广提速

数字印刷是印刷产业数字时代的一个重要发展方向，已成为印刷业发展的焦点，形成了一种快速扩张的全新印刷业态，传统印刷业面临转型升级的发展机遇和挑战。重庆市数字印刷产业增速较快，重庆出版集团率先启动出版物按需印刷，未来，书报刊、互联网、手机、数据库等各类出版形式均能提供个性化设计、多样化印刷。远大印务、金雅迪彩印等一批重庆企业已经形成较强的数字印刷能力，年产值超过4亿元。西南师范大学出版社与重庆新生代彩印技术有限公司共同出资成立了重庆大雅数码印刷有限公司，该公司为重庆市首家专业型数字印刷企业，业务涉及到专业高质小批量、个性化礼品市场、个性化影像消费品市场、广告及标牌市场等领域。目前，重庆市已出台《重庆市新闻出版局关于加强数字印刷管理工作的意见》，该《意见》旨在加强对数字印刷的管理，提升重庆市印企竞争力，建立和完善公平竞争的发展环境，促进全市印刷行业健康、有序发展。

（三）印刷强市建设提速

1. 印刷园区建设推进顺利。

重庆市涪陵和珞璜两大现代印刷包装产业园在建设中得到了当地政府的强大支持，园区规划宏伟、立足长远，招商视野广阔。2012年末已完成投资9.5亿元，印刷园区建设面积74万余平方米，入驻企业12家，印刷总产值达到了6.6亿元。预计“十二五”末两大园区将进驻印刷企业50余家，实现印刷产值30亿元，做大做强产业规模，形成具有较强市场竞争力和辐射能力的印刷产业集群。

2. 承接产业转移，IT产业配套印刷包装发展迅速。

我国印刷产业布局极不合理，沿海地区比重过高，面对劳动力成本的持续上升和内地经济的发展需求，印刷产业同样需要向更为广阔的中西部地区转移。重庆作为中西部地区唯一直辖市，区位优势明显。特别是随着惠普、华硕、宏碁等IT产业巨头的相继投产，重庆正在成为内陆信息产业高地，与IT产业配套的印刷包装产业蛋糕巨大，不仅有本土印刷包装企业展开行动抢占IT配套印刷包装市场，沿海多家印刷包装企业也纷纷随富士康等IT加工巨头入渝建厂。目前重庆市富友包装有限公司正与富士康、台湾精元集团、四联集团、重庆机场集团等客户商谈合作。预计2013年，抗静电类薄膜的年销售规模可达800~1000万元；重庆绿源包装为更好地为惠普、富士康等IT行业配套包装，企业积极争取，获国家知识产权局授予15项外观设计专利，正在与多家IT企业对接；重庆市金山鑫泰包装（集团）公司则在永川凤凰湖开发区建177.8亩的产业园，拥有印刷线数达150线，可年产2亿平方米的高档瓦楞纸板、纸箱；而重庆昊翔纸制品有限公司作为率先服务我市IT

行业的纸包装企业，2011年开始，该公司一个月能接到富士康上白万的包装订单。保守估计，从2011年至今，重庆市10多家包装印刷企业投入的研究笔记本配套包装方面的资金，已超过了2亿元。

3. 绿色印刷强势推广。

实施绿色印刷是我国“十二五”规划制定的战略目标之一，也是我国印刷界正在积极推进的发展战略。推广绿色环保印刷技术，就是要印刷企业对印刷设备、工艺、材料等进行印刷技术升级，开发使用环保材料，降低对生态环境的影响和污染，实现环保事业与市场经济的双赢。印刷企业还应提高企业员工素质，改善印刷职工的工作环境和生活环境，加大绿色印刷人才队伍的培养力度。这对推动重庆市印刷业产业结构调整具有重要意义。重庆市已经有重庆华林天美印务有限公司、重庆旭阳印务有限公司、重庆升光电力印务有限公司等7家印刷企业获得了绿色印刷认证，另外还有9家印刷企业正在积极申请通过绿色印刷认证，重庆市有11家印企向国家新闻出版广电总局申报了绿色印刷储备项目；2013年秋季学期重庆市使用的绿色印刷中小学教科书品种、数量将占到本地中小学教科书使用总量的80%；2014年秋季学期，将实现中小学教科书绿色印刷全覆盖。

（四）印刷产业生态环境趋好

1. 印刷行业协会作用明显。

重庆市印刷行业协会作为联系行政主管部门和印刷企业之间的桥梁和纽带。在行业内开展了大量的调查与统计分析；参与制定、宣传和实施了行业管理条例和行业发展规划；提供了技术培训与政策法规的咨询服务；开展了行业发展论坛，讲座及技术培训等活动；编写制定了《重庆市印刷行业书刊印刷指导工价》等印刷行业指导手册。从2012年开始，根据政府职能转变的需要和为了增强行业协会的服务能力，重庆市印协又承担了重庆市印刷产品的质量监督认定工作。重庆市印刷协会将积极开展行业协会电子网络服务平台建设、实现对会员单位“一报一刊一网”信息无偿覆盖以及融资服务等开创性工作。重庆市印刷行业协会为促进重庆印刷业的健康快速发展，发挥了不可替代的作用。

2. 以赛促评，培养印刷行业技能人才。

由市新闻出版局与市人力资源和社会保障局联合主办第三届全国印刷行业职业技能大赛重庆赛区选拔赛，是新闻出版行业唯一一个进入年度国家一类竞赛的项目。来自重庆市21家企业的66名选手报名参与了此次大赛的角逐。经过理论知识和实际操作技能两项比试之后，9名优秀选手破格晋升为国家职业资格二级（技师），31名比赛成绩合格的选手晋升为国家职业资格三级（高级技能）。通过此次大赛，重庆市印刷平版制版工、平版印刷工、印品整饰工高技能人才队伍建设和储备获得了极大的提高。大赛作为印刷人才技能提升的通道，为重庆市印刷事业培养了大批优秀的人才，为重庆市的高技能人才培养做出了积极的贡献。

3. 产业专项发展基金申报实现突破，具有示范效应。

重庆市已有重庆鼎盛食品药品绿色印刷项目、重庆金雅迪绿色印刷与数字印刷技术开发与产业应用项目、重庆绿色印刷资源集合优化数字化应用项目、重庆绿色印刷及绿色产品创意设计应用项目等项目进入2012年新闻出版改革发展项目库。在国家鼓励企业积极利用金融机构融资，不断扩大资金渠道，降低融资成本，在一般项目继续保留贴息政策的基础上，对于获得有关银行基准利率或低于基准利率贷款的文化产业项目给予优先考虑，纳入重大项目管理；鼓励企业加快提升技术装备水平，优化产品结构，对环保印刷设备购置或改造、仓储物流设备更新升级等给予重点支持的政策指导下，重庆市企业正积极准备2013年度中央文化产业发展专项资金申报工作。

三、存在的问题

（一）产业规模仍然较小，产业结构不合理

2012年四川省印刷工业总产值已达334.5亿元，同期重庆市只有136.4亿元；四川省规模以上重点印刷企业97家，规模以上重点企业工业产值约占了四川省印刷企业工业产值的60%。与重庆市印刷工业产业结构相比，四川省规模以上重点印刷企业优势突出，产业集约化程度较高，食品包装特别是酒类包装一直走在国内酒类包装行业的最前沿。份云南省印刷工业产值虽不及重庆，但其香烟印刷包装产业品牌效应明显，香烟印刷包装产业成了整个云南省印刷包装业的支撑产业。重庆市印刷包装产业结构较为分散，没有在印刷包装领域形成“拳头”领域，印刷包装的品牌效应不明显，不但没有守住本土的印刷包装市场，还出现了本地印刷包装单子外流现象。IT产业配套印刷包装虽为重庆市印刷包装产业的新增长点，不过目前真正已成为笔记本电脑包装供应商的企业，在重庆市只有3家。这3家企业分别是：重庆昊翔纸制品有限公司、重庆市美盈森环保包装工程有限公司、重庆正隆纸业有限公司。其中，仅昊翔一家为本土企业，后两家公司均为外来企业，本土企业的研发能力和竞争能力都有待进一步提高。

（二）缺乏足够规模的龙头企业

2012年是“中国印刷企业100强”排行榜诞生10周年，以百强榜第100名的销售收入为门槛，从2003年的0.93亿元到2012年的3.51亿元，客观反映了中国印刷业规模格局的演变进程。百强阵营中的三家重庆印企，重报传媒印务和重庆华林印务分列95名、98名再次入围，位次堪忧；而大量包装印企却阔步行进在历年的榜单上，足见出版物印刷份额在整个印业日渐式微的现状已不可逆转。重庆金山鑫泰包装集团以标志性的3.51亿元成为2012年榜单的第100名，而其资产总额、利润总额的排名在50名之前，显示了不俗的实力。西南仅川渝两地共13家印企结缘百强，其中四川省宜宾丽彩集团有限公司排列榜单第10名为西南地区印企最高排名，13家印企共实现销售收入76.02亿元，每家企业平均销售收入5.85亿元，重庆无一达到该平均值，可见与近邻的差距日益放大。按照百强评选规则中"集团企业合并报表"的标准，不难从榜单中若干"巨无霸"的构成中看到重庆印企的身影，诸如华商数码、福建鸿博、天津顶正、厦门合兴等，其在渝投资为其增添了不小的砝码。

（三）创新动力不足，技术更新缓慢

创新是企业生存与发展的不竭源泉和动力，这其中既有制度与体制创新、管理模式创新，也包括技术与知识创新、市场创新、服务创新等。重庆市大多数印刷企业没有长远发展规划，政策嗅觉差，对印刷业发展趋势和新技术缺乏研究和了解，印刷设备陈旧，印刷技术更新缓慢，印刷从业人员工作环境得不到改善留不住印刷人才，只是安于现状和被动经营。"绿色印刷"虽强势推进，但离我国在"十二五"期末基本建立绿色印刷环保体系，力争使绿色印刷企业数量占到印刷企业总数的30%，印刷产品环保指标达到国际先进水平的目标任重而道远。

四、印刷业展望及对策研究

（一）推进实施绿色印刷，加快产业结构调整

重庆印刷业将加大推广执行绿色印刷标准的力度，在开展中小学教材绿色印刷工作的基础上，向政府采购的印刷产品（如食品、药品包装印刷）等领域推广；引导大中型环保印刷企业通过技术升级跻身强企之列，对于污染严重，设备落后的印刷企业，通过不断扩大绿色印刷的品种将其淘汰出局。并将依照绿色印刷"三步走"的步骤强势推进重庆市印刷企业转型升级，即为首先改善印刷材料，其次利用环保技术处理废气、废物，最后优化绿色包装设计。重庆市拟再经过1–2年，基本实现中小学教科书绿色印刷全覆盖，让绿色印刷成为全市中小学选用教科书的必备条件。力争在"十二五"规划末使绿色印刷企业数量占到印刷企业总数的30%。实施绿色印刷，印刷企业面临改造基础设施、更新技术设备，优选原辅材料等大量投入，针对企业沉重的"转绿"成本。2012年9月，行业主管部门出台了《重庆市绿色印刷扶持资助专项资金管理办法》，以重庆市财政下拨的100万绿色印刷扶持资助专项资金，拟在3年内对通过绿色印刷认证、符合资助条件的20家印刷企业，一次性给予每家5万元的扶持资助，这20家资助对象包括出版物印企12家、包装装潢印企8家。

（二）优化印刷园区和基地布局，加快产业集群布局

"十二五"期间，重庆将实现印刷产业结构的战略性调整，推动印刷产业向以包装印刷品牌化、商业印刷数字化为主导转换。引导企业走集群化发展、专业化分工、社会化协作的路子。随着沿海印刷产业往重庆转移，加上重庆印刷企业的提档转型升级，重庆市也加快了印刷包装基地建设的步伐，政府将提供最佳的硬件环境和最优质的服务为印刷包装企业保驾护航。涪陵印刷包装工业园将引进我市印刷包装品牌企业，做大做强产业规模，做亮"宏声"、"太极"、"鹏程"等印刷产业品牌，形成20 ~ 30家具有较强市场竞争力和辐射能力的印刷产业集群，把涪陵地区建设成为"三峡库区印刷包装产业基地"；随着玖龙纸业投资建设500万吨包装纸项目的投产运营和台湾正隆集团投资约3亿元生产1亿平方米纸箱的建成投产，江津珞璜园区印刷包装基地建设初具规模，园区全部建成投产后，可形成产业链完整、产业高度聚集、集仓储、物流、交易、检测、研发、培训等多功能为一体的印刷包装生产基地。

（三）加快人才建设和技术创新，增强企业整体竞争实力

长期以来，重庆市印刷包装高技能人才匮乏，不但严重制约了全市印刷包装产业整体素质的提高和发展，还从根本上削弱了重庆市印刷包装产业的市场竞争力。针对重庆市印刷包装行业人才队伍建设的实际，重庆市新闻出版局与重庆商务职业学院签订了共建重庆印刷包装职业教育培训基地协议后，重庆商务职业学院将结合全市印刷包装行业发展对专业人才队伍建设的需求状况，为行业单位培养高职专科层次的印刷包装高技能人才，为印刷包装产业的发展提供人才和智力支撑。重庆新华印刷厂、华林天美印务有限公司、金雅迪彩色印刷有限公司等本地知名印刷包装企业已经与重庆商务职业学院签订了高技能人才订单培养协议；重庆市新闻出版局和市人社局将积极筹办好每一届全国印刷行业职业技能大赛重庆赛区选拔赛，为重庆市印刷包装行业培养更多的人才。

（重庆市新闻出版局供稿）

四川省印刷业

2013年四川省印刷企业年度核验工作基本结束，经核验，四川省现有印刷企业3304家，其中：出版物印刷企业196家，排版、制版、装订专项企业40家，内部资料性出版物印刷企业173家，包装装潢印刷品印刷企业1103家，其他印刷品印刷企业1789家，专营（兼营）数字印刷企业3家。

2012年四川省印刷企业共有从业人员112192人，同比增长7.21%；资产总额347.66亿元，同比增长13.25%；2012年印刷工业总产值334.54亿元，同比增长27.61%；实现利润28.83亿元，同比增长27.63%；营业税金及附加5.82亿元，同比增长9.82%；销售收入389.74亿元，同比增长14.57%。

按企业经营类别分析，各项经营指标分布情况如下：

2012年四川省印刷工业总产值334.54亿元，同比增长27.61%，其中：出版物印刷企业总产值28.66亿元，同比增长15.85%；专项（内资）企业总产值4.88亿元，同比增长31.19%；包装装潢印刷企业总产值267.54亿元，同比增长32.82%；其他印刷品印刷企业总产值30.81亿元，同比减少2%。

2012年四川省印刷企业销售收入389.74亿元，同比增长14.57%，其中：出版物印刷企业销售收入24.28亿元，同比增长9.67%；专项（内资）印刷企业销售收入4.78亿元，同比增长29.9%；包装装潢印刷企业销售收入284.46亿元，同比增长8.63%；其他印刷品印刷企业销售收入58.94亿元，同比增长14.07%。

2012年四川省印刷企业工业增加值133.09亿元，同比增长35.75%，其中：出版物印刷企业9.12亿元，同比增长27.56%；专项（内资）印刷企业1.96亿元，同比增长40%；包装装潢印刷企业83.32亿元，同比增长52.38%；其他印刷品印刷企业34.69亿元，同比增长0.38%。

2012年四川省工业总产值5000万元以上印刷企业97家（其中亿元企业49家），同比增加11家，增长12.79%，占全省印刷企业总数的2.94%；工业总产值199.2亿元，占全省工业总产值的59.55%；销售收入235.6亿元，占全省销售收入的60.45%，工业增加值46.51亿元，占全省工业增加值的34.95%。

总体而言，四川省印刷企业数量逐步增加，稳步发展；产能快速增长，速度超前；规模以上重点企业优势突出，集约化程度更高。

（四川省新闻出版局印刷发行管理处供稿）

贵州省印刷业

一、基本情况

2012年，贵州省共有印刷企业701家，全行业从业人员13638人。其中出版物印刷企业80家，包装装潢印刷品印刷企业122家，其他印刷品印刷企业489家，专营数字印刷企业3家，专项制版排版装订企业7家。

贵州省印刷企业全年共完成工业总产值28.97亿元，比上年减少5%；工业增加值11.48亿元，比上年增长12.99%；工业总产出29.51亿元，比上年减少5.99%；营业税金及附加0.46亿元，比上年减少17.86%。实现销售收入26.84亿元，比上年减少1.68%。年末拥有资产总额38.26亿元，比上年增长2.74%，实现利润总额3.58亿元，比上年增长11.88%。

按不同管理类别情况分，80家出版物印刷企业全年共完成工业总产值6.26亿元，比上年减少2.95%；完成工业总产出6.66亿元，比上年减少0.75%。122家包装装潢印刷品印刷企业共完成工业总产值18.08亿元，比上年减少8.69%；完成工业总产出18.19亿元，比上年减少10.61%。489家其他印刷品印刷企业共完成工业总产值4.46亿元，比上年增长8.78%；

完成工业总产出4.48亿元，比上年增长7.18%。

按不同主营业务情况分，以书刊印刷为主营业务的企业共完成工业总产值3.02亿元，比上年减少5.03%，占全省比重的10.42%。以报纸印刷为主营业务的企业共完成工业总值1.58亿元，与上年持平，占全省的5.45%。以纸包装印刷为主营业务的企业共完成工业总产值15.44亿元，比上年增长20.63%，占全省的53.3%。以塑料软包装印刷为主营业务的企业共完成工业总产值2.61亿元，比上年减少5.09%，占全省的9%。以普通票据印刷为主营业务的企业共完成工业总产值1.04亿元，比上年增长11.83%，占全省的3.59%。

二、管理工作

1. 实施绿色印刷工作取得实质性效果，贵州省共有5家印刷企业通过了绿色印刷认证，820余万册中小学教材采用了绿色印刷方式印刷。

2. 组织举办了贵州省第二届印刷行业职业技能大赛暨第三届全国印刷行业职业技能大赛贵州赛区选拔赛。从大赛中选拔出来推荐参加全国决赛阶段比赛的选手，取得了两个二等奖，11个优秀奖的不俗成绩。

3. 十家报社印刷厂全部完成转企改制工作。

4. 贵州文化出版产业园印刷项目正式开工建设。

（贵州省新闻出版局印刷业管理处供稿）

云南省印刷业

一、基本情况

截至2012年12月31日，云南省共有印刷企业2232家，从业人员3.43万人，其中，出版物印刷企业148家，包装装潢印刷企业1087家，其他印刷品企业971家，排版制版等专项印刷企业21家，数字印刷企业5家，其中中外合资企业14家。

印刷企业2012年资产总额142亿元，销售收入104.5亿元，工业总产值102.5亿元，上缴利税1.5亿元，从业人员近5.23万人，年产值超过5000万元的印刷企业全省有38家，产值在3000—5000万元有12家。

二、主要工作

1. 加强印刷产业群建设。

继续推进以昆明为中心，以滇中城市曲靖、玉溪、楚雄和边境州市红河、保山、德宏、西双版纳、临沧为重点的辐射东南亚、南亚的云南印刷产业群建设，指导昆明国际包装印刷文化城二期开发建设。

2. 开展印刷业监管专项行动。

根据新闻出版总署《关于开展加强印刷复制发行监管专项行动的通知》精神，制定了监管专项行动工作方案，召开了云南省印刷管理工作会议。对昆明、玉溪、昭通、德宏、红河、楚雄、迪庆等州市的印刷企业进行了重点抽查。通过监管专项行动进一步加强了印刷市场的监管力度，强化了印刷企业守法经营意识。各印刷企业还与新闻出版行政部门签订了《印刷企业守法诚信经营承诺书》。

3. 加速推进绿色印刷工作。

认真贯彻落实《新闻出版总署、教育部、环境保护部关于中小学教科书实施绿色印刷的通知》精神，加速推进全省印刷企业实施绿色印刷认证工作。组织召开全省中小学教科书实施绿色印刷座谈会，对推进绿色印刷的指导思想、工作范围和目标、组织机构、实施步骤、分工要求、监督处罚等工作做了具体安排。目前，已有两家印刷企业获得绿色印刷资格认证，8家印刷企业正在进行绿色印刷资格认证申请。

4. 举办2012中国昆明国际印刷物资展览会。

4月23—25日，在昆明国际会展中心成功举办2012中国昆明国际印刷物资展览会。来自全国的70余家印刷包装设备、纸张、耗材参展商和缅甸、老挝等周边国家的厂商参加了展会，成交金额及达成成交意向金额近亿元。

5. 加强印刷队伍建设和人才培养。

探索印刷人才培养新模式，促成云南开放大学与北京印刷学院合作共建印刷类专业，以培养云南急需的印刷人才。组织印刷企业法人及管理人员参加法律法规培训和绿色印刷行业环境标志内部检查员培训。

（云南省新闻出版局印刷业管理处供稿）

西藏自治区印刷业

截至2012年底，西藏自治区共40家印刷企业参加年检，企业资产总额达65238.13万元，销售收入31791.36万元，利润总额3309.44万元，营业税及附加838.68万元，工业总产值28330.73万元，从业人员1470人。3家印刷企业获得绿色印刷认证资质。西藏新华印刷厂和西藏远征包装有限公司两家为规模以上重点印刷企业（年印刷总产值超过5000万元）。

（西藏自治区新闻出版局印刷复制管理处）

陕西省印刷业

截至2013年4月底，陕西省有各类印刷企业1608家（不含打字、复印、影印三印刷企业），从业人员4.9万人。其中：出版物印刷企业211家，包装装潢印刷企业506家，其他印刷品印刷企业761家，排版、制版、装订等专项印刷企业124家。从印刷企业总量上看，出版物印刷企业受总量控制变化不大，而包装装潢印刷企业数量有所增加，反映出市场逐步向数字化印刷和商务型印刷转变。从业人员较上年减少了4000多人，一方面反映了高科技生产设备的进步，提高了生产效率；另一方面印刷企业工作强度大、待遇低造成人员流失也是一个重要的原因。

2012年，陕西省工业总产值101.46亿元，同比略有减少。其中出版物印刷企业产值10.43亿元，占10.28%；包装装潢印刷品印刷企业产值75.7亿元，占74.6%；其他印刷品印刷企业产值13亿元，占12.81%。陕西省印刷产值以包装装潢印刷为主，其他印刷品印刷企业虽数量众多，但产值和规模较小。

2012年陕西省印刷行业基本情况，见表1~表5。

表1　2012年陕西省印刷行业经济指标完成情况

项目	完成情况	项目	完成情况
印刷企业数量（家）	1608	资产总额（万元）	1533700
销售收入（万元）	966170	利润总额（万元）	95430
营业税金及附加（万元）	79600	对外加工贸易额（万元）	108
工业总产值（万元）	1014600	工业增加值（万元）	314720
工业总产出（万元）	0	从业人员数量（万人）	4.9
外资企业数量（家）	7	外商注册资金额（万美元）	3600
外商投资总额（万美元）	5700		

表2　2012年陕西省印刷行业分类经济指标完成情况

项目	企业数量（家）	销售收入（万元）	工业增加值（万元）	工业总产值（万元）	工业总产出（万元）
出版物印刷	211	208000	98750	104300	
包装装潢	506	612700	181390	757080	
其它	761	123900	28970	130010	
排版、制版、装订专项	124	17250	5180	18890	
专营数字印刷	6	4320	430	4320	

表 3　2012 年陕西省印刷总产值 5000 万元以上印刷企业情况

项目	完成情况	项目	完成情况
印刷企业数量（家）	27	资产总额（万元）	619210
销售收入（万元）	527800	利润总额（万元）	64136
营业税金及附加（万元）	71000	对外加工贸易额（万元）	0
工业总产值（万元）	550033	工业增加值（万元）	160646
工业总产出（万元）	0	从业人员数量（万人）	0.82

表 4　数字印刷企业情况（含专营和兼营）

项目	完成情况	项目	完成情况
数字企业数量（家）	6	数字印刷机装机数量（台 / 套）	17 台
数字印刷部分总销售额（万元）	4320	数字印刷部分总产值（万元）	4320

表 5　印刷园区建设情况

项目	实际投资（万元）	园区面积（万平方米）	园内印企数量（家）	印刷总产值（万元）
西安印刷包装产业基地	300000	100	52	34.73

（陕西省新闻出版局印刷处）

甘肃省印刷业

一、基本情况

2013 年甘肃省印刷企业年度核验通过 1102 家。其中出版物印刷企业 97 家；内部资料性出版物印刷企业 52 家；出版物专项排版、制版企业 6 家，装订企业 1 家；包装装潢印刷企业 66 家；数字印刷企业 1 家；其他印刷品印刷企业 879 家。复印打印企业 2155 家。暂缓年度核验 6 家。其中出版物印刷企业 1 家；其他印刷品印刷企业 5 家。复印打印企业 20 家。不予通过年度核验 12 家。其中出版物印刷企业 4 家；内部资料性出版物印刷企业 3 家；包装装潢印刷企业 2 家；其他印刷品印刷企业 3 家。复印打印企业 7 家。

2012 年甘肃省印刷行业基本情况，见表 1~ 表 4。

表 1　2012 年甘肃省印刷行业经济指标完成情况

项目	完成情况	项目	完成情况
印刷企业数量（家）	1102	资产总额（万元）	264470
销售收入（万元）	196948	利润总额（万元）	14372
营业税金及附加（万元）	4473	对外加工贸易额（万元）	0
工业总产值（万元）	194549	工业增加值（万元）	52282
工业总产出（万元）	198245	从业人员数量（万人）	2.47

表 2　2012 年甘肃省印刷行业分类经济指标完成情况

项目	企业数量（家）	销售收入（万元）	工业增加值（万元）	工业总产值（万元）	工业总产出（万元）
出版物印刷	149	91871	27402	89877	92967
包装装潢印刷品印刷	66	49762	12019	51251	52683

（续）

项目	企业数量（家）	销售收入（万元）	工业增加值（万元）	工业总产值（万元）	工业总产出（万元）
其他印刷品	879	54742	12846	52900	51871
排版、制版、装订专项	7	573	15	521	524

表 3　2012 年甘肃省印刷行业分行业经济指标完成情况

项目	企业数量（家）	销售收入（万元）	工业增加值（万元）	工业总产值（万元）	工业总产出（万元）
书刊印刷	146	76439	22879	75871	78765
报纸印刷	12	15228	2973	16604	16544
纸包装印刷	48	36919	8589	37001	38034
金属罐包装印刷	1	4687	1126	4960	5016
塑料软包装印刷	17	12985	2599	13987	14981
普通票据印刷	3	1612	1608	1674	286
安全印刷	1	241	87	400	407

表 4　2012 年印刷总产值 5000 万元以上印刷企业情况

项目	完成情况	项目	完成情况
印刷企业数量（家）	8	资产总额（万元）	51271
销售收入（万元）	51235	利润总额（万元）	5273
营业税金及附加（万元）	1933	对外加工贸易额（万元）	0
工业总产值（万元）	56595	工业增加值（万人）	20759
工业总产出	60339 万元	从业人员数量	0.28 万人

二、印刷业质量管理、技术设备和人才培训的基本状况

（一）印刷业质量管理情况

根据总署《关于开展 2012 年“3・15”教材教辅产品和食品包装装潢印刷品质量监督检测活动通知》精神，甘肃省新闻出版局在全省范围内认真组织开展了对教材教辅产品和食品包装装潢印刷品的印刷装订质量、内容、编辑校对质量、印刷环保质量的监督检查和技术检测活动：

一是成立了以局党组成员、副局长袁爱华为组长，甘肃省新闻出版局印刷发行处、出版管理处、出版物审读中心负责人为成员的领导小组，全面负责 2012 年质检活动的领导和组织工作。

二是及时制定下发了《甘肃省 2012 年开展“3・15”教材教辅产品和食品包装装潢印刷品质量监督检测活动实施方案》，安排部署全省质检活动。

三是对甘肃省教材教辅产品和食品包装装潢印刷品印制情况进行了进一步的调查摸底。根据甘肃省食品包装装潢印刷企业不多的实际情况，将质量检测的重点放在教材教辅类出版物上。

四是根据“3・15”质检活动办公室对 2011—2012 年印刷的指定教材教辅的检查不少于 30 种的要求，检查教材 38 种 1216 册，教辅 3 种 96 册。检测结果为：无论是单册质量，还是批质量，全部合格。

此外，根据总署环保质量检测样品抽样要求，选择通过国家绿色印刷认证三家企业的 9 个教材样品和省内 10 个食品包装装潢产品，及时送总署质检中心接受质检。

在认真做好教材教辅产品和食品包装装潢印刷品质量监督检测工作的同时，甘肃省新闻出版局以“3・15”质检活动为契机，广泛深入的推进质量监管工作。

1. 继续坚持教材定点印刷制度。

下发了《甘肃省新闻出版局关于确定 2012 年秋季中小学教材印制企业的通知》，选取 13 家省内规模大、遵守规章制度较好的印刷企业为 2012 年秋季教材印制企业（包括通过国家绿色印刷认证的 4 家企业）。

2. 坚持质量检查制度。

在教材印制期间，组织质检人员深入课本印制生产车间、库房和书店储运站，按照抽样程序和规则对课本产品进行随机抽样，并逐本检验、记录和判定其质量等级。对不合格产品，及时通知承印企业复查该批产品的质量，剔除不合格品，补足合格品数。同时与企业一起分析研究问题原因，督促企业改进提高。

坚持不懈的质量监管，对提升甘肃省印刷品质量，促进出版印刷业适应文化市场的需求发挥了积极作用，取得了良好的效果。2012年12月19日，甘肃省新闻出版局印刷发行处被总署评为“2012年‘3·15’质检活动先进集体”。

（二）技术设备情况

2012年甘肃省印刷业（不含其他印刷品和复印打印企业）拥有印刷设备3631台（套），其中印前设备973台（套）、印中设备971台（套）、印后设备1687台（套）。

甘肃省印刷企业的印刷设备仍然以中低档为主导，功能齐全，自动化程度高，性能稳定，能够承印各种高档印刷产品的设备还比较匮乏。还不能够适应和满足市场及行业发展的要求。

（三）人才培训情况

1. 2012年5月21日，甘肃省新闻出版局和兰州市文化广播影视新闻出版局联合举办了兰州地区印刷企业负责人培训会。兰州地区所有出版物印刷企业和其他印刷品印刷企业法定代表人约450人参加了培训会。

2. 2012年6月4日，下发了《甘肃省新闻出版局关于对全省印刷企业进行法规培训的通知》（甘新出发〔2012〕171号）。要求各地对辖区内所有印刷企业的法定代表人、生产经营负责人进行《出版管理条例》《印刷业管理条例》、“扫黄打非”有关政策和会议精神、涉及印刷业有关民族、宗教政策法律（规）、规定的培训和学习，保证辖区内所有印刷企业一家不漏的参加培训。各地按照甘肃省新闻出版局的要求认真开展工作，约1500名法定代表人参加了培训。

3. 2012年10月25日—11月1日，在兰州市分别举办了两期甘肃省印刷企业法定代表人法规培训班。培训班邀请甘肃省新闻出版局相关处室的负责人和省宗教事务管理局的专家进行了授课，173家印刷企业的法定代表人参加了培训。

4. 2012年11月26日—28日，甘肃省新闻出版局两名同志和三家申请绿色认证印刷企业的法定代表人参加了总署在辽宁沈阳举办的印刷复制示范企业和绿色印刷培训班。

三、规模以上重点印刷企业的基本情况

甘肃省规模以上重点印刷企业（年印刷总产值超过5000万元）有八家。分别是：兰州新华印刷厂、甘肃新华印刷厂、甘肃日报社印务中心、金川集团金昌立昇实业有限公司、兰州金穗满金属塑料制品有限公司、甘肃鸿煜彩印包装有限公司、甘肃泰达包装印务发展有限公司、静宁县鼎元纸制品有限公司。八家企业2012年的工业总产值为56595万元；总产出为60339万元；增加值为20759万元。共有职工2800人。

四、实施绿色印刷的情况

1. 2012年3月19日—24日，中环联合（北京）认证中心专家组依据《中华人民共和国国家环境保护标准 HJ2503-2011》和《环境标志产品保障措施指南》对兰州新华印刷厂、甘肃新华印刷厂、天水新华印刷厂、兰州石化技术学院印刷厂的现场作业情况进行了检查和评分。决定推荐4家印刷厂为中国环境标志产品认证企业。5月，4家印刷企业顺利通过专家委员会的最终评审，获得《中国环境标志产品认证证书》，取得绿色产品印刷资质。

2. 2012年9月16日，认证专家对兰州人民印刷厂的现场作业情况进行了检查和评分。11月兰州人民印刷厂通过专家委员会的最终评审，取得绿色产品印刷资质，成为甘肃省第5家绿色印刷企业。

五、年度核验中发现的主要问题及对策

一是部分印刷企业和市（州）管理部门对年度核验工作不够重视，材料准备不充分，填报数据不准确，时间观念较差，报送不够及时，影响了年度核验工作的顺利开展；

二是甘肃省印刷企业基础差、底子薄、高精端的设备投入不够；企业经营者观念滞后，精品意识创新意识不强；现代化的管理模式还没有形成，企业缺乏懂业务精技术的复合型人才等矛盾依然十分突出。

针对上述存在问题甘肃省新闻出版局将在下一步工作中采取有力措施，逐步予以解决：

1. 探索适应新形势的管理手段，提高年度核验工作质量。

注意研究和探索适应新形势的管理手段，在总结经验的基础上，摸索规律形成具有特色的年度核验工作方法。同时，通过开发、应用互联网技术，拓宽年度核验的手段与渠道，不断提高年度核验的效率和质

量，确保任务完成。

2. 在严格监管的同时，引导和促进行业科学发展。

鼓励引导印刷企业以质量求生存，以效益促发展，广开思路，在各个环节创新生产经营方式，提高效益。同时，引导企业以现代化的经营管理模式不断完善管理制度，努力开发新产品引进新技术和人才，实现印刷企业投资主体多元化，以适应新形势下印刷市场经济的需求，逐步形成良性循环的发展新格局。

（甘肃省新闻出版局印刷发行管理处供稿）

青海省印刷业

一、基本情况

截至2012年底，青海省共有印刷企业183家、打字复印440家，从业人员4547人，年产值共计70983万元。其中：出版物印刷企业46家，年产值26118万元；包装装潢印刷企业10家，年产值31247万元；专项排版制版企业4家，年产值1557万元；其他印刷品印刷企业122家，年产值8630万元；专营数字印刷企业1家，年产值120万元。打字复印单位434家，年产值3311万元。其中，有八家印刷企业的产值超过千万：青海新华印刷厂1300万元；青海西宁印刷厂4409万元；青海日报社印刷厂4019万元；西宁东宝印务公司1300万元；青海新宏铭印刷有限公司2500万元；青海良友印刷公司1135万元；青海新世纪信通安全印务有限公司1178万元；青海虎彩印刷有限公司2.27亿元。另外，有些印刷企业购置了新设备，搬迁了新厂房，不断发展壮大，取得了可喜的成绩。如：青海天和地矿印刷厂、西宁嘉彩印刷公司新购进了先进的对开四色胶印机，西宁德隆印刷厂、青海春羽邮电印刷公司搬进了新厂房。总之，甘肃省印刷业呈现出健康有序、良好发展的态势。

二、主要工作

1. 完成了青海省印刷企业年检年审和统计上报工作。

4月底之前，完成了青海省184家印刷企业、434家打字复印的年检年审和新闻统计上报工作，从年检情况来看，青海省印刷发行业发展平稳。

2. 进一步加强青海省印刷复制发行监管，加大检查力度。

根据新闻出版总署统一安排部署，为了迎接党的十八大和青海省十二次党代会的胜利召开，青海省文化和新闻出版厅及时制定下发了《青海省关于开展印刷复制发行监管专项行动方案》，成立了领导小组，加大对印刷复制市场的监管工作。据统计从4月至11月，青海省共出动检查人员786人（次），检查印刷企业316家（次），对未办理《青海省内部资料性出版物准印证》的12家印刷企业分别进行了警告、限期整改和罚款的行政处罚。针对部分印刷企业不及时办理《准印证》违规承印内部资料的现象，青海省文化和新闻出版厅及时下发了《关于进一步加强内部资料性出版物印刷管理工作的通知》，重申了有关规定，提出了工作要求，规范了申报程序，加强了内部资料的承印管理工作。

3. 积极实施中小学教材绿色印刷工作，协助印刷企业开展绿色印刷认证。

根据中央有关精神，青海省文化新闻出版厅、青海省教育厅、青海省环境保护厅联合制定下发了《青海省中小学教科书实施绿色印刷工作方案》，积极开展实施中小学教材绿色印刷的各项工作，大力宣传、推广绿色印刷。青海省文化和新闻出版厅协助和要求承印青海省中小学教科书的印刷企业开展绿色印刷认证工作。印刷企业通过前期咨询培训、生产设备改造、厂房环境升级、选用绿色印刷原辅材料等工作后，达到了环境测评标准，随后通过递交申报认证材料、请专家现场检测验收、绿色印刷产品检测等各种环节，青海省现有4家印刷企业取得了《中国环境标志产品认证证书》。

4. 成功举办了第三届全国印刷职业技能大赛青海分赛区“青报印务杯”初赛。

第三届全国印刷职业技能大赛青海分赛区于7月2日至6日在西宁圆满完成，大赛青海分赛区是由青海省文化新闻出版厅和青海省人力资源和社会保障厅联合举办，青海省印刷协会和省职业技能鉴定中心具体承办，青海省印刷质量检测站和青海日报社印刷厂协办。比赛经过5天时间的紧张比赛，圆满完成了各项赛事，共有7家印刷企业选派的28名选手参加了三个机组的比赛。大赛评选出单色机组、四色机组、轮转机组一、二、三等奖优秀选手共9名进行了表彰奖励，成绩合格者由省人力资源和社会保障厅颁发“平版印刷工高级工职业资格证书”。《青海日报》《西海都市报》《西宁晚报》等新闻媒体对这次比赛进行了宣传报道。

5. 认真做好中小学教材教辅和本省出版物印刷质量的检查评定工作。

根据新闻出版总署的要求，青海省文化和新闻出版厅制定下发了《青海省开展2012年“3·15”教材教辅产品和食品包装装潢印刷品质量监督检测活动实施方案》，开展了印刷质量检测工作，共抽检教材60种1200册、教辅54种1310册、一般图书和内部资料性出版物180种380册。

（青海省文化和新闻出版厅印刷发行处供稿）

宁夏回族自治区印刷业

一、基本情况

2012年，宁夏回族自治区有印刷企业421家，比上年增加14家，增长3%。全区印刷业从业人员8992人，比上年增长5%。421家印刷企业中：出版物印刷企业84家，占20%；包装装潢印刷品印刷企业75家，占18%；其他印刷品印刷企业262家，占62%。国有印刷企业8家，占2%，民营印刷企业413家，占98%。2012年全区印刷业资产总额212549万元，比上年增长6%；销售收入177733万元，比上年增长12%；工业总产值185592万元，比上年增长14%；工业总产出182004万元，比上年增12%；利润总额8554万元，比上年减少23%；工业增加值26005万元，比上年减少20%；利税总额11656万元，比上年减少12%。其中出版物印刷企业销售收入40832万元，比上年增长1%；工业总产值40641万元，比上年减少8%；工业总产出40011万元，比上年增长10%；工业增加值6219万元，比上年减少48%。包装装潢印刷企业销售收入113741万元，比上年增长36%；工业总产值120764万元，比上年增长46%；工业总产出116669万元，比上年增长20%；工业增加值17538万元，比上年增长7%。其他印刷品印刷企业销售收入22449万元，比上年减少35%；工业总产值23474万元，比上年减少34%；工业总产出24606万元，比上年减少11%；工业增加值2228万元，比上年减少41%。

2012年总产值超过5000万元的印刷企业9家，比上年增加4家。分别是：宁夏和兴彩印包装有限公司，资产总额5176万元，年工业总产值12000万元，年利税23万元；吴忠市金世纪塑料制品有限公司，固定资产总额9608万元，年工业总产值11239万元，年利税9万元；吴忠市东星塑料制品有限公司，固定资产总额11244万元，年工业总产值11000万元，年利税9万元；宁夏启元国药有限公司，资产总额7295元，年工业总产值7598万元，年利税61万元；银川市富邦印刷包装有限公司，固定资产总额6344万元，年工业总产值7030万元，年利税10万元；宁夏润昌实业有限公司，固定资产总额7402万元，年工业总产值5604万元，年利税13万元；宁夏报业传媒印刷有限公司，固定资产总额5370万元，年工业总产值6431万元，年利税16万元；宁夏夏进制箱包装有限公司，固定资产总额10289万元，年工业总产值6509万元，年利税4万元；宁夏盛都包装印刷有限公司，固定资产总额1898万元，年工业总产值5507万元，年利税1万元。

二、主要工作

2012年，宁夏回族自治区印刷管理坚持以科学发展观为指导，认真落实新闻出版总署和自治区党委、政府的工作要求，不断强化监管，主要抓了以下工作。认真组织开展“3·15”教材教辅产品和食品包装装潢印刷品质量监督检测活动。春秋两季都及时召开了教材教辅印刷工作座谈会，深入印刷企业，现场督导中小学教材教辅印制工作。对全区2012年春季和秋季两季教材教辅全部进行了质量检测，检测率100%。其中：检测教材242种，合格品242种，合格率100%。检测教辅174种，合格品174种，合格率100%。重视做好食品包装装潢印刷品的质量检测，现场抽查包装装潢印刷品25种，检测结果全部合格。认真组织开展加强印刷复制发行监管专项行动，以银川市和吴忠市为重点，着重对印刷企业执行印刷委托书、接受委托印刷境外出版物、商标印刷、食品包装印刷等进行实地检查，抽查印刷企业28家，发现有违规行为的10家。经调查核实，注销印刷经营许可证1家，给以罚款等行政处分的3家，对7家印刷企业提出了批评。发挥协会作用，加强行业自律。修订了宁夏印刷技术协会章程，组团参加了新闻出版总署举办的绿色认证培训班，组织部分印刷企业负责人学习考察了甘肃省和陕西省的印刷工业。

（宁夏回族自治区新闻出版局供稿）

新疆维吾尔自治区印刷业

一、基本情况

2012年，新疆维吾尔自治区共有印刷企业857家，其中：出版物印刷企业169家、报纸印刷企业17家、包装装潢印刷企业47家，其他印刷品印刷企业638家，专项排版、制版、装订企业23家。新疆维吾尔自治区印刷从业人员16500余人。

2012年，新疆维吾尔自治区印刷工业总产值17.6亿元，资产总额23.5亿元，利税总额13000余万元。

二、管理工作

1. 切实做好印刷发行单位的年度核验工作。

以印刷发行企业年度核验工作为契机，严格执行管理规定，认真查处违规企业，明确量化指标任务，淘汰不符合条件和严重违规企业，完善退出机制。2012年，通过核验的出版物印刷企业169家，暂缓核验8家，注销印刷经营许可证的3家。出版物批发单位通过年检的176家、暂缓登记5家。

2. 开展印刷复制发行监管专项行动，加大中小学教辅材料清理检查工作力度。

落实总署《关于开展2012年春季、秋季中小学教辅材料出版发行专项检查的紧急通知》精神，两次召开全疆出版物印刷发行企业负责人会议，在全区范围内开展中小学教辅材料出版印刷发行专项检查，对重点区域，出版物交易中心以及50多家图书经营店和学校周边图书网点进行清理，对涉案的印刷发行企业责令停业整顿，打击非法经营和侵权盗版行为，规范印刷发行市场秩序。

3. 落实新闻出版总署要求，积极推进绿色印刷普及认证工作。

继续支持协助新疆维吾尔自治区印刷企业申报全国绿色印刷企业资质认证工作，积极协调10家具备绿色印刷申报条件的出版物印刷企业，进行绿色印刷资质申报和认证，为推进新疆绿色印刷的实施做出努力。

4. 精心组织和开展全民阅读活动。

认真做好首届亚欧出版博览会的各项工作，全力办好第七届新疆“天山读书节”活动。组织开展了庆祝建党91周年优秀图书推荐和展示，邀请著名作家纪连海、晓玲叮当等在首届亚欧出版博览会期间现场签名售书、开展讲座；组织好书进军营、新疆本版图书联展等。丰富了读书节的活动内容，提升了读书节的社会影响力。

5. 科学调配，全力做好自治区重点图书和党的“十八大”文件的印刷发行任务。

党的“十八大”精神的学习贯彻、做好“十八大”文件以及“热爱伟大祖国，建设美好家园”主题连环画的印刷发行任务，是工作的重点。为确保任务完成，新疆维吾尔自治区新闻出版局深入企业，积极协调，科学调度，统筹安排，圆满完成了工作任务。

6. 转变作风，深入开展作风效能建设。

按照行业效能建设工作要求，多措并举，以转变作风为目标，以提升服务为重点，进一步加强和改进工作作风，力求在效能建设工作上下功夫、见实效，努力提高办事效率和服务水平。

7. 配合协会做好工作，促进印刷发行行业发展。

组织召开新疆印刷协会会员大会；组织印刷发行单位参加了第22届全国图书交易博览会；组织召开了印刷新技术研讨演示会，加强了印刷企业在新技术方面的培训；组织召开了第28届地州市级报纸印刷质量经验交流会；组织出版物印刷企业进行质量控制与管理培训和研修等。通过协会的工作，加强了企业间的联系，促进了行业的发展。

三、相关工作

1. 加强学习，转变作风，提高工作效率。要按照健全体制、贴近管理、落实责任、加强指导、服务企业、促进发展的原则，强化服务意识，转变工作作风，理清工作思路，明确目标任务，努力提高政策水平和业务能力，增强工作的前瞻性和主动性，全面落实好局党组对印刷发行工作提出的各项要求。

2. 坚持导向，强化监管，规范印刷发行市场秩序。要积极开展印刷复制发行监管专项行动，认真清理中小学教材教辅违法违规经营行为，规范印刷发行市场秩序。

3. 加强核验工作，完善市场竞争机制，推进诚信企业建设。要以年度核验为抓手，完善市场准入和退出机制，适度调控印刷发行企业数量，做到合理布局、优化结构、控制总量。

4. 加强质量监督检测，提高印刷质量水平。要强化对自治区中小学教材印装质量的监督检测工作，狠抓教材印制质量，继续抓好图书、报纸印刷质量检测评比及专家认定工作，细化检测评比标准，结合教材、图书质量检测组织全区出版物印刷企业质量检测人员进行培训，提高业务素质和技能水平。

5. 精心组织，认真开展全民阅读等各项活动。要继续开展好新疆“天山读书节”的各项活动，积极借鉴其他省市开展全民阅读活动的经验做法，丰富活动内容，创新活动方式，进一步扩大读书节的社会影响力。

6. 加强法律法规宣传教育，努力构建行业诚信体系。要强化印刷发行企业诚信意识，建立诚信体系，广泛开展诚信企业建设工作，进行诚信企业评选，树立企业依法经营、诚实守信的意识，明确自身的社会责任，增强自觉性。

7. 落实总署要求，积极推进绿色印刷普及认证工作。要继续支持协助我区印刷企业申报全国绿色印刷企业资质认证工作，为推进新疆绿色印刷的实施做出努力。

8. 做好协会工作，促进行业发展。积极做好印刷发行两个协会工作，切实发挥好协会的桥梁纽带作用，要从协会管理、协会活动和工作创新三个方面加强和完善协会工作，提高协会凝聚力和影响力。

（新疆维吾尔族自治区新闻出版局印刷业管理处供稿）

广东省深圳市印刷业

一、基本情况

2012 年，深圳市印刷业发展良好，截至年底，深圳市共有印刷企业 2264 余家，其中出版物企业 100 余家，包装装潢印刷企业 1180 家；总产值逾 323 亿元，从业人员 18 万人。2012 年深圳印刷业屡创佳绩，在“全国印刷百强企业”评选中，利丰雅高印刷集团有限公司、鸿兴印刷集团有限公司、深圳市九星印刷包装集团有限公司等 11 家深圳企业榜上有名；荣获亚洲印制大奖 9 项、香港印制大奖 21 项、美国印制大奖 65 项等，共计 138 项国际大奖，其中雅昌企业集团（有限公司）、深圳市国际彩印有限公司、中华商务联合印刷（广东）有限公司还获得被誉为全球印刷界“奥斯卡”的班尼金奖。

二、重要活动

（一）印刷标准化工作取得阶段性进展，书刊与包装印刷两个分技术委员会落户深圳

自 2006 年以来，深圳印协在谭浩辉会长的带领下，在推进印刷标准化方面做了大量工作，得到广东省新闻出版局、深圳市文体旅游局、市场监督管理局的支持。在各方的共同努力和推动下，深圳印协与深职院关于“承担书刊与包装印刷分技术委员会秘书处的申请”，获得了全国印刷标准化技术委员会和中国印刷技术协会的支持，并上报到国家新闻出版总署，由总署推荐给国家标准化管理委员会，经过严格的审查、公示等程序，国家标准化委员会最终于 2012 年 1 月 31 日批准了申请。

6 月 8 日，全国印刷标准化技术委员会书刊、网版、包装印刷分技术委员会成立大会在深圳职业技术学院隆重召开。深圳印协组织 30 多家企业家代表参加大会。来自全国各地的分技术委员会的专家委员、珠三角各大印刷行业协会的代表、中国香港和中国澳门印刷业商会的代表以及相关主管部门的领导等近 300 人出席会议。此次会议为中国印刷标准化工作的发展翻开了新的一页。

经全国标准化技术委员会向国际标准化组织 ISO/TC130 申请，新闻出版总署和国标委批准，ISO/TC 130 第 26 届年会决定，2013 年 5 月 19 日—24 日，国际标准化组织 / 印刷技术委员会 ISO/TC 130 春季工作组会议在深圳召开。这是 ISO/TC130 首次在中国首都以外的城市召开会议，既是国际标准化组织、新闻出版总署及全国印刷标准化技术委员会对深圳市印刷业的重视，也是对深圳市印刷行业协会自 2006 年以来印刷标准化工作的肯定。

（二）与深圳市文体旅游局、公安局共同举办全市印刷企业法规培训

为迎接党的“十八”大胜利召开，营造良好的社会舆论环境，自 2012 年 6 月 26 日，深圳市公安局治安巡警支队、国保支队及治安管理处特种行业管理科，多次到文体旅游局新闻出版处及深圳市印刷行业协会进行行业调研，为举办印刷企业法规培训做好前期准备工作。历时 3 个月，到 9 月中下旬，深圳市印刷企业法规培训工作圆满结束，参会企业1800余家，参会人数达2000余人，几乎涵盖了深圳市所有的印刷企业。

2012年9月12—14日，深圳市公安局、文体旅游局与深圳印协共同在龙岗、宝安、福田举办印刷企业法规培训。深圳印协会长谭浩辉应邀在三次培训会上讲话，分析了当前的社会经济形势，号召各印刷企业加强行业自律，坚持守法经营；介绍了深圳市印刷行业协会的组织架构，代表协会表示将一如既往地为企业提供服务，当好企业与政府间沟通的桥梁；欢迎各印刷企业积极加入协会，促进行业健康发展。公安局治安巡警支队副处长涂智平分析了两起印刷企业的涉案事例，指出了部分印刷企业存在的问题；希望各印刷企业增强法律意识，拒绝承印非法出版物；并要求各印刷企业负责人加强对从业人员的管理。文体旅游局新闻出版处廖小芸调研员发言，对深圳印协在协助政府方面所做的工作给予高度肯定，希望各印刷企业支持协会工作，积极加入协会；建议各企业培养对印制内容严格把关的人员；希望各印刷企业认真学习相关法律法规，要知法懂法，严格依法经营。

（三）推动绿色印刷，帮助印刷企业转型升级

2010年11月1日广东省出台了《广东省包装印刷行业挥发性有机化合物排放标准》；2011年3月2日，国家颁布了《国家环境保护标准/环境标志产品技术要求 印刷 第一部分：平版印刷》；2012年9月27日，市委市政府召开了"深圳市产业转型升级大会"，许勤市长明确提出2015年完成全市产业转型升级工作。这一切都表明，绿色印刷势在必行。

5月，第八届文博会期间，由新闻出版总署印刷发行管理司主办、中国印刷技术协会承办、广东省新闻出版局、深圳市文体旅游局和深圳印协协办的"中国绿色环保印刷展"在深圳会展中心举行，深圳印协会员单位中华商务联合印刷（香港）有限公司、精密达机械有限公司等参与了展览；深圳印协组织30余家会员企业参加了由新闻出版总署印刷发行管理司主办，中国印刷技术协会承办和深圳印协协办的"中国绿色印刷技术交流会"，会议邀请了政府及行业主管领导、全国印刷行业骨干企业高管、绿色印刷领域知名专家、相关印刷设备材料供应商等参与研讨。该会议旨在推动我国绿色印刷的发展。

（四）开展深圳市印刷行业调研工作

从2011年12月至2012年2月，深圳市印刷行业协会在新闻出版处的支持下，对各类印刷企业进行了抽样调查，参加调查的企业有210家，约占企业总数的1/10，既有会员单位，也有非会员单位，具有广泛的代表性。报告包含了原材料涨价、工价上扬、劳动力短缺、最低工资涨幅及企业对绿色印刷、印刷标准化的认识程度等多方面的内容。

（五）评选"2012年度深圳印刷诚信企业"

为推动深圳市的社会信用体系建设，提高企业诚信意识、树立诚实守信的良好商业道德风尚，创造良好的投资环境，2012年8月—9月，经协会调研、评选，并征询市文体旅游局新闻出版处、市经贸信委等部门的意见，评选出16家"2012年度深圳印刷诚信企业"。

（六）会刊、网站的充实与更新

2012年，深圳市印刷行业协会采编、印发会刊《印刷视界》共四期，共计编发行业技术信息200余条，行业动态报道100余篇，约20万字，及时将政府最新的政策法规以及最新的行业资讯传达给企业，严谨的办刊态度和全面周到的信息传播服务，受到相关单位和会员的好评；深圳市印刷行业协会网站更新整理了40余条政府有关印刷行业进口贴息、法规培训、出版物印刷备案审批、征集文化产业招商引资及融资项目、安全生产等方面的政策信息，供全市印刷企业浏览了解。

三、主要工作

1月，深圳印协组织中华商务、劲嘉、力嘉、裕同等会员单位参加了市文体旅游局在深圳大学举办的"首期深圳文化创意产业政策宣讲培训会暨管理研修班"；协会秘书处应邀出席了文体旅游局在市博物馆新馆召开的2012年工作会议。

2月，全国印刷标准化技术委员会秘书长李安，与深圳印协负责人、专家及市新闻出版局相关领导在深圳召开标准化分技术委员会成立大会筹备工作会议，会议对书刊、网版和包装印刷3个分技术委员会的成立工作进行了周密细致的安排；协会负责人应邀前往香港参加了"2012粤港澳印刷业新春研讨会"。

3月，协会秘书处应邀出席了在市民中心召开的"2012年全市新闻出版工作座谈会"；深圳印协组织会员出席在东莞厚街召开的"2012首届中国（南方）印刷及设备器材展览会"，并应邀出席广东省印刷复制业协会八届九次常务理事会；全国印刷标准化委员会书刊印刷、网版印刷、包装印刷三个分技术委员会成立协调会议在北京中国印协办公室召开，会议确定了成立大会的时间、地点、程序、经费等事项；组织相关会员单位参与了市经济贸易和信息化委员会在市民中心召开"2012年国家进口机械设备资金贴息政策宣讲会"。

5月，深圳印协秘书处应邀出席了市政协召开的关于"大力发展先进制造业”专题座谈会；参加了市纪委在纪委办公楼召开政府职能转移工作座谈会，并提交了“深圳印协承接政府职能的报告材料”；应邀出席了第八届中国（深圳）国际文化产业博览交易会力嘉创意文化产业园分会场暨“2012创印节”开幕式，秘书处并向产业园分会场提供协会与行业状况的资料和图片；秘书处向深圳工业展览馆报送了印刷行业及协会的相关资料，为“深圳投资环境和工业发展成就展览”电视宣传片提供了有关深圳印刷行业发展的基本素材。

6月，深圳印协秘书处应邀出席了“深圳市质量强市工作暨2011年度市长质量奖颁奖大会”；应邀出席了由香港印刷业商会、广东省印刷复制业协会主办，东莞市出版印刷业协会承办的“沿海地区印刷业发展高峰论坛”，各地与会代表达成每年在不同省市召开行业交流会的共识。

7月，深圳印协召开七届三次常务理事（扩大）会；秘书处协助组织，并在网站、会刊《印刷视界》上报道了第三届全国印刷行业职业技能大赛广东赛区选拔赛（职工组）实操考试；深圳印协秘书处应邀出席了“设计之都”推广办及创意文化中心在关山月美术馆召开的座谈会；应邀出席了市民间组织管理局召开社会组织调研座谈会；应邀出席了在河南南阳举行的“中国印刷技术协会七届四次常务理事（扩大）会”。

8月，“深圳市印刷企业安全生产工作座谈会”在深圳印协秘书处召开，会议决定由深圳市公安局、市文体旅游局和深圳印协共同举办印刷企业法规培训；秘书处在网站、会刊《印刷视界》上报道了“第三届全国印刷行业职业技能大赛决赛平板印刷工（职工组）”；秘书处向“设计之都”推广办填报了《首届深圳创意设计奖——印刷包装行业 初评方案》及《深圳市印刷行业协会初评阶段预算表》；参加了市民间组织管理局在深圳大学举办的“社会组织政策及管理研修班”；应邀出席了在东莞召开广东省印刷复制业协会八届十次常务理事会。

9月，深圳印协接市公安局与市文体旅游局联合通知，定于9月12日—14日分别在龙岗、宝安、福田举办印刷企业法规培训；积极协助市文体旅游局新闻出版处编辑、校对并联系印刷厂印制《印刷管理法规手册》《印刷从业者提示》《印刷企业守法经营告知承诺书》等会议材料；由广东省印刷复制业协会与力嘉创意文化产业园主办，深圳印协参与协办的“2012年全国科普日之印刷科普日·科技推动印刷产业转型升级讲座”在力嘉创意文化产业园举行；应邀出席了在天津召开的“全国印刷协会工作研讨会”和“2012中国国际新闻出版技术装备博览会”开幕式；应邀参加了“深圳市企业新纪录”审定工作会议。

10月，受新闻出版处委托，深圳印协同深职院、海德堡公司承接了“深圳印刷行业发展状况白皮书”的前期调研工作和撰写任务；“深圳印协会长办公会议”在南山名商高尔夫会所召开；深圳印协秘书处应邀出席了在安徽合肥召开的中国印刷及设备器材工业协会书刊印刷专业委员会会员大会。

11月，深圳印协在力嘉创意文化产业园召开七届四次常务理事会；“中国职业教育运行机制协同创新中心”和“南方职业教育研究院”在深圳职业技术学院举行隆重的成立仪式，协会秘书处在网站和会刊上进行了报道；协会秘书处接市文产处《关于2012年申报深圳市文化创意产业百强企业认定的通知》，立即着手，电话告知了符合条件的42家印刷企业；应邀出席了在广州召开的“广东省印刷复制业协会会长办公会议”；应邀出席了中国印协七届五次常务理事会、七届三次理事会议在北京建设大厦酒店隆重召开。中国印刷及设备器材工业协会六届二次理事会、常务理事会议在北京职工之家召开。

12月，谭浩辉会长应邀出席了惠州市印刷协会第四届会员大会暨理事会就职典礼；协会秘书处在网站、会刊《印刷视界》上做报道了在我会会长单位——海德堡深圳印刷媒体技术中心举行的第42届世界技能大赛印刷媒体技术项目5进2选拔赛；深圳市文体旅游局杜勤局长、新闻出版处林亮处长、廖晓芸调研员等领导，广东印协陈均会长、深圳市印刷行业协会会长谭浩辉等相关负责人到副会长单位——深圳职业技术学院考察了全国印刷标准化技术委员会书刊印刷和包装印刷分技术委员会秘书处工作，并在印刷传媒科技与标准化技术协同创新中心听取了王利婕院长的工作报告；协会秘书处应邀出席了在市民中心举行的，首届中国设计大展启动仪式暨第八届“创意十二月”开幕式活动；协会秘书处撰写《深圳市印刷行业2011年度发展报告》，并按时上报市民政局。协会秘书处应邀出席了在会展中心举办的“第十届深圳知名品牌评审会议”。

（深圳市印刷行业协会秘书处供稿）

2012年大事纪略

1月

5日—6日 全国印刷标准化技术委员会在北京瑞成大酒店召开《数字印刷品质量要求及检验方法》和《数字硬打样样张质量要求及检验方法》两项国家标准起草组第一次联席工作会议。

5日 北京市哲学社会科学规划办主任王祥武、副主任李建平，北京市教委科研处副处长赵胤清等一行10人抵达北京印刷学院，对北京出版产业与文化研究基地二期建设项目进行验收。

6日 由广东省委宣传部主办的“广东十大和谐企业”颁奖典礼在广东电视台隆重举行。各地级以上市党委宣传部、广东省有关单位和企业代表约300人参加典礼，鹤山雅图仕印刷有限公司获得了“全国模范劳动关系和谐企业”荣誉称号。

7日 北京印刷学院校友会成立暨第一次会员代表大会在学院综合楼会议厅隆重举行。北京印刷学院党委书记郑吉春、院长王永生、原院长曲德森，北京市教委人事处副处长郭宏伟，校友会筹备组成员、校友及师生代表200余人出席大会。

8日 中华书局百年庆祝活动“新的百年，我们一起出发——出版界同庆中华书局百年华诞峰会”在北京举行，新闻出版总署副署长阎晓宏、中国出版集团公司总裁谭跃及来自全国各大出版发行集团的负责人聚集一堂，畅叙对百年来坚守传承中华文化精神命脉的中华书局的敬意与友情，展望中华书局新的百年发展愿景。

9日 凤凰集团合资控股的数码印刷企业——北京凤凰常青树数码科技有限公司在北京768文化创意产业园区内揭牌成立，“凤凰印”启动仪式同期隆重召开。

10日 亚马逊中国图书供应商大会在北京隆重举行。会上，亚马逊中国向来自千余家与亚马逊中国长期友好合作的出版社代表介绍了其在2011年的里程碑事件和激动人心的发展进程。此外，获得万千读者主动参与和热捧的“2011年亚马逊中国读者选择奖”也在亚马逊中国图书供应商大会上正式揭晓。

10日 由中央美术学院与北京北大方正电子有限公司联合举办的“中国语境·中文字体设计与应用论坛”在北京开幕，来自中国、韩国、日本等国家和地区的设计专家、美术院校师生、设计界从业者及字体爱好者等近300人参加了此次论坛。

12日 由北京印刷学院主办，北京印刷学院经济管理学院、新闻出版学院联合承办的首届数字时代的出版营销经理人高层论坛在北京举行。

12日 佳能和奥西宣布隆重推出双方共同开发的最新生产型打印系统，即采用多项突破性技术的奥西 VarioPrint DP Line 黑白打印系列。

16日 中国印刷技术协会召开第三届全国印刷行业职业技能大赛宣传工作会议。

16日 中国印刷及设备器材工业协会副理事长兼秘书长陆长安在北京印刷学院信息与机电学院院长曹鹏的陪同下到江苏昌昇集团视察。

17日 名为“创新浦东 赢领经济”的高端论坛在上海国际会议中心隆重举行，会上表彰了一系列为浦东新区的社会和经济发展作出突出贡献的中外企业。富士胶片（中国）投资有限公司荣膺“杰出贡献社会责任奖”。

18日 由乐凯华光印刷科技有限公司和武汉大学联合开办的工程硕士班隆重举行开班典礼，来自乐凯华光公司科研、生产、市场、管理系统的30位学员将在两年半时间内完成“轻工技术与工程专业”23门课程的学习任务。

18日 德国曼罗兰公司债权人委员会在破产保护管理人 Werner Schneider 以及公司代表 Dr. Frank Kebekus 的指导下，召开会议并对一项投资意向达成一致。会上，将公司拆分为三个独立部门这一解决方案得到广泛认可。

30日 科技部高新技术发展及产业化司司长杨咸武到天津长荣印刷设备股份有限公司考察访问。杨咸武一行参观了长荣印刷包装艺术展览馆，天津长荣董事长李莉向各位领导的到来表示感谢并介绍了印刷包装业在历史上的演变和发展。

2月

3日　新闻出版总署召开了2011年度总结表彰大会，32名个人、5个部门、5个工作创新项目受到表彰，7名连续三年考核均为优秀的干部记三等功。

6日　上海第一批非时政类报刊出版单位转企改制工作推进会在上海图书馆举行。会议通报了上海第一批非时政类报刊转企改制方案，对首批非时政类报刊出版单位转企改制工作进行了动员和部署。

7日　“十二五”国家重点出版项目暨国家出版基金项目《中国医学院士文库》《中国当代医学名家经典手术》编写工作会议在北京召开，此次会议的召开标志着由军队承接的国家出版基金项目全面展开。

7日　Klöckner Pentaplast Group宣布已于2012年1月18日动工建设在中国的第一个工厂。新工厂位于距上海市以西80公里的中国苏州新加坡工业园区，占地12000平方米，共投资1.857亿元（约合2950万美元/2250万欧元）。

8日　上海东方网印企业管理有限公司正式签约入驻上海金山国家绿色印刷示范园区，标志着上海的印刷行业在龙年之初迎来了创新型的业态变革。

9日　天津普林电路股份有限公司公告称：公司已收到天津市发改委与天津市经济和信息化委员会《关于转发国家发展改革委、工业和信息化部下达电子信息产业振兴和技术改造项目2011年中央预算内投资计划的通知》，公司“高阶高密度印刷电路板产业化”项目获得中央预算内投资计划资金710万元人民币。

10日—13日　以“转型·共生·发展”为主题的乐凯华光印刷科技有限公司2012年销售工作会议在云南景洪隆重举行。

13日　新闻出版总署发出《关于开展2012年春季中小学教辅材料出版发行专项检查的紧急通知》（以下简称《通知》），要求切实规范中小学教辅材料出版发行管理，在2012年春季开学前后，组织一次中小学教辅材料出版发行工作专项检查。

16日—17日　由国家版权局指导，中国版权保护中心、凤凰出版传媒集团共同主办的2012CPCC中国版权服务年会在北京成功召开。新闻出版总署副署长、国家版权局副局长阎晓宏等领导出席仪式并致辞。

16日　由北京北大方正电子有限公司和惠普联合举办的HP Indigo5600新机发布会在广州琶洲国际会展中心隆重举行。作为惠普在中国区的重要合作伙伴，方正电子与其200多名客户参与此次发布会，方正电子数码印刷业务部副总经理赵杰发表题为《赢在数字时代》的演讲。

16日　中国包装联合会在东京成功举办“中国包装产业发展东京研讨会”，并对2012北京国际包装博览会进行了推介，引起日本包装、化妆品、乳品、药品等行业的强烈反响。

18日　陕西北人印刷机械有限公司成功召开了六届五次职代会暨2012年工作会议，对2011年度先进单位、先进分会、劳动模范、优秀工会干部、先进工作者、岗位能手和工会积极分子进行了隆重表彰奖励。

20日　国际广告标识展（Sign China 2012）在广州琶洲保利世贸博物馆举行。爱克发爱博纳家族最新成员——爱博纳：Anapurna M2540 FB亮相此次展会。

23日　全国标准化会议召开。国家标准化管理委员会主任陈钢在会议上表示，目前，由中国提交并已立项的ISO/IEC国际标准提案237项，109项标准已正式发布。截至2011年底，中国国家标准总数共计28422项，其中强制性标准3647项、推荐性标准24497项，标准体系较好地满足了产业、技术、贸易和社会事业发展需求。

28日　全国印刷标准化技术委员会（SAC/TC 170）和中国印刷及设备器材工业协会标签印刷分会在廊坊市联合召开《印刷技术　标签质量要求及检验方法　第1部分：不干胶标签》新闻出版行业标准起草组第一次工作会议。

3月

2日　第八届江苏印刷包装机械及器材展览会在南京国际展览中心正式开幕。展会以“交流、合作、低碳、发展”为主题，来自全国的设备厂商云集于此。

5日　富士胶片（中国）技术中心在上海闪亮开幕。该中心的设立彰显了富士胶片领先于世的雄厚技术实力，充分表明了富士胶片进一步深耕中国市场，为中国客户提供更优化的技术支持的坚强信心。

7日—9日　中国华南标签印刷展会在广州琶洲会展中心隆重举行。博泰携标签检测及印后检测最新的解决方案——优化印刷流程的WFL工作流程链接系统参加本次展会。

8日　第19届广州华南印刷展及标签印刷展同期，由慧聪印刷网、中国对外贸易中心集团、雅式展览服务有限公司联合主办，由深圳兆龙印刷机械有限公司冠名支持的“吉兆龙腾——走向高端的标签印刷”技术研讨会隆重举行。

8日 为了推动非物质文化遗产传承，丰富人民群众的文化生活，扬州三大“世界非遗”项目雕版、古琴、剪纸将在中国剪纸博物馆进行为期三个月的首次联展。

8日 日本小森公司KGC研发中心RND开发课课长印出明浩带领的4人报告团莅临北京雅昌艺术中心，为雅昌集团领导做了一场精彩的“珠峰行动”项目第一阶段报告会，报告会以视频会议的形式在深圳、北京、上海三地同时进行。

12日—16日 高斯（中国）在长三角经济重镇——浙江宁波，举办了为期3天的报业轮转胶印机机长培训班，这也是继高斯（中国）成立以来举办的第二个培训班。本期培训班的成功举办得到了杭州日报报业集团、盛元印务有限公司的大力支持。

12日 陕西省省委组织部副部长郭大为一行来陕西北人印刷机械有限责任公司调研，陕西省渭南市市委书记庄长兴，市委常委、组织部长安庆学等陪同调研。

14日 Adobe系统公司在IAB年度领袖峰会和全球移动通信世界大会上推出了业界第一款全面集成视频技术的平台，代号为Primetime Project。该平台将令各网络连接设备上支持广告的视频达到类似电视的流畅体验。

28日—30日 由湖南省印刷物资有限责任公司主办的“湖南2012印刷包装机械及印刷材料展览会”在湖南省展览馆隆重举办。来自全国印刷及相关行业的100多家印刷机械、包装设备、印刷器材等知名厂商参加此次展览会。

29日 中国印刷及设备器材工业协会在深圳召开大企业负责人座谈会，研讨印刷行业发展战略。来自全国印刷行业的重大装备制造企业负责人、大印刷企业负责人和行业专家共60余人出席会议，会议由协会副理事长兼秘书长陆长安主持。

30日 在江苏无锡市北塘区559文化创意产业园内，江苏国家数字出版基地无锡园区正式揭牌。“一体两翼、三方共建”的无锡园区，将着力培育数字传媒品牌，构筑数字出版新高地。

4月

5日 全国古籍整理出版规划领导小组在北京召开古籍整理出版专题工作会议，新闻出版总署署长、全国古籍整理出版规划领导小组组长柳斌杰出席并讲话。

7日 作为科技部“基于协同服务及评价体系的数字出版服务平台与示范”项目课题之一，获得科技部专项资金支持的数字出版内容国际传播平台应用示范项目正式启动。项目由中国出版集团所属中版集团数字传媒有限公司牵头，协同北京印刷学院、中国图书进口集团总公司和中国传媒大学联合申报与实施。

6日 中国版协出版材料工作委员会在北京召开发布会，向行业推荐“标准纸张样品”，并向与会的在京部分出版社和纸张经营单位发放了“标准纸张样品”的印刷电子文件光盘。

7日—8日 由时代出版传媒股份有限公司牵头，国内多家高等学校、科研机构、出版单位、数字出版技术服务商、风险投资机构等单位共同发起的“数字与新媒体产业技术创新战略联盟”在合肥正式成立。

11日 广东省新闻出版局召开了2012年全省农家书屋暨印刷复制发行监管工作会议，传达新闻出版总署有关工作会议精神，传达全国农家书屋会议精神，并通报了广东省2011年印刷复制行政执法工作情况的评价结果。

11日 第四届中国物联网电子标签（RFID）发展年会在四川成都召开，国内RFID产业链上众多知名企业代表300人出席会议。会上首度发布了《中国物联网RFID2011年度发展报告》，报告中显示，2011年中国电子标签产业正式进入成长期，RFID产业的市场规模达到179.7亿元，比2010年增长了47.94%。

13日 海南省印刷复制发行监管工作会议在海口举行。此次会议是积极贯彻落实十七届六中全会精神的重要举措，目的在于全面研究部署2012年印刷复制发行监管工作，为党的十八大胜利召开营造良好氛围。

13日 由中国印刷技术协会企业管理委员会、中国印刷企业家俱乐部主办，山西臣功印刷有限公司承办的首届中国印刷企业管理高端恳谈会在山西臣功印刷有限公司隆重召开。

18日 富士施乐株式会社（中国公司）召开媒体沟通会，富士施乐株式会社执行副总裁兼董事坂本保先生宣布新的在华发展战略。富士施乐在中国的发展方向将从生产、销售为主向以产品开发为重心转型。通过强化扎根于中国市场的产品设计、开发、生产和销售，富士施乐将真正实现中国设计、中国开发、中国制造并销往全球的目标。

18日 上海优比科电子标签有限公司（UBIQUE.TAG）推出高性能的超高频易碎纸防伪标签。该标签主要应用在酒类防伪、药品防伪及车辆防风玻璃防揭标签等一次性应用领域。

23日—28日 ISO/TC130第26届春季工作组会议在印尼日惹举行。来自15个国家的83位专家出席了会议。全国印刷标准化技术委员会秘书长李安、秘书崔远超，WG12组长/召集人何晓辉、注册专家邓国康、陈杰文、彭安琪以及香港地区专家游永祥、欧阳家耀、林东南分别参加了7个小组的会议。

23日 “文明中国”全民阅读活动启动仪式在北京举行。中央文明办专职副主任王世明、新闻出版总署副署长孙寿山出席并致辞。

24日 全国“扫黄打非”工作小组专职副组长李长江在北京主会场宣布2012年侵权盗版及非法出版物集中销毁活动正式拉开序幕。此次活动共销毁盗版音像制品、盗版图书、盗版电子出版物及非法报刊2900余万件。

24日 爱色丽召开“i1Pro 2专业色彩管理解决方案新品发布会”，邀请多家业内媒体及合作伙伴出席。此次发布会，不仅介绍了i1Pro 2专业色彩管理解决方案的实际应用，而且对新产品的技术亮点以及i1新老产品功能的对比都做了详细的介绍。

27日 河北出版传媒集团公司投资建设的河北数字印刷产业园石家庄基地举行奠基开工仪式。该基地将建成集高端印刷、数字印刷、绿色印刷、技术研发等多种业态于一体，华北地区一流的现代印刷产业园区。

29日 杭州国家数字出版产业基地授牌仪式在浙江省人民大会堂举行，新闻出版总署副署长孙寿山为杭州国家数字出版产业基地授牌并发表讲话。

5月

4日 第五届中国国际全印展海外招待会在德国杜赛尔多夫市国会中心隆重举行，来自海外40余家专业媒体、行业组织、代理商，以及20余家展商代表参加了发布会。

7日 第四届湖北印刷企业50强评选结果揭晓，武汉红金龙印务股份有限公司、湖北金三峡印务有限公司、湖北日报传媒集团楚天印务总公司等50家印刷企业受到表彰。

9日 山东省轻工协会副会长、山东省造纸行业协会理事长宋鸿林一行到山东亚太森博浆纸有限公司考察。在详细了解该公司节能减排、循环经济发展情况后，宋鸿林对亚太森博在发展循环经济上取得的成绩给予充分肯定。

10日 国务院国资委宣布，中国印刷集团公司正式划入中国国新控股有限责任公司管理，成为其全资子企业。这是自国新公司成立以来收编的第二家中央企业。自此，国资委管辖下的中央企业数量已经缩减至117家。

16日 第十届东北（沈阳）印刷包装技术设备器材展览会暨沈阳三十二届书市在辽宁工业展览馆隆重开幕。本届东北印刷展以“交流、合作、创新、发展”为主题，以“品牌展示、技术交流、产品交易、项目推介”为手段，设品牌宣传、产品展示、技术交流、出版物展销等四大板块。

18日 陕西省第三届“西正杯”印刷行业职业技能大赛在西安机电信息技术学院开幕。本次大赛由陕西省人力资源和社会保障厅、陕西省新闻出版局联合主办，陕西省职业技能鉴定指挥中心、陕西省印刷技术协会承办。

18日 第八届中国（深圳）国际文化产业博览交易会在深圳会展中心拉开帷幕，国内数字出版业务领航者方正信息产业集团，携旗下五家数字出版企业集体亮相7号馆，面向行业、大众及终端市场推出数字出版全流程解决方案。

19日 为落实新闻出版总署和环境保护部共同发布的《关于实施绿色印刷的公告》的部署，推进绿色印刷的稳步实施，向社会传播绿色低碳理念，第八届文博会期间，由新闻出版总署印刷发行管理司、环境保护部科技标准司主办，中国印刷技术协会、环境保护部环境发展中心共同承办的第三届绿色印刷技术交流会在深圳成功举办。

21日 首批带有绿色“身份证”的婴幼儿读物在第十届北京国际图书节上面世。此次推出的100多种图书是全国第一批采用绿色印刷工艺并使用中国环境标志的出版物。21日，北京市新闻出版局在地坛公园举办了北京市绿色印刷工程暨首批绿色印刷婴幼儿读物上市仪式。

22日 中华商务联合印刷（香港）有限公司子公司北京华联印刷有限公司“第四台高斯商业轮转机开机仪式”在北京华联印刷举行。华联印刷重要客户、北京市政府机关相关主管领导、行业媒体代表及各界知名人士等百余人莅临现场见证这一重要时刻。

25日 第22届全国图书交易博览会第二次新闻发布会在银川召开。本届书博会确认展位2130个，将展出各类出版物30多万种，其中新书和重点图书占60%以上。书博会期间，组委会将组织开展各类主题活动120项。

27日 以“精彩阅读 书香北京”为主题的第十届北京国际图书节落下帷幕。图书节10天时间内，地坛公园及分会场共接待读者80万人次，实现销售突破3200万元。

27日 中国包装联合会、世界包装组织亚洲包装中心建设领导小组在北京召开《世界包装产业中心建设“十二五”规划》实施方案汇报（论证）会。

28日 西藏历史上首个传媒集团——西藏传媒集团有限公司在拉萨揭牌成立。该集团是西藏日报社整合优质经营资源组建的现代化文化传媒企业，下设广告传媒公司、物流发行公司、网络科技公司和文化旅游公司。

6月

1日　在第22届全国图书交易博览会上，由上海市新闻出版局主办的“2012沪版秋季教科书柔版绿色印刷签约仪式”隆重举行。新闻出版总署副署长阎晓宏出席活动并讲话。宁夏回族自治区党委常委、自治区政府副主席刘慧一同出席。

6日　西安国家数字出版基地、西安国家印刷包装产业基地揭牌仪式在西安举行。新闻出版总署署长柳斌杰，陕西省省长赵正永一同为基地揭牌，陕西省委常委、副省长、省委宣传部部长景俊海主持揭牌仪式，副省长郑小明致辞。

8日　全国印刷标准化技术委员会在深圳职业技术学院召开全国印刷标准化技术委员会书刊、网版、包装印刷分技术委员会成立大会。新闻出版总署、国家标准化管理委员会、中国印刷技术协会、广东省新闻出版局、深圳市新闻出版局的领导，3个分技术委员会的委员，广东、深圳、香港特区、澳门特区、以及珠三角地区各级行业协会、商会、学会等组织和企业的特邀嘉宾和深圳职业技术学院的师生近500人参加大会。

14日　2012年全国图书质量专项检查工作座谈会在江西南昌召开。会议通报了2012年图书质量专项检查及“出版物质量规范年”活动第一阶段工作的开展情况，并对下一阶段工作作出部署。

16日　“新东方油墨2012年潮汕区域高新环保产品推介会”在汕头市潮安县“声乐大酒店”顺利召开。此次会议汇聚了潮汕区域近80多家软包装终端客户企业，共计150人莅临现场。

16日　中国印刷与设备器材协会印刷机械分会下属印刷机械与控制专家委员会年会暨德鲁巴归来技术研讨会在浙江温州隆重召开。来自全国各地的百余位印刷机械与控制专家委员会会员单位参加了会议。

16日　由中国包装创意基地、昆山技术经济开发区、上海工程技术大学艺术设计学院共同举办的“中国包装印刷产业创新发展品牌研讨会”在上海工程技术大学图文信息中心学术报告厅举行。

25日　文化部财务司司长赵雯在文化部召开的“十七大以来文化建设成就系列——文化财政投入及文化设施建设情况新闻发布会”上表示，全国文化事业费近五年来保持年均20%的增长速度，2011年全国人均文化事业费达29.14元。

25日　全球环境基金“中国制浆造纸行业二恶英减排项目”在南宁启动，这标志着我国制浆造纸行业二恶英和其他污染物减排以及达标排放具体实施工作将全面展开。

26日　备受瞩目的“2011年印刷行业十大评选”颁奖典礼在北京钓鱼台国宾馆举行。此次盛典汇聚了印刷行业、印刷制造行业的精英，富士胶片（中国）投资有限公司受邀参加典礼，作为行业的领航者，富士胶片荣膺本届十大评选中“十大国际品牌”桂冠，富士胶片（中国）投资有限公司印刷产品事业本部总经理山田周一郎荣获“十大领军人物”称号。

26日　由慧聪网主办、慧聪印刷网承办，乐凯华光印刷科技有限公司冠名，江苏威司顿印刷科技有限公司特别赞助的“乐凯华光杯2011年度印刷行业十大评选”颁奖盛典在北京·钓鱼台国宾馆芳菲苑厅隆重举行。

27日　陕西省委常委、副省长、省委宣传部部长景俊海在陕西出版集团调研。他指出，在全面建设西部强省的重要时期，陕西出版集团要抓住机遇、整合资源、发挥优势、做强做大，为陕西省文化大发展大繁荣再立新功。

27日　富士施乐邀请多家媒体参观其位于苏州工业园区的环保工厂——富士施乐爱科制造（苏州）有限公司。该工厂于2006年底成立，是专门针对中国市场废旧产品再资源化利用而设立的环保工厂，也是富士施乐在日本、泰国后设立的第三家服务资源循环体系的工厂。作为富士施乐在中国进行资源整合的重要环节，通过回收富士施乐在中国的废旧设备对其进行再资源化处理，实现可持续发展和企业“零废弃”、“零污染”和“零非法丢弃”的目标。

28日　由广东省印刷包装行业商会以及德国多特蒙德展览集团为主办单位，广州会亿展览有限公司为协办单位的第12届深圳国际印刷包装、网印、喷印及特种纸展览会在深圳会展中心隆重拉开帷幕，这成为了特区丝印的第一展。

7月

2日　新闻出版总署与中国联通集团公司在北京签署《推进数字出版产业发展战略合作备忘录》。新闻出版总署署长柳斌杰、中国联通集团公司董事长常小兵代表双方在备忘录上签字。新闻出版总署副署长孙寿山、中国联通集团公司总经理陆益民分别在签约仪式上致辞。

3日　新闻出版总署与中国进出口银行在北京签署《关于扶持培育新闻出版业走出去重点企业、重点项目的合作协议》。新闻出版总署署长柳斌杰、中国进出口银行行长李若谷代表双方在协议上签字。

3日 由韬奋基金会联合中国新闻出版研究院、中国新闻出版报共同举办的“首届韬奋出版人才高端论坛”启动仪式在北京举行。启动仪式由中国新闻出版报社长姜军主持。新闻出版总署副署长孙寿山、韬奋基金会理事长聂震宁等出席启动仪式并发表讲话。

5日 广东省政府在广州召开2012年全省污染减排工作会议，总结2011年广东省污染减排工作，深入分析当前形势和任务，研究部署“十二五”时期工作。广东省委副书记、省长朱小丹，国家环保部华南督查中心主任刘长根出席会议并作重要讲话。

6日 新闻出版总署副署长阎晓宏来到北京印刷学院所属的北京绿色印刷包装产业技术研究院进行专题调研。

9日 由新闻出版总署、人力资源和社会保障部主办，中国印刷技术协会、中国报业协会、中国就业培训技术指导中心承办的第三届全国印刷行业职业技能大赛暨第42届世界技能大赛的选拔赛启动仪式在上海出版印刷高等专科学校召开。

10日 世界500强企业惠普公司与四川省内江市人民政府在成都正式签约，将在内江共同创建IT软件人才能力基地。这是惠普在中国大陆建立的第一家软件人才能力基地。

11日—14日 上海国际印刷周展会在上海新国际博览中心隆重举行，理光作为全球领先的数字办公解决方案和文档管理服务提供商，同时也是数码印刷领域的领军品牌，携旗下最新推出的彩色生产型数码印刷系统——Pro C751以及黑白生产型数码印刷系统——Pro 1357EX，并搭载专业的方型书脊小册子装订系统——BK5010e盛大出展。

11日 “2012上海国际印刷周”开幕式在上海新国际博览中心举行，第六届上海印刷大奖也于此间揭晓。

11日 贵州省重点文化产业建设项目、贵州日报报业集团印务传媒研发基地二期——媒体研发部分在贵阳市乌当区开工建设。

14日 上海国际印刷周落下帷幕，本届印刷周上，高端标准光源专业制造商美国GTI（Graphic Technology，inc）中国总代理上海泛彩图像设备邮箱公司与EPSON和GMG合作，展出了两款专业光源GTI CVX-1及GTI PDV-2e/D。

19日—20日 为期两天的2012中国数字出版年会在北京举行，新闻出版总署副署长孙寿山出席开幕式并发表主旨报告。报告指出，2011年是国内数字出版自诞生以来，发展机遇最好的一年，在内容、平台、渠道、技术、终端五大产业链的共同努力下，数字出版营业收入达到1377.88亿元，比2010年增长了31%，已占到当年新闻出版营业收入1.46万亿元的近10%，位居行业第三，步入了稳步发展的轨道，向“十二五”期末数字出版总产出达到新闻出版业总产出25%的目标，迈出了更为坚实的步伐。

23日 上海市人大常委会第三十五次会议成功召开，会议首次审议了《上海市商品包装物减量若干规定（草案）》，剑锋直指过度包装的食品，意于逆转豪华包装的歪风。这是上海首次用地方性法规的形式限制过度包装的一种开放性尝试。

23日 全球领先的商务解决方案服务商，柯尼卡美能达办公系统（中国）有限公司宣布，其官方微博——“柯尼卡美能达办公系统”正式落户新浪，这标志着网友可以实时地通过该平台领略柯尼卡美能达所带来的别样创意办公生活，获取更多的办公文档解决方案，参与更多的互动交流与活动。

24日 上海中华印刷有限公司成立100周年纪念大会在上海锦江小礼堂举行。中共中央政治局委员、上海市委书记俞正声发来贺信。新闻出版总署副署长孙寿山，上海市委常委、宣传部部长杨振武出席纪念大会并发表讲话。

26日 英国工程集团兰利控股有限公司在2012年2月份收购德国印刷机制造商曼罗兰平张印刷部门后，公布了其截至2012年6月30日的上半年业绩。半年的经营利润为3780万欧元，与2011年同期（2011年同期为3130万欧元）相比增长了近25%，收入为2.382亿欧元（2011年同期为2.358亿欧元）。6个月的税前利润为3930万欧元（2011年同期为3250万欧元）。

26日—27日 由海德堡中国有限公司和沈阳东润文化产业有限公司共同举办的名为“流光溢彩，润泽东方”的包装及UV印刷演示会在沈阳隆重举办，适逢沈阳东润文化产业有限公司成立6周年，并成功安装投产海德堡速霸CD102五色UV胶印机。

8月

2日 安徽省非时政类报刊出版单位体制改革工作联席（扩大）会议在合肥召开。安徽省委常委、宣传部长曹征海，副省长谢广祥出席会议并讲话。

2日 由乐凯华光科技有限公司承担的“‘863’计划基于纳米材料的新一代制版技术重点项目——纳微米结构超亲水版材的规模化制备研究”课题通过了科技部高技术研究发展中心组织的技术验收。

5日 国家语言文字工作委员会“十二五”科研规划委托项目“汉字古

籍印刷通用字字形标准研制”开题会在北京师范大学召开。

6日 江苏扬州广陵古籍刻印社和北京汉仪科印信息技术有限公司正式签约，共同建立国内首部“雕版字库”。首部“雕版字库”的母本，是1705年由曹寅创办的“扬州诗局”奉旨校刻的康熙版《全唐诗》。

8日 山东晨鸣纸业集团股份有限公司发布公告表示，为集中资源做好优势产品，决定出售该公司持有的齐河晨鸣100%股权。与此同时，斥资8077万美元收购列于SAPPI、国际金融公司（美国）和茂林制纸三家公司名下，共持有江西晨鸣49%股权。

9日—10日 2012年全国科技与数字出版管理工作会在湖南长沙召开，这是2008年新闻出版总署设立科技与数字出版专职机构以来召开的首次年度管理工作会议。新闻出版总署有关部门及各地新闻出版管理部门负责人等70余人参加了会议。

10日—12日 北京嘉和顶新科贸有限公司携RYOBI（利优比）胶印机524GX和顶佳数字印刷及印后产品亮相2012中国（郑州）印刷包装产品博览会，为郑州客户展示从印前、印刷到印后的完整解决方案。

10日—12日 第三届国际纸品胶片薄膜加工印刷技术、设备及材料博览会（ICE Asia 2012）在上海世贸商城隆重举行，ELTEX奥电胜公司的多项创新智能解决方案将出击此次展会，其创新解决方案会成为2012年ICE展会的亮点。

13日 台儿庄国家版权贸易基地揭牌仪式在台儿庄古城举行。这标志着台儿庄古城成为国内第四个、山东省唯一的综合性版权交易服务平台。

14日 在2012上海书展暨“书香上海”上海周开幕之际，上海市和河北省新闻出版合作发展备忘录签署仪式在衡山宾馆举行。河北省委常委、宣传部长艾文礼，上海市委常委、宣传部长杨振武出席签约仪式并见证签约。上海市委宣传部副部长朱咏雷主持仪式。

17日 在广州“2012南国书香节暨羊城书展”的湖北主宾馆开馆仪式上，长江出版传媒股份有限公司与南方出版传媒股份有限公司正式签订战略合作协议，长江出版传媒董事长孙永平、南方出版传媒董事长王桂科分别代表双方签署合作协议。

18日 人民日报社中闻印务投资集团有限公司在集团下属山东印务有限公司为印刷高新技术联合研发中心与技术培训中心举行了隆重的揭牌成立仪式。人民日报社山东分社社长徐锦庚、中闻集团总裁王长征、中国印刷科学技术研究所所长陈彦等领导出席了庆祝活动。

28日 由中国印刷技术协会携手中国印刷杂志社主办，山东斯道拉恩索华泰纸业有限公司、天津东洋油墨有限公司及北京盛通印刷股份有限公司联合协办的《中国印刷年鉴》·绿色出版行动”新闻发布会在北京召开。行业内领导、印刷及相关企业代表和有关媒体记者50余人出席会议。会议由中国印刷技术协会副秘书长兼中国印刷杂志社社长陈迎新主持。

29日 由香港出版总会与香港印刷业商会合办的第19届北京国际图书博览会香港馆暨“腾飞创意”揭幕仪式在中国国际展览中心举行。新闻出版总署副署长阎晓宏出席并讲话。

9月

4日 新疆维吾尔自治区伊犁哈萨克自治州奎屯市独山子经济技术开发区在乌鲁木齐国际会展中心举行年产5万吨木浆及生活用纸生产及仓储项目签约仪式。奎屯市委副书记、奎屯—独山子经济技术开发区管委会主任姜新军出席并签订了协议。

5日 苏州古籍书店的老字号“文学山房”时隔半个多世纪后在古城区钮家巷宣告“复活”。此前，拥有113年历史、以经营古旧书而享誉海内外的“文学山房”，牌子已被搁置半个多世纪。“文学山房”第三代传人、著名古籍版本学家江澄波介绍，“文学山房”的历史可以一直追溯到清朝光绪二十五年（1899年）。

5日 新闻出版总署质检中心和北京印刷学院在新闻出版总署二楼多功能厅签署战略合作协议，就双方共建“新闻出版总署质检中心绿色印刷检测实验室”达成共识，并由新闻出版总署副署长阎晓宏、北京市人民政府副秘书长戴卫主礼共同为绿色印刷检测实验室揭牌。

6日 “弘扬主旋律 喜迎十八大”北京市千场优秀出版物展节活动启动仪式在北京图书大厦举行。新闻出版总署副署长阎晓宏，北京市委常委、宣传部长、副市长鲁炜出席启动仪式。

7日 由全国古籍整理出版规划领导小组办公室举办的第十一期全国古籍整理出版编辑培训班拉开序幕，来自全国各地26家出版社的49名编辑人员参加了初级班的培训。

11日 “中国雕版印刷展”在宁波博物馆开展，展览是由宁波博物馆与扬州博物馆联合举办的精品大展，共展出图版50块，展品105件组，同时有5位雕版印刷传承人现场演示雕版印刷技艺。

11日 全国印刷标准化技术委员会和中国印刷及设备器材工业协会标签印刷分会在北京首农香山会议中心召开新闻出版行业标准《印刷技术 不干胶标签质量要求及检验方法》起草组第三次工作会议，10多家企业的20

多位专家和技术人员参加了会议。

18日 德国高宝公司单张纸胶印机技术交流会暨现场演示会在华文包装有限公司隆重举行。德国高宝单张纸胶印机销售总经理王联彪、高宝单张纸胶印机湖北区销售经理宫毓高、湖北华文包装有限公司副总经理瞿勇以及湖北地区近100名印刷企业同仁出席了此次活动。

20日 深圳市包装行业协会第八届六次常务理事会在深圳市美盈森环保科技股份有限公司（东莞新厂区）会议室召开。深圳市包装行业协会荣誉会长胡少南、李秋光以及协会常务理事以上单位和部分会员代表50多人参加了会议。会议由秘书长罗少敏主持。

25日 全军印刷协会第七次会员代表大会在天津召开。来自全军各总部、军兵种、军区及院校等印刷企业会员单位及特邀嘉宾等100多人出席大会。

26日 由天津印刷技术协会主办，北京印刷协会协办的华北、东北八省市区印刷行业论坛在天津举行。新闻出版总署印刷复制发行管理司副司长曹宏遂，中国印刷技术协会理事长于永湛、常务副理事长张双儒等领导到会，来自北京、天津、河北、山西、内蒙古、辽宁、吉林、黑龙江的印刷协会和印刷企业人士200余人出席了此次论坛。

26日 由新闻出版总署和天津市人民政府共同主办的首届中国国际新闻出版技术装备博览会在天津开幕。此次展览会中，北京北大方正电子有限公司携自主研发的数字喷墨印刷技术和方正字库参展，展现了近年来在出版印刷领域的最新发展成果。

26日—28日 首届中国国际新闻出版装备博览会在天津梅江国际会展中心圆满闭幕。博览会由新闻出版总署和天津市人民政府共同发起主办，以“新媒体、新技术、新平台”为主题，全力打造天津地区最具权威的大型专业博览会。

27日—28日 第42届世界技能大赛印刷媒体技术项目中国区10进5淘汰赛在海德堡深圳印刷媒体技术中心举行。本次淘汰赛共有来自全国四所印刷专业院校的10名选手参赛，竞赛方式为实际技能操作，比赛时间共计20个小时。最终选拔分为平时成绩（占考核总分30%）和实操考核（占考核总分70%）两部分，根据成绩选拔出了五名优胜选手进入第二阶段集训。

10月

1日 EFI公司宣布收购网络印刷和跨媒体软件开发企业——Online Print Solutions（英文缩写OPS），EFI将借此举进军网络印刷（web-to-print，英文缩写W2P）和欧洲市场。

1日—4日 瓦楞纸相关商品的世界最大展示会——2012国际超级瓦楞展览会（SUPER CORREXPO 2012）在美国亚特兰大举行，出展公司多达300家。包括美国在内，再加上来自欧洲、中东、亚洲的来宾共有数千人以及业界相关人员参加了展示会。

7日 第63届美国印刷大奖颁奖典礼在芝加哥落下帷幕。雅昌企业（集团）有限公司荣获8项有着印刷界“奥斯卡”之誉的班尼金奖、11项优异奖、8项优秀奖，总计27个奖项，再次成为全球荣获金奖数最多的企业。

8日 中国日报香港版在香港会议展览中心举办酒会庆祝在港创刊15周年。香港特别行政区行政长官梁振英、中央政府驻港联络办副主任李刚、外交部驻港特派员公署副特派员姜瑜、全国人大常委会委员范徐丽泰及400名嘉宾出席了当天的酒会。

9日 第64届法兰克福书展于法国当地时间举行了开幕仪式。本届书展的主宾国是新西兰，德国外长韦斯特维勒（GuidoWesterwelle）及新西兰副总理兼财长英格利希（HonBillEnglish）出席了典礼。

10日 2012首届全国印刷机械经销商联谊会在温州市瑶溪王朝大酒店成功召开。本次活动由浙江华岳包装机械有限公司、瑞安市华威印刷机械有限公司、浙江劲豹机械有限公司等7家温州大型印机制造商联合主办。

12日 富士胶片株式会社设计的新一代印刷综合工作流程系统“FUJIFILM WORKFLOW XMF”荣获日本国内关注度和评价极高的“Good Design Award 2012”（2012年日本优良设计大奖）奖项。

15日 由亚洲制造业协会组织召开的中国3D打印技术研讨会在北京国际饭店举行，与会专家学者和企业家分别就“3D打印技术的现状与前景展望”、“3D打印技术与传统制造业结合”、“我国3D打印技术与国际差距”、“3D打印技术的技术障碍和应用”等议题展开深入研讨。

16日—18日 由海德堡中国有限公司北京代表处举办的“2012年海德堡印刷技术研讨会”巡展活动走进西南，分别在重庆和成都顺利举办，吸引了近200余名来自两地印刷生产一线的机长及技术中坚力量前来交流，现场答疑环节互动热烈。

17日 由中国印刷及设备器材工业协会、中国印刷科学技术研究所共同主办的2012中国国际标签技术展览会（Label China 2012）在上海世博主题馆盛大开幕。印工协高级顾问暨标签印刷分会名誉理事长谭俊峤作为开幕式的主持。

17日 佳能（中国）有限公司发

布两款A3+幅面的专业喷墨照片打印机——EOS影像级颜料墨水专业打印机PRO-10和EOS影像级染料墨水专业打印机PRO-100。PRO-10墨水颜色多达10种，照片色阶表现更为丰富，暗调色彩表现更加出众；PRO-100则以8色染料墨水为用户提供光鲜亮丽的色彩输出。

17日—19日 2012中国国际标签技术展在上海世博展览馆举行，上海紫光机械有限公司携带公司自主研发的YR420WZ卷筒纸柔版印刷机亮相此次标签展。

18日 北京印刷学院第七届校地企合作周在校内综合楼会议厅开幕。本届校地企合作周以"协同创新，共促发展"为主题，其间安排了科技项目合作推介会、2012北京绿色印刷包装产业技术论坛、2012中国印刷与包装学术会议、ICC色彩管理技术研讨会、中国环境科学学会绿色包装专业委员会年会、校企签约、学术报告、设计大赛评审和专场招聘会等内容。

18日 2012"太阳杯"亚洲标签大奖颁奖盛典在上海扬子江万丽大酒店隆重举行。颁奖晚宴评选出5个雏鹰奖、3个绿色标签大奖和1个评委推荐奖、29个应用类金银铜奖、6个最佳印刷奖和11个评委推荐奖以及3个全场大奖、2个国际参与奖。

19日 由北京印刷学院、中国印刷科学技术研究所、德国斯图加特媒体大学联合主办的"2012北京绿色印刷包装产业技术论坛"在北京印刷学院校综合楼会议厅召开。

19日 全军印协组织北京国工印刷厂、解放军报印刷厂等10家印刷企业赴江苏昌升集团股份有限公司参观交流。参观团先后参观了胶印机的生产制造流程；观摩了CSS102-4大对开双面四色、CSS1040B1大对开双面现场的印刷演示；观看了昌昇的企业介绍片，并与昌昇领导班子展开交流座谈。

20日 位于北京市怀柔区雁栖经济开发区的北京纳米材料绿色打印印刷技术产业化基地正式竣工投入使用，该基地作为中国科学院与北京市政府共同建立的怀柔科教产业园的首批项目率先入驻科教园。

22日 全国印刷标准化技术委员会在深圳职业技术学院召开两项数字印刷标准起草组成立会议，正式组建《数字印刷纸张印刷适性及检验方法》（编号为20080324-T-421）和《数字印刷油墨要求及检验方法》（编号为20080323-T-421）两项国家标准的起草组。

26日 德国奥芬巴赫——曼罗兰平张印刷系统有限公司和VIP系统集团签订协议，双方将在销售和服务上加强合作，共同为俄罗斯市场提供最佳的印刷技术支持。曼罗兰的胶印机可以全面满足商业和包装产品的广泛印刷要求。合作双方将整合其市场活动，为客户提供完整的解决方案，满足他们对印刷的最高要求，并努力提供最优质的售后支持。

29日 全球陶瓷数码印刷技术领先者英国赛尔公司宣布，总部位于台湾新竹的"中国制釉股份有限公司"正式成为赛尔在亚洲针对陶瓷行业的首个印墨合作伙伴。赛尔现正在与中国制釉紧密合作，优化适用于Xaar 1001喷印头的数码陶瓷印墨的性能。

31日 爱色丽公司推出一款全新产品——爱色丽eXact系列分光光度计，该产品将在世界范围内推广应用，可以帮助品牌经理、印前媒体、油墨供应商、印刷商和加工服务商等实现更迅速和简单的色彩管理，同时可以有效解决全世界范围都面对的多种多样承印物和介质表面的颜色测量及匹配问题。

11月

1日 湖北省新闻出版局邀请北京专家、武汉大学教授在湖北省内开展"绿色印刷"专题培训。湖北省内四家已取得绿色印刷认证资质的企业与同行企业进行交流。

2日 新闻出版总署部分领导到安徽考察国家数字出版基地合肥园区建设情况。合肥欲打造数字出版产业规模居国内前列的一流园区。预计至2015年，园区主体部分将建设完成。

2日 全国印刷标准化技术委员会（SAC/TC170）在北京召开《数字印刷系统及使用要求及检验方法》国家标准起草组成立会议。来自杭州日报盛元印务有限公司、杭州电子科技大学、富士施乐（中国）有限公司、北京时美时代科技发展有限公司、北京盛通印刷股份有限公司、北京北大方正电子有限公司、深圳劲嘉彩印集团股份有限公司、北京东港安全印刷有限公司、理光软件研究所（北京）有限公司、永发印务（东莞）有限公司的十余位专家及技术人员参加会议。

5日 "2011年度科技奖获奖名单"公布，深圳报业集团自主研制的"无线群控机器人自动输送新闻纸系统"获得"深圳市科技进步奖"。

6日 新闻出版总署和交通银行在北京签署了《支持新闻出版业发展战略合作协议》。新闻出版总署署长柳斌杰和交通银行董事长胡怀邦出席签约仪式。根据协议，交行将在未来3年内为我国新闻出版产业的发展提供500亿元的意向性融资支持。

6日 新闻出版总署副署长孙寿山一行考察了山东省（青岛）数字出版基地、海尔集团、青岛出版集团，对青岛市数字出版产业进行了深入调研。山东省新闻出版局副局长郭爱玲，青岛市副市长栾新等人陪同考察。

6日 由全国工商联纸业商会主办的第五届中国纸业发展大会在北京索菲特大饭店圆满落下帷幕。本届中国纸业发展大会同时也是全国工商联纸业商会第三次会员大会，会上选举华泰集团董事长李建华为全国工商联纸业商会新一任会长，新加坡金鹰集团主席陈江和当选全国工商联纸业商会名誉会长。

13日 第23届全国图书交易博览会在北京举行的新闻发布会上宣布，第23届书博会将于2013年4月在海南省海口市举办。发布会上，组委会还公布了本届书博会的主题语、会标以及宣传画，同时宣布第23届书博会官方网站正式开通。

13日 福建省数字出版工作座谈会暨项目合作洽谈会在福州举行。据了解，福建省新闻出版局正积极推动海峡国家数字出版基地的申报。

15日 “北京数字化制造产业技术创新联盟揭牌仪式”在首都大酒店举行。中共北京市委常委陈刚、中共北京市委副秘书长傅华、市科委主任闫傲霜、市科委副主任郑焕敏及联盟理事长、副理事长和会员单位代表出席了会议。

16日 柳州市新闻出版局、柳州市印刷业协会举办印刷业发展研讨暨设备演示会，邀请国内多位知名印刷设备企业的专家共同交流、研讨。通过这次研讨会搭建的交流平台，部分本地印刷企业与来柳知名企业达成了初步合作意向。

19日—22日 国际包装展览会在法国巴黎如期举行，为全球包装行业提供了一个很好的信息交流平台，来自全球各地的包装企业代表一起探讨了包装行业的思想整合与创新。探讨内容包含所有的包装产业链过程，包括从原材料到成品以及相关设备及服务。

19日 石狮市包装印刷行业协会举行成立15周年暨第五届理事会就职庆典大会。会上总结了上一届理事会工作，并选举新一届理事会成员。中国包装联合会副会长杨伟民、常务副秘书长王利，福建省经贸委副主任胡渡南，福建省包装技术协会理事长郑礼阔，台湾印刷机器材料同业公会理事长陈金茵，石狮市领导参加会议。许清源再次当选为协会新一届会长。

21日 富士施乐在北京、上海、广州、深圳、成都等12个城市启动2012文件解决方案体验月活动。该活动以“智印精彩 驭驾无限”为主题，全面系统地展示富士施乐智能、彩色、高效、低碳、低成本的文件管理解决方案。

21日 第14届中国国际高新科技成果交易会在深圳会展中心圆满落幕。在本届高交会上，成都新图新材料股份有限公司自主研发的FiteCO免处理版材，获得“第14届中国国际高新科技成果交易会优秀产品奖”，也是印刷行业唯一获奖产品。

21日 苍南县印刷材料商会成立暨第一届第一次会员大会在龙港诚大饭店隆重召开。苍南县有关部门负责人以及商会会员共500多人参加会议，会议由苍南县工商联党组成员、副主席温怀晓主持。苍南县委统战部副部长、县工商联党组书记赵家沈到场祝贺。

22日 第三届数码印刷峰会在香港九龙举行，本次会议由香港数码印刷协会举办，旨在通过印企之间相互沟通、为更多印刷企业提供一次深层次的学习机会，通过相互学习成功案例，达到共赢的目的。

23日 由新闻出版总署、人力资源和社会保障部主办，中国印刷技术协会、中国就业培训技术指导中心、中国报业协会承办的第三届全国印刷行业职业技能大赛暨第42届世界技能大赛选拔赛总结表彰大会在北京举行。新闻出版总署副署长孙寿山出席会议并讲话。

26日 中国印刷技术协会凹版印刷分会2012“绿色印刷包装技术交流会”在宁波举行。会议由中国印刷科学技术研究所副所长、凹印分会副理事长褚庭亮主持。北京印刷学院副院长、中国印协凹印分会理事长许文才做了中国印刷技术协会凹版印刷分会二届四次理事会工作报告。

26日—27日 GB/T 17934.6-201X《印刷技术 网目调分色片、样张和印刷成品的加工过程控制 第六部分：柔性版印刷》起草组第四次工作会议在上海召开。

12月

1日 上海新闻出版职业技术学校举办建校50周年庆典。新闻出版总署人事司司长余昌祥、上海市新闻出版局局长方世忠、上海市新闻出版局巡视员李新立、上海市教育委员会副主任印杰、学校历任校长、上海印刷出版行业各企业领导、离退休教师、历届校友和全国部分兄弟学校校长等400多人受邀出席了庆典。

4日 2012年全国包装研发中心工作会议在深圳力嘉创意文化产业园隆重召开。会议期间，代表们参观了力嘉创意印刷文化产业园——中国包装印刷（文化创意）产业研发中心（深圳），观摩了研发中心在印刷数字化工艺、创意设计、防伪技术和绿色印刷等方面的研发成果。

5日 环保部网站发布公告，批准HJ2530-2012《环境标志产品技术要求印刷第二部分：商业票据印刷》

为国家环境保护标准。公告显示，该标准2012年11月16日获批，2013年2月1日起实施。这是我国继《环境标志产品技术要求印刷第一部分：平版印刷》后批准的第二个绿色印刷标准。

6日　第一届中国国际废纸回收利用大会在北京举行。会议围绕我国废纸回收利用行业面临的分布散、规模小、标准不一等问题进行了讨论，目的是探寻未来中国废纸行业发展之路。国际回收局（BIR）纸张分会主席RanjitBaxi以及来自美国、欧洲、日本等20多个国家和地区的环保行业协会和废纸回收利用企业代表出席了本次会议。

6日—7日　新闻出版总署质检中心江苏分中心和江西分中心分别在南京和南昌揭牌。另有5个分中心正在紧锣密鼓筹建中，2013年将陆续挂牌。一个覆盖全国主要地区的出版产品质检工作网络正在紧密布局中。

7日　2012年北京印刷行业职业技能大赛总结表彰大会在北京举行。根据相关规定和竞赛实际成绩，北京市新闻出版局、北京印刷协会对在第三届全国印刷行业职业技能大赛、北京市第三届职业技能大赛印刷行业竞赛中取得优异成绩的71名选手给予表彰和奖励。

7日　由珠海印刷协会主办的主题为“求实创新，共谋发展——2012珠海印刷包装业未来发展论坛”在暨南大学珠海校区行政楼阶梯会议厅隆重举行。来自珠海市印刷行业的300多名企业主和企业精英，以及暨南大学电气信息学院包装系的师生相聚一堂，共同探索珠海市印刷业未来发展之路。

10日　第24届“香港印制大奖”颁奖典礼在中国香港举行。来自中国的雅昌闪耀全场，冠军数量和获奖总数均为第一，继美国印制大奖勇夺8项金奖成为全球第一之后，再次成为世界之最。

12日　“中国造纸装备制造基地”落户河南沁阳市，这是国内唯一获此殊荣的城市。授牌仪式上，中国轻工业联合会常务副会长兼中国造纸协会理事长钱桂敬郑重地将“中国造纸装备制造基地”匾牌颁发给沁阳市委副书记、市长魏新洪。这标志着作为河南8个重点产业集群之一，沁阳造纸装备制造得到了业内权威的高度认可。

12日　全国新闻出版信息化工作会议在北京召开。新闻出版总署署长柳斌杰出席会议并作了题为《以十八大精神为指导 努力推进新闻出版信息化》的报告，为下一步信息化工作开展指明了方向。新闻出版总署副署长孙寿山主持会议并作总结讲话。

18日　四川省印刷协会第六次会员代表大会在成都举行，170余位会员代表参加了会议。中国印刷技术协会副理事长兼秘书长曲德森，中国印刷工业及设备器材工业协会秘书长陆长安、副秘书长李琛专程从北京赶来出席会议并发表热情洋溢的讲话。

22日　全国印刷标准化技术委员会网版印刷分技术委员会在无锡市科虹标牌有限公司召开网版印刷分会成立以来的首个印刷标准起草组成立会议，正式组建《聚甲基丙烯酸甲酯（PMMA）镜面装饰印制类标牌面板的质量要求及检验方法》印刷行业标准起草组。

31日　美国老牌杂志《新闻周刊》推出纸质版的最后一期。从2013年起，全世界的读者再也看不到印刷的纸质《新闻周刊》了。这家拥有80年历史的权威杂志在从2013年开始只发行网络版，改名为《世界新闻周刊》，提供网上付费阅读。定位读者群为“渴望深入了解世界新闻的高度电子化的意见领袖”。

31日　上海文艺活动中心改扩建项目开工。改扩建后的上海文艺活动中心具有文学艺术陈列、展示、沙龙、论坛场所、艺术信息采集和发布等功能，不仅在空间上成为各领域文艺工作者的温馨和谐之家，更将在培养艺术人才、催生精品力作、丰富市民文化生活等广阔领域发挥作用。

2012年要闻回顾

综合信息

两项数字印刷国家标准起草组第一联席工作会议在北京召开

2012年1月5日—6日，全国印刷标准化技术委员会在北京瑞成大酒店召开《数字印刷品质量要求及检验方法》和《数字硬打样样张质量要求及检验方法》两项国家标准起草组第一次联席工作会议。来自东港安全印刷股份有限公司、浙江华人数码印刷有限公司、上海印刷（集团）有限公司、人民教育出版社、杭州电子科技大学新闻出版学院、上海烟草包装印刷有限公司、富士施乐实业发展（上海）有限公司、爱色丽（上海）色彩仪器商贸有限公司、北京圣彩虹制版印刷技术有限公司、北京北大方正电子有限公司、北京时美时代科技发展有限公司、理光软件研究所（北京）有限公司、北京东港安全印刷有限公司、北京东港嘉华信息技术有限公司的20多位专家和技术人员参加会议。会议对两个起草组的标准草案第一稿的框架、内容、技术细节等进行认真的探讨与研究，并就草案的修改提出大量具体的意见和建议。根据分工协助的原则，与会单位积极认领了一批相关的试验验证工作。会议确定两项数字印刷标准起草组草案第二稿在2012年3月底前完成。2012年4月在杭州电子科技大学新闻出版学院召开第二次联席工作会议。

东港安全印刷股份有限公司、北京东港安全印刷有限公司和北京东港嘉华信息技术有限公司承办会议。

新闻出版工作会议分组讨论跨越式发展成热议话题

2012年1月5日，全国新闻出版工作会议开展分组讨论。围绕学习李长春同志、刘云山同志在全国宣传部长会议上的重要讲话以及新闻出版总署署长柳斌杰在全国新闻出版工作会议上所作的报告，与会代表进行了热烈讨论。新闻出版总署副署长阎晓宏、孙寿山，中纪委驻总署纪检组组长宋明昌分别参加了分组讨论。

与会代表一致认为聆听讲话和报告后，进一步增强了自身责任感、使命感和紧迫感，纷纷表示要牢牢抓住机遇，唱响“好上加快”主旋律，推动新闻出版行业实现跨越式发展。

在各个小组讨论现场，有关进一步深化改革、实现跨越式发展、提高管理水平、加强公共文化服务等内容成为代表们最关心的话题，代表们讲经验、亮谋划，并对未来发展积极建言献策。

讨论中，与会代表纷纷表示，中央领导同志的重要讲话及柳斌杰署长的报告思想性强、站位高、操作性强，是贯彻六中全会精神、抓好2012年工作的根本指导方针，将组织相关系统部门认真学习，结合本地区实际情况进一步贯彻落实会议精神。

2011年天津市印刷业产值突破150亿元

2012年1月8日，天津市政协委员荣新海在天津市政协十二届六次会议上表示，2011年天津市印刷业产值突破150亿元，今后五年将力争产值翻一番。此外，中国国际新闻出版装备博览会将于2012年在天津举行，并永久落户津城，每年举行一届。此博览会的举行将为国家搭建起一个新闻出版行业新技术、新媒体、新设备的交易平台。

荣新海指出，天津市出版业将努力推出精品力作，特别是抓好精品书、刊，例如正在筹划的《魏碑全集》《民国史料》等。在做强传统出版业的同时，天津市也更加注重数字出版。刚刚建成的2011天津空港经济区国家数字出版基地，将为天津市数字出版业搭建起版权贸易、云计算出版中心、公共服务平台等现代化的载体平台。为让市民尽享文化发展成果，天津市在2012年将进一步完善农家书屋，大力发展连锁书吧，开展全民阅读活动。

2012年新闻出版改革发展项目库申报启动

2012年度新闻出版改革发展项目库申报工作正式启动，截止时间为2012年1月20日。与往年比，2012年度项目库申报工作最大的亮点是进一步明确了重点支持方向。《关于新闻出版改革发展项目库2012年度项目申报工作的通知》指出，2012年会优先安排已列入国家或地方经济社会发展规划、列入国家或地方新闻出版改革发展规划的重点项目。经过征求意见、专家咨询等环节，此轮项目库申报确定了包括服务社会主义核心价值体系建设，服务马克思主义中国化、时代化、大众化，服务教育、就业和改善民生等出版物的出版；出版传媒企业进行跨媒介、跨地区、跨部门、跨行业联合、兼并、重组及上市融资项目；现代出版物物流体系建设在内的12个重点支持方向。为提高入库项目质量，2012年度申报工作还进一步对项目申报数量作出要求，进一步规范了申报程序、格式等内容。

作为新闻出版总署落实重大项目带动战略的重要举措，新闻出版改革发展项目库于2009年启动建设，是国家宣传文化部门设立的第一个国家级项目库，在推动和引导新闻出版产业发展中发挥了重要作用，已列入国家文化产业发展专项资金的支持重点。下一步，新闻出版总署将逐步把项目库建设成为指导新闻出版工作、引导产业发展、落实国家支持新闻出版业发展各项政策的重要平台。

四川研发关键技术与新装置推动印刷绿色环保

由四川省相关企业承担的国家“十一五”科技支撑计划项目“环境友好型油墨、树脂及复合胶关键技术研究与产业化”，通过科技部验收。验收专家组认为，项目超额完成了计划任务书规定的指标，初步完成了产业化示范，是油墨、印刷等大宗化工产品应用领域推动绿色化、环保化有重大意义、有亮点的成果。

该项目研究开发了官能团单体均匀共聚、环氧树脂改性、树脂干燥与造粒等多个重大关键技术及新装置，开发了“低能耗、无三废排放”的新工艺，研制了以乙醇、水为溶剂的专用树脂，形成了低成本、高性能的环境友好型的油墨、树脂和复合胶三个系列产品。制定了产品企业标准4项，起草了行业标准3项、卫生标准草案2项。申请了专利30件，其中国际发明专利4件、国内发明专利14件；已获授权专利9件，其中发明专利2件；申请并授权计算机软件著作权4件；申请商标39件，授权21件；发表学术论文8篇。并建成年产7000吨的产业化示范基地。产品性能和环保指标完全符合国内外市场要求，被认定为“国家级重点新产品”。

贵州首个省级文化产业园开建

贵州省首个省级文化产业园签约项目——贵州出版集团公司数字出版物流基地项目签约仪式在清镇举行。该项目投资5亿元人民币,2012年3月动工，预计2014年建成。

该项目占地约500亩，建设面积约15万平方米。项目建成后可承接传统出版物、数字制版、数字印刷、动漫作品、高端商标包装的创意设计及仓储物流服务。贵州出版集团公司有关负责人表示，贵州出版数字印刷物流基地项目，将借助高新科技生产力突破传统生产工艺，实现产业升级，以创意设计、数字出版、动漫制作、数字制版、数字印刷为龙头，配合仓储、物流，实现产业聚合，形成一元为主多元发展的态势。

项目签约后将继续加大招商投资力度，推进园区建设，聚集行业优秀企业，尽快形成产能，建成优秀产业园。

亚洲首套数码按需印刷设备宁波启用

作为国家数字版权产业基地重要组成部分的江苏凤凰新华创意产业园项目在宁波正式启动。与此同时，亚洲第一套按需印刷（POD）数码全连线设备也正式启用，将承接江苏人民出版社、南京出版社、南京大学出版社等多家出版社的业务。

国家数字版权产业基地是新闻出版总署中国版权保护中心“十二五”重大项目，将建成以DCI（Digital Copyright Identifier，数字版权唯一标识符）体系为核心的数字版权公共服务新模式。2011年8月，凤凰新华创意产业园被确定为国家数字版权产业数字内容制作基地。该产业园以数字传播、数字内容生产、数字版权公共服务为核心，将打造国内数字版权高端要素资源与核心产业集聚区。

与传统印刷不同，POD数码印刷可日产图书3万册以上，大量减少版材和纸张损耗，并且可以实现个性化按需印刷。“相比传统图书印刷3000册以上才能开机起印相比，POD数码系统不受数量限制，一本也可以印。”凤凰数码印务相关负责人表示，采用POD出版社可以先确定市场需求量，再进行生产，以减少库存，甚至可实现“零库存”。此外，一些发行量很小、而又有较大学术价值或者保存价值的图书，如学术专著、地区性资料、各种行业调查报告等都会因此减轻出版难度。

湖北大力推进绿色印刷和数字化印刷

“湖北印刷界学习贯彻十七届六中全会精神暨印刷业改革发展座谈会”在湖北省新闻出版局举行。此次座谈会由湖北省人民政府研究室湖北省印刷学会共同主办。

湖北省新闻出版局局长张良成在会上发表讲话，讲话中指出，截至2010年，湖北省印刷业总产值已达到185亿元，已发展成为湖北省新闻出版产业中比重最大、产业链影响最为广泛的部分，成为全国重要的区域性印刷中心，从业人员已超过10万人，印刷业在今后的发展上是机遇与挑战并存，要以改革创新精神加快行业发展方式转变、实现快速健康发展。

张良成还强调，应大力推进湖北省绿色印刷和发展数字化印刷新业态。在“十二五”期末，印刷业要力争基本建立绿色印刷体系，中小学教材、食品和医疗包装实现绿色印刷。力争实现绿色印刷企业数量占到印刷企业总数的30%，数字印刷总产值的比重超过20%的目标。

会上，湖北省多家印刷企业负责人围绕行业发展现状、面临的新形势以及制约行业发展的因素等方面做了交流发言，并对如何做大做强湖北省印刷业的思路和举措提出了意见和建议。

电子书抢占市场书籍印刷重质量

电子信息技术的发展，使阅读方式产生了多元化的变化，越来越多的人开始选择电子阅读。随着无纸化阅读的普及，印刷业也受到了不小的冲击。

根据2012年调查统计，92%的人都对亚马逊网上书店感兴趣。相关人士表示：近两年，亚马逊网上书店的电子书销量已经超过了纸质书。2011年2月份，美国的电子书销售额高达9000万美元，同比增长202%，反超纸质书籍8120万美元的销售额。

有业内人士表示：电子书之所以能够将超过传统纸质书籍，最大的原因在于电子图书的价格比纸质书低，几元钱就能买到一本电子书，并且电子书更为低碳和环保。

环保俨然成为所有行业必须要考虑的问题，而电子书无疑是解决环境保护和传统书籍生产这一矛盾的最佳集合体。

集节省成本、低碳环保、方便快捷等诸多优点于一身，电子书在市场中可谓占尽了先机。

相关的业内人士表示：电子书的流行是一个很好的趋势，但是对于印刷业来讲则会造成不小的影响，未来书籍印刷业的重点在于书籍的质量，因为无法要求任何的数码格式具有完美的书籍质量。

音像电子出版物专用书号管理办法出台

新闻出版总署下发《〈中国标准录音制品编码〉国家标准实施办法》和《音像电子出版物专用书号管理办法》。两个《办法》已于2012年1月起实施。

中国标准音像制品编码（简称ISRC，即版号）自1993年使用以来，对规范音像出版活动起到了较大的促进作用。2010年2月中国修订实施了新版《中国标准录音制品编码国家标准》。《〈中国标准录音制品编码〉国家标准实施办法》规定，新版ISRC标准适用制品的范围包括录音制品和音乐录像制品。每个可独立使用的录音制品或音乐录像制品均须分配一个单独的中国标准录音制品编码。该编码只标识被编码对象，不能作为出版物标识。该《办法》还对ISRC编码的登记者、申领、分配、公告与查询、携载作出了规定。1992年《新闻出版总署关于实施〈中国标准音像制品编码〉的通知》中所附《中国标准音像制品编辑管理暂行办法》同时废止。

《音像电子出版物专用书号管理办法》中规定，全国所有正式出版、发行的音像制品或电子出版物，均应使用中国标准书号（ISBN）作为出版物标识。用于音像制品的，为音像制品专用书号；用于电子出版物的，为电子出版物专用书号。在音像制品、电子出版物载体或包装的显著位置须标识ISBN。中国标准音像制品编码或中国录音制品编码不再承担音像制品版号的功能。音像制品专用书号和电子出版物专用书号，其使用范围和分配原则，参照《中国标准书号》国家标准（GB/T57952006）和《中国标准书号使用手册》规定执行。该《办法》还对ISBN的申领和核发程序作出了规定。

国家出版基金项目年检工作开始实施

为加强国家出版基金管理，国家出版基金办公室于2012年2月7日发出通知，要求各省（自治区、直辖市）新闻出版局、各有关部委主管部门、各集团公司、各有关中央直属企业认真做好2012年国家出版基金项目年度检查和项验收工作。通知明确说明，自2013年开始，项目年度检查工作将于每年3月31日前完成。

通知希望各省（自治区、直辖市）新闻出版局要在对基金资助项目进行实地检查的基础上，认真填写《国家出版基金资助项目年检考核表》，并与《国家出版基金资助项目年度检查表（2012 年度）》等相关文件一并报送国家出版基金规划管理办公室。各中央主管部门所辖出版单位年度检查考核工作由国家出版基金规划管理办公室具体组织。

2012 年度年检考核内容包括项目进度、项目质量、经费管理 3 个方面，项目进度包括是否按期报送年检，是否按年度计划顺利实施，是否制定项目进度跟踪管理措施并切实执行等内容；项目质量包括是否制定项目质量跟踪管理措施，是否切实执行项目质量跟踪管理措施，阶段性成果是否与预期目标相符等内容；经费管理包括是否专门制定本项目资助经费使用管理办法，经费使用范围是否符合有关规定、标准是否明确、程序是否规范，是否纳入单位会计核算体系统一核算，经费使用是否单独设账、明细核算，会计凭证及相关资料是否保留完整，有关单据是否真实、合理、有效，是否专款专用，有无挪作他用及损失浪费等 6 个方面内容。每项考核内容都有分值标准，实行量化考核。

新闻出版总署召开表彰会　创新项目榜上有标

为总结工作、表彰先进，振奋精神营造出更加昂扬向上的精神氛围，新闻出版总署 2012 年 2 月 3 日召开了 2011 年度总结表彰大会，32 名个人、5 个部门、5 个工作创新项目受到表彰，7 名连续三年考核均为优秀的干部记三等功。新闻出版总署署长柳斌杰出席会议并发表重要讲话。

新闻出版总署副署长邬书林宣读了表彰决定，副署长孙寿山主持会议并对考核情况作了简要介绍，中纪委驻总署纪检组组长宋明昌通报了 2011 年度新闻出版总署受到中央及有关部委表彰的 34 个集体和个人名单。

会上，柳斌杰首先代表总署党组向获表彰集体和个人表示热烈祝贺，向为推动新闻出版改革发展付出艰辛努力的广大干部职工表示诚挚问候和崇高敬意。他表示，2011 年是“十二五”的开局之年，广大干部职工在党组的正确领导下，高举旗帜，围绕主题与主线，凝神聚力、攻坚克难，抢抓机遇、开拓创新，全面完成了党中央、国务院交付的各项任务，为建设新闻出版强国作出了新贡献，继续发挥了主阵地、排头兵、主力军、领跑者作用，受到了中央领导的充分肯定。

柳斌杰在会上同时指出，今后要继续深化干部人事制度改革，大力加强干部队伍建设，这是机关建设的基础；要大力加强执政能力建设，机关各级干部要真正成为领导文化建设的骨干力量，这是机关建设的关键环节；同时，要大力加强基本素质建设，这是机关建设的前提条件，只有高素质的干部才能造就高素质的机关，只有高素质的机关才能创造高质量的业绩。

新闻出版总署机关全体公务员，直属单位领导班子成员、人事处长和党办主任参加了会议。

上海推进非时政类报刊出版单位转企改制

中央文化体制改革和发展工作领导小组、新闻出版总署批复同意《上海非时政类报刊转企改制方案》。2012 年 2 月 6 日，上海第一批非时政类报刊出版单位转企改制工作推进会在上海图书馆举行。会议通报了上海第一批非时政类报刊转企改制方案，对首批非时政类报刊出版单位转企改制工作进行了动员和部署。

会议强调，推动上海非时政类报刊单位转企改制是落实中央部署、深入推进文化体制改革、转变报刊出版业发展方式的重要举措，也是优化上海报刊业结构、整合重组优势资源、释放和激活上海报刊业生产力和创造力、做大做强上海报刊业的迫切需求。要以高度的责任感和文化自觉，抓住改革带来的机遇，以改革促发展，围绕发展推进改革，充分用足政策、用好政策，提升上海报刊业发展能级和水平。要始终坚持正确的改革方向，始终确保正确的舆论导向，始终把社会效益放在首位，积极稳妥有序地推进这项改革工作，确保圆满完成各项改革任务。

上海第一批非时政类转企改制报刊共 106 种，涉及报刊出版单位 106 家，其中报纸出版单位 16 家，期刊出版单位 90 家。第一批转制报刊出版单位分三类情况：由事业单位转制的报刊出版单位 15 家，随出版社（集团）完成转企改制的报刊出版单位 79 家，需新闻出版总署确认作为出版企业的期刊单位 12 家。

会议还对有关非时政类报刊转企改制政策进行了解读。

军队承接国家出版基金项目全面展开

“十二五”国家重点出版项目暨国家出版基金项目《中国医学院士文库》《中国当代医学名家经典手术》编写工作会议，2012 年 2 月 7 日在北京召开，此次会议的召开标志着由军队承接的国家出版基金项目全面展开。全国人大常委会副委员长、项目编委会名誉主任委员韩启德出席会议并讲话。

《中国医学院士文库》全书分 100 个分册，旨在把国内医学院士的学术成就、学术思想及治学精神广泛传播、系统传承和长久留存，为医学科技队伍建设和人才培养提供深入研习的珍贵宝库。《中国当代医学名家经典手术》以手术视频为主，一期工程为500部手术视频，包括个别重要的临床技术操作。

由人民军医出版社组织实施的该项目，是军队系统首次承接的国家出版基金项目。国家卫生部、总后勤部卫生部领导，部分在京院士，中华医学会、中国医师协会相关专科分会的领导和专家等出席会议。

贵州省非时政类报刊出版体制改革会召开

2012年2月8日，贵州省非时政类报刊出版单位体制改革工作会在贵阳召开，贵州省委常委、省委宣传部部长谌贻琴指出，非时政类报刊出版单位体制改革是2012年新闻出版体制改革的一项主要任务，也是贵州省完成已定文化体制改革任务的收官之战。各有关部门和单位要充分认识深化非时政类报刊出版单位体制改革的重要性和紧迫性，切实把思想认识统一到中央和贵州省的决策部署上来，增强推进改革的责任感紧迫感，积极稳妥地推进改革。确保按时全面完成各项改革任务，以优异的成绩迎接党的十八大和贵州省委第十一次党代会的胜利召开。

贵州省副省长谢庆生就全省非时政类报刊出版单位转企改制相关工作作了安排部署，他要求全省各相关部门认真组织学习中央精神，按要求制定好各单位改制方案，明确分工、加强协同，切实落实好各项改革任务，努力按期完成工作目标。

会议传达了中央和贵州省深化非时政类报刊出版单位体制改革有关精神，贵州省科协、当代贵州期刊传媒集团、贵州都市报、旅游休闲报、晚晴杂志社负责人作交流发言。贵州省、市、州文改领导小组部分成员单位、非时政类报刊出版单位相关负责人出席会议，并参加了培训。

辽宁省2012年建造国家级数字出版基地

辽宁省新闻出版工作会议于2012年2月9日召开，会议部署了2012年辽宁省新闻出版的主要工作任务。

2012年，辽宁将大力拓展产业发展作为新的增长点，在积极争取新闻出版总署大力支持的前提下，按照“一个基地、多个园区”的方式组织建设辽宁国家级数字出版基地。

2012年辽宁还将继续推进文化惠民，力争用三年时间实现全省所有城市社区书屋全覆盖，每个社区书屋藏书不少于2000册，在全省城乡形成以农家书屋和社区书屋为支撑的出版物公共阅读体系；同时启动全省农村出版物发行网点建设，建立各种形式的出版物发行网点和代销点，方便农民群众就近购书，到“十二五”末，实现全省每个乡镇都有发行网点的目标。

此外，辽宁省将继续做强传统出版产业，提高产业聚集度。以新组建的辽宁北方报业传媒股份有限公司为平台，推进辽报集团所属报刊及中部城市群晚报资源整合，打造综合性大型国有报刊传媒集团，并率先成为采编和经营业务整体上市的报刊传媒企业。

新闻出版总署紧急开展中小学教辅材料专项检查

2012年2月13日，新闻出版总署发出《关于开展2012年春季中小学教辅材料出版发行专项检查的紧急通知》(以下简称《通知》)，要求切实规范中小学教辅材料出版发行管理，在2012年春季开学前后，组织一次中小学教辅材料出版发行工作专项检查。

《通知》指出，此次检查重点包括中小学教辅材料出版环节、印刷复制环节、发行环节以及中小学教辅材料的质量、价格和市场。

针对中小学教辅材料的质量，各省、自治区、直辖市新闻出版局要在2月至3月组织本地区2012年度春季中小学教辅材料质量专项检查，对本地市场上中小学教辅材料的内容质量、编校质量、印装质量进行专项检查，重点检查中小学教辅材料规格、开本、版式、装帧、校对等是否符合国家标准和规范要求。

《通知》要求，各省、区、市新闻出版局和各有关部门、单位要立即组织专项检查，明确本地区的检查重点、组织方式、责任人以及工作时间安排。对专项检查中发现的问题要立即进行整改，并追踪整改结果；对涉及违法、违规行为的要严格依法从重查处，该取消资质的坚决取消，该吊销许可证的坚决吊销。

对专项检查和整改情况，应于2012年3月底前以书面报告形式并经主要负责人签名后报送新闻出版总署。对检查工作不落实、整改工作不到位以及逾期未按要求报告情况的，主要负责人要到新闻出版总署说明原因。同时，要公布当地监督举报电话，加强舆论监督。

湖北咸宁建设国内最大高档包装纸生产基地

2012年2月18日，湖北咸宁市与德力西控股集团举办了德力林浆纸一体化项目签约仪式，该项目将成为国内最大高档包装纸生产基地。

咸宁市市长任振鹤代表市政府与胡成中签订《德力林浆纸一体化项目投资协议书》，咸宁市市委副书记、赤壁市委书记丁小强主持签约仪式。咸宁市委书记黄楚平、中国德力西控股集团董事局主席胡成中出席项目签约仪式并分别致辞，胡成中表示德力林浆纸一体化项目的成功签约，是咸宁和德力西集团谋求真诚合作、共谋发展的成功典范，已纳入湖北“十二五”发展规划。今后将进一步加深与咸宁的沟通交流，创新合作方式，拓展合作领域，携手开创美好未来。

德力林浆纸一体化项目落户赤壁沿江工业园区，由湖北德力西纸业有限公司投资承建，项目总投资约113亿元，占地面积约2300亩，将配套建设160万亩原料林基地。项目建成后，年产高档包装纸180万吨，预计年销售收入近100亿元，年利税约16亿元，增加就业岗位近3000个，带动地方经济约40亿元，将成为国内最大高档包装纸生产基地。计划开工建设的一期工程投资约45亿元，占地1200亩。

仪式上，陈建明还代表德力西控股集团与副市长镇方松签订了《德力林浆纸一体化项目原料林基地建设协议书》，与赤壁市政府主要领导签订了《关于落实咸宁市人民政府与中国德力西控股集团签订的〈德力林浆纸一体化项目投资协议书〉的补充协议》。

新闻出版总署启动2012年“3·15”出版产品质检活动

2012年3月13日，新闻出版总署2012年“3·15”出版产品质量监督检测活动在北京启动。这是新闻出版总署连续第六年在国际消费者权益日启动全国性出版产品质检活动，2012年质量监督检测的重点为教材教辅产品和食品包装装潢印刷品。新闻出版总署副署长阎晓宏、中共中央宣传部出版局副局长郭义强出席启动仪式并讲话。新闻出版总署印刷发行管理司司长王岩镔，中共中央宣传部出版局副局长郭义强，新闻出版总署质检中心主任齐相潼、新闻报刊司巡视员张泽青，以及来自全国各省、自治区、直辖市、新疆生产建设兵团、解放军新闻出版管理部门负责人和出版产品质检机构代表150余人出席会议。

2012年质检活动的检测范围具体包括：国家和省级九年制义务教育指定教材，与指定教材配套的音像电子出版产品和辅助用书，食品包装装潢印刷品。检测内容以检查产品的印装、复制和环保质量为主，出版产品兼顾内容、编校质量及出版形式规范。

检查方式的创新也是2012年质检活动的一个亮点。2012年质检活动采取各地常规检查和领导小组办公室“飞行检查”相结合的工作方式。所谓“飞行检查”，即随地确定检查对象、随机确定检查样品、随时安排检查时间、随即公布检查结果。其目的是通过现场随机抽查掌握真实准确的数据资料，向社会大众提供负责任的检测结果。

北京启动绿色印刷工程婴幼儿读物项目

北京市新闻出版局3月初发出通知，启动绿色印刷工程婴幼儿读物示范项目，并向出版单位征集出版选题，选题申报截止时间为2012年3月31日。首批100种入选出版物将由具有绿色印刷资质的企业印刷。

北京市局相关部门负责人表示，该项目旨在通过支持重点婴幼儿读物绿色印刷，促进婴幼儿出版物采用绿色印刷工艺，提升北京市婴幼儿读物的品质，并力争用3～5年时间实现北京市婴幼儿读物绿色印刷的普及。北京已有9家印刷企业通过绿色认证。

入选出版物和出版单位可获一系列政策支持：入选出版单位将获颁“北京市绿色印刷工程婴幼儿读物示范单位”证书，入选出版物将使用中国环境标志，并授权标注“北京市绿色印刷工程婴幼儿读物示范项目”字样；每种入选出版物可获不超过2万印张的印刷费用支持；北京市益民书屋工程将优先推荐采购入选出版物，北京市新闻出版局将与新华书店等发行企业合作设立绿色印刷专柜营销推广入选出版物，并将通过播放公益广告、参加大型书展等方式，宣传推介入选出版物和入选单位。

深圳市成为全国最大的印刷包装城市

从2012年3月1日召开的2012年深圳市新闻出版工作座谈会上获悉，2011年深圳市新闻出版和印刷业继续增长，印刷企业达到2100家，产值达346亿元，成为我国最大的印刷包装城市。

新闻出版业方面，深圳市共有公开发行的报纸14家、期刊38家、图书出版社2家、音像出版社4家、电子出版公司1家、互联网出版单位8家。2011年深圳市图书出版社年出版图书515种，总印数1085.6万册，比2010年增长近10%；全市杂志出版印数2453万册，同比增长8%。

印刷业方面，2011年新设立印刷企业200家，同比增长14%；印刷业总产值达346亿元，比2010年的336亿元增长3%。2011年“全国印刷百强企业”评选中，深圳有

21家企业榜上有名。深圳印刷业经过30多年发展，不仅在全国具有品牌效应，而且在世界也享有较高知名度。深圳的外向型印刷企业约有800多家，深圳印刷企业有一半的产品要销往海外，成为中国重要的印刷品出口基地。

2012年，深圳将继续培育新闻出版产业，实现发展方式转变，力争把深圳市的数字出版业打造为“文化＋科技”的示范行业。同时，印刷产业结构升级将抓紧进行，将努力打造具有“文化＋科技”的印刷行业特色，全方位推动印刷业在“十二五”期间向高新技术产业转型以及“标准化”工作。

西藏全力打造国家藏文出版基地

近期，西藏自治区党委宣传部副部长、自治区新闻出版局局长索林，自治区新闻出版局党组书记李雅君深入西藏人民出版社、西藏新华印刷厂，就组建西藏人民出版总社暨国家藏文出版基地、推动国有印刷企业改革发展进行调研座谈。

在与西藏人民出版社领导班子成员座谈时，索林、李雅君指出，要把组建西藏人民出版总社暨国家藏文出版基地作为2012年重点工作纳入重要议事日程，确保年内完成各项建设任务。抓紧做好国家藏文出版基地建设项目前期工作，科学编制可行性研究报告，力争2012年6月前开工建设。整合西藏人民出版社、西藏藏文古籍出版社、西藏音像出版社、雪域音像电子出版社等4家出版社资源，形成整体合力，产生集聚效益，提高藏文出版事业专业化、规模化、集约化发展水平。

在西藏新华印刷厂，索林、李雅君指出，在今后的工作中，要继续深化改革，推进技术改造，加强质量管理，努力把企业做大做强做优，切实巩固在印刷行业的龙头地位。发挥北京印刷学院西藏印刷技能人才培训基地的平台作用，加强实践锻炼和能力培养，努力造就一批熟练掌握生产技术的专业人才，造就一批懂经营善管理的复合型人才。

四项印后国家标准协调会议在北京召开

2012年3月28日，全国印刷标准化技术委员会（SAC/TC 170）在北京召开《印后加工一般要求》《印后加工材料的分类》《平装书籍要求》和《精装书籍要求》四项印后国家标准协调工作会议。四个标准的起草组和中华商务联合印刷（广东）有限公司、深圳市精密达机械有限公司、上海烟草包装印刷有限公司、深圳职业技术学院媒体与传播学院、深圳市裕同印刷股份有限公司、安徽新华印刷股份公司、北京印刷学院、汉高（中国）投资有限公司、山东临沂新华印刷物流集团、东莞市星宇高分子材料有限公司的专家和技术人员参加了会议。

四项印后国家标准的起草工作自2010年底启动以来已进行了一年多，经多次调研、研讨，形成了起草组草案。此次会议依据系列印后国家标准内容需互相匹配的原则，对四项印后国家标准草案进行了认真的梳理和检查，并就四项印后标准草案的修改提出了具体意见和建议。会议认为《印后加工一般要求》《印后加工材料的分类》《平装书籍要求》和《精装书籍要求》四项标准的起草工作基本完成，再做进一步的修改完善后，将于5月份开始在全行业征求意见。

内蒙古自治区新闻出版局与北京印刷学院签订战略合作协议

内蒙古自治区新闻出版局与北京印刷学院3月17日在呼和浩特市签订战略合作协议。今后，双方将作为书业发展的战略合作伙伴，充分发挥各自优势，按照资源共享、优势互补、深度合作、共同发展的原则开展全方位合作。

该协议有效期为5年。合作期间，自治区新闻出版局与北京印刷学院将在科学研究和培养人才两项工作上相互支持。科学研究方面，双方将在科研项目、学术交流、条件平台建设上加强协作，围绕民族文化、创意文化、绿色印刷等领域联合申报、承担重大科研课题，积极开展学术交流合作，以北京绿色印刷包装技术产业研究院和北京印刷学院大学科技园为依托，为内蒙古新闻出版行业科技成果转化提供科技条件平台服务。培养人才方面，双方还将联合开展“编辑出版”和“印刷包装”方向同等学力研究生培养，力争年内开班，并大力推行西部少数民族骨干培养计划，将出版硕士和艺术硕士学位教育纳入到少数民族骨干计划，同等条件下，优先录取内蒙古地区出版系统报考北京印刷学院硕士研究生与专业硕士的学生，增加内蒙古出版系统本科生招生名额以及少数民族预科生名额。同时，在学校教育之外，双方还将互派青年骨干和后备干部到对方挂职锻炼，提高储备人才素质。

数字出版加快引入从业者职业资格制度

2012年3月20日，来自全国网络传播单位的出版编辑人员参加了第一期网络编辑资格培训班的培训。数字出版领域加快了引进从业人员职业资格制度，加强职业资格认证工作，从而为快速发展的数字出版产业培养更多既熟悉编辑内容业务、又精通新媒体技术的复合型人才。

在为期一周的培训课程中，培训人员将系统学习互联网相关法律法规、数字版权、数字出版专题业务及网络技术、商业模式等方面的知识。

近年来，人才的匮乏已经越来越成为制约数字出版产业发展的瓶颈之一，特别是技术公司缺少内容把关人才，内容生产单位缺少技术人才的结构性缺陷尤其突出。新闻出版总署人事司副司长李宏葵在培训班开班仪式上说，开展网络编辑资格培训是培养网络出版复合型人才、完善出版从业人员职业资格制度的迫切要求。网络编辑是出版队伍中的一支重要力量，建立网络编辑资格准入是当务之急。实施网络编辑资格培训，开展网络出版资格认证，是依据《出版管理条例》和《互联网出版管理暂行规定》，加强网络出版管理、提升网络编辑素质和能力的重要举措。

此次培训由新闻出版总署教育培训中心具体组织实施。首期培训班在北京印刷学院举办。总署教育培训中心、北京印刷学院有关负责人季守利、王永生、刘超美等参加开班仪式。

北京印刷技能大赛可破格颁证

“北京印刷业将不拘一格选人才，为在印刷技能大赛上取得名次的选手破格颁证。”这是2012年3月21日在北京举办的北京地区印刷行业职业技能大赛动员大会上发出的消息。大赛还将积极贯彻绿色印刷理念，在理论考试和技能考核中增加绿色印刷题目，并在大赛中使用环保材料。

此次大赛奖励规格和规模将大幅提升。参赛选手最高可获高级技师证书及北京市技术能手称号，并可免费参加技师研修班，优先推荐参加享受北京市政府技师特殊津贴评选。初赛成绩排名前30%的均可获初级工及以上证书，复赛成绩排名前30%的均可获中级工及以上证书。

优秀选手可破格晋升职业证书。决赛各工种前五名可获高级技师证书；第二名至第十名可获技师证书，已有技师证书的可晋升高级技师证书。复赛各工种第一名可获技师证书；第二名至第五名可获高级工证书，已有高级工证书的可晋升技师证书。

大赛于2012年3月启动，于2012年7月结束，分初赛、复赛和决赛3个级别，设平版印刷工、平版制版工和印品整饰工3个竞赛职业，每个竞赛职业均设职工组和学生组。鉴于北京商业轮转印刷机数量已有一定规模，大赛将在初赛和复赛阶段尝试性举办商业轮转印刷工比赛。

江苏国家数字出版基地无锡园区揭牌

2012年3月30日，在江苏无锡市北塘区559文化创意产业园内，江苏国家数字出版基地无锡园区正式揭牌。“一体两翼、三方共建”的无锡园区，将着力培育数字传媒品牌，构筑数字出版新高地。

江苏省政府副秘书长肖泉，无锡市委常委、宣传部长王国中为园区揭牌，江苏省新闻出版局局长徐毅英、副局长沈建国，无锡市领导王立人、张士怀等应邀出席揭牌仪式。

新闻出版总署于2011年6月正式同意在无锡设立江苏国家数字出版基地无锡园区；同年7月在南京授牌，与南京园区、苏州园区、扬州园区一起成为江苏省四大数字出版园区。经过半年多时间筹建，江苏国家数字出版基地无锡园区由无锡日报报业集团、无锡国家高新技术产业开发区和北塘区人民政府三方共同打造，由数字出版软件技术集聚区与数字出版内容创意集聚区两大板块构成。

柳斌杰出席全国古籍整理出版专题工作会

2012年4月5日，全国古籍整理出版规划领导小组在北京召开古籍整理出版专题工作会议，新闻出版总署署长、全国古籍整理出版规划领导小组组长柳斌杰出席并讲话。

2012年4月5日—8日，来自全国各地古籍整理、出版方面的专家学者，在4天时间里对《2011—2020年国家古籍整理出版规划》和2012年度全国古籍整理出版资助项目进行认真审议。

新闻出版总署出版管理司司长、全国古籍整理出版规划领导小组办公室主任吴尚之主持会议，来自中国社会科学院、中国科学院、国家图书馆、北京大学、武汉大学等院校的近40位学术、出版评审委员参加了专题工作会议。

从2009年8月开始，全国古籍整理出版规划领导小组办公室经过充分调研，在广泛征求专家意见的基础上，采取自上而下与自下而上相结合的方式遴选项目，根据对《全国古籍总目》的梳理并结合文化部颁布的国家珍贵古籍名录，经过3年多的反复论证，已形成了《2011—2020年国家古籍整理出版规划》（草案），同时建立了古籍小组主导、依靠专家的古籍出版规划评审机制。规划明确了未来10年古籍整理出版的重点方向，将发挥引领作用，形成长效的古籍整理精品出版三级规划体系。

中国大陆食品标签开放繁、简体字并列

按照《食品安全法》及其实施条例和食品安全监管工作需要，卫生部委托中国疾病预防控制中心、中国食品工业协会等单位成立标准起草组，经过多次专家研究，召开研讨会和专家咨询会，充分听取相关部门、行业协会和企业意见，并通过卫生部网站向社会公开征求意见，共收到700余条反馈意见和修改建议，及时召开专题会议进行研究处理，经食品安全国家标准审评委员会第五次主任会议审查通过，已于2011年4月20日公布，2012年4月20日正式施行。

新的《预包装食品标签通则》（GB7718-2011）充分考虑了《预包装食品标签通则》（GB7718-2004）实施情况，细化了《食品安全法》及其实施条例对食品标签的具体要求，增强了标准的科学性和可操作性。其中规定，大陆食品标签将开放繁、简体字并列，卫生部公布的通则规定，食品标签不包括商品商标字，按照规定使用“通用规范汉字表”中的汉字，不包括繁体字；但使用简体字的同时可加印相对应的繁体字。

数字出版内容国际传播平台应用示范项目启动

2012年4月7日，作为科技部“基于协同服务及评价体系的数字出版服务平台与示范”项目课题之一，获得科技部专项资金支持的数字出版内容国际传播平台应用示范项目正式启动。项目由中国出版集团所属中版集团数字传媒有限公司牵头，协同北京印刷学院、中国图书进口集团总公司和中国传媒大学联合申报与实施。

该项目将产业经验、科研分析、数字平台技术结合，通过项目研发，形成可以广泛应用的资源应用与反馈评估服务体系。开发基于中国数字内容平台与国际合作平台的双向数据接口，建立用户行为分析模型、完成相关用户行为分析工具开发，以实现国内外平台的双向数据流动和数据统计、分析。向产业和政府决策部门提供综合决策信息；通过与全球性覆盖的数字内容平台对接合作，形成覆盖100个以上国家和地区，2万家以上机构和图书馆的推广及反馈渠道。

数字出版内容国际传播平台应用示范项目是利用网络平台与技术，发展深度内容运营策略，实现平台、技术与产业相结合的具体示范，又充分发挥互联网的国际化特点，将有效帮助中国文化内容以数字化方式进入国际市场竞争的重要现代服务支持体系。此项目将有益于文化内容企业的发展。将具有国际运营与服务价值的内容，以符合用户消费行为的形式，聚集在中国数字文化国际传播服务平台上，并与主要的全球数字内容销售渠道实现对接，从而实现中国优秀文化内容资源“走出去”。

数字与新媒体产业技术创新联盟合肥成立

为推动数字出版产业发展，增强数字出版产业自主创新能力和核心竞争力，2012年4月7日—8日，由时代出版传媒股份有限公司牵头，国内多家高等学校、科研机构、出版单位、数字出版技术服务商、风险投资机构等单位共同发起的“数字与新媒体产业技术创新战略联盟”在合肥正式成立。

该联盟对于提升中国数字出版的产业技术创新能力，创新产学研合作的机制和模式，建设有安徽特色的区域创新体系具有十分重要的意义。意味着数字出版的发展从过去的各自为战的发展模式转变为强强联合的规模化发展模式。

签约仪式后召开联盟第一次全体会议。会议审议通过了《数字与新媒体出版产业技术创新战略联盟章程》，组建了首届联盟理事会，选举了联盟理事长、副理事长、秘书长，并对联盟管理办法、联盟需要解决的重大关键技术问题等多项议题进行了商议。会上，联盟成员单位分享了数字与新媒体出版业务的成果和经验，就发展瓶颈及方向进行了深入的交流和探讨。

联盟各成员单位一致认为，在当前数字出版产业发展各自为阵、低水平竞争的背景下，产业技术创新战略联盟的成立正逢其时。联盟各成员单位共同承诺，将严格按联盟协议落实各自职责，加强联盟成员单位之间的联系，深化产学研合作，推动产业结构优化升级，提高我国数字出版产业的整体竞争力。

广东省加大印刷领域质检力度发展绿色印刷

2012年4月11日，广东省新闻出版局召开了2012年全省农家书屋暨印刷复制发行监管工作会议，传达新闻出版总署有关工作会议精神，传达全国农家书屋会议精神，并通报了广东省2011年印刷复制行政执法工作情况的评价结果。

广东省将加大印刷复制和发行领域的质检力度，营造更加健康的出版市场发展环境。会议还要求印刷复制和发行管理部门要明确主体职责，坚持高点定位，促进全省印刷发行工作迈上新台阶，2012年广东省将大力发展绿色印刷确定为今后的工作重点。

据介绍，广东省有印刷复制企业20400多家，出版物发行企业12900多家，从业人员110多万人。印刷复制发行领域的监管工作面临着严峻的形势，产业结构布局不合理，行业违法违规现象有所抬头，日常监管困难较大等问题，都是摆在监管者面前的难题。为强化监督管理，促进印刷发行工作的健康发展，会议提出了包括深入开展专项行动，圆满完成质检工作，严把年度检验关，落实执法评价报告制度，提升农家书屋工程，推动产业转型升级等几项工作重点。

广东省新闻出版局副局长黄玲在会上表示，要将质检活动与全省正在进行的“三打两建”活动结合起来，加大对有问题企业的查处力度，不断推动印刷复制发行企业的规范经营。为迎接党的十八大胜利召开，为广东省的文化强省战略的实施作出应有的贡献。

两项数字印刷国家标准起草组第二次联席工作会议在杭州召开

2012年4月18日—19日，全国印刷标准化技术委员会（SAC/TC 170）在浙江省杭州市召开《数字印刷品质量要求及检验方法》和《数字硬打样样张质量要求及检验方法》两项国家标准起草组第二次工作会议。会议对两项国家标准起草组草案第二稿的技术内容和框架进行认真探讨与梳理。会议根据数字印刷品特点对数字印刷品质量的具体技术指标进行了修改，缩减了承印物纸张的类型，计划根据实测数据调整印刷品套印精度、色域值、印品一致性等指标。会议考虑到数字硬打样样张应与实际印刷生产保持一致，决定不再确定数字硬打样样张的最佳色度值，仅保留最佳色差值。另外，考虑到技术发展趋势，数字硬打样样张也不再保留实地密度要求。会议确定两项数字印刷国际标准起草组草案第三稿在2012年6月底完成，第三次起草组工作会议在2012年7月召开。

中小学教科书将全面实施绿色印刷

新闻出版总署、教育部、环境保护部联合下发《关于中小学教科书实施绿色印刷的通知》（以下简称《通知》），要求从2012年秋季学期起，全国各地使用的绿色印刷中小学教科书数量要占到本地中小学教科书使用总量的30%；再经过1～2年，基本实现全国中小学教科书绿色印刷全覆盖。

《通知》明确，中小学教科书实施绿色印刷的范围包括全国义务教育阶段国家课程和地方课程的所有教科书。中小学教科书必须委托获得绿色印刷环境标志产品认证的印刷企业印制。

教科书印制过程中要积极采用符合绿色印刷要求的原辅材料，质检部门要尽快构建中小学教科书绿色印刷检测体系。实施绿色印刷中小学教科书数量应占到本地中小学教科书使用总量的30%以上，有条件的地区可以扩大实施比例。

中小学教科书实施绿色印刷工作分为动员部署、试点推动和全面完成3个阶段。各地要按照《通知》要求对中小学教科书实施绿色印刷工作进行动员和部署。

“文明中国”全民阅读活动全面启动

2012年4月23日，“文明中国”全民阅读活动启动仪式在北京举行。中央文明办专职副主任王世明、新闻出版总署副署长孙寿山出席并致辞。

孙寿山强调，“文明中国”全民阅读活动的启动，为人们读好书提供了一个非常有价值的平台，新闻出版总署已将此项活动纳入到2012年全民数字阅读总体方案之中，大力支持活动深入开展。他希望，通过各种平台的传播放大效应，让更多优质文化内容得到更好、更广泛地传播。

在启动仪式上，活动主办方还正式宣布启动以“爱上阅读、书写梦想”为主题的免费送书及征文大赛活动。征文大赛将历时一年，征集原创作品并评选月度最佳作品，向全国推荐阅读。

新闻出版总署出版管理司司长吴尚之、科技与数字出版司司长张毅君，中国人民大学党委常务副书记牛维麟，中国新闻出版研究院院长郝振省，浙江出版联合集团副总裁朱永良，南方出版传媒股份有限公司副总经理何祖敏，中国联通湖南分公司副总经理黄英等人出席启动仪式。

全国销毁侵权盗版出版物2900万件

2012年4月24日，全国“扫黄打非”工作小组专职副组长李长江在北京主会场宣布2012年侵权盗版及非法出版物集中销毁活动正式拉开序幕。

李长江与新闻出版总署副署长孙寿山，北京市委常委、宣传部长、副市长、市“扫黄打非”工作领导小组组长鲁炜等领导参加了在北京市的主会场销毁活动，并为首都大学生保护知识产权志愿者授旗。

当日，为迎接第12个“4·26”世界知识产权日，充分展示我国“扫黄打非”、打击侵权盗版工作成果，进一步表明我国政府保护知识产权的坚定立场和决心，全国“扫黄打非”工作小组在全国31个省（区、市）同时举行2012年侵权盗版及非法出版物集中销毁活动，并开展了以“拒绝盗版，助力创新”为主题的“绿书签行动”。

此次活动共销毁盗版音像制品、盗版图书、盗版电子出版物及非法报刊2900余万件。其中，北京主会场销毁140万件。此外，河北、黑龙江、江苏、山东、河南、广东、浙江、湖北、湖南、四川、甘肃、贵州和新疆等13个省（区）的销毁数量超过100万件。

新疆召开报刊管理工作会议

2012年5月8日，2012年度新疆维吾尔自治区报刊管理工作会议在乌鲁木齐召开。新疆自治区党委宣传部常务副部长吕焕斌参加会议并讲话。吕焕斌在讲话中表示，做好报刊管理，要牢牢把握正确的舆论导向，报刊出版单位要充分发挥传统主流媒体的严肃性和权威性，坚持党性原则，严把政治方向，严格内容管理，加大正面宣传，积极引导舆论；建设一支素质过硬的办报办刊队伍，推动报刊事业的改革和发展，以强烈的政治意识、阵地意识、责任意识，使得舆论引导有力、精品报刊迭出。

吕焕斌要求，报刊出版单位要始终贯穿科学发展观、中央新疆工作座谈会精神、自治区党委第八次党代会精神这条主线，切实把中央和自治区党委的重大决策部署宣传好、贯彻好、落实好。要认真做好迎接十八大的主题宣传，全面报道新疆各地各行业各领域坚持科学发展所取得的显著成就，推动科学跨越、后发赶超的良好态势，为党的十八大胜利召开营造浓厚氛围。

会上，新疆自治区新闻出版局党组书记石永强做了“依法行政 增强服务 为完成两大历史任务营造良好的舆论环境”的工作报告，自治区新闻出版局副局长石慧琼传达了全国报刊管理工作会议精神。大会同期对第八届新疆“双十佳报纸”和第七届“新疆期刊奖”进行了表彰，共评选出了20种民、汉文报纸，26种民、汉文期刊。

第四届湖北印刷企业50强揭晓

2012年5月7日，第四届湖北印刷企业50强评选结果揭晓，武汉红金龙印务股份有限公司、湖北金三峡印务有限公司、湖北日报传媒集团楚天印务总公司等50家印刷企业受到表彰。

湖北省印刷业产值占全省新闻出版业产值一半以上，产业规模居中部六省前列。在全国百强印刷企业排行榜上，湖北有10多家企业先后入围；连续多年，湖北入选全国百强企业的数量在中部排名第一、全国第五。

2011年，湖北印刷业的工业总产值历史性地突破210亿元。其中，过亿元的企业有42家，5000万元以上的企业有91家；承接产业转移，招商引资突破10亿元。

同时表彰的还有2011年度全省印刷管理工作先进集体和先进个人。

北京绿色印刷工程正式启动

2012年5月21日，北京国际图书节开办第二天，由北京市新闻出版局主办的“北京市绿色印刷工程启动仪式暨首批绿色印刷婴幼儿图书首发仪式”在地坛公园方泽坛正式举办。

新闻出版总署印刷发行管理司司长王岩镔、副司长曹宏遂，北京市新闻出版局副局长梁成林、新闻出版总署出版产品质量监督检测中心副主任王冰、中国印刷协会常务副理事长张双儒、北京印刷协会理事长任玉成，以及来自相关部门领导，15家印刷企业代表共计100人参加了本次活动。

新闻出版总署印刷发行管理司副司长曹宏遂、北京市新闻出版局副局长梁成林共同为首批绿色印刷婴幼儿图书首发上市揭幕。上百种由人民印刷厂、北京盛通印刷股份有限公司等获得绿色认证的企业生产的绿色读物揭开神秘面纱。这些图书均采用再生纸纸张、大豆油墨和水性覆膜等耗材和工艺，同时在每本书封底均印有“中国环境标志”。“北京市绿色印刷工程”的实施，将力争在三年内全部实现中小学教材的绿色印刷、五年内实现北京地区婴幼儿读物绿色印刷的目标。

“绿标”婴幼儿读物书市推出

2012年5月22日，主题为“绿色印刷”的北京国际图书节开展，首批绿色印刷婴幼读物上市。地坛公园设立绿色印刷婴幼儿读物展销区，举行“北京市绿色印刷工程启动暨首批绿色印刷婴幼儿读物上市仪式”。读者不仅体验古老的雕版手工木版印刷技艺，还可参与“绿色印刷有奖问答”活动。

2012年，北京市率先在全国开展婴幼儿读物绿色印刷试点，争取五年内在北京地区发行的婴幼儿读物全面采用绿色印刷，印刷过程中选用的纸张、油墨、胶水等原材料将严格遵守国家绿色印刷标准，参与本项目的出版物将使用中国环境标志，并授权标注“北京市绿色印刷工程——婴幼儿读物示范项目”字样。

图书节开幕三天，三联书店、中华书局、人民文学等66家首都品牌出版企业出版的精品佳作和于丹、王立群、刘一达、连丽如等名家学者讲座以及人气作家的新作签售，很受欢迎。三天仅三联书店一家的销售额就达到了22万元。

进出口预包装食品标签检验新规实施

国家质检总局公布《进出口预包装食品标签检验监督管理规定》，于2012年6月1日正式实施，为进出口预包装食品标签的检验监督管理和食品质量安全提供制度保障。根据规定，进出口食品生产经营者应保证其所进口的预包装食品的标签（含说明书）符合我国相关法律法规和食品安全国家标准的要求；出口预包装食品的标签应符合进口国（地区）相关法律法规、标准或者合同要求，进口国（地区）无要求的须符合我国相关法律法规及食品安全国家标准的要求。

规定要求，报检单位对首次进口的预包装食品报检时，必须提供原标签样张和翻译件、预包装食品中文标签样张、标签中所列进口商和经销商或者代理商工商营业执照复印件、相关证明材料；出口预包装食品报检时，应提供标签样张及翻译件和符合此规定的声明。

此外，所有进口预包装食品无中文标签、格式版面检验结果不符合要求、符合性检测结果与标签标注内容不符三种情形之一的，检验检疫部门可将直接判其为不合格。进口预包装食品标签不合格的（除涉及安全、健康、环境保护项目不合格的）可以在检验检疫机构的监督下进行技术处理后重新检验。

上海市举办绿色印刷签约仪式

2012年6月1日，在第22届全国图书交易博览会上，由上海市新闻出版局主办的“2012沪版秋季教科书柔版绿色印刷签约仪式”隆重举行。新闻出版总署副署长阎晓宏出席活动并讲话。宁夏回族自治区党委常委、自治区政府副主席刘慧一同出席。

阎晓宏副署长在讲话中指出，中小学教科书实施绿色印刷是保护青少年儿童身体健康、转变印刷业发展方式、推动生态文明的重要举措。柔性版印刷作为一种绿色环保的印刷方式，具有广阔的市场前景。签约标志着教科书柔版绿色印刷已经从试印向产业化应用的方向迈进，对于提高教科书的环保质量，推动柔印技术的发展具有十分重要的意义。

签约仪式上，上海教育出版社、华东师范大学出版社、上海外语教育出版社、上海科技出版社等11家出版社与上海印刷（集团）有限公司签署20个品种、100万册的秋季教科书柔版绿色印刷协议，以出版更环保、更健康教科书的实际行动关爱青少年儿童的成长。

上海是全国率先并唯一使用柔版水墨印刷中小学教科书的地区。新闻出版总署印刷发行管理司司长王岩镔、上海市新闻出版局局长方世忠一同出席签约仪式。

西安启动建设国家数字出版基地和印刷包装产业基地

2012年6月6日上午，西安国家数字出版基地、西安国家印刷包装产业基地揭牌仪式在西安举行。新闻出版总署署长柳斌杰，陕西省省长赵正永一同为基地揭牌，陕西省委常委、副省长、省委宣传部部长景俊海主持揭牌仪式，副省长郑小明致辞。

西安国家数字出版基地将重点发展手机出版、电子书、传统出版数字化、数字动漫与网络游戏等六大业务板块。该基地建筑面积达10万平方米的企业孵化器综合服务大楼，将在2013年国庆节前完工投入使用。

西安国家印刷包装产业基地2012年可竣工投产项目3个。该基地内已有十余家企业建成投产，计划到2020年，汇集各类印刷包装、创意设计及发行企业1600余家。

湖南开展检查确保教科书绿色印刷任务完成

为确保完成湖南省秋季中小学教科书绿色印刷任务，2012年6月11日及13日，湖南省新闻出版局领导分别带队，对全省内有关经营新闻出版内容企业进行督查，更好地推进印刷行业绿色化进程。

2012年6月11日，湖南省新闻出版局党组成员、副局长侯建，党组成员、纪检组组长宋军率局印刷处、监察室人员到湖南天闻新华印务有限公司进行督查。督查组首先听取了该公司负责人实施绿色印刷的工作汇报。

6月13日，湖南省新闻出版局党组成员、副局长侯建带队对湖南出版中心进行督查。湖南出版中心是湖南省最重要的中小学教科书出版（租型）单位。在听取了湖南出版中心负责人工作汇报后，督查组查验了相关教科书印制付印单，检测了部分样书，对其纸张使用、绿色印刷标示情况进行了重点检查，同时对该中心做好下一步绿色印刷工作提出了要求。督查中，侯建强调，一是要保证数量；二是要保证质量。湖南出版中心要加强对实施绿色印刷的教科书的质量监管，派专人驻厂检查，杜绝质量不合格产品流出印刷厂，保障落实湖南省中小学教科书绿色印刷工作任务。

山东省首个数字出版基地落户青岛

2012年6月12日，山东省（青岛）数字出版基地授牌仪式在青岛市北区举行，这也是山东省内首个数字出版基地。山东省副省长张建国，省新闻出版局局长宿华，青岛市委常委、宣传部长胡绍军，副市长栾新出席仪式。作为省内首个数字出版基地，基地将充分发挥数字出版产业集聚效应，面向国内外，大力开发拓展数字出版市场，做大做强青岛乃至全省数字出版产业，实现跨越式发展。同期，青岛出版集团和海尔集团就数字出版终端达成了战略合作协议。

仪式上，青岛出版集团和海尔集团就双方达成的互联网终端战略合作正式签约。双方将发挥数字化转型早、科研力量强的优势，在技术研发、业务应用和市场推广上进行战略合作。青岛出版集团作为内容提供商，自身拥有版权或获取合法版权内容资源，向海尔集团用户提供电子图书阅读、在线网络视频以及图片点播等业务，实现双方共同受益。推进传统出版产业业态向现代新媒体产业转型升级。

深圳市宝安区763家印刷企业签订承诺书

2012年6月13日，深圳市宝安区文体旅游局（广播电视局、新闻出版局）在新安影剧院召开2012年全区印刷企业工作会议，全区763家印刷企业负责人现场签订了《印刷企业守法经营告知承诺书》。

承诺书中规定了印刷企业的印刷范围；印刷企业不得出售、出租、出借或者以其他形式转让《印刷经营许可证》；建立健全印验证、承印登记、印刷品保管、印刷品交付、印刷活动残次品销毁五项制度；不盗印出版物、包装装潢印刷品和其他印刷品，不销售、不擅自加印或者接受第三人委托加印受委托印刷的印刷品，不将委托印刷的印刷品纸型、印刷底片、印版等出售、出租、出借或者以其他形式转让给其他单位或者个人；做好消防安全责任制度。

会议指出，政治性非法出版物、淫秽出版物、侵权盗版出版物是国家明令禁止印刷的出版物，各企业要依照国家法律法规从事印刷经营活动。区文体旅游局副局长廖云山表示，近期相关职能部门将开展专项行动，强化监管、从严查处。

中国制浆造纸业二恶英减排项目在南宁启动

2012年6月25日，全球环境基金“中国制浆造纸行业二恶英减排项目”在南宁启动，这标志着我国制浆造纸行业二恶英和其他污染物减排以及达标排放具体实施工作将全面展开。

制浆造纸行业被列为《国家实施计划》中二恶英优先减排的六大重点行业之一，制浆生产过程中广泛采用的元素氯漂白工艺是该行业二恶英排放的主要来源。“中国制浆造纸行业二恶英减排项目”将支持典型非木浆（草浆、竹浆、苇浆和蔗渣浆）制浆造纸企业进行二恶英减排“最佳可行技术/最佳环境实践”的技术改造示范，从而减少二恶英的排放，并降低化学需氧量（COD）、氨氮等常规污染指标和污染物的排放。

近年来，积极推动造纸行业的改造提升，引进推广国外先进技术、装备，推进行业清洁生产。如要求现有企业逐步改造为少氯或无氯漂白工艺；对所有新建项目要求采用ECF漂白或TCF漂白工艺代替传统的氯和次氯酸盐漂白，从源头上减少污染物的排放量。

启动仪式上，环保部对外合作中心与南宁糖业股份有限公司、湖南岳阳林纸股份有限公司等4家示范改造企业签署合作协议，开展为期5年的二恶英减排项目工作。

第四届中国国际版权博览会圆满落幕

第四届中国国际版权博览会于2012年6月26日圆满落下帷幕。此次博览会涵盖了音像、影视、设计、艺术等方面的国内外文化创意和版权产业，共有来自15个国家、21个城市的100多个单位参展，参观人数达3万多人。

展览设置了世界知识产权组织展区、国家版权局展区、主宾国及国际展区、数字城市版权展区、设计艺术版权区、影视（音乐）版权展区等。主宾国俄罗斯的展台给观众带来具有浓郁俄罗斯风情的油画和雕塑艺术品。

博览会围绕“交流、合作、创新、发展”的宗旨，举办了乌克兰绘画艺术展、中国版权产业权威信息发布会、国际影视音乐版权论坛、“中国国际版权博览会金慧奖”颁奖仪式等多项活动。

版权博览会期间，来自国内外版权和文化创意产业的政府、行业机构、企业代表通过博览会构建的国际化高端信息、服务与交易平台，进行了广泛深入的沟通和交流。博览会向世界充分展现了中国政府大力发展文化创意产业、激励智力创新、推进版权应用、完善版权管理、坚持版权保护的决心以及取得的成绩。

新闻出版总署携手中国联通推进数字出版产业发展

2012年7月2日，新闻出版总署与中国联通集团公司在北京签署《推进数字出版产业发展战略合作备忘录》。新闻出版总署署长柳斌杰、中国联通集团公司董事长常小兵代表双方在备忘录上签字。新闻出版总署副署长孙寿山、中国联通集团公司总经理陆益民分别在签约仪式上致辞。

根据协议，新闻出版总署将支持中国联通为国内新闻出版企业提供网络技术和数字产品运营服务，参与数字出版业务相关经营活动，并依法取得开展数字出版物网络传播业务的资质。同时，新闻出版总署支持新闻出版企业与中国联通建立战略合作关系，支持中国联通沃阅读运营中心开展数字阅读平台的建设和运营，倡导新闻出版企业成为中国联通沃阅读运营中心的全面合作伙伴，支持作品在中国联通沃阅读平台的首发。

中国联通作为新闻出版总署重要的战略合作伙伴，将积极支持中国新闻出版业结构调整、产业升级和发展方式转变，在遵循国家法律法规、监管规定、行业政策、市场化原则和内部管理规定的前提下，为新闻出版总署及国内新闻出版企业提供全方位、优质、高效的网络支撑和运营服务，并积极推动构建健康的网络传播环境，提供有效的版权保护手段，推动数字出版领域的反盗版工作，保护作者的合法权益。同时，积极探索新的商业模式，推动数字出版产业的发展。

进出口银行200亿元支持新闻出版“走出去”

2012年7月3日，新闻出版总署与中国进出口银行在北京签署《关于扶持培育新闻出版业走出去重点企业、重点项目的合作协议》。新闻出版总署署长柳斌杰、中国进出口银行行长李若谷代表双方在协议上签字。这标志着，在今后5年的合作期内，中国进出口银行将为新闻出版企业提供不低于200亿元人民币或等值外汇融资支持，扶持推动新闻出版企业“走出去”。新闻出版总署副署长邬书林、中国进出口银行副行长孙平在签约仪式上致辞。

根据协议，双方将采取“新闻出版总署组织推荐、专家组认真评选、中国进出口银行独立审贷”的合作方式，着力打造新闻出版走出去重点企业和重点项目的融资平台。

新闻出版总署办公厅主任范卫平，出版管理司司长吴尚之，印刷发行管理司司长王岩镔，科技与数字出版司司长张毅君，对外交流与合作司司长张福海，新闻报刊司巡视员张泽青，对外交流与合作司巡视员、副司长陈英明以及中国进出口银行有关部门负责人等出席签约仪式。

CHIPF2012北京国际包装博览会举办

由中国包装联合会主办的CHIPF 2012北京国际包装博览会于2012年7月3日在中国国际展览中心（新馆）盛大开幕。中国包装联合会各级领导及全国包装行业龙头企业悉数到场，更有来自英、美、日、韩、瑞典、巴西等国家的协会和包装企业共同见证这一瞩目的行业盛会。

此次博览会参展企业近400家，其中国际参展商70多家，以全产业链展示的形式将展览范围辐射到包装行业的各种层面，包括纸张、玻璃、金属等包装材料，包装机、打印机、捆扎机、计量设备、标签及贴标系统等包装机械，食品包装生产线、灌装线等食品包装设备，以及包装设计、包装推广等包装服务。

博览会主题为“提高包装品质，超越带来成功”，重点突出包装设计、包装新材料、简约包装、包装的循环利用、包装安全五大理念。依托于中国包装联合会的7个研发中心和中国国际印刷包装创意总部园，博览会成为最权威的新技术、新产品和新工艺的首发平台，并特别设立了“高新技术展区”。

博览会同期举办了形式多样、丰富多彩的发布会、论坛及会议。“2012世界包装论坛”、“纸包装行业转型升级交流会”、“金属盖未来发展趋势研讨会”、“中国包装创意设计大奖赛”，以及中国包装产业文化体验馆等活动陆续登场。

首届韬奋出版人才高端论坛启动仪式在北京举行

2012年7月3日，由韬奋基金会联合中国新闻出版研究院、中国新闻出版报共同举办的“首届韬奋出版人才高端论坛”启动仪式在北京举行。启动仪式由中国新闻出版报社长姜军主持。新闻出版总署副署长孙寿山、韬奋基金会理事长聂震宁等出席启动仪式并发表讲话。

孙寿山副署长在讲话中强调人才是实现社会主义文化大发展大繁荣的关键，高素质人才、领军人才、高技能人才是建设出版强国的中坚力量。本次论坛的举办对挖掘培养高素质出版人才，提高从业人员的能力素质，促进行业持续健康快速发展，具有十分重要的意义。他希望韬奋出版基金会围绕总署制定的人才发展战略努力做好首届韬奋出版人才高端论坛的各项工作，把论坛办出水平、办得精彩、办出影响、办成品牌。

首届论坛以十七届六中全会精神为指导，继承和发扬韬奋精神，研究讨论文化大发展大繁荣形势下出版业人才工作的状况、任务、经验和对策，促进推动出版业人才工作改革创新，为出版业人才队伍建设做出贡献。

新闻出版总署各司局办负责人、总署直属各单位负责人以及总署主管的各行业社团组织的领导、出版行业部分在京单位的领导、部分高等院校新闻出版传媒院系的领导和代表出席了启动仪式。

湖南新闻出版业打造"出版湘军"影响力

2012年7月4日，湖南省委常委、省委宣传部部长许又声到湖南省新闻出版局、湖南出版投资控股集团有限公司等单位进行考察调研。

湖南省新闻出版局局长朱建纲、湖南出版投资控股集团有限公司董事长龚曙光向部长许又声进行了工作汇报，并考察了泊富国际广场工地、潇湘晨报社、红网、湖南美术出版社、天舟文化、天闻印务、华瑞物流等新闻出版单位，看望慰问了一线员工。

许又声强调，新闻出版要始终坚持正确导向，大力唱响主旋律；要紧紧围绕中央和省委省政府的战略部署，进一步深化体制机制改革，进一步加快发展步伐，确保在坚持正确导向的同时取得良好的经济效益，实现社会效益和经济效益双丰收；要进一步巩固湖南省传统出版的优势地位，注重用先进科技手段发展数字出版，坚持"走出去"，不断拓展海外市场。湖南省新闻出版局要加快政府职能转变，进一步强化监管，规范市场秩序，加强队伍建设，支持新闻出版业发展壮大，推动湖南省新闻出版业继续走在全国前列；要注重做好公共文化服务建设，在农家书屋、"三湘读书月"、"汽车书店"等方面加大力度，保障基层群众的公文化权益。

广东省加快淘汰造纸印染工业等落后产能

2012年7月5日，广东省政府在广州召开2012年全省污染减排工作会议，总结2011年广东省污染减排工作，深入分析当前形势和任务，研究部署"十二五"时期工作。广东省委副书记、省长朱小丹，国家环保部华南督查中心主任刘长根出席会议并作重要讲话。广东省副省长许瑞生主持会议。

朱小丹在讲话中充分肯定了广东省"十二五"开局以来污染减排工作的成效，同时强调当前污染减排形势极其严峻，任务极其艰巨。全省上下要不断增强工作的忧患感和危机感，要着力抓好六个方面工作，确保广东省"十二五"污染减排目标任务如期完成：一是狠抓结构调整和环保准入；二是狠抓农业源和机动车污染减排；三是狠抓重点工程和关键环节减排；四是狠抓污染减排的科技创新和技术进步；五是狠抓污染减排的政策和体制机制创新；六是狠抓分类指导和先进经验总结推广。

"十二五"时期，广东省将大力推进淘汰钢铁、水泥、造纸、制革、印染落后产能工作，并在珠三角地区试点建立煤炭消费总量控制制度，减少大气污染物排放，启动百强工业企业生态化改造工程，加快工业产业集聚区生态化建设和重污染行业绿色升级示范园区创建，促进传统产业转型升级。

江苏省开展2012年出版物印制质量检测

2012年7月6日，江苏省新闻出版局发出苏新出印发〔2012〕15号文，宣布在江苏省范围内开展出版物印制质量检测工作。

检测时间为2012年7月—12月，检测范围为2012年秋季、2013年春季江苏省中小学使用教材，免费作业本，2012年全省农家书屋采购的出版物。检查的重点为绿色印刷的中小学教材和循环使用教材。

此次检测将按照CY/T12-1995《书刊印刷品检验抽样规则》进行随机抽样检测，中小学循环使用教材全品种抽检。对绿色印刷的中小学教科书采取出版单位送样的方式进行检测认定，执行的标准为《环境标志产品技术要求印刷第一部分：平版印刷》（HJ2503-2011）等，各有关教材出版单位要及时将本单位使用绿色印刷的中小学教科书样本（2本）送江苏省出版物质量监督检测中心。对在检测中不合格的产品将依据相关法律法规进行处理，本次检查的情况将在江苏全省范围进行通报。

阎晓宏调研北京绿色印刷包装产业研究院

2012年7月6日，新闻出版总署副署长阎晓宏来到北京印刷学院所属的北京绿色印刷包装产业技术研究院进行专题调研。

阎晓宏在详细了解研究院的规划、设计、建设情况后，对其两年来的建设成果予以充分肯定，并用"没想到发展如此迅速、没想到门类如此丰富、没想到成果如此丰硕"三个"没想到"总结了研究院取得的可喜成绩。在谈到研究院的未来发展规划时，阎晓宏指出，行业院校科研要面向产业、服务产业。围绕我国绿色印刷的推进工作，研究院要在质量检测、科研创新、人才聚集、产学研合作等方面继续加大工作力度，并通过各种大型印刷包装类展会等平台，与设备制造企业和印刷企业开展更深入的合作，一方面提升制造企业的研发水平，另一方面加快科研成果的产业化步伐。新闻出版总署将对研究院的工作给予全力支持，促进研究院积极发挥行业院校科研在推动产业发展中的智力支持作用。

阎晓宏同期考察了研究院内的大学生创新创业园和北京印刷学院大学科技园，向大学生详细了解了创业情况，并给予鼓励，建议学校为有发展前景的项目提供适当的资金支持。

新闻出版总署综合业务司司长孙明、出版管理司司长吴尚之、印刷发行管理司司长王岩镔、出版产业发展司副司长张亮、中国新闻出版研究院副院长魏玉山参加了调研活动。

上海国际印刷周开幕式举行印刷大奖揭晓

2012年7月11日，“2012上海国际印刷周”开幕式在上海新国际博览中心举行，第六届上海印刷大奖也同时揭晓。

2012上海国际印刷周以“绿色展示未来，数字凝聚智慧”为主题，主会场设在上海新国际博览中心，总展览面积达到1.2万平方米，创历届之最。从参展面积、参展企业数量到展览内容，都达到了较高水平。上海市新闻出版局及相关部门负责人表示，2012上海国际印刷周凸显了引领绿色印刷、探索总部经济、对接高新技术、推进产业转型等六大亮点。

此次揭晓的第六届上海印刷大奖，共收到179家单位选送的1556个产品，参赛企业和送评产品的数量比上届分别增加了7.26%和8.03%，创历届印刷大奖之最。最终评选出全场大奖3个，分别是：上海中华商务联合印刷有限公司的《冯其庸文集》(出版物及商业印刷)，苏州苏大维格光电科技股份有限公司的“双沟珍宝坊”印刷包装酒盒(包装装潢及其他印刷)，上海雅昌彩色印刷有限公司的《中国画——华祝三多图》(数字印刷)。金奖24个、银奖56个、铜奖77个、提名奖215个、入围奖205个。

福建省首次对印企进行绿色印刷专题培训

为提高印刷企业依法经营意识，推动绿色印刷认证工作开展，2012年7月29日—30日，福建省新闻出版局在福州举办了全省出版物印刷企业法规培训班。来自全省出版物印刷企业的160多位学员参加了培训。这也是福建省首次对全省印企进行绿色印刷专题培训。

培训班邀请中国新闻出版研究院的专家钱雷为学员授课，解读绿色印刷认证标准、认证流程及相关要求，并和学员就相关问题进行交流。福建省已有20多家企业启动绿色印刷认证申请工作。

福建省新闻出版局副局长陈忠财表示将全力抓好全省印刷复制行业的安全监管和企业的依法经营，要求参训企业提高认识，加强制度建设，提高依法经营意识，积极推动技术创新和管理创新。省局相关处室负责人就《印刷业管理条例》和版权基础知识等进行讲解。

上海包装减量规定将审议销售违规品可罚款

2012年7月23日，上海市人大常委会第三十五次会议首次审议通过了《上海市商品包装物减量若干规定(草案)》，剑锋直指过度包装的食品，意于逆转豪华包装的歪风。这是上海首次用地方性法规的形式限制过度包装的一种开放性尝试。

该草案明确，生产者违反强制包装规定的，强制性包装规定的质监部门应当立即责令其停止其违法行为限期改正，对于销售违反强制性规定，过度包装商品的，首先是责令其停止销售，对拒不停止销售的，可以处以2000元以上2万元以下的罚款，上海这次立法不追求体力的完整性，而是着重抓住关键调整，从上海大流通、大市场的格局出发加强销售环节监管传导到生产环节发挥效应。

通过约束性强制条款和鼓励性引导措施，从生产销售、消费监管各个环节，以期形成合力，在全社会倡导健康环保消费的理念。

安徽非时政报刊出版体制改革工作会召开

2012年8月2日，安徽省非时政类报刊出版单位体制改革工作联席(扩大)会议在合肥召开。安徽省委常委、宣传部长曹征海，副省长谢广祥出席会议并讲话。

曹征海指出，推进非时政类报刊出版单位体制改革是党中央作出的一项重大战略决策。目前，列入第一批改革名单的62家报刊，已有31家实现转制，其他报刊也大都完成清产核资等前期工作。

曹征海强调，当前，非时政类报刊改革已经到了攻坚决战的关键阶段。按要求、高质量完成改革任务，是我们肩负的共同使命和责任，也是对我们思想作风和工作能力的一次集中检阅。第一批报刊改革单位要在8月底基本完成转制任务，第二批在十八大召开前基本完成；要继续抓好配套政策的落实，为报刊改革发展保驾护航；要加强资源整合，把好资本结构关、法人资格关、报刊结构关，努力构建有利于报刊出版业科学发展的新格局；要坚持以人为本，切实维护职工合法权益，确保改革平稳有序。

会议通报了安徽省非时政类报刊出版单位体制改革工作进展情况，省残联、宿州市委宣传部、安徽日报报业集团、省妇联负责同志在会上作了交流发言。安徽省非时政类报刊出版单位体制改革联席会议成员单位、相关报刊主管主办单位负责同志参加会议。

江苏扬州建立国内首部“雕版字库”

2012 年 8 月 6 日，江苏扬州广陵古籍刻印社和北京汉仪科印信息技术有限公司正式签约，共同建立国内首部“雕版字库”。首部“雕版字库”的母本，是 1705 年由曹寅创办的“扬州诗局”奉旨校刻的康熙版《全唐诗》。

“雕版字库”是指用高科技手段将原先雕版印刷的字体，全都扫描复制到电脑里保存。康熙版《全唐诗》共有 8877 个汉字，写样人员用了两年时间把这些汉字创立完成，保存到电脑后，不但可以重现《全唐诗》原样，还可以用字库里的雕版字体进行印刷。

在雕版印刷这项“非遗”的传承中，写样人才断档严重。此次创立的国内首部“雕版字库”，既是对经典典籍中雕版字的保护传承，也是培训写样人才的平台。

天津市政府积极“备战”2012 新闻装备博览会

2012 年 8 月 10 日，天津市人民政府就将于 9 月底在天津举办的中国国际新闻出版装备博览会召开第一次协调工作会议。天津市副市长张俊芳出席会议并在发言中指出，中国国际新闻出版装备博览会已经纳入 2012 年天津市政府致力打造的十大会展品牌之一，新闻出版总署和天津市委、市政府对办好博览会寄予厚望。要求各有关单位和部门加强协调、密切配合，充分发挥各自职能作用，把各项工作抓紧抓实抓到位，将首届中国国际新闻出版装备博览会办出特色、办出水平，使之成为天津文化产业的一个品牌。

天津市新闻出版局局长荣新海就博览会的总体情况、筹备工作进展情况和需要提请市政府各有关部门、有关单位帮助解决的问题作了通报发言。会议就各部门、各单位所承担的任务进行了沟通协调。

第四个国家版权贸易基地落户台儿庄

2012 年 8 月 13 日，台儿庄国家版权贸易基地揭牌仪式在台儿庄古城举行。这标志着台儿庄古城成为国内第四个、山东省唯一的综合性版权交易服务平台。

揭牌仪式上，国家版权局版权管理司副司长汤兆志宣读了国家版权局《关于同意建立台儿庄国家版权贸易基地的批复》。山东省新闻出版局局长宿华，枣庄市委书记、市人大常委会主任陈伟共同为台儿庄国家版权贸易基地揭牌。

枣庄市委副书记、市长张术平在揭牌仪式上提出，全市各级各部门要以基地揭牌为契机，探索和丰富中国传统民间艺术版权保护形式，吸引更多精品非遗项目和非遗传承人入驻台儿庄，并全力以赴办好第二届中国非物质文化遗产博览会。基地要借鉴北京国际版权交易中心的成功经验和运作模式，做好规划，加快综合性展示交易场所建设，完善电子交易平台等各项配套设施，打造“技术先进、管理规范、运转科学”的公共版权贸易服务平台。要充分发挥文化产业发展专项资金和民间文学艺术版权投资基金的引领作用，形成多渠道、多元化投融资机制，建设版权资源腹地、版权创意基地、版权发展高地。

兰州五家印刷企业因严重违法被吊销营业执照

2012 年 8 月 13 日，甘肃省工商局、兰州市工商局两级工商部门对开展的兰州市非法印刷品专项整治行动和印刷企业经营情况进行通报：对兰州市内 5 户存在严重违法犯罪行为的印刷企业，依法启动吊销营业执照处罚程序；对 19 户违法违规企业中尚未进行 2011 年度企业检验的暂缓年度检验；捣毁无证无照印刷窝点 1 个。

此次专项行动中，兰州市工商系统共检查各类出版物店档摊点 712 户（次）和印刷企业 998 户（次），发放《印刷复制行业规范经营相关法规汇编》的宣传培训手册 3000 本。下一阶段，工商部门将保持高压打击态势，集中开展专项整治，加强日常检查，对无照经营等违法违规行为严肃查处。

云南省首家报纸数字化数据库正式落成

继“云南省政务信息岛建设项目”研发成功之后，云南省又一数字出版重大项目——“云南日报数字化工程建设项目”全面建成。项目成果居全国前列，标志着云南省纸质传媒进入了一个全新的数字化发展时代。

历时两年多建成的《云南日报》60 年图文数据库，拥有近 14 万个版面、2.1 万多期、120 多万条文章数据、7.9 亿个汉字、25 多万张新闻图片、1519 万条广告数据。形成了数据库、数字报、光盘出版一体化，实现了报纸资源的电子版保存和数字产品出版，为报刊数据的多次开发应用提供了便利条件，实现了数据源采集、数字报发布、光盘出版、数据检索，可广泛适用于单机、局域、互联网和移动载体的阅读形式，是利用信息技术查询和了解云南历史发展的重要平台。

《云南日报》数字化工程建设项目的研发完成，不但为新时期做好思想宣传工作，加强和谐网络文化建设带来了新理念、新模式、新方法，也为全省传统出版加快升级转型，进军数字出版走出了一条新路子。

未来五年湖南将投100亿元助推数字出版

为深入贯彻落实2012年全国新闻出版局长会议精神及全国数字出版工作会议精神，进一步推动新闻出版业科技及数字出版“十二五”时期发展，2012年8月9日，2012年全国科技与数字出版管理工作会在长沙召开，这是2008年新闻出版总署设立科技与数字出版专职机构以来召开的首次年度管理工作会议。

新闻出版总署党组成员、副署长孙寿山在工作会议上作主题报告，湖南省委常委、宣传部长许又声出席会议并致辞。

孙寿山表示，作为文化产业中产业属性最强、所占比重最大的行业，新闻出版业的地位和作用更加突出，而能否成为支柱有赖于数字出版产业的健康快速发展。管理部门必须不断加强学习研究，加强人才培养，加强技术应用，创新管理思路、完善方法和手段，提高科学管理水平，切实将数字出版打造成新闻出版支柱产业。

新闻出版总署科技与数字出版司司长张毅君主持会议，并就2013年度数字出版产业发展工作及重点安排进行了部署。新闻出版总署科技与数字出版司相关负责人宋建新、谢俊旗，湖南省委副秘书长段林毅，省委宣传部副部长魏委，省新闻出版局局长朱建纲，湖南出版投资控股集团党委书记、董事长、中南传媒董事长龚曙光等参加会议。

上海市与河北省签署新闻出版合作备忘录

2012年8月14日，在2012上海书展暨“书香上海”上海周开幕之际，上海市和河北省新闻出版合作发展备忘录签署仪式在衡山宾馆举行。河北省委常委、宣传部长艾文礼，上海市委常委、宣传部长杨振武出席签约仪式并见证签约。上海市委宣传部副部长朱咏雷主持仪式。

为加强沪冀两地文化交流与合作，谋划两地新闻出版发展新思路，创新合作机制，拓展合作领域，进一步建立互利共赢、长期稳定的合作关系，两地新闻出版局经协商，达成友好合作发展备忘录。上海市新闻出版局局长方世忠与河北省新闻出版局局长李晓明，上海新华传媒股份有限公司与河北出版传媒集团有限责任公司分别签署了相关合作发展备忘录。两地新闻出版局就12项合作发展事项达成协议，包括引导、支持两地的新闻出版企业在图书、报刊、音像制品、电子出版物和网络出版、数字出版交流与合作等。

西藏自治区新闻出版局围绕主线促发展

2012年8月10日，西藏自治区新闻出版局召开全区新闻出版局长座谈会。自治区党委宣传部副部长、新闻出版局局长索林出席会议并讲话。

会议传达了李长春同志在西藏视察指导期间的重要讲话精神、全国新闻出版局长座谈会和2012年全国新闻出版系统援藏援疆工作会议精神。围绕做好下半年工作，会议要求，全区新闻出版系统要以迎接、宣传、学习、贯彻党的十八大为主线，精心组织《中华民族大团结》《人民的新西藏》等献礼出版物的出版发行；抓好文化民生工程，保障人民群众基本文化权益；积极组建西藏人民出版总社暨国家藏文出版基地，稳步有序推进自治区新华书店转企改制，加快建设西藏出版文化产业园，提高新闻出版业整体实力和影响力；抓好对口援藏工作，用好用足优惠政策，加强项目资金衔接落实，切实推动西藏新闻出版大发展大繁荣。

全国古籍整理出版编辑培训班首分设初高级班

2012年9月7日，由全国古籍整理出版规划领导小组办公室举办的第十一期全国古籍整理出版编辑培训班拉开序幕，来自全国各地26家出版社的49名编辑人员参加了初级班的培训。

培养一支高素质的古籍整理出版队伍是全国古籍整理出版规划领导小组的长期任务，也是“十二五”期间的重点工作之一。自2009年全国古籍办与新闻出版总署出版管理司合署办公以来，已在上海、南京、北京成功举办了三期古籍整理出版编辑培训班。本期培训班在总结历次办班经验的基础上，首次开设初级班和高级班，针对不同经验的古籍编辑人员，因材施教，分批培训。

北京市千场优秀出版物展节活动正式启动

2012年9月6日，“弘扬主旋律 喜迎十八大”北京市千场优秀出版物展节活动启动仪式在北京图书大厦举行。

新闻出版总署副署长阎晓宏，北京市委常委、宣传部长、副市长鲁炜出席启动仪式。

阎晓宏宣布"弘扬主旋律 喜迎十八大"北京市千场优秀出版物展节正式启动。这标志着北京市迎接十八大系列文化活动的大幕正式拉开。

鲁炜在讲话中要求主办单位结合北京自身特点，认真贯彻落实中央精神，抓住迎接党的十八大契机，围绕中心、服务大局，面向基层、面向群众，让优秀出版物走进社区、走进农村、走进校园、走进军营，让阅读融入市民的生活，培养阅读习惯，振兴京版图书，提升市民素质，以实际行动迎接党的十八大胜利召开。

启动式上，首都出版发行联盟成员单位——航天数字传媒有限公司向北京市捐赠了20套卫星数字益民书屋接收设备。

本次活动由北京市委宣传部、北京市新闻出版局、首都出版发行联盟联合举办。活动从9月上旬开始，持续至10月底。活动期间，将以首都出版发行联盟成员单位为主体，动员全市出版发行单位参与，举办主题展览、读书辅导及新书推广、实体书店图书展销、流动图书展销、网络书店图书展销等活动。

年产5万吨木浆及生活用纸生产项目落户奎屯

2012年9月4日，新疆维吾尔自治区伊犁哈萨克自治州奎屯市独山子经济技术开发区在乌鲁木齐国际会展中心举行年产5万吨木浆及生活用纸生产及仓储项目签约仪式。奎屯市委副书记、奎屯—独山子经济技术开发区管委会主任姜新军出席并签订了协议。

伊犁州副州长扎克·左尔东，奎屯市委副书记、奎屯—独山子开发区管委会主任姜新军，奎屯市副市长熊瑞、巴楠楠，开发区领导张颖以及伊犁州、奎屯市有关部门负责同志参加签约仪式。奎屯—独山子开发区管委会副主任刘陆军主持签约仪式。

该项目是绿色环保项目，总投资4.2亿元，建设周期为16个月，可以使近百人实现就业。生产设备及工艺技术从德国引进，达国际先进水平，并且符合国家提出的两高两低的环保产业政策，即高起点、高技术含量，低污染、低能耗。项目的纸浆从俄罗斯进口，产品出口到欧洲、俄罗斯和中亚市场。

苏州老字号"文学山房"复活

2012年9月5日，苏州古籍书店的老字号"文学山房"时隔半个多世纪后在古城区钮家巷宣告"复活"。此前，拥有113年历史、以经营古旧书而享誉海内外的"文学山房"，牌子已被搁置半个多世纪。"文学山房"第三代传人、著名古籍版本学家江澄波介绍，"文学山房"的历史可以一直追溯到清朝光绪二十五年（1899年）。

苏州市老字号协会会长储敏慧认为，老字号是苏州历史文化的重要载体，蕴含着极大的价值，随着社会各界对老字号保护、使用意识的增强，苏州"复出"的老字号必将越来越多。

日照市第二届印刷质量奖评选活动启动

2012年9月10日，由日照市文广新局、市质监局、市印刷协会共同发起举办的日照市第二届印刷质量奖评选活动正式启动。评比共分彩色印刷品、纸质包装产品、塑料包装产品三个组，每组分设特等奖、一、二、三等奖四个奖项。

参加评选的印刷企业必须具有独立法人资格，注册并正常运行两年以上，合法经营，印刷产品符合国家相关标准，经济效益和社会效益良好。两年内存在省级以上产品质量监督抽查不合格等违法违规生产经营行为的，或者发生过重大质量、安全、环保等事故的，不得参加评选。

日照市印刷质量奖每两年评选一次，旨在引导日照市印刷企业增强质量意识，提高印刷产品质量和市场竞争力，打造印刷品牌。2010年开展的首届印刷质量奖评选活动中，共表彰了14家印刷企业的15个产品，带动全市出版物印制质量的整体提升，受到社会各方的广泛关注和好评。

第二期版权执法培训班在青海西宁举办

2012年9月3日—4日，由国家版权局主办、新闻出版总署教育培训中心承办、青海省文化和新闻出版厅协办的2012年第二期版权执法培训班在青海西宁举办。

本期培训班是为适应网络数字环境下版权管理要求，落实国务院打击侵犯知识产权及制售假冒伪劣商品工作的部署而举办的。新闻出版总署版权管理司的相关负责人参加会议并讲话，国家版权局、公安部、最高检、最高法及地方版权局、公安局中长期工作在版权执法一线的11位专家授课，来自16个省（区、市）的136名版权执法人员参加了此次培训。

河南省平版印刷工和印前制作员培训班举办

经河南省包装技术协会印刷委员会主任办公会议决

定，2012 全省平版印刷工和印前制作员培训班于 2012 年 9 月 8 日在郑州举办，来自全省几十家企业的百余名员工参加了此次培训班的学习。河南省平版印刷工和印前制作员技能竞赛于 2012 年 10 月举行，为配合开展好这项活动，从理论上提高全省平版印刷行业职工技能水平，应广大包装 / 印刷企业要求，特举办此次培训会。

本期培训班受到河南省包装技术协会和各包装印刷企业的极大重视与帮助。主办单位针对本期培训班做了充分的准备和精心的安排。邀请来自郑州牧业工程高等专科学校中拥有丰富实践经验和较高理论水平的专家、教授进行授课。安排了涵盖“印前制作过程中的色彩管理”、“图像处理、制版工艺及质量控制”、“印刷机结构、工作原理及印品质量控制”、“印刷机的操作、保养及常见故障处理”四个方面的课程。培训内容丰富，形式灵活多样，授课内容理论性、实践性、针对性强。

全国首家新闻出版策划中心在武汉揭牌

2012 年 9 月 14 日，全国首家新闻出版策划中心在武汉揭牌成立。这标志着湖北省在全国率先实现新闻出版管理从事后把关到事前谋划，从被动应对到主动引导，从依赖经验到科学指导，从分散出击到合力推进的转变。邀请专家学者为新闻出版工作出谋划策，此举系全国首创。

揭牌仪式上，20 位著名专家学者受聘成为湖北省新闻出版策划中心专家委员会委员。专家委员会成员来自湖北省各高校、社科院、新闻出版单位。著名作家熊召政任委员会主任。

湖北省新闻出版策划中心成立后，将充分发挥专家学者的智囊作用，集中湖北省优势新闻出版资源，围绕党和政府的中心工作，策划出版重大选题，组织实施重要新闻出版活动，规划建设新闻出版重点项目。这对于强化新闻出版导向，繁荣新闻出版产业，打造精神高地，实现湖北省从新闻出版大省向新闻出版强省的跨越将有积极促进作用。

武汉大学与永发印务签署技术研发协议

2012 年 9 月 3 日，武汉大学与永发印务（东莞）有限公司技术研发合作签约仪式在印刷与包装系举行，永发印务有限公司副董事长、行政总裁、东莞永发董事长左敏，永发印务（东莞）有限公司总经理肖武、常务副总经理范诵，武汉大学科学技术发展研究院副院长章登义、产学研合作处主任项瑞望，印刷与包装系主任万晓霞以及印刷工程、包装工程研究室的部分专家、学者参加了签约仪式。系党总支书记黄佐斌主持签约仪式。

签约仪式上，武汉大学科学技术发展研究院副院长章登义和永发印务（东莞）有限公司董事长左敏分别介绍了武汉大学产学研情况和永发印务有限公司发展情况，双方共同签订了“永发印务（东莞）有限公司与武汉大学共建中国包装印刷防伪技术研发中心（东莞）框架性协议”和开展“全息防伪印刷质量在线检测系统的研究”合作协议。永发印务（东莞）有限公司总经理肖武和印刷与包装系系主任万晓霞在协议签署后也一致表示，要充分建设好、利用好“中国包装印刷防伪技术研发中心（东莞）”这个平台，深入开展人才培养、项目合作、成果转化等工作，打好基础，抓好落实，提升各自竞争力，争取合作共赢共兴。

北京建成纳米材料绿色打印产业化基地

北京纳米材料绿色打印印刷技术产业化基地位于北京市怀柔区雁栖经济开发区，于 2012 年 10 月 20 日正式竣工投入使用，该基地作为中国科学院与北京市政府共同建立的怀柔科教产业园的首批项目率先入驻科教园。北京市市委书记郭金龙，市委副书记、代市长王安顺一行在中国科学院副院长丁仲礼，中国科学院党组成员、北京分院党组书记何岩，北京分院副院长马扬、李静，化学所所长万立骏，党委书记杨淑霞及怀柔区领导的陪同下考察了该产业化基地。

北京纳米材料绿色打印印刷技术产业化基地主要用于纳米材料绿色印刷制版技术的产业化实施及北京纳米材料绿色打印印刷工程技术研究中心的相关研发工作。产业化基地的建成得到了北京市、怀柔区政府及中国科学院的大力支持。北京纳米材料绿色打印印刷技术产业化基地主要用于纳米材料绿色印刷制版技术的产业化实施及北京纳米材料绿色打印印刷工程技术研究中心的相关研发工作。产业化基地的建成得到了北京市、怀柔区政府及中国科学院的大力支持。

合肥组织星级印刷企业评选

合肥市文化广电新闻出版局、合肥市印刷协会近期发文，正式授予安徽新华印刷股份有限公司等共 51 家印刷企业为合肥市首批“星级印刷企业”。此次组织“星级印刷企业”评定在安徽省尚属首创。其中，五星级印刷企业 10 家、四星级印刷企业 15 家、三星级印刷企业 20 家、二星级印刷企业 6 家。

为扎实有效地做好评定工作，此次合肥市文化广电新闻出版局联合合肥市印刷协会于年初联合下发了《关于开展“星级印刷企业”评定工作的通知》，并邀请专家拟定了《合肥市“星级印刷企业”评定活动实施方案》，分别就申报企业2011年度的经济指标、人力资源指标、设备指标、其他资料等项目设定了评定标准和量化细则。评定过程采取企业自愿申报、专家分项评审、材料复核公示、主管部门批准授牌的方式，由该市文广新局、市印刷协会，以及行业内专家、技术人员组成的“合肥市星级印刷企业评审委员会”各专项评审组，分别对企业提供的申报材料结合实地察看分项单独评审打分，评审委员会办公室复核汇总，按照企业所得综合分值排序并初步确定相应星级后，提交评审委员会集中审议。

扬州制定雕版印刷省级标准成世界非遗制定标准首例

由扬州市发展改革委员会提出，扬州报业传媒集团、广陵古籍刻印社、扬州市产品质量监督检验所负责起草的《雕版印刷技艺江苏省地方标准》出台，并在江苏省实施。这成为全国29个世界级非遗项目中制定标准首例。

在雕版印刷江苏省地方标准的开头，对雕版印刷技艺进行了明确定义。此外，标准对雕版印刷的每一道流程都一一规范，甚至对一个小细节都进行详尽细致定义。

“雕版印刷技艺的传承历来都靠口传心授，没有一个完整的文本参照。这套标准出台后，有利于原汁原味的传承保护，助推文化产业发展。”扬州报业传媒集团文化产业顾问薛永康说，在目前中国已有的29个世界级非遗项目中，雕版印刷地方标准尚属首例。

已经成功晋级为地方标准的雕版印刷技艺，将眼光对准在国家标准。雕版印刷技艺冲击国家标准已在计划中，国家线装书技术委员会也可能落户扬州。

深圳市印刷等相关创意产业可获800万元资助

深圳市第三批文化创意产业专项资金开始接受申报，申请成功的项目最高可获800万元无偿资助。本次申报日起截至2012年11月16日，申报的企业及项目需在此期间按照要求递交相关材料至深圳市发改委。

本次专项资金将重点支持创意设计、文化软件、动漫游戏、新媒体及文化信息服务、数字出版、高端印刷等在内的十大领域，涉及分离设立创意设计企业、核心技术研发及建设公共技术服务平台三大类别。相较于前两次申报，本次申报明确了最高可资助额度。

公告显示，为鼓励创意设计企业发展，所有根据产业发展规律及产业分工，将企业生产流程中的创意设计业务从原企业中分离出来，全资或控股设立独立的法人企业，只要符合相关条件，均可申请该项补助，资助额度最高不超过上一年度地方税收留成部分的50%且不超过100万元。分离企业可最多连续申请3个年度。针对企业的核心技术研发项目，专项资金则给予最高不超过500万元资助。相较而言，公共技术服务平台可获的资助额度最高，此类别的资助将侧重于技术服务类开放性平台，每年可获最高800万元的资助，但限制条件也相对较多。

上海开展商标印制企业专项执法行动

根据上海市工商局2012年打击侵犯知识产权和制售假冒伪劣商品工作方案安排，从2012年10月9日—12月14日，上海各级工商部门将开展商标印制企业专项执法行动。

此次专项执法行动将重点查处四类违法行为。一是擅自设立商标印制企业，擅自从事商标印刷经营活动的行为；二是商标印制企业违反规定承接印制业务的行为；三是印制侵犯他人注册商标专用权的商标标识的行为；四是违法印制、销售他人知名商品包装、装潢的行为。10月18日、12月4日，上海各级工商部门将开展全市统一集中执法行动。

专项执法行动期间，上海各级工商部门将加强宣传引导，督促商标印制企业严格遵守商标印制管理有关规定，指导企业建立健全各项商标印制管理规章制度，提高企业的法律意识和自律意识，从源头上防范商标侵权违法行为的发生。

中国3D打印技术产业联盟成立

由亚洲制造业协会联合华中科技大学、北京航空航天大学、清华大学等权威科研机构和3D行业领先企业共同发起的中国3D打印技术产业联盟正式宣告成立。

2012年10月15日，由亚洲制造业协会组织召开的中国3D打印技术研讨会在北京国际饭店举行，与会专家学者和企业家分别就“3D打印技术的现状与前景展望”、“3D打印技术与传统制造业结合”、“我国3D打印技术与国际差距”、“3D打印技术的技术障碍和应用”等议题展开深入研讨。

此次研讨会上通过《中国3D打印技术产业联盟章程》，

选举产生了组织机构，北京航空航天大学材料学院教授王华明被推举为首任理事长，华中科技大学教授史玉升被推举为第一副理事长，亚洲制造业协会CEO罗军、湖南华曙高科有限公司总裁许晓曙、南京紫金立德电子有限公司总裁连宁被推举为副理事长，清华大学教授颜永年被推举为首席顾问，武汉滨湖机电科技公司、中航激光公司、无锡飞而康快速制造公司、杭州铭展网络公司、昆山永年先进制造公司、以色列objet公司被推举为创始会员。

3D打印技术实质是“快速成型技术”，也被称为“增量技术”、“增材技术”，将带动工业设计、新材料、精益制造等多个领域颠覆性的改变。

中国3D打印技术联盟是全球首家3D产业联盟。

广西南丹开展印刷复印行业涉密专项检查

自2012年10月16日以来，南丹县国家保密局与机要局、工商局等部门联合对县城内及大厂、车河等11个乡镇辖区内的印刷复印企业和个体工商户开展涉密检查，增强从业人员的法制观念，确保国家秘密安全可控。

检查组采用实地查看和技术检查相结合的方式，对未获得《国家秘密载体复制许可证》的非定点印刷复印企业和个体工商户计算机内的电子文档及办公桌、废纸箱内的纸质文稿等进行了重点检查，禁止印制涉密材料、红头文件等。

截至10月18日，检查组共检查了4个定点印刷复印企业、52家非定点印刷复印企业和个体工商户，未发现非法复制、印刷涉密文件资料、内部文件资料和非法印刷品的情况；同时，开展保密知识宣传17场次，发放宣传单3200多份，营造了浓厚的知法守法氛围。

中国国际标签技术展开幕

2012年10月17日，由中国印刷及设备器材工业协会（以下简称“印工协”）、中国印刷科学技术研究所共同主办的“2012中国国际标签技术展览会”（Label China 2012）在上海世博主题馆盛大开幕。印工协高级顾问暨标签印刷分会名誉理事长谭俊峤作为开幕式的主持，首先为“2012中国国际标签技术展”致辞并预祝展会圆满召开。

中国印刷及设备器材工业协会名誉理事长于珍，中国印刷及设备器材工业协会理事长、上海电气董事长徐建国，中国印刷及设备器材工业协会副理事长兼秘书长陆长安，上海电气印刷包装机械集团董事长刘国平等各界领导出席了会议。

ISO/TC130第26届年会在美国芝加哥举行

2012年9月30日—10月6日，ISO/TC 130第26届年会在美国芝加哥举行。来自14个国家的近80位专家参加了WG1、WG2、WG2/TF2、WG2/TF4、WG3、WG4、WG5、WG11、WG12、WG13的会议及全体会议。以秘书长李安为团长，何晓辉、刘霞、邓国康、彭安琪、陈杰文、方君阳6名ISO/TC 130注册专家组成的中国印刷标准化代表团参加了会议。

10月3日，WG 12的会议由组长/召集人何晓辉主持召开。来自中国、巴西、瑞士、德国、意大利、英国、美国、日本、瑞典、韩国等10个国家的29位专家参加了会议。我国注册专家刘霞女士介绍了ISO PreCD16763自2012年4月印尼会议以来所做的修改及原因；注册专家邓国康先生展示了背衬材料的样张并播放了两种贴背衬方式的视频。由于各国对水基胶、稳定测试和拉力测试的数据及设备尚有不同意见，会议决定待最终达成共识后再对这几部分进行修改。会议对收到的ISO/WD16762评论意见进行了逐条讨论，并决定由英国的John Charnock执笔，将英国专家建议的湿度、前后套准和试机样张等内容补充到现有的ISO/WD16762中。

10月6日召开了全体会议，在这次全体会议上，ISO/TC130做出决议，将于2013年5月19日—24日在我国深圳市举行春季工作组会议。

新闻出版总署组织国家印刷复制示范企业和绿色印刷认证企业学习培训

为深入学习宣传贯彻落实党的十八大重要精神，扎实推动社会主义文化强国建设，加快我国印刷复制业的转型升级，推进国家印刷复制示范企业建设和绿色印刷实施，进一步做好印刷复制管理工作，新闻出版总署于2012年11月27日—28日在辽宁省沈阳市举办了国家印刷复制示范企业和绿色印刷培训班。

会上，新闻出版总署副署长阎晓宏发表重要讲话。他指出，“我国印刷复制业占了新闻出版业的半壁江山，作为文化产业发展的主力军，如果要继续拉动文化产业成为国民经济支柱性产业，必须走规模化、集约化、专业化的发展道路”，“到‘十二五’末，计划在全国范围内建立100家左右国家印刷示范企业和10家左右国家光盘复制企业，这意味着在未来的3年内，还需要培育80多家示范企业，总署将把示范企业建设列为2013年的工作重点，从落实政策资金、实施项目带动、简化管理程序等方面予以推进”。

此外，与会代表还共同参观考察了沈阳美程在线印刷有限公司。

在11月28日的绿色印刷培训班上，北京印刷学院校长助理、北京绿色印刷包装产业技术研究院院长周忠教授向各省（区、市）规模以上重点印刷复制企业和拟申报环境标志产品认证的企业代表介绍了当前国内外绿色印刷的发展情况，中国印刷技术协会副秘书长陈迎新介绍了绿色印刷认证有关情况，环境保护部环境认证中心标准与政策研究室主任曹磊解读了商业票据印刷标准，为前来参加培训的企业代表传授了宝贵的经验和讯息。

新闻出版总署与交通银行签署合作协议

2012年11月6日，新闻出版总署和交通银行在北京签署了《支持新闻出版业发展战略合作协议》。新闻出版总署署长柳斌杰和交通银行董事长胡怀邦出席签约仪式。根据协议，交行将在未来3年内为我国新闻出版产业的发展提供500亿元的意向性融资支持。

签约仪式上，双方一致表示将建立长期稳定的战略合作关系，共同以政策引导和金融支持相结合的方式，推进政府、金融机构和文化企业间的共赢合作。新闻出版总署将积极协调各地新闻出版主管部门、出版传媒集团与交通银行建立合作关系，支持交通银行为新闻出版单位提供金融服务。交通银行将支持各地分支机构积极对接各级新闻出版行政主管部门和出版传媒集团，提供金融支持和服务。

在新闻出版总署与交通银行签署战略合作协议的同时，中国出版集团公司与交通银行、河北出版传媒集团有限责任公司与交通银行河北省分行、江苏凤凰出版传媒集团有限公司与交通银行江苏省分行、安徽出版集团有限责任公司与交通银行安徽省分行、中文天地出版传媒股份有限公司与交通银行江西省分行、中南出版传媒集团股份有限公司与交通银行湖南省分行也同时在京签署了战略合作协议。

河南包装业平版印刷工、印前制作员技能赛决赛举办

2012年10月18日，由河南省财贸轻纺烟草工会、河南省包装技术协会联合举办的2012河南省包装行业平版印刷工、印前制作员技能决赛在河南省瑞光印务股份有限公司开幕，来自全省包装印刷行业的专家、企业领队、代表及优秀选手齐聚一堂，参加此次行业的盛会。

本次技能竞赛是在各地市、各单位初赛的基础上，经过层层选拔，共有42名平版印刷和41名印前制作的优秀选手参加了本次决赛。竞赛于18日上午进行理论考试，下午和19日平版印刷工和印前制作员分别在瑞光公司印刷车间和郑州牧业高等专科学校新校区进行了实际技能操作现场考核。

决赛通过理论考试（占总成绩30%）和技能操作现场考评（占总成绩70%），各工种获得决赛第一名的选手，符合条件的，按规定程序报省总工会授予“河南省五一劳动奖章”荣誉称号；各工种获得决赛前三名的选手，按程序报省人力资源和社会保障厅授予“河南省技术能手”荣誉称号，符合申报技师条件的，可晋升为技师，颁发国家职业资格证书；对获得决赛各工种第4～10名的选手，由大赛组委会授予“河南省包装行业技术能手”荣誉称号；参赛选手理论、技能操作的实际成绩均达到60分以上的选手，不是高级工的可晋升为高级工，按规定颁发国家职业资格证书。

国家“十二五”少数民族语言文字出版规划发布

新闻出版总署在官方网站上发布了《国家“十二五”少数民族语言文字出版规划》（以下简称“《规划》”），这是国家为进一步促进少数民族语言文字精品力作的出版所采取的有力举措。

《规划》由少数民族语言文字重点出版项目和少数民族语言文字译制（著）出版工程两部分组成，涵盖马克思主义研究、哲学、政治、法律、历史、文学、艺术、医药科技等20个门类，涉及蒙古、藏、维吾尔、哈萨克、朝鲜等30余个少数民族的语言文字。《规划》规模为284种，其中图书214种、音像制品65种、电子出版物5种，承担出版任务的出版单位61家。《规划》每年将根据具体情况作相应调整和增补，总规模在“十二五”时期达到500种。

国家新闻出版总署将在国家出版基金、少数民族文字专项资金等评审工作中对《规划》项目予以重点关注和支持，同时，加强规划项目执行情况与出版单位评估考核、政府推优评奖等工作的衔接。新闻出版总署要求《规划》项目的人员、资金、时间三落实，加强跟踪检查和督导，有效提高重点项目的完成率。

新闻出版总署副署长孙寿山考察青岛数字出版发展

2012年11月6日，新闻出版总署副署长孙寿山一行

考察了山东省（青岛）数字出版基地、海尔集团、青岛出版集团，对青岛市数字出版产业进行了深入调研。山东省新闻出版局副局长郭爱玲，青岛市副市长栾新等人陪同视察。

在山东省（青岛）数字出版基地，副署长孙寿山听取了相关介绍，并题写了“大力发展数字出版产业，提升中华文化传播力”；在海尔集团，副署长孙寿山一行参观了海尔生活科技馆，听取了海尔集团发展数字出版产业的情况介绍；在青岛出版集团，集团党委书记、董事长孟鸣飞介绍了集团在数字化转型方面取得的成绩，孙署长欣然题字“贺青岛出版集团取得新成就”。

孙寿山在此次考察过程中指出，要以有利的扶持政策吸引各类研发企业入驻数字出版基地；以海尔、海信为代表的青岛高科技电子信息设备生产商要积极开发产品，在数字出版领域占有一席之地；报刊出版单位要转变思路，做客户问题解决方案的提供商。他要求，数字出版一定要出精品，坚持正确的舆论导向，履行三审三校制度；要在创新产品上下功夫，以供给创造需求，加强出版企业和家电企业的合作；在盈利模式上要兼顾产业链上中下游的出版、通讯运营、终端设备生产商的利益。

青岛市委宣传部副部长、市文广新局局长王纪刚介绍了近年来青岛发展数字出版产业所做的工作和具备的基础条件，以及发展数字出版产业的独特优势和广阔前景。

湖北开展绿色印刷培训 引导印企健康发展

2012 年 11 月 1 日，湖北省新闻出版局请来北京专家、武汉大学教授在湖北省内开展“绿色印刷”专题培训。湖北省内四家已取得绿色印刷认证资质的企业与同行企业进行交流。

自 2010 年 9 月我国推进绿色印刷实施工作正式启动以来，湖北省的中印南方印刷有限公司、中闳集团武汉印务有限公司、湖北新华印务有限公司、鄂南新华印刷包装有限公司分别获得绿色印刷环境标志产品认证，还有 4 家企业正在积极申报。

湖北省新闻出版局印刷处负责人表示，相比全省印刷企业总数，湖北省取得绿色印刷认证资质的企业还太少。2012 年 4 月，新闻出版总署、教育部、环境保护部共同提出，从 2012 年秋季开学起，各地使用的绿色印刷中小学教科书数量应占到本地中小学教科书使用总量的 30% 的目标比例还有一定差距。因此，湖北省将在今后积极引导印刷企业增强绿色意识，并申请专项资金，扶持企业进行绿色印刷认证。

安徽合肥欲打造一流数字出版园

2012 年 11 月 2 日，新闻出版总署部分领导到安徽考察国家数字出版基地合肥园区建设情况。从园区建设汇报会上获悉，合肥欲打造数字出版产业规模居国内前列的一流园区。预计至 2015 年，园区主体部分将建设完成。

据了解，安徽国家数字出版基地合肥园区总体规划 1430 亩，总投资 126.5 亿元，项目坐落在合肥高新技术产业开发区，园区规划建设共分为两期。已完成一期的动漫数字出版产业园建设，作为合肥数字出版园区的起步区和产业集中区，该项目规划建成了占地 330 亩、项目总投资 26.5 亿元的动漫数字出版产业园。

“今年启动的二期 1100 亩数字出版产业基地建设项目，预计总投资 100 亿元，初步培育建成集内容企业、技术企业、渠道企业、终端企业于一体的数字出版产业链等。”合肥市文广新局局长王节介绍，预计到 2015 年，园区引进国内外知名出版企业 10 家左右，积聚 400 家企业入驻，形成相对成熟的数字出版产业合作关系和商业运营模式；到 2020 年，完善基地配套项目建设，形成功能分区合理、发展环境优越的数字出版产业集聚区，把合肥建成国内富有影响力的数字出版、版权交易中心，打造数字出版产业规模居国内前列的一流园区。

第 23 届全国书博会落户海南

2012 年 11 月 13 日，第 23 届全国图书交易博览会（以下简称“全国书博会”）在北京举行的新闻发布会上宣布，第 23 届书博会于 2013 年 4 月在海南省海口市举办。发布会上，组委会还公布了本届书博会的主题语、会标以及宣传画，同时宣布第 23 届书博会官方网站正式开通。

新闻出版总署副署长、国家版权局副局长、第 23 届全国书博会组委会副主任阎晓宏，海南省委常委、宣传部长、第 23 届全国书博会组委会副主任兼秘书长、执委会主任许俊，新闻出版总署、海南省、海口市等相关部门人员出席本次新闻发布会。

本届书博会由海南省文化广电出版体育厅、海口市人民政府、中国出版协会、中国书刊发行业协会承办，于 2013 年 4 月在海南省海口市举办。主会场设在海口市海南国际会议展览中心；三亚市、儋州市、万宁市分别设立分会场。

本届书博会将围绕“书香椰韵，魅力海南”的主题，开展“绿色海岛·文化海南”全民阅读活动、“书博大篷车环岛行”活动、“书香小蜜蜂”高校志愿者选拔活动、读者大会、文艺晚会、全国精品图书展、中华印刷之光展、“情系三沙，慰问赠书大行动”、向农家书屋和图书馆捐赠图书活动和“逛书博，游海南”活动等。

福建将打造五大数字出版产业园

2012年11月13日，福建省数字出版工作座谈会暨项目合作洽谈会在福州举行，福建省新闻出版局正积极推动海峡国家数字出版基地的申报。

福建省互联网出版单位有13家，专业从业人员2300多人，产业布局涵盖了互联网图书、报纸、杂志、音像电子出版物以及手机出版物、互联网游戏出版物等9个项目。据不完全统计，2011年福州、厦门两市实现数字出版产值50.84亿元。

按照规划，海峡国家数字出版产业基地规划地域范围陆域面积约25平方公里，将采用园中园的模式，设立5个产业园区。其发展前期，将落户福州软件园、厦门软件园等成熟的、可拓展的国家级品牌软件园，后期向平潭综合实验区扩展，逐步开展综合数据库平台、技术研发平台、企业孵化平台、综合交易平台和复合媒体发布平台建设，形成新兴出版产业集群。

该基地将力争在“十二五”期末将基地发展成为集原创、研发、生产、孵化、培训、交易、运营为一体的“国内领先、国际知名”具有闽台特色的综合性数字出版产业基地，实现入驻数字出版相关企业超过300家，从业人员超过1.5万人，数字出版产业总产值达到124.13亿元。

长沙出台新规消毒餐具包装须有“身份证明”

11月中旬，长沙市出台新规严控劣质“消毒餐具”，今后长沙消毒后的餐饮具最小外包装上必须标有明显的“保质期”、消毒合格标志和餐饮具消毒机构名称等“身份证明”。

根据11月中旬开始实施的《长沙市餐饮具集中消毒服务机构卫生规范》，长沙对全市餐饮具集中消毒机构实施新的管理监督规范。明确规定，消毒餐饮具最小外包装上须标示消毒合格标志和消毒机构名称、消毒方法、消毒日期和有效期等。

按照新规，长沙的餐饮具消毒服务机构厂区不得设在居民区和易受污染的区域，须具有与餐饮具集中消毒经营规模相适应的场所、设备、设施及运输工具，拥有两条（含两条）以上相互独立的生产线。且操作场所必须设置在室内，且总面积不少于1500平方米，分别设立餐饮具分类去渣、清洗消毒、周转箱烘干存放、冷却、包装、储存等功能用房。

长沙市卫生局要求，今后还将在集中消毒餐饮具单位的初处理、消毒、冷却、包装等区域装备自动监控摄像设施，实时监控现场状况，并通过网络传输到行业协会质控中心和监督管理部门。

广西柳州举办印刷业发展研讨暨设备演示会

2012年11月16日，柳州市新闻出版局、柳州市印刷业协会举办印刷业发展研讨暨设备演示会，邀请国内多位知名印刷设备企业的专家共同交流、研讨。

会议通过实物演示和专家讲座的方式，介绍了当今印刷行业的发展趋势、科技应用、数字印刷等信息，研讨柳州市如何加快发展印刷产业。会议邀请了远东国际租赁公司、上海德拉根印刷机械有限公司、广州市爱司凯机械设备有限公司、江苏昌昇集团等国内知名企业的专家作专题演讲。柳州、桂林、来宾等地多家企业的负责人共140余人与会。

柳州市有印刷企业152家（含六县），其中市区115家。2011年，柳州市印刷行业工业总产值只有5.67亿元，而据不完全统计，全市食品药品、轻工产品、农副产品、汽车配件、各类宣传品等包装业务印刷需求量在15亿元以上，并且逐年大幅增加。因此，柳州印刷业市场潜力巨大。通过这次研讨会搭建的交流平台，部分本地印刷企业与来柳知名企业达成了初步合作意向。

山东威海市集中对百余家印刷企业进行执法检查

2012年11月16日，威海市文化市场综合执法局稽查二大队对高区、经区及工业新区的部分印刷企业进行执法检查。

执法人员直接进入生产车间，实地检查印刷企业资质、承印制度落实、印刷内容、安全隐患等方面的遵守执行情况，均未发现重大违法违规问题。对一些生产经营不够规范的企业，责令其迅速整改。执法人员还对印刷企业负责人进行了印刷方面的法律法规和安全生产教育。

自2012年11月13日—30日，威海市文化市场综合执法局集中对100多家印刷企业进行执法检查，进一步规范威海市印刷业生产经营秩序，严格落实相关法律法规和安全生产的要求，促进威海市印刷业合法合规经营，确保文化信息安全和生产安全。

第五届中国纸业发展大会在北京举办

2012年11月6日，由全国工商联纸业商会主办的第五届中国纸业发展大会在北京索菲特大饭店圆满落下帷幕。

本届中国纸业发展大会同时也是全国工商联纸业商会第三次会员大会，会上选举华泰集团董事长李建华为全国工商联纸业商会新一任会长，新加坡金鹰集团主席陈江和当选全国工商联纸业商会名誉会长。

第五届中国纸业发展大会以“新纸业的主张与行动”为主题，以新理念、新秩序、新技术、新产品、新市场、新格局、新需求为主要内容，邀请有关部委领导、经济学家、行业专家、业内主要大企业负责人和上下游代表性企业，就宏观形势、政策导向、行业格局，特别是行业存在的具体困难和问题，围绕“主张”和“行动”两个重点演讲和互动，同时进行“2012中国纸业创新TOP20”推选展示，为企业提供可资借鉴利用的成功范例和创新成果。

数字印刷系统使用要求国家标准起草组在北京成立

2012年11月2日，全国印刷标准化技术委员会（SAC/TC170）在北京召开《数字印刷系统及使用要求及检验方法》国家标准起草组成立会议。

来自杭州日报盛元印务有限公司、杭州电子科技大学、富士施乐（中国）有限公司、北京时美时代科技发展有限公司、北京盛通印刷股份有限公司、北京北大方正电子有限公司、深圳劲嘉彩印集团股份有限公司、北京东港安全印刷有限公司、理光软件研究所（北京）有限公司、永发印务（东莞）有限公司的10余位专家及技术人员参加会议。

会议就组建《数字印刷系统使用要求及检验方法》国家标准起草组的相关事宜进行了研究，并探讨了“数字印刷系统”国家标准的主要内容，确定了初步框架。会议确定了参加标准起草的单位、起草人和工作组成员名单，推荐了主要执笔的专家。预计在2013年2月底前完成草案讨论稿第一稿，2013年4月在杭州召开标准起草工作组第一次工作会议。

北京印刷学院与天闻数媒共建交互设计联合实验室

2012年11月6日，北京印刷学院设计艺术学院与天闻数媒科技（北京）有限公司共建交互设计联合实验室签约仪式暨天闻阅读设计竞赛颁奖典礼隆重举办。

北京印刷学院设计艺术学院副院长史民峰主持仪式。天闻数媒科技（北京）有限公司大众阅读部执行官郑铁男、运营经理唐海涛，北京印刷学院校长助理、研究院执行院长周忠，设计艺术学院书记杨虹、院长田忠利，数字媒体艺术北京市重点实验室专职副主任刘锋及部分师生参加仪式。

天闻数媒由中南出版传媒集团与华为技术有限公司合资成立，是中南出版传媒集团数字内容运营与合作的唯一窗口，是华为技术有限公司专注于数字出版业务的唯一主体，兼具中南传媒的广泛内容资源与华为公司的深厚技术研发能力，在数字阅读、电子书包等方面展开了有效的探索，前期成果显著。

双方在前期合作的基础上，共建“北印·天闻——交互设计联合实验室”，专门从事移动互联网领域内与数字出版及数字阅读相关的交互艺术高级研究，并就项目合作、课题联合申报、协同设计研发等方面开展合作。

签约仪式结束后，与会嘉宾分别为获得天闻阅读Android客户端设计大赛的获奖同学颁奖，并合影留念。

新闻出版总署质检中心江苏江西分中心揭牌

2012年12月6日—7日，新闻出版总署质检中心江苏分中心和江西分中心分别在南京和南昌揭牌。这是2012年10月9日总署批准施行《新闻出版总署出版产品质量监督检测中心分中心管理办法》后建立的第一批分中心，也是继2011年5月上海分中心试点后成立的第二、第三个分中心。另有5个分中心正在紧锣密鼓筹建中，2013年将陆续挂牌。一个覆盖全国主要地区的出版产品质检工作网络正在紧密布局中。

质检分中心的建设，不仅有助于构建全国性出版产品质检网络体系，推动出版产品质量水平的提升，还将重点担负起推动国家实施绿色印刷战略、加强出版产品绿色环保质检的重要使命。

“质检分中心建设是贯彻落实党的十八大报告提出的提高文化产品质量，为人民提供更好更多精神食粮和完善公共文化服务体系的重要举措，也是贯彻新闻出版总署党组提出的加快推进出版产品质检体系建设要求的重要行动。”总署质检中心主任齐相潼表示。

新闻出版总署发布
新闻出版信息化“十二五”规划

2012年12月12日，全国新闻出版信息化工作会议在北京召开。新闻出版总署署长柳斌杰出席会议并作了题为《以十八大精神为指导 努力推进新闻出版信息化》的报告，为下一步信息化工作开展指明了方向。新闻出版总署副署长孙寿山主持会议并作总结讲话。

会上，新闻出版总署发布了《新闻出版信息化"十二五"时期发展规划》（以下简称"《规划》"）。《规划》指出，到"十二五"期末将建成网络互联互通、资源整合共享、业务有效协同、两化深度融合、标准体系完备的信息化新格局。实现信息资源开发利用力度明显加大，行政管理、公共服务、改革发展和"走出去"信息化水平显著提高，信息化对新闻出版业的牵引推动作用明显增强，新闻出版信息化建设进入全面、协调、可持续的良性发展轨道。其中，新闻出版电子政务综合平台将整合新闻出版行业监管和服务信息系统、国家版权监管平台、网络出版监管系统等系统，初步建成集数据存储、管理、交换、发布与应用为一体的国家级新闻出版信息资源库。出版发行信息服务云平台不仅将为图书馆、公众等终端用户提供书目信息服务，还为出版单位与发行企业提供产品信息发布、采购、发退货、结算及销售数据交换，实现行业信息"一次加工，全程共享"。

北京将技能大赛打造成印刷人才培育品牌工程

2012年12月7日，2012年北京印刷行业职业技能大赛总结表彰大会在北京举行。根据相关规定和竞赛实际成绩，北京市新闻出版局、北京印刷协会对在第三届全国印刷行业职业技能大赛、北京市第三届职业技能大赛印刷行业竞赛中取得优异成绩的71名选手给予表彰和奖励。

北京市新闻出版局副局长梁成林表示，全面提高印刷行业从业人员的职业技能素质，是一项长期复杂的工作，北京市新闻出版局将继续加大投入力度，完善职业技能组织形式，努力将大赛打造成北京印刷业人才培育的一个品牌工程。

由北京市新闻出版局主办、北京印刷协会承办的第三届全国印刷行业职业技能大赛北京赛区竞赛、第十五届北京市印刷行业职业技能大赛和北京市第三届职业技能大赛印刷行业竞赛，参赛企业之踊跃、参赛选手之众多，竞赛成果之丰硕均创历史记录。其中，237名北京印刷工通过北京市第三届职业技能大赛印刷行业竞赛决赛最终获得不同级别的职业技能证书，有力地促进了北京地区印刷行业从业人员整体素质的提升。 会上，北京市新闻出版局还对认真组织职工参赛的北京雅昌彩色印刷有限公司等41家单位以及杨中元等14名作出贡献的专家及相关人员给予表彰。

中国造纸装备制造基地落户河南沁阳

"中国造纸装备制造基地"12月12日落户河南沁阳市，这是国内唯一获此殊荣的城市。

授牌仪式上，中国轻工业联合会常务副会长兼中国造纸协会理事长钱桂敬郑重地将"中国造纸装备制造基地"匾牌颁发给沁阳市委副书记、市长魏新洪。这标志着，作为河南8个重点产业集群之一，沁阳造纸装备制造得到了业内权威的高度认可。

"下一步，我们将按照'承接国际产业转移、提升自主创新能力、发展特色造纸产品、培育纸业装备集群'四大战略工程，加快转型升级步伐，全力打造国内一流、国际知名的'中国造纸装备制造基地'品牌，让沁阳造纸装备制造品牌享誉海内外。"沁阳市市委副书记、市长魏新洪说。

协会工作

中国包装联合会到上海开展调研

2012年2月23日，上海市包装技术协会召开座谈会，专题讨论了中国包装企业100强评选活动的方案。出席会议的有上海市包装技术协会会长庄英杰、副会长高汝楠、部分集团联络员、协会秘书处和部分专业委员会秘书长，中国包装联合会会长助理王跃中专程赴上海听取意见。

与会者对中国包装百强企业评选管理办法、方案以及评分标准等文件进行认真、细致的讨论，并提出了许多修改意见和建议，会长助理王跃中表示会将大家的意见带回北京，供中国包装百强企业认定工作领导小组参考。

上海市包协作为2012年北京国际包装博览会联合主办单位，为展示上海包装行业的整体形象，展现行业的水平和影响力，积极组团，组织企业参加博览会，认真做好组织工作。为配合中包联的评选活动，上海市包协也准备开展评选第三届"上海包装50强企业"活动，推出一批被社会所公认的品牌企业，为广大包装企业树立排头兵形象，为选送参加中国包装100强企业评选作好准备。

中国印工协召开印机大企业负责人座谈会

2012年3月29日，中国印刷及设备器材工业协会在深圳召开大企业负责人座谈会，研讨印刷行业发展战略。来自全国印刷行业的重大装备制造企业负责人、大印刷企业负责人和行业专家共60余人出席会议，会议由协会副理事长兼秘书长陆长安主持。

中国印刷及设备器材工业协会数码分会秘书长张建民、北京北大方正电子有限责任公司总裁杨斌、上海电气印刷包装机械集团总裁郑锦荣、北人印刷机械股份有限公司董事长张培武、辽宁大族冠华印刷科技股份有限公司总经理刘学智、潍坊华光精工设备有限公司董事长孙同江、深圳市精密达机械有限公司总经理郑斌、乐凯华光印刷科技有限公司总经理滕方迁、东莞金杯印刷有限公司董事长杨金溪、深圳中华商务安全印务有限公司总经理陈均、深圳报业集团印务有限公司总经理吉书龙、长春新华印刷集团有限公司总经理魏洪和、江西省新华集团总经理孙亮、力嘉包装（深圳）有限公司拓展总监左翊等与会嘉宾在会上作主题发言，分析市场形势、探讨行业热点问题。

2012年3月29日下午，中国印刷机设备器材工业协会理事长徐建国及大企业负责人座谈会与会嘉宾到深圳市精密达机械有限公司进行了参观考察。

德国联邦印刷媒体协会莅临北京印协参观

2011年3月29日，由奥斯特曼会长率领的德国联邦印刷媒体协会一行20余人莅临北京印刷协会参观访问。北京印协常务副秘书长张仲元热情地接待了德国来宾，并与客人进行了座谈。

参访期间，德国同行提出了许多如北京印协的性质、北京印刷业目前的状况、北京印协如何代表印刷企业与政府沟通等问题，张仲元详尽地回答了客人所关心的问题，并向客人赠送了《北京印刷协会三十年》纪念册。

座谈后，协会秘书处工作人员带领来宾参观了北京市印刷技术研究所的高仿真复制艺术品画廊。德国来宾对浸透着浓郁的中国民族特色高仿真复制书画表现出极大地兴趣，纷纷举起相机拍照。

告别前，奥斯特曼会长热情地邀请北京同行前往德国参访，张仲元代表北京印刷协会表示感谢，并表示今后要加强与德国同行同业的交流，共同促进全球印刷业的发展。

浙江平阳印刷协会会员大会推动安全生产

2012年4月6日，浙江省平阳县印刷行业协会举行第三届第三次会员大会，重点推动印刷行业的安全生产工作。平阳县人大常委会副主任周世好等人参加会议。

2011年，平阳县印刷行业列入工业建设项目的8家企业共投入18350万元，新建和改扩建占地面积108.7亩、建设面积合计达85185平方米的标准厂房，是近年来平阳县在印刷包装行业投入资金最多、兴建标准厂房面积最大的一年，为平阳县印刷产业转型升级和企业做大做强奠定了良好的基础。

平阳县印刷行业协会还通过举办安全法规培训、消防安全知识培训及演练、安全生产检查、参与企业安全诚信等级管理等形式，确保行业的安全生产。

中国版协向行业发布“标准纸张样品”

2012年4月6日，中国版协出版材料工作委员会在北京召开发布会，向行业推荐“标准纸张样品”，并向与会的在京部分出版社和纸张经营单位发放了“标准纸张样品”的印刷电子文件光盘。

版协认为，此办法的推行，将遏制行业中以次充好的不诚信行为，从长远看，对于供货方也是有利的，它将促成优质优价、质价相符的良好市场秩序的形式，并能为有效控制成本的企业开辟良好的市场前景。

本次向行业推荐的“标准纸张样品”中对印刷用纸特别考虑了纸张对印刷的适应性。中国版协自2003年开始做的“纸张印刷适性检测”（PPT）项目，为这个“标准纸张样品”提供了经验，样品所选择的许多图像都经过多次纸张检测的考验，具备反映纸张印刷适性的功效。

版协将免费向所有有需求的单位发放“标准纸张样品”的电子文件，并为各企业制作样品提供咨询，也将组织培训等活动，解决使用“标准纸张样品”的实际问题。

发布会上，与会者就相关问题进行了讨论，大家均认可版协为行业建设所做的努力，希望加强供需双方的协调，联合起来共同将“标准”落实到实处。

2011年度杭州印刷行业先进表彰大会暨杭州市印刷行业协会五届六次会员大会隆重召开

2012年5月29日—30日，2011年度杭州印刷行业先进表彰大会暨杭州市印协五届六次会员大会在杭州萧山隆重召开。杭州市文化广电新闻出版局党委书记、局长陈建一出席会议并作重要讲话。杭州市文化广电新闻出版局副局长钟文静、印刷管理处处长鲍正铭、副处长陈炯磊出席会议，杭州市印刷协会理事长任尚荣代表协会作2011年工作报告。全市印刷企业的代表350余人参加了会议。

会议审议并通过了《杭州市印刷行业协会2011年度工作报告和2012年度工作计划》《杭州市印刷行业协会2011年度财务报告》，审议并通过了杭州印刷协会第五届常务理事会提出的《关于增补常务理事和调整副秘书长的议案》、批准新申请加入协会的会员单位。

杭州华人数码印刷有限公司总经理徐卫建以“创新是企业发展的源泉”为题，向与会代表介绍了华人数码印刷有限公司的发展情况；杭州市版权局在会上向全市印刷企业发出了使用正版软件的《倡议书》；会议邀请了上海印刷协会秘书长傅勇向代表们介绍了“绿色印刷”认证程序；杭州电子科技大学出版印刷学院院长王强教授作了题为《印刷数字化和数字印刷发展前景》的报告；北京康得新复合材料有限公司、金山软件公司、北大方正电子公司等在会上介绍了印刷材料和印刷新产品、新技术。

会议对荣获2011年度“杭州市十佳印刷企业”、“杭州市文明印刷企业”、“杭州市创新创优印刷企业”、“杭州市印刷企业优秀经营者”、“《杭州印刷》优秀通讯员”、“杭州市印刷协会工作积极分子”的企业和个人进行了表彰。

全国印标委书刊、包装和网版三个分技术委员会成立

2012年6月8日，全国印刷标准化技术委员会在深圳职业技术学院召开全国印刷标准化技术委员会书刊、网版、包装印刷分技术委员会成立大会。新闻出版总署、国家标准化管理委员会、中国印刷技术协会、广东省新闻出版局、深圳市新闻出版局的领导，三个分技术委员会的委员，广东、深圳、香港特区、澳门特区以及珠三角地区各级行业协会、商会、学会等组织和企业的特邀嘉宾以及深圳职业技术学院的师生近500人出席了大会。

成立大会由全国印刷标准化技术委员会秘书长李安主持，国家标准化管理委员会服务业标准部副处长薛强宣读了国家标准委关于批准三个分技术委员会成立的文件，新闻出版总署科技与数字出版司司长、全国印刷标准化技术委员会主任委员张毅君，国家标准化管理委员会服务业标准部副主任段炼，中国印刷技术协会常务副理事长、全国印刷标委会副主任委员张双儒，广东省新闻出版局副局长黄玲，深圳市新闻出版局副局长杜勤，深圳市市场监督管理局副局长邝兵分别致辞。深圳市印刷行业协会会长谭浩辉、中国印协网印及制像分会理事长裴桂范、深圳职业技术学院党委书记院长刘洪一分别代表行业协会、三个分技术委员会和三个分技术委员会秘书处承担单位讲话。张毅君司长、段炼副主任、张双儒常务副理事长等领导为三个分技术委员会揭牌并向三个分技术委员会颁发了委员证书。

印刷标签标准起草组召开第二次工作会议

2012年6月11日，印刷标签标准起草组第二次工作会议在深圳世纪皇廷大酒店举行。标签印刷分会、上海紫光等30余位代表出席会议并参与讨论。

根据2012年2月28日在廊坊召开的《印刷技术标签质量要求及检验方法 第一部分：不干胶》新闻出版行业标准起草组第一次工作会议纪要的精神，本次行业标准起草会议在深圳法兰印务有限公司召开。

本次会议是针对《印刷技术标签质量要求及检验方法》草稿中不干胶标签的部分进行讨论。该部分规定了不干胶标签的术语和定义、分类、要求、检验方法、检验规则、标志、包装、运输、贮存等，重点讨论了不干胶成品质量要求是否齐全和检验方法的具体内容。由中山富洲胶粘制品有限公司、北京凌云光伏科技有限公司、北方嘉科印务股份有限公司、深圳法兰印务有限公司等企业起草。

会议结束后，与会代表还参观了法兰印务的生产车间。

中国印协七届四次常务理事会会议在河南南阳召开

2012年7月7日，中国印协七届四次常务理事会（扩大）会议在河南省南阳市中州国际饭店圆满召开。中国印刷技术协会（以下简称“中国印协”）常务理事及代表，未担任中国印协常务理事职务的各省（区、市）印协理事长、主持日常工作的副理事长、秘书长；中国印协各分支机构负责人等近130人参加了会议。会议由中国印刷技术协会理事长于永湛主持，新闻出版总署印刷发行管理司副司长曹宏遂、人事司处长王彤出席并发表讲话，河南省新闻出版局副局长来有功，中国印协副理事长、乐凯华光印刷科技有限公司总经理滕方迁致欢迎词。中国印刷技术协会副理事长张双儒、曲德森，肖建国、任玉成、印德明、刘晓昆、张良晓、郭全及常务副秘书长江南等分别向大会报告了相关事项，郑州市新闻出版局副局长董娣，南阳市文化广播新闻出版局副局长罗佩霞，中国印协监事长张根祥、副监事长田胜立、监事会秘书长毛士彤也参加了会议。田胜立同志宣读了新闻出版总署关于同意张根祥同志继任监事长的批文。会议受到乐凯华光印刷科技有限公司的鼎力支持。

按照会议的规定议程，会议先后听取并审议通过了中国印协2012年上半年工作小结和下半年工作安排；中国印协2012年度财务预算上半年执行情况的报告；中国印刷行业信用评价工作委员会名单；中国印协第七届理事会部分理事、常务理事变更名单；中国印协新会员名单；《中国印刷》《中国印刷年鉴》编委会换届方案；还审议通过了中国印协承担国际印刷标准化组织秘书处的建议和推荐杨斌为"第五届全国优秀科技工作者"候选人的建议；讨论决定按时召开中国印协七届五次常务理事会、七届三次理事会会议。

全军印协召开六届十二次常务理事会会议

全军印刷协会六届十二次常务理事会会议于2012年7月26日在解放军报印刷厂召开。会议由张根祥理事长主持。会议主要议题是：审议《全军印协2012年上半年工作总结及下半年工作安排》报告；通报全军印协第七次会员代表大会筹备情况；审议协会第七届理事会换届候选人推荐名单；审议《全军印刷协会2008—2011年度财务报告》；审议第九届"军事印刷贡献奖"评委会名单；审议《全军印协通讯》新一届编委会名单等事项。

会议经过认真研究讨论，一致通过了以上各项议题。会议决定，全军印刷协会第七届会员代表大会于2012年9月25日在天津举行。会议将组织参观由新闻出版总署、天津市政府联合举办的首届中国国际新闻出版装备博览会。

随后，第九届"军事印刷贡献奖"评委会依据《军事印刷贡献奖奖励条例》，对第九届"军事印刷贡献奖"候选人申报材料进行了审议，评委会用无记名投票的方式，评选出第九届"军事印刷贡献奖"获奖者十名。会后，与会代表参观了解放军报印刷厂。

第二届中国印刷企业管理高端恳谈会凸显绿色创新主题

2012年9月10日，由中国印刷技术协会企业管理委员会、中国印刷企业家俱乐部主办，山东鸿杰印务集团有限公司承办的第二届中国印刷企业管理高端恳谈会召开。来自北京、天津、上海、南京、新疆、内蒙古、安徽、河南、山东、山西等地的印刷企业家和高层经营管理人员30余人出席了会议。中国印刷技术协会理事长于永湛、常务副理事长张双儒、企业管理委员会主任张林桂同与会企业家围绕"绿色印刷"和"转型创新"两个主题进行了深入探讨。会议由中国印协企业管理委员会秘书长胡桂棉主持。

举办中国印刷企业管理高端恳谈会是希望通过不定期举办的深层次交流、研讨、恳谈活动，为企业家们提供一个思想碰撞的平台，帮助企业管理者从中获取思路、共赢发展。中国印刷技术协会企业管理委员会主任张林桂介绍说，汇总印刷企业在发展过程中存在的问题及面临的困境，有效地向行业主管部门传递来自业内实践的经验，引导政策制定，促进产业的健康发展，尤其在当前经济形势下大家共谋发展显得尤为重要和宝贵。

承办此次恳谈会活动的山东鸿杰印务集团有限公司是山东省最大的印刷企业，2011年全国印刷企业百强排在第27位。在鸿杰印务新厂区，田园般的厂区环境、先进的印刷技术和以人为本的经营理念给参会的印刷企业管理者留下了深刻的印象。

华北、东北八省市印协在天津举办印刷行业论坛

2012年9月26日，由天津印刷技术协会主办，北京印刷协会协办的华北、东北八省市区印刷行业论坛在天津举行。新闻出版总署印刷复制发行管理司副司长曹宏遂，中国印刷技术协会理事长于永湛、常务副理事长张双儒，北京市新闻出版局印刷复制管理处调研员张书利，北京印刷协会理事长任玉成，解放军印刷协会理事长张根祥等领导到会，来自北京、天津、河北、山西、内蒙古、辽宁、吉林、黑龙江的印刷协会和印刷企业人士200余人出席了此次论坛。

本届论坛由天津印刷技术协会秘书长李纪星主持。张双儒代表中国印刷技术协会致辞。新闻出版总署印刷复制发行管理司副司长曹宏遂为论坛做了主题发言，报告围绕了绿色印刷、转轨变型两大印刷行业主题，深入浅出，从国家的大政方针到企业面临的任务，给予与会者深深的启迪。

主办方利用本次论坛的有利契机，组织题为"企业的绿色印刷"以及"转轨变型"两场"沙发座谈"，邀请台上就座的全部是在推进绿色印刷和企业转轨变型方面取得优异成绩的企业带头人，论坛有感悟、有经验，与会者互通有无，畅所欲言。

在论坛上，为33家荣获"第二届精密达杯印后明星"的企业颁发了奖杯和证书。任玉成在最后的总结中充分肯定了八省市区印刷协会论坛所发挥的重要作用，鼓励大家整合地区资源，关心政府的政策导向，借力把企业做强做大。

深圳市包协常务理事会研讨行业发展

2012年9月20日，深圳市包装行业协会第八届六次常务理事会在深圳市美盈森环保科技股份有限公司（东莞新厂区）会议室召开。深圳市包装行业协会荣誉会长胡少南、李秋光以及协会常务理事以上单位和部分会员代表50多人参加了会议。会议由秘书长罗少敏主持。

会上，会长欧阳宣作了《关于近期走访企业调研活动情况通报》，并针对走访企业所收集“行业当前面临的突出问题”，进行深入的交流。通报中还就收集到10多条协会工作意见和建议进行了归纳梳理，并就下步工作应对措施提出明确意见。

针对企业所反映的突出问题，会长欧阳宣、常务副会长胡军民、副会长庄浩敏，常务理事、深圳职业技术学院媒体与传播学院院长王利婕、永发印务（东莞）有限公司总经理范诵等人分别从不同角度、不同层面就社会经济发展趋势、国际金融资本运作体系、国内税收体制与劳资关系等方面进行了深入而热烈的讨论与交流。大家还就国际、国内经济形式的走向和包装企业今后一个时期所要面临的趋势发表了精辟独到的见解。

上海市标准化协会包装专业委员会召开成立大会

2012年10月17日，上海市标准化协会包装专业委员会（以下简称“标协”）成立大会在上海界龙实业集团股份有限公司召开。会议由标协副理事长兼秘书长谢燕主持。

界龙实业办公室主任陶振扬首先向大会报告筹建工作。上海市标协宣读了《关于上海市标准化协会包装专业委员会组建方案的批复》，宣布了委员会主任、副主任以及委员、秘书长、副秘书长人员名单。会议讨论并通过了《上海市标准化协会包装专业委员会工作条例》，明确将牵头组织制、修订上海市有关包装标准工作，做好包装标准的咨询、培训和技术交流，宣贯国家标准等工作。

上海市印刷技术研究所副所长李德明，上海市印刷行业协会秘书长傅勇，上海市包装技术协会秘书长宋文仙，上海紫丹印务有限公司副总经理何从友等副主任委员也在会议上进行了主题发言。

温州苍南县印刷材料商会成立

2012年11月21日，苍南县印刷材料商会成立暨第一届第一次会员大会在龙港诚大饭店隆重召开。苍南县有关部门负责人以及商会会员共500多人参加会议，会议由苍南县工商联党组成员、副主席温怀晓主持。苍南县委统战部副部长、县工商联党组书记赵家沈到场祝贺。

大会审议通过了商会成立筹备工作报告，选举产生了第一届理事会领导班子，温州侨兴纸业有限公司总裁林加来当选会长。

成立大会上，苍南县副县长邵潘锋寄语商会要以“团结、交流、拓展、服务”为宗旨，发挥桥梁纽带作用，通过密切联络社会各界人士，增进友谊、沟通信息、交流经验，为会员提供全面、高效、优质的服务，真正成为会员的娘家。各位会员和企业家要充分展示诚信经商、勇于开拓的风采，关心支持商会建设，积极参加商会活动，创造新的辉煌事业，为苍南印刷业健康快速发展贡献新的力量。

苍南是中国三大印刷集散地之一，2002年，龙港被中国印刷技术协会授予“中国印刷城”称号。全县共有印刷材料企业300多家，年产值达50多亿元。此次县印刷材料商会的成立，标志着苍南县印刷材料行业的发展走进了整合资源、团结共进、展示形象的新阶段，也是加强行业自律，促进行业规范有序发展的重要措施，对于企业研究新情况、解决生产经营新问题、更好地完善企业管理以适应新经济形势发展的要求，具有重要的现实意义。

2012 年文摘

国内市场

2012 年 1 月—2 月中国造纸原料进口量增价跌

据海关数据统计，2012 年 1 月—2 月，我国进口废纸 430.5 万吨，同比增长 8.4%，价值 9 亿美元，同比下降 8.2%，进口均价 208.9 美元 / 吨，下降 18.7%；进口木浆 272.2 万吨，同比增长 9.1%，价值 17.8 亿美元，下降 11.3%，进口均价 654.8 美元 / 吨，下降 18.7%。

2012 年 1 月—2 月，美国依然是我国废纸的最大进口来源地，进口数量占我国废纸进口总量的 44.8%，共 192 万吨，增长 10.3%。我国从欧盟 27 国共进口废纸 135.2 万吨，增长 15.4%，占废纸进口总量的 31.4%，其中，从英国进口废纸 44.2 万吨，增长 0.1%；从荷兰进口废纸 28.8 万吨，增长 9.5%。此外，我国从日本进口废纸 4.2 万吨，下降 14%。

2012 年 1 月—2 月，我国分别从加拿大、巴西和美国进口木浆 65.5 万吨、47.8 万吨和 34 万吨，其中，从加拿大进口木浆下降 14.7%，而从巴西和美国进口木浆分别增长 27.9% 和 43.6%。

外商投资企业仍然为进口主体。数据显示，2012 年 1 月—2 月我国外商投资企业进口废纸 311.3 万吨，增长 12%，占我国废纸进口总量的 72.3%；进口木浆 108.1 万吨，下降 6%，占我国木浆进口总量的 39.7%。民营企业分别进口废纸和木浆 76.8 万吨和 84.3 万吨，同比分别增长 3.2% 和 31.1%。

（摘自《中国印刷》2012 年第 5 期 / 文）

2012 年 3 月海关废纸进口总量环比上升 15.68%

据海关统计数据显示，2012 年 3 月我国废纸进口总量约 292.8 万吨，较 2012 年 2 月（下同）进口量上升 15.68%。其中旧箱板纸进口总量上升 9.8%，代浆级废纸上升 49.6%，旧报纸上升 24.5%，混合废纸上升 19.5%。

旧箱板纸方面，进口量位于前三位的海关为深圳、南京和杭州海关，其中，深圳海关环比上升 4.6%，南京海关环比下降 8.3%，杭州海关环比上升 28.3%。

代浆级废纸方面，前三位海关到货数量中，深圳海关位居第一，环比上升 27.7%；第二位南京海关，环比上升 87.3%；合肥海关进口量位居第三，环比上升 27.2%。

旧报纸方面，青岛、广州和杭州进口量位居前三，其中，青岛海关进口量较 2012 年 2 月上升 7.5%；广州海关较 2012 年 2 月上升 44.6%；杭州海关较 2012 年 2 月进口量上升 71.7%。

混合废纸方面，到货数量位于前三位的海关是杭州，深圳和宁波海关。杭州海关进口量环比上升 24.1%，深圳海关环比上升 0.6%，宁波海关环比上升 57.2%。

（摘自《中国印刷》2012 年第 6 期 / 文）

2012 年第一季度中国纸制品业销售产值平稳增长

2012 年年初延续 2011 年造纸及纸制品业的发展势头，工业销售产值继续保持增长，但是增幅较 2011 年有所回落。2012 年 1 月—3 月，造纸及纸制品业累计创造工业销售产值为 2834.5 亿元，实现同比增长 16.74%，增幅较 2011 年同期收窄 9.8 个百分点，2012 年 3 月当月工业销售产值 1107.95 亿元，同比增长 18.13%。

从企业性质来看，创造工业销售产值较多两类企业是私营企业及外商和港澳台投资企业，分别达到 1096.75 亿元和 841.01 亿元，分别较 2011 年同期增长 20.93% 和 9.87%，分别占同期全国造纸及纸制品工业销售产值的

38.69% 和 29.67%；股份制企业工业销售产值达到 201.49 亿元，较 2011 年同期增长 17.3%；国有造纸及纸制品企业呈现复苏迹象，创造工业销售产值 87.15 亿元，同比增长 7.69%，行业经济增长形势得到巩固。

2012 年 1 月—3 月全国纸制品制造业工业销售产值为 1148.53 亿元，同比增长 20.39%，是各相关产业中工业销售产值增长势头最好产业。其中，外商和港澳台投资企业创造工业销售产值 338.09 亿元，同比增长 8.51%。

2012 年 1 月—3 月全国纸浆制造产业工业销售产值为 44.81 亿元，同比增长 28.84%。其中，私营和其他类型企业投资纸浆企业所创造工业销售产值较多，分别达到 7.47 亿元和 20.55 亿元。

（摘自《中国印刷》2012 年第 6 期 / 文）

2012 年 4 月份我国印刷设备、器材进出口情况

据海关统计，2012 年 4 月份我国印刷设备、器材（不含制版软片，下同）进口金额 2.2027 亿美元，同 2012 年 3 月相比增长 12.01%，同 2011 年 4 月份相比增长 0.09%。2012 年 1—4 月份印刷设备、器材累计进口金额 7.8793 亿美元，较 2011 年 1—4 月相比较下降 11.42%。

其中，4 月份印刷设备进口金额为 1.9040 亿美元，较 2011 年 4 月增长 4.47%，与 2012 年 3 月相比增长 17.49%；1—4 月印刷设备累计进口 6.6897 亿美元，较 2011 年 1—4 月下降 11.38%。印前设备环比、同比及同期累计均处于下滑态势；印后设备环比、同比下滑，但累计仍是上升态势。印刷机尽管同比、环比均呈上升态势，但累计仍有较大幅度下滑；其中，胶印机、其他常规印刷机较上月有较大幅度上扬，但整体累计仍是负增长；数字式印刷机本月有较大降幅，导致其累计仅有 1% 左右的增长。

数据显示，4 月份印刷器材进口金额为 0.2986 亿美元，较 2011 年 4 月下降 21.02%，与 2012 年 3 月相比下降 13.64%。1—4 月累计印刷器材进口金额为 1.1896 亿美元，较 2011 年 1—4 月同比下降 11.63%。

从出口情况看，2012 年 4 月份我国印刷设备、器材出口金额为 1.6071 亿美元，较 2011 年 4 月同比上升 3.05%，与 2012 年 3 月相比下降 9.23%，同比 2011 年 1—4 月份累计上升 11.98%。

其中，4 月份印刷设备出口金额为 1.1241 亿美元，较 2011 年 4 月同比上升 14.07%，与 2012 年 3 月相比下降 7.04%，较 2011 年 1—4 月同比累计上升 22.01%

数据显示，4 月份印刷器材出口金额为 0.4830 亿美元，较 2011 年 4 月同比下降 15.87%，与 2012 年 3 月相比下降 13.23%，较 2011 年 1—4 月同比累计下降 5.82%。

（摘自《中国印刷》2012 年第 7 期 / 文）

2012 年上半年印刷及复制业投资增幅回落 6.57%

相关数据显示，2012 年上半年全国造纸及纸制品业完成投资 993.49 亿元，较 2011 年同期增加 178.25 亿元，实现同比增长 21.86%，较 2011 年同期增幅回升 3.36 个百分点，其投资完成总额占 2012 年 1—6 月份制造业固定资产总投资完成额的 1.84%，较 2011 年同期比重下降 0.04 个百分点。造纸业所吸纳固定资产投资总额超过文教体育用品制造业和印刷业固定资产投资总额之和，是相关行业内重点投资方向。

1—6 月全国印刷业及记录媒介复制业完成固定资产投资 447.64 亿元，实现同比增长 15.43%，2011 年以来产业增长平稳回落，较上年同期增幅回落 6.57 个百分点，低于同期全国制造业平均固定资产投资增幅 9.12 个百分点，其投资完成总额占 1—6 月制造业固定资产总投资完成额的 0.83%，较上年同期比重下降 0.07 个百分点。

（摘自《中国印刷》2012 年第 9 期 / 文）

2012 年上半年中国纸和纸板出口量总体小幅增长

据海关统计数据显示，2012 年上半年，我国共出口纸及纸板（未切成形的）232.1 万吨，同比增长 2.5%，价值 27 亿美元。其中，无机物涂布纸和铜版纸分别出口 157.4 万吨和 76.5 万吨，分别增长 3.5% 和 15.7%；瓦楞原纸出口 1.9 万吨，大幅增长 48.7%。

数据显示，上半年我国对日本出口无机物涂布纸 27.6 万吨，大幅增长 59.5%。我国对东盟出口无机物涂布纸 22.8 万吨，增长 10.6%，其中，对印度出口无机物涂布纸 9.1 万吨，同比下降 32.3%。我国对欧盟和美国分别出口无机物涂布纸 7 万吨和 6.7 万吨，同比分别下降 15.7% 和增长 70%。

就铜版纸出口情况看，2012 年上半年，我国对日本出口铜版纸 22.6 万吨，大幅增长 72.3%。我国对东盟出口铜版纸 9.9 万吨，增长 9.5%，占同期我国铜版纸出口总量的 12.9%。我国分别向欧盟和美国出口铜版纸 1.4 万吨和 1.3 万吨。

数据显示，2012年上半年，南京口岸出口纸和纸板74.4万吨，增长2.2%；价值7.5亿美元，同比增长4.6%。青岛口岸和上海口岸出口额分列第二位和第三位，分别出口5.2亿美元和3.9亿美元。

（摘自《中国印刷》2012年第9期／文）

2012年上半年我国印刷设备、器材同比出口好于进口

据海关统计数据显示，从进口情况看，2012年上半年我国印刷设备、器材累计进口金额为12.9386亿美元，较2011年上半年下降了6.42%。2012年6月份我国印刷设备、器材（不含制版软片，下同）进口金额为2.4795亿美元，同2011年6月份相比增长5.84%，同2012年5月份相比环比下降了3.89%。

其中，2012年上半年我国印刷设备进口金额为11.0861亿美元，同比下降5.39%。印刷设备中印后设备、辅机零件进口金额均有20%左右幅度的上升，但仍不抵印刷机进口金额10.48%的下降。就印刷机而言也不能一概而论，数字式印刷机仍有9.60%的增长；"进口大户"胶印机进口下降20.47%，其他常规印刷机基本持平。印前设备也有26.32%的降幅。2012年6月份印刷设备进口金额为2.1460亿美元，与2011年6月份相比增长10.40%，与2012年5月相比下降4.64%。

数据显示，2012年上半年我国印刷器材进口为1.8526亿美元，同比下降12.12%。印刷器材中胶印版材进口金额下降17.61%，印刷油墨下降13.48%。预计胶印版材还将进一步下降。2012年6月份印刷器材进口金额为0.3335亿美元，与2011年6月相比下降16.39%，与2012年5月相比上升1.22%。

从出口情况看，2012年上半年我国印刷设备、器材出口金额为9.8393亿美元，与2011年上半年相比上升12.94%。2012年6月份我国印刷设备、器材出口金额为1.7029亿美元，与2011年同期比较，印刷设备、器材均属增长态势，同比增长8.31%。

其中，2012年上半年印刷设备出口金额为6.9010亿美元，较2011年上半年增长21.01%，究其原因是印刷机的出口强劲，同比增长37.27%，尤其是数字式印刷机增长幅度更高达54.50%。2012年6月份印刷设备出口金额为1.1921亿美元，较2011年6月份增长10.15%，值得一提的是，胶印机6月的出口额较2012年5月环比上升28.48%。

（摘自《中国印刷》2012年第10期／文）

2012年前三季度纸和纸板出口逐步回暖

海关统计数据显示，2012年前三季度，我国共出口纸及纸板（未切成形的）353.1万吨，同比增长2.5%，价值42.3亿美元，增长12.8%。其中，无机物涂布纸和铜版纸分别出口233.9万吨和112.4万吨，分别增长2.3%和12.5%；瓦楞原纸出口2.4万吨，增长10%。

数据显示，前三季度，我国对东盟出口无机物涂布纸34.5万吨，增长11.4%，其中，对印度出口无机物涂布纸13.1万吨，同比下降24.2%。我国对欧盟和美国分别出口无机物涂布纸10.3万吨和11.5万吨，同比分别下降18.9%和增长72.4%。

就铜版纸出口情况看，2012年前三季度，我国对东盟出口铜版纸15万吨，增长14.4%，占同期我国铜版纸出口总量的13.4%。

前三季度，我国对越南出口瓦楞原纸数量迅猛增长，共出口7409吨；对美国出口瓦楞原纸骤增，共出口4840吨。我国共向古巴出口新闻纸400吨。我国分别向东盟和韩国出口牛皮纸2.2万吨和6354吨，分别下降24.6%和增长56.2%。

数据显示，2012年前三季度，南京口岸出口纸及纸板112万吨，增长3.6%；价值11.3亿美元，同比增长5%。青岛口岸和上海口岸出口额分列第二位和第三位，分别出口7.7亿美元和6亿美元。南京口岸出口无机物涂布纸84万吨，同比增长4%，占我国无机物涂布纸出口总量的36%。深圳口岸出口瓦楞原纸2.1万吨，增长40%。

（摘自《中国印刷》2012年第12期／文）

政府补贴骤减 意大利百家报纸面临关闭

据英国《卫报》2012年1月3日报道，由于政府补贴大量缩减（从每年的1.42亿英镑减少到0.44亿英镑），意大利近百家报纸将面临关闭。这其中包括:《解放报》(Liberazione)、安东尼奥·葛兰西(Antonio Gramsci)创立的《团结报》(L' Unita)、独立左翼的《宣言报》(Il Manifesto)和颇受欢迎的天主教报纸《Avvenire》。同时，受到影响的还有一些地区性报纸等。

据《金融时报》报道，如今，政府补贴被视为是滥用纳税人的税金，来维持日益衰退的报纸业(《解放报》仅发行5000份)。此次缩减是由西尔维奥·贝卢斯科尼前任政府授权，并由欧盟竞争力执委蒙堤批准通过的。

报道还称，像《晚邮报》(Crriere della Sera)和《共和国报》(La Repubblica)这样的主流报纸还将继续受益于间接补贴，比如对订阅售出报纸免收增值税，并降低邮寄成本等。

（摘自《中国印刷》2012年第2期/文）

中南美洲软包装市场增长迅猛 潜力巨大

中南美洲的软包装市场值已达43亿美元，年增长率约为5.3%。在这中间，巴西地区软包装需求量增长48%，哥伦比亚及阿根廷合计增加67%。2015年中南美洲的软包装市场值将达53亿美元，年平均增长率预计为4.6%。超市零售业规模不断拓展、人群数量的不断增加、上班女性、年轻消费者对软包装产品的热爱等等都在一定程度上促成了软包装市场值的增长。从2005年开始，受当地经济持续增长的影响，中南美洲的基础建设和食品加工业迅猛发展。

巴西软包装的需求量主要依靠本国的生产企业，仅有1%依靠进口，有2%出口到中南美洲其他国家。其中，PET软膜仍旧从中国和印度进口，而当地有大量的BOPP和PE膜的生产企业，但PET膜仅有一个地区生产。

（摘自《中国印刷》2012年第2期/文）

法国开发出超薄铝质RFID标签

法国研究人员开发了一款能镶嵌到纸上的超薄铝质RFID标签，不仅减少了金属用量相当于降低标签的成本，更大的意义在于扩展了标签的应用范围，今后在一张打印的表格或传单上都可能有标签的身影。

把标签的天线嵌进塑料物体当中通常采用蚀刻，电镀技术，嵌入到纸张当中则采用胶版印刷、丝网印刷和胶印技术。现在，蒙彼利埃大学的研究者称，仅通过一个简单的热蒸发过程就可以让铝质线圈天线在纸上成形，并组成完整的RFID标签。研究表明，该方法会降低五分之一的成本，对于百万计用量的标签用户来说，将是一大福音。

“这款标签的方案原型能被读写器良好的读取，接下来我们将会结合各种RFID芯片来优化这套方案。相信这会是RFID技术应用到纸张类薄型物品上的一大进步。”研究成员如此描述。

（摘自《中国印刷》2012年第4期/文）

日本将向海外电子书等服务征收消费税

日本财务省确定将对海外向日本提供的电子书、音乐以及广告等服务征收消费税，最早将于2014年4月起实施。

日本的消费税征收对象仅包括“国内交易”和“物品进口”。如果将服务器等设在海外，然后向日本提供音乐和电脑应用软件等服务，根据现行日本法律作为“国外交易”将无需缴税。但如果是企业在日本国内提供服务，作为“国内交易”则需要纳税。

2012年日本的信息内容服务市场有望扩大，美国亚马逊将在日本推出电子书终端，乐天也将利用此前收购的加拿大Kobo公司开始推进图书线上服务。日本也正计划提高消费税，日本国内企业认为，如果消费税税率上升，在与海外企业之间的竞争中将处于更加不利的地位，因此出现了将业务转移到海外的趋势。

在这样的背景下，日本财务省作出决定，规定日本企业和消费者接受的内容服务即使由海外提供，仍然要征收消费税。由于消费税税法以及相关实施细则还需要调整，财务省计划在2013年通常国会之前，完成必要的制度修正。欧盟(EU)已经开始对来自区外的内容服务征收增值税，而日本的征税方法预计将与欧盟(EU)相近。

（摘自《中国印刷》2012年第8期/文）

新加坡科学家：实现打印极限分辨率全彩图像

据最新消息显示，新加坡一科技研究机构的研究人员，利用等离子共振效应和纳米大小的粒子，打印出极限分辨率的全彩色图像。

据了解，光学图像有分辨率限制，油墨和激光打印机的油墨点是微米大小，最高分辨率为每英寸1万像素点。

当两个对象过于靠近，反射光会产生衍射，两对象会变模糊。该效应被称为衍射极限，两个对象之间的最短距离等于成像光波长的一半。而颜色光谱的中间波长等于500纳米，意味着打印图像中的像素点之间距离不能低于250纳米。新加坡研究人员的最新研究已经达到了这个极限。作为概念验证，他们打印了一幅50×50微米的Lena测试图像，每英寸10万像素点。

（摘自《中国印刷》2012年第9期／文）

百年列支敦士登邮票创世界最快印制纪录

1912年列支敦士登发行了首枚邮票，2012年恰好迎来邮票发行一百周年纪念。8月16日，列支敦士登举行邮政百年庆祝活动，世界上邮票最快印制的吉尼斯世界纪录也在当天由列支敦士登邮政公司创造。

列支敦士登邮政公司首席执行官赫尔伯特·鲁迪瑟介绍了列支的邮票产业。“列支敦士登从1912年2月4日开始印刷发行首枚邮票，邮票产业在国家收入中扮演了非常重要的角色。今天，列支敦士登在全球拥有3万集邮爱好者，这其中也有中国的集邮爱好者。我们对此感到非常高兴，在中国的上海和北京我们还拥有两个集邮爱好者俱乐部。”

为了庆祝首枚邮票发行，16日在列支敦士登沙恩市，列支敦士登邮政公司还创造出了一项邮票最快印制的吉尼斯世界纪录。当天，与会者从候选的9枚邮票图案当中选出3张作为冲击世界纪录的邮票图案。从决定印刷邮票开始计时，经过排版、印刷、包装，直到销售出第一张邮票，所用总时间将是冲击世界记录的成绩。来自英国吉尼斯世界纪录总部的格朗戴全程监督了冲击纪录的过程，从开始至结束时间定格在57分50秒，一项新的邮票最快印制的吉尼斯世界纪录就此诞生。

（摘自《中国印刷》2012年第9期／文）

新加坡政府公布报刊印刷及发行量新准则

2012年8月13日，新加坡发行公信会公布了审计与呈报报章、杂志发行量的新准则。新制定的准则可更全面地反映一份刊物的实际覆盖面。在新准则下，“数码版本”必须跟所属印刷媒体保持相同的名称和标志特征。它也要在特色和内容方面跟印刷媒体保持一致。此外，只有订户或注册用户才能用电脑或手机浏览数码版本。发行公信会也对数码版本做出两大分类。其中一类为“复制版本”（replica）；另一类是“非复制版本”（non-replica），虽然在特色和内容上与印刷版本一致，但它无需在编辑、广告和排版上跟印刷版本一模一样。发行公信会指出，无论是复制或非复制版的数码媒体都要和印刷媒体的发行量分开呈报。一份刊物的总发行量由印刷版和复制版本的发行数额结合而成。

另一方面，付费和免费发行的计算方式也出现改变。以往，单一买方若采购超过一百份刊物，并不能算进刊物的发行量，因为这并不能显示实际的销售。日后，出版商若出现这样的销售，可以把它归类为“倍数销售”（multiple copy sales）。倍数销售指的是展销商、演唱会或类似主办机构为达到宣传效果购买多份刊物的情况。即便刊物是在会场免费分发，也能算入发行量。

（摘自《中国印刷》2012年第9期／文）

德国传统媒体《法兰克福评论报》申请破产保护

德国《法兰克福评论报》因长期处于经营困境已于2012年11月13日向法兰克福地方法院正式提交破产保护申请。《法兰克福评论报》创建于1945年8月1日，为二战后德国出版的第二家报纸，长期以来排名高居全德国新闻报纸前10名，历史上享有较高声誉。目前隶属于德国中左翼社会民主党麾下的杜蒙·绍贝尔格出版集团。

该报2001年时仍能维持其日均约19万份的发行量，但之后因经营不善而陷入持久困境，不断更换管理层、进行重组和裁员，2007年该报改为小报排版，之后发行量一度稳定在日均15万份左右，随后继续出现大幅度亏损。杜蒙·绍贝尔格出版集团曾用各种办法努力削减该报开支，以努力维持其收支平衡，并于2011年尝试与经营状况尚可的《柏林报》合并，但最终谈判没有结果。

（摘自《中国印刷》2012年第12期／文）

古有毕昇 今有昌昇
进口机的品质 优越的性价比
商务印刷、包装印刷、书刊印刷
CHANGSHENG
CS102-5UL大对开五色胶印机（五色+上光）
CHANGSHENG JIANGSU
CS130-4全张四色胶印机
CSS10402B大对开双面双色胶印机
CSS1040B1大对开双面胶印机
江苏昌昇集团
地址：江苏省如皋市福寿路68号 电话：0513-87518894 传真：0513-87516416
客服：0513-87537550 网址：www.jscsjx.com 邮箱：yxzx@jscsjx.com

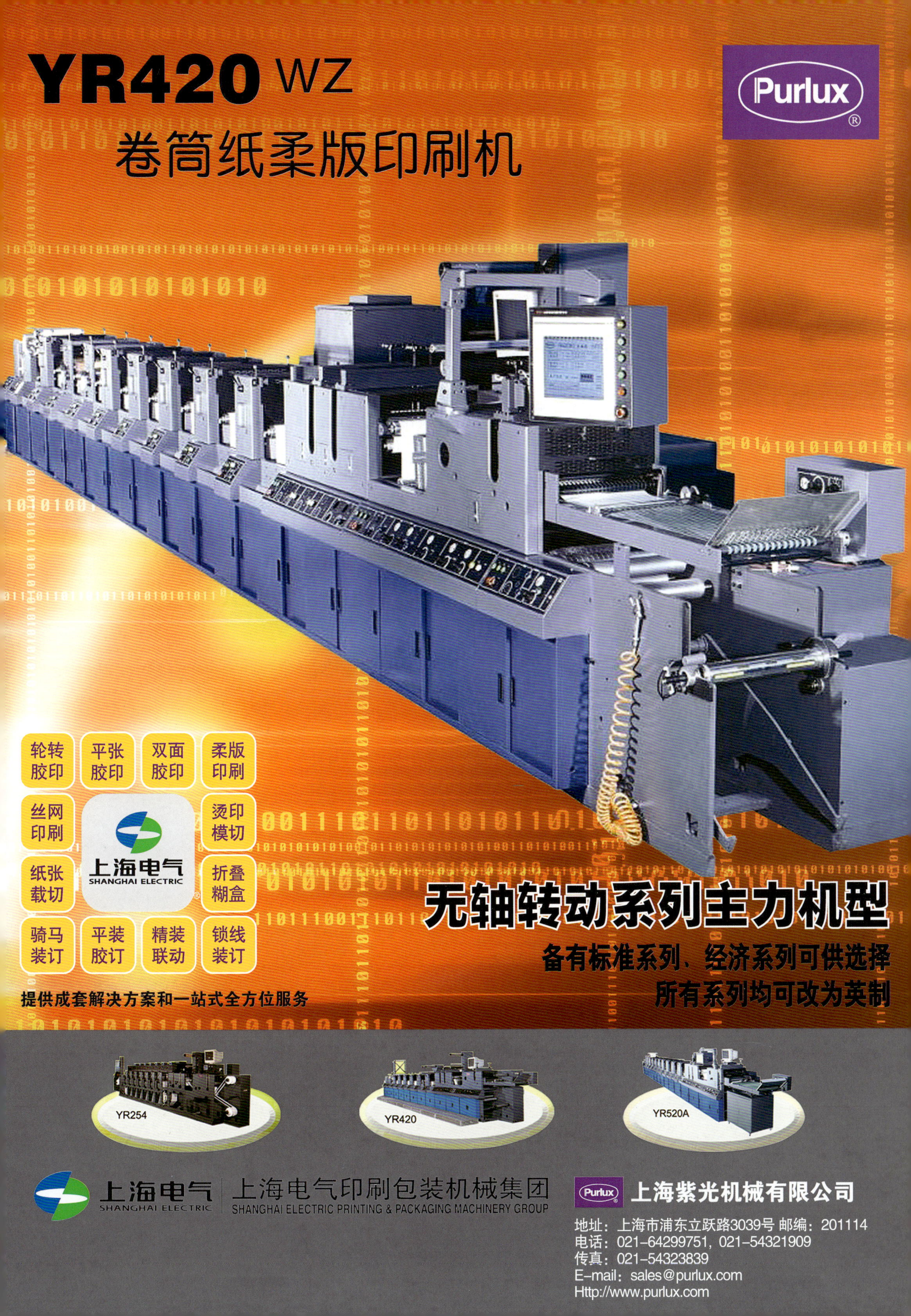

YR420 WZ
卷筒纸柔版印刷机
Purlux
轮转胶印
平张胶印
双面胶印
柔版印刷
丝网印刷
烫印模切
纸张载切
折叠糊盒
骑马装订
平装胶订
精装联动
锁线装订
上海电气
SHANGHAI ELECTRIC
提供成套解决方案和一站式全方位服务
无轴转动系列主力机型
备有标准系列、经济系列可供选择
所有系列均可改为英制
YR254
YR420
YR520A
上海电气 SHANGHAI ELECTRIC
上海电气印刷包装机械集团
SHANGHAI ELECTRIC PRINTING & PACKAGING MACHINERY GROUP
Purlux 上海紫光机械有限公司
地址：上海市浦东立跃路3039号 邮编：201114
电话：021-64299751，021-54321909
传真：021-54323839
E-mail：sales@purlux.com
Http://www.purlux.com

东洋油墨 SC 控股株式会社北京办事处

北京市东城区东直门外大街 48 号

东方银座公寓 A 座 8 层 C 室

邮编：100027

电话 (Tel)：010-8447-7885　传真 (Fax)：010-8447-7021

http://schd.toyoinkgroup.com/cn/

天津东洋油墨有限公司

天津市西青经济开发区兴华二支路 12 号

邮编：300385

电话 (Tel)：022-2397-3966　传真 (Fax)：022-2397-1697

http://www.tjtoyoink.com.cn

从事印刷油墨、有机颜料、树脂的制造、销售、出口

上海东洋油墨制造有限公司

上海市松江工业区东部分区申港路 2450 号

邮编：201612

电话 (Tel)：021-6760-0606　传真 (Fax)：021-6760-0696

http://www.shtoyoink.com.cn　e-mail: service@toyoink-sh.co

从事机能性树脂、粘合剂、凹印油墨、塑料着色剂及复合塑料的制造、销售

紫宏 Magna

www.sh-pm.com

ZHJL50

精装书籍联动线

Hardcover Producing Line

用于对书芯的扒圆、起脊、贴背(包括粘书背布、背脊纸和堵头布)、上精装书壳，以及对书本压平和压槽成型。

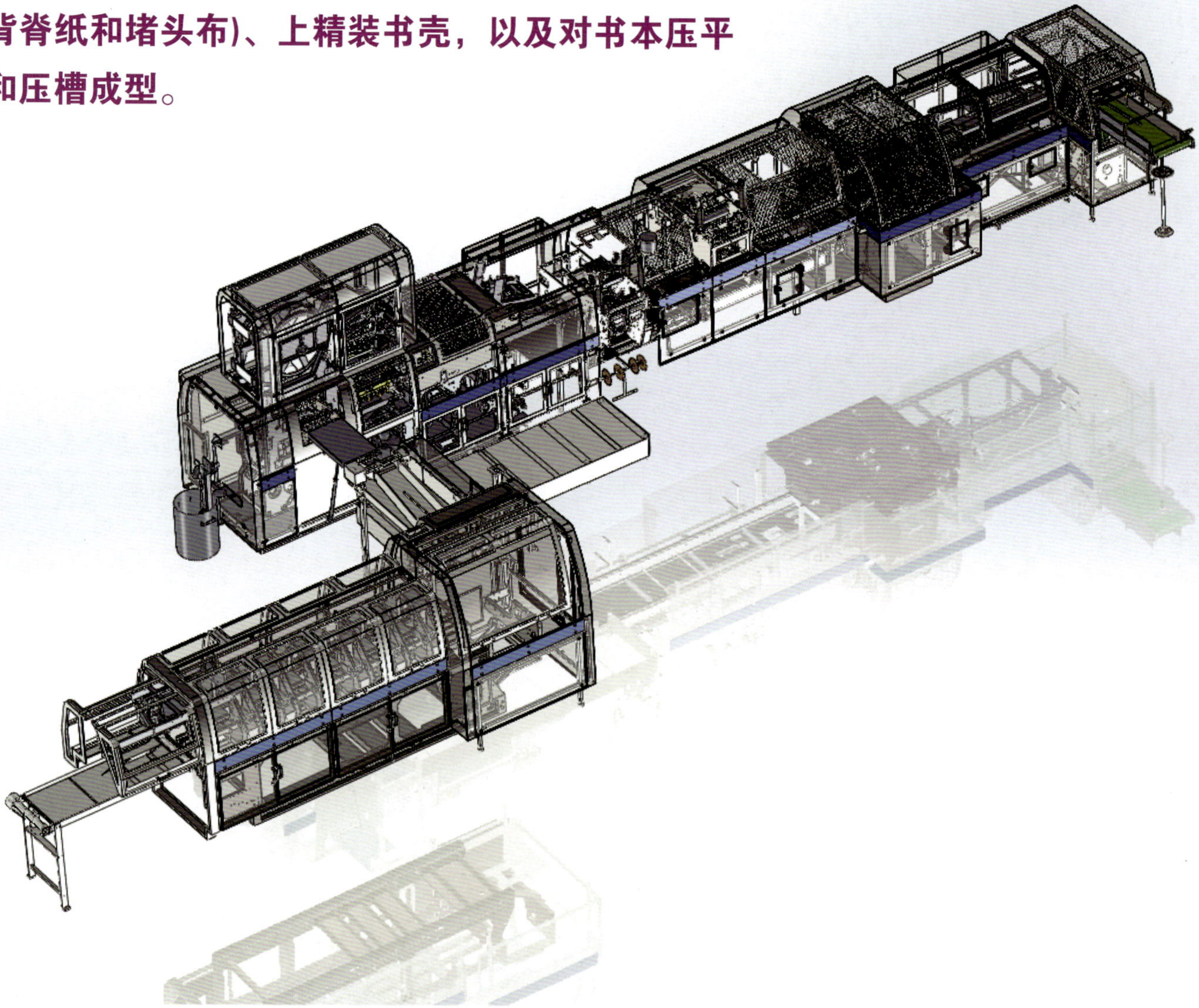

PURPLE MAGNA

上海紫宏机械有限公司

Shanghai Purple Magna Machinery Co.,Ltd.

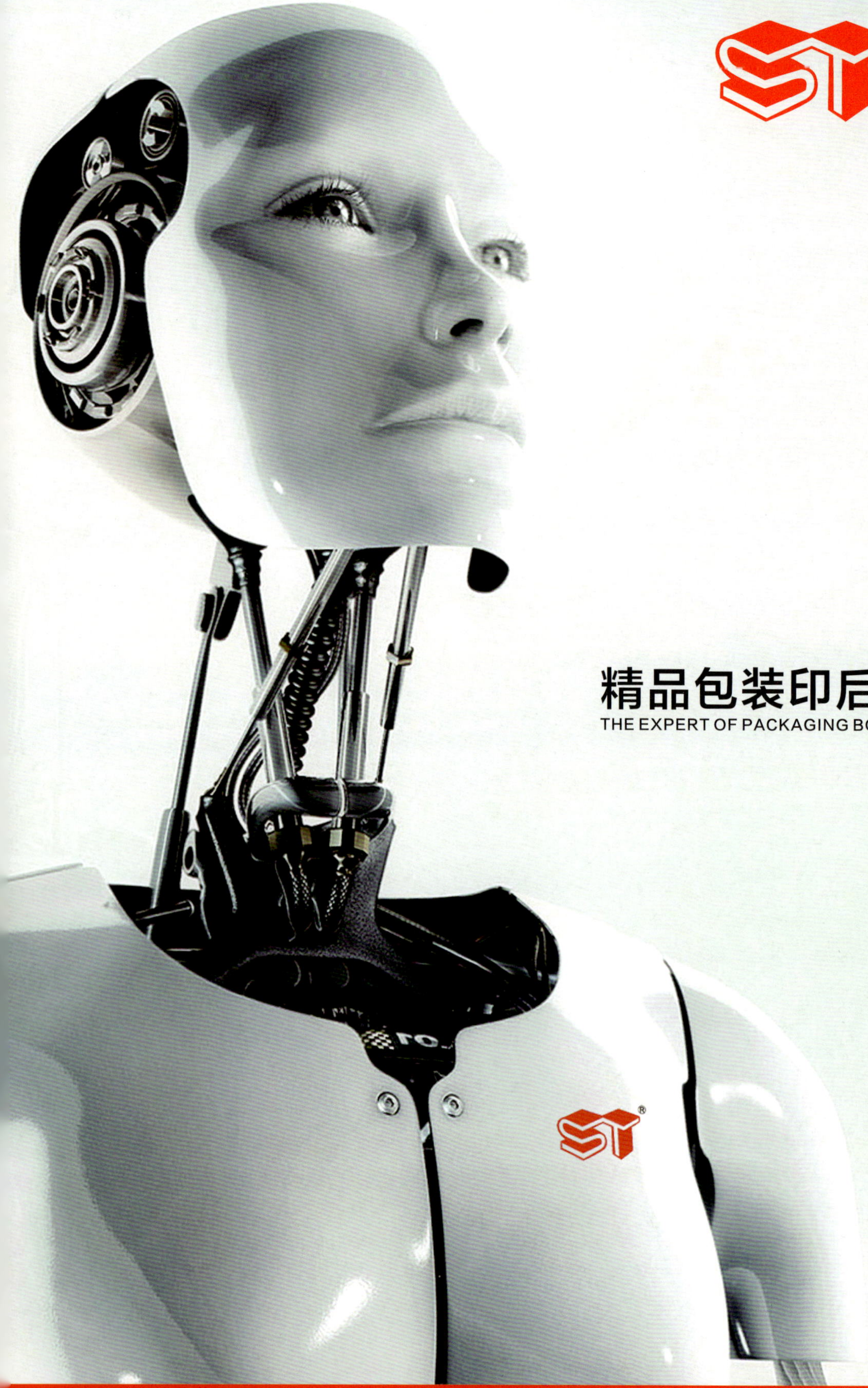

专业票据轮转印刷设备制造商
多联 轮转 联动
创新 高效 优质
www.yantaijinbao.com
JB460LZ-C商用票据轮转印刷机
YANTAI JINBAO
JB460LZ-C
烟台金宝精密印刷设备有限公司
YANTAIJINBAO PRECISION PRINTING EQUIPMENT CO.,LTD
电话：+86-0535-6953086 +86-13953576788 传真：+86-0535-6101799-8002 +86-0535-6953088
网址：www.yantaijinbao.com yantaijinbao.cn.alibaba.com 电子邮箱：jinbao9688@yantaijinbao.com
地址：山东省烟台开发区合肥大街16号 (NO.16 Hefei Street,Development Area,Yantai) 邮政编码：264006

深圳职业技术学院
媒体与传播学院

学院简介

媒体与传播学院下设图文传播和出版传媒两个专业类。其中图文传播类下设印刷图文信息处理、印刷技术、包装技术与设计3个专业；出版传媒类下设出版与发行、电子出版技术2个专业。学院致力于培养印刷、包装、出版、传媒产业所需要的懂创意策划、图文采编、信息处理、设计制作、编辑排版、印刷复制、加工生产、发行传播等高级技术、设计与管理人才。

学院现有在校生1125人、教职工63人，其中教授5人，副教授14人，专业教师中80%具有硕士及以上学位，90%具备“双师型”资格。校内建有国际一流的印刷媒体技术中心，包含10个校企共建的技术研发培训中心和16个学生创新、创意、创业工作室，拥有仪器设备794台（套），价值4300万元，其中企业捐赠1700万元。在报社、出版社、传媒企业、大型印刷包装企业等机构建立了120余家校外实习基地。

学院建有国家级示范专业1个（印刷技术专业），国家级精品课程1门，校级精品课程10门，网络课程17门，专业信息资源库1个，开发高级职业资格证书9项。教学中注重学生的创新培养和能力训练，学生在各类大赛中取得了一系列成果，例如2010年全国印刷职业技能大赛（学生组）一等奖，2009年和2010年全国曼罗兰奖学金高职高专组一等奖，全国大学生包装设计创意大赛金奖、银奖，深港大学生创意设计大赛金奖等。毕业生广受行业和企业的欢迎，近年供需比平均为1:4，毕业生100%可被推荐在深圳就业。

1. 包装技术与设计

【培养目标】培养面向包装、广告、食品、医药、化妆品、海关等企事业单位，掌握“包装结构与创意设计、物流包装与检测、包装策划与管理、包装业务与营销”等相关知识和技能，且具有职业生涯发展基础的德、智、体、美全面发展的高技能应用型专业人才。

【主干课程】包装结构设计、运输（物流）包装设计、包装装潢设计、包装视觉元素设计、包装材料与测试、包装工艺与设备、包装设计师训练、包装CAD实训、包装印刷、包装业务及营销等。

【就业方向】在销售包装企业（如食品、化妆品、药品等）从事包装结构及装潢设计、包装工艺设计、包装检测、包装策划、包装管理、业务与营销等工作；在大型电子、电器等企业从事运输包装设计、包装检测等工作；在包装容器制造企业从事容器的结构设计、外观造型设计、业务与营销等工作；在广告设计公司从事包装设计与制作等工作；在国际检测、标准中心（如SGS通标标准技术服务有限公司）、海关从事包装检测工作。

2. 印刷技术

【培养目标】培养面向印刷、包装、出版等企事业单位，掌握数字印前制作、印刷设备操作、印刷工艺与生产管理、印刷营销与业务管理等相关知识和技能，具有创新意识和技术管理能力，具备职业生涯发展基础的创新型高技能应用型专业人才。

【主干课程】印刷色彩、印刷设计应用软件、数字印前技术、印前综合训练、胶印机结构原理与操作、印刷工艺、印刷标准化与质量检测技术、印后加工工艺、印刷业务与跟单实务、中高级专业技能训练等。

【就业方向】印刷包装企业：技术与管理岗位；报社、杂志社：排版与制作部、印刷部等；设计与广告公司：印刷设计与制作岗位；印刷设备与器材销售公司：销售、技术服务、培训、售后服务等。

【就业前景】目前，国内60%以上的高档书刊印刷品、85%以上的电话号码簿、90%以上的拍卖品图录都在深圳印制，深圳已发展成为全国最重要的高档精品印刷中心。我国印刷业的高速发展，带来了人才匮乏的问题，深圳作为全国高端印刷基地对印刷人才的需求更显得尤为旺盛。印刷科技带头人、印刷经理人、印刷企业高级管理人才、印刷机长、高级技工和技师，这些高技术含量和高薪的岗位，都是我们的毕业生未来的方向。

3. 印刷图文信息处理

【培养目标】培养掌握计算机及数字图像的基础知识，懂数字化印刷工作流程，能熟练操作苹果电脑、计算机直接制版系统和数码印刷设备，精通专业制作软件，了解数字化、网络化印刷出版流程管理的高技能应用型专业人才。

【主干课程】印刷色彩、数字印前技术、印刷设计应用软件、图文制作与排版、计算机直接制版技术、制版原理与工艺、色彩管理技术、印前综合训练、印刷业务与跟单实务、数码印刷、中高级专业技能训练。

【就业方向】印刷企业、出版社、报社、广告设计公司、快印公司、数码影楼等从事平面设计与制作、数码印刷、数码摄影、数字印前处理、图文组版、CTP技术等方面的操作与管理工作。

4. 出版与发行

【培养目标】本专业方向主要培养学生熟悉艺术传播设计原理和工艺、出版物编排设计、包装装潢设计等设计思维和技能，掌握组稿、策划、校对、编辑排版、出版物营销与传媒策划、广告设计、企业形象策划、网站制作与网络编辑、公共关系基础理论知识和实操技巧，使学生成为适应现代企业发展的、有较强审美能力和设计编排能力，能适应传媒企事业单位需求的高技能应用型专业人才。

【主干课程】书籍设计、版面设计、报刊编辑与排版、广告文案写作、传媒广告设计、网页设计与网络编辑、专业考察与调研、图形创意、字体创意、标识设计、插画设计、新闻采访与写作、文稿编辑与校对、媒体经营与管理、媒体营销实训、媒体策划实务、商品包装创意与制作、装潢美术设计员中高级实训、电脑照排工中高级实训等。

【就业方向】可在新闻、出版、广告、策划等企事业单位从事编辑出版、出版物营销、公关策划类工作；在刊物、广告公司、设计公司、包装公司从事媒体创意、栏目策划、组稿、出版物美编和包装装潢设计、平面制作和管理；可在传媒企业从事印前处理、版面编排、设计制作工作；在大型机构、企事业单位宣传工作；在大型书城、书店图书发行与管理工作等；也可作为自由设计师独立创业。

5. 电子出版技术

【培养目标】培养熟悉电子出版原理，掌握电子书、网络、手机移动终端、数字交互媒体等形式的电子出版物的策划、设计、制作、发布与营销及数字媒体素材编辑、电子阅读终端软硬件调试等基本技能，具有较强的跨媒体、跨平台的数字媒体开发能力，能适应出版传媒企业、数字教育公司、多媒体制作公司、网络公司、影视传媒企业等相关单位需求的高技能应用型专业人才。

【主干课程】交互媒体出版、网络出版实务、电子阅读器及电子书、移动终端出版、数字媒体策划与设计、数字动画技术、音频与视频编辑、数字内容管理、脚本语言程序设计、电子出版标记语言。

【就业方向】出版社、报社、杂志社、交互式教育产品开发公司、多媒体制作公司、网站设计公司、企业内部网站、企业内部数字展示媒体开发部门等的技术维护、媒体交互设计、电子出版物制作、数字媒体素材编辑、数据录入与版面编排工作；电子阅读器与移动终端软硬件开发公司、平面设计公司、影视广告与数字传媒公司等的界面设计与数字媒体制作工作；跨媒体企业的网络数据信息处理及大型书城、出版社网上书店的电子图书制作与销售平台的信息维护工作等。

图注：深圳市委书记王荣来校调研，并与学生创业创意中心成员合影(上图)/学生荣获第二届全国印刷行业职业技能大赛一等奖(下图)

法规政策

《中国标准录音制品编码》(GB/T 133962009)国家标准实施办法

新出政发〔2011〕19号

新闻出版总署
2011年12月28日

第一章　总则

第一条　为推进《中国标准录音制品编码》(GB/T 133962009)国家标准(以下称新版ISRC标准)的实施，规范录音制品及音乐录像制品的出版或传播，保护著作权及相关权利人的合法权益，加快我国音像产业相关标准与国际接轨，特制定本办法。

第二条　新版ISRC标准适用制品的范围包括录音制品和音乐录像制品。

本办法所称的制品，是指录制完成的录音或音乐录像节目，与该节目的载体无关。

本办法所称的录音制品，是指已录制加工完成的声音成品，或每一可独立使用的曲目篇节。

本办法所称的音乐录像制品，是指由音频信号和视频信号录制的制品，其中构成该表演性音乐制品的全部或主要部分为音频信号，主要包括MTV、MV、卡拉OK、演唱会等。

第三条　每一可独立使用的录音制品或音乐录像制品均须分配一个单独的中国标准录音制品编码(以下称ISRC编码)。该编码只标识被编码对象，不能作为出版物标识。

第四条　新闻出版总署是ISRC标准实施的主管部门，负责领导和监督ISRC标准的实施工作。

新闻出版总署批准设立中国标准录音制品编码中心(以下称中国ISRC中心)作为ISRC编码的注册管理和标准实施的技术服务机构，由中国版权保护中心负责建设与管理。

第二章　登记者

第五条　ISRC编码的登记者应当是向中国ISRC中心申请并获得登记者码的机构或组织。

登记者就录制完成的录音制品和音乐录像制品向中国ISRC中心申领ISRC编码。

第六条　申请成为ISRC编码登记者，应当向中国ISRC中心提交以下申请材料：

(一)按要求填写的登记者码申请表；

(二)经出版行政主管部门批准的《音像制品出版许可证》《音像制品制作许可证》等资质证明文件复印件；

(三)其他相关证明材料。

第七条　中国ISRC中心应当自收到符合本办法第六条规定的申请材料之日起20日内完成审查，符合规定的，发放登记者码并予以公告，同时分配中国ISRC编码申领信息系统的账户、密码及登录工具。

登记者应制定ISRC编码申领管理制度，妥善保管ISRC编码申领账户、密码及登录工具，设专人负责ISRC业务，因保管不善等造成的损失由登记者自行承担。

第八条　依据《中国标准音像制品编码》(GB/T133961992)国家标准已获得出版者码的机构或组织，沿用原有的出版者码作为登记者码，无须再另行申请，如中国唱片总公司仍沿用A01登记者码(出版者码)。

第九条　登记者下列事项发生变更的，应当向中国ISRC中心进行备案：

(一)单位名称；

(二)单位地址；

（三）经办人；

（四）联系方式；

（五）其他应当变更备案的情况。

第三章　ISRC编码申领

第十条　登记者在录音制品或音乐录像制品录制完成后，通过依据本办法第七条分配的系统账户在线填报制品元数据信息表，并提交符合规定的制品，申请获得制品的ISRC编码。

第十一条　登记者应保证其填报的申领信息和所提交的制品真实、准确、完整，制品必须与填报的元数据信息保持一致。

第十二条　制品的内容和版权授权应符合相关法律法规的规定，因制品内容违法或版权侵权而产生的后果由登记者自行承担。

第十三条　未取得登记者资格的出版机构或组织，因业务需要申领ISRC编码的，可直接向中国ISRC中心提交下列书面材料申领ISRC编码：

（一）按要求填写的真实、完整、准确的制品元数据信息表；

（二）符合规定的制品；

（三）申领者的相关资质材料及法定代表人身份证明材料；

（四）申领者拥有录制者权或经录制权拥有者授权的证明材料；

（五）根据《音像制品管理条例》《音像制品出版管理规定》等法规、规章或其他规范性文件取得的批准文件；

（六）其他需要提交的证明材料。

第十四条　需要提交书面材料的，应当在中国ISRC中心网站下载使用统一制定的模板，按照要求填写并加盖公章或签名。

提交的各种书面材料应当用中文填写。证件和证明文件是外文的，应当附中文译本。申领ISRC编码的文件应当使用国际标准A4型297mm×210mm（长×宽）纸张。

第十五条　从外国和中国香港特别行政区、澳门特别行政区和台湾地区进口的录音制品或音乐录像制品，已携带有符合ISO3901：2001《信息与文献——国际标准录音制品编码（ISRC）》规范的ISRC编码的，无须再向中国ISRC中心申领。未携带ISRC编码或携带的ISRC编码不符合规范的，应按照本办法规定申领ISRC编码。

第四章　ISRC编码分配

第十六条　自登记者提交符合本办法规定的ISRC编码申请之日起7个工作日内，由中国ISRC中心予以分配制品ISRC编码。

第十七条　有下列情形之一的，中国ISRC中心有权要求登记者补正申请材料，登记者应当在7个工作日内补正，逾期未补正的，退回申请：

（一）制品元数据填写不完整、不规范的；

（二）制品元数据信息与制品内容不一致的；

（三）需要补充提交证明材料的；

（四）其他需要补正的情况。

自申请材料补正之日起开始计算受理时限。

第十八条　有下列情形之一的，不予分配ISRC编码：

（一）已经分配新版ISRC编码的；

（三）申请分配ISRC编码的制品存在权属争议的；

（三）登记者撤回申请的；

（四）其他不予分配ISRC编码的情形。

第五章　公告与查询

第十九条　制品分配ISRC编码后将在中国ISRC中心网站进行基本信息的公告，可通过中心网站查询。公告的制品内容如下：

（一）节目名称；

（二）语种；

（三）时长；

（四）登记者；

（五）制作者；

（六）表演者；

（七）ISRC编码；

（八）基本描述。

第六章　ISRC编码携载

第二十条　用于出版的录音制品和音乐录像制品，均应按照新版ISRC标准的规范要求携载ISRC编码。

前款所称出版，包括利用信息网络出版。

第二十一条　以数字形式制作的录音和音乐录像制品，ISRC编码应当对应于录音制品或音乐录像制品永久性地加载到所有复制品中，通过计算机设备可以识别和读取。

第二十二条　ISRC编码应当在录音制品或音乐录像制

品的所有复制品中明确标识。

以实物为载体的，ISRC 编码应当标识在所有复制品载体或附带资料上。

音乐录像制品，还应当在复制品内容中的片头位置对应加载可播放显示的 ISRC 编码。

配合书、刊等本版出版物出版的，应在本版出版物或其附带资料中明确标识相关 ISRC 编码信息。

本条所称附带资料，是指制品出版所随附的资料，包括节目介绍、歌词插页、电子文档、制品文件属性等信息。

第二十三条 录音制品或音乐录像制品通过信息网络出版的，ISRC 编码应以制品文件的属性信息方式予以显示。

第二十四条 按照本办法第二十一条、第二十二条、第二十三条规定加载及标识的 ISRC 编码应当清晰、完整。示例如：ISRCCNF121100721。

第七章　附则

第二十五条 本办法施行前，按照《中国标准音像制品编码》（GB/T 133961992）国家标准已进入出版生产环节的，可继续进行该制品的生产和销售。自 2013 年 1 月 1 日起，上述制品尚未生产或售出的，不得继续生产、销售。所有再版、重新复制和新版的音像制品中涉及录音制品或音乐录像制品的，均须申领、携载新版 ISRC 编码。

第二十六条 电子出版物（含以硬盘、优盘、存储卡等形态出版的移动存储类电子出版物）涉及音乐作品的，参照本办法执行。

第二十七条 本办法自 2012 年 1 月 1 日起施行，1992 年《新闻出版署关于实施〈中国标准音像制品编码〉的通知》中所附《中国标准音像制品编码管理暂行办法》同时废止。

音像电子出版物专用书号管理办法

新出政发〔2011〕19 号

新闻出版总署

2011 年 12 月 28 日

第一条 为了进一步规范《中国标准录音制品编码》（GB/T133962009）国家标准实施后对音像制品和电子出版物的管理，特制定本办法。

第二条 全国所有正式出版、发行的音像制品或电子出版物，均应使用中国标准书号（以下简称 ISBN）作为出版物标识。用于音像制品的，为音像制品专用书号；用于电子出版物的，为电子出版物专用书号。在音像制品、电子出版物载体或包装的显著位置须标识 ISBN。

第三条 中国标准音像制品编码或中国录音制品编码（以下简称 ISRC）不再承担音像制品版号的功能。音像制品专用书号和电子出版物专用书号，其使用范围和分配原则，参照《中国标准书号》国家标准（GB/T57952006）和《中国标准书号使用手册》规定执行。

第四条 ISBN 的申领和核发原则，以各音像、电子出版单位年度选题计划为核发依据，参考以往年度核发数量，确定分配和核发年度 ISBN 额度。前一年的 12 月至当年度 1 月为全年度 ISBN 核发办理时间。超出年度选题计划的，可根据实际需求申请追加。

第五条 ISBN 的申领和核发程序如下：

（一）中央和国家机关在京出版单位的 ISBN 额度，由出版单位持相关材料直接向新闻出版总署出版管理司申领，新闻出版总署出版管理司在 3 个工作日内予以核发，并发放《通知书》。

（二）地方和军队系统出版单位的 ISBN 额度，由各省级新闻出版局、解放军总政治部宣传部新闻出版局汇总、审核后，统一向新闻出版总署出版管理司申领，新闻出版总署出版管理司5个工作日内予以核发，并发放《通知书》。

（三）各音像电子出版单位在完成选题三审后提交《条码申请单》（附出版物信息表）申领ISBN条码。各省级新闻出版局、解放军总政治部宣传部新闻出版局负责所辖出版单位的申领工作，在已核批额度内向所辖出版单位下发本批次专用书号通知书，并向新闻出版总署条码中心办理领取专用书号手续。新闻出版总署条码中心负责中央在京音像电子出版单位的申领工作。

第六条 对涉及录音节目和音乐录像节目的音像制品或电子出版物，须先向中国ISRC中心申请分配新版ISRC编码后，再申请配发ISBN。申领ISRC是申领ISBN的前置条件。

第七条 经省级出版行政主管部门批准出版的配合本版出版物出版音像制品或电子出版物，涉及录音制品和音乐录像制品需要前置申领ISRC的，持批准文件直接向中国ISRC中心申领ISRC编码。

第八条 申领ISBN须提交以下材料：

（一）向新闻出版总署申请办理年度ISBN额度申领或追加ISBN事项的，须填写《音像电子出版物专用书号申请表》，并附《音像电子出版物出版计划表》《ISBN使用情况登记表》及《样本缴送清单》回执（有关表格样式见附件）。上述4种表格须报送纸质材料（加盖出版单位公章），同时须将《音像电子出版物选题计划表》《ISBN使用情况登记表》电子版上传至新闻出版总署出版管理司工作邮箱yxdzchu@126.com备案。

（二）非音像或电子出版单位配合本版出版物出版音像制品或电子出版物的，同样需要申领ISBN。持所在地省级新闻出版局或解放军总政治部宣传部新闻出版局批准文件向新闻出版总署条码中心办理领取ISBN手续。

（三）向新闻出版总署条码中心申请办理年度（或追加）ISBN及条码手续时，应提供以下材料：

1. 中央在京出版单位须向新闻出版总署条码中心提交新闻出版总署出版管理司下发的本年度专用书号额度分（调）配通知书；加盖公章的条码申请单（有关表格样式见附件）。

2. 省级新闻出版局、解放军总政治部宣传部新闻出版局所辖出版单位须向新闻出版总署条码中心提交新闻出版总署出版管理司下发的专用书号额度分（调）配通知书；省级新闻出版局、解放军总政治部宣传部新闻出版局下发的出版单位本批次书号通知书；加盖公章的条码批量申请单（有关表格样式见附件）。

第九条 新闻出版总署条码中心经审核合格后，在5个工作日内以电子邮件的形式向各申领单位发放音像制品或电子出版物专用ISBN（条形码）。

第十条 出版单位出版不同版本的音像制品或电子出版物，须使用不同的ISBN。具体如下：

（一）载体形式不同或采用不同格式出版的音像制品或电子出版物，应使用不同的ISBN。

（二）套装中每一节目单独销售，则每一节目均需要分配一个ISBN。

（三）同一版本出版物有不同产品形式并单独销售，每一出版物均应分配一个ISBN，不同产品形式或格式应在末尾括号中注明。如ISBN 978-7117072014（精装），ISBN 9787117071901（平装）。

第十一条 对于涉及录音制品或音乐录像制品再版或重印的音像制品或电子出版物，内容、载体形式和包装均未作改变的，可使用原ISBN，不需要重新申请。

第十二条 由新闻出版总署条码中心发放ISBN（条形码）后出版单位撤销选题的，已配发的ISBN作废。出版单位不得将其使用在其他出版物上。

第十三条 各省级出版行政部门要加强对音像制品和电子出版物专用书号的管理，规范申领和核发程序，并结合实际制定ISBN核发办法，建立ISBN管理数据库，做到出版物与专用书号的一一对应，确保管理到位。

第十四条 新闻出版总署要求填报的出版统计月（年）报表、音像制品复制委托书中的原“ISRC”项目将由“音像ISBN”项目替代。

第十五条 音像制品和电子出版单位的出版者前缀的申领或换发程序不变。

第十六条 本办法自2012年1月起实施。

第十七条 本办法由新闻出版总署出版管理司负责解释。

关于印发《2012年农家书屋重点出版物推荐目录》的通知

新出字〔2012〕13号

新闻出版总署

2012年1月20日

各省、自治区、直辖市新闻出版局，新疆生产建设兵团新闻出版局：

为确保2012年农家书屋工程全面竣工，指导各地做好2012年农家书屋出版物选配采购工作，总署制定了《2012年农家书屋重点出版物推荐目录》(以下简称《2012年推荐目录》)。现印发给你们，并将有关事项通知如下：

一、关于《2012年推荐目录》的制定

(一)《关于推荐2012年农家书屋重点出版物的通知》(新出厅字〔2011〕303号)下发后，共有530家图书出版单位选送图书5981种，168家音像和电子出版单位选送音像制品和电子出版物1008种，加上《2010—2011年推荐目录》中的3932种图书、409种音像制品和电子出版物，参与2012年推荐目录评审的图书共计9913种，音像制品和电子出版物1417种。

总署组织专家对以上出版物进行了评审，共评选出图书5207种、音像制品和电子出版物693种、少数民族文字出版物1303种及港澳台地区出版物11种列入《2012年推荐目录》。报刊在《2010—2011年推荐目录》基础上略做调整，确定报纸45种、期刊161种列入《2012年推荐目录》。

(二)《2012年推荐目录》图书部分按政经、科技、生活、文化、少儿、其他分为6类，每类中按照出版者前缀排序；报纸、期刊按照刊号排序；音像制品和电子出版物按社科、文艺、教育、科技分为4类，每类中按照出版单位汉语拼音排序。为方便各地采购，《2012年推荐目录》还附有出版单位发行部门的联系方式(推荐目录电子版可在新闻出版总署网、中国农家书屋网查询下载)。

二、关于《2012年推荐目录》的执行

(一)各省(区、市)新闻出版局要充分认识农家书屋出版物选配工作的重要意义，切实把好出版物选配质量关。要认真总结近两年本地区农家书屋出版物选配工作的成功经验，按照总署的要求和农民群众的需求，查找问题和不足，不断改进完善，确保高质量完成2012年农家书屋出版物选配工作，打好农家书屋工程建设的收官之战。

(二)各省(区、市)新闻出版局要严格按照总署规定为农家书屋选配出版物。每个农家书屋配备图书不得少于1500册，品种不得少于1200种；报刊不少于20种；音像制品和电子出版物不少于100种(张)。在总署规定的农家书屋配备标准中，《2012年推荐目录》列入的出版物品种和册数所占比例均不得低于70%，同时本省(区、市)版出版物总体比例不得超过30%。少数民族聚集地区农家书屋配备民族文字出版物，可视情况适当放宽标准。

各省(区、市)新闻出版局要严格审查把关，确保农家书屋配书质量，坚决不允许用库存书、图书馆下架的旧书以及质次价高的低劣图书充抵农家书屋图书数量。一旦发现此类问题，总署将坚决严肃处理并通报全国。

(三)各省(区、市)新闻出版局要及时将《2012年推荐目录》下发至市、县新闻出版行政部门。在为农家书屋选配出版物时，应充分考虑基层情况，结合县、乡、村的自然条件、产业结构、人口状况等，选择符合当地农村生产、生活实际需要的出版物，提高配书的针对性和适用性。

(四)各省(区、市)新闻出版局要将拟定的出版物采购目录在中国农家书屋网和有关媒体上公布，接受社会监督。在将采购目录报总署农家书屋办公室备案后，方可进行政府采购。在采购中不得擅自变更已列入采购目录的品种。

（五）各省（区、市）新闻出版局要科学制定政府采购方案，以合理的图书印张价格作为依据，避免采购价格过高或过低。在采购列入《2012 年推荐目录》的出版物时，对出版单位存在涨价、降低质量标准、不供货等行为的，应及时向总署农家书屋办公室报告。

（六）出版物配送到村后，应由县级或地市级新闻出版行政部门填报《农家书屋书目情况调查表》（一式 4 份），此表将作为各级新闻出版行政部门对农家书屋进行验收督查的重要依据。

（七）各级新闻出版行政部门应根据出版物的采购情况和使用情况，将对《2012 年推荐目录》的意见和建议及时反馈到总署农家书屋办公室。

（八）总署将派出督查组，对各地农家书屋进行验收检查。对不按标准、规定配备出版物的省（区、市），总署将通报批评；对出版物配备存在严重问题的，总署将通报其上级党委、政府和纪检监察部门，进行严肃处理。

关于报送迎接党的十八大主题出版重点选题的通知

新出字〔2012〕23 号

新闻出版总署

2012 年 2 月 22 日

各省、自治区、直辖市新闻出版局，新疆生产建设兵团新闻出版局，解放军总政治部宣传部新闻出版局，中央和国家机关各部委、各民主党派、各人民团体出版单位主管部门，中国出版集团公司，中国教育出版传媒集团有限公司，中国科技出版传媒集团有限公司：

今年下半年将召开中国共产党第十八次全国代表大会，这是全党和全国人民政治生活中的一件大事。全国出版界要以高度的政治责任感和使命感，及早策划，精心部署，做好迎接党的十八大主题出版工作，为党的十八大召开营造良好的文化氛围。现将有关事项通知如下：

一、迎接党的十八大主题出版工作要大力唱响共产党好、社会主义好、改革开放好的主旋律。

共产党领导、社会主义制度、改革开放，是历史和人民的选择，是当代中国一切发展和进步的根本原因。这既是唱响主旋律的重要内容，也是壮大主流思想文化阵地的核心要求。为此，出版界要着重推出以下几个方面的重点出版物：

1. 推出一批全面阐述十六大以来，党带领人民推进中国特色社会主义伟大事业，在政治建设、经济建设、文化建设、社会建设和生态文明建设等方面取得的辉煌成就和成功经验的重点出版物。

2. 推出一批反映十六大以来，党带领人民深入贯彻落实科学发展观，坚持以人为本、执政为民理念，在稳增长、调结构、惠民生、抓改革、促和谐，着力保障和改善民生等方面的重大决策和实际成效的重点出版物。

3. 推出一批反映十六大以来党的建设成就和基本经验的出版物，反映我们党提高执政能力建设、先进性建设和党风廉政建设，坚持科学执政、民主执政、依法执政的成果和经验，宣传党在理论创新方面取得的系列重大成果。策划一批适应海外读者阅读需求，向世界讲述中国共产党故事，展示中国共产党光辉形象的优秀出版物。

4. 推出一批反映我们党的光辉历史和优良传统，宣传我们党为民族独立、人民解放、国家富强、人民富裕建立的不朽功勋，颂扬老一辈无产阶级革命家的丰功伟绩和革命先烈的英雄事迹，宣传各级党组织的战斗堡垒作用和共产党员的先锋模范作用，宣传近年来涌现出来的重大先进典型和时代先锋人物的重点出版物。

二、主题出版的重点选题要注重内容和形式相统一，既要有专业的、厚重的理论研究著作，也要有面向大众的优秀通俗读物；既要有满足国内各少数民族读者需要的民族文字出版物，也要有适应海外市场需求，具有国际影响力的优秀作品。

三、各省局和主管部门要认真组织各出版单位精心策划迎接党的十八大主题出版重点选题，强化政治意识、大局意识，不断增强创新能力，努力挖掘鲜活素材，追求出版物的思想性、艺术性、可读性相统一。新闻出版总署将根据各地报送材料，组织专家评审，择优评定100种重点选题。

四、今年的主题出版物要确保在9月底前完成。

各出版单位确定重点选题后，应认真填写“迎接党的十八大主题出版重点图书（音像电子出版物）选题申报表”上报各省（区、市）新闻出版局，军队系统出版单位上报解放军总政宣传部新闻出版局。各省（区、市）新闻出版局，解放军总政治部宣传部新闻出版局审核论证后报送总署出版管理司。中央和国家机关有关部委所属出版社可直接报送总署出版管理司。所有材料必须于4月10日前完成报送。

关于组织实施社会主义核心价值体系建设“双百”出版工程的通知

新出字〔2012〕41号

新闻出版总署

2012年3月7日

各省、自治区、直辖市新闻出版局，新疆生产建设兵团新闻出版局，解放军总政治部宣传部新闻出版局，中央和国家机关各部委、各民主党派、各人民团体出版单位主管部门，中国出版集团公司，中国教育出版传媒集团有限公司，中国科技出版传媒集团有限公司：

社会主义核心价值体系是兴国之魂，是社会主义先进文化的精髓，决定着中国特色社会主义发展方向。为贯彻落实党的十七届六中全会精神，进一步推进社会主义核心价值体系建设，新闻出版总署决定组织实施社会主义核心价值体系建设“双百”出版工程，充分发挥出版“引领风尚、教育人民、服务社会、推动发展”的功能。现将有关事项通知如下：

一、社会主义核心价值体系建设“双百”出版工程要高举中国特色社会主义伟大旗帜，以马克思列宁主义、毛泽东思想、邓小平理论和“三个代表”重要思想为指导，深入贯彻落实科学发展观，坚持社会主义先进文化前进方向，坚持用社会主义核心价值体系引领社会思潮，在全党全社会形成统一指导思想、共同理想信念、强大精神力量和基本道德规范。

二、社会主义核心价值体系建设“双百”出版工程计划推出优秀理论读物100种、优秀通俗读物100种，分3年实施，2012年计划先推出优秀理论读物和优秀通俗读物各50种，合计100种，2013年、2014年再推出100种。总署推动“双百”出版工程采取“自上而下”和“自下而上”相结合的方式。一方面总署将策划部分重点选题，面向学术界征集优秀作品；另一方面总署将面向全国出版界征集作品。总署将组织评审专家对上报的选题和书稿进行审核，评议出优秀选题和书稿列入“双百”出版工程计划，并根据《国家出版基金资助项目管理办法》的有关规定遴选资助。

三、社会主义核心价值体系建设“双百”出版工程，要围绕坚持马克思主义指导地位，坚定中国特色社会主义共同理想，弘扬以爱国主义为核心的民族精神和以改革创新为核心的时代精神，树立和践行社会主义荣辱观的基本内容和要求，着重推出以下六个方面的重点出版物：

1. 推出一批反映马克思主义中国化、时代化、大众化的研究成果，坚持以马克思主义基本原理和基本方法，研究解决改革开放和社会主义现代化建设新课题，解答当前社会现实和热点问题的优秀理论读物和通俗读物。

2. 推出一批系统阐释中国特色社会主义理论体系，有助于广大干部群众深入理解中国特色社会主义理论体系的内容和精髓，有助于推动学习实践科学发展观的优秀理论读物和通俗读物。

3. 推出一批突出中国特色社会主义共同理想，反映党领导人民进行革命、建设、改革的历史，深入开展形势政策教育、国情教育的优秀理论读物和通俗读物，坚定广大干部群众对中国特色社会主义的信心和信念。

4. 推出一批进行改革开放教育，宣传改革创新精神，体现爱国主义、集体主义、社会主义思想，有利于激发广大干部群众爱国热情和民族自尊心、自信心、自豪感的优秀理论读物和通俗读物。

5. 推出一批广泛宣传社会主义荣辱观，进行革命传统教育，社会主义、共产主义思想道德教育，弘扬中华民族传统美德，倡导爱国、敬业、诚信、友善等各类道德规范和道德楷模的优秀理论读物和通俗读物。

6. 推出一批适应未成年人思想道德教育，大学生思想政治教育，社会主义法制宣传教育和反腐倡廉教育需要的优秀理论读物和通俗读物。

四、社会主义核心价值体系建设的出版物要努力探索政治性、思想性和艺术性的统一，贴近社会现实，防止简单化、空洞化；要加强针对性，既要有专业的、理论功底扎实的专题著作，也要有面向基层群众、可读性、知识性俱佳的通俗读物；既要立足当下，抓紧完成今年出版任务，也要着眼长远，提前规划明后两年的重点选题。所有选题都要适合大众阅读，字数一般不超过 10 万字。

五、各地各部门要提高认识，精心组织，认真规划，周密部署，指导所属出版单位结合本地区本部门实际，积极参与社会主义核心价值体系建设“双百”出版工程，抓紧制订未来 3 年的重点出版物选题计划，对入选总署“双百”出版工程的重点出版物选题，从编辑人员、出版资金、出版资源等各方面予以支持。

六、社会主义核心价值体系建设“双百”出版工程 2012 年的选题申报工作于 2012 年 3 月上旬启动，请各出版单位于 2012 年 4 月 10 日前通过各省级新闻出版局和主管部门审核后，将申报材料邮寄至总署出版管理司。

关于开展 2012 年图书质量专项检查活动的通知

新出字〔2012〕60 号

新闻出版总署

2012 年 3 月 20 日

各省、自治区、直辖市新闻出版局，新疆生产建设兵团新闻出版局，解放军总政治部宣传部新闻出版局，中央和国家机关各部委、各民主党派、各人民团体出版单位主管部门，中国出版集团公司，中国教育出版传媒集团有限公司，中国科技出版传媒集团有限公司：

为深入贯彻落实党的十七届六中全会精神和全国新闻出版工作会议精神，加强出版物质量管理，进一步规范和完善出版单位质量保障体系，进一步提高出版物质量，更好地满足人民群众不断增长的文化需求，迎接党的十八大胜利召开，新闻出版总署将 2012 年确定为“出版物质量规范年”，对科技图书和文化历史类图书进行重点质量检查，对各出版单位质量保障体系建设和实施情况进行检查。现将有关事项通知如下。

一、检查的组织机构

本次检查活动由总署、省级新闻出版行政部门和中央出版单位主管部门共同组织实施。总署统一部署督导，各省级新闻出版行政部门和中央出版单位主管部门对所辖和所属出版单位的科技图书和文化历史类图书、质量保障体系建设和实施情况进行检查。

二、检查的原则

本次检查范围包括各出版单位2011年1月至2011年12月出版的科技图书和文化历史类图书（以图书版权页出版时间为准），以及出版单位的质量保障体系建设和实施情况。各省级新闻出版行政部门和中央出版单位主管部门要依据《出版管理条例》《图书质量管理规定》和《图书质量保障体系》，认真检查，严格执法，杜绝任何形式的地方保护主义和部门保护主义，规范和完善出版单位的质量保障体系，促进出版物质量的提高。

三、检查的重点

各省级新闻出版行政部门和中央出版单位主管部门要根据所辖和所属出版单位出版的科技图书和文化历史类图书实际情况，确定检查品种和数量。对于没有出版上述品种图书的出版单位，选择其在规定时间范围内出版的其他品种的图书。各省级新闻出版行政部门和中央出版单位主管部门还要对所辖和所属出版单位的质量保障体系建设和实施情况进行认真检查，督促出版单位进一步规范和完善质量保障体系。

四、检查阶段及时间安排

1. 出版单位自查阶段。2012年3—4月，各出版单位按照10%的比例对本单位出版的科技图书和文化历史类图书质量进行自查，对本单位的质量保障体系建设和实施情况进行总结，于4月30日前将图书检查报告、质量保障体系总结报告报省级新闻出版行政部门和中央出版单位主管部门。

2. 各省级新闻出版行政部门和中央出版单位主管部门抽查阶段。5—7月，省级新闻出版行政部门和中央出版单位主管部门根据出版单位自查书目，视所辖和所属出版单位情况，每家每类至少抽查1种图书；对所辖和所属出版单位的质量保障体系建设和实施情况进行专项检查，于7月31日前将图书抽查结果和质量保障体系检查情况报总署。

3. 总署抽查阶段。7—8月，总署重点抽查部分出版单位的科技图书和文化历史类图书，抽查部分出版单位的质量保障体系建设和实施情况。

4. 公布检查结果阶段。9—10月，汇总分析各省级新闻出版行政部门和中央出版单位主管部门报送的检查材料，以及总署重点抽查的结果。10月底，对外发布检查结果公告，通报对总署检查出的编校质量不合格图书和相关出版单位的处罚决定。

五、报送材料方式

总署出版管理司委托总署出版产品质量监督检测中心接收并整理各省级新闻出版行政部门和中央出版单位主管部门报送的材料和样书。请各省级新闻出版行政部门和中央出版单位主管部门按照本《通知》所要求的时间，将检查材料和样书邮寄至总署出版产品质量监督检测中心。

各省级新闻出版行政部门和中央出版单位主管部门要认真执行本《通知》所布置的各项工作，可根据实际情况制定具体实施细则。总署将在本次专项检查活动的收尾阶段，召开一次总结会，通报检查中发现的问题，表扬一批在图书质量管理工作中表现突出的省级新闻出版行政部门和中央出版单位主管部门。

关于深入开展全民阅读活动努力建设"书香中国"的通知

新出厅字〔2012〕146号

新闻出版总署

2012年3月22日

各省、自治区、直辖市新闻出版局，新疆生产建设兵团新闻出版局，解放军总政治部宣传部新闻出版局，各出版集团、发行集团：

2012年是深入贯彻落实党的十七届六中全会精神、实施国家"十二五"时期文化改革发展规划纲要的重要一年，我们党将召开第十八次全国代表大会。为进一步在全社会形成"多读书、读好书"的良好氛围和文明风尚，迎接党的十八大胜利召开，新闻出版总署在多年倡导并组织开展全民阅读活动的基础上，决定今年继续在全国范围内开展全民阅读活动，努力建设"书香中国"。现将有关要求和重点工作通知如下：

一、充分认识深入开展全民阅读活动的重要意义。全民养成读书习惯，是一件关系国民素质、关乎综合国力、关乎民族未来的大事。一个热爱读书、追求知识的民族是一个充满智慧和希望的民族。世界各个文明国家都把读书作为提升国民素质、创造美好风尚的基础工程、战略工程。中华民族是一个有着优良读书传统的民族，热爱读书、崇尚读书之风绵延数千年，中华文明传承千载而不绝。深入开展全民阅读活动，努力建设"书香中国"，对于营造良好的社会文化氛围，推进社会主义核心价值体系建设，继承和发扬中华优秀传统文化、吸收和借鉴世界有益文化成果，推动社会主义文化大发展大繁荣，提高全民族思想道德素质和科学文化素质，推进创新型国家和学习型社会、学习型党组织建设，都有着重要的意义。

二、围绕党和国家中心工作，组织开展各种形式的主题读书活动。今年是推进社会主义核心价值体系建设的重要一年，下半年将召开党的十八大，要策划并出版一批迎接党的十八大主题出版物、推进社会主义核心价值体系建设重点出版物，并向广大党员干部和人民群众推荐一批优秀出版物。要深入开展"弘扬雷锋精神"主题读书活动，通过各种诵读演讲、捐赠助读、读书征文、知识竞赛等丰富多彩的阅读活动，促进良好读书风气的形成。

三、要面向基层、面向群众，组织开展"书香之家"推荐活动，鼓励有条件的地区开展"书香之乡（镇）"、"书香之县（市）"推荐活动，充分发挥典型示范作用。进一步推动全民阅读进农村（牧区）、进社区、进校园、进军营、进企业、进机关、进家庭，使阅读活动真正普及到基层，普及到群众。

四、广泛开展各种内容丰富、形式多样的"读书月"、"读书节"等阅读活动，创新活动方式，扩大社会影响，培育一批"书香"品牌。将各种书博会、书展、书市与阅读活动有机结合起来，开展优秀出版物展销等。继续开展"全民数字阅读活动"、"全民阅读报刊行"活动、"强素质、作表率"主题读书论坛等品牌活动。各地新华书店在"世界读书日"和各种节假日要开展优惠售书活动，延长书店营业时间，方便读者购书。

五、鼓励和引导社会各界共同参与，鼓励开展各种捐赠活动和阅读活动，着力满足贫困地区儿童、进城务工人员子弟、残障人士等特殊群体的基本阅读需求。进一步完善和落实社会力量捐赠公益性文化事业的政策措施。有条件的地区可以探索向困难群体免费发放购书券。继续会同残联等部门开展"文化助残公益行动"。充分利用"农家书屋"的有利条件，组织开展丰富多彩的农民读书活动，培养农民的读书习惯。加快"城乡阅报栏（屏）"工程建设。

六、按照将群众评价、专家评价和市场检验相统一的评价标准，重点推荐一批优秀出版物，充分发挥阅读引导作用。继续开展"大众喜爱的50种图书"推荐活动。继续开展"向全国青少年推荐百种优秀图书活动"、"向全国少年儿童推荐优秀少儿报刊活动"，重点培育青少年的阅读兴趣和阅读习惯。开展优秀廉政文化出版物推荐活动。

七、充分发挥新闻媒体的宣传引导作用，营造“书香中国”舆论氛围。要充分发挥报纸、期刊、广播、电视、手机、互联网等新闻媒体的宣传推介作用，鼓励媒体开设各种书评、导读等多种形式的专栏、专题、访谈节目等，宣传全民阅读活动的开展情况和社会效果。2012年4月23日是联合国教科文组织确定的第17个“世界读书日”，各地要组织媒体做好宣传工作，投放全民阅读公益广告，营造“书香中国”良好舆论氛围。

八、加强组织领导，合理规划，加大投入，进一步健全和完善开展全民阅读活动的长效机制。各级新闻出版行政部门要把开展全民阅读活动作为一项重要工作，加强组织领导，制订各地、各部门开展全民阅读活动的中长期规划，积极协调有关部门加大对全民阅读活动的支持力度，推动全民阅读活动持续深入开展。

各省级新闻出版行政部门要根据本通知要求，认真制订本地2012年全民阅读活动工作方案，并于4月15日前上报总署。总署将会同有关部门在今年下半年召开第二届全民阅读活动经验交流会，总结和推广近几年各地各部门开展全民阅读活动的好经验好做法。

新闻出版总署、教育部、环境保护部关于中小学教科书实施绿色印刷的通知

新出联〔2012〕11号

新闻出版总署

2012年4月6日

各省（区、市）新闻出版局、教育厅（教委）、环境保护厅（局），各中小学教科书出版及印刷企业，各相关质检机构：

中小学教科书实施绿色印刷是我国保护青少年儿童身体健康，转变印刷业发展方式，推动生态文明、环境友好型社会建设的重要举措。《国务院关于加强环境保护重点工作的意见》（国发〔2011〕35号）提出，鼓励使用环境标志、环保认证和绿色印刷产品。2011年10月，新闻出版总署、环境保护部印发了《关于实施绿色印刷的公告》（2011年第2号）。根据公告确定的“基本实现中小学教科书绿色印刷全覆盖”的工作目标，现将有关具体工作安排通知如下：

一、指导思想

深入贯彻落实科学发展观和党的十七届六中全会精神，坚持以人为本、执政为民，通过中小学教科书全面实施绿色印刷工作，免除青少年儿童和印刷从业人员日常接触到的印刷产品中有毒有害物质，保护广大青少年儿童和印刷从业人员的身体健康，减少出版、印制教科书过程中的污染物排放，淘汰达不到标准的教科书印刷企业，加快印刷业发展方式转变、促进印刷业产业升级，推动生态文明、环境友好型社会建设。

二、工作范围和目标

（一）工作范围

中小学教科书实施绿色印刷的范围包括全国义务教育阶段国家课程和地方课程的所有教科书。中小学教科书必须委托获得绿色印刷环境标志产品认证的印刷企业印制。

（二）工作目标

从今年秋季学期起，各地使用的绿色印刷中小学教科书数量应占到本地中小学教科书使用总量的30%；再经过1—2年，基本实现全国中小学教科书绿色印刷全覆盖。通

过中小学教科书实施绿色印刷，引起社会各界对中小学教科书环保安全的关注和重视，提高环保意识，推动印刷行业实施绿色印刷，促进印刷产业集约化经营。

三、组织机构

新闻出版总署、教育部、环境保护部联合建立中小学教科书实施绿色印刷工作领导小组。各部门分管负责同志参加，不定期召开会议，确定有关工作内容，通报各地工作进展情况，组织力量督促检查，对各地实施情况进行验收。领导小组下设办公室，办公室设在新闻出版总署印刷发行管理司，具体负责实施工作的组织和协调。

四、实施步骤

（一）动员部署阶段

新闻出版总署、教育部、环境保护部将于今年5月联合举办中小学教科书实施绿色印刷启动仪式，有关安排另行通知。各地要按照本通知要求，相应设立领导小组及办公室，加强领导，落实责任，形成合力，结合本地实际对中小学教科书实施绿色印刷工作进行动员和部署。

（二）试点推广阶段

从今年秋季学期开始，各地可从中小学国家课程或地方课程中选取部分课程的教科书试点实施绿色印刷，实施绿色印刷中小学教科书数量应占到本地中小学教科书使用总量的30%以上，有条件的地区可以扩大实施比例。教科书印制过程中要积极采用符合绿色印刷要求的原辅材料，质检部门要尽快构建中小学教科书绿色印刷检测体系。

（三）全面完成阶段

再经过1—2年，中小学教科书绿色印刷基本实现全覆盖，绿色印刷将成为全国中小学选用教科书的必备条件。教科书绿色印刷的检测体系基本建立。新闻出版总署、教育部、环境保护部将组成督查组，对各地中小学教科书绿色印刷完成情况进行检查和验收。

五、分工要求

（一）中小学教科书出版单位（租型单位）要认真学习平版绿色印刷标准和有关要求，合理确定教科书印制的原辅材料和印刷形式，必须委托获得绿色印刷环境标志产品认证的印刷企业印制中小学教科书［印刷企业名单见附件1，中环联合（北京）认证中心有限公司将定期更新］。接受委托的印刷企业无法完成生产任务的，出版单位（租型单位）要重新选择印刷企业，并重新开具印刷委托书。出版单位（租型单位）委托选择印刷企业有困难的，可经所在地省级新闻出版行政部门报请新闻出版总署统筹调剂。

（二）接受委托印制中小学教科书的印刷企业要严格控制生产工艺与流程，积极采用绿色环保的印刷设备和原辅材料，确保教科书符合绿色印刷产品质量要求。实施绿色印刷的中小学教科书应按环境保护部环境标志使用管理的有关规定，在教科书封底印制中国环境标志（具体要求见附件2）。

（三）新闻出版行政部门要主动协调中小学教科书出版单位（租型单位）、印刷企业和发行企业，督促有关单位提前安排生产计划，精心组织力量实施，确保中小学教科书“课前到书、人手一册”。

（四）教育行政部门要指导学校组织人员对绿色印刷教科书上印制的中国环境标志进行讲解，增加素质教育内容，逐步培养青少年儿童的环保意识。

（五）环境保护行政部门要将各地中小学教科书实施绿色印刷的情况纳入环境保护责任考核，建立健全中小学教科书实施绿色印刷的监督和反馈机制。

（六）出版物质检部门要将中小学教科书绿色印刷质量检测纳入监管范围，今年作为重点进行抽查，从明年开始各地质检部门每年要组织不少于20次的针对中小学教科书绿色印刷的质量检查。对检测不合格的产品，予以更换，并追究相关出版单位（租型单位）和印刷企业的责任。

六、监督处罚

（一）中小学教科书出版单位（租型单位）未将教科书印制业务委托具有资质的印刷企业，或者要求印刷企业采用不符合绿色印刷标准的原辅材料印制教科书的，由新闻出版行政部门依照有关规定调整或者取消其出版（租型）中小学教科书的资质。

（二）印刷企业未按标准印刷生产中小学教科书的，由中环联合（北京）认证中心有限公司取消其绿色印刷环境标志产品认证资格，该企业不得再承接中小学教科书印制任务。

（三）新闻出版、教育、环境保护行政部门和学校不得以任何名目向学生收取涉及绿色印刷的任何费用。违反规定，依法严肃处理。

各地新闻出版、教育、环境保护行政部门要加强对中小学教科书实施绿色印刷工作的组织领导，大力宣传中小学教科书实施绿色印刷的重要意义和有关工作成果，营造良好舆论氛围；全面掌握工作情况，对出现的问题，要及时沟通、协商解决，对实施工作的意见和建议报送领导小组办公室。新闻出版总署、教育部和环境保护部将对各地中小学教科书实施绿色印刷工作开展情况进行督促检查，还将组织验收组对各地实施情况进行验收，对提前实现中小学教科书绿色印刷全覆盖的地区给予表扬，对没有按期完成工作任务的地区，给予全国通报批评并组织整改。

关于2012年向全国青少年推荐百种优秀图书并开展相关读书活动的通知

新出字〔2012〕120号

新闻出版总署

2012年5月17日

各省、自治区、直辖市新闻出版局，新疆生产建设兵团新闻出版局，解放军总政治部宣传部新闻出版局，中央和国家机关各部委、各民主党派、各人民团体出版单位主管部门，中国出版集团公司，中国教育出版传媒集团有限公司，中国科技出版传媒集团有限公司：

为认真贯彻落实党的十七届六中全会精神，推进社会主义核心价值体系建设，迎接党的十八大，加强和改进未成年人思想道德建设，不断丰富我国未成年人精神文化生活，新闻出版总署（以下简称“总署”）决定在前八次向青少年推荐优秀图书活动的基础上，继续做好2012年向全国青少年推荐百种优秀图书的工作，并开展相关读书活动，引导青少年健康阅读，营造有利于青少年健康成长的社会和文化氛围，促进全民阅读活动深入开展。

2012年3月总署下发了《关于开展2012年向全国青少年推荐百种优秀图书活动的通知》后，各出版社及出版管理部门高度重视、积极踊跃参加申报，共有332家出版社报送图书866种。报送的图书内容生动，题材丰富，形式多样，均为近年来青少年图书市场的畅销书。

2011年5月，总署组织各方面专家对各地推荐的图书进行认真评审推荐，并经新闻出版总署网站、中国新闻出版报、中国图书出版网等媒体公示，确定了2012年向全国青少年推荐的百种优秀图书（书目附后）。现将有关要求通知如下：

一、认真做好百种优秀图书的宣传推广工作。各省（区、市）新闻出版局、有关出版单位要积极向青少年宣传推荐百种优秀图书，做好百种优秀图书的重点推广工作，把最优秀的图书、最好的精神食粮推荐给广大青少年。各地要结合当地实际，组织开展形式多样的读书活动，通过向青少年推荐好书，培养青少年良好的阅读习惯，丰富青少年的精神文化生活。

二、各省（区、市）新闻出版局要组织出版、发行单位做好青少年百种优秀图书的发行工作，“六·一”国际儿童节及暑假期间，各中心城市的新华书店应设立百种优秀图书专柜、专架展示展销青少年百种优秀图书。各出版和发行单位要做好百种优秀图书的宣传、供货和货源储备等工作，以优质的服务、优惠的价格向青少年提供更多更好的优秀图书。

三、各出版单位要围绕推进社会主义核心价值体系建设，进一步加强未成年人思想道德建设，认真做好青少年优秀图书的主题出版工作，重点出版推进社会主义核心价值体系建设，弘扬爱国主义、集体主义，倡导社会主义基本道德规范，树立社会主义荣辱观等方面的读物，同时重点组织出版适合未成年人阅读特点，集思想性、知识性、娱乐性、趣味性为一体的原创优秀作品。

四、为了提高百种优秀图书的社会价值和影响力，有利于宣传和发行工作的开展，此次被推荐的优秀图书在重印时，可以在封面上标注“新闻出版总署第九次向全国青少年推荐百种优秀图书”字样。

五、各省（区、市）新闻出版局、有关出版单位要以欢庆“六·一”国际儿童节为契机，在暑期开展系列读书活动，通过开展“弘扬雷锋精神”主题读书活动、“家庭亲子阅读”、“教师指导阅读”、“班级读书小组”等多种形式，以青少年阅读为纽带，创造一个全社会共同读书的热潮，并把青少年读书活动推向高潮。

各地要根据本通知的安排，积极组织开展青少年读书活动，在创新活动形式和提高活动质量方面下功夫，持续扩大全民阅读活动在青少年中的影响力和感召力。

为了进一步把青少年优秀图书的推荐活动做得更好，请各地、各部门将推荐百种优秀图书和组织读书活动中好的做法、好的经验，及时反馈到总署出版管理司。

关于开展全国新闻出版行业第三批领军人才选拔活动的通知

新闻出版总署办公厅

2012 年 6 月 7 日

各省、自治区、直辖市新闻出版局，新疆生产建设兵团新闻出版局，解放军总政治部宣传部新闻出版局，中国出版集团有限公司，中国教育出版传媒集团有限公司，中国科技出版传媒集团有限公司，中央和国家机关有关部委、民主党派及人民团体新闻出版主管部门，新闻出版总署署直各单位、署管各社会团体：

为贯彻落实党的十七届六中全会精神，加大高层次新闻出版人才选拔培养力度，根据新闻出版总署 2012 年工作安排和《全国新闻出版行业领军人才遴选与培养实施办法》（新出人〔2007〕70 号），定于今年组织开展全国新闻出版行业第三批领军人才遴选活动，现就有关事项通知如下：

一、工作要求

“全国新闻出版行业领军人才”是新闻出版行业高层次人才的“国家队”人选。做好遴选推荐工作，对于推动行业高层次人才队伍建设，培养造就高素质人才，优化人才队伍结构，为加快向新闻出版强国迈进提供智力支持和人才支撑具有重大战略意义。各省（区、市）新闻出版局、中央各部委组织人事部门要予以大力支持和配合，按照《全国新闻出版行业领军人才遴选与培养实施办法》的要求，严格按照条件推荐，规范推荐工作程序，切实做好人选推荐工作。

二、推荐范围

本次领军人才遴选范围主要包括图书、电子、音像出版单位；数字、网络出版单位（包括数字出版内容提供、数字化加工、数字内容平台投送、手持阅读终端生产单位等）；报纸出版单位；期刊出版单位；印刷复制单位；出版物发行单位；新闻出版类高等院校、设置新闻出版专业的高校以及新闻出版研究机构。

三、推荐对象

在上述单位（部门）业务、学术、技术、经营管理、科研、教学等岗位工作 10 年以上，取得突出成果，做出突出成绩，在业务、学术、技术、经营管理、科研和学科等某一方面具有领军、带头能力的优秀人才。

四、推荐条件

要按照优中选优的原则，切实把德才兼备、业绩突出、群众公认、具有发展潜力的优秀人才推荐出来。2012年推荐人选年龄要求为50岁以下（1962年1月1日以后出生），其中45岁以下（1967年1月1日以后出生）的人员要占有一定比例。

推荐人选要政治立场坚定，坚持以邓小平理论和“三个代表”重要思想为指导，深入贯彻落实科学发展观，贯彻执行党和国家的路线、方针、政策，坚持正确新闻出版导向，遵纪守法，廉洁自律，品德高尚，恪守职业道德，具有强烈的事业心、责任感和创新精神，钻研业务、业绩突出、业内知名、群众公认。并具备下列条件之一者：

1. 策划编辑的出版物具有重要理论价值、学术价值、使用价值、艺术价值或文化传承、传播价值。博学多才、业务功底深厚，在编辑理念、编辑方法上创新能力强，并对编辑活动产生显著影响。

2. 深入实际、深入群众，把握正确舆论导向，对新闻事件有敏锐的观察力，善于及时准确地辨别和反映时代发展的方向、要求，弘扬社会正气，营造良好氛围，采写（拍摄）和编发的作品深受群众喜爱，在国际国内产生广泛影响，为维护改革、发展、稳定大局，为塑造国家良好国际形象，扩大中华文化在世界上的影响力做出突出贡献。

3. 具有较高的新媒体技术水平及印刷、复制、生产技能水平，具有较强的科技攻关、应用、组织管理能力，带领团队在开发新产品、新设备、新技术等方面卓有成效，在技术、工艺创新以及提高出版物质量等方面取得显著成绩。

4. 在出版物营销、版权贸易与服务、出版物制作及装帧美术设计等领域有新思路、新方法、新成果，成绩显著，并对所在领域产生较大影响。

5. 有较强的综合管理能力和领导水平，善于管理创新，在推进本单位改革发展中取得突出成绩。带领的单位（部门）主业突出、实力雄厚、核心竞争力强，创造了良好的社会效益和经济效益。在打造品牌、资本运作、兼并重组、开拓国际国内市场方面成绩显著。积极发现人才、培养人才、使用人才和激励人才，单位内部管理高效规范。注重企业文化建设，积极创建学习型组织，构建和谐单位，取得显著成绩。

6. 在新闻出版行业相关专业研究领域，完成了有重大学术价值及实践价值的科研课题，发表、出版过有重要影响的学术论文或论著，在学术界有较大影响力和学术地位。主持或参与的重大项目取得良好的社会效益和经济效益。在新闻出版学科建设、人才培养、教学改革、教材开发、科学研究等方面取得重大突破，做出重要贡献。

凡有买卖书号、刊号、版号行为，参与虚假新闻、有偿新闻、伪书制作、侵权盗版等非法新闻出版活动或有其他违法违规行为的人员不得推荐。

五、推荐程序及要求

1. 各省（区、市）新闻出版局，新疆生产建设兵团新闻出版局，解放军总政治部宣传部新闻出版局，中央和国家机关有关部委、民主党派、人民团体新闻出版主管部门，中国出版集团公司，中国教育出版传媒集团有限公司，中国科技出版传媒集团有限公司，新闻出版总署署直各单位，负责组织本省（区、市）、本系统、本单位的评选推荐工作，统一审核并向新闻出版总署推荐人选。

2. 评选推荐工作采取自下而上、逐级推荐、逐级审核、专家评审、差额确定的方式进行。推荐人选要先在本省（区、市）、本系统或本单位进行公示。

3. 各有关单位要对此项工作予以高度重视，切实加强领导，认真组织实施，严格掌握参评条件，规范评选程序，充分发扬民主，广泛听取意见，按照公平、公正、公开、实事求是、群众公认的原则，真正把德才兼备、业绩突出、群众公认的优秀人才推荐上来，保障此项工作顺利进行。

六、推荐名额

1. 各省（区、市）新闻出版局、中央有关部门按业务、学术、技术科研、经营管理等四类人才分类别推荐人选。各省（区、市）新闻出版局推荐人选总数不超过5人。中央各有关部门推荐人选不超过2人，中央有关部门所属新闻出版单位超过10家的以及中国出版集团公司、中国教育出版传媒集团有限公司、中国科技出版传媒集团有限公司可适当增加推荐人选，总数不超过4人，新闻出版总署署直各单位可推荐1人。

2. 获得国务院政府特殊津贴，入选中宣部“四个一批”、国家“新世纪百千万人才工程”和“千人计划”的人员，可以直接申报，不占推荐名额，年龄可适当放宽。

七、奖励办法

评选结果确定后，由新闻出版总署对入选的第三批新闻出版行业领军人才颁发证书，列入行业高层次人才信息库，资助参加重点培训、考察或参与国际合作项目、承担重大新闻出版课题、著书出版学术成果等。

八、申报材料要求

1. 推荐领军人才人选需报送：推荐单位出具的推荐函（要求写明推荐人选产生、公示及决定的过程）、《全国新闻出版行业领军人才人选推荐表》及2000字以内的事迹材料。直接申报的人选还需提供相关证书（证明）复印件。

2.《全国新闻出版行业领军人才人选推荐表》采用统一的电子模板，可从 http://www.gapp.gov.cn 下载。一个推荐表作为一个电子文件，文件名采用人选姓名。表格填写完毕后连同事迹材料发送电子邮件至 yangxuejuan123@126.com，同时打印三份纸质材料上报，并签署意见和盖章。

3. 纸质申报材料要按时寄送到新闻出版总署人事司。材料收取截止时间为2012年7月31日，逾期不再受理。报送材料时须注明联系人和联系电话。

新闻出版总署关于支持民间资本参与出版经营活动的实施细则

新出政发〔2012〕5号

新闻出版总署
2012年6月28日

为推动社会主义文化大发展大繁荣，充分调动民间资本参与文化建设，促进出版行业科学发展，根据《国务院办公厅关于鼓励和引导民间投资健康发展的若干意见》（国发〔2010〕13号），结合出版行业特点，现就支持民间资本参与出版经营活动，提出如下实施细则：

一、继续支持民间资本投资设立印刷复制企业，从事出版物、包装装潢印刷品及其他印刷品、可录类光盘生产和只读类光盘印刷复制经营活动。

二、继续支持民间资本投资设立出版物总发、批发、零售、连锁经营企业，从事图书、报纸、期刊、音像制品、电子出版物等出版产品发行经营活动。

三、继续支持民间资本投资设立网络出版包括网络游戏出版、手机出版、电子书出版和内容软件开发等数字出版企业，从事数字出版经营活动。

四、支持民间资本在党报党刊出版单位实行采编与经营“两分开”后，在报刊出版单位国有资本控股51%以上的前提下，投资参股报刊出版单位的发行、广告等业务，提高市场占有率。

五、支持民间资本投资设立的文化企业，以选题策划、内容提供、项目合作、作为国有出版企业一个部门等方式，参与科技、财经、教辅、音乐艺术、少儿读物等专业图书出版经营活动。

六、支持民间资本通过国有出版传媒上市企业在证券市场融资参与出版经营活动，支持国有出版传媒企业通过上市融资的方式吸收民间资本，实现对民间资本的有序开放。

七、支持民间资本参与“走出去”出版经营，从事图书、报纸、期刊、音像制品、电子出版物等出版产品的出口业务，到境外建社建站、办报办刊、开厂开店等出版发行业务。经批准，对面向境外市场生产销售外语出版物的，可以配置专项出版权。

八、支持民间资本投资成立版权代理等中介机构，开展版权贸易业务。

九、支持民间资本投资设立的文化企业通过所在地区新闻出版行政管理部门申报新闻出版改革和发展项目，申请国家文化产业发展专项资金。

十、支持民间资本参与出版产业园区和产业基地建设，在项目安排、资金支持、税收优惠等方面予以国有资本同等待遇。

支持民间资本参与出版经营活动，对于出版行业持续健康发展具有十分重要的意义。各级新闻出版行政管理部门要认真贯彻落实国发〔2010〕13号文件精神，继续深化改革，规范市场准入，为民间资本从事出版经营活动提供良好环境和制度保障。要切实加强指导和管理，引导民间投资主体按照国家的法律法规要求，认真履行审批备案程序，依法经营，诚实守信，履行社会责任。要不断提高管理水平，做到依法管理、科学管理、有效管理，确保民间资本参与出版经营活动健康发展。

关于报刊编辑部体制改革的实施办法

新闻出版总署

2012年7月30日

根据《中央办公厅、国务院办公厅关于深化非时政类报刊出版单位体制改革的意见》（中办发〔2011〕19号）精神，依照《出版管理条例》有关规定，结合报刊编辑部的实际情况，制定本实施办法。

本实施办法适用于所有经新闻出版总署批准从事报刊出版活动、获得国内统一连续出版物号、但不具有独立法人资格的报刊编辑部。

一、报刊编辑部体制改革的指导思想和原则要求

报刊编辑部体制改革要坚持以邓小平理论和“三个代表”重要思想为指导，深入贯彻落实科学发展观，按照高举旗帜、围绕大局、服务人民、改革创新的总要求，解放思想、实事求是、与时俱进、求真务实，全面推进体制机制创新；坚持社会主义先进文化前进方向，把握正确舆论导向，不断巩固和发展主流舆论阵地，始终把社会效益放在首位，努力实现社会效益和经济效益的有机统一；坚持行政推动与市场运作相结合，以资本为纽带，推进资源重组和结构调整，提高报刊业集中度；坚持以改革促发展，把深化改革与加快发展紧密结合起来，推动改革不断深入；坚持加强党的领导，把握正确改革方向，统筹规划、分类指导、突出重点、稳步推进，按照谁主管谁负责原则，落实改革任务，明确管理责任，确保改革顺利进行。

报刊编辑部体制改革必须按照中央有关报刊出版单位体制改革的总体部署和要求，与调整报刊业结构、转变报刊业发展方式相结合，与实现报刊业集约化经营、培育大型报刊传媒集团相结合，与推动传统报刊业向数字化、网络化现代传媒业转型相结合，与建立健全报刊准入和退出机制、科学配置报刊资源相结合。通过改革，解放和发展报刊生产力，破解报刊业“小、散、滥”的结构性弊端，实现报刊业转型和升级，推动报刊业又好又快发展，增强报刊出版传播能力。

二、报刊编辑部体制改革的实施办法

原则上不再保留报刊编辑部体制。对现有报刊编辑部，区别不同情况实施不同改革办法。

应转企改制的报刊出版单位所属的报刊编辑部，一律随隶属单位进行转企改制。

党政部门、民主党派、人民团体、行业协会、社会团体、事业单位和国有企业主管主办的报刊编辑部，并入本部门本单位新闻出版传媒企业；本部门本单位没有新闻出版传媒企业、其主管主办的报刊编辑部有3个（含3个）以上的，经新闻出版总署批准，可合并建立1家报刊出版企业；主管主办报刊编辑部不够3个的，并入其他新闻出版传媒企业。

对于党政部门、民主党派、人民团体、行业协会、社会团体、事业单位和国有企业主管主办的用于指导工作、面向本系统发行的报刊，一律改为内部资料性出版物，仅限于在本部门本系统内部交流，不得征订发行，不得刊登广告，不得拉赞助和开展经营性活动。

对于不适用上述改革办法的报刊编辑部予以停办，对违法违规出版情节严重的报刊编辑部予以撤销。对停办和撤销的报刊编辑部，由新闻出版总署注销其报刊出版许可证。

此外，对于极少数有符合国家规定的主管主办单位、有符合国家规定资格条件的专职采编人员、有固定办公场所、有法定资金来源，全国发行量较大，经营状况良好，能够承担法律规定的责任和义务，具备转为报刊出版企业条件的报刊编辑部，经新闻出版总署批准，可转为报刊出版企业。

鼓励和支持党报党刊出版单位和大型新闻出版传媒集团公司对报刊编辑部进行整合，鼓励和支持以党报党刊的子报子刊、实力雄厚的行业性报刊出版企业为龙头对报刊编辑部进行整合，形成大型综合性或专业性报刊出版传媒集团公司。

三、科技期刊和学术期刊编辑部体制改革的实施办法

科研部门和高等学校主管主办的科技期刊和学术期刊，是报刊业的重要组成部分。科技期刊和学术期刊编辑部体制改革要根据科技期刊和学术期刊的实际和特点，本着突出重点、打造品牌、整合资源、加强保障的原则实施改革。

原则上不再保留科技期刊和学术期刊编辑部体制。现有科技期刊和学术期刊编辑部均并入新闻出版传媒企业；对其中具备建立报刊出版企业条件的，经新闻出版总署批准，可转为期刊出版企业。主管主办多种科技期刊和学术期刊编辑部的科研部门和高等学校，经新闻出版总署批准，可对所主管的科技期刊和学术期刊编辑部实行整体转企改制，组建专业性期刊出版传媒集团公司。

对于高等学校主管主办的学报编辑部，并入本校新闻出版传媒企业；对于本校没有新闻出版传媒企业但具备建立期刊出版企业条件的学报编辑部，经新闻出版总署批准，可转为期刊出版企业；对于本校没有新闻出版传媒企业且不能转为期刊出版企业的学报编辑部，经新闻出版总署批准，以相同相近的专业和学科为基础，并入其他新闻出版传媒企业或专业性期刊出版传媒集团公司。

对于科研部门主要承担专业学术领域工作指导、情况交流任务的期刊和高等学校校报，一律改为内部资料性出版物。

对于在国家基础学科和前沿学科中具有领先水平、能代表国家学术水准，并入新闻出版传媒企业或转为期刊出版企业条件不成熟的重点科技期刊和学术期刊编辑部，可暂时保留，但要建立由科研部门分别编辑、出版企业统一出版发行的运行模式，依托大型新闻出版传媒集团公司搭建学术出版经营平台。

四、报刊编辑部体制改革的政策保障

国家有关非时政类报刊出版单位体制改革的各项政策适用于所有报刊编辑部体制改革。鼓励中央各部门各单位和各地区结合实际，研究制定支持和扶持报刊编辑部体制改革的各项配套政策。

积极争取国家各种基金对学术期刊的支持，将国家基础学科和前沿学科的重点科技期刊和学术期刊纳入国家自然科学、社会科学和出版基金资助范围；积极争取中央和地方财政通过安排文化产业发展专项资金、宣传文化发展专项资金等渠道，对重点科技期刊和学术期刊出版单位予以扶持；积极争取支持重点科技期刊和学术期刊发展的财税优惠政策。通过建立国家级学术水平及学术标准的评价体系、构建国家重点科技期刊和学术期刊数字化平台、实施国家重点科技期刊和学术期刊品牌工程等措施，加大对重点科技期刊和学术期刊支持力度。

严格按照国家有关政策和法规规范报刊编辑部体制改革工作。加强和完善报刊编辑部转为报刊出版企业后的主管主办制度，探索建立主管主办管理体制和出资人管理体制有机衔接的工作机制；严格主管主办单位职责，要求主管主办单位切实担负起管导向、管干部、管资产的任务。按照国家有关规定，在报刊编辑部转制或合并建立报刊出

版企业中，不得有非公有资本进入。

报刊编辑部停办和撤销的，按照谁主管谁负责的原则，由主管主办单位负责做好人员安置、资产处置和债权债务处理工作。制定专门的人员分流安置办法，采取多种渠道进行安置，并优先考虑在本部门本单位内部进行安置；经协商一致自谋职业的，由主管主办单位依照国家有关规定兑现经济合同、接续社会保险关系。

五、报刊编辑部体制改革的组织领导

报刊编辑部体制改革涉及面广，情况复杂，政策性强。中央各部门各单位和各地区要切实加强对报刊编辑部体制改革工作的组织领导，周密部署，精心组织，抓好落实，依照本通知积极稳妥地推进改革。

中央各部门各单位报刊编辑部体制改革工作，在非时政类报刊出版单位体制改革工作联席会议和新闻出版总署的组织协调下进行；各省自治区直辖市报刊编辑部体制改革工作，在各省自治区直辖市文化体制改革和发展工作领导小组和新闻出版局的组织协调下进行。报刊编辑部的主管主办单位具体负责所属报刊编辑部体制改革工作的组织实施。在实施改革过程中，要认真做好政治思想工作，切实解决好各种具体问题。要始终掌握对主要干部的任免权、重大事项的决策权和报刊内容的终审权，确保正确导向和持续发展。要切实维护职工的合法权益，充分调动职工参与改革的积极性和主动性。严禁在体制改革中转移和私分财物。

中央各部门各单位所属报刊编辑部体制改革方案，通过其主管单位向非时政类报刊出版单位体制改革工作联席会议办公室报送，非时政类报刊出版单位体制改革工作联席会议办公室对所报方案予以审核和批复。各省自治区直辖市报刊编辑部体制改革方案，由各省自治区直辖市文化体制改革和发展工作领导小组办公室和新闻出版局分别向中央文化体制改革和发展工作领导小组办公室和新闻出版总署报送，经新闻出版总署审核并征求中央文化体制改革和发展工作领导小组办公室意见后，由中央文化体制改革和发展工作领导小组办公室和新闻出版总署分别予以批复。

中央各部门各单位主管主办在各地区的报刊编辑部体制改革方案，在协商一致的基础上，由中央各部门各单位或地方按照上述程序报送。

关于调整“十二五”国家重点图书、音像、电子出版物出版规划的通知

新出厅字〔2012〕374号

新闻出版总署办公厅

2012年8月1日

各省、自治区、直辖市新闻出版局，新疆生产建设兵团新闻出版局，解放军总政治部宣传部新闻出版局，中央和国家机关各部委、民主党派、人民团体新闻出版单位主管部门，中国出版集团公司、中国教育出版传媒集团有限公司、中国科技出版传媒集团有限公司，各有关中央直属企业：

2012年是“十二五”规划实施的第二年，是深入贯彻落实十七届六中全会精神、推动社会主义文化大发展大繁荣的重要一年，是迎接党的十八大召开之年。生产更多更好无愧于历史、无愧于时代、无愧于人民的出版精品，是文化大发展大繁荣的根本任务，科学编制、有效实施“十二五”国家重点图书、音像、电子出版物出版规划（以

下简称《规划》)，是推动精品生产，打造中华民族文化品牌的重要举措。

根据《关于报送“十二五”国家重点图书、音像、电子出版物出版规划执行和调整情况的通知》(新出字〔2011〕407号)的要求，总署对《规划》项目的进展情况进行了检查。同时，根据党的十七届六中全会的新要求和国家经济社会发展的新形势，确立了“十二五”期间《规划》数量由2000种增加到3000种的目标，组织开展了2012年《规划》增补工作，对《规划》进行调整、充实。现将《规划》调整情况通知如下：

一、《规划》执行及增补情况

《规划》实施第一年，进展情况顺利，阶段性成果显著。《规划》项目共2030种，已全部完成241种(图书202种、音像35种、电子出版物4种)，占总量的11.9%；部分完成500种(图书372种、音像84种、电子出版物44种)，占总量的24.6%。同时，有40家出版社申请撤销项目47种，占总量的2.3%。

2012年，总署通过自下而上方式接收出版单位申报增补项目2279种，其中图书2071种、音像144种、电子出版物64种。同时，总署加强了与科技部、中国社会科学院、中国科学院、中国作协、国家自然科学基金委、全国哲学社会科学规划办等单位的横向联系，自上而下征集项目242种。经过前期分类、汇总、整理及初审，符合申报要求的项目共1984种。

2012年6月，总署组织召开了《规划》增补项目论证会，经过专家认真评审和论证，确定新增规划项目共595种(图书545种、音像电子出版物50种)，再从中优中选精，遴选出代表国家一流水平的原创出版项目，形成“哲学社会科学创新成果出版工程”、“中国科学技术研究领域高端学术成果出版工程”、“中国文学创作出版精品工程”三个精品工程(共74种图书项目)。

经过此次调整，新批准列入《规划》项目595种(见附件1)；撤销《规划》项目47种(见附件2)；同意《规划》中变更出版单位的项目11种(见附件3)。《规划》项目由2030种增至2578种，其中图书由1730种增至2244种，音像电子出版物由300种增至334种。

二、《规划》增补项目特点

新增项目内容丰富，重点突出，特点鲜明。一是加强社会主义核心价值体系建设，展现马克思主义中国化最新研究成果；二是为迎接党的十八大胜利召开，系统回顾和总结十六大以来，党带领全国人民贯彻落实科学发展观，在推进中国特色社会主义伟大事业中取得的辉煌成就和成功经验，大力唱响主旋律，壮大主流思想文化阵地；三是紧密结合社会实际，开展理论研究和实践探索，服务党和国家工作大局，体现哲学社会科学的发展和繁荣；四是弘扬中华优秀文化，挖掘和阐发优秀传统文化内涵，注重文化传承价值；五是反映科学技术研究重要成果，侧重与社会现实密切相关的重点基础理论和技术研究领域；六是体现文学创作的优秀成果，涌现出一批反映重大革命历史题材，展示我国经济快速发展、社会急剧变化中人们精神世界的原创作品。

三、《规划》实施要求及保障措施

各级新闻出版行政部门、出版主管部门及各有关出版单位要充分认识组织和实施《规划》的重大意义。要充分利用国家级、省级、出版单位重点出版物规划体系，形成以国家重点图书、音像、电子出版物出版规划为龙头，以省和出版单位重点出版物规划为基础的精品出版物出版机制；认真落实资金、人力、时间的保障措施，切实把好产品内容、编辑加工、装帧印刷等环节的质量关；属于重大选题范围的必须履行重大选题备案程序，确保项目的出版质量和出版进度。通过动态管理，加强检查督导，建立定期增补、调整和淘汰机制，有效提高重点项目的质量和完成率。

规划项目出版时可在封面标注：“十二五”国家重点出版物出版规划项目。列为三个精品工程的项目亦同时标注：哲学社会科学创新成果出版工程、中国科学技术研究领域高端学术成果出版工程、中国文学创作出版精品工程。总署将在国家出版基金、古籍整理专项经费、少数民族文字专项资金等评审工作中对规划项目予以重点关注和支持。同时，加强规划项目执行情况与出版单位评估考核、政府推优评奖等工作的衔接，切实发挥政策资金支持的引导作用，优化配置出版资源。

关于加强2012年秋季中小学教辅材料发行管理的紧急通知

新闻出版总署办公厅
2012年8月30

各省、自治区、直辖市新闻出版局，新疆生产建设兵团新闻出版局，解放军总政治部宣传部新闻出版局：

2012年秋季开学在即，为加强中小学教辅材料发行管理，现就有关事项紧急通知如下。

一、严格发行资质管理

中小学教辅材料必须由新闻出版行政部门批准的发行企业发行。任何部门、单位、个人未经批准一律不得从事中小学教辅材料的发行活动。严禁出版发行单位委托不具有发行资质的部门、单位、个人代理发行销售中小学教辅材料。

二、规范发行经营行为

出版发行单位须依照国家有关法规开展中小学教辅材料发行活动。从事中小学教辅材料发行业务必须依法签订供销合同。严禁出版发行单位派员进入学校、班级向中小学生和家长推荐、征订、搭售教辅材料。严禁出版发行单位伙同学校有关人员要求学生到指定书店购买中小学教辅材料。严禁采取高定价、低折扣形式推销中小学教辅材料。严禁销售内容质量、编校质量或印装质量不符合国家有关规定和标准的中小学教辅材料，对销售的不合格中小学教辅材料要全部召回销毁。严禁销售侵权盗版和非法出版的中小学教辅材料。

三、维护发行市场秩序

严禁出版发行单位与有关部门、单位、个人进行地下交易和一切形式的商业贿赂行为。严禁出版发行单位在中小学教辅材料出版发行活动中违规收取费用。严查出版物市场，特别是要严查校园周边出版物市场，发现问题立即整改。加大对群众举报、媒体曝光的违法违规发行中小学教辅材料问题和案件的查处力度，对发现的问题和案件严格依法依规及时进行处理。

各级新闻出版行政部门要迅速将本通知精神传达贯彻到位，并按照通知要求切实加强中小学教辅材料发行管理。有关情况及时报送新闻出版总署。

关于进一步加强学术著作出版规范的通知

新出政发〔2012〕11号

新闻出版总署

2012年9月4日

各省、自治区、直辖市新闻出版局，新疆生产建设兵团新闻出版局，解放军总政治部宣传部新闻出版局，中央和国家机关各部委、各民主党派、各人民团体出版单位主管部门，各有关行业协会，中国出版集团公司，中国教育出版传媒集团有限公司，中国科技出版传媒集团有限公司：

为了进一步提高我国学术著作出版质量，推动学术著作出版繁荣发展，树立良好的学术风气，提升我国学术著作的创新能力，促进国内外学术交流，根据《出版管理条例》《图书出版管理规定》《图书质量管理规定》等法规规章的规定，现就进一步加强学术著作出版规范的有关事项通知如下：

一、学术著作是作者根据某一学科或领域的研究成果而撰写的作品。这些作品或在理论上有创新见解，或在实践中有新的发明，或具有重要的文化积累价值。本通知所指学术著作包括哲学社会科学、自然科学等学科的研究型著作，通俗理论读物、科普读物等不在其列。

二、学术著作出版必须坚持为人民服务、为社会主义服务的方向，贯彻百花齐放、百家争鸣的方针，促进学术创新、学术交流、学术积累，有益于经济发展和社会进步，有益于提高民族素质，弘扬优秀文化，促进国际文化交流。

三、出版单位应加强学术著作选题论证，组织相关学科领域专家学者，对学术著作的学术水平、创新成果、出版价值等进行认真评估，积极探索实行同行匿名评议等评审办法，提高学术著作出版质量。

四、引文、注释、参考文献、索引等是学术著作不可或缺的重要组成部分，体现了学术研究的真实性、科学性与传承性，体现了对他人成果和读者的尊重，是反映学术著作出版水平和质量的重要内容，必须加强出版规范，严格执行国家相关标准。

引文是引自他人作品或文献资料的语句，对学术著作的观点起支持作用。引文要以必要为原则，凡引用的资料都应真实、详细、完整地注明出处。

注释对作品中某些特定的内容、术语等起到必要的补充、解释或说明作用。注释应力求客观、准确、翔实。

参考文献是为撰写或编辑著作而引用的有关文献信息资源，是学术研究依据的重要体现，对研究内容起到支持、强调和补充作用。参考文献应力求系统、完整、准确、真实。

索引是指向文献或文献集合中的概念、语词及其他项目等的信息检索工具，有助于学术内容的检索、引证、交流和传播。索引的编制应力求实用、简明、便捷、完备。

学术译著应尊重原作者研究成果，力求准确完整，不应随意删改原著的引文、注释、参考文献、索引等内容。

五、学术著作的出版必须弘扬科学精神，杜绝学术抄袭、剽窃；必须保障内容、编校、装帧设计、印制质量；必须符合《出版管理条例》《图书出版管理规定》《图书质量管理规定》和国家相关法律、法规、规章和标准。

六、学术著作出版规范的执行情况将作为中国出版政府奖评奖、国家级优秀图书推荐、国家重大出版项目和国家出版基金申报与验收，以及出版单位年检、等级评估等工作的重要条件。

七、出版单位应安排具备较强学科背景的专业编辑人员担任学术著作的责任编辑。责任编辑应积极主动了解相关学科领域的学术信息，加强与相关学科领域专家学者的联系和沟通，对学术著作中的学术信息进行必要的查证、核实，确保学术质量。

出版单位要认真落实学术著作出版规范工作，加强学术著作出版人才的培养，定期对从事学术著作出版的编辑人员进行培训，制订符合学术著作出版规范的编辑出版流程和考评体系，鼓励支持优秀学术著作的出版。

出版单位要积极探索数字出版背景下有利于加强学术著作出版规范建设、提高学术著作出版质量的各种途径。

八、有关学会、行业协会和有条件的出版单位，应结合自身特点，制定符合不同学科发展规律、适合不同学科领域的学术著作出版规范细则，逐步形成系统完整的具有中国学术著作出版特点、可与国际国内学术同行交流对话的学术著作出版规范体系。

九、各省、自治区、直辖市新闻出版局及各出版单位主管部门要从提高民族创造力、提升国家文化软实力、建设社会主义文化强国的战略高度，充分认识进一步加强学术著作出版规范工作的重要性，结合各地各部门实际制定实施办法，引导和鼓励出版单位出版更多学术精品，促进学术著作出版繁荣发展。

关于印发《国家“十二五”少数民族语言文字出版规划》的通知

新出字〔2012〕279号

新闻出版总署

2012年10月30日

各省、自治区、直辖市新闻出版局，新疆生产建设兵团新闻出版局，中央和国家机关有关部委、民主党派、人民团体新闻出版单位主管部门：

为深入贯彻落实十七届六中全会精神，进一步推动少数民族出版的繁荣发展，促进少数民族语言文字精品力作的出版，2012年总署对“十二五”国家重点图书、音像、电子出版物出版规划中“少数民族出版规划”子规划进行增补和扩充，形成《国家“十二五”少数民族语言文字出版规划》（以下简称《规划》），现印发实施。

一、《规划》的基本结构和规模

《规划》由少数民族语言文字重点出版项目和少数民族语言文字译制（著）出版工程两部分组成，涵盖马克思主义研究、哲学、政治、法律、历史、文学、艺术、医药科技等20个门类，涉及蒙、藏、维、哈、朝等30余个少数民族的语言文字。《规划》规模为284种，其中图书214种、音像制品65种、电子出版物5种，承担出版任务的出版单位61家。《规划》每年将根据具体情况作相应调整和增补。

二、《规划》的目标和特点

（一）《规划》的目标

通过《规划》的实施，发挥国家出版物规划的导向和杠杆作用，建立并完善少数民族重点出版工程出版机制，实施精品战略，带动高质量、高水平的少数民族语言文字出版物的出版，加强中华各民族优秀文化的保护和传承，巩固全国各族人民团结奋斗的共同思想基础，增强民族凝聚力和创造力，建设中华民族共有的精神家园。《规划》总规模在“十二五”时期达到500种。

（二）《规划》的特点

1. 围绕社会主义核心价值体系建设，推进马克思主义中国化时代化大众化，加强马克思主义经典著作的翻译，反映中国特色社会主义理论体系研究的新成果。

2. 着力宣传党和国家民族政策，反映党领导全国各族人民进行社会主义革命和建设的光辉历程，以及改革开放和社会主义现代化建设的伟大实践的出版项目。

3. 弘扬各民族共同团结奋斗、共同繁荣发展的主题，促进民族团结、社会稳定、地区协调发展的出版项目。

4. 弘扬和保护中华各民族丰富多彩的优秀传统文化，体现重大文化传承价值的各民族文化典籍。

5. 采用各民族群众喜闻乐见的文学艺术形式，突出时代感和吸引力，讴歌各民族群众的生动实践，反映各民族群众精神风貌的出版项目。

6. 构建社会主义和谐社会，增强法治意识，普及法律知识，以最新法律法规文本进行权威释义和通俗解读的出版项目。

7. 加强未成年人思想道德建设和科学文化素质教育的出版项目；侧重于服务各民族群众生产生活的实用技术性普及项目。

8. 吸收人类优秀文化，共享文化发展成果，翻译以中外政治、哲学、经济、历史、文化、文学、艺术等方面经典著作和优秀通俗读物为蓝本的出版项目。

三、实施《规划》的要求和保障措施

（一）高度重视《规划》组织实施工作。有关省（自治区、直辖市）新闻出版行政部门、部委出版主管部门及出版单位要充分利用国家级、省级、出版单位重点出版物规划机制，以国家规划为龙头，以本地区、本部门重点规划项目为基础，推动少数民族精品力作的不断涌现。

（二）加强《规划》的组织领导。建立健全重点项目的保障制度，采取有效措施确保项目的出版质量，认真把好产品内容、编辑加工、装帧印刷、制作复制等环节的质量关，属于重大选题范围的必须履行重大选题备案程序。切实做到人员（领导、责任编辑、作者）、资金、时间三落实，通过动态管理，加强跟踪检查和督导，有效提高重点项目的完成率。

（三）建立《规划》项目与出版资助的衔接机制。总署将在国家出版基金、少数民族文字专项资金等评审工作中对《规划》项目予以重点关注和支持，同时，加强规划项目执行情况与出版单位评估考核、政府推优评奖等工作的衔接。各地出版主管部门和出版单位也要采取配套措施，鼓励优势出版资源向精品出版倾斜。

（四）加强《规划》出版成果的宣传和推介，提高精品力作的影响力。《规划》项目出版时可在封面标注：国家“十二五”少数民族语言文字出版规划项目。

关于印发《民族文字出版专项资金管理暂行办法》的通知

财政部、新闻出版总署

2012 年 11 月 18 日

各省、自治区、直辖市、计划单列市财政厅（局）、新闻出版局：

为促进民族文字出版工作的开展，规范和加强民族文字出版专项资金的管理，提高资金使用的安全性和有效性，我们制定了《民族文字出版专项资金管理暂行办法》，现印发你们，请遵照执行。执行中如有问题，请及时向我们反映，以便进一步完善此项工作。

民族文字出版专项资金管理暂行办法

第一章　总　则

第一条　为了规范和加强民族文字出版专项资金（以下简称专项资金）的管理，提高资金使用效益，根据国家有关财政法律制度规定，制定本办法。

第二条　专项资金是中央财政设立的，用于扶持民族

地区民族文字出版事业发展的资金。专项资金的年度预算根据民族文字出版工程总体规划、年度工作计划及国家财力情况核定。

第三条 专项资金的管理和使用实行统一管理、分级负责、合理安排、专款专用的原则。

第四条 专项资金的管理和使用要严格执行国家有关法律法规和财务规章制度，并接受财政、审计和新闻出版等相关部门的监督检查。

第二章 专项资金的开支范围

第五条 专项资金主要开支范围：

（一）民族语言文字出版物（图书、报纸、期刊、音像制品、电子出版物）出版项目，包括：

1. 民族语言文字出版物编辑、制作、出版；

2. 民族语言文字出版物编译；

3. 民族语言文字出版物发行。

（二）民族文字新闻出版单位技术改造和设备更新项目，包括：

1. 民族文字书刊印刷单位的设备更新和技术改造；

2. 民族语言音像制品制作、复录设备更新和技术改造；

3. 民族文字党报党刊印刷、传输设备更新改造。

（三）民族文字出版人才培养项目，包括：

1. 民族语言文字出版编辑制作人才培养；

2. 民族语言文字翻译人才培养。

（四）民族语言文字出版物、版权等“走出去”项目，包括：

1. 民族语言文字出版物出口；

2. 民族语言文字版权输出。

（五）其他经财政部、新闻出版总署批准的项目。

第三章 专项资金的申报与管理

第六条 省级财政部门和新闻出版行政部门是专项资金的申报单位。地方各级财政部门和新闻出版行政部门逐级向上申报，经省级财政部门和新闻出版行政部门审核汇总后，于每年3月31日前共同报财政部和新闻出版总署。凡越级上报的申请均不受理。

第七条 新闻出版总署组织专家对当年项目申报材料进行评审，提出项目和补助额度初步建议。财政部审核批准后，将专项资金下达给省级财政部门。

省级财政部门收到专项资金补助通知30个工作日内，将资金下达到项目单位。实行国库集中支付的，按照国库集中支付有关规定执行。

第八条 项目单位应对项目资金实行单独核算和管理。

第九条 项目单位必须严格按照财政部批复的项目及预算执行，不得自行调整。项目执行过程中，因项目实施环境和条件发生变化确须调整的，须按照申报程序履行报批手续。

第十条 项目实施完毕，省级财政部门和新闻出版行政部门须对项目执行情况进行验收，并将验收结果报财政部和新闻出版总署。

第十一条 项目单位应将专项资金决算纳入本单位年度决算，并单独加以说明。未完成项目的年度结余资金应当按照规定结转下年使用。

第十二条 专项资金形成的固定资产应按照国有资产管理的有关规定，纳入单位的固定资产账户进行核算与管理。

第十三条 纳入政府采购的项目应按照政府采购的有关规定执行。

第四章 专项资金的监督与检查

第十四条 建立健全专项资金使用的监督检查机制和绩效考评制度。财政部对专项资金实行追踪问效制度，不定期组织专家或委托财政部驻各地财政监察专员办事处、中介机构等，对专项资金项目绩效考评情况进行抽查。抽查结果将作为以后年度专项资金立项审批和预算安排的重要参考依据。

第十五条 有下列情形之一的，应当根据具体情况给予暂停核批新项目、停止拨款、收回补助资金的处理，并依法追究有关人员的责任：

（一）虚报基础条件而取得补助资金的；

（二）擅自变更补助项目内容的；

（三）截留、挪用和挤占专项资金的；

（四）因管理不善，给国家财产造成损失和浪费的；

（五）不具备项目实施条件的。

第五章 附 则

第十六条 本办法由财政部和新闻出版总署负责解释。

第十七条 本办法自发布之日起施行。

关于贯彻实施《MPR 出版物》系列国家标准的通知

新出字〔2012〕305 号

新闻出版总署

2012 年 11 月 21 日

各省、自治区、直辖市新闻出版局，新疆生产建设兵团新闻出版局，解放军总政宣传部新闻出版局，署直各单位，中国出版集团公司，中国教育出版传媒集团公司，中国科技出版传媒集团公司，全国各新闻出版单位：

2011 年 12 月 30 日，国家质量监督检验检疫总局和国家标准化管理委员会批准发布了 GB/T 27937.1-2011《MPR 出版物 第 1 部分：MPR 码编码规则》等 5 项国家标准。现将该 5 项国家标准转发给你单位，请遵照实施。

MPR（Multimedia Print Reader）出版物，即多媒体印刷阅读出版物，是一种以唯一性关联编码为基础，以印刷矩阵式二维码为机读符号，对多种出版载体和表现形式进行整合和精确关联，形成以纸质印刷载体为基础的多媒体复合数字出版形态的出版物。MPR 出版物将数字技术引入传统印刷技术支持的出版活动，实现了纸质出版物的有声听读，可以满足阅读者通过视听多感官、抽象化与具象化全方位获取信息的需求，可实现基于新技术手段的横向阅读、深度阅读、多维度阅读，是数字技术时代对出版形式的突破，是一种全新的出版物种。MPR 出版物技术具有编码容量巨大、成本低廉、可靠性强和印制便捷等特点，与数字出版实现了良好的衔接，对我国传统出版产业完成改造升级、平稳转型将发挥重要的支撑作用。

为推动《MPR 出版物》系列国家标准实施，加快产业推广应用步伐，让 MPR 出版物早日惠及出版产业，现做如下安排：

一、新闻出版总署鼓励各出版单位贯彻执行《MPR 出版物》系列国家标准，积极开展 MPR 出版业务。对出版单位在实践中探索出的各种行之有效的 MPR 出版物经营模式在全行业进行宣传推广，总署将协调有关部门通过各种渠道给予必要的政策、经费支持。

二、各省级新闻出版局要高度重视 MPR 出版物技术的应用推广工作，将其作为开展数字出版业务、实现数字化转型升级的重要任务来抓，指导本地出版单位认真贯彻执行《MPR 出版物》系列国家标准，规范纸质有声读物的出版，支持本地出版单位实施贯彻执行《MPR 出版物》系列国家标准的产业化项目。

三、新闻出版总署根据《MPR 出版物》系列国家标准的相关规定，决定设立“中国 MPR 注册中心”，负责开展 MPR 用户注册、MPR 编码发放和使用管理工作，对出版应用提供指导和服务。该中心由中国音像协会负责筹建。

四、请各出版单位于 2012 年 12 月 30 日前登录“中国 MPR 注册中心”网站（www.mpreader.org）进行在线登记注册。同时请下载并填报“MPR 出版者注册登记表”，填写盖章后于 2012 年 12 月 30 日前寄至“中国 MPR 注册中心”筹备处。各出版单位在完成在线登记注册及书面申请后，将免费获得本单位账号和用户密码，即可通过 MPR 管理网络平台申领 MPR 编码，同时获取 MPR 相关资料和 MPR 出版技术咨询服务。

新闻出版改革发展项目库2013年度项目申报指南

新闻出版总署出版产业发展司

2012年11月28日

一、总体要求

实施重大项目带动战略、抓好新闻出版改革发展项目库建设，是新闻出版业深化改革、加快发展的重大举措。新闻出版改革发展项目库项目申报应按照《新闻出版业“十二五”时期发展规划》的要求，着眼解决引领新闻出版业发展的重大问题，具备创新性的发展思路，有明确、先进的研究计划，有科学、可行的实施方案，以推动新闻出版重点领域的重大技术突破、产业集聚，推动高新技术实现产业化为目标，促进新闻出版业大发展大繁荣。

二、重点支持方向

（一）新闻出版内容创新

在促进新闻出版业内容创新、特别是在传播社会主义先进文化、弘扬社会主义核心价值体系方面具有引领和创新意义的重大出版工程。重点支持以下几方面：

1. 社会主义核心价值体系内容创新出版；

2. 新闻出版精品生产；

3. 原创动漫及民族网游开发、出版。

（二）新闻出版体制改革

符合新闻出版体制改革和产业发展方向，对全国和项目所在地新闻出版体制改革和产业发展有较大推动作用的项目。重点支持以下几方面：

1. 经营性新闻出版事业单位转企改制，建立现代企业制度；

2. 出版传媒企业跨媒体、跨地区、跨部门、跨行业联合、兼并、重组及上市；

3. 大型骨干出版传媒企业核心能力建设；

4. 新闻出版专、精、特、新企业发展；

5. 国有出版传媒企业与非公有文化企业开展的产品合作、项目合作。

（三）新闻出版与科技融合

对促进新闻出版业技术进步、数字出版技术研发、推广与应用等具有引领和创新意义的重大项目。重点支持以下几方面：

1. 数字出版技术研发与应用；

2. 数字出版产品开发与推广；

3. 数字内容的生产和投送；

4. 新闻出版企业数字化转型；

5. 绿色印刷与数字印刷复制技术的开发与产业应用；

6. 数字版权保护技术研发。

（四）产业转型升级与结构调整

对促进新闻出版业产业升级、加速新闻出版产业转型，具有基础与示范作用的项目；符合全国规划，能够发挥区域辐射带动作用的基地（园区）建设项目。重点支持以下几方面：

1. 传统新闻出版企业装备改造；

2. 优质出版内容资源数字化；

3. 报刊品牌、传播能力建设；

4. 新闻出版产业园区和基地建设；

5. 现代出版物物流体系建设。

（五）新闻出版公共服务体系建设

满足全国和项目所在地人民群众基本文化权益发挥重大作用的项目。重点支持以下几方面：

1. 民族新闻出版业的发展；

2. 农家书屋、全民阅读、城乡阅报栏（屏）等基层新闻出版公共服务建设；

3. “三农”出版、盲文出版。

（六）新闻出版“走出去”

在推动新闻出版产品、服务、企业、资本“走出去”

中具有重大影响的项目。重点支持以下几方面：

1. 新闻出版海外传播渠道建设；

2. 新闻出版“走出去”产品制作、生产及对外推广；

3. 新闻出版企业海外收购、投资设厂；

4. 重大对外出版交流、合作活动；

（七）新闻出版保障服务体系建设

在金融支持新闻出版业发展、新闻出版人才培养、版权贸易发展、新闻出版监管体系建设等方面具有重大意义的项目。重点支持以下几方面：

1. 新闻出版业金融服务体系建设；

2. 新闻出版教育与人才培养；

3. 版权交易及监管系统开发、应用；

4. 新闻出版监管体系建设。

三、申报单位条件

（一）中国大陆境内具有法人资格的单位、港澳地区在内地设立（或与内地单位联合设立）的新闻出版或相关单位均可根据申报指南提出项目申请。

（二）申报单位在申报项目时应推荐项目负责人。每个项目只能推荐一位项目负责人。项目负责人应具备以下条件：

1. 必须是申报单位在职人员；

2. 作为项目负责人同年度参与承担的项目申报数不得超过两项；

3. 作为已入库项目的项目负责人不得因申报新项目而退出已承担的项目。

（三）以下单位不得申报项目：

1. 中途退出尚在进行的入库项目的单位；

2. 承担的入库项目中存在 2 年内没有启动或超过完成时限 3 年尚未结项的单位；

3. 在入库项目督查中发现重大问题的单位；

4. 因违规被取消申报资格和其他不能保证履行规定义务的单位。

四、申报数量要求

（一）本年度项目申报原则上每个单位申报项目数量不超过 2 个，每个集团申报项目数量不超过 4 个，作为联合申报单位（不作为项目申报主体）联合申报项目不超过 2 个。

（二）每个省、自治区、直辖市申报项目数量原则上不超过 30 个。

（三）少数民族地区项目申报根据实际情况予以适当照顾。

五、项目申报与受理

（一）2013 年度新闻出版改革发展项目库入库项目实行网络申报，并同时报送纸质申报材料（一式三份）。网络版申报材料与纸质版申报材料必须完全一致。

（二）中央新闻出版单位申报项目材料须经上级主管部门审核后报新闻出版总署。解放军系统新闻出版单位申报项目材料报解放军总政治部宣传部新闻出版局。新疆生产建设兵团所属新闻出版单位申报项目材料报新疆生产建设兵团新闻出版局。其余单位申报项目的材料，按照属地管理原则，报所在地省级新闻出版行政主管部门。

（三）各省、自治区、直辖市新闻出版局、新疆生产建设兵团新闻出版局、解放军总政治部宣传部新闻出版局，负责对本辖区、本系统新闻出版单位的申报项目进行审核并提出审核推荐意见后，报新闻出版总署。

（四）中央及各地方出版（传媒）集团公司所属单位申报项目，须由集团统一申报并加盖集团公章，各集团应当指派专人负责。

（五）各有关单位可通过新闻出版总署网站首页“申报快捷通道”栏目下的“新闻出版改革发展项目库”进入网上申报审核系统。用户注册及有关内容的填报、审核，请按照《新闻出版改革发展项目库管理系统使用手册》（附后）进行。

（六）凡涉密项目，请按有关保密管理规定办理，不得通过网络申报。

六、申报材料要求

（一）申报材料必须齐全、客观、真实

项目申报单位应提供由项目负责人签名的承诺书，并随项目申请书同时报送新闻出版总署出版产业发展司。

（二）请按规定格式和内容编写项目申请书，必须包括如下内容：

1. 数据采集表；

2. 项目简介；

3. 项目论证；

4. 项目工作量与时间进度；

5. 项目经费预算及明细（项目基础设施建设费用不得超过总经费的 30%）；

6. 预期社会效益与经济效益；

7. 专家推荐意见。

（三）申报单位必须提供的证明文件（网络版在相应区域内扫描上传）：

1. 申报单位通过2012年度年检的企业法人营业执照副本或事业单位法人登记证书；

2. 法人代表有效身份证明文件；

3. 税务登记证；

4. 申报前近两个月的缴税付款凭证（含营业税、增值税、所得税以及个人所得税等，可选择重点两份扫描上传）；

5. 2012年的年度财务报表：资产负债表、损益（利润）表、现金流量表。

（四）其他需要上传的文件（根据需要扫描上传）：

1. 项目前期如果已经进行专家评审，请申报单位提供专家评审意见（专家须分别出具意见并亲笔签字）和专家资质证明（职称证书）。

评审专家应具备以下条件：

（1）本行业内副高职称以上；

（2）非项目申报单位；

（3）非项目承担者及联合申报单位的专家意见。

2. 证明申报项目技术水平的其他相关文件。

3. 与项目相关的发明专利证书或与项目相关的发明专利申请进入实质审查阶段通知书。

（五）项目简介

为方便项目单位之间、项目单位与金融服务机构之间的合作交流，项目申报单位须填写不超过1500字的项目简介。该项目简介对所有项目申报单位公开，并用于向金融机构推介项目等。

七、申报时间要求

新闻出版改革发展项目库2013年度入库项目申报截止时间为2013年1月31日，届时将关闭网络申报系统端口和网络审核系统端口。

八、其他事项

（一）项目实施期一般为2年，最多不超过3年。

（二）申报单位对项目申请书的真实性负责，并对项目实施人员（包括项目负责人）的申报资格负责。

（三）项目申请书（包括不受理的项目申请书）不予退回。

关于制订和报送2013年图书、音像、电子出版物出版计划的通知

新出字〔2012〕321号

新闻出版总署

2012年12月7日

各省、自治区、直辖市新闻出版局，新疆生产建设兵团新闻出版局，解放军总政治部宣传部新闻出版局，中央和国家机关各部委、各民主党派、各人民团体出版单位主管部门，中国出版集团公司，中国教育出版传媒集团有限公司，中国科技出版传媒集团有限公司：

年度图书、音像、电子出版物出版计划的制订工作，是出版单位贯彻党的出版方针、调整优化出版结构、提高出版质量的重要保证。2013年是宣传贯彻党的十八大精

神的开局之年，是深化文化体制改革、加快推动社会主义文化大发展大繁荣的重要之年，是落实我国国民经济和社会发展第“十二个五年规划”承上启下的关键之年。做好2013年图书、音像、电子出版物出版计划的制订工作，意义十分重大。现就有关事项通知如下：

一、指导思想

高举中国特色社会主义伟大旗帜，以邓小平理论、“三个代表”重要思想、科学发展观为指导，坚持中国特色社会主义文化发展道路，坚持社会主义先进文化前进方向，以科学发展为主题，以改革创新为动力，以建设社会主义核心价值体系为根本任务，以满足人民精神文化需求为出发点和立足点，发展面向现代化、面向世界、面向未来的，民族的科学的大众的社会主义文化，培养高度的文化自觉和文化自信，提高全民族文明素质，增强国家文化软实力，努力建设社会主义文化强国。

二、制订出版计划的重点

（一）全面准确、深入系统地宣传贯彻党的十八大精神，出版一批学习、研究、实践十八大精神的重点选题，深入宣传党的十八大主题，充分认识中国特色社会主义的巨大优势和强大生命力；深入宣传科学发展观的历史地位、指导意义和实践要求；深入宣传建设中国特色社会主义的总依据、总布局、总任务；深入宣传全面建成小康社会和全面深化改革开放的目标、推进中国特色社会主义事业的总体部署和主要任务；深入宣传全面提高党的建设科学化水平的总体要求和主要任务，坚定道路自信、理论自信和制度自信。

（二）深入宣传加快完善社会主义市场经济体制和加快转变经济发展方式，策划一批服务经济建设的重点选题，以科学发展为主题，以加快转变经济发展方式为主线，研究和阐述经济体制改革、经济结构战略性调整、城乡发展一体化、提高开放型经济水平等重大战略部署。

（三）深入宣传坚持走中国特色社会主义政治发展道路和推进政治体制改革，策划一批服务政治建设的重点选题，研究和阐述人民代表大会制度、中国共产党领导的多党合作和政治协商制度、民族区域自治制度以及基层民主自治制度等基本制度。

（四）深入宣传扎实推进社会主义文化强国建设，策划一批服务文化建设的重点选题，加强对深化文化体制改革、推动社会主义文化大发展大繁荣的重大理论和实践问题的研究，增强全民族文化创造活力，加强社会主义核心价值体系建设，发挥文化引领风尚、教育人民、服务社会、推动发展的作用。

（五）深入宣传加强社会建设，策划一批服务社会建设的选题，系统宣传在教育、就业、收入分配、社会保障、健康等基本公共服务体系重要方面取得的新进展，在保障和改善民生、加强和创新社会管理方面取得的新成果，推动社会主义和谐社会建设。

（六）深入宣传大力推进生态文明建设，策划一批服务生态文明建设的选题，宣传坚持节约资源和保护环境的基本国策，推进绿色发展、循环发展、低碳发展，增强全民节约意识、环保意识、生态意识，共同建设美丽中国。

（七）深入宣传全面提高党的建设科学化水平，牢牢把握党的建设主线，推出一批服务党的思想建设、组织建设、作风建设、制度建设和廉政文化建设的重点选题，确保党始终成为中国特色社会主义事业的坚强领导核心。

（八）继续推进社会主义核心价值体系建设“双百”出版工程，重点推出一批马克思主义经典著作和中国特色社会主义理论体系的最新研究成果；推出一批能够解答广大干部群众关切的重大理论热点问题的通俗理论读物。

（九）进一步实施精品战略，积极推进国家“十二五”重点出版物规划，结合我国实际和时代特点，策划增补一批具有中国特色、中国风格、中国气派的重点选题，推动哲学社会科学、科学技术、文学艺术等领域的繁荣发展。

（十）全面落实国家在科技、教育、人才等方面的中长期规划，推出一批以重大现实问题为主攻方向，对全局性、战略性、前瞻性问题深入研究的著作，更好服务我国经济社会发展；大力提高科技创新能力，推出一批反映我国当前科技进步的最新研究成果，代表国家水平的原创作品。

（十一）全面贯彻“二为”方向和“双百”方针，坚持“三贴近”的原则，鼓励原创和现实题材创作出版，积极策划一批思想性、艺术性、观赏性相统一、人民喜闻乐见的优秀文艺作品。

（十二）进一步加强未成年人思想道德建设，为青少年提供更多更好的精神食粮，推出一批大力弘扬爱国主义、集体主义、社会主义思想，歌颂真善美，贬斥假恶丑，倡导和践行社会主义核心价值观的选题，全面提高公民道德素质，推出一批弘扬科学精神，普及科学知识的知识读本和科普精品。

（十三）繁荣发展少数民族文化事业，推出一批弘扬以爱国主义为核心的民族精神、服务民族团结教育，促进少数民族地区经济、社会和文化协调发展的选题，支持少数民族地区优秀传统文化项目的出版，加强少数民族语言文字出版物的译制出版工作。

（十四）建设优秀传统文化传承体系，弘扬中华优秀传统文化。深入挖掘、抢救、整理我国优秀的文化遗产，进一步加强古籍整理和出版规划工作，推出一批能够增补列入国家古籍出版规划的重点选题。

（十五）积极实施“走出去”战略，促进文化相互借鉴，增强中华文化在世界上的感召力和影响力。推动中华文化走向世界，对外翻译出版一批优秀学术成果和文化精品选题；吸收借鉴国外优秀文化成果，注重翻译出版一批适应我国经济、社会和文化发展需要的高质量、高品位出版物。

三、具体要求

（一）遵守国务院《出版管理条例》等法规规章，不得安排含有《出版管理条例》第二十五条、第二十六条有关内容的选题，不得安排恐怖、色情、暴力等危害青少年身心健康的选题。

（二）执行总署《图书、期刊、音像制品、电子出版物重大选题备案办法》及相关规定，属于重大选题备案范围的选题，不得按一般年度选题上报，必须履行重大选题备案程序，严格审核把关。

（三）执行总署《关于不得出版宣扬愚昧迷信和伪科学出版物的通知》，不得安排以各种名义散布荒诞言论、歪理邪说和伪科学的选题。

（四）执行总署《关于进一步加强学术著作出版规范的通知》，提高我国学术著作选题策划水平和出版质量，推动学术著作出版繁荣发展。

（五）加强对引进版出版物内容的审读把关工作，不得安排损害国家荣誉、国家利益和破坏国家统一的选题，不得安排违反我国民族和宗教政策法规的选题。

（六）坚持正确的出版导向，坚决抵制低俗之风，杜绝粗制滥造，减少平庸之作，避免低水平重复出版和跟风炒作现象。

四、图书出版计划报送要求

（一）报送程序

在京的中央和国家机关各部委、各民主党派、各人民团体所属出版社的年度出版计划经主管部门审批后，报总署备案；各省、自治区、直辖市新闻出版局所辖、所属出版社（军队系统出版社除外）的年度出版计划由各省级新闻出版局统一审批（京外中央各部委所属出版社的年度出版计划经主管部委审核同意后，报所在地省级新闻出版局审批）后，报总署备案；军队系统出版社的年度出版计划由解放军总政宣传部新闻出版局审批后，报总署备案。

各省级新闻出版局和中央、国家机关各部委、各民主党派、各人民团体出版单位主管部门以及解放军总政宣传部新闻出版局，要认真做好所辖、所属出版单位2013年度出版计划的审批工作，并对出版计划进行全面、认真的分析，写出详细的分析报告。报告主要内容：制订出版计划的指导思想，选题总量、结构、特点；新书、再版图书情况；重点选题和需办理重大选题备案情况；选题计划中带有共性的特点和倾向性问题；实施计划的措施和存在的问题等。

（二）报送材料

报送的材料分文字和表格两部分，文字部分为出版管理部门或主管部门在各出版社的文字报告基础上形成的综合分析报告；表格部分由出版社按图书选题上报系统的软件格式和软件设定的必填项目与要求上报（同2012年）。有关材料请于2013年1月15日前报送总署。

五、音像、电子出版物出版计划报送要求

（一）报送程序

各音像电子出版单位须于2012年12月31日前将选题计划分析报告及选题按照属地管理原则上报至各省级出版行政主管部门。军队系统音像电子出版单位选题计划由总政宣传部新闻出版局负责，中央在京音像电子出版单位选题计划由北京市新闻出版局负责。

各省级出版行政主管部门要做好所辖音像电子出版单位2013年度出版计划的审批工作。自受理出版选题计划报送之日起20日内，对报送的选题计划进行审核并向音像出版单位回复审核意见。2013年1月25日前报新闻出版总署备案。

（二）报送材料

音像电子出版单位要向省级出版行政主管部门报送选题计划分析报告，省级出版行政主管部门向总署报送本辖区的出版选题分析报告。报告主要内容包括本地区（系统或单位）选题总量、类别分析、结构布局、形势特点等；主题出版、重点选题及重大选题情况；存在问题及建议意见等。

选题相关信息数据通过音像电子出版物选题管理系统（总署网站）报送。

关于申报2013年度“经典中国国际出版工程”资助项目的通知

新出字〔2012〕329号

新闻出版总署

2012年12月10日

各省、自治区、直辖市新闻出版局，新疆生产建设兵团新闻出版局，解放军总政治部宣传部新闻出版局，中央和国家机关有关部委、民主党派、人民团体新闻出版主管部门，中国出版集团公司，中国教育出版传媒集团有限公司，中国科技出版传媒集团有限公司，中央在京出版单位：

根据新闻出版总署《关于实施“经典中国国际出版工程”的通知》精神，进一步推动优秀外向型图书的出版，加快中国图书“走出去”的步伐，经研究决定，于2012年12月开始受理2013年度“经典中国国际出版工程”资助项目的申报工作。

“经典中国国际出版工程”项目申报办法

为鼓励和支持适合国外市场需求的外向型优秀图书选题的出版，力求全面、深入、客观、准确地介绍当代中国的发展状况和中国文化，让世界更好地了解中国，扩大中华文化的国际竞争力和影响力，新闻出版总署特实施“经典中国国际出版工程”。工程采用项目管理方式资助外向型优秀图书选题的翻译、出版、推广，每年评审一次。为明确“经典中国国际出版工程”项目资助申报程序，加强规范化管理，特制定本办法。

一、资助范围

（一）“经典中国国际出版工程”资助项目的范围为“中国学术”和“中国文学”两个系列的高水平优秀选题出版物。前者主要涵盖哲学、政治、法律、经济、军事、历史、语言、文艺理论等社会和人文学科领域，后者主要涵盖诗歌、小说、戏剧、散文杂著等领域。不属于以上两大系列学科的项目，暂不列入申报范围。

（二）申报项目必须最终能够实现向非华语地区版权输出或与非华语地区的出版单位进行国际合作出版发行。输出方式主要是版权输出或合作出版。在内地及港、澳、台市场销售的和以外国华语地区为输出方向的中文版图书，以及国内出版的外文版图书直接向外销售的，不列入申报范围。

（三）申请项目的出版物限于图书，不包括音像制品（但随书配送的音像制品除外）。

（四）申报者限于出版集团、出版社（不含中国港、澳、台地区）。杂志社和动漫公司不列入申报范围。凡三年内受过内部整顿以上行政处分的出版单位不得申报。

二、申报要求

（一）“经典中国国际出版工程”工作委员会办公室每年下发《“经典中国国际出版工程”资助项目申报通知》，各申报单位按《通知》的具体要求，在规定时间内完成申报工作。申报材料可在指定网站上下载。

（二）申报的项目应为已有书稿或中文（含少数民族文字）版图书，并有版权输出或合作出版的国外出版单位，并能保证在三年内（自当年申报截止日起）完成出版工作的项目；请申报单位务必根据本单位能力、资源等情况安排项目申报，减少和避免项目申报的盲目性和不确定性。

（三）此前已签订《新闻出版总署“经典中国国际出版工程”项目资助协议书》的项目，不得再次申报。获得国家社会科学基金、国家出版基金、国家外宣资金等资金资助的项目也不得申报。

（四）在往年评审中未获通过的项目，如果在整体上未作重大改进，在学术质量上未有明显提高，亦不得再次申报。

（五）申请项目须提供两位资深专家的推荐意见。

（六）申报者提交的申请材料包括：项目申请书（每个项目填写一份）、申请表、申请项目样稿（不少于20页）或样书。样稿一式三份，或样书一套（评审结束后，样稿及样书等申请材料不再退还）。同时提交上述材料的电子文本。

（七）申报者须按要求认真、如实填写项目书及相关电子申报表格。除提交电子表格外，须提交纸质表格一式一份。

（八）申报材料要求详尽、准确、清晰、完整。申报材料不符合《通知》要求、超过申报时限的不提交评审专家评审。

（九）上述申报材料电子版可在指定网站下载，具体地址详见当年《通知》。

三、申报程序

中央在京出版单位申报项目的材料直接报送“经典中国国际出版工程”办公室，地方出版单位申报项目的材料，按照属地管理原则，报送省级新闻出版行政部门。

中国出版集团公司、中国教育出版传媒集团有限公司、中国科技出版传媒集团有限公司负责对本集团出版单位申报项目的材料汇总后报送“经典中国国际出版工程”办公室秘书处。

各省级新闻出版行政部门负责对本辖区新闻出版单位（包括中央在地方的新闻出版单位）的申报项目按办法要求认真进行预审、汇总，由省级新闻出版行政部门统一报送到“经典中国国际出版工程”办公室。

四、申报后相关工作

（一）审核通过的申报材料，将依次提交初审专家组和评审委员会进行评审，评审确定的资助项目名单将在新闻出版行业媒体（报纸和网站）上公示一周（不含节假日）。凡收到举报，不符合“工程”申报要求的，经核查属实，不予资助。

（二）公示后，新闻出版总署与受资助项目的出版单位签署《新闻出版总署“经典中国国际出版工程”项目资助协议书》。

（三）受资助的项目需接受中期检查，项目完成后，出版单位须按时递交结项报告，按协议要求递交样书并接受验收。

关于做好第六轮新闻出版行政审批项目取消调整后续工作的通知

新出厅字〔2012〕533号

新闻出版总署办公厅

2012年12月11日

各省、自治区、直辖市新闻出版局，解放军总政治部宣传部新闻出版局：

2012年10月，国务院发布《关于第六轮取消和调整行政审批项目的决定》，其中涉及取消新闻出版行政审批项目4项，下放5项。新闻出版行政审批项目取消和调整，是贯彻落实中央有关精神和要求，深化新闻出版行政审批制度改革，推动政府职能转变、依法行政、管理创新和反腐倡廉建设的重要举措。为确保此轮行政审批项目取消和调整工作落实到位、取得实效，现将有关情况及后续工作通知如下：

一、国务院第六轮取消和调整行政审批项目中，取消新闻出版行政审批项目4项：

1. 期刊出版增刊审批；

2. 被查缴非法光盘生产线处理审批；

3. 电子出版物制作单位接受境外委托制作电子出版物审批；

4. 设立专门从事名片印刷的企业审批。

下放新闻出版行政审批项目5项（由省级人民政府出版行政主管部门下放至设区的市级人民政府出版行政主管部门）：

1. 设立从事包装装潢印刷品和其他印刷品印刷经营活动的企业审批；

2. 印刷业经营者兼营包装装潢和其他印刷品印刷经营活动审批；

3. 从事包装装潢印刷品和其他印刷品印刷经营活动的企业变更印刷经营活动（不含出版物印刷）审批；

4. 印刷业经营者兼并其他印刷业经营者（不含出版物印刷企业）审批；

5. 印刷业经营者因合并、分立而设立新的印刷业经营者（不含出版物印刷企业）审批。

二、总署分别研究制定了本轮取消的新闻出版行政审批项目的监督管理措施和下放的行政审批项目的审批办法（见附件），并将依据相关立法计划，清理、修订本轮取消和下放审批项目涉及的规章、规范性文件。其中，针对取消“期刊出版增刊审批”，总署已专门下发《关于取消期刊出版增刊审批后续管理问题的通知》（新出厅发〔2012〕3号）。

三、自本通知下发之日起两个月内，各省级出版行政主管部门要完成制定取消和下放审批项目的后续监管措施和实施办法，并报总署相关业务司局备案；要指导市级出版行政主管部门制定相应审批制度及规定，并做好相关衔接工作。总署将适时进行检查督导。

四、各级出版行政主管部门要高度重视，统一认识，依法加强监管，确保相关行政审批项目取消后不出现管理真空；要不断探索新思路、新方法，坚决杜绝变相设置缺少法律法规依据的行政审批项目；要将深化行政审批制度改革与推进反腐倡廉建设有机结合，建立健全规范权力运行的监督制约机制，努力促进新闻出版业繁荣发展。

2012年我国出台的其他相关政策法规

1月19日 为贯彻党的十七届六中全会精神，深化文化体制改革，加强文化市场管理，维护文化市场秩序，文化部认真履行国务院赋予的“指导文化市场综合执法”职责，出台了《文化市场综合行政执法管理办法》，并于2月1日起正式实施。

1月29日 工业和信息化部、财政部、国土资源部联合发布了《关于进一步做好国家新型工业化产业示范基地创建工作的指导意见》，明确了示范基地创建工作的总体思路、基本要求和总体目标，就下一步工作提出了8项主要任务。

2月1日 《中华人民共和国招标投标法实施条例》正式施行。

2月16日 文化部发布“十二五”时期文化改革发展规划纲要。

2月20日 国务院正式批复同意国家发展改革委组织编制的《西部大开发“十二五”规划》。

3月2日 工业和信息化部、科技部、财政部公布《工业清洁生产推行“十二五”规划》。明确了“十二五”期间工业清洁生产总体目标和主要任务，包括开展工业产品生态设计、提高生产过程清洁生产技术水平、开展有毒有害原料（产品）替代。

工业和信息化部、财政部发布《环保装备“十二五”发展规划》。支持和鼓励研发大气污染治理装备、水污染治理装备、固体废物处理装备、资源综合利用装备、环境监测专用仪器仪表、环境污染治理配套材料和药剂以及环境应急装备等7大类96项产品和技术。

3月7日 财政部、工业和信息化部、海关总署、国家税务总局联合发布《关于调整重大技术装备进口税收政策有关目录的通知》。

3月21日 为进一步促进中小企业特别是小型微型企业健康发展，营造全社会关注支持中小企业发展的良好氛围，工业和信息化部发布《中小企业服务年活动方案》。

3月27日 为全面贯彻《2006—2020年国家信息化发展战略》、国家“十二五”规划和《国务院办公厅关于加快电子商务发展的若干意见》，工业和信息化部制定了《电子商务“十二五”发展规划》。

4月26日 国家质检总局印发《〈关于进一步加快质量诚信体系建设的指导意见〉的通知》，要求质检系统按照党中央、国务院关于加强社会信用体系建设的总体部署，以及质检总局《关于进一步加快质量诚信体系建设的指导意见》提出的10项工作任务，全面推进质量诚信体系建设，增强全社会质量诚信意识。

4月28日 为进一步规范和加强文化产业发展专项资金管理，财政部对原《文化产业发展专项资金管理暂行办法》进行了修订。

5月4日 财政部、文化部发布《国家非物质文化遗产保护专项资金管理办法》。

5月10日 文化部在北京召开新闻发布会，正式发布《文化部“十二五”时期文化改革发展规划》。

5月25日 为进一步规范和完善中小企业信用担保资金管理，财政部、工业和信息化部对《中小企业信用担保资金管理暂行办法》进行了修改。

5月29日 国家税务总局发布《关于进一步贯彻落实税收政策促进民间投资健康发展的意见》。要求各级税务机关采取切实有效措施，认真落实好这些税收政策，促进民间投资健康发展。

6月4日 国家工商总局出台《关于充分发挥工商行政管理职能作用 鼓励和引导民间投资健康发展的意见》，明确提出要积极营造平等准入、公平竞争的市场环境，服务和促进民间投资健康发展。

6月27日 国家发展改革委发布了《关于利用价格杠杆鼓励和引导民间投资发展的实施意见》，进一步明确了促进民间投资发展的价格政策措施。

6月28日 文化部制定出台了《文化部关于鼓励和引导民间资本进入文化领域的实施意见》。

6月29日 国家发展改革委、外交部、工业和信息化部、财政部、商务部、人民银行、海关总署、工商总局、质检总局、银监会、证监会、保监会、外汇局联合发布《关于鼓励和引导民营企业积极开展境外投资的实施意见》。

7月23日 财政部发布《关于2012年度包装行业高新技术研发资金项目立项的通知》。

9月20日 国家食品药品监督管理局依据药品电子监管工作的相关规定，在《药品电子监管技术指导意见》基础上，发布了《药品电子监管工作指导意见》。

10月16日 为加强对财政部代表国务院履行出资人职责的中央文化企业国有资本经营预算管理，财政部发布《关于加强中央文化企业国有资本经营预算执行管理的通知》。

11月21日 工业和信息化部发布《石墨行业准入条件》。

12月1日 国务院印发了《服务业发展“十二五”规划》（以下简称《规划》），这是我国制定的第一部服务业发展规划。《规划》是落实“十二五”规划《纲要》要求、指导我国服务业发展的总体部署，是编制服务业各领域专项规划（指导意见）和地方服务业发展规划的重要依据。

12月11日 为促进外贸经济持续稳定增长，进一步减轻进出口企业负担，国家发展改革委会同财政部发出《关于降低部分行政事业性收费标准的通知》，决定自2013年1月1日起，降低出入境检验检疫收费标准，简化出入境检验检疫计费方式。

12月24日 财政部会同发改委发出通知，决定自2013年1月1日起，取消和免征税务发票工本费、户口簿工本费、户口迁移证和准迁证工本费、企业注册登记费、个体工商户注册登记费、采矿登记费、进网许可标志工本费、房屋租赁管理费等30项涉及企业和居民的行政事业性收费，每年可减轻企业和居民负担约105亿元。

标准汇编

中华人民共和国国家环境保护标准

环境标志产品技术要求 印刷
第二部分: 商业票据印刷

HJ 2503—2012

Technical requirement for environmental labeling products Printing, Part 2: Commercial form printing

中华人民共和国环境保护部 发布 **2013-02-01 实施**

1 适用范围

本标准规定了环境标志产品商业票据印刷的术语和定义、基本要求、技术内容及检验方法。

本标准适用于各类商业票据印制。

2 规范性引用文件

本标准内容引用了下列文件中的条款。凡是不注日期的引用文件，其有效版本适用于本标准。

GB 6675 国家玩具安全技术规范

GB/T 9851.4 印刷技术术语 第 4 部分：平版印刷术语

CY/T 49.1 商业票据印制 第 1 部分：通用技术要求

CY/T 49.2 商业票据印制 第 2 部分：折叠式票据

CY/T 49.3 商业票据印制 第 3 部分：卷式票据

CY/T 49.4 商业票据印制 第 4 部分：本式票据

HJ 567 环境标志产品技术要求 喷墨墨水

HJ/T 220 环境标志产品技术要求 胶粘剂

HJ/T 370 环境标志产品技术要求 胶印油墨

HJ/T 371 环境标志产品技术要求 凹印油墨和柔印油墨

YC/T 207 卷烟条与盒包装纸中挥发性有机化合物的测定顶空—气相色谱法

3 术语和定义

CY/T 49.1、GB/T 9851.4 确立的，以及下列术语和定义适用于本标准。

商业票据印刷 Commercial form printing

以平版印刷工艺为主，结合凸版、网版和数字工艺的印刷方式。

4 基本要求

4.1 印刷产品质量应符合 CY/T 49.1 ~ CY/T 49.4 等国家和行业标准要求。

4.2 生产企业污染物排放应达到国家或地方规定的污染物排放标准要求。

4.3 生产企业应加强清洁生产。

5 技术内容

5.1 印刷用原辅料的要求

5.1.1 油墨应符合以下要求：

5.1.1.1 所用胶印油墨和紫外光固化油墨应符合 HJ/T 370 的要求；

5.1.1.2 所用柔印油墨应符合 HJ/T 371 的要求；

5.1.1.3 所用喷墨墨水应符合 HJ 567 的要求。

5.1.2 润湿液不得含有甲醇，且醇类添加量应小于 5%。

5.1.3 应使用水基胶黏剂。

5.1.4 应使用水基清洗剂。

5.2 印刷产品有害物限量应符合表 1 要求。

表 1 印刷产品有害物限量

序号	项目	单位	限值
1	锑（Sb）	mg/kg	≤ 60
2	砷（As）	mg/kg	≤ 25
3	钡（Ba）	mg/kg	≤ 1000
4	铅（Pb）	mg/kg	≤ 90
5	镉（Cd）	mg/kg	≤ 75
6	铬（Cr）	mg/kg	≤ 60
7	汞（Hg）	mg/kg	≤ 60
8	硒（Se）	mg/kg	≤ 500
9	苯	mg/m^2	≤ 0.01
10	乙醇	mg/m^2	≤ 50.0
11	异丙醇	mg/m^2	≤ 5.0

（续）

序号	项目	单位	限值
12	丙酮	mg/m^2	≤ 1.0
13	丁酮	mg/m^2	≤ 0.5
14	乙酸乙酯	mg/m^2	≤ 10.0
15	乙酸异丙酯	mg/m^2	≤ 5.0
16	正丁醇	mg/m^2	≤ 2.5
17	丙二醇甲醚	mg/m^2	≤ 60.0
18	乙酸正丙酯	mg/m^2	≤ 50.0
19	4- 甲基 -2- 戊酮	mg/m^2	≤ 1.0
20	甲苯	mg/m^2	≤ 0.5
21	乙酸正丁酯	mg/m^2	≤ 5.0
22	乙苯	mg/m^2	≤ 0.25
23	二甲苯	mg/m^2	≤ 0.25
24	环己酮	mg/m^2	≤ 1.0

5.3　印刷宜采用表 2 所要求的原辅材料，其综合评价得分不得低于 60 分。

表 2　印刷所用原辅材料要求

原辅料	要求	分值分配	总分值
承印物	使用通过可持续森林认证的纸张	25	25
	使用再生纸浆占 30% 以上的纸张	25	
	使用无氯漂白的纸张	25	
印版	根据印品宽度选择印版尺寸规格	15	20
	使用纳米版材或免处理版材	20	
紫外光固化灯	根据紫外光固化油墨要求，合理配备紫外光固化灯	25	25
润湿液	使用无醇润湿液	20	20
	使用醇类添加量小于 2% 的润湿液	15	
胶黏剂	裱糊工序使用胶水应符合 HJ/T 220 中包装用水基胶黏剂的要求	10	10

5.4　印刷过程宜采用表 3 所要求的资源节约、节能及回收利用措施，其综合评价得分不得低于 60 分。

表 3　印刷过程中资源节约、节能及回收利用措施

指标	工序	要求	分值分配	总分值
资源节约	印前	优化版面设计，合理编程，数字印刷实现一组多喷	1	12
		采用计算机直接制版（CTP）系统（平版）	2	
		采用树脂版直接制版（CDI）系统	0.5	
		采用水性制版代替溶剂型制版（柔版）	1	
		CTP 显影液定期监测，减少废版产生	1	
		通过数字方式进行文件传输	1	
		提高树脂版印版耐印率，达到或超过 10 万印	1	
		合理设计网印版，有效利用网印版面（如：将多种版面制作在同一张版上）	1	
		网印版重复使用（网印）	1	
		柔版多次使用（柔版）	1	
		采用软打样和数字打样	0.5	
		制版（显影液）和冲洗水过滤净化循环使用	1	
	印刷	实施装、卸印版、校正套准规矩时间和调整数字印刷位置时间控制制度	1	18
		实施印版、橡皮布消耗定额控制制度	1	
		实施纸张加放量的控制制度	1	
		实施印刷设备管理制度	1	
		采用视频弯版设备，提高套印精度	2　2	
		采用弯版技术，提高套印精度	1	

（续）

<table>
<tr><th>指标</th><th>工序</th><th>要求</th><th colspan="2">分值分配</th><th>总分值</th></tr>
<tr><td rowspan="14">资源节约</td><td rowspan="10">印刷</td><td>软化水设备产生的废水回收再利用</td><td colspan="2">2</td><td rowspan="10">18</td></tr>
<tr><td>实施印刷油墨控制制度，集中配墨</td><td colspan="2">1</td></tr>
<tr><td>折叠式票据采用净尺寸原纸，不裁边</td><td colspan="2">1</td></tr>
<tr><td>橡皮布专人更换和保养</td><td colspan="2">1</td></tr>
<tr><td>润湿液统一调配，定量发放</td><td colspan="2">1</td></tr>
<tr><td>印刷质量（色差、套准）、可变数据、打码采用在线检测装置</td><td colspan="2">2</td></tr>
<tr><td>印刷车间采用温度、湿度控制系统</td><td colspan="2">1</td></tr>
<tr><td>印刷产生的墨雾应收集过滤后排放</td><td colspan="2">1</td></tr>
<tr><td>紫外光固化工序产生的废气收集处理排放</td><td colspan="2">1</td></tr>
<tr><td>采用基于网络的信息采集系统，不使用纸质机台报表</td><td colspan="2">1</td></tr>
<tr><td rowspan="4">印后加工</td><td>使用纸质管芯或无芯</td><td colspan="2">3</td><td rowspan="4">10</td></tr>
<tr><td>裱糊工序胶黏剂封闭循环使用，避免结膜浪费</td><td colspan="2">2</td></tr>
<tr><td>采用基于网络的信息采集系统，不使用纸质机台报表</td><td colspan="2">3</td></tr>
<tr><td>采用号码在线检测装置（其他印后设备），减少废品</td><td colspan="2">2</td></tr>
<tr><td rowspan="18">节能</td><td rowspan="2">全过程</td><td>采用发光二极管（LED）灯</td><td>3</td><td rowspan="2">9</td><td rowspan="2">9</td></tr>
<tr><td>采用符合 HJ 2518 标准要求的照明光源</td><td>3</td></tr>
<tr><td rowspan="5">印前</td><td>实施车间照明局部控制制度</td><td colspan="2">2</td><td rowspan="5">9</td></tr>
<tr><td>实施长版印件集中烤版制度</td><td colspan="2">2</td></tr>
<tr><td>实施烤版制度，提高印版耐印率</td><td colspan="2">1</td></tr>
<tr><td>电脑显示器达到环境标志标准要求</td><td colspan="2">2</td></tr>
<tr><td>电脑非工作状态（再确认说法是否合适）应置于休眠状态</td><td colspan="2">2</td></tr>
<tr><td rowspan="7">印刷</td><td>实施车间照明局部控制制度</td><td colspan="2">2</td><td rowspan="7">13</td></tr>
<tr><td>实施印刷车间空调系统余热回收利用制度</td><td colspan="2">2</td></tr>
<tr><td>公共区域采用人体感应开关</td><td colspan="2">1</td></tr>
<tr><td>安装自动门</td><td colspan="2">2</td></tr>
<tr><td>合理优化工艺采用联机操作，减少离线工艺</td><td colspan="2">3</td></tr>
<tr><td>采用中央供气系统</td><td colspan="2">1</td></tr>
<tr><td>根据紫外光固化灯的使用数量和功率，调节排气系统功率</td><td colspan="2">2</td></tr>
<tr><td rowspan="4">印后加工</td><td>实施配页、装订、打码、分条复卷等准备时间控制制度</td><td colspan="2">2</td><td rowspan="4">9</td></tr>
<tr><td>实施车间照明局部控制制度</td><td colspan="2">2</td></tr>
<tr><td>使用一体化联机设备</td><td colspan="2">3</td></tr>
<tr><td>优化印后加工工艺流程</td><td colspan="2">2</td></tr>
<tr><td colspan="2" rowspan="9">回收、利用</td><td>实施废物分类收集管理程序</td><td colspan="2">4</td><td rowspan="9">20</td></tr>
<tr><td>实施剩余油墨综合利用制度</td><td colspan="2">2</td></tr>
<tr><td>实施塑料、纸芯、纸板、木排、包装材料及容器、缠绕膜等废物回收制度</td><td colspan="2">2</td></tr>
<tr><td>实施印版隔离纸、外包装纸、残纸（剩余纸尾、表层残破纸），废纸边分类回收制度</td><td colspan="2">2</td></tr>
<tr><td>实施打孔钉、折线刀、装订刀等废金属材料回收制度</td><td colspan="2">2</td></tr>
<tr><td>实施装订用胶黏剂残余胶料回收制度</td><td colspan="2">1</td></tr>
<tr><td>建立集中废纸收集系统</td><td colspan="2">2</td></tr>
<tr><td>根据印刷机、装订机等设备数量调节排废（废纸边）系统的功率（放到节能）</td><td colspan="2">2</td></tr>
<tr><td>使用粉尘收集装置</td><td colspan="2">3</td></tr>
</table>

（下转第 203 页）

中华人民共和国国家标准

印刷技术　印前数据交换　PDF的使用
第3部分：颜色管理工作流程中的完整数据交换（PDF/X-3）

GB/T 27935.3-2011

Graphic technology—Prepress digital data exchange—Use of PDF-Part 3: Complete exchange suitable for colourmanaged workflows (PDF/X-3)

中华人民共和国国家质量监督检验检疫总局
中国国家标准化管理委员会　2011-12-30 发布　2012-03-01 实施

1　范围

GB/T 27935 的本部分内容详细描述了在单一的数据交换过程中使用 PDF（Portable Document Format）实现完整数字数据分发的方法，这些数据包含了最终印刷复制所必需的所有元素。此类交换方式同时支持颜色管理工作流程和传统 CMYK 工作流程。

2　规范性引用文件

下列文件对于本文件的应用是必不可少的。凡是注日期的引用文件，仅注日期的版本适用于本文件。凡是不注日期的引用文件，其最新版本（包括所有的修改单）适用于本文件。

ICC.1:1998-09, 颜色描述文件格式，国际颜色联盟；

Adobe 便携式文件格式，1.3 版本，第 2 版，2000 年，Adobe 公司（ISBN 0-201-61588-6）；

Adobe 技术说明 # 5413——记录色彩核心工作流程的输出意图，2001.01.22,Adobe 公司。

3　术语和定义

下列术语和定义适用于本文件。

3.1　印刷出血 bleed

超出成品幅面范围而被裁切掉的图像叫做出血。在裁切工艺过程中，合理的设置印刷出血可避免因机械误差而导致成品露出白边或裁切到内容。

注：出血区域包含可被印刷的区域，但不包括任何种类的印刷标记。

3.2　特征化印刷条件 characterized printing condition

定义了各种印刷条件（胶印、凹印、柔印、直接印刷等）的工艺过程控制目标，确定各种印刷状况下的印刷图像的阶调值（一般为 CMYK 值）和色度值之间的转换关系，并将该转换关系以电子文件的方式保存。

注 1：通常将输入数据（印刷阶调值，通常为 CMYK 数据）与印刷图像色度值之间的转换关系称之为特征化。

注 2：印刷过程控制目标和对应的色彩特征化信息一般需经标准认证后公诸于众，也可由工业协会提供。

3.3　完整数据交换 complete exchange

包括复合实体的数据交换和用于处理复合实体的所有信息的交换。复合实体中的所有元素及其资源都可包含在一个 PDF 文件中。用于处理复合实体的信息既可以存在于复合实体中，也可以在 GB/T 27935 标准中的此项部分及其标准引用文件中指明。

3.4　复合实体 compound entity

包含文本、图形和图像元素的，用于最终印刷复制的作业单元；复合实体可以是一个单独的印刷页面，也可以是页面的某一部分，或者是多个页面对象的组合。

3.5　元素 element

在当前处理环境下的一个复合实体的子结构，它可以是文本块、连续调图像或轮廓图形等。元素构成了一个复合实体的最小逻辑单元。

3.6　字体 font

一种可被系统标识的字形或其他图形元素的集合。

3.7　字形 glyph

独立于任何特定设计的可识别的抽象图形符号。

［ISO/IEC 9541-1:1991, 3.12］

3.8　字形规格 glyph metrics

字形外观的设置信息，用于定义字体笔画的位置和几何尺寸。

［ISO/IEC 9541-1:1991, 3.16］

3.9 国际颜色联盟 ICC

一个致力于开发颜色管理标准化机制的工业协会。

3.10 ICC 特性文件 ICC profile

根据 ICC 标准 1.0 版本创建的色彩转换文件。

3.11 便携式文件格式 PDF；Portable Document Format

Adobe Portable Document Format 中定义的文件格式。

3.12 PDF 词典 PDF dictionary

包含了关键字与值对的查找表。每一对关键字与值对用于指明对象某一属性的名称和值。词典对象通用于收集和绑定复合对象的所有属性。

3.13 印刷元素 print element

用于最终印刷输出的元素。

3.14 印刷阶调值 printing tone value

承印物表面的相对着墨区域所对应的数据值。

注：参看 3.2 部分：特征化印刷条件。

3.15 阅读器 reader

能够读取和恰当地处理 PDF 文件的软件应用程序。

3.16 专色 spot colour

由名称标识的单色油墨色，专色的印刷阶调值用独立于颜色坐标系统中指定的颜色值表示。

注：专色亦指印刷原色以外的任何一种用于印刷复制的特定颜色。

3.17 补漏白 trapping

用于弥补因印刷套印不准而造成的、两个相邻且不同颜色之间出现的空白颜色区域。

注：补漏白通常又称为“陷印”，“trapping”可以翻译为“陷印”和“油墨叠印（ink trapping）",这里指“陷印”，不能与“油墨叠印”混淆在一起。

3.18 生成器 writer

能够生成 PDF 文件的软件应用程序。

4 符号和标记

PDF 操作符、PDF 关键字、PDF 词典中关键字的名称，以及其他预定义的名字对象均以粗体的 sans serif 字体书写，例如，“Trapped”关键字。

PDF 操作符的操作数或 PDF 词典中关键字的值均以斜体的 sans serif 字体书写，例如，“Trapped”关键字的值为“false”。

在 GB/T 27935 本部分内容中，所涉及到的“PDF 参考手册”是指条款 2 中定义的 Adobe 便携式文件格式。该文件格式由 Adobe 技术说明 # 5413 扩展而来。

5 兼容性

GB/T 27935 本部分内容定义了用于复合实体数据交换的 PDF 文件格式的使用规则。

注：有关复合实体的定义可参看 3.4 部分。

PDF/X-3 格式文件是指能够符合 GB/T 27935 规定的用于复合实体交换所需各类特征的 PDF 文件。一个符合 PDF/X-3 标准的 PDF 文件也可以包含其他有效的但不影响复合实体最终印刷输出的 PDF 特征。

位于 PDF 文件第一行的版本号信息和 PDF 文件 Catalog 对象中 Version 关键字的值信息都不能用于确定一个 PDF 文件是否符合 GB/T 27935 本部分的规定。

遵循 PDF/X-3 标准的 PDF 文件生成器是一个可生成符合 GB/T 27935 本部分要求的 PDF 文件的应用软件。

遵循 PDF/X-3 标准的 PDF 文件阅读器是一个能够读取并适当处理符合 GB/T 27935 本部分定义的 PDF/X-3 文件的应用软件。

PDF 参考手册声明，符合 PDF 以前版本的文件也符合 1.3 版本，同时建议不要在一个标准的 PDF/X-3 文件中使用那些在 1.3 版本之前有过描述但没有出现在 PDF 参考手册中的 PDF 特征。此类特征可能会被 PDF/X-3 文件阅读器忽略。参见附录 D。

所有 PDF/X-3 文件阅读器都可以解释各类 PDF 文件，但可能会忽略 GB/T 27935 本部分不强制要求的那些 PDF 特征，且可能忽略注释中的“Print”标记，除非该标记出现在“TrapNet”注释中。

对 PDF/X-3 文件的再现应该按照 PDF 参考手册中定义的方法执行。

6 技术要求

6.1 数据结构

一个 PDF/X-3 文件包含四个组成部分：文件头、文件体、交叉索引表和文件尾。PDF/X-3 文件的文件体包括了一系列已编号的对象，如数值对象、名字对象、字符串对象、词典对象和流对象，这些对象代表文本字符、图形、图像，以及与其相关的资源，这些资源用来描述用于交换的复合实体。附录 A 总结给出了 GB/T 27935 本部分需要的 PDF 特征，6.2 ~ 6.16 对这些特征作了详细描述。这些特征的使用应该严格遵循 GB/T 27935 本部分和 PDF 参考手册中的具体规定和说明。

为了满足数据“盲交换“(一种无需求助外部技术信

息的数据交换方式）的需求，不允许使用预先分色的 PDF 文件（在一个预先分色的 PDF 文件中，每个 PDF 页面描述为分开的页面对象，每一页面对象为一个分色后的单色页面）。

注：这并不意味着不允许使用前端分色工作流程。在前端分色工作流程中，一个页面的所有分色页面组合成一个 PDF 页面对象。

一个 PDF/X-3 文件可以包括两类元素：用于最终印刷复制的元素（印刷元素）和不用于最终印刷复制的元素（非印刷元素）。非印刷元素包括预览、预试图像和非印刷注释这样的附属元素。一个复合实体的所有组成部分都应该包含在一个单独的 PDF/X-3 文件的文件体内。

数据交换的"完整性"是指交换文件应该包括以下信息：

—PDF 参考手册中列出的文件中需使用的所有 PDF 资源，包括所有的字体、字号、字体编码和颜色空间资源（参见附录 C）；

—按照预定的目标输出条件正确准备的所有印刷元素。

6.2 颜色空间

6.2.1 概述

PDF/X-3 文件规定交换数据既可以按输出设备颜色值加以描述，也可用色度值来定义。以色度值方式定义的数据应使用基于 ICC 颜色空间的特性文件进行描述，也可以采用等同的 CalGray, CalRGB 或 Lab 颜色空间。

然而，如果在一个 PDF/X-3 文件中同时出现以上两种类型的数据，那么这两类数据应该使用相同的目标输出条件。这个目标输出条件可以通过一个指定的输出条件或一个 ICC 特性文件来定义。

6.2.2 目标输出条件的确定

印刷文件准备过程中依据的目标输出条件（输出设备的颜色处理模型）应该使用 Adobe 技术说明书 # 5413 中描述的 Catalog 对象中的一个 OutputIntents 数组来加以定义。准确地说，OutputIntents 数组中应该包含一个 S 关键字的值为 /GTS_PDFX 名字对象的 OutputIntents 词典，因此该词典可以称为 PDF/X 输出意图对象。除此，OutputIntents 数组中也可能包含其他的 OutputIntents 词典，但此时 S 关键字的值将不再是 /GTS_PDFX 名字对象，而且将被 PDF/X-3 兼容阅读器忽略。

PDF/X 输出意图词典应包含 OutputConditionIdentifier 关键字。

其指定的目标输出条件是一个包含在 ICC 特征化注册表中的特征化印刷条件。OutputConditionIdentifier 关键字的值应该和 ICC 注册表中使用的名称相同。

如果 OutputConditionIdentifier 关键字的值和 ICC 注册表中的特征化名称相匹配，那么 RegistryName 关键字的值也应该与此相同（请查看 http://www.color.org）。如果 OutputConditionIdentifier 关键字的值和其他注册表中的特征化名称相匹配，则强烈推荐您提供 RegistryName 关键字，并将其值设置为一个特定的 URL 信息，从该 URL 指定的网站上可获得与该注册表相关的更多信息。参看附录 B。

如果所有的颜色数据既可以提供在目标输出条件的颜色处理模型中，也可以提供在使用这些原色或专色的 Separation、DeviceN、Indexed 或 Pattern 颜色空间中。那么 OutputConditionIdentifier 关键字是可选的。但如果部分或所有颜色数据没有提供在目标输出条件的颜色处理模型中，或者 OutputConditionIdentifier 关键字的值与 ICC 注册表中的特征化名称不匹配，那么就必须要使用 DestOutputProfile 关键字。

如果 DestOutputProfile 流对象中含有 Alernate 关键字，那么 PDF/X-3 文件阅读器将忽略该关键字。如果 ICC 特性文件中提供了 ProfileDescriptionTag 标签和 charTargetTag 标签的值，那么 PDF/X-3 兼容阅读器也应该忽略这些标签的值。

PDF/X 输出意图词典应该包含 Info 关键字。如果存在 Info 关键字，那么其值应该是一个描述目标印刷条件的字符串，该字符串信息对于负责接收交换文件的操作员来说是非常有意义的。

特征文件为"DestOutputProfile"关键字对应的值如果存在，那么该特性文件应该是按 ICC1.0 标准定义的输出设备特性文件（设备类型代码值为"prtr"）。

注：如果部分或所有的颜色数据并没有提供在目标输出条件的颜色处理模型中，那么输出意图就是 DestOutputProfile 关键字指定的特性文件，这个特性文件可以将提供的颜色数据转换到目标输出条件的颜色处理模型中。

6.2.3 DeviceCMYK

如果 PDF/X-3 文件的颜色信息在 DeviceCMYK 颜色空间中定义，而目标输出设备并不是 CMYK 设备，那么文件中标记内容根对象的 Resources 词典中所包含的 ColorSpace 词典就必须提供 DefaultCMYK 颜色空间，用于提供默认的色度定义信息。

6.2.4 DeviceGray

如果目标输出条件是 CMYK，那么 DeviceGray 将是目标输出条件的黑版分色颜色空间。

如果 PDF/X-3 文件的颜色信息使用 DeviceGray 颜色空间定义，而目标输出设备并不是 CMYK 设备或黑白单色设备，那么文件中标记内容根对象的 Resources 词典中的 ColorSpace 词典必须提供 DefaultGray 颜色空间，用于提供色度定义信息。

6.2.5 DeviceRGB

如果 PDF/X-3 文件按照 DeviceRGB 颜色空间定义颜色数据，而目标输出设备不是 RGB 设备，那么文件中标记内容根对象的 Resources 词典中的 ColorSpace 词典必须提供 DefaultRGB 颜色空间。这个默认的 RGB 颜色空间应提供色度定义信息。

6.2.6 基于 ICC 的颜色空间

一个 PDF/X-3 兼容阅读器应该使用 ICC 特性文件，而不使用 ICCBased 颜色空间的流词典中的 Alternate 颜色空间或其他默认颜色空间。

6.2.7 Separation 和 DeviceN 颜色空间

专色的印刷色调值必须在 Separation 或 DeviceN 颜色空间中指定。“黑版”的印刷色调值可以使用 DeviceGray 颜色空间或黑版 Separation 颜色空间来确定。6.2.3、6.2.4 和 6.2.5 中所有的限制规则都适用于 Separation 或 DeviceN 颜色空间中的备用颜色空间。

注 1：如果扩展图形状态中的 OPM 关键字的值不为 1，那么使用黑版 Separation 颜色空间可能会产生与 DeviceGray 颜色空间不同的套印结果。

Separation 和 DeviceN 颜色空间均可用来表示原色（包括非 CMYK 颜色）、专色和一些与颜色无关的信息（例如：上光层、模切层和其他层）。

如果发送端和接收端没有达成统一协议，则所有颜色的名称都应该被看成是目标输出设备上与设备无关的颜色。

注 2：PDF/X-3 文件的创建者有责任确保文件中所有对象在专色名称用法上的一致性。在任何情况下，都应该尽可能使用业界公认的专色名称。

6.2.8 Indexed 颜色空间和 Pattern 颜色空间

关于 Indexed 颜色空间和 Pattern 颜色空间的基础颜色空间信息，可以参考 6.2.3 ~ 6.2.6 的说明。

6.2.9 注释和非印刷元素

注释（包括印刷和非印刷信息）和所有非印刷元素可以使用任何类型的颜色空间。

注：缩略图是一个非印刷元素实例。

6.3 字库

PDF/X-3 文件中用到的所有字符的字体信息，包括字形、字形规格和字体编码等，都应该嵌入在文件中。文件接收端在再现和显示文件时，应该使用嵌入的字体（而不是其他的当地计算机上使用的字体、替代字体或模拟的字体）。除非字体版权持有者持有特殊的字体嵌入协议，否则只有那些被公开确定为合法可嵌入的字体才可用于文件的显示和再现。

6.4 数据压缩

PDF/X-3 文件中的数据压缩可采用 PDF 参考手册中定义的各种方法，但 LZW 数据压缩方法除外。

6.5 补漏白

文件交换过程中应使用 Info 词典中包含的 Trapped 关键字。Trapped 关键字给出了文件的补漏白状态。如果整个文件没有做补漏白处理，那么 Trapped 关键字的值应该设置为 False。如果整个文件已经完成了必要的补漏白处理，那么 Trapped 关键字的值应该设置为 True。不允许对文件作局部补漏白处理。另外，在 PDF/X-3 文件中，Trapped 关键字的值不能设置为 Unknown。

如果 PDF/X-3 文件中包含 TrapNet 注释，那么 Info 词典中 Trapped 关键字的值应该为 True。

注：如果在完成 TrapNet 注释的创建之后对页面内容作了编辑修改，那么 TrapNet 注释将不再有效。

TrapNet 注释中的 FontFauxing 关键字可以不存在，也可以是一个空数组。在一个 PDF/X-3 文件中，TrapNet 注释的表征词典中 PCM 关键字的值应该和目标输出设备的颜色模型匹配。

6.6 PDF 文件标识

PDF/X-3 文件应使用 Info 词典中的 GTS_PDFXVersion 关键字加以标识。该关键字的对应值为字符串对象。

符合 GB/T 27935 本部分要求的 PDF/X-3 文件的 GTS_PDFXVersion 关键字的值应为（PDF/X-3:2002）。

所有 PDF/X-3 文件的 Info 词典应该包含以下关键字和值对：CreationDate、ModDate 和 Title，这些关键字的数值应该在文件交换前填写。

Info 词典中的 Creator 和 Produce 关键字的数值应该在文件交换前填写。

Trailer 词典中必须包含 ID 关键字。

6.7 边界框

每个 Page 对象应该包含 TrimBox 对象或 ArtBox 对象，但不能同时包含两者。MediaBox 对象可通过继承机制得到。

如果存在 BleedBox 对象，那么 ArtBox 对象或 TrimBox 对象的边界均不能超过 BleedBox 对象的边界。

如果存在 CropBox 对象，那么 ArtBox 对象或 TrimBox 对象的边界均不能超过 CropBox 对象的边界。

注 1：某些工业应用要求使用 BleedBox 对象，但需遵循特定的行业惯例。

注 2：与 ArtBox 对象相比，推荐使用 TrimBox 对象。

6.8 扩展图形状态

PDF/X-3 文件的 ExtGState 资源中不能包含传递函数关键字（TR 或 TR2）或网目调状态关键字（HTP）。

一个遵循 PDF/X-3 标准的 PDF 阅读器可能会忽略网目调（HT）关键字。（参考附录 C）。

网目调关键字（HT）的使用应该和目标印刷方式一致，并且应该按照 PDF 参考手册中定义的方式在网目调词典中使用 TransferFunction 关键字。

PDF/X-3 文件中所有网目调元素的 HalftoneType 关键字的值应该为 1 或 5。

注：禁止使用阈值加网算法，否则按不同分辨率输出时会产生不同的输出效果。

PDF/X-3 文件中的网目调不能包含 HalftoneName 关键字。

6.9 PostScript XObject 和 PS 操作符

PDF/X-3 文件不应该包含 PostScript XObject 和 / 或 PS 操作符的实例。

6.10 Encryption 加密词典的使用

PDF/X-3 文件中不能包含 Encrypt 词典。

6.11 替用图像

当 PDF/X-3 文件中的 DefaultForPrinting 对象的值为 true 时，Image XObject 对象中不能包含替用图像。

注：这意味着文件阅读时使用的默认图像也将是印刷的默认图像。

包含在 Image XObject 的 Alternate 数组中的所有图像及基础图像，应该代表同一母版图像的相同区域，它们仅仅在颜色空间、位深度、分辨率、图像压缩和编码方面可能有所不同。

6.12 注释

除 PDF 补漏白注释之外的所有注释都应具有位于 BleedBox（如果没有 BleedBox，也可以是 TrimBox 或 ArtBox）之外的扩展部分。PDF/X-3 文件阅读器会完全忽略除 PDF 补漏白注释外的所有其他注释。

注 1：PDF 参考手册的“注释”部分已列出了所有的注释类型。

注 2：这项规定可确保 PDF/X-3 文件页面经 PDF 文件阅读器显示在屏幕上时，实际页面的视觉效果不会受到这些注释的影响。另外，这个规定避免了因使用页面区域内的不可视交互元素而造成 PDF 文件在屏幕上显示时出现的意外结果。

注 3：由于 Acrobat Form 元素是一种注释中的特例，针对其他注释的有关规则也同样适用于该元素。

6.13 动作和 JavaScript 脚本

PDF /X-3 文件不能包含动作或 JavaScript 脚本。

6.14 BX/EX 操作符的使用

PDF /X-3 文件的 Contents 流对象中不能包含 PDF 参考手册中未描述的操作符，即使这些操作符封装在 BX 和 EX 操作符之间。

遵循 PDF /X-3 标准的 PDF 阅读器应该按照 PDF 参考手册中的规定处理每个页面操作符，即使这些操作符封装在 BX 和 EX 操作符之间 。

注 1：根据 PDF 参考手册，可由 BX 操作符（不报告的未定义页面操作符的起始部分）和 EX 操作符（不报告的未定义页面操作符的末尾部分）指定页面描述区域，但这些区域可能会被 PDF 阅读器忽略而不显示，其原因在于 PDF 阅读器可能无法解释出现在 BX 和 EX 操作符间的部分或全部页面描述操作符。

注 2：建议 PDF /X-3 文件生成器不要使用 BX/EX 操作符。

6.15 文件路径说明

PDF /X-3 文件不能包含 PDF 参考手册中“文件路径说明”部分描述的文件路径说明。

注：文件路径说明是 PDF OPI 词典中的必需内容，也常用于外部流对象，但这两者在 PDF /X-3 文件中均被禁用。

6.16 数字签名的使用

PDF /X-3 文件可以包含数字签名，其使用方法与 PDF 参考手册的“数字签名”部分的定义相同。一个 PDF /X-3 文件阅读器可能会忽略数字签名信息。

附录 A
（资料性附录）
PDF 特征概述

表 A.1 列出了 PDF /X–3 标准需要且不同于 PDF 参考手册中要求的 PDF 对象以及存在于这些对象中的关键字。表格中的每一行都记录了对象或关键字的状态，以及它们在 GB/T 27935 本部分中的引用位置。

对象状态分以下几种：

1）必须：PDF /X–3 文件必须包含该对象或关键字。

2）禁用：PDF /X–3 文件不能包含该对象或关键字。

3）限制：要求或禁止一些特定值或特定值组合的使用。有关详细信息请参看引用部分。

4）推荐：建议所有的 PDF /X–3 文件包含该关键字。

PDF /X–3 文件遵循 PDF 参考手册中的规定，包含 PDF 参考手册中要求的所有对象、关键字和值；同样，不包含 PDF 参考手册中禁用的单独或组合使用的对象、关键字和值。一个遵循 PDF /X–3 标准的 PDF 阅读器也支持由按需指定 PDF 文件结构的标准化参考文件中定义的其他对象，关键字和值。

如果表 A.1 中包含对 PDF 词典对象的引用，但没有明确列出对象内的关键字，那么该对象内的所有关键字及其派生对象都将继承该表中列出的对象的状态。如果一个词典对象内的某些关键字已明确列在表格里，那么遵循 PDF /X–3 标准的 PDF 阅读器不一定要支持此类对象中的任何其他关键字（或派生对象），除非 PDF 参考手册中要求必须使用。

如果出现下列三种情况之一，一个对象就可以从另一个对象（称为父对象）中继承其状态信息；

a）子对象是父对象中一个关键字的值；

b）父对象是一个数组，子对象是该数组中的一个元素；

c）子对象是父对象的二次派生对象。

如果一个关键字或对象被标识为必需，那么从该文件的 Trailer 文件尾对象中访问它的所有父对象也是必需的。例如：Info 对象中的 Trapped 关键字是必需的，因此 Info 对象本身也是必需的。

在标准化参考文件中定义的供 PDF Contents 流对象使用的所有操作符都可以出现在 PDF /X–3 文件中，但以下列出的操作符除外。

PDF /X–3 文件中禁止使用的操作符：

操作符	作用	引用位置
PS	执行内嵌的 PostScript 代码	6.9

PDF /X–3 文件阅读器需要解析内容流中的操作符，但除了将部分对象从操作数堆栈中移除外，并不要求执行其他操作。

操作符	作用
BX	不报告的未定义的页面操作符的起始部分
EX	不报告的未定义的页面操作符的结尾部分
BMC	标记内容的起始部分
BDC	带有属性列表的标记内容的起始部分
EMC	标记内容的结尾部分
MP	标记点
DP	带有属性列表的标记点

表 A.1　PDF /X-3 标准必需且不同于 PDF 参考手册中要求的 PDF 对象

对象	关键字	状态	引用位置
Trailer	ID	必需	6.6
	Encrypt	禁用	6.10
Info	CreationDate	必需	6.6
	Creator	推荐使用	6.6
	GTS_PDFXVersion	必需	6.6
	ModDate	必需	6.6
	Producer	推荐使用	6.6
	Title	必需	6.6
	Trapped	必需	6.5
Page	ArtBox	限制	6.7
	TrimBox	限制	6.7
	BleedBox	限制	6.7
Resources	ColorSpace	限制	6.2
	Fonts	如使用文本则需要	6.3
	PS XObject	禁用	6.9
Alternate image	Image XObject	限制	6.11
ExtGState	HTP（网目调状态）	禁用	6.8
	HT（网目调）	限制	6.8
	TP（传递函数）	禁用	6.8
Font	FontDescriptor	如果文本使用了除 Type3 以外的字体，则需要。	6.3
FontDescriptor	FontFile 或 FontFile2 或 FontFile3	如果文本使用了除 Type3 以外的字体，则需要。	6.3
TrapNet	FontFauxing	限制	6.5
	PCM	限制	6.5
Action	All	禁用	6.13
JavaScript	All	禁用	6.13
Annotations	All	限制	6.12
File specification	All	禁用	6.15
Streams	Filter	限制	6.4

附录 B
（资料性附录）
输出意图词典的最低要求

国际颜色联盟（ICC）已经为标准化印刷工艺的特征化数据建立了注册表。任何国际公认的印刷行业标准化组织均可以向该注册表中注册特征化印刷工艺数据。国际颜色联盟的秘书处（http://www.color.org/）负责维护该注册表。

ICC（国际颜色联盟）不承诺该注册表引用的任何数据。

每一个印刷工艺都可由一个简短的名称标识（ICC 特征化数据注册表中的引用名称）。注册表提供了印刷生产系统的所有详细信息，并指明了如何和在哪里获得这些印刷色彩测量数据。期望使用 GB/T 20439 中指定的颜色测量色靶及其数据格式。

在可能的情况下，建议将一个特征化印刷方式的简短名称作为 PDF/X 输出意图词典中 OutputConditionIdentifier 关键字的值。

附录 C
（资料性附录）
说明

C.1 以二值形式表示的 Copydot 信息

预加网的 Copydot 扫描数据（高分辨率胶片扫描仪扫描数据）或类似的以电子方式生成的位图文件都是二值数据，可作为 Image XObject 对象或外部文件。除非 Copydot 数据的分辨率与成像设备的输出分辨率之间具有整数倍的关系，否则印刷输出时会出现不理想的成像效果。

如果需要，可以提取 PDF 文件中二值图像的分辨率，用于 PDF 预飞或其他文件检验程序。

Copydot 信息的复制特征需要根据 PDF /X-3 文件中的参考印刷条件准备。

C.2 加网参数说明

用于 PDF /X-3 数据交换的一般方法是：文件接收系统负责根据文件中指定的特征化印刷条件对数据作加网处理。然而，在某些工作流程中，需要为特定的印刷元素指定特定的加网参数。正如 GB/T 27935 本部分前面已经指出的那样，某些应用程序可以忽略这些加网参数。但是，如果 PDF /X-3 文件的原始创建者认为这些特定的加网参数对于达到特定的成像需求来说非常重要，并且不能被忽略，应该将这些加网参数作为与特定的广告或印刷作业相关的商业信息的一部分传递给 PDF /X-3 文件的接收端。

C.3 字体

GB/T 27935 本部分要求：为了正确输出 PDF /X-3 文件，必须将字体嵌入到文件中。某些字体因版权问题而无法嵌入，从而妨碍了这些字体在 PDF /X-3 文件中的使用。PDF /X-3 文件的创建者应该确保文件中用到的所有字体遵循相应的许可协议。

附录 D
（资料性附录）
关于透明度处理的一些建议

D.1 简介

GB/T 27935 本部分基于 PDF 参考手册的 1.3 版本编制。当本部分内容基本完成时，Adobe 公司发布了 PDF1.4 版本。GB/T 27935 本部分的后期修正版将兼容 PDF1.4（或更高的版本）。

PDF1.4 版本说明中增添了许多新的特征，包括对不完全透明度的支持。在 PDF 文件中，有多种对象（尤其是在 ExtGState 对象和 Image XObject 对象中）添加了新的关键字，用于标记对象的透明度。这些关键字的值的组合既可以表示不完全透明度，也可以表示“无效透明度”，“无效透明度”则表示对象完全不透明，这就与 1.3 或更早版本的 PDF 文件中的对象一样。

如果 PDF 文件中的 GTS_PDFXVersion 关键字标识为 PDF /X-3 兼容文件，则 PDF /X-3 兼容阅读器将会忽略那些未在 PDF1.3 版本说明书或 GB/T 27935 本部分定义的关键字。这些关键字应被当作文件的私有扩展数据，不对文件的最终渲染结果产生任何影响。因此，PDF1.4 版本说明中定义的、用于表示对象透明度的关键字和值的出现并不会影响到该文件与 PDF /X-3 文件之间的兼容性。

在这种情况下，使用遵循 PDF /X-3 标准的应用程序对文件进行渲染的结果可能在很大程度上不同于使用兼容 PDF1.4 版本的应用程序。显然这种情况下不是人们所期望的，因此：

——建议 PDF /X-3 文件的生成软件不要包含用于控制 PDF1.4 文件中对象透明度的关键字。

——如果 PDF 文件中存在对 PDF1.4 版本阅读器来说是“有效透明度”的关键字与值对，则建议使用能够验证或修改 PDF /X-3 版本兼容性的工具软件对该文件进行修正。可以接受那些指示无效透明度的键值组合。

——渲染 PDF /X-3 文件的工具软件必须根据 PDF1.3 的说明来执行渲染，并忽略与不完全透明度相关的任何潜在信息，将所有对象渲染为完全不透明的对象。

使用除 PDF1.4 版本说明中透明度关键字之外的其他技术也可以获得不完全透明的图形视觉效果，这些技术包括预渲染数据或展平矢量对象。这些技术的使用并不会影响一个 PDF /X-3 文件的版本特性。

D.2 有效透明度的鉴定

只要表 D.1 中列出的 ExtGState 对象中关键字的值存在但不同于表中给出的值，那么就认为该 PDF /X-3 文件包含有效透明度信息。

表 D.1 用于 ExtGState 对象的关键字及其值

关键字	值
BM	正常或兼容
CA	1.0
ca	1.0

如果 PDF /X-3 文件中的 ExtGState 对象或 Image XObject 对象中包含 SMask 关键字，那么该文件也被认为包含有效透明数据。

参考文献

[1] ISO PDF /X 标准应用说明，http://www.npes.org/standards/workroom.html

[2] ISO/IEC 9541-1:1991 信息技术 字体信息交换 第 1 部分：架构

[3] GB/T 20439 印刷技术 印前数据交换 用于四色印刷特征描述的输入数据

[4] ISO/TS 15930-2 印刷技术 印前数据交换 PDF 的使用 第 2 部分：印前数据的部分交换准则（PDF/X-2）

附加说明

GB/T 27935《印刷技术 印前数据交换 PDF 的使用》包括以下 8 个部分：

——第 1 部分：使用 CMYK 数据的完整数据交换（PDF/X-1 和 PDF/X-1a）；

——第 2 部分：印刷数据部分交换准则（PDF/X-2）；

——第 3 部分：颜色管理工作流程中的完整数据交换（PDF/X-3）；

——第 4 部分：使用 PDF1.4（PDF/X-1a）的 CMYK 数据和专色数据的完全交换；

——第 5 部分：使用 PDF1.4（PDF/X-2）的印刷数据部分交换；

——第 6 部分：使用 PDF1.4（PDF/X-3）用于颜色管理工作流程的印刷数据完全交换；

——第 7 部分：使用 PDF1.6（PDF/X-4）的印刷数据完全交换和使用外部参考（PDF/X-4P）印刷数据的部分交换；

——第 8 部分：使用 PDF1.6（PDF/X-5）的印刷数据的部分交换。

本部分为 GB/T 27935 的第 3 部分。

本部分按照 GB/T 1.1—2009 给出的规则起草。

本部分使用翻译法等同采用 ISO 15930-3:2002《印刷技术 印前数据交换 PDF 的使用 第 3 部分：颜色管理工作流程中的完整数据交换（PDF/X-3）》。

本部分中的文字格式根据 GB/T1.1 的要求进行编辑性修改。

请注意本文件的某些内容可能涉及专利。本文件的发布机构不承担识别这些专利的责任。

本部分由中华人民共和国新闻出版总署提出。

本部分由全国印刷标准化技术委员会（SAC/TC 170）归口。

本部分起草单位：鹤山雅图仕印刷有限公司、上海理工大学、北大方正电子有限公司。

本部分主要起草人：刘真、杨斌、方君阳、孔玲君、朱明、胡超华。

中华人民共和国新闻出版行业标准

印刷加工用水基胶粘剂有害物质限量

The limit of harmful substances in water-based adhesive used for print processing

CY/T 87-2012

中华人民共和国新闻出版总署 2013-3-19发布 2012-3-19 实施

1 范围

本标准规定了印刷加工用水基胶粘剂中苯、甲苯和二甲苯、游离甲醛、卤代烃（以二氯甲烷计）、可熔性重金属（铅、铬、镉、汞）的限量及试验方法。

本标准适用于印刷加工用水基胶粘剂。

2 规范性引用文件

下列文件对于本文件的应用是必不可少的。凡是注日期的引用文件，仅所注日期的版本使用于本文件。凡是不注日期的引用文件，其最新版本（包括所有的修改单）适用于本文件。

GB 18582—2008 室内装饰装修材料内墙涂料中有害物质限量

GB 18583—2008 室内装饰装修材料胶粘剂有害物质限量

GB/T 20740—2006 胶粘剂取样

YC/T 207—2006 卷烟条与盒包装纸中挥发性有机化合物测定 顶空气相色谱法

3 术语和定义

以下术定语和定义适用本文件。

印刷加工用水基胶粘剂 water-based adhesive for printing work

以水为溶剂或以水为分散介质的高分子聚合物为主要粘结料，用于印刷基材的胶粘层合。

4 技术要求

印刷加工用水基胶粘剂有害物质限量应符合表 1 的要求。

表 1 有害物质限量要求

项目			指标	
			A 类[a]	B 类[b]
苯 /（mg/kg）		≤	5.00	50.00
甲苯 + 二甲苯总和 /（mg/kg）		≤	40.00	400.00
游离甲醛 /（mg/kg）		≤	75.00	500.00
卤代烃（以二氯甲烷计）/（mg/kg）		≤	2.00	
可熔性重金属	（铅）/（mg/kg）	≤	10.00	
	（铬）/（mg/kg）	≤	60.00	
	（镉）/（mg/kg）	≤	10.00	
	（汞）/（mg/kg）	≤	5.00	

[a] A 类适用药品包装印刷、食品包装印刷和儿童书籍印刷等领域用水基胶粘剂。

[b] B 类适用一般印刷包装领域用水基胶粘剂。

5 试验方法

5.1 取样

产品取样应按 GB/T 20470 – 2006 的规定进行。

5.2 苯、甲苯和二甲苯的试验方法

精确称取 30.0mg ~ 60.0mg 的样品置于顶空瓶中，用移液管或移液枪移取 1mL 三醋酸甘油酯加入到顶空瓶中密封。试样制备时，顶空瓶体积应与标准曲线所用顶空瓶规格一致。

5.2.1 试验方法

按 YC/T 207—2006 的规格对试样进行实验。

5.2.2 试验结果的表示

试验结果按下列公式计算：

式中： $C=m/M$

C—表示试样中相关组份的检测结果，单位为 mg/kg；

m—表示试样中相关组份的检测值，单位为 mg;

M—表示称取样品的质量，单位为 kg。

5.3　游离甲醛的试验方法

按 GB 18583—2008 中附录 A 的规定进行。

5.4　卤代烃（以二氯甲烷计）的试验方法

按 GB 18583—2008 中附录 E 的规定进行。

5.5　可熔性重金属（铅、铬、镉、汞）的试验方法

按 GB 18582—2008 中附录 D 的规定进行，检出限为 5 mg/kg。

附加说明

本标准按 GB/T 1.1—2009 规定进行编写。

请注意本文件的某些内容可能涉及专利。本文件的发布机构不承担识别这些专利的责任。

本标准由新闻出版总署提出。

本标准由全国印刷标准化技术委员会（SAC/TC 170）归口。

本标准起草单位：东莞市凯迪克高分子材料有限公司、东莞市星宇高分子材料有限公司、上海烟草包装印刷有限公司、深圳劲嘉彩印集团股份有限公司、国家印刷装潢制品质量监督检验中心、湖南工业大学、湖南金沙利彩印刷有限公司。

本标准主要起草人：吴达文、崔良琳、赖淦荷、曾强、苏传健、唐少炎、吕伟、孙健法、旷智兴。

（上接第 192 页）

6　检验方法

6.1　技术内容 5.1.1.1 的检测按照 HJ/T 370 规定的方法进行。

6.2　技术内容 5.1.1.2 的检测按照 HJ/T 371 规定的方法进行。

6.3　技术内容 5.1.1.3 的检测按照 HJ 567 规定的方法进行。

6.4　技术内容 5. 2 中表 2 中 1 至 8 项的检测按照 GB 6675 规定的方法进行。

6.5　技术内容 5. 2 中表 2 中 9 至 24 项的检测按照 YC/T 207 规定的方法进行。

6.6　技术内容中的其他要求通过文件审查和现场检查的方式进行验证。

中华人民共和国机械行业标准

印刷机械　卷筒料复合机

Printing machinery—Web-fed lamination machine

JB/T 8585-2010

中华人民共和国工业和信息化部　2010-02-11发布　2010-07-01 实施

1　范围

本标准规定了印刷机械　卷筒料复合机（以下简称复合机）的术语和定义、型式、基本参数、要求、试验方法、检验规则、标志、包装、运输与贮存。

本标准适用于各类卷筒料复合机，包括流延式复合机、干法复合机、湿法复合机、无溶剂复合机及其组合。

2　规范性引用文件

下列文件中的条款通过本标准的引用而成为本标准的条款。凡是注日期的引用文件，其随后所有的修改单（不包括勘误的内容）或修订版均不适用于本标准，然而，鼓励根据本标准达成协议的各方研究是否可使用这些文件的最新版本。凡是不注日期的引用文件，其最新版本适用于本标准。

GB/T 191　包装储运图示标志（GB/T 191—2008，ISO 780：1997，MOD）

GB 2894　安全标志及其使用导则

GB/T 4728（所有部分）　电气简图用图形符号

GB/T 4879—1999　防锈包装

GB 5226.1—2008　机械电气安全　机械电气设备　第1部分：通用技术条件（IEC 60204-1：2005，IDT）

GB/T 6388　运输包装收发货标志

GB/T 9969　工业产品使用说明书　总则

GB/T 13306　标牌

GB/T 13384　机电产品包装通用技术条件

GB/T 14436　工业产品保证文件　总则

GB/T 3090　印刷机械产品命名与型号编制方法

3　术语和定义

下列术语和定义适用于本标准

3.1　流延式复合机　extruder machine

颗粒状树脂在挤塑机内被挤压加热熔化为液体，经挤出模头流延在卷筒基材表面并经辊压而完成两种或两种以上材料复合的机器。

3.2　干法复合机　dry lamination machine

在一种卷筒基材表面涂粘合剂，经烘干与另一种卷筒材料辊压完成两种或两种以上材料复合的机器。

3.3　湿法复合机　wet lamination machine

在一种卷筒基材表面涂粘合剂，与另一种卷筒材料辊压完成两种或两种以上材料复合，然后进行烘干的机器。

3.4　无溶剂复合机 solventless lamination machine

采用无溶剂型黏合剂涂布基材，直接将其与第二基材进行复合层黏合的机器。

4　型式、基本参数

4.1　型式

产品一般由放卷、进料、干燥、复合、出料、收卷或连线加工（横切、模切等）等主要部分组成，复合层数分为：

a）二层复合；

b）三层复合；

c）多层复合。

4.2　基本参数

基本参数应按表1的规定。

表 1 基本参数

项目名称		基本参数
最大卷材宽度 mm		400、500、600、800、1050、1250、1350、1500、2000、2200、2500
最大复合速度 m/min		100、120、150、180、200、250、300、400、500
适用卷材定量	塑料薄膜 mm	0.012 ~ 0.150
	铝箔 mm	0.006 ~ 0.040
	纸张 g/m^2	28 ~ 450
最大放卷和收卷直径 mm		400、600、800、1000、1250、1500、1800

4.3 型号和名称

产品型号和名称应按 JB/T 3090 的规定。

5 要求

5.1 一般要求

复合机应按本标准的规定，并应按经规定程序批准的图样和技术文件制造。

5.2 主要机构精度

5.2.1 冷却辊工作外圆柱面对其回转轴线的径向圆跳动量每米不应大于 0.04 mm。

5.2.2 热辊工作外圆柱面对其回转轴线的径向圆跳动量每米不应大于 0.04 mm。

5.2.3 胶辊工作外圆柱面对其回转轴线的径向圆跳动量每米不应大于 0.04 mm。

5.2.4 导向辊的相对平行度误差和水平度误差每米不应大于 0.03 mm。

5.3 传动系统

复合机应运转平稳，传动系统工作正常，无异常声音。

5.4 操作系统

操作系统应灵敏可靠，执行机构动作协调准确，无卡阻或自发性移动。

5.5 润滑系统

润滑系统油路应畅通，不允许渗漏。

5.6 防护

传动系统、电气加热、干燥系统应具有安全可靠的防护装置。

5.7 轴承工作温升

传动轴的轴承工作温升不应大于 35℃。

5.8 电气质量

5.8.1 电气系统应布线整齐，排列有序、接头牢固；各种标记应齐全、清晰和正确，电气简图用图形符号应按 GB/T 4728（所有部分）的规定。

5.8.2 电气系统应安全、灵敏、可靠。

5.8.3 所有外露可导电部分都应按 GB 5226.1 – 2008 中 8.2.1 的要求连接到保护联结电路上。保护联结电路的连续性应按 GB 5226.1—2008 中 8.2.3 的规定。

5.8.4 在动力电路导线和保护联结电路间施加 500 Vd.c 时，测得的绝缘电阻不应小于 1MΩ。

5.8.5 在动力电路导线和保护联结电路之间施加 1 000 V 的电压近似 1s 时间，不应出现击穿放电现象。

5.8.6 在距离涂布胶槽 500 mm 的空间内所有电气元件（包括照明灯具）应具有防爆性能。

5.8.7 必要时机器应有防火自动检测、自动灭火装置以及紧急停车装置。

5.9 外观质量

5.9.1 外露加工表面不允许有磕碰、划伤和锈斑等缺陷。

5.9.2 外露镀件镀层应细致、均匀，无剥落、起泡、局部无镀层等缺陷。

5.9.3 外露氧化件氧化膜应均匀致密、色泽一致，不允许有未氧化的斑点等缺陷。

5.9.4 外露非加工表面不允许有气孔、凸瘤、凹陷等有损美观的缺陷。

5.9.5 涂漆件涂层应光滑、平整；颜色、光泽要均匀一致；若采用美术漆，其花纹要均匀一致，漆膜丰满，无明显突出颗粒、粘附物，漆膜不允许有流挂、起泡等缺陷。

5.9.6 气路及油路管道应排列有序。

5.10 走料

放料、走料应平稳，牵引张力应调节灵敏，导向辊应转动灵活，收料整齐。

5.11 使用性能

复合机使用性能应按表 2 的规定。

表 2 复合机的使用性能

项目名称	使用性能指标
表面质量	表面平整、光洁；复合牢固、无皱折、起泡等缺陷
厚度均匀性误差 mm	≤ 0.015
剥离强度 N/mm	≥ 0.30
收卷质量 mm	松紧度合适、边缘整齐，左右平面平整度误差≤ 2
速度调整	可以由起动速度平稳调速至机器最大速度

5.12 气路、水路系统

产品气路、水路系统的管道，阀门应密封良好，供气、供水正常，无渗漏现象。

5.13　挤出机活动底座、行程开关

流延式复合挤出机活动底座前后应活动灵活，行程开关可靠。

5.14　残留溶剂

成品上残留溶剂不应超过 5 mg/m²。

5.15　噪声

整机工作噪声不应大于 85 dB(A)。

5.16　使用说明书和产品合格证

5.16.1　使用说明书的编写应按 GB/T 9969 的规定。

5.16.2　产品合格证的编写应按 GB/T 14436 的规定。

6　试验方法

6.1　主要机构精度检验

主要机构精度检验方法应按附录 A 检测冷却辊、热辊、胶辊及导向辊的精度，应按 5.2 的规定。

6.2　空运转试验

6.2.1　以最高复合速度的 30% 连续运转不应少于 90min；以最高复合速度的 70% 连续运转不应少于 60min；再以最高机械速度连续运转不应少于 30min。目测检查运转情况应按 5.3 ~ 5.6 的规定。

6.2.2　用点温计测量轴承工作温度，并计算其温升，应按 5.7 的规定。

6.3　电气质量检验

6.3.1　切断电源，目测检查电气系统布线排列、接头、标记，应按 5.8.1 的规定。

6.3.2　用一个适当速度，反复进行启动、停止（包括制动、正反点动）动作，再进行速度变换操作，检查电气系统工作情况，应按 5.8.2 的规定。

6.3.3　按 GB 5226.1—2008 中 18.2.2 的试验方法，检验保护联结电路的连续性，应按 5.8.3 的规定。

6.3.4　按 GB 5226.1—2008 中 18.3 的试验方法，检验动力装置的绝缘电阻，应按 5.8.4 的规定。

6.3.5　按 GB 5226.1—2008 中 18.4 的试验方法进行耐压试验，其耐压强度应按 5.8.5 的规定。

6.3.6　检查机器防爆性能装置，应按 5.8.6 的规定。

6.3.7　检查机器安全防火性能装置，应按 5.8.7 的规定。

6.4　外观质量检验

目测检查产品的外观质量应按 5.9 的规定。

6.5　走料试验

以最高复合速度的 70% 连续输送一卷宽度为机器最大卷材宽度，符合表 1 规定的任意一种适用卷材定量材料进行走料，目测检查走料情况应符合 5.10 的规定。

6.6　复合试验

6.6.1　试验条件

6.6.1.1　试验应在环境温度（23 ± 5）℃，相对湿度 40% ~ 50%，没有明显震动和强电磁波干扰的场地进行。

6.6.1.2　电源电压：380 ×（1 ± 10%）V，频率：50 Hz。

6.6.1.3　试验使用的仪器仪表及设备参见附录 B。

6.6.1.4　复合用料的宽度、品种、规格质量要求应按表 3 的规定。

表 3　复合用料的宽度、品种、规格质量要求

宽度	品种		规格及质量要求
不小于最大卷材宽度的 85%	薄膜	BOPP	厚度为 20 μm，平均厚度偏差小于或等于 12% 的双向拉伸聚丙烯
	纸张	g/m²	80

6.6.1.5　以最高复合速度进行复合试验，当环境条件不满足 6.6.1.1 要求时，以最高速度的 80% 进行试验。

6.6.2　剥离强度、厚度均匀性试验

剥离强度的试验方法应按附录 C 的规定；厚度均匀性检测方法应按附录 D 的规定；检测结果应按表 2 的规定。

6.6.3　印品表面质量、收卷质量检验

目测检查印品表面质量、收卷质量应按表 2 的规定。

6.6.4　速度调整检验

目测检查速度调整变化，应按表 2 的规定。

6.6.5　气路、水路系统检查

目测检查气路、水路系统的工作情况应按 5.12 的规定。

6.6.6　挤出机活动底座、行程开关检查

目测检查流延式复合挤出机活动底座、行程开关应按 5.13 的规定。

6.6.7　残留溶剂试验

残留溶剂试验方法应按附录 E 的规定。在接料前 10 m 位置及复合末端 10 m 处取两块 400 mm × 500 mm 的样品，用气相色谱仪测定残留溶剂应按 5.14 的规定。

6.7　噪声测量

在环境噪声大于 60dB（A）的场地进行，以最高速度进行空运转时，开动复合机所有噪声源，用普通声级计测量机器噪声，测量点水平位置（见图 1），噪声测点距地面高度 1.5m，距复合机四周外轮廓线 1m 处，测量点之间的距离为 2m 左右，图示测量点为参考点，可根据测量轨迹长短增加或减少测量点，其中第 *i* 点为巡回测量最大噪声

点，噪声以算术平均值计算，应按 5.15 的规定。

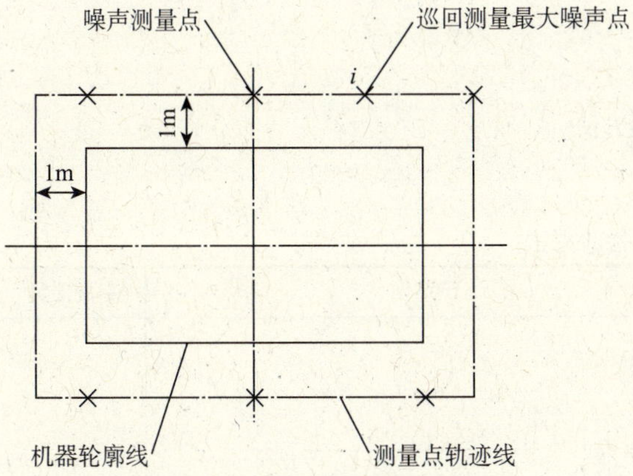

图 1　噪声测量点位置图

7　检验规则

7.1　出厂检验

7.1.1　每台产品应经制造厂质检部门检验合格并附有合格证方可出厂。

7.1.2　每台产品出厂前，应按 6.1 ~ 6.5 的规定检验，每批产品抽一台，应按 6.6、6.7 的规定进行抽验。

7.1.3　对全检项检验，有一项不合格，即为不合格产品；对抽检项，有一项不合格，则再抽两台对该项进行检验，再不合格则对该批该项全检。

7.2　型式检验

7.2.1　有下列情况之一时，应在首台、首批中抽一台或生产批中抽一台进行型式检验；

a）新产品和老产品转厂生产的试制定型鉴定；

b）正式生产后，如结构、材料、工艺有较大改变、可能影响产品性能时；

c）停产一年以上又恢复生产时；

d）连续生产时，每年至少一次例行检验；

e）出厂检验结果与上次型式检验发生较大差异时。

7.2.2　型式检验项目应按第 5 章的规定。

8　标志、包装、运输与贮存

8.1　标志

8.1.1　每台产品应在明显部位固定标牌，其要求应按 GB / T 13306 的规定。其内容包括：

a）制造厂名称、产品原产地；

b）产品型号、名称；

c）产品执行标准编号；

d）产品主要技术参数；

e）出厂编号；

f）出厂日期。

8.1.2　安全标志：应按 GB 2894 的规定，凡是有安全隐患处应制定安全标志。如：当心触电、注意安全、当心机械伤人、当心烫伤等标志。

8.1.3　包装储运图示标志，应按 GB / T 191 的规定正确使用。

8.1.4　运输包装收发货标志应按 GB / T 6388 的规定。

8.2　包装

8.2.1　产品装箱前，机件、工具备件、附件的外露加工面应按 GB / T 4879—1999 中防锈包装等级的 3 级包装，出口包装选用 2 级包装。

8.2.2　产品包装箱的制造与装箱要求，应按 GB / T 13384 的规定。

8.2.3　产品分多箱包装时，随机文件应放在主机箱内，分装箱单应放在相应的包装箱内。

8.2.4　每台产品出厂时应附有下列随机文件：

a）产品合格证；

b）使用说明书；

c）装箱单（含总装箱单和分装箱单）。

8.3　运输

产品在运输起吊时，应按包装箱外壁箱面的标志稳起轻放，防止碰撞。

8.4　贮存

8.4.1　包装箱应贮存在干燥、通风的地方，避免受潮。室外贮存时应有防雨措施。

8.4.2　贮存期超过一年应在出厂前进行开箱检验，若包装损坏不符合有关规定时，应重新包装。

附录 A

（规范性附录）

主要机构精度的检验方法

主要机构精度的检验方法应按表 A.1 的规定。

表 A.1　主要机构精度的检验方法

项目	检测方法	示意图	测量工具
冷却辊或热辊的工作外圆柱面对其回转轴线的径向圆跳动	转动冷却辊或热辊绕圆周方向回转一周，分别测量三个截面，取百分表读数差值最大的截面的值为实际圆跳动量	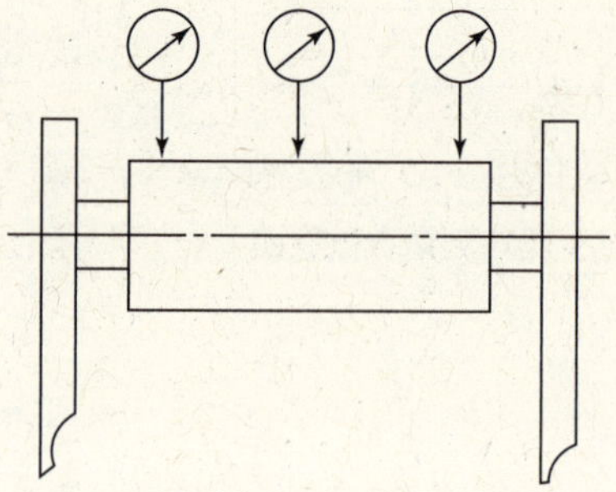	百分表磁力表座
胶辊的工作外圆柱面对其回转轴线的径向圆跳动			
装配后各导向辊的相对平行度误差	按走料路线，以相邻导向辊为基准，依次用专用量具分别测量两导向辊上 A、B、C 三点，取三点中任意两点读数最大差值为实际误差值	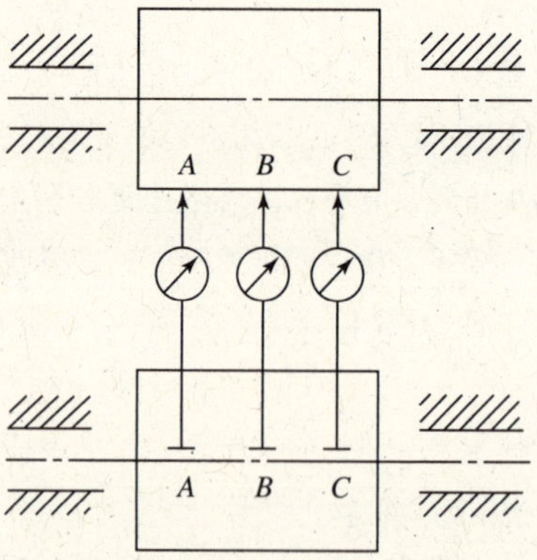	百分表 V 形架
装配后各导向辊的水平度误差	将水平仪放在导向辊素线的最高处，沿导向辊的轴向方向，用水平仪检测导向辊的水平度，取其最大读数值为实际误差值	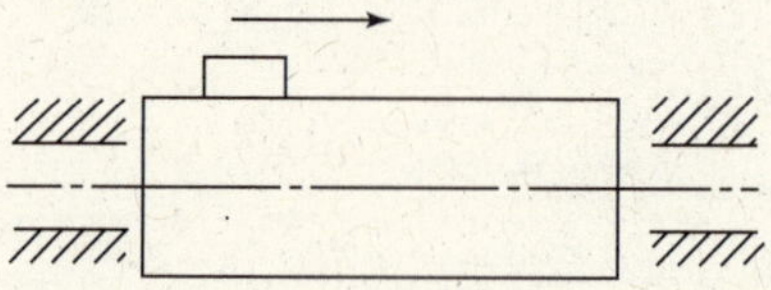	水平仪

附录 B
（资料性附录）
试验使用的仪器仪表及设备

B.1 仪器精度使用方法

根据本标准试验项目，参见表 B.1 直接选用符合规定的试验用仪器表及设备。

B.2 相关仪器仪表及设备使用

未列举仪器仪表及设备可使用经过计量鉴定，认可精度相同（或高于）的器具进行试验测量。

表 B.1 试验使用的仪器仪表及设备

序号	试验项目	仪器仪表及设备名称	测量范围	读数精度
1	室温	温度计	（0 ~ 50）℃	0.5℃
2	机械速度	转速表	（0 ~ 10 000）r/min	1 r/min
3	尺寸	钢卷尺	（0 ~ 3 000）mm	1mm
4	装配质量	百分表	–	0.01mm
5	水平度误差	水平仪	–	0.02mm
6	工作噪声	声级计	（40 ~ 120）dB（A）	0.05 dB（A）
7	工作温升	数字温度计	（0 ~ 250）℃	0.5℃
8	绝缘电阻	绝缘电阻表	（0 ~ 500）V	0.10 MQ
9	接地电阻	接地电阻仪	（0 ~ 2.00）Ω	0.01 MQ
10	耐压试验	耐压试验仪	（0 ~ 5 000）V	100 V
11	残留溶剂	气相色谱仪	–	–
12	剥离强度	小型拉伸试验机	–	–
13	厚度均匀性	测厚仪	–	0.001 mm

附录 C
（规范性附录）
剥离强度的试验方法

C.1 测量仪器

带有图形记录装置的小型拉伸试验机。

C.2 试样抽取

C.2 .1 应按 6.6 规定进行复合试验，在复合正常后，取面积为 0.5 m^2 的复合膜三块，一块作剥离强度试验，一块作厚度测试，一块备用。

C.2.2 在抽取的 0.5 m^2 试样的中间部位，沿纵向方向切取五块长 220 mm，宽 15 mm 的试样，放在温度为（23 ± 2）℃，相对湿度 40% ~ 50% 的环境中熟化 24 h。

C.3 试样的试验

沿试样长度将复合膜预先剥开 50 mm，将两端夹入试验机的上、下夹头上，使未剥离部分与剥离部分呈 T 形（见图 C.1）并要求松紧适宜，

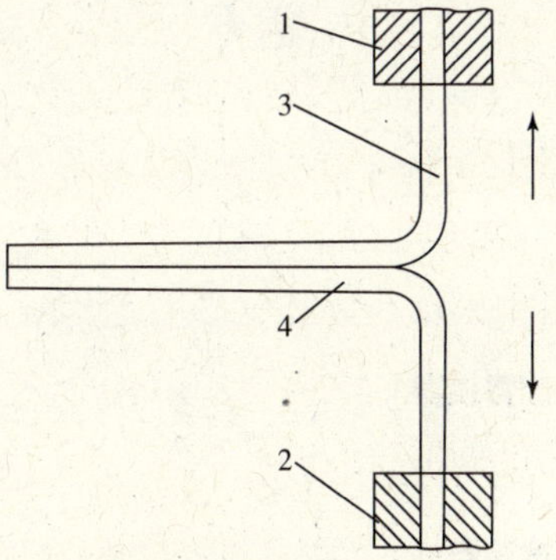

1——上夹头；2——下夹头；

3——试样剥开部分；4——试样未剥开部分。

图 C.1 试样夹持示意图

然后开动试验机以 300 mm/min 的试验速度进行直角剥离，并自动记录剥离强度曲线。

若两层膜不可剥离或剥离后明显损伤了一方材料的表面组织，则试验不再进行，即可认为剥离强度值已符合本标准要求。

C.4 剥离强度值的计算

C.4.1 按照每条试样的剥离强度曲线，分别估算每条试样的剥离强度平均值 x_i。

C.4.2 按式（C.1）计算复合膜剥离强度平均值 $\bar{x}$。

$$\bar{x}=\frac{1}{n}\sum_{i=1}^{n}x_i \quad \text{(C.1)}$$

式中：

n——试样条数；

i——试样检测序号（1、2、3、4、5）。

附录 D
（规范性附录）
厚度均匀性误差的检测方法

D.1 测量仪器

测量精度为 0.001 mm 的测厚仪。

D.2 厚度均匀性误差的测量与计算

D.2.1 在抽取的 0.5 m^2 试样上，均匀测量 30 个点的厚度测量值并记录。

D.2.2 按式（D.1）、式（D.2）计算复合品厚度均匀性误差值 $\Delta\delta$。

$$\Delta\delta=\sqrt{\frac{1}{n-1}\sum_{i=1}^{n}(\delta_i-\bar{\delta})^2} \quad \text{(D.1)}$$

$$\bar{\delta}=\frac{1}{n}\sum_{i=1}^{n}\delta_i \quad \text{(D.2)}$$

式中：

n——试样点数；

δ_i——第 i 个点厚度测量值（i=1、2、3、...、n）。

附录 E
（规范性附录）
残留溶剂的检测方法

E.1 测量仪器

通用气相色谱仪

E.2 试验条件

试验条件如下：

a）色谱柱：100% 聚乙二醇 20 mL，有机单体 40 L，2 m 不锈钢柱；

b）载气：氮气；

c）燃气：氢气；

d）助燃气：空气；

e）柱箱温度：70℃～90℃；

f）检测室温度：约120℃；

g）气化温度：约150℃。

E.3 测试步骤

测试前应先绘制标准曲线。

将载取好的0.2m^2样品迅速载成10 mm ×30 mm的碎片，放入500 mL三角瓶中，用硅像胶塞密封好后，与进样器一起送入80 ℃ ±2℃烘箱中加热30 min后，迅速地用预热好的进样品取1 mL瓶中气体注入色谱仪中进行测定。以其出峰总面积值在标准曲线上查出对应的溶剂残留量。试验结果以mg/m^2表示。

附加说明

本表准代替JB/T 8585—1997《复合机》。

本标准与JB/T 8585—1997相比，主要变化如下：

——增加了标准名称引导要索"印刷机械"，将原标准名称《复合机》修改为《印刷机械 卷筒料复合机》；

——对标准内容的结构进行相应修改调整；

——修改了规范性引用文件标准代号及标准年代（1997年版的2；本版的2）；

——增加了复合机的定义（1997年版的3；本版的3）；

——对复合机的型式和有关技术参数进行了修改（1997年版的4；本版的4）；

——修改了成品质量为使用性能、增加使用性能指标（1997年版的5.3；本版的5.11）；

——修改装配质量与装配质量的检验为主要机构精度与主要机构精度检验（1997年版的5.2、6.1；本版的5.2、6.1）；

——增加了对机器加工环保要求，规定了残留溶剂限值以及残留溶剂试验（本版的5.14、6.6.7）；

——修改了复合试验，增加了试验条件，明确了试验程序（1997年版的6.7；本版的6.6）；

——修改完善了标志、包装、运输和贮存内容（1997年版的8；本版的8）；

——删除产品成套供应范围（1997年版的5.18）；

——增加了附录B、附录E内容，将原附录B改为附录C，将原附录C改为附录D。

请注意本标准的某些内容有可能涉及专利。本标准的发布机构不应承担识别这些专利的责任。

本标准的附录A、附录C、附录D、附录E为规范性附录，附录B为资料性附录。

本标准由中国机械工业联合会提出。

本标准由全国印刷机械标准化技术委员会（SAC/TC 192）归口。

本标准负责起草单位：陕西北人印刷机械有限责任公司、宁波欣达印刷机器有限公司、北京印刷机械研究所。

本标准主要起草人：平瑶、苗发成、严珠。

本标准所代替标准的历次版本发布情况为；

——JB/T 8585—1997。

中华人民共和国机械行业标准

印刷机械　切纸机刀片

Printing machinery—Knives for cutting machines

JB/T 11012-2010

中华人民共和国工业和信息化部　2010-02-11发布　2010-07-01 实施

1　范围

本标准规定了切纸机刀片的型式、要求、测量方法、检验规则、标志、包装、运输与贮存。

本标准适用于切纸机所配用的半成品刀片。

2　规范性引用文件

下列文件中的条款通过本标准的引用而成为本标准的条款。凡是注日期的引用文件，其随后所有的修改单（不包括勘误的内容）或修订版均不适用于本标准，然而，鼓励根据本标准达成协议的各方研究是否可使用这些文件的最新版本。凡是不注日期的引用文件，其最新版本适用于本标准。

GB/T 191　包装储运图示标志（GB/T 191—2008，ISO 780：1997，MOD）

GB/T 700　碳素结构钢（GB/T 700—2006，ISO 630：1995，NEQ）

GB/T 1031　产品几何技术规范（GPS）　表面结构　轮廓法　表面粗糙度参数及其数值

GB/T 1299　合金工具钢（GB/T 1299—2000，ASTMA 681：1994，NEQ）

GB/T 2829　周期检验计数抽样程序及表（适用于对生产过程稳定性的检验）

GB/T 4879—1999　防锈包装

GB/T 6388　运输包装收发货标志

GB/T 9943　高速工具钢（GB/T 9943—2008，ISO 4957：1999，NEQ）

GB/T 9969　工业产品使用说明书　总则

GB/T 13306　标牌

GB/T 13384　机电产品包装通用技术条件

GB/T 14436　工业产品保证文件　总则

3　型式

切纸机刀片外形及各部位名称如图 1 所示。

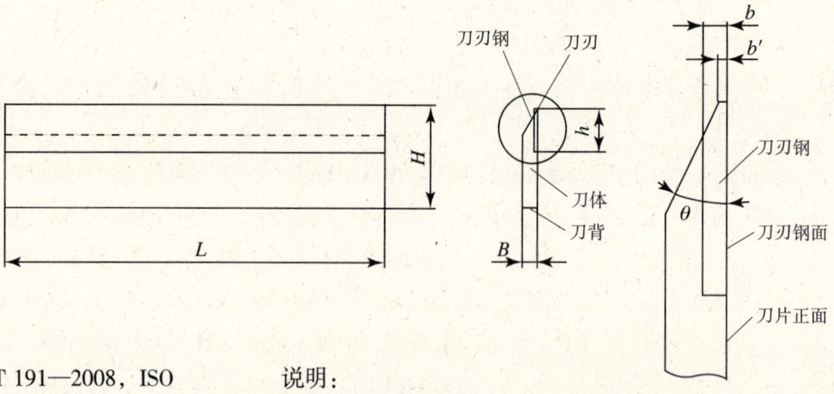

说明：

B——刀片厚度；b——刀刃钢厚度；

h——刀片宽度；b'——刀刃钢刃口厚度；

L——刀片长度；θ——刀刃角度。

H——刀刃钢宽度；

图 1　刀片外形及各部位名称

4　要求

切纸机刀片应按本标准规定，并应按经规定程序批准的图样和技术文件制造。

4.1　材料

刀体应为 GB/T 700 规定的普通碳素结构钢，刀刃应为 GB/T 1299 规定的合金工具钢或 GB/T 9943 规定的高速工具钢，也可用其他同等或以上性能的材料。

4.2　基本参数

刀片优先采用的基本参数应按表 1 的规定。

表 1 基本参数

（单位：毫米）

<table>
<tr><th colspan="2">长度（L）</th><th colspan="3">厚度（B）</th><th colspan="3">宽度（H）</th><th colspan="3">刃刃钢</th><th colspan="2">刃刃角度（θ）</th><th rowspan="2">适用切纸机最大裁切宽度</th></tr>
<tr><th>基本尺寸</th><th>极限偏差</th><th>基本尺寸</th><th>极限偏差</th><th>同片厚度差（max）</th><th>基本尺寸</th><th>极限偏差</th><th>同片宽度差（max）</th><th>宽度（h_{min}）</th><th>厚度（b_{min}）</th><th>刃口厚度（$b'max$）</th><th>基本尺寸</th><th>极限偏差</th></tr>
<tr><td>790</td><td rowspan="18">± 1.5</td><td>10</td><td rowspan="18">-0.03-0.10</td><td rowspan="8">0.03</td><td rowspan="5">127</td><td rowspan="18">+1.0
-2.0</td><td rowspan="8">0.5</td><td rowspan="2">45</td><td rowspan="18">2.0</td><td rowspan="18">0.5</td><td rowspan="18">23°</td><td rowspan="18">± 1°</td><td>660</td></tr>
<tr><td>960</td><td>12.7</td><td>780</td></tr>
<tr><td>1065</td><td>12.7</td><td rowspan="3">58</td><td rowspan="2">920</td></tr>
<tr><td>1100</td><td>12.7</td></tr>
<tr><td>1390（A）</td><td>12.7</td><td rowspan="2">1150</td></tr>
<tr><td>1390（B）</td><td>13.75</td><td>160</td><td>70</td></tr>
<tr><td>1520（A）</td><td>12.7</td><td>127</td><td>58</td><td rowspan="2">1300</td></tr>
<tr><td>1520（B）</td><td>13.75</td><td>160</td><td>70</td></tr>
<tr><td>1605（A）</td><td>12.7</td><td rowspan="10">0.05</td><td>127</td><td rowspan="10">1.0</td><td>58</td><td rowspan="2">1370</td></tr>
<tr><td>1605（B）</td><td>13.75</td><td>160</td><td>70</td></tr>
<tr><td>1790（A）</td><td>12.7</td><td>127</td><td>58</td><td rowspan="2">1550</td></tr>
<tr><td>1790（B）</td><td>13.75</td><td>160</td><td>70</td></tr>
<tr><td>1860（A）</td><td>12.7</td><td>127</td><td>58</td><td rowspan="2">1660</td></tr>
<tr><td>1860（B）</td><td>13.75</td><td>160</td><td>70</td></tr>
<tr><td>2100（A）</td><td>12.7</td><td>127</td><td>58</td><td rowspan="2">1760</td></tr>
<tr><td>2100（B）</td><td rowspan="3">13.75</td><td rowspan="3">160</td><td rowspan="3">70</td></tr>
<tr><td>2120</td><td>1860</td></tr>
<tr><td>2460</td><td>2200</td></tr>
</table>

4.3 硬度

刃刃钢硬度值应为（60 ~ 65）HRC；同一刀片硬度差不应大于 3HRC。

4.4 刀片的形状位置公差

4.4.1 刀刃的直线度公差

刀刃的直线度公差应按表 2 的规定；刀背不允许呈凸形。

4.4.2 刀片正面宽度方向直线度公差

刀片正面宽度方向的直线度公差为 0.03 mm，应为中凹状。

4.4.3 刀片正面长度方向直线度公差

刀片正面长度方向的直线度公差应按表 2 的规定。

表 2 直线度公差

（单位：毫米）

刀片长度（L）	直线度公差
≤ 1065	0.30
>1065 ~ 1520	0.60
>1520 ~ 1850	0.80
>1850	1.00

4.4.5 刃刃钢面表面粗糙度

刃刃钢面的表面粗糙度应按 GB/T 1031 规定的 Ra 参数值 1.6 μ m。

4.6 表面质量

4.6.1 刃刃钢面的表面

刃刃钢面的表面不允许有裂纹、退火、崩刃等缺陷。

4.6.2 刀片表面

刀片表面光洁，镶接良好，不允许有肉眼明显可见的凹坑、毛刺、锈蚀、磕碰、划痕等缺陷。

4.7 使用说明书和产品合格证

4.7.1 使用说明书的编写应按 GB/T 9969 的规定。

4.7.2 产品合格证的编写应按 GB/T 14436 的规定。

5 测量方法

测量方法应按表3的规定进行。

表3 测量方法

序号	项目	测量方法	测量简图	测量结果
1	长度	用钢卷尺测定靠近刀片宽度中间部位的刀片长度	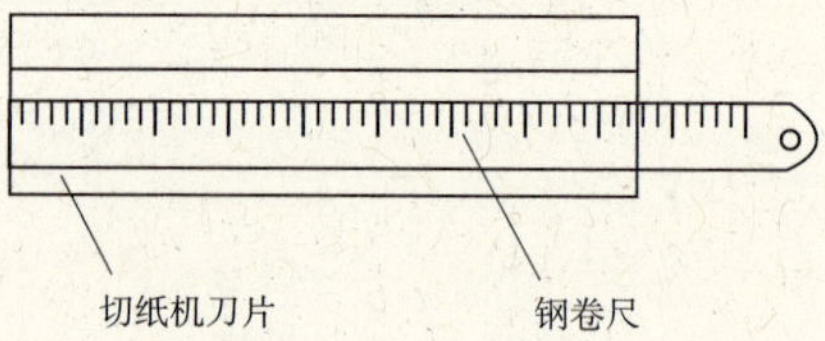	应按表1的长度（L）的规定
2	宽度及同片宽度差	用卡尺测定距刀片两端50mm附近两点及靠近中间一点的三点宽度，中间测值为刀片宽度，三测值中的最大差值为同片宽度差	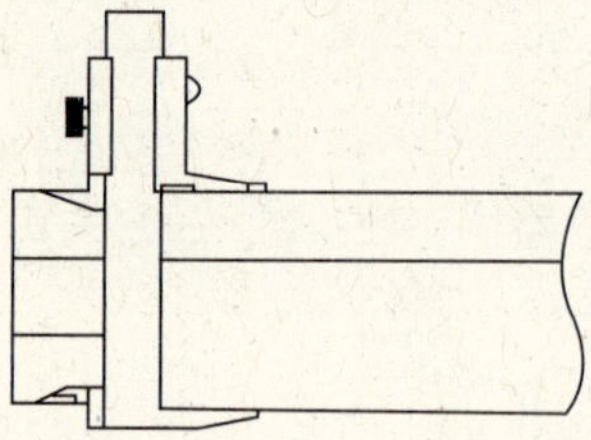	应按表1的宽度（H）的规定
3	刀刃角度	用万能角度尺测量长度方向任一处的刃口倾角	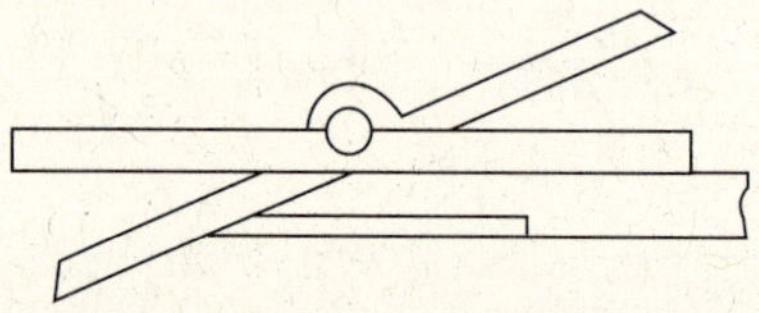	应按表1的刀刃角度（θ）的规定
4	厚度及同片厚度差	用千分尺测定距刀背10mm处，距两端50mm附近两点和靠近中间位置的一点，中间位置的测值为厚度值，三测值中的最大差值为同片厚度差	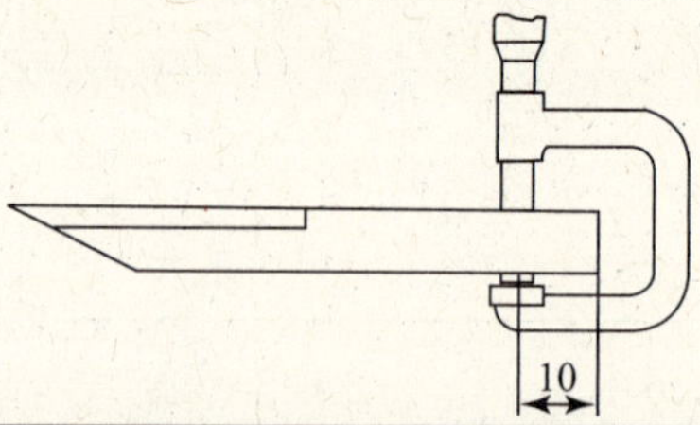	应按表1的厚度（B）的规定
5	刀刃的直线	将刀片被测部位放在平板（或直尺）上，用塞尺测出最大间隙	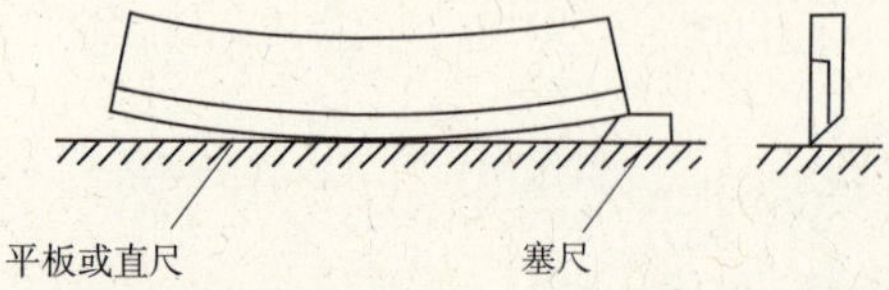	应按4.4.1的规定
6	刀片正面长度方向的直线度	将刀片被测部位放在平板（或直尺）上，用塞尺测出最大间隙	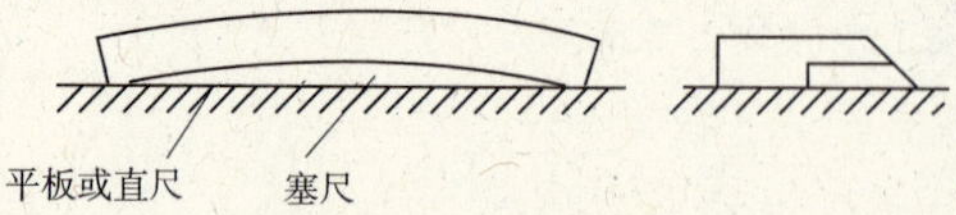	应按4.4.3的规定
7	刀片正面宽度方向的直线度	将刀口尺放在刀片正面横向位置，用塞尺测出最大间隙	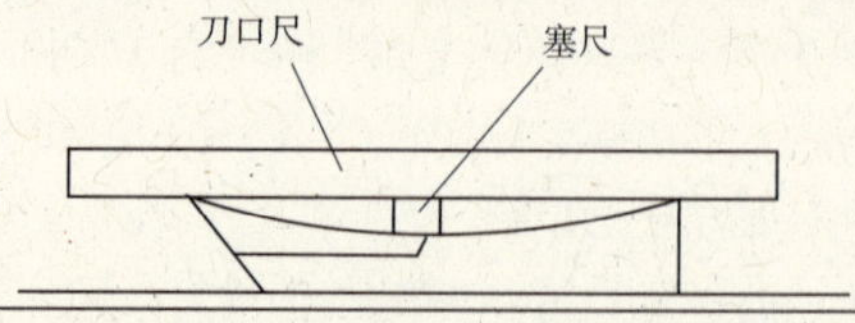	应按4.4.2的规定
8	表面粗糙度	用表面粗糙度测量仪检查或比较样块对照	—	应按4.5的规定
9	刀刃钢硬度及同片硬度差	选定刀刃钢面宽度的中间附近，沿长度中间一点及距两端150mm附近两点测定硬度，三测值中的最小值为硬度值，最大差值为同片硬度差	—	应按4.3的规定
10	表面质量	目测	—	应按4.6的规定

6 检验规则

6.1 出厂检验

6.1.1 每件产品应经制造厂质检部门检验合格并附有合格证方可出厂。

6.1.2 刀片硬度检验按交验数量的5%抽验（不足100片抽查五片），应按表3中9的规定。若有一片不合格，加倍复验，仍有一片不合格，则对交验量全数检验。

6.1.3 刀片出厂前应按表1的规定逐片检验刀片基本参数、刀片的形状位置公差、刀刃钢面的表面粗糙度及表面质量，应按表3中1～8、10的规定。

6.2 型式检验

6.2.1 型式检验的情况

有下列情况之一时，应在首件、首批中抽一件或生产批中抽一件进行型式检验：

a）新产品和老产品转厂生产的试制定型鉴定；

b）正式生产后，如结构、材料、工艺有较大改变，可能影响产品性能时；

c）停产一年以上又恢复生产时；

d）连续生产时，每年至少一次例行检验；

e）出厂检验结果与上次型式检验发生较大差异时。

6.2.2 型式检验的要求

型式检验项目应按第4章和6.2.3的规定。

6.2.3 刀片制造质量

6.2.3.1 刀片质量判断：

a）缺陷分类应按表4的规定；

b）抽样方案应案GB/T 2829规定的一次抽样方案进行；

c）B类Ⅰ组和C类按判别水平Ⅰ的一次抽样方按执行。B类Ⅱ组按类别水平Ⅰ的一次抽样方案选定的不合格质量水平中最小样本数进行抽样；

d）不合格质量水平RQL值选定应按表5的规定。

6.2.3.2 刀片质量否决：

检验过程发生以下情况，则直接判定型式检验不合格：

a）刀片材料不符合4.1的规定；

b）刀刃钢面的表面质量不符合4.6.1的规定。

表4 缺陷分类

缺陷分类		项目
B	Ⅰ	a）厚度公差； b）同片厚度差； c）刀刃钢面的表面粗糙度； d）刀刃直线度公差
	Ⅱ	a）刀刃钢硬度； b）同片硬度差
C		a）同片宽度差； b）宽度公差； c）长度公差； d）刀片正面宽度方向的直线度； e）刀片正面长度方向的直线度； f）刀片标志、包装、合格证、装箱单等； g）刀片角度公差； h）刀片表面质量

（续）

表5 不合格质量水平RQL值

类别	B		C
	Ⅰ	Ⅱ	
RQL值	30	30	200

7 标志、包装、运输与贮存

7.1 标志

7.1.1 每件产品应在适当的位置清晰地标明，其要求应按GB/T 13306的规定。其内容应包括：

a）制造厂名称、产品原产地；

b）产品型号、名称；

c）产品执行标准编号；

d）产品主要技术参数；

e）出厂编号；

f）出厂日期。

7.1.2 包装储运图示标志，应按GB/T 191的规定正确选用。

7.1.3 运输包装收发货标志应按GB/T 6388的规定。

7.2 包装

7.2.1 产品装箱前，刀片的防锈包装应按GB/T 4879—1999中防锈包装等级的3级包装，出口包装选用2级包装。

7.2.2 产品包装箱的制造与装箱要求，应按GB/T 13384的规定。

7.2.3 产品分多箱包装时，随机文件应放在主机箱内，分装箱单应放在相应的包装箱内。

7.2.4 每件产品出厂时应附有下列随机文件：

a）产品合格证；

b）使用说明书；

c）装箱单（含总装箱单和分装箱单）。

7.3 运输

产品在运输起吊时，应按包装箱外壁箱面的标志稳起轻放，防止碰撞和颠簸损坏刀片。

7.4 贮存

7.4.1　包装箱应贮存在干燥、通风的地方，避免受潮，并不能与腐蚀性物质贮存在一起。室外贮存时应有防雨措施。

7.4.2　在正常运输和保管条件下自出厂日起半年内不允许锈蚀，贮存期超过一年应在出厂前进行开箱检验，若包装损坏不符合有关规定时，应重新包装。

附加说明

本标准代替 JB/T 8115.2—2000《切纸机　刀片》。

本标准与 JB/T 8115.2—2000 相比，主要变化如下：

——增加了标准名称引导要素“印刷机械”将原《切纸机　刀片》修改为《印刷机械　切纸机刀片》；

——增加了目次；

——修改了前言（2000 年版的前言；本版的前言）；

——修改了范围（2000 年版 1；本版的 1）；

——修改了规范性引用文件（2000 年版的 2；本版的 2）；

——修改了型式（2000 年版的 3；本版的 3）；

——修改了材料（2000 年版的 4.1；本版的 4.1）；

——修改了基本参数（2000 年版的 4.2；本版的 4.2）；

——修改了硬度（2000 年版的 4.3；本版的 4.3）；

——修改了刀刃直线度（2000 年版的 4.4.1；本版的 4.4.1）；

——删除了耐用度（2000 年版的 4.6）；

——修改了测量方法（2000 年版的 5；本版的 5）；

——修改了型式检验（2000 年版的 6.2；本版的 6.2）；

——修改了标志与包装（2000 年版的 7；本版的 7）。

请注意本标准的某些内容有可能涉及专利。本标准的发布机构不应承担识别这些专利的责任。

本标准由中国机械工业联合会提出。

本标准由全国印刷机械标准化技术委员会（SAC/TC 192）归口。

本标准负责起草单位：上海爱凯思机械刀片有限公司、上海申威达机械有限公司、北京印刷机械研究所。

本标准参加起草单位：德阳市利通印刷机械有限公司。

本标准主要起草人：骆瑞华、张越德、徐峰、郑燕萍、严珠、黄永生。

本标准所代替的历次版本发布情况为：

——GB 5012—1985；

——JB/T 8115.2—1995、JB/T 8115.2—2000。

中华人民共和国机械行业标准

印刷机械　书帖堆积机

Printing machinery—Singnature stacking machine

JB/T 10978-2010

中华人民共和国工业和信息化部　2010-02-11发布　2010-07-01 实施

1　范围

本标准规定了书帖堆积机（以下简称堆积机）的型式、基本参数、型号、要求、试验方法、检验规则及标志、包装、运输与贮存。

本标准适用于对轮转印刷机经折页排出的书帖、报纸等进行堆积计数或堆积计数与打捆的机器。

2　规范性引用文件

下列文件中的条款通过本标准的引用而成为本标准的条款。凡是注日期的引用文件，其随后所有的修改单（不包括勘误的内容）或修订版均不适用于本标准，然而，鼓励根据本标准达成协议的各方研究是否可使用这些文件的最新版本。凡是不注日期的引用文件，其最新版本适用于本标准。

GB/T 191　包装储运图示标志（GB/T 191—2008，ISO 780：1997，MOD）

GB 2894　安全标志及其使用导则

GB/T 4728（所有部分）电气简图用图形符号

GB/T 4879—1999　防锈包装

GB 5226.1—2008 机械电气安全　机械电气设备　第 1 部分：通用技术条件（IEC 60204-1：2005，IDT）

GB/T 6388　运输包装收发货标志

GB/T 9969　工业产品使用说明书　总则

GB/T 13306　标牌

GB/T 13384　机电产品包装通用技术条件

GB/T 14436　工业产品保证文件　总则

JB/T 3090　印刷机械产品命名与型号编制方法

3　型式、基本参数与型号

3.1　型式

3.1.1　按使用功能分：a）堆积机；

b）堆积打捆机。

3.1.2　按结构型式分：a）横式堆积机；

b）竖式堆积机。

3.2　基本参数

基本参数应按表 1 的规定。

3.3　型号

产品型号和名称应按 JB/T 3090 的规定。

4　要求

4.1　一般要求

4.1.1　堆积机应按本标准的规定，并应按经规定程序批准的图样和技术文件制造。

4.1.2　堆积机应保证从书帖输送、堆积计数、书帖推出或从书帖输送、堆积计数、打捆、书帖推出自动连续地完成。

4.1.3　堆积机应运转平稳、工作正常、无异常声响；操作机构应灵敏可靠，执行机构应动作协调正确，机械应无卡阻或自发性移动。

表 1　基本参数

项目名称	基本参数	备注
书帖尺寸 mm	125 × 350 ~ 320 × 450	A3、A4、A5 双联 B4、B5、B6 双联
纸张定量 g/mm^2	40 ~ 120	–
页数（张）	4 ~ 48	–
最高速度帖 /h	≥ 60 000	–
排纸节距 mm	≥ 30	可调
小捆部最大堆积高度 mm	≥ 190	–
大捆部最大堆积高度 mm	≥ 360	–
进纸高度 mm	450 ~ 900	可调
出纸高度 mm	≥ 800	–

4.1.4 制动装置应灵敏、准确、可靠。

4.1.5 润滑系统、气路系统应管路畅通、工作正常；密封装置应可靠，无明显漏油、漏气现象。

4.1.6 轴承和吸气阀温升不应大于30℃。

4.1.7 堆积机的工作噪声不应大于82dB（A）。

4.2 装配质量

4.2.1 小捆堆积部与大捆堆积部的前后左右对中，其误差不应大于2mm。

4.2.2 输纸传送带应松紧适度，无跑偏现象。

4.3 安全要求

4.3.1 对可能造成人员伤害的运动部件，应进行安全防护，可采用固定式、可移动式防护装置或其他防护装置，可移动式防护装置应与电气控制系统联锁。

4.3.2 电气联锁装置应灵敏、准确、可靠。

4.3.3 安全装置应齐全、可靠。

4.3.4 传动系统应装有过载保护装置。

4.4 电气质量

4.4.1 电气系统应布线整齐，排列有序、接头牢固；各种标记应齐全、清晰和正确，电气简图用图形符号应按GB/T 4728（所有部分）的规定。

4.4.2 电气控制系统应工作正常、灵敏、可靠。

4.4.3 所有外露可导电部分都应按GB 5226.1—2008中8.2.1的要求连接到保护联结电路上。保护联结电路的连续性应按GB 5226.1—2008中8.2.3的规定。

4.4.4 在动力电路导线和保护联结电路间施加500Vd.c时，测得的绝缘电阻不应小于1MΩ。

4.4.5 在动力电路导线和保护联结电路之间施加1 000V的电压近似1s时间，不应出现击穿放电现象。

4.5 堆积打捆质量

4.5.1 排废装置和堆积装置应灵活、可靠。

4.5.2 书帖堆积应整齐、记数准确、推出平稳。

4.6 外观质量

4.6.1 外露加工表面不允许有锈蚀、磕碰和明显划痕。

4.6.2 外露非加工表面不允许有凸瘤、凹陷和气孔等有损美观的缺陷。

4.6.3 外露镀件镀层应细致、均匀，不允许有明显剥落、起泡、局部无镀层等缺陷。

4.6.4 外露氧化件氧化膜应均匀致密，色泽一致，不允许有未氧化的斑点等缺陷。

4.6.5 涂层应牢固、平整、光滑，色泽一致，不允许有起层、起泡、流挂等现象。

4.6.6 护罩应表面平整、棱角挺直、间隙均匀、圆弧光滑，不允许有凸起、凹陷和翘曲。

4.6.7 气路管道、润滑油管应排列整齐、连接和固定牢固。

4.7 使用说明书和产品合格证

4.7.1 使用说明书的编写应按GB/T 9969的规定。

4.7.2 产品合格证的编写应按GB/T 14436的规定。

5 试验方法

5.1 试验条件

书帖应平整、无卷边、破裂，厚度均匀。

5.2 空运转试验

以最高速度的50%运转不应少于30min；最高速度的80%运转不应少于2h；以最高速度运转不应少于30min；检查堆积机的性能，其结果应按4.1.3 ~ 4.1.5的规定。

5.3 轴承和吸气阀温升检验

空运转试验后，用点温计测量轴承和吸气阀温度并计算其温升，其结果应按4.1.6的规定。

5.4 装配质量检验

目视检查或用长度测量仪器测量机器的装配质量，应按4.2的规定。

5.5 安全检验

目视检查机器的安全防护，应按4.3的规定。

5.6 电气质量检验

5.6.1 切断电源，目测检查电气系统布线排列、接头、标记，应按4.4.1的规定。

5.6.2 用一个适当速度，反复进行启动、停止（包括制动、正反点动）动作，再进行速度变换操作，检查电气系统工作情况，应按4.1.4、4.4.2的规定。

5.6.3 按GB 5226.1—2008中18.2.2的试验方法，检验保护联结电路的连续性，其结果应按4.4.3的规定。

5.6.4 按GB 5226.1—2008中18.3的试验方法，检验动力装置的绝缘电阻，其结果应按4.4.4的规定。

5.6.5 按GB 5226.1—2008中18.4的试验方法进行耐压试验，其结果应按4.4.5的规定。

5.7 堆积打捆试验

按5.1的试验条件进行下列试验：a）以最高速度的80%，连续堆积常规书帖40min；b）以最高速度连续堆积常规书帖10min；c）以最高速度的70%，连续堆积最大、最小书帖各20min；d）以最高速度的70%，连续堆积最薄、最厚书帖各20min。

试验中，目视检查其结果应按3.2、4.1.2和4.5的规定。

5.8 噪声测量

当进行 5.7b）检验时，开动堆积机所有噪声源，用普通声级计测量堆积机的 A 声压级噪声，测量点水平位置（见图 1），噪声测点距地面高度为 1.5m，距堆积机四周外轮廓线为 1m，测量点之间的距离为 2m 左右，图示测量点为参考点，可根据测量轨迹长短增加或减少测量点，其中第 i 点为巡回测量最大噪声点，堆积机的噪声以算术平均值计算，其计算结果应按 4.1.7 的规定。

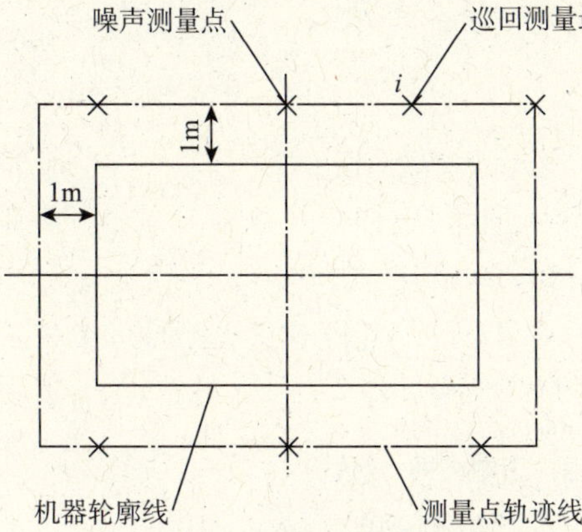

图 1 噪声测量点位置图

5.9 外观质量检验

目视检查机器的外观质量，应按 4.6 的规定。

6 检验规则

6.1 出厂检验

6.1.1 每台产品应经制造厂质检部门检验合格并附有合格证方可出厂。

6.1.2 每台产品出厂前，应按 5.2 ~ 5.6、5.7a）、5.9 的规定检验，每批产品抽一台，应按 5.8 的规定进行检验。

6.1.3 对全检项检验，有一项不合格，即为不合格品；对抽检项，有一项不合格，则再抽两台对该项进行检验，再不合格则对该批该项全检。

6.2 型式检验

6.2.1 有下列情况之一时，应在首台、首批中抽一台或生产批中抽一台进行型式检验：a）新产品和老产品转厂生产的试制定型鉴定；b）正式生产后，如结构、材料、工艺有较大改变、可能影响产品性能时；c）停产一年以上又恢复生产时；d）连续生产时，每年至少一次例行检验；e）出厂检验结果与上次型式检验发生较大差异时。

6.2.2 型式检验项目应按本标准第 4 章、表 1 和 5.7b）、5.7c）、5.7d）的规定。

7 标志、包装、运输与贮存

7.1 标志

7.1.1 每台产品应在明显部位固定标牌，其要求应按 GB/T 13306 的规定。其内容应包括：a）制造厂名称、产品原产地；b）产品型号、名称；c）产品执行标准编号；d）产品主要技术参数；e）出厂编号；f）出厂日期。

7.1.2 安全标志：应按 GB 2894 的规定，凡是有安全隐患处应制定安全标志。如：当心触电、注意安全、当心机械伤人、当心烫伤等标志。

7.1.3 包装储运图示标志，应按 GB/T 191 的规定正确选用。

7.1.4 运输包装收发货标志应按 GB/T 6388 的规定。

7.2 包装

7.2.1 产品装箱前，机件、工具备件、附件的外露加工面应按 GB/T 4879 – 1999 中防锈包装等级的 3 级包装，出口包装选用 2 级包装。

7.2.2 产品包装箱的制造与装箱要求，应按 GB/T 13384 的规定。

7.2.3 产品分多箱包装时，随机文件应放在主机箱内，分装箱单应放在相应的包装箱内。

7.2.4 每台产品出厂时应附有下列随机文件：a）产品合格证；b）使用说明书；c）装箱单（含总装箱单和分装箱单）。

7.3 运输

产品在运输起吊时，应按包装箱外壁箱面的标志稳起轻放，防止碰撞。

7.4 贮存

7.4.1 包装箱应贮存在干燥、通风的地方，避免受潮。室外贮存时应有防雨措施。

7.4.2 贮存期超过一年应在出厂前进行开箱检验，若包装损坏不符合有关规定时，应重新包装。

附加说明

请注意本标准的某些内容有可能涉及专利。本标准的发布机构不应承担识别这些专利的责任。

本标准由中国机械工业联合会提出。

本标准由全国印刷机械标准化技术委员会（SAC/TC 192）归口。

本标准起草单位：北人集团公司、北京印刷机械研究所。

本标准主要起草人：李勇、李英敏、严珠。

本标准为首次发布。

2012年新出台的印刷及印刷相关行业标准汇总

1. 标准名称：柔性版装潢印刷品　第 1 部分：纸张类

标准编号：GB/T 17497.1-2012

发布日期：2012 年 12 月 31 日

实施日期：2013 年 6 月 1 日

发　　布：中华人民共和国国家质量监督检验检疫总局 中国国家标准化管理委员会

2. 标准名称：柔性版装潢印刷品　第 2 部分：塑料与金属箔类

标准编号：GB/T 17497.2-2012

发布日期：2012 年 12 月 31 日

实施日期：2013 年 6 月 1 日

发　　布：中华人民共和国国家质量监督检验检疫总局 中国国家标准化管理委员会

3. 标准名称：柔性版装潢印刷品　第 3 部分：瓦楞纸板类

标准编号：GB/T 17497.3-2012

发布日期：2012 年 12 月 31 日

实施日期：2013 年 6 月 1 日

发　　布：中华人民共和国国家质量监督检验检疫总局 中国国家标准化管理委员会

4. 标准名称：印刷技术　网目调分色片、样张和印刷成品的加工过程控制　第 5 部分：网版印刷

标准编号：GB/T 17934.5-2012

发布日期：2012 年 12 月 31 日

实施日期：2013 年 6 月 1 日

发　　布：中华人民共和国国家质量监督检验检疫总局 中国国家标准化管理委员会

5. 标准名称：印刷机械　宽幅面喷绘机　第 2 部分：平板型宽幅面喷绘机

标准编号：GB/T 25676.2-2012

发布日期：2012 年 5 月 11 日

实施日期：2012 年 10 月 1 日

发　　布：中华人民共和国国家质量监督检验检疫总局 中国国家标准化管理委员会

6. 标准名称：印刷机械　锁线机

标准编号：GB/T 28385-2012

发布日期：2012 年 5 月 11 日

实施日期：2012 年 10 月 1 日

发　　布：中华人民共和国国家质量监督检验检疫总局 中国国家标准化管理委员会

7. 标准名称：印刷机械和纸加工机械的设计及结构安全规则　第 1 部分：一般要求

标准编号：GB/T 28387.1-2012

发布日期：2012 年 5 月 11 日

实施日期：2012 年 10 月 1 日

发　　布：中华人民共和国国家质量监督检验检疫总局 中国国家标准化管理委员会

8. 标准名称：印刷机械和纸加工机械的设计及结构安全规则　第 2 部分：印刷机、上光机和印前机械

标准编号：GB/T 28387.2-2012

发布日期：2012 年 5 月 11 日

实施日期：2012 年 10 月 1 日

发　　布：中华人民共和国国家质量监督检验检疫总局 中国国家标准化管理委员会

9. 标准名称：印刷机械和纸加工机械的设计及结构安全规则　第 4 部分：书籍装订、纸加工和整饰机械

标准编号：GB/T 28387.4-2012

发布日期：2012 年 5 月 11 日

实施日期：2012 年 10 月 1 日

发　　布：中华人民共和国国家质量监督检验检疫总局 中国国家标准化管理委员会

10. 标准名称：印刷机械和纸加工机械的设计及结构安全规则 第 5 部分：瓦楞纸板生产机械以及纸板和瓦楞纸板加工设备

以及纸板和瓦楞纸板加工设备

标准编号：GB/T 28387.5-2012

发布日期：2012 年 5 月 11 日

实施日期：2012 年 10 月 1 日

发　　布：中华人民共和国国家质量监督检验检疫总局 中国国家标准化管理委员会

11. 标准名称：卷筒料凹版印刷机

标准编号：GB/T 28383-2012

发布日期：2012 年 5 月 11 日

实施日期：2012 年 10 月 1 日

发　　布：中华人民共和国国家质量监督检验检疫总局 中国国家标准化管理委员会

12. 标准名称：平台式平型网版印刷机

标准编号：GB/T 28384-2012

发布日期：2012 年 5 月 11 日

实施日期：2012 年 10 月 1 日

发　　布：中华人民共和国国家质量监督检验检疫总局 中国国家标准化管理委员会

13. 标准名称：印刷机械 热熔胶订设备 通用试验方法

标准编号：GB/T 28692-2012

发布日期：2012 年 9 月 3 日

实施日期：2013 年 1 月 1 日

发　　布：中华人民共和国国家质量监督检验检疫总局 中国国家标准化管理委员会

14. 标准名称：单张纸胶印油墨

标准编号：QB/T 2624-2012

发布日期：2012 年 12 月 28 日

实施日期：2013 年 6 月 1 日

发　　布：中华人民共和国工业和信息化部

15. 标准名称：凹版塑料薄膜复合油墨

标准编号：QB/T 2024-2012

发布日期：2012 年 12 月 28 日

实施日期：2013 年 6 月 1 日

发　　布：中华人民共和国工业和信息化部

16. 标准名称：凹版塑料薄膜表印油墨

标准编号：QB/T 1046-2012

发布日期：2012 年 12 月 28 日

实施日期：2013 年 6 月 1 日

发　　布：中华人民共和国工业和信息化部

17. 标准名称：胶印印刷版材用成膜酚醛树脂

标准编号：HG/T 4399-2012

发布日期：2012 年 12 月 28 日

实施日期：2013 年 6 月 1 日

发　　布：中华人民共和国工业和信息化部

18. 标准名称：胶印版材用重氮萘醌感光剂

标准编号：HG/T 4397-2012

发布日期：2012 年 12 月 28 日

实施日期：2013 年 6 月 1 日

发　　布：中华人民共和国工业和信息化部

19. 标准名称：印刷加工用水基胶粘剂有害物质限量

标准编号：CY/T 87-2012

发布日期：2012 年 3 月 19 日

实施日期：2012 年 3 月 19 日

发　　布：中华人民共和国新闻出版总署

中国出版对外贸易总公司

中国出版对外贸易总公司是全国印刷设备器材进出口行业中颇具实力和影响的外贸企业。公司面向全国报纸、出版、包装印刷行业，提供印刷设备器材的代理进口业务及咨询服务，承办合资经营、合作生产、来料加工等涉外经贸业务，并组织出国考察、培训、技术交流、经贸展览等。公司成立以来，为报业、出版、包装印刷企业的技术改造，技术进步服务引进了大量的关键设备和新材料。公司与世界诸多知名厂商建立了广泛的联系和友好合作关系，在国内外同行中赢得了良好的信誉。

地址：北京安定门外安华里504号　　电话：64215095　64215031－3187、3144、3200
传真：64214540　　邮政信箱：北京782信箱　　邮政编码：100011

雅昌文化集团
ARTRON ART & CULTURE GROUP

集团简介——成为卓越的艺术服务机构

雅昌创建于1993年，拥有深圳、北京、上海三大运营基地，以及杭州艺术服务中心，广州、广西两个办事处，产品和服务遍及全球几十个国家和地区。

20年来，雅昌将“通过‘为人民艺术服务’实现‘艺术为人民服务’”作为企业宗旨，秉承“让艺术走进每个人的生活”的企业使命，以“传统印刷＋现代IT技术＋文化艺术”的模式与企业社会责任有机结合，为艺术家和艺术机构提供高品质综合艺术服务，同时为社会大众提供艺术传播、艺术教育普及的服务。雅昌致力于“成为卓越的艺术服务机构”，不断追求先进的科学技术、创新的运营管理模式，为中国及世界文化艺术界提供优异的综合服务。

雅昌艺术网——中国权威艺术门户网站

- 2000年10月成立。全球最重要的中国艺术品专业门户、最活跃的在线互动社区，艺术资讯获取的首选平台，艺术品收藏投资、艺术爱好者不可或缺的重要工具。

雅昌艺品——致力成为“艺术·时尚·新生活”的倡导者

- 通过原作授权高防复制、艺术再创作，使“深居殿堂”的艺术瑰宝走进寻常百姓，满足艺术工作者、爱好者从事艺术研究、教育普及、收藏欣赏、时尚新生活的多样需求。

雅昌数字出版——中国优秀的艺术数字出版机构

- 利用前沿移动互联网IT技术，以数字版权保护为基础，致力于为国民艺术普及教育提供必备的工具和平台以及技术支持服务。

雅昌艺术图书——优秀的艺术图书普及教育式销售商

- 在雅昌艺术标准的基础上，通过整合国内外艺术和出版资源，打造图书馆式书店及艺术普及教育式营销系统，实现艺术欣赏与教育、艺术收藏与查询、奢侈品与装饰、礼品与馈赠等功能。

雅昌影艺——让每个人发现、分享和爱上影像艺术之美

- 基于雅昌资源优势，汇聚最广泛的摄影艺术家、社会名流、摄影发烧友等授权摄影图片资源，结合数字化印制装裱技术工艺和材料，利用电子商务平台，根据影像消费人群的需求销售定制生产个性化影像艺术产品，满足人们对影像艺术产品的个性化消费需求。

雅昌中艺库——全球优秀的中国艺术品数据库

- 雅昌近20年精心打造《中国艺术品数据库》，通过现代IT科技，将珍贵艺术品的图文资料，以数据的形式永久地存储起来，填补了中国艺术品数据领域的空白，为中华文化的保护、传播、弘扬做出了巨大贡献，实现了中国民族文化的永继传承。

雅昌艺术印刷——高端艺术印刷服务机构

- 雅昌艺术印刷致力于为艺术类客户提供高端印刷服务。经过20年发展，雅昌制作图书超过60000种，3亿册，服务领域遍及艺术品拍卖、美术、文博、摄影等艺术领域以及艺术行业相关商业领域。取信国内外专业机构，荣获国际大奖500余项；七次摘取印刷界“奥斯卡”Benny Award（班尼）金奖，2010年至今，连续三年金奖总数世界第一。

江西新华印刷集团有限公司

JIANGXI XINHUA PRINTING GROUP CO.,LTD.

江西新华印刷集团有限公司系中文天地出版传媒股份有限公司子公司。2011 年 3 月，经江西省出版集团公司批准，重组江西新华印刷集团有限公司，注册资本为 5.43 亿元。目前公司旗下有江西新华印刷集团有限公司南昌分公司等 7 家公司，拥有员工 1500 余名，固定资产达 10 亿多元。

公司率先在全国书刊定点企业中通过了 ISO9000 质量体系认证。2011 年 10 月，公司又取得了“中国环境标志产品认证”证书，成为全国首批获得绿色印刷资质的印刷企业。公司先后荣获全国“五一劳动奖状”，全国优秀包装企业、人教社教材印刷质量三等奖等荣誉称号。此外，公司旗下的南昌分公司及江西新华报业印务有限公司还获评全省印刷复制业示范企业。

公司重新组建以来，新的领导班子团结一致带领全体员工，脚踏实地，真抓实干，全面推进企业各项工作。为在今后不断做强做精企业，公司提出了“统筹管理，集约经营”的指导方针，要在“十二五”时期，致力于转变发展方式、优化产业结构，进一步转型升级，实现集约化经营管理，力争在“十二五”时期末经营指标及综合实力达到总资产、销售收入双超十亿元的目标任务。

地址：江西省南昌市望城新区新华路 312 号
电话：0791—88100228（传真）　邮编：330013

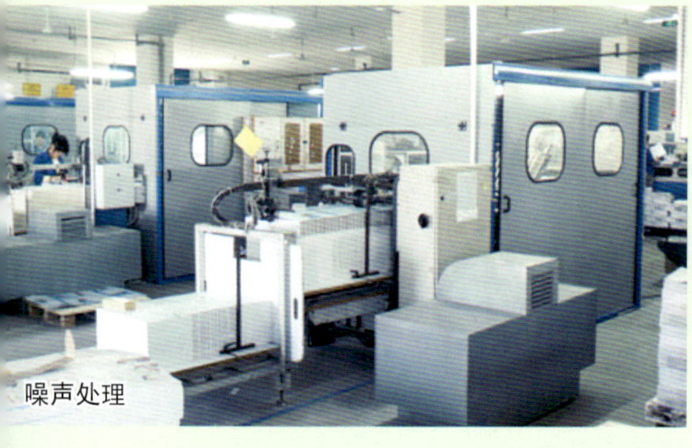
噪声处理

废水处理

废气处理

贵州新华印务有限责任公司

原贵州新华印刷厂

公司外景

贵州新华印务有限责任公司（原贵州新华印刷厂）地处贵州省贵阳市中心城区友谊路与宝山北路之间，地理位置优越，交通极为便利。始建于1950年初，经过50多年的发展壮大，已形成了彩色制版、彩色印刷、书刊装订、商品包装装簧等印刷工艺齐全的综合性国有印刷企业。公司占地面积6万多平方米，现有职工人数878人，其中高、中、初级专业技术人员105人，大专及以上学历职工258人。2009年末固定资产原值13998万元，工业总产值6500万元，实现利税487万元，为贵州文化产业的发展作出了较大的贡献。

贵州新华印务有限责任公司自20世纪80年代以来，通过技术改造和技术创新，淘汰落后的铅排印刷技术，采用激光照排、制版和胶印的新的印刷技术，特别是“九五”以来，不断加大技术改造和新设备引进，拥有CTP直接制版系统、海德堡速霸

八胶

CP2000五色机

CTP

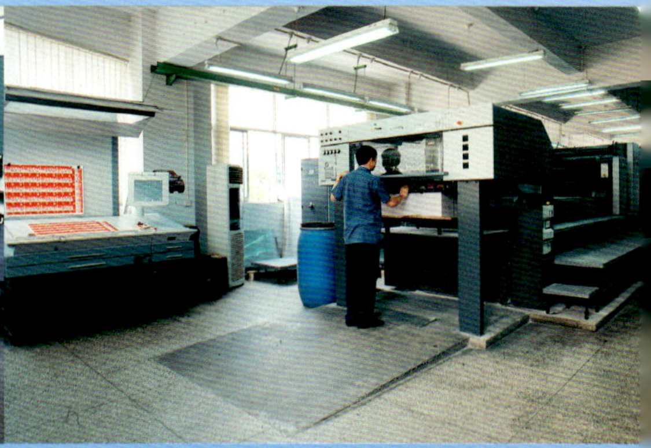

彩印五色机操作台

CP2000四色胶印机、上海高斯印刷设备公司产SSC-200A卷筒纸胶印机、HP3500数码印刷机、CD102-5+L五色带上光胶印机、平装胶订联动线、自动糊盒机、全自动覆膜机等国内外印刷设备100多台（套）。

公司主要承担全省70%以上的中小学教科书印刷，同时承担《时事报告》《当代贵州》《特别文摘》《知音》《知音漫客》以及《贵州画报》等杂志和画册。近几年来大力开拓商品包装市场，已承印25个品种的茅台酒系列和24个品种的青酒系列的包装酒盒。其中八十年茅台酒、神舟茅台酒、首都机场茅台专供酒等包装盒系列以及《知音》杂志等受到市场和客户的一致好评，2009年在有关部门组织的产品质量检验中，产品优良率达96.6%。

为了推进企业管理创新和技术创新步伐，提升企业管理水平，企业获得了ISO9001:2000国际质量管理体系认证和《商品条码印刷资格认证》，并于2011年成为贵州省第一批获得绿色印刷认证的企业之一。

近几年来公司先后获得“全国模范职工之家”，全国新闻出版系统“先进集体”，全国“诚信印刷企业”，贵州省“五一劳动奖状”，贵州省“省级红旗文明单位”，并连续十九年获得市级“重合同、守信用”企业。

地址：贵州省贵阳市友谊路186号
邮编：550001
电话：0851-6785595
传真：0851-6781305

山东德州新华印务有限责任公司

SHANDONGDEZHOUXINHUAYINWUYOUXIANZERENGONGSI

绿色印刷产品

党委书记、总经理　李新玉

山东德州新华印务有限责任公司（原山东新华印刷厂德州厂）系隶属于山东出版集团的国有独资有限责任公司。企业新厂区地处鲁北平原素有“九达天衢”之称的德州市经济技术开发区晶华大道2306号，固定资产2.2亿元，拥有各类专业技术人才300余人，是一家集制版、印刷、装订和包装为一体的综合性印刷企业；技术力量雄厚，拥有国内外先进水平的制版、印装配套设备近300台套，形成了“印前数字网络化，印刷多色高效化，印后多样自动化”的现代化生产格局；生产能力强，年可激光排字1亿字，制版50万四开块，黑白印刷40余万令，彩色印刷200余万对开色令，书刊装订80余万令，年出书品种达1300余种；业务范围广，能承接彩色制版、各类图书期刊、高档画册、商标广告、包装装潢的设计制作等业务。

改革开放30余年来，山东德州新华印务有限责任公司在山东出版集团党委的正确领导下，始终坚持“以市场为导向，向管理要效益，靠质量求发展”的经营理念，坚定不移地大力实施精品双效战略，内保教材印制、狠抓基础管理，外拓市场份额、扩大发展空间，企业活力、发展动力和核心竞争能力都得到了极大的提升。企业在经济效益逐年攀升的同时，连续四年荣获国家新闻出版总署颁发的“全国书刊印刷优秀质量企业金奖”，并先后荣获了“全国新闻出版系统先进集体”、“全国首批诚信印刷企业”、“山东省出版工作先进单位”、“山东省十佳印刷企业”、“山东省新闻出版奖优秀集体奖”、“山东省思想政治工作先进单位”等三十余项荣誉称号。凭借独特的品牌优势和良好的社会信誉，企业在激烈的市场竞争中脱颖而出，市场范围不断扩大，目前已与省内及京、津、冀等地50余家出版社建立了长期、稳定的业务关系，成功打造了“德印”品牌。

公司响应山东出版集团“退城进园”的号召，积极抢抓发展的机遇，充分依托德州市得天独厚的区位、交通优势，在经济开发区新购置土地138亩，投资5000余万元进行新厂区工程建设和技术改造，并于2010年10月底成功完成了从老厂区到新厂区的整体搬迁，同时，新引进了德国产海德堡四色平面印刷机、日本秋山国际八色单张纸印刷机、意大利产阿斯达自动锁线机各一台，新购置了国产八色轮转印刷机、骑订生产线等一大批先进印装配套设备，极大地提升了企业核心竞争力、改善了企业生产环境，为企业在严峻市场形势下实现超常跨越发展提供了更加广阔的空间。2011年7月份以来，公司紧紧抓住同山东出版集团一道捆绑上市的大好机遇，严格按照现代企业制度的要求，不断提升公司基础管理和核心竞争能力，于2012年6月顺利完成了公司现有名称的工商注册，同时，积极响应国家相关部委关于大力推行绿色认证工作的号召，于2012年12月成功获得了由国家环保部授权、中环联合（北京）认证中心有限公司颁发的“中国环境标志产品认证证书”，公司综合管理水平、教材印制能力均实现了新的突破，并具备了承接绿色教材印制任务的资质。

沧海横流，方显英雄本色；商机无限，尽展企业雄风。山东德州新华印务有限责任公司总经理、党委书记李新玉，携全体员工向各界朋友致意，并时刻期待着与您携手并进，互利共赢，共铸印刷事业新辉煌。

至信承诺　用心服务

一切都是为了您的满意

爱信达印务
绿色印刷 保护生态
中国环境标志
CHINA ENVIRONMENTAL LABELLING
中国环境标志产品认证
全国民族用品定点生产企业
全国中小学蒙古文教科书定点印制基地
2011年度自治区行业优秀企业
内蒙古自治区高新技术企业
内蒙古出版集团直属企业
ISO 9001 质量管理体系认证企业
ISO 14001 环境管理体系认证企业
周期 质量
沟通 服务 拓展
The 4th China Print Awards
第四届中华印制大奖
中华印制大奖
优秀奖
第三名
证书
全国民族用品
定点生产企业
内蒙古爱信达教育印务有限责任公司
企业发展进步奖
全区新闻出版行业
文明单位
2011年度全区印刷行业
优秀企业
内蒙古爱信达教育印务有限责任公司
地址：内蒙古呼和浩特市金桥开发区惠民街48号（原世纪十一路） 电话：0471-3364222 传真：0471-3364833

金杯印刷

Green & Care Printing

金杯印刷 环保先锋

金杯印刷成立42年，除了在印刷技术领域屡屡创新，同时积极履行社会义务，使用绿色环保生产技术，推动产业环保化，实践科学发展观。

■ 环保发展方针

金杯印刷的管理层对环境保护非常重视，在公司政策的制定上，不时考虑生产与环境的关系，同时增强职工环保意识，全员行动节能减排，落实可持续发展的战略方针。金杯印刷也积极参与各种的环保推广互动，如参与香港政府推行的“清洁生产技术支援试验项目”和“清洁生产伙伴计划”、参加在全国各地举办有关绿色印刷的展览会和研讨会，同业交流经验。

■ 环保印刷技术

作为目前全国无水印刷先行者，金杯印刷充分掌握如何应用无水印刷这种环保的印刷制程去实现完美的印刷效果。透过无水印刷技术的各种生产特性，免除冲洗废水的排放、减少使用含有有机挥发物溶剂和减少废纸量，有效减低印刷生产对环境的影响。

同时，金杯印刷也是应用电脑直接制版技术的先行者，早在1995年金杯就引进了全亚洲第一台电脑直接制版机，透过应用此制版技术彻底免除了胶片这一中间媒体，减少冲制胶片时给环境带来的污染。

■ 环保设备系统

金杯积极投资各种环保的设备系统，透过设备技术革新实现更绿色的印刷生产制程。如安装中央供墨系统、使用印刷机自动清洗墨辊装置、自动色彩扫描系统、润版液循环过滤系统、水溶性废液处理装置等，有效地减少有机挥发物、废液的排放和物料的浪费；安装节能型印刷机、LED节能照明系统、各类中央系统、余热回收系统、太阳能热水系统等，达到节能环保的效用。

■ 环保生产物料

全面使用新型环保生产物料替代传统的生产物料，如利用可再生树林制造成的纸张、水性覆膜、植物油油墨、大豆油墨、无酒精润版液、低酒精洗车水。

■ 环保成果认同

金杯印刷是目前全国率先广泛使用环保印刷生产技术的印刷企业之一，除了取得中国环境标志、ISO14001环境保护管理体系和FSC森林保护管理体系等国际级体系认证以外，亦获取多项奖项，如“绿色印刷在中国”的绿色企业、绿色精英、绿色印品三大奖、香港环境卓越计划界别卓越奖——制造业铜奖、东莞市清洁生产企业称号，更凭藉其无水印刷作品《朗文当代英语字典》赢得了中华印制大奖环保印刷金奖，证明金杯印刷在印刷环保生产领域的成绩得到社会上广泛的认可。

铜奖 Bronze Award 2011 香港環保卓越計劃

粤港清洁生产伙伴 Hong Kong - Guangdong Cleaner Production Partner

SGS ISO 14001:2004 UKAS ENVIRONMENTAL MANAGEMENT 005

网站：www.goldencup.com.hk　　电邮：info@goldencup.com.hk

南京爱德印刷有限公司
Nanjing Amity Printing Co.,Ltd.
爱德
Amity
年精装书印刷用纸可绕地球11圈
薄纸书刊印刷专家
1988年，由爱德基金会和UBS出版公司（香港）合资组建。
公司占地130亩，年精装书产能达2000万册以上。
年销售额2.65亿元人民币，其中出口销售近3000万美元。
公司获得“高新技术产品认证”证书，拥有1项发明专利，8项实用新型专利，4项软件著作权。
CEC
G7 MASTER
CCCI
ZHB
印刷复制奖
企业信用评价AAA级信用企业
地址：中国南京江宁区东善桥秣周中路99号　电话：+86(25)-86872877(总机)
传真：+86(25)-57928001(国外)　+86（25）-57928002（国内）
E-mail:apc@amityprinting.com　www.amityprinting.com

青岛星球印刷有限公司

公司董事长　总经理　丁金德

一把手要有思想
一个班子要有智慧
一个团队要有力量
——丁金德

公司简介

青岛星球印刷有限公司专业从事图书、期刊、精装画册、高档商标和包装装潢的设计、印刷与装祯制作。公司历经55年的发展，现有员工近300名，总资产近亿元。公司拥有海德堡、三菱等多色印刷机以及其他印装设备200多台套。

近年来，公司全体员工牢固树立“**以人为本，以质取胜**”的办厂宗旨，使企业始终沿着“**在行业中做专，在专业中做精**”的方向不断发展，成为青岛首家通过国家绿色环保印刷认证企业，以书刊画册为主的产品质量多次荣获国家优质产品银质奖，并荣居国家图书印制“署优产品”百强企业。

有关部门领导视察星球公司展馆

公司文化创意综合楼

公司领导班子成员

地址：青岛市·黄岛新区长春路中端　电话：（0532）88194567　88187078　邮箱：PDS818@126.com

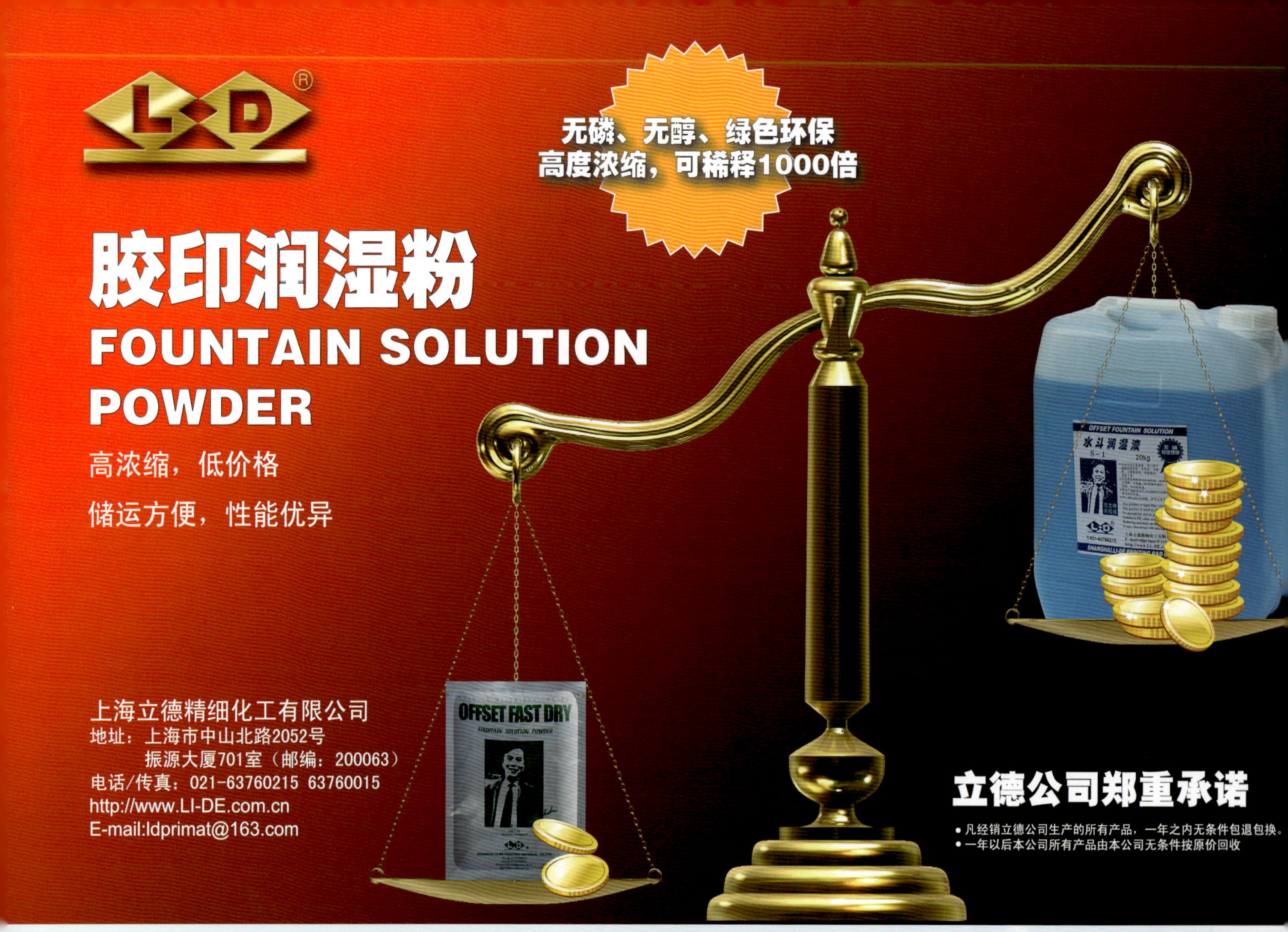
L·D
无磷、无醇、绿色环保
高度浓缩，可稀释1000倍
胶印润湿粉
FOUNTAIN SOLUTION
POWDER
高浓缩，低价格
储运方便，性能优异
OFFSET FAST DRY
上海立德精细化工有限公司
地址：上海市中山北路2052号
振源大厦701室（邮编：200063）
电话/传真：021-63760215 63760015
http://www.LI-DE.com.cn
E-mail:ldprimat@163.com
立德公司郑重承诺
• 凡经销立德公司生产的所有产品，一年之内无条件包退包换。
• 一年以后本公司所有产品由本公司无条件按原价回收

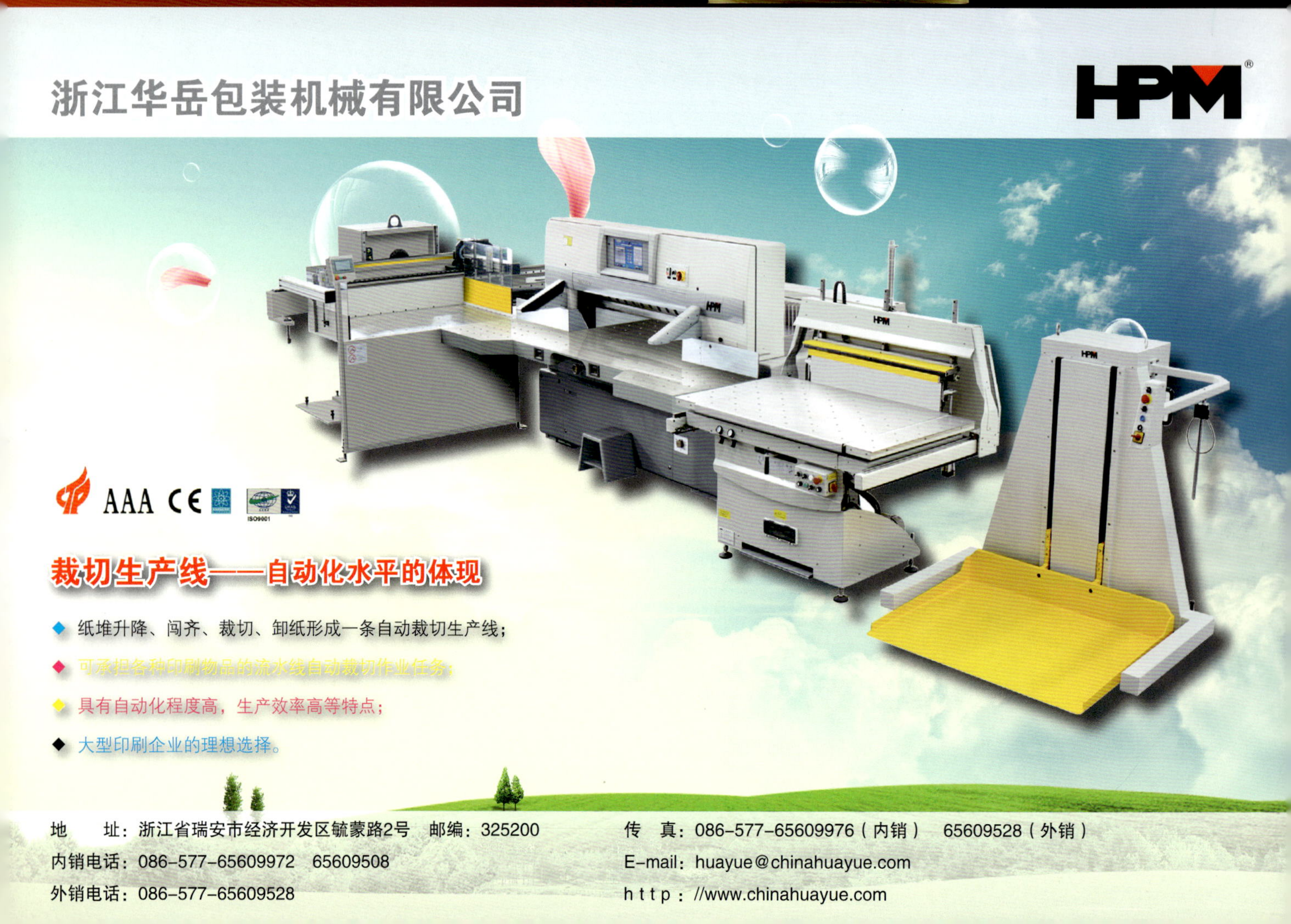
浙江华岳包装机械有限公司
HPM
AAA CE
裁切生产线——自动化水平的体现
◆ 纸堆升降、闯齐、裁切、卸纸形成一条自动裁切生产线；
◆ 可承担各种印刷物品的流水线自动裁切作业任务；
◆ 具有自动化程度高，生产效率高等特点；
◆ 大型印刷企业的理想选择。
地　　址：浙江省瑞安市经济开发区毓蒙路2号　邮编：325200
内销电话：086-577-65609972　65608508
外销电话：086-577-65609528
传　真：086-577-65609976（内销）　65609528（外销）
E-mail：huayue@chinahuayue.com
http：//www.chinahuayue.com

统计

2012年全国规模以上印刷

（印刷业和记录媒介的复制）

地区	企业数（家）	亏损企业数（家）	资产总计	产成品	流动资产平均余额	负债合计	主营业务收入	主营业务成本	主营业务税金及附加	营业费用
全国	3867	410	35107267.8	1444093.9	18598465.1	16281431.3	41962608.7	34276299.7	293633.3	1049452.3
北京市	131	34	1970800.2	78833.0	1085866.5	814418.1	1302989.6	988245.5	9646.1	40248.8
天津市	52	7	523655.0	5564.4	238437.0	309808.3	406517.9	332885.3	2005.3	11966.6
河北省	97	3	1025038.9	55083.3	422551.4	381031.5	1791612.0	1492817.1	7834.2	29133.1
山西省	19	5	194512.0	6157.4	100263.6	107921.0	141121.1	114398.9	660.8	3362.5
内蒙古自治区	18	1	79877.8	2872.8	29627.8	31907.5	140562.9	107193.3	961.5	1525.5
辽宁省	115	12	784797.3	21731.6	319136.5	355006.0	1469952.4	1187556.1	6969.2	47779.3
吉林省	44	1	535175.1	8483.5	138040.6	205871.6	440691.1	302889.8	26941.9	25834.8
黑龙江省	25	3	213471.0	7832.9	125491.2	93304.2	186270.0	145212.7	3305.8	2774.3
上海市	192	33	2235762.0	85783.4	1227273.1	907428.2	1891588.3	1492481.6	7220.9	51680.5
江苏省	369	43	3560747.7	139418.0	1912249.6	1834563.4	3859914.8	3214993.0	20058.8	100989.7
浙江省	401	54	4041379.9	114822.6	2445562.5	2447187.0	3148906.0	2659919.6	15666.5	80652.5
安徽省	161	6	1326812.2	94578.7	691840.8	570723.4	1843952.9	1515069.4	10573.6	58024.9
福建省	144	21	842996.0	44100.5	448397.6	406492.1	1249950.5	1034956.5	8038.0	28594.7
江西省	75	4	789473.1	20597.8	273802.9	207755.4	1264682.0	1001487.2	7058.6	21252.7
山东省	341	16	1707593.0	76280.1	780156.9	722562.5	4509722.0	3802843.2	45769.5	96467.0
河南省	189	6	1463748.0	50576.5	667356.7	528547.1	2402563.0	1984241.7	16609.7	48403.0
湖北省	130	17	1140137.6	59410.6	665915.3	590568.4	1506747.7	1210581.5	11986.4	54814.2
湖南省	131	5	789144.1	74619.7	413171.7	351886.4	1656653.4	1310687.5	16857.8	32930.1
广东省	826	103	7819267.5	275235.0	4556952.6	3682436.7	7812256.0	6535307.5	36478.2	188106.4
广西壮族自治区	69	7	483623.7	25046.3	208732.6	231749.8	845807.1	688205.4	4214.3	17276.4
海南省		0	19649.1	204.9	14048.7	4491.4	11928.7	6938.3	92.3	616.6
重庆市	52	3	488224.1	25400.5	220307.0	246204.3	670242.5	548972.3	3136.2	17280.1
四川省	168	12	1212162.3	63020.8	628429.6	506298.6	1885672.5	1507643.5	17368.0	49657.1
贵州省	9	1	138931.2	6163.3	75653.0	42120.4	93597.1	61186.6	761.0	1532.0
云南省	48	4	762849.9	57598.1	455199.8	301242.4	617058.5	440165.5	4341.6	11236.5
西藏自治区		0	23261.4	856.3	8894.2	7220.8	15060.7	11913.0	95.5	93.3
陕西省	32	5	690429.9	30526.4	313063.9	270174.5	622566.1	448686.2	7013.9	21970.1
甘肃省	6	2	83858.6	7592.8	48415.5	34259.9	44290.2	29631.8	1189.9	3639.3
青海省	4	1	42429.9	732.5	25480.1	27593.3	44906.1	29622.7	113.2	660.8
宁夏回族自治区	5	0	43774.7	2185.5	23379.3	25360.0	36920.0	32037.0	62.1	363.7
新疆维吾尔自治区	10	1	73684.6	2784.7	34767.1	35297.1	47905.6	37530.0	602.5	585.8

注：企业个数少于5家，企业数和亏损企业数栏目不做填报。

行业企业主要经济指标统计表

（单位：万元）

管理费用	利润总额	亏损企业亏损额	利税总额（利润总额＋应缴增值税）	从业人员平均人数（人）	资产负债率（%）	成本费用利润率（%）	资金利润率（%）	资本保值增值率（%）	人均主营业务收入（元/人）
2338757.7	3508226.4	160505.4	4833542.4	721864	46.38	9.21	9.99	113.24	581309.07
165725.5	129045.7	17365.2	201025.2	28815	41.32	10.79	6.55	102.62	452191.43
35069.0	33003.0	5032.3	46268.1	9356	59.16	8.60	6.30	113.44	434499.68
72215.1	166995.1	208.3	220508.3	22012	37.17	10.42	16.29	119.59	813925.13
13914.1	6909.1	1110.8	10979.5	4263	55.48	5.15	3.55	139.72	331037.06
5397.3	19625.8	229.1	22101.3	2078	39.95	17.13	24.57	109.19	676433.59
82802.8	121378.6	9819.8	150836.5	14677	45.24	9.14	15.47	108.30	1001534.65
37081.3	47207.2	217.1	62746.2	5518	38.47	12.08	8.82	127.40	798642.81
16158.1	19222.3	2316.7	26998.5	4868	43.71	11.61	9.00	113.28	382641.74
188366.7	175358.5	14773.8	257956.7	34102	40.59	10.05	7.84	104.53	554685.44
195696.1	290627.3	11617.2	414690.3	68271	51.52	8.16	8.16	112.03	565381.32
178137.2	181811.2	11040.5	268402.1	56520	60.55	6.08	4.50	103.23	557131.28
92490.7	179112.2	913.2	221610.7	25093	43.01	10.65	13.50	128.87	734847.53
58281.1	106623.0	4529.8	141469.7	23793	48.22	9.37	12.65	100.93	525343.80
56316.1	123844.1	94.4	156500.7	14832	26.32	11.40	15.69	134.97	852671.25
135580.7	319245.9	5461.6	452185.5	51090	42.31	7.85	18.70	107.19	882701.51
76033.2	211755.7	417.9	283280.5	34119	36.11	9.93	14.47	128.81	704171.58
99323.1	96816.2	9611.3	138314.4	22566	51.80	7.01	8.49	108.80	667707.04
57981.5	149957.3	1190.1	210870.2	18777	44.59	10.61	19.00	124.92	882278.00
437042.3	579491.5	48310.9	787942.2	196993	47.09	8.03	7.41	126.02	396575.31
44955.2	77900.1	3959.7	105619.3	11252	47.92	10.21	16.11	61.20	751694.90
2331.8	2237.1	0	3098.8	426	22.86	23.12	11.39	98.72	280016.43
33214.3	62906.6	2357.2	89302.7	10087	50.43	10.38	12.88	107.48	664461.68
104393.7	184134.0	5477.5	265699.5	30033	41.77	10.97	15.19	115.89	627866.85
8568.8	22882.9	362.0	28799.3	2122	30.32	31.64	16.47	86.82	441079.64
55145.0	109868.9	662.4	145723.2	10751	39.49	21.52	14.40	106.47	573954.52
1008.1	2161.4	0	2473.7	539	31.04	16.43	9.29	109.79	279419.29
61638.1	75429.3	2374.1	100532.9	11747	39.13	13.98	10.92	109.08	529978.80
11491.4	1244.3	966.1	2762.1	3413	40.85	2.75	1.48	110.48	129769.12
3012.2	7542.2	14.2	8747.2	915	65.03	22.24	17.78	108.82	490777.05
2668.3	1775.2	0	2577.8	1307	57.93	4.90	4.06	120.13	282478.96
6718.9	2114.7	72.2	3519.3	1529	47.90	4.65	2.87	110.84	313313.28

2012年全国规模以上印刷

（综合印刷）

地区	企业数（家）	亏损企业数（家）	资产总计	产成品	流动资产平均余额	负债合计	主营业务收入	主营业务成本	主营业务税金及附加	营业费用
全国	3682	380	33163093.8	1380546.0	17539694.3	15577664.3	39936562.9	32669759.3	281092.4	988934.2
北京市	119	32	1836248.5	72017.8	1017173.2	773339.1	1245962.5	942327.5	9442.1	37598.6
天津市	49	6	506525.9	4771.4	231083.5	302240.0	395759.0	324177.9	1951.5	11216.8
河北省	94	3	1007109.7	54155.6	414763.2	374036.4	1763574.4	1468648.8	7769.9	28398.7
山西省	19	5	194512.0	6157.4	100263.6	107921.0	141121.1	114398.9	660.8	3362.5
内蒙古自治区	18	1	79877.8	2872.8	29627.8	31907.5	140562.9	107193.3	961.5	1525.5
辽宁省	109	12	750253.5	20826.4	310566.1	347911.3	1426249.7	1153892.3	6651.3	45861.1
吉林省	40	0	477486.4	7902.7	106062.6	184768.2	401508.2	272945.6	26735.3	24457.5
黑龙江省	25	3	213471.0	7832.9	125491.2	93304.2	186270.0	145212.7	3305.8	2774.3
上海市	170	28	1795696.1	76234.9	994660.8	823007.1	1550638.6	1253567.2	4933.1	44156.3
江苏省	356	40	3364376.6	136069.1	1836391.7	1801541.2	3745924.0	3121591.8	19697.9	94206.0
浙江省	388	50	3946857.2	114126.8	2393757.1	2394830.1	3096798.8	2616797.9	15266.5	79114.1
安徽省	158	6	1315445.7	94509.7	686092.3	564925.4	1815155.2	1492532.4	10514.6	57654.3
福建省	143	20	840896.0	44100.5	446615.7	405082.7	1248746.3	1033796.4	8029.5	28578.5
江西省	72	4	767447.0	19979.3	263003.7	200556.2	1215581.8	963116.9	6776.5	20058.5
山东省	324	15	1638028.4	74500.9	750747.3	701818.3	4317489.5	3641064.2	44921.7	92648.8
河南省	179	6	1300269.5	46222.3	579841.7	429872.2	2298650.1	1906115.1	16327.9	45781.9
湖北省	125	16	1081114.0	57363.4	619093.0	582180.7	1463592.5	1189320.0	11547.6	49917.8
湖南省	126	4	768191.4	73928.9	403218.3	348075.8	1637333.2	1295301.5	16649.2	31446.9
广东省	776	95	7349598.4	252074.7	4241203.6	3442695.7	7133874.4	5960160.2	32846.1	172226.6
广西壮族自治区	65	6	439010.7	20083.8	190328.3	206645.1	739851.2	606700.5	3222.5	15434.9
海南省		0	19649.1	204.9	14048.7	4491.4	11928.7	6938.3	92.3	616.6
重庆市	50	3	473291.1	24483.7	211639.2	233471.2	638031.1	521823.7	3059.8	16572.5
四川省	160	11	1146301.0	61686.5	594949.6	480525.5	1803902.7	1444097.5	15593.4	45516.0
贵州省	9	1	138931.2	6163.3	75653.0	42120.4	93597.1	61186.6	761.0	1532.0
云南省	47	4	755066.5	57598.1	449419.0	300492.0	612811.2	437431.4	4297.5	10964.5
西藏自治区		0	23261.4	856.3	8894.2	7220.8	15060.7	11913.0	95.5	93.3
陕西省	32	5	690429.9	30526.4	313063.9	270174.5	622566.1	448686.2	7013.9	21970.1
甘肃省	6	2	83858.6	7592.8	48415.5	34259.9	44290.2	29631.8	1189.9	3639.3
青海省	4	1	42429.9	732.5	25480.1	27593.3	44906.1	29622.7	113.2	660.8
宁夏回族自治区	5	0	43774.7	2185.5	23379.3	25360.0	36920.0	32037.0	62.1	363.7
新疆维吾尔自治区	10	1	73684.6	2784.7	34767.1	35297.1	47905.6	37530.0	602.5	585.8

注：企业个数少于5家，企业数和亏损企业数栏目不做填报。

行业企业主要经济指标统计表

（单位：万元）

管理费用	利润总额	亏损企业亏损额	利税总额（利润总额+应缴增值税）	从业人员平均人数（人）	资产负债率（%）	成本费用利润率（%）	资金利润率（%）	资本保值增值率（%）	人均主营业务收入（元/人）
2209541.4	3320630.9	147042.0	4569645.3	689109	46.97	9.15	10.01	114.12	579539.13
158176.7	127923.2	16540.4	197874.4	27015	42.12	11.23	6.97	103.33	461211.36
34208.5	32930.1	4872.6	45952.7	9025	59.67	8.82	6.50	114.03	438514.13
70856.7	164860.5	208.3	217640.0	21628	37.14	10.46	16.37	119.62	815412.61
13914.1	6909.1	1110.8	10979.5	4263	55.48	5.15	3.55	139.72	331037.06
5397.3	19625.8	229.1	22101.3	2078	39.95	17.13	24.57	109.19	676433.59
79665.6	116637.0	9819.8	144647.1	13620	46.37	9.05	15.55	106.69	1047173.05
34154.5	43554.6	0	57998.3	4803	38.70	12.24	9.12	128.51	835952.95
16158.1	19222.3	2316.7	26998.5	4868	43.71	11.61	9.00	113.28	382641.74
146582.3	123348.7	13317.1	184707.8	29557	45.83	8.47	6.87	103.51	524626.52
187495.1	282385.0	11304.0	404281.1	66413	53.55	8.18	8.39	111.66	564034.75
173738.3	180586.1	9479.3	264669.1	54514	60.68	6.14	4.58	103.41	568074.04
92090.1	176633.2	913.2	218733.1	24795	42.95	10.65	13.43	128.77	732065.01
58225.9	106626.8	4526.0	141268.8	23673	48.17	9.38	12.68	100.93	527498.12
55376.5	121910.6	94.4	153015.7	14536	26.13	11.66	15.89	136.17	836256.05
127962.2	305791.9	5456.1	432394.6	49285	42.85	7.85	18.67	106.01	876025.06
71423.2	200910.2	417.9	268605.5	32687	33.06	9.83	15.45	130.50	703230.67
94535.3	84646.7	9419.9	121110.6	21858	53.85	6.27	7.83	109.14	669591.23
56444.2	149722.2	474.8	210032.0	18195	45.31	10.74	19.49	124.46	899880.85
408899.4	525572.8	40752.4	715046.7	185009	46.84	7.97	7.15	130.86	385596.07
41717.2	65625.8	3933.7	90569.7	10806	47.07	9.78	14.95	58.06	684667.04
2331.8	2237.1	0	3098.8	426	22.86	23.12	11.39	98.72	280016.43
31956.7	61263.4	2357.2	86704.5	9334	49.33	10.62	12.94	107.25	683555.92
98297.3	179494.6	5047.3	257326.3	28532	41.92	11.19	15.66	117.14	632238.43
8568.8	22882.9	362.0	28799.3	2122	30.32	31.64	16.47	86.82	441079.64
54828.6	109063.2	662.4	144476.9	10617	39.80	21.50	14.44	106.42	577198.08
1008.1	2161.4	0	2473.7	539	31.04	16.43	9.29	109.79	279419.29
61638.1	75429.3	2374.1	100532.9	11747	39.13	13.98	10.92	109.08	529978.80
11491.4	1244.3	966.1	2762.1	3413	40.85	2.75	1.48	110.48	129769.12
3012.2	7542.2	14.2	8747.2	915	65.03	22.24	17.78	108.82	490777.05
2668.3	1775.2	0	2577.8	1307	57.93	4.90	4.06	120.13	282478.96
6718.9	2114.7	72.2	3519.3	1529	47.90	4.65	2.87	110.84	313313.28

2012 年全国规模以上印刷

（出版物印刷）

地区	企业数（家）	亏损企业数（家）	资产总计	产成品	流动资产平均余额	负债合计	主营业务收入	主营业务成本	主营业务税金及附加	营业费用
全国	795	115	8161156.5	268131.1	4088075.1	4068824.8	8818996.1	7395110.7	63632.8	209734.8
北京市	67	18	932267.6	33835.1	502579.3	535556.9	513487.3	435610.7	3094.7	15695.6
天津市	10	3	61351.1	445.8	24858.5	38206.8	46288.9	40062.6	146.7	1829.7
河北省	39	0	368168.4	24433.4	149472.4	129673.6	942855.0	803638.5	3602.2	10791.3
山西省	9	3	85940.8	3642.9	41935.6	57610.2	65308.7	56055.8	313.0	288.3
内蒙古自治区	7	1	29719.4	1771.1	13184.6	15489.8	33287.1	29413.3	155.4	579.0
辽宁省	27	5	262635.9	2242.5	139485.2	157474.9	334499.2	279810.0	2119.3	7537.0
吉林省	7	0	48430.6	1846.8	13621.8	30665.4	100459.9	46112.7	14483.9	7503.8
黑龙江省	9	1	66913.3	1261.3	41953.3	29664.5	65215.6	48936.4	1220.6	649.0
上海市	21	6	279228.6	9552.5	136449.0	151632.3	168461.9	149402.1	361.7	5616.6
江苏省	67	8	500304.0	17766.3	252207.6	282384.2	588590.0	513844.9	3138.8	11258.5
浙江省	53	7	556075.2	12668.1	324373.2	349892.5	387972.7	315467.4	3773.0	15512.7
安徽省	27	2	207204.9	10506.6	94240.5	114516.3	286471.9	238849.1	1105.1	7173.6
福建省	34	3	187806.4	8052.7	96044.8	87402.5	316785.9	266870.2	2265.7	7039.4
江西省	20	0	334269.0	6307.4	111857.4	95628.9	357230.3	282063.4	2494.8	7795.6
山东省	63	8	501982.1	27608.0	246972.2	211187.4	967121.9	836755.7	5398.0	17831.5
河南省	47	3	231590.5	9442.9	95114.3	93832.4	346448.9	290348.6	1797.5	10076.1
湖北省	41	6	303436.5	10302.6	139250.4	178310.0	393799.5	326253.1	2970.0	12291.7
湖南省	27	2	225919.7	4101.2	99650.0	108998.0	373867.2	309139.5	3178.7	7034.3
广东省	120	20	2027919.0	43215.2	1114268.0	845375.1	1506496.3	1303572.1	4156.6	34634.8
广西壮族自治区	23	5	220888.5	13104.0	87777.5	107752.9	263928.5	220365.7	917.8	5967.0
海南省		0	7934.9	0.0	3944.7	4076.0	5966.8	3305.7	0.0	57.1
重庆市	12	2	85857.6	1632.8	41405.9	57297.0	196842.0	169896.6	662.2	2592.7
四川省	30	4	164915.4	4158.0	86753.0	125240.6	269814.2	216122.0	3097.2	8912.2
贵州省	4	0	45798.6	1060.9	28224.6	19833.5	33500.8	22800.2	226.7	623.3
云南省	6	2	49409.2	2990.3	25204.3	26513.8	34651.7	29032.3	145.3	425.1
西藏自治区		0	5199.2	0.0	2576.4	1541.8	3798.9	2936.0	39.0	6.0
陕西省	8	2	214815.4	5879.3	93280.3	141196.5	123692.5	90981.3	1376.8	5901.0
甘肃省	6	2	83858.6	7592.8	48415.5	34259.9	44290.2	29631.8	1189.9	3639.3
青海省		1	14269.7	266.8	9582.1	10994.1	18735.3	15150.4	23.6	145.0
宁夏回族自治区		0	10742.2	0.0	4530.8	4586.9	6292.0	4961.2	10.9	12.1
新疆维吾尔自治区	5	1	46304.2	2443.8	18861.9	22030.1	22835.0	17721.4	167.7	315.5

注：企业个数少于 5 家，企业数和亏损企业数栏目不做填报。

行业企业主要经济指标统计表

（单位：万元）

管理费用	利润总额	亏损企业亏损额	利税总额（利润总额+应缴增值税）	从业人员平均人数（人）	资产负债率（%）	成本费用利润率（%）	资金利润率（%）	资本保值增值率（%）	人均主营业务收入（元/人）
568830.2	527604.4	62304.6	767078.0	191199	49.86	6.39	6.46	111.27	461246.98
65811.9	12359.0	13191.8	33339.0	16170	57.45	2.38	1.33	101.43	317555.53
5278.3	-816.4	1407.4	423.0	1162	62.28	-1.72	-1.33	91.06	398355.42
27197.2	81237.2	0	111018.4	10736	35.22	9.63	22.07	116.16	878218.14
8561.5	-23.5	922.5	1613.4	2588	67.03	-0.04	-0.03	112.75	252352.01
2707.7	1015.0	229.1	1632.5	843	52.12	3.09	3.42	101.82	394864.77
15602.4	24687.8	7372.6	31402.7	3880	59.96	8.08	9.40	84.84	862111.34
9287.0	2508.1	0	7056.0	1237	63.32	3.56	5.18	89.93	812125.30
6281.9	9158.9	1457.4	10967.4	2783	44.33	16.23	13.69	112.40	234335.61
14597.2	4550.3	2624.5	8545.9	3843	54.30	2.64	1.63	99.05	438360.40
32610.3	22026.3	4102.1	39523.0	13613	56.44	3.89	4.40	108.13	432373.47
26566.2	34750.4	893.1	41827.1	7096	62.92	9.51	6.25	101.22	546748.45
22311.3	24621.0	20.7	30755.8	7017	55.27	9.06	11.88	92.39	408254.10
15109.9	21217.5	687.2	27735.9	5706	46.54	7.25	11.30	102.62	555180.34
22357.9	36771.4	0.0	44527.2	4648	28.61	11.64	11.00	125.54	768567.77
28886.0	56923.0	1575.2	85525.9	12324	42.07	6.40	11.34	122.69	784746.75
17884.2	25216.4	168.7	32498.9	7171	40.52	7.85	10.89	120.08	483124.95
29543.5	20374.2	645.9	32636.6	8121	58.76	5.48	6.71	106.29	484915.04
14518.0	25633.4	352.5	37967.0	5635	48.25	7.65	11.35	147.58	663473.29
117239.3	50847.8	15208.1	80615.0	53191	41.69	3.47	2.51	130.96	283223.91
18427.6	14857.1	3930.3	23137.6	5006	48.78	5.95	6.73	67.12	527224.33
446.5	2234.1	0	2334.4	135	51.37	58.86	28.16	98.95	441985.19
5828.3	8650.3	1625.4	15255.2	2589	66.73	4.81	10.08	108.98	760301.27
17868.4	25777.7	2216.2	33898.4	4888	75.94	10.54	15.63	77.19	551993.04
4288.0	5605.1	0	7508.1	1169	43.31	19.78	12.24	109.60	286576.56
5563.0	808.0	543.2	1612.0	1376	53.66	2.29	1.64	105.34	251829.22
678.7	492.0	0	706.0	238	29.65	13.59	9.46	115.24	159617.65
13585.8	11891.0	2078.2	15870.2	2949	65.73	10.60	5.54	80.94	419438.79
11491.4	1244.3	966.1	2762.1	3413	40.85	2.75	1.48	110.48	129769.12
1794.2	2200.3	14.2	2544.1	429	77.05	12.82	15.42	108.36	436720.28
1166.0	180.2	0	273.5	200	42.70	2.92	1.68	100.51	314600.00
5340.6	606.5	72.2	1565.7	1043	47.58	2.54	1.31	108.41	218935.76

2012年全国规模以上印刷

（本册印刷）

地区	企业数（家）	亏损企业数（家）	资产总计	产成品	流动资产平均余额	负债合计	主营业务收入	主营业务成本	主营业务税金及附加	营业费用
全国	217	15	1691999.6	79310.3	893620.5	788535.0	2859464.0	2366622.9	29273.2	78734.1
北京市		1	24405.5	6763.2	13627.1	18245.6	17154.1	14427.1	44.1	638.0
天津市		0	1000.0	9.1	632.8	909.6	1552.3	1541.7	2.5	6.4
河北省	6	0	37075.7	3384.0	17894.3	17410.2	36156.0	28412.5	318.7	967.8
内蒙古自治区		0	8667.7	0	4927.4	4967.5	4039.9	1650.5	47.4	32.0
辽宁省	16	0	50833.9	938.1	13254.7	12462.1	178467.5	149157.7	944.9	4174.8
吉林省		0	18268.5	0	11275.2	3728.0	59643.7	18080.4	11041.7	11001.4
黑龙江省		0	28734.4	1876.2	16859.8	13060.1	36185.2	29543.2	1838.7	439.0
上海市	9	1	115213.7	6107.8	69116.5	45218.9	90432.4	80303.1	196.3	3841.6
江苏省	15	2	191736.2	7424.2	107329.8	70558.8	174473.9	135972.3	1068.7	7333.6
浙江省	24	1	248148.8	7881.6	122599.6	119254.5	353788.2	316401.3	1159.9	4975.2
安徽省	7	0	22774.0	1460.3	13042.3	4265.8	58497.1	46572.9	153.5	908.2
福建省		0	33115.7	1085.0	15394.3	21269.5	53762.2	47977.1	85.0	1869.5
江西省	9	0	47802.3	2931.2	21990.8	25865.1	163646.0	133933.8	919.9	1907.7
山东省	29	1	122618.3	6049.9	44641.6	60908.4	563032.9	476205.8	3651.0	9116.2
河南省	10	0	26341.4	1237.3	12661.9	11781.9	93257.4	78254.6	465.1	2055.1
湖北省	5	1	116964.6	3611.4	74191.9	69560.0	147929.7	123463.8	495.8	6704.7
湖南省	17	1	41859.8	2765.7	17592.4	16216.8	156158.1	122055.7	1072.4	1560.5
广东省	30	7	419212.8	20701.0	250422.2	231751.6	350987.5	308017.9	1986.8	11103.2
广西壮族自治区	9	0	47209.8	1021.4	19704.9	18452.3	123648.5	92946.5	655.8	3645.1
海南省		0	11714.2	204.9	10104.0	415.4	5961.9	3632.6	92.3	559.5
重庆市		0	28888.0	709.3	9780.3	1172.7	20000.4	14737.5	92.9	1230.3
四川省	14	0	39805.5	2685.2	22473.3	13184.5	153307.6	128009.3	2870.2	4471.6
陕西省		0	9608.8	463.5	4103.4	7875.7	17381.5	15325.6	69.6	192.7

注：企业个数少于5家，企业数和亏损企业数栏目不做填报。

行业企业主要经济指标统计表

（单位：万元）

管理费用	利润总额	亏损企业亏损额	利税总额（利润总额+应缴增值税）	从业人员平均人数（人）	资产负债率（%）	成本费用利润率（%）	资金利润率（%）	资本保值增值率（%）	人均主营业务收入（元/人）
136376.1	183353.8	8748.7	251343.2	48839	46.60	7.00	10.84	100.74	585487.83
1359.0	-30.7	71.2	435.6	383	74.76	-0.18	-0.13	99.32	447887.73
7.7	5.3	0	26.3	60	90.96	0.34	0.53	104.51	258716.67
2997.4	3372.2	0	4561.1	1002	46.96	10.28	9.10	157.21	360838.32
918.3	1269.1	0	1628.7	69	57.31	46.57	14.64	73.10	585492.75
6725.4	13226.2	0	15685.8	1481	24.52	8.23	26.02	116.04	1205047.27
13773.0	1511.6	0	4474.6	309	20.41	2.85	8.27	100.23	1930216.83
1518.4	2446.8	0	6088.1	280	45.45	7.67	8.52	99.43	1292328.57
7062.5	157.8	2000.0	1405.4	2636	39.25	0.17	0.14	93.23	343066.77
12909.0	18194.3	818.4	25302.4	4416	36.80	11.57	9.49	102.98	395094.88
15911.5	14223.7	117.0	20270.3	6231	48.06	4.18	5.73	103.74	567787.19
1694.9	8849.9	0	9149.7	784	18.73	17.86	38.86	185.57	746136.48
1643.5	1350.2	0	2364.0	2136	64.23	2.58	4.08	100.08	251695.69
4214.1	11013.0	0	14118.9	1377	54.11	7.83	23.04	100.82	1188424.11
13402.5	51241.8	45.9	60874.3	4809	49.67	10.14	41.79	105.74	1170789.98
1483.1	10289.8	0	13529.2	1048	44.73	12.49	39.06	106.23	889860.69
7630.3	2223.3	6.7	3845.1	1950	59.47	1.58	1.90	106.17	758613.85
3396.9	7595.3	0.6	9976.8	1700	38.74	5.96	18.14	104.18	918577.06
20762.1	4614.1	5688.9	10763.1	13297	55.28	1.33	1.10	128.14	263959.92
9994.5	16706.7	0	22014.2	1147	39.09	15.63	35.39	28.38	1078016.56
1885.3	3.0	0	764.4	291	3.55	0.05	0.03	98.64	204876.29
2176.5	2393.0	0	3520.8	529	4.06	13.14	8.28	101.07	378079.40
4054.5	12500.6	0	20221.9	2829	33.12	9.11	31.40	133.49	541914.46
855.7	196.8	0	322.5	75	81.96	1.15	2.05	130.61	2317533.33

2012 年全国规模以上印刷

（包装装潢及其他印刷）

地区	企业数（家）	亏损企业数（家）	资产总计	产成品	流动资产平均余额	负债合计	主营业务收入	主营业务成本	主营业务税金及附加	营业费用
全国	2670	250	23309937.7	1033104.6	12557998.7	10720304.5	28258102.8	22908025.7	188186.4	700465.3
北京市	50	13	879575.4	31419.5	500966.8	219536.6	715321.1	492289.7	6303.3	21265.0
天津市	38	3	444174.8	4316.5	205592.2	263123.6	347917.8	282573.6	1802.3	9380.7
河北省	49	3	601865.6	26338.2	247396.5	226952.6	784563.4	636597.8	3849.0	16639.6
山西省	10	2	108571.2	2514.5	58328.0	50310.8	75812.4	58343.1	347.8	3074.2
内蒙古自治区	10	0	41490.7	1101.7	11515.8	11450.2	103235.9	76129.5	758.7	914.5
辽宁省	66	7	436783.7	17645.8	157826.2	177974.3	913283.0	724924.6	3587.1	34149.3
吉林省	30	0	410787.3	6055.9	81165.6	150374.8	241404.6	208752.5	1209.7	5952.3
黑龙江省	13	2	117823.3	4695.4	66678.1	50579.6	84869.2	66733.1	246.5	1686.3
上海市	140	21	1401253.8	60574.6	789095.3	626155.9	1291744.3	1023862.0	4375.1	34698.1
江苏省	274	30	2672336.4	110878.6	1476854.3	1448598.2	2982860.1	2471774.6	15490.4	75613.9
浙江省	311	42	3142633.2	93577.1	1946784.3	1925683.1	2355037.9	1984929.2	10333.6	58626.2
安徽省	124	4	1085466.8	82542.8	578809.5	446143.3	1470186.2	1207110.4	9256.0	49572.5
福建省	107	17	619973.9	34962.8	335176.6	296410.7	878198.2	718949.1	5678.8	19669.6
江西省	43	4	385375.7	10740.7	129155.5	79062.2	694705.5	547119.7	3361.8	10355.2
山东省	232	6	1013428.0	40843.0	459133.5	429722.5	2787334.7	2328102.7	35872.7	65701.1
河南省	122	3	1042337.6	35542.1	472065.5	324257.9	1858943.8	1537511.9	14065.3	33650.7
湖北省	79	9	660712.9	43449.4	405650.7	334310.7	921863.3	739603.1	8081.8	30921.4
湖南省	82	1	500411.9	67062.0	285975.9	222861.0	1107307.9	864106.3	12398.1	22852.1
广东省	626	68	4902466.6	188158.5	2876513.4	2365569.0	5276390.6	4348570.2	26702.7	126488.6
广西壮族自治区	33	1	170912.4	5958.4	82845.9	80439.9	352274.2	293388.3	1648.9	5822.8
重庆市	35	1	358545.5	22141.6	160453.0	175001.5	421188.7	337189.6	2304.7	12749.5
四川省	116	7	941580.1	54843.3	485723.3	342100.4	1380780.9	1099966.2	9626.0	32132.2
贵州省	5	1	93132.6	5102.4	47428.4	22286.9	60096.3	38386.4	534.3	908.7
云南省	41	2	705657.3	54607.8	424214.7	273978.2	578159.5	408399.1	4152.2	10539.4
西藏自治区		0	18062.2	856.3	6317.8	5679.0	11261.8	8977.0	56.5	87.3
陕西省	23	3	466005.7	24183.6	215680.2	121102.3	481492.1	342379.3	5567.5	15876.4
青海省		0	28160.2	465.7	15898.0	16599.2	26170.8	14472.3	89.6	515.8
宁夏回族自治区	4	0	33032.5	2185.5	18848.5	20773.1	30628.0	27075.8	51.2	351.6
新疆维吾尔自治区	5	0	27380.4	340.9	15905.2	13267.0	25070.6	19808.6	434.8	270.3

注：企业个数少于 5 家，企业数和亏损企业数栏目不做填报。

行业企业主要经济指标统计表

（单位：万元）

管理费用	利润总额	亏损企业亏损额	利税总额（利润总额+应缴增值税）	从业人员平均人数（人）	资产负债率（%）	成本费用利润率（%）	资金利润率（%）	资本保值增值率（%）	人均主营业务收入（元/人）
1504335.1	2609672.7	75988.7	3551224.1	449071	45.99	10.28	11.20	116.19	629256.91
91005.8	115594.9	3277.4	164099.8	10462	24.96	19.19	13.14	104.54	683732.65
28922.5	33741.2	3465.2	45503.4	7803	59.24	10.41	7.60	117.83	445876.97
40662.1	80251.1	208.3	102060.5	9890	37.71	11.46	13.33	120.39	793289.59
5352.6	6932.6	188.3	9366.1	1675	46.34	10.12	6.39	158.11	452611.34
1771.3	17341.7	0	18840.1	1166	27.60	21.96	41.80	120.66	885385.08
57337.8	78723.0	2447.2	97558.6	8259	40.75	9.57	18.02	117.59	1105803.37
11094.5	39534.9	0	46467.7	3257	36.61	17.00	9.62	134.57	741186.98
8357.8	7616.6	859.3	9943.0	1805	42.93	9.85	6.46	117.61	470189.47
124922.6	118640.6	8692.6	174756.5	23078	44.69	9.95	8.47	105.34	559729.74
141975.8	242164.4	6383.5	339455.7	48384	54.21	8.87	9.06	113.27	616497.21
131260.6	131612.0	8469.2	202571.7	41187	61.28	5.89	4.19	103.76	571791.56
68083.9	143162.3	892.5	178827.6	16994	41.10	10.70	13.19	135.30	865120.75
41472.5	84059.1	3838.8	111168.9	15831	47.81	10.62	13.56	100.45	554733.24
28804.5	74126.2	94.4	94369.6	8511	20.52	12.58	19.23	149.81	816244.27
85673.7	197627.1	3835.0	285994.4	32152	42.40	7.91	19.50	99.31	866924.20
52055.9	165404.0	249.2	222577.4	24468	31.11	10.09	15.87	133.33	759744.89
57361.5	62049.2	8767.3	84628.9	11787	50.60	7.41	9.39	110.74	782101.72
38529.3	116493.5	121.7	162088.2	10860	44.54	12.50	23.28	118.75	1019620.53
270898.0	470110.9	19855.4	623668.6	118521	48.25	9.82	9.59	131.02	445186.14
13295.1	34062.0	3.4	45417.9	4653	47.06	10.85	19.93	69.41	757090.48
23951.9	50220.1	731.8	67928.5	6216	48.81	13.27	14.01	107.98	677588.00
76374.4	141216.3	2831.1	203206.0	20815	36.33	11.55	15.00	120.61	663358.59
4280.8	17277.8	362.0	21291.2	953	23.93	39.28	18.55	80.68	630601.26
49265.6	108255.2	119.2	142864.9	9241	38.83	22.94	15.34	106.48	625646.03
329.4	1669.4	0	1767.7	301	31.44	17.51	9.24	108.28	374146.18
47196.6	63341.5	295.9	84340.2	8723	25.99	15.44	13.59	117.73	551979.94
1218.0	5341.9	0	6203.1	486	58.95	31.91	18.97	108.95	538493.83
1502.3	1595.0	0	2304.3	1107	62.89	5.31	4.83	133.18	276675.70
1378.3	1508.2	0	1953.6	486	48.45	6.98	5.51	115.30	515855.97

2012年全国规模以上印刷

（装订及印刷相关服务）

地区	企业数（家）	亏损企业数（家）	资产总计	产成品	流动资产平均余额	负债合计	主营业务收入	主营业务成本	主营业务税金及附加	营业费用
全国	124	12	1107337.3	36007.0	613905.5	318139.9	1319518.2	1019495.0	9497.1	37177.5
北京市		0	41800.1	3685.4	15608.3	17009.6	25516.9	22702.8	34.3	749.2
天津市		0	6231.7	0	2185.8	1976.1	5975.3	4853.0	52.2	414.0
河北省		0	3852.4	0	745.8	1825.5	12185.5	11170.6	37.0	32.4
辽宁省	6	0	34543.8	905.2	8570.4	7094.7	43702.7	33663.8	317.9	1918.2
吉林省		0	9491.8	264.7	4675.5	4259.9	20627.5	14217.3	58.5	964.5
上海市	12	3	357083.6	8553.3	166418.9	58341.0	295389.0	202526.9	2186.3	4498.5
江苏省	8	2	56262.8	226.2	33018.5	13070.6	43688.2	34335.1	271.1	3799.7
浙江省	11	2	57101.5	246.1	25450.3	31572.6	45665.0	37173.1	370.6	1320.9
安徽省		0	11366.5	69.0	5748.5	5798.0	28797.7	22537.0	59.0	370.6
福建省		1	2100.0	0	1781.9	1409.4	1204.2	1160.1	8.5	16.2
江西省		0	579.0	9.8	411.8	112.2	5628.1	5376.0	10.3	19.6
山东省	14	0	51347.9	1264.8	25003.8	13282.2	157822.2	131866.1	676.6	3244.4
河南省	8	0	50174.9	1227.5	23351.8	8541.8	65656.8	52036.8	186.0	1093.8
湖北省		0	42571.5	822.2	32303.3	2108.8	26022.0	14330.2	288.6	2778.5
湖南省		1	11674.6	648.6	5463.6	1652.1	8354.3	6395.9	106.3	1018.4
广东省	35	2	289380.8	17236.6	217911.8	115539.8	435515.1	348845.3	3002.6	10318.7
广西壮族自治区		1	12526.0	0	2838.8	10507.1	4056.6	3501.7	12.6	10.0
重庆市		0	6864.3	0	5489.9	7013.4	10235.2	8188.1	0	291.7
四川省	7	0	54600.7	847.6	31146.0	16274.7	79228.6	61881.1	1774.6	4046.2
云南省		0	7783.4	0	5780.8	750.4	4247.3	2734.1	44.1	272.0

注：① 表格中所提“规模以上印刷行业企业”是指全部年主营业务收入在2000万元及以上的工业法人企业。

② 企业数小于5家，不做填报。

③ 表中数据为2012年1月—12月快报数据。

④ 数据由国家统计局信息咨询中心提供。

行业企业主要经济指标统计表

（单位：万元）

管理费用	利润总额	亏损企业亏损额	利税总额（利润总额+应缴增值税）	从业人员平均人数（人）	资产负债率（%）	成本费用利润率（%）	资金利润率（%）	资本保值增值率（%）	人均主营业务收入（元/人）
84516.7	152824.2	2674.1	207006.6	23302	28.73	13.37	13.80	107.31	566268.22
2208.2	104.3	0	705.2	788	40.69	0.40	0.25	100.39	323818.53
375.0	232.6	0	453.6	200	31.71	4.10	3.73	109.58	298765.00
32.5	901.5	0	1038.9	60	47.39	8.02	23.40	641.42	2030916.67
3137.2	4741.6	0	6189.4	1057	20.54	12.26	13.73	139.12	413459.79
788.2	3795.0	0	4795.4	165	44.88	23.55	39.98	164.48	1250151.52
36416.2	48951.0	836.3	68318.5	3524	16.34	20.05	13.71	112.70	838220.77
2361.3	3077.4	71.1	4761.9	666	23.23	7.57	5.47	129.52	655978.98
3068.1	2509.7	276.6	4928.6	1871	55.29	5.81	4.40	100.36	244067.34
400.6	2479.0	0	2877.6	298	51.01	10.61	21.81	143.12	966365.77
55.2	–3.8	3.8	200.9	120	67.11	–0.31	–0.18	100.79	100350.00
22.3	189.8	0	313.9	40	19.38	3.50	32.78	129.74	1407025.00
7079.6	10081.4	0	14498.2	1398	25.87	7.07	19.63	135.19	1128914.16
1443.9	7843.8	0	8313.5	924	17.02	14.31	15.63	115.71	710571.43
2347.3	6244.9	0	9545.7	464	4.95	32.19	14.67	102.49	560818.97
794.4	90.5	715.3	418.0	391	14.15	1.10	0.78	85.09	213664.96
17329.0	55377.1	745.0	69243.6	9168	39.93	14.78	19.14	90.54	475038.29
267.7	220.6	26.0	241.5	77	83.88	5.83	1.76	79.57	526831.17
551.0	112.5	0	112.5	600	102.17	1.24	1.64		170586.67
5522.6	5069.6	0	8803.4	1357	29.81	7.07	9.28	99.54	583851.14
316.4	805.7	0	1246.3	134	9.64	24.26	10.35	109.80	316962.69

2012年全国128家骨干书刊印刷（含

单位名称	工业经济效益综合指数（%）		总资产贡献率（%）		资产保值增值率（%）	
	2012年	2011年	2012年	2011年	2012年	2011年
北京隆达印刷包装集团	129.7	115.6	8.5	4.5	102.4	92.6
北京印刷一厂	76.7	66.8	4.4	3.3	100.5	35.3
北京印刷二厂	148.2	131.0	11.7	8.2	108.0	111.3
北京利丰雅高长城印刷公司	139.4	124.6	8.0	3.5	100.5	97.1
天津出版传媒集团公司	-48.9	-51.3	-6.3	-8.5	128.2	85.2
天津新华一印刷有限公司	-135.3	-92.8	-12.1	-11.6	29.9	100.1
天津新华二印刷有限公司	-45.0	-40.8	-9.7	-10.6	145.1	207.8
天津新华印刷三厂	-53.1	-39.6	-10.2	-6.5	16.4	100.0
天津金彩美术印刷有限公司	55.3	6.6	-1.0	-4.1	220.2	91.8
天津高教出版社印刷厂	109.7	131.9	15.7	12.5	74.3	105.5
上海印刷（集团）公司	79.1	85.6	1.9	2.9	93.0	72.6
上海新华印刷有限公司	116.0	72.4	-18.8	-0.1	56.6	176.3
上海市印刷三厂	57.8	153.1	1.4	6.7	100.0	87.2
上海中华印刷有限公司	76.3	76.0	2.8	2.7	93.8	68.8
上海市印刷四厂	75.6	74.3	1.3	3.3	102.1	99.5
北京新华印刷有限公司	85.6	51.9	1.7	-1.1	100.3	96.3
中印南方印刷有限公司	121.3	102.5	2.2	2.1	100.0	100.2
京华印刷厂		331.3	2.2	0.6		0.0
北京一二〇一印刷厂	84.0	110.3	1.9	1.7	87.8	87.6
解放军一二〇五工厂	124.9	115.5	1.0	1.7	99.8	100.0
解放军报印刷厂	162.2	167.5	2.6	4.7	98.1	128.4
北京凌奇印刷有限公司	78.8	73.2	3.5	2.5	90.3	100.5
北京金盾印刷厂	153.4	136.3	3.9	5.3	101.0	101.1
海军政治部印刷厂	46.5	128.2	-6.4	-0.3	53.2	82.4
廊坊一二〇六印刷厂	125.1	102.3	2.0	3.5	101.9	102.0
北京国防印刷厂	168.0	133.3	3.5	3.2	100.8	100.8
北京交通印务实业公司	-22.8	-231.3	37.5	-35.6	100.1	100.1
人民教育出版社印刷厂	45.6	-13.8	-15.8	-26.4	84.5	96.1
人民日报社印刷厂	228.1	161.0	9.0	1.6	103.4	133.7
煤炭工业出版社印刷厂	4.9	73.9	-4.1	-3.3	88.3	91.0
中国农业出版社印刷厂	62.5	72.1	3.7	5.2	100.3	99.8
北京建筑工业印刷厂	103.2	98.6	4.5	4.9	231.3	93.1
北京机工印刷厂	95.4	131.8	12.4	13.8	100.2	100.1
中青印刷厂	-34.4	-24.1	-10.4	-10.3	78.9	83.0
文物出版社印刷厂	47.0	51.1	2.1	3.0	100.6	101.4

其他印刷）企业经济效益完成情况汇总表（一）

资产负债率（%）		流动资产周转率（%）		成本费用利润率（%）		全员劳动生产率（元/人）		产品销售率（%）	
2012年	2011年	2012年	2011年	2012年	2011年	2012年	2011年	2012年	2011年
66.1	64.7	1.8	1.7	2.4	1.9	79421	75158	102.3	96.6
82.2	82.8	1.2	1.4	0.1	0.1	28628	26121	100.0	100.0
58.7	59.3	2.0	1.8	6.4	3.6	70045	73433	104.3	97.2
66.4	63.9	1.8	1.7	1.6	1.6	101821	94090	102.0	96.2
79.0	75.6	0.3	0.4	–28.0	–26.8	37946	40439	100.0	100.0
94.7	75.8	0.2	0.4	–47.9	–39.1	60000	55412	100.0	100.0
134.0	121.7	0.7	0.6	–25.6	–28.2	29635	43453	100.0	100.0
87.3	42.0	0.8	0.6	–18.3	–19.2	0	0	100.0	100.0
50.0	48.6	0.2	0.4	–9.2	–15.1	57818	49089	100.0	100.0
24.3	25.3	1.5	1.5	1.5	8.7	40390	35743	100.0	100.0
61.6	65.4	0.5	0.6	2.0	–0.4	43618	67369	92.1	100.0
70.1	43.7	1.2	1.2	18.5	–7.3	59375	64458	102.1	104.4
28.1	31.1	1.3	1.3	0.1	0.5	4894	146901	100.0	100.0
60.9	67.6	0.4	0.5	0.1	0.1	50022	51389	89.1	99.6
92.7	81.5	0.6	0.4	0.8	0.3	38118	40253	111.7	97.6
37.1	29.5	1.9	1.6	0.3	–5.9	39791	37394	97.6	94.7
44.4	42.8	2.0	2.9	0.2	0.4	97329	50486	92.9	96.2
100.0	100.0	0.0	0.1	17.8	0.5	658824	497588	100.0	100.0
81.2	78.7	2.9	6.4	1.7	0.3	14206	9431	100.0	100.0
22.1	20.2	0.8	1.0	9.3	6.1	68544	69329	100.2	91.6
19.9	15.0	1.5	1.4	–0.8	–0.1	175912	168272	100.0	100.0
45.4	44.0	0.9	0.8	0.3	0.5	37450	33102	116.8	99.6
18.9	20.4	2.0	2.0	1.5	2.6	135544	94970	100.0	100.0
88.8	78.1	0.9	1.9	–11.2	0.9	96667	115413	100.0	100.0
58.0	59.8	0.8	0.9	1.9	1.9	109595	64373	105.2	110.8
30.1	34.5	3.1	2.4	0.8	0.6	147089	102750	100.0	100.0
14.6	19.1	17.3	12.7	–88.7	–89.2	53564	13500	100.0	100.0
45.2	26.1	0.8	0.7	–4.3	–16.4	77832	86047	100.0	100.0
13.7	15.1	1.1	1.1	5.0	–1.7	235241	181367	100.0	100.0
68.6	66.0	0.9	1.0	–9.3	–6.4	0	94603	109.4	97.6
81.2	82.7	0.9	1.0	0.1	0.1	3697	11785	138.9	145.4
114.5	106.9	0.3	0.5	0.6	1.1	54497	70475	100.0	100.0
36.7	34.0	1.9	3.3	0.1	0.1	22420	56299	100.0	100.0
51.7	44.8	1.0	1.4	–19.3	–16.9	18584	13492	102.1	101.8
19.7	20.4	0.2	0.3	–0.9	0.4	3140	3226	125.6	102.5

（续）

单位名称	工业经济效益综合指数（%）		总资产贡献率（%）		资产保值增值率（%）	
	2012 年	2011 年	2012 年	2011 年	2012 年	2011 年
北京中科印刷有限公司	124.9	133.0	6.2	7.4	153.6	94.6
北京外文印务有限公司	4.9	–67.1	–16.7	–16.1	145.4	29.1
北京人卫印刷厂	57.4	102.7	5.2	4.8	61.3	101.4
新华通讯社印务有限公司	254.2	235.4	4.8	4.0	114.9	102.8
北京京安印刷厂	153.6	206.0	16.6	22.4	105.3	168.0
中国电影出版社印刷厂	114.3	105.9	7.6	8.3	103.2	80.9
北京轻工印刷厂	46.4	61.4	–2.6	1.3	105.0	79.4
北京中兴印刷有限公司	96.5	99.2	6.8	6.1	101.1	100.8
清华大学印刷厂	130.3	121.2	9.8	10.3	101.6	102.7
北京大学印刷厂	–20.9	42.8	0.5	3.4	89.2	88.3
北京毕诚彩印厂	85.9	63.1	0.8	4.4	117.0	48.4
北京佳信达欣艺术印刷公司	98.5	91.2	2.6	2.7	100.9	100.9
北京华联印刷有限公司	66.9	82.2	2.8	5.0	101.1	102.6
北京日邦印刷有限公司	57.2	71.1	–6.2	–10.8	89.7	83.5
北京画中画印刷有限公司	123.5	97.2	1.5	1.0	100.4	100.1
雅昌企业（集团）有限公司	238.0	202.0	19.8	14.0	118.3	131.8
北京顶佳世纪印刷有限公司	132.8	135.3	2.6	2.0	100.7	151.8
化学工业出版社印刷厂	161.9	–136.3	–3.1	–5.7	89.7	90.0
北京盛通印刷股份有限公司	214.2	240.8	6.4	8.0	101.4	255.4
中国铁道出版社印刷厂	55.2	54.7	3.7	3.3	100.8	100.2
北京东港安全印刷有限公司	511.4	422.5	25.3	29.8	114.3	108.0
北京印刷学院实习工厂	155.9	139.5	39.5	37.0	98.0	97.3
北京联兴盛业印刷股份公司	121.9	115.4	3.1	3.1	83.6	119.8
山东新华印刷厂	112.6	34.3	0.3	0.1	685.9	61.5
山东临沂新华印刷物流集团	175.2	137.0	10.5	9.9	187.8	102.6
山东新华印刷厂潍坊厂	36.5	–20.1	2.2	–6.2	54.9	74.1
山东德州新华印务有限公司	63.8	98.2	3.9	9.4	207.2	123.3
中闻集团济南印务有限公司	77.8	87.5	2.8	3.6	92.9	91.1
河北新华第一印刷有限公司	88.3	90.1	5.0	4.9	94.9	112.0
河北新华第二印刷有限公司	66.7	71.5	4.6	4.8	103.9	97.7
中国标准社秦皇岛印刷厂	161.3	143.9	17.8	18.2	101.9	100.1
保定五四三印刷厂	214.5	219.9	24.2	22.5	114.5	123.1
山西新华印业有限公司	90.5	93.2	2.6	3.0	100.1	100.4
山西人民印刷有限公司	133.0	145.6	7.6	10.9	101.3	104.4
沈阳新华印刷厂	59.1	50.7	2.1	1.5	94.9	100.0
东北印刷厂	–37.1	3.9	–8.3	–4.9	83.1	88.0
长春新华印刷集团有限公司	126.2	129.9	5.6	6.7	103.6	103.9

（续）

资产负债率（%）		流动资产周转率（%）		成本费用利润率（%）		全员劳动生产率（元/人）		产品销售率（%）	
2012年	2011年	2012年	2011年	2012年	2011年	2012年	2011年	2012年	2011年
36.7	49.9	1.4	1.4	5.1	5.4	57200	76760	100.0	100.0
28.2	51.4	1.3	1.3	−29.2	−27.9	145855	43958	100.0	100.0
42.3	8.5	0.1	0.1	3.5	5.0	0	57710	100.0	100.0
15.4	20.5	0.5	0.5	7.5	8.0	282289	252803	100.0	100.0
40.4	42.9	1.1	1.3	10.9	20.6	50333	41790	100.0	100.0
88.3	84.7	6.1	5.6	0.4	0.4	0	0	94.7	79.4
41.7	43.8	1.1	0.9	−10.5	−5.2	67358	55339	99.3	99.1
16.5	16.7	1.0	1.0	1.8	2.1	45963	50307	100.0	100.0
53.0	50.8	1.2	1.2	1.1	2.0	92692	71429	106.3	99.9
52.0	33.7	0.5	0.5	−22.0	−10.2	29895	49248	103.8	121.6
48.0	48.1	0.6	1.1	1.0	4.6	55455	11944	100.0	6.1
96.7	96.6	0.9	1.0	0.1	0.1	75667	61185	100.0	100.0
30.3	30.2	1.6	1.9	1.3	2.5	0	5783	116.6	118.0
24.6	25.7	1.3	1.3	−9.3	−13.5	87943	152140	99.8	99.9
68.2	63.7	1.1	0.9	0.4	0.2	115025	76610	100.0	100.0
63.9	68.9	1.3	1.4	16.5	12.3	140598	117388	93.8	110.8
57.9	53.9	8.7	8.1	0.8	1.5	0	0	100.0	100.0
35.0	29.0	1.8	1.3	22.7	−52.7	44880	40398	96.4	89.4
36.1	35.4	1.2	1.5	10.2	12.5	164682	149595	200.1	200.9
60.9	60.4	0.9	0.8	0.9	0.2	0	0	81.1	104.3
48.1	28.6	1.8	2.0	28.1	25.2	478672	330962	166.9	187.9
266.7	246.6	2.4	2.3	1.2	1.9	27600	3600	87.0	97.8
42.3	39.8	1.4	1.5	0.9	0.9	102541	79592	100.9	109.7
56.5	93.8	0.9	0.6	−7.8	−6.4	23552	27895	111.6	109.8
68.1	79.4	2.0	1.3	4.9	4.9	108388	75716	105.7	118.3
83.9	74.1	2.5	2.3	−12.1	−22.3	34938	29637	92.4	100.2
51.5	54.4	1.3	1.9	−8.1	1.5	34211	24578	103.9	95.6
55.7	52.8	1.9	2.2	−4.0	−2.2	50704	49322	100.0	100.0
37.1	35.8	1.4	1.7	3.1	1.9	24930	26822	100.0	100.0
60.3	40.4	1.0	1.4	2.2	2.7	0	0	100.0	100.0
12.7	15.3	4.9	4.2	1.2	0.2	58755	47588	100.0	100.0
31.1	34.3	2.1	2.2	9.7	9.7	118996	126554	93.8	106.7
73.9	65.7	1.2	1.4	0.1	0.3	56672	54653	100.0	100.0
35.9	33.8	2.4	1.8	0.8	4.0	90173	90225	89.3	88.0
36.9	35.9	0.7	0.9	−7.7	−9.6	66745	58756	92.5	103.7
32.7	29.8	1.9	2.1	−27.7	−17.5	46686	33178	96.5	106.3
75.1	71.7	2.1	2.1	6.6	6.1	48932	55969	104.3	103.9

（续）

单位名称	工业经济效益综合指数（%）		总资产贡献率（%）		资产保值增值率（%）	
	2012年	2011年	2012年	2011年	2012年	2011年
延边新华印刷有限公司	123.5	120.4	10.6	10.6	101.5	100.8
长春第二新华印刷有限公司	88.3	90.5	5.7	6.4	99.7	100.1
黑龙江新华印刷集团	–33.0		–40.4	–2.1	1814.1	–3.6
黑龙江新华印刷二厂	163.5	131.9	14.2	10.7	93.3	104.6
安徽新华印刷股份公司	303.8	299.3	9.5	9.3	103.2	113.0
合肥远东印务有限公司	234.6	214.5	7.7	7.3	113.4	92.5
江西新华印刷集团有限公司	95.3	105.3	4.3	7.3	101.4	84.7
江西新华九江印刷总厂	143.7	150.5	18.7	18.1	100.4	116.0
皖南海峰印刷包装有限公司	186.3	182.0	15.1	14.0	108.8	113.6
江苏新华印刷厂	112.8	122.0	6.7	6.9	94.6	98.3
江苏淮阴新华印刷厂	–43.6	41.0	–9.9	4.6	68.8	90.5
江苏徐州新华印刷厂	–50.5	0.6	–5.0	–3.7	–203.1	44.7
南通韬奋印刷有限公司	92.3	85.5	4.8	4.2	119.4	100.0
南京爱德印刷有限公司	280.2	238.7	14.2	11.3	108.2	102.3
中闻集团南京印务有限公司	91.5	87.8	2.5	2.6	96.0	100.4
浙江印刷集团有限公司	180.6	157.8	6.1	5.9	100.3	101.8
常熟市华通印刷有限公司	80.6	99.5	5.9	4.8	60.4	128.9
福建新华印刷有限公司	179.0	164.6	2.9	5.0	99.7	99.5
中闻集团福州印务有限公司	93.5	80.3	3.4	3.2	104.3	92.2
湖北新华印务有限公司	101.9	128.0	4.3	5.1	69.0	96.3
湖北日报社印刷厂	467.0	650.2	6.8	7.2	93.8	85.4
中闻集团武汉印务有限公司	103.5	102.4	3.2	2.9	95.1	100.0
安徽宣城海峰印刷包装公司	115.1	111.0	14.2	11.5	120.3	125.2
河南新华印刷集团有限公司	145.9	140.1	7.7	7.6	102.2	99.3
湖南天闻新华印务有限公司	206.5	231.0	12.7	14.1	109.7	123.0
广东新华印刷有限公司	285.2	348.9	21.2	25.0	125.5	134.2
广州华南印刷厂有限公司	112.9	112.0	4.7	5.4	94.9	106.2
深圳市德立隆印刷公司	–114.2	–132.1	2.1	1.9	371.0	–69.5
文圣彩印（深圳）有限公司	114.8		3.3	–1.7	390.6	
东莞金杯印刷有限公司	145.1	112.4	4.1	2.5	103.5	96.6
广西民族印刷包装集团公司	–6.6		–1.3	4.8	232.5	100.5
重庆新华印刷厂	–16.6	–37.6	2.1	–2.6	26.3	70.4
成都君区印务有限公司	252.4	180.3	2.0	13.8	99.5	318.5
四川新华印刷有限公司	339.7	343.9	5.4	–1.5	238.9	2724.5
自贡兴华印务有限公司	87.1	5.9	8.6	–5.5	–7.0	114.9
云南新华印刷实业总公司	76.1	137.5	–2.5	5.4	99.0	87.6
云南国防印刷厂	161.2	164.0	7.9	8.5	105.3	118.9

（续）

资产负债率（%）		流动资产周转率（%）		成本费用利润率（%）		全员劳动生产率（元/人）		产品销售率（%）	
2012年	2011年	2012年	2011年	2012年	2011年	2012年	2011年	2012年	2011年
26.3	29.2	1.1	1.1	5.2	5.1	57431	51500	97.9	97.8
48.6	49.7	0.8	0.9	0.0	0.0	51948	47722	98.5	115.7
147.3	102.2	0.8	0.0	-60.9		0	0	75.3	91.3
19.3	12.1	1.3	1.5	16.5	7.3	40241	47296	98.5	111.3
44.0	43.7	2.2	2.0	11.2	11.7	301824	291353	103.1	104.8
71.0	74.7	0.8	0.9	8.9	8.9	229745	201327	91.2	89.2
52.7	53.3	0.8	0.6	5.3	7.7	33888	31781	102.0	102.5
17.5	19.6	3.6	4.5	9.2	8.3	0	0	100.0	100.0
65.5	65.4	0.9	1.2	16.1	14.3	79302	81085	100.0	100.0
30.5	35.2	1.2	2.2	-2.8	0.6	98678	78431	108.0	92.3
59.3	48.9	1.1	1.0	-20.2	-6.0	13301	15542	85.0	85.0
112.3	94.3	1.9	1.8	-20.6	-16.3	28345	31188	116.0	104.2
78.1	82.9	2.1	1.8	-2.0	-1.2	44190	37433	114.9	119.0
44.6	52.7	2.4	2.3	9.2	9.3	256347	198289	97.6	101.9
53.0	48.6	1.0	0.9	0.6	0.4	60097	55000	99.7	100.8
28.4	27.7	2.2	2.1	3.0	3.4	161135	122107	100.7	100.7
82.0	69.1	0,5	1.0	0.8	1.0	51489	62101	77.7	77.7
53.1	45.5	1.9	1.7	-0.1	-0.3	191838	168306	99.8	88.1
32.0	32.9	2.2	1.9	0.5	-1.3	39384	38045	99.1	96.2
60.1	40.3	2.0	2.1	1.3	2.5	56359	82793	100.0	100.0
97.2	96.8	1.8	1.9	18.4	42.4	543041	695712	100.5	94.9
9.2	10.2	1.2	1.6	0.4	0.0	76548	69398	100.0	100.0
68.9	74.6	0.6	0.7	12.1	13.3	14324	5556	0.0	0.0
7.5	9.0	1.3	1.3	6.6	7.0	90412	79145	99.7	97.6
52.9	51.7	1.5	1.9	9.7	10.2	150554	173927	100.0	100.0
21.4	29.2	1.0	0.9	27.6	39.8	147261	164685	99.9	96.7
56.3	55.7	1.2	1.6	3.0	5.6	74598	41766	85.4	100.3
231.1	131.3	1.6	1.9	-58.4	-49.1	18900	24700	100.0	100.0
14.0	38.4	2.5	1.7	0.8	2.1	0	0	120.8	114.8
13.7	12.9	1.4	1.4	7.0	4.1	95687	64026	97.8	110.6
45.9	60.7	0.6	1.3	-17.7	0.5	0		100.0	
94.7	86.4	0.6	0.3	-14.8	-21.6	0	9473	102.7	137.0
17.3	17.5	0.1	0.1	44.1	19.6	74921	0	78.7	181.4
88.0	93.8	0.7	0.7	58.7	-22.3	82851	62353	55.6	76.8
47.4	284.9	2.3	1.5	0.2	-15.8	38684	32918	100.0	100.0
46.3	47.7	1.2	1.0	-4.4	6.9	71013	87996	127.3	110.9
41.4	45.9	1.5	1.4	5.9	6.0	115162	116477	100.0	100.0

单位名称	工业经济效益综合指数（%）		总资产贡献率（%）		资产保值增值率（%）	
	2012 年	2011 年	2012 年	2011 年	2012 年	2011 年
贵州新华印刷厂	112.7	–18.1	11.7	5.4	118.5	93.8
西安新华印务有限公司	87.9	90.0	4.8	3.9	94.3	106.0
中闻集团西安印务有限公司	116.1	89.9	3.4	2.3	101.0	82.5
甘肃新华印刷厂	100.8	97.6	4.5	4.6	104.0	101.9
四川新华彩色印务公司	117.5	140.8	5.6	5.5	101.8	104.8
甘肃云盛印刷有限公司	135.0	117.7	2.8	3.9	99.5	99.7
兰州奥林印刷有限责任公司	39.7	55.6	–0.7	–1.3	96.9	96.7
甘肃天地印务有限公司	250.9	383.9	1.4	2.0	100.3	109.0
甘肃日报集团印务分公司	417.2		33.8	20.2	125.2	
兰州新华印刷厂	137.6	117.1	9.8	7.0	101.2	98.9
天水新华印刷厂	–18.5	67.2	–0.6	4.9	77.9	108.4
青海新华印刷厂	47.9	118.3	3.5	28.4	–163.8	–61.1
新疆新华印刷厂	104.5	97.3	5.5	4.1	103.9	105.9
新疆八艺印刷厂	–17.3	–14.7	0.9	1.2	83.5	90.7
新疆新华印刷二厂	19.4	17.9	–1.6	–0.8	173.0	94.3
西藏新华印刷厂	189.3	98.2	14.2	2.8	113.4	100.5
拉萨明鑫印刷有限责任公司	160.1	135.9	6.9	7.7	241.7	69.9
内蒙古爱信达教育印务公司	135.7	144.3	11.4	13.3	106.7	105.4
浙江新华数码印务公司	208.1	141.7	6.5	3.1	91.4	98.7

数据来源：中国印刷设备及器材工业协会书刊印刷专业委员会。

（续）

资产负债率（%）		流动资产周转率（%）		成本费用利润率（%）		全员劳动生产率（元/人）		产品销售率（%）	
2012 年	2011 年	2012 年	2011 年	2012 年	2011 年	2012 年	2011 年	2012 年	2011 年
43.9	50.5	1.4	1.4	2.6	−29.2	39814	49124	110.5	99.6
92.6	91.6	1.5	1.4	0.1	0.5	44199	45714	93.2	96.5
75.6	67.1	1.1	1.2	0.7	−2.3	94072	75085	101.7	101.1
56.0	56.0	1.4	1.8	0.8	0.8	57757	49520	105.6	95.5
62.6	64.2	1.2	1.3	1.1	2.9	85655	110479	100.0	100.0
54.1	49.0	1.6	1.6	−0.3	−0.1	127333	94103	93.0	92.9
16.5	19.0	0.7	0.9	−7.3	−5.5	36000	54714	110.0	86.7
85.0	88.6	3.3	3.3	0.2	0.8	290921	503289	100.0	100.0
−17.7	12.2	1.3	1.4	55.6	32.7	146886	91927	100.0	100.0
54.5	54.1	2.6	2.8	0.9	0.3	76142	52405	140.4	134.3
76.4	70.0	0.4	0.5	−16.7	0.3	9880	19684	98.2	97.6
41.8	365.6	1.0	0.9	0.1	0.2	45596	63155	100.0	100.0
51.9	52.3	0.9	1.0	1.9	1.8	61984	54875	111.5	101.1
90.7	89.7	0.2	0.2	−19.8	−17.9	27365	18421	100.0	100.0
32.3	28.3	1.0	0.9	−14.5	−11.1	27358	23109	113.9	100.8
30.8	42.4	1.5	1.3	14.2	0.4	88468	65462	100.0	100.0
71.2	83.6	1.3	1.3	4.1	5.3	100690	88545	100.0	100.0
33.0	33.4	1.5	2.1	15.8	15.8	0	0	100.0	100.0
32.3	29.6	3.2	3.0	0.8	−1.0	203233	118454	100.5	101.4

2012年全国128家骨干书刊印刷（含其他印刷）

单位名称	实现利税（万元）			利润总额（万元）		
	2012年	2011年	同比（%）	2012年	2011年	同比（%）
北京隆达印刷包装集团	4749	2572	184.6	1302	981	132.7
北京印刷一厂	230	178	129.3	5	2	204.3
北京印刷二厂	1502	1002	149.9	603	383	157.4
北京利丰雅高长城印刷公司	3017	1392	216.7	694	596	116.4
天津出版传媒集团公司	–2144	–1915	0.0	–2266	–2065	0.0
天津新华一印刷有限公司	–1328	–907	0.0	–1334	–925	0.0
天津新华二印刷有限公司	–504	–590	0.0	–550	–630	0.0
天津新华印刷三厂	–153	–129	0.0	–183	–191	0.0
天津金彩美术印刷有限公司	–159	–289	0.0	–199	–319	0.0
天津高教出版社印刷厂	632	689	91.7	52	293	17.7
上海印刷（集团）公司	407	1097	37.1	578	–134	0.0
上海新华印刷有限公司	–451	–3	0.0	551	–175	0.0
上海市印刷三厂	68	335	20.2	2	21	10.7
上海中华印刷有限公司	722	696	103.7	19	17	107.5
上海市印刷四厂	68	69	98.6	6	2	300.0
北京新华印刷有限公司	427	–575	0.0	63	–914	0.0
中印南方印刷有限公司	283	259	109.3	15	28	53.6
京华印刷厂	287	105	272.8	188	10	1880.0
北京一二〇一印刷厂	315	290	108.5	103	17	593.1
解放军一二〇五工厂	150	298	50.4	237	233	101.7
解放军报印刷厂	516	800	64.5	–94	–6	0.0
北京凌奇印刷有限公司	403	311	129.3	18	36	48.7
北京金盾印刷厂	242	326	74.2	63	104	60.8
海军政治部印刷厂	–159	–8	0.0	–200	25	0.0
廊坊一二〇六印刷厂	326	373	87.2	87	87	100.4
北京国防印刷厂	46	45	102.2	13	9	148.9
北京交通印务实业公司	1310	–1313	0.0	–1371	–1374	0.0
人民教育出版社印刷厂	–2260	–3299	0.0	–1790	–4058	0.0
人民日报社印刷厂	2446	427	573.3	838	–248	0.0
煤炭工业出版社印刷厂	–88	–75	0.0	–88	–75	0.0
中国农业出版社印刷厂	268	407	65.7	5	3	180.0
北京建筑工业印刷厂	179	179	99.7	10	21	49.8
北京机工印刷厂	185	197	94.1	2	2	141.2
中青印刷厂	–610	–666	0.0	–909	–883	0.0

企业经济效益完成情况汇总表（二）

全部从业人员平均人数（人）			流动资产累计平均余额（万元）			固定资产净值累计平均余额（万元）		
2012年	2011年	同比（%）	2012年	2011年	同比（%）	2012年	2011年	同比（%）
1754	1789	98.0	30357	28224	107.6	23437	20725	113.1
374	381	98.2	1714	1536	111.6	3899	4130	94.4
375	386	97.2	4567	5475	83.4	4271	3408	125.3
1005	1022	98.3	24077	21213	113.5	15267	13187	115.8
927	1039	89.2	19149	13335	143.6	8688	8396	103.5
297	340	87.4	7114	5339	133.2	1829	2294	79.7
274	307	89.3	2166	2459	88.1	2928	2463	118.9
180	190	94.7	1069	1302	82.1	634	644	98.4
176	202	87.1	8800	4235	207.8	3297	2995	110.1
282	296	95.3	2267	2294	98.8	3004	5125	58.6
965	1049	92.0	46176	48997	94.2	24051	26290	91.5
176	166	106.0	1759	1846	95.3	438	504	86.9
151	162	93.2	1837	3622	50.7	2692	2356	114.2
553	642	86.1	41446	41884	99.0	20025	21895	91.5
85	79	107.6	1134	1645	68.9	896	1535	58.4
621	706	88.0	10963	8776	124.9	23124	15479	149.4
292	288	101.4	3946	2528	156.1	7150	7414	96.4
17	17	100.0	9363	10091	92.8	830	735	113.0
321	334	96.1	1321	1029	128.4	3504	3859	90.8
149	143	104.2	4084	3134	130.3	10688	11055	96.7
284	287	99.0	7831	7392	105.9	6593	5376	122.6
458	448	102.2	6818	6987	97.6	4771	5186	92.0
294	330	89.1	2732	2632	103.8	2943	3089	95.3
96	109	88.1	1666	1430	116.5	792	933	84.9
195	256	76.2	5860	5158	113.6	2829	2993	94.5
158	160	98.8	752	676	111.2	610	644	94.7
101	160	63.1	116	149	77.9	142	110	129.1
369	344	107.3	5197	6654	78.1	5501	4958	111.0
453	474	95.6	14602	12397	117.8	9879	8681	113.8
110	121	90.9	1141	1113	102.5	895	1022	87.6
277	362	76.5	3249	3333	97.5	3850	4180	92.1
88	101	87.1	2645	2158	122.5	1874	2006	93.4
231	254	90.9	699	463	150.9	869	1004	86.6
334	372	89.8	2525	2588	97.6	3554	3840	92.5

单位名称	实现利税（万元）			利润总额（万元）		
	2012年	2011年	同比（%）	2012年	2011年	同比（%）
文物出版社印刷厂	86	121	71.0	-12	5	0.0
北京中科印刷有限公司	1630	1604	101.6	561	512	109.6
北京外文印务有限公司	-847	-865	0.0	-847	-865	0.0
北京人卫印刷厂	540	523	103.3	130	181	71.8
新华通讯社印务有限公司	1886	1473	128.0	809	865	93.5
北京京安印刷厂	486	606	80.2	207	333	62.2
中国电影出版社印刷厂	216	165	130.9	11	10	110.0
北京轻工印刷厂	-54	27	0.0	-142	-63	0.0
北京中兴印刷有限公司	99	89	111.5	11	12	93.9
清华大学印刷厂	229	227	100.9	23	37	62.2
北京大学印刷厂	13	73	17.5	-167	-100	0.0
北京毕诚彩印厂	10	47	21.3	3	30	10.0
北京佳信达欣艺术印刷公司	102	95	107.4	3	3	100.0
北京华联印刷有限公司	1298	2231	58.2	484	1052	46.0
北京日邦印刷有限公司	-1164	-2348	0.0	-1703	-3094	0.0
北京画中画印刷有限公司	234	141	166.6	42	19	223.5
雅昌企业（集团）有限公司	19416	13261	146.4	11602	7872	147.4
北京顶佳世纪印刷有限公司	376	265	141.9	54	75	72.0
化学工业出版社印刷厂	-299	-508	0.0	487	-657	0.0
北京盛通印刷股份有限公司	5367	6360	84.4	4253	4905	86.7
中国铁道出版社印刷厂	616	539	114.3	45	10	450.0
北京东港安全印刷有限公司	4779	3568	133.9	3793	2774	136.8
北京印刷学院实习工厂	43	47	92.1	4	5	72.5
北京联兴盛业印刷股份公司	801	844	94.9	62	69	89.9
山东新华印刷厂	-45	-50	0.0	-760	-648	0.0
山东临沂新华印刷物流集团	2784	2185	127.4	1341	935	143.4
山东新华印刷厂潍坊厂	-9	-512	0.0	-404	-810	0.0
山东德州新华印务有限公司	590	859	68.7	-370	97	0.0
中闻集团济南印务有限公司	166	227	73.3	-214	-101	0.0
河北新华第一印刷有限公司	959	1016	94.4	376	254	148.0
河北新华第二印刷有限公司	1143	716	159.6	354	201	176.1
中国标准社秦皇岛印刷厂	158	162	97.8	20	3	757.7
保定五四三印刷厂	4921	4195	117.3	2527	2401	105.2
山西新华印业有限公司	644	547	117.7	7	32	23.1
山西人民印刷有限公司	792	1083	73.1	119	385	30.9
沈阳新华印刷厂	208	131	158.8	-492	-701	0.0
东北印刷厂	-503	-377	0.0	-787	-633	0.0

（续）

全部从业人员平均人数（人）			流动资产累计平均余额（万元）			固定资产净值累计平均余额（万元）		
2012 年	2011 年	同比（%）	2012 年	2011 年	同比（%）	2012 年	2011 年	同比（%）
121	124	97.6	1993	1875	106.3	1030	1183	87.1
800	750	106.7	8594	6960	123.5	16434	17425	94.3
152	143	106.3	1737	2064	84.2	3046	2956	103.1
338	393	86.0	49689	46684	106.4	66654	71505	93.2
332	346	96.0	21235	20749	102.3	8808	7416	118.8
150	162	92.6	1109	802	138.3	1680	1296	129.6
98	101	97.0	514	453	113.5	1576	1687	93.4
106	118	89.8	738	758	97.4	593	983	60.3
82	88	93.2	742	666	111.4	704	781	90.1
156	175	89.1	1720	1530	112.4	508	599	84.8
105	101	104.0	1085	1289	84.2	591	410	144.1
22	36	61.1	507	609	83.3	256	314	81.5
120	135	88.9	3548	3039	116.7	2827	3551	79.6
722	760	95.0	23582	22699	103.9	22259	22854	97.4
210	228	92.1	12254	14660	83.6	8105	8779	92.3
321	369	87.0	9342	9937	94.0	4513	4915	91.8
2330	2320	100.4	60007	55472	108.2	25488	23005	110.8
90	94	95.7	889	758	117.3	248	269	92.2
209	251	83.3	816	962	84.8	5436	5640	96.4
1020	988	103.2	43790	32049	136.6	41198	36937	111.5
272	238	114.3	8275	7683	107.7	7703	8383	91.9
137	131	104.6	9421	7011	134.4	2573	2605	98.8
20	30	66.7	97	112	86.3	12	15	84.2
303	392	77.3	4915	4840	101.5	23247	20072	115.8
670	665	100.8	8938	11227	79.6	15946	16417	97.1
850	880	96.6	15022	14845	101.2	9041	8245	109.7
480	487	98.6	1213	1338	90.7	4206	3751	112.1
730	784	93.1	4430	3545	125.0	8975	5355	167.6
400	407	98.3	2606	2573	101.3	3474	3905	89.0
1073	1103	97.3	7468	7857	95.0	6418	7600	84.4
853	888	96.1	10223	5345	191.3	5480	5885	93.1
216	233	92.7	479	476	100.8	419	433	96.8
771	705	109.4	13798	12303	112.2	5416	4638	116.8
679	692	98.1	8248	6691	123.3	4680	5328	87.8
635	632	100.5	6331	6253	101.2	3323	3142	105.8
513	595	86.2	6626	6816	97.2	8752	9404	93.1
341	428	79.7	1613	1850	87.2	4548	5099	89.2

分类统计

单位名称	实现利税（万元）			利润总额（万元）		
	2012年	2011年	同比（%）	2012年	2011年	同比（%）
长春新华印刷集团有限公司	1369	1414	96.8	708	701	101.0
延边新华印刷有限公司	452	464	97.4	131	131	100.0
长春第二新华印刷有限公司	163	190	85.8	0	0	100.0
黑龙江新华印刷集团	–1318	–84	0.0	–1457	–84	0.0
黑龙江新华印刷二厂	924	690	133.9	450	261	172.4
安徽新华印刷股份公司	7826	7387	105.9	4903	4639	105.7
合肥远东印务有限公司	647	639	101.3	429	421	101.9
江西新华印刷集团有限公司	3216	3440	93.5	1788	2191	81.6
江西新华九江印刷总厂	752	742	101.3	468	455	102.9
皖南海峰印刷包装有限公司	1589	1318	120.6	767	672	114.1
江苏新华印刷厂	2675	3033	88.2	–822	203	0.0
江苏淮阴新华印刷厂	–417	120	0.0	–636	–213	0.0
江苏徐州新华印刷厂	–107	–83	0.0	–394	–285	0.0
南通韬奋印刷有限公司	106	100	106.0	–47	–25	0.0
南京爱德印刷有限公司	2860	2230	128.3	2143	1980	108.2
中闻集团南京印务有限公司	417	386	108.0	41	31	132.3
浙江印刷集团有限公司	3918	3757	104.3	1878	1936	97.0
常熟市华通印刷有限公司	103	268	38.5	28	47	58.5
福建新华印刷有限公司	283	430	65.7	–9	–24	0.0
中闻集团福州印务有限公司	304	271	112.2	20	–47	0.0
湖北新华印务有限公司	1306	1461	89.4	339	630	53.8
湖北日报社印刷厂	4535	4649	97.5	1577	2516	62.7
中闻集团武汉印务有限公司	380	361	105.3	20	1	2000.0
安徽宣城海峰印刷包装公司	561	469	119.6	270	278	97.1
河南新华印刷集团有限公司	2930	2904	100.9	1085	1169	92.7
湖南天闻新华印务有限公司	12417	12544	99.0	8118	8048	100.9
广东新华印刷有限公司	4931	5126	96.2	3550	3518	100.9
广州华南印刷厂有限公司	778	918	84.7	203	451	45.0
深圳市德立隆印刷公司	1	1	100.0	–26	–24	0.0
文圣彩印（深圳）有限公司	93	–17	0.0	30	13	235.7
东莞金杯印刷有限公司	1056	607	174.0	1004	564	178.0
广西民族印刷包装集团公司	–725	781	0.0	–1450	56	0.0
重庆新华印刷厂	–171	–727	0.0	–853	–987	0.0
成都君区印务有限公司	425	1607	26.4	204	162	125.9
四川新华印刷有限公司	1292	–575	0.0	1292	–575	0.0
自贡兴华印务有限公司	66	–168	0.0	3	–306	0.0
云南新华印刷实业总公司	–754	913	0.0	–260	340	0.0

（续）

全部从业人员平均人数（人）			流动资产累计平均余额（万元）			固定资产净值累计平均余额（万元）		
2012 年	2011 年	同比（%）	2012 年	2011 年	同比（%）	2012 年	2011 年	同比（%）
562	578	97.2	5427	6189	87.7	5885	6738	87.3
253	280	90.4	2434	2319	105.0	2131	2443	87.2
154	158	97.5	1902	1879	101.2	1814	2122	85.5
598	598	100.0	2533	2733	92.7	1071	1213	88.3
457	514	88.9	2894	2561	113.0	3536	3724	95.0
1566	1568.19	99.9	30739	30135	102.0	26377	25121	105.0
196	196	100.0	6757	6056	111.6	5137	4349	118.1
1443	1516	95.2	43716	43781	99.9	20788	19689	105.6
348	334	104.2	1574	1332	118.2	2483	1504	165.1
215	212	101.4	6053	4379	138.2	4547	4768	95.4
1543	1957	78.8	24100	15932	151.3	26391	29170	90.5
306	323	94.7	1814	2365	76.7	1745	1954	89.3
417	421	99.0	1192	1220	97.7	955	982	97.3
179	187	95.7	1035	1070	96.7	1160	1292	89.8
427	456	93.6	10849	11393	95.2	12787	12692	100.7
309	304	101.6	5946	6441	92.3	9314	13196	70.6
661	636	103.9	28820	27434	105.1	19446	19250	101.0
282	288	97.9	9424	5720	164.8	6066	6032	100.6
437	471	92.8	4926	4533	108.7	2200	2351	93.6
341	358	95.3	1590	1689	94.1	42224	4258	991.6
802	802	100.0	12295	11933	103.0	14200	14708	96.5
536	527	101.7	27272	23630	115.4	37668	37143	101.4
336	349	96.3	4312	3012	143.2	3710	4592	80.8
148	135	109.6	4701	3885	121.0	3340	2707	123.4
1133	1229	92.2	13852	13603	101.8	9609	10545	91.1
1732	1706	101.5	60178	45107	133.4	33835	31018	109.1
617	508	121.5	16694	14619	114.2	4848	2850	170.1
348	419	83.1	6256	5848	107.0	2809	3931	71.5
10	10	100.0	12	13	88.7	18	19	94.7
336	49	685.7	1451	369	392.8	1275	10	12626.7
646	646	100.0	13012	12108	107.5	11427	11784	97.0
483	0	0.0	10814	9326	116.0	7053	7524	93.7
712	759	93.8	4418	9874	44.7	5767	5717	100.9
63	69	91.3	3542	4285	82.7	3226	2654	121.6
221	221	100.0	3457	3215	107.5	9903	13963	70.9
190	257	73.9	649	974	66.6	113	2169	5.2
474	494	96.0	8151	9518	85.6	6132	6835	89.7

单位名称	实现利税（万元）			利润总额（万元）		
	2012 年	2011 年	同比（%）	2012 年	2011 年	同比（%）
云南国防印刷厂	1208	1337	90.4	642	660	97.3
贵州新华印刷厂	993	662	150.0	306	–2550	0.0
西安新华印务有限公司	471	431	109.3	6	40	15.0
中闻集团西安印务有限公司	533	260	205.0	50	–155	0.0
甘肃新华印刷厂	402	420	95.7	58	59	98.3
四川新华彩色印务公司	757	758	99.9	120	316	38.0
甘肃云盛印刷有限公司	45	57	78.9	–4	–1	0.0
兰州奥林印刷有限责任公司	–60	–84	0.0	–89	–84	0.0
甘肃天地印务有限公司	4	34	11.8	3	26	11.5
甘肃日报集团印务分公司	4227	2708	156.1	4033	2311	174.5
兰州新华印刷厂	857	585	146.5	46	16	292.2
天水新华印刷厂	–471	466	0.0	–848	17	0.0
青海新华印刷厂	120	130	92.3	1	1	100.0
新疆新华印刷厂	1002	751	133.4	160	144	111.1
新疆八艺印刷厂	147	190	77.4	–446	–293	0.0
新疆新华印刷二厂	–109	–35	0.0	–192	–156	0.0
西藏新华印刷厂	734	147	499.3	500	17	2941.2
拉萨明鑫印刷有限责任公司	109	91	119.8	47	55	85.5
内蒙古爱信达教育印务公司	1491	1637	91.1	739	720	102.6
浙江新华数码印务公司	1111	530	209.6	178	–205	0.0

数据来源：中国印刷设备及器材工业协会书刊印刷专业委员会。

（续）

全部从业人员平均人数（人）			流动资产累计平均余额（万元）			固定资产净值累计平均余额（万元）		
2012 年	2011 年	同比（%）	2012 年	2011 年	同比（%）	2012 年	2011 年	同比（%）
339	352	96.3	7417	8343	88.9	4958	4957	100.0
700	708	98.9	6373	5755	110.7	5929	5604	105.8
543	525	103.4	5570	5314	104.8	2409	2575	93.6
334	354	94.4	6142	5024	122.3	6695	6744	99.3
740	791	93.6	5255	4380	120.0	5724	6073	94.3
359	313	114.7	8895	8086	110.0	8164	7902	103.3
30	39	76.9	700	610	114.8	935	867	107.8
65	70	92.9	1612	1519	106.1	1840	1953	94.2
76	76	100.0	582	1026	56.7	1608	1833	87.7
273	275	99.3	8349	6529	127.9	6817	7366	92.5
578	711	81.3	3552	3130	113.5	5527	5826	94.9
585	602	97.2	9962	10150	98.1	4095	4315	94.9
193	206	93.7	912	1081	84.4	2690	2772	97.0
489	519	94.2	8343	6741	123.8	14717	15041	97.8
167	171	97.7	9433	9153	103.1	2722	2600	104.7
106	119	89.1	1008	1089	92.6	2548	2661	95.8
235	238	98.7	2494	2760	90.4	2199	2627	83.7
58	55	105.5	975	828	117.8	484	362	133.7
220	212	103.8	3370	2424	139.0	8313	9445	88.0
300	304	98.7	6433	6490	99.1	12404	12488	99.3

2012 年全国 128 家骨干书刊印刷（含其他印刷）

单 位 名 称	工业总产值（万元）			工业销售产值（万元）		
	2012 年	2011 年	同比（%）	2012 年	2011 年	同比（%）
北京隆达印刷包装集团	52303.1	50022.7	104.6	53491.1	48316.4	110.7
北京印刷一厂	2030.5	2201.4	92.2	2030.5	2201.4	92.2
北京印刷二厂	8573.6	10091.3	85.0	8939.6	9808	91.1
北京利丰雅高长城印刷公司	41699	37730	110.5	42521	36307	117.1
天津出版传媒集团公司	5588.3	5998.4	93.2	5588.3	5998.4	93.2
天津新华一印刷有限公司	1459	2047	71.3	1459	2047	71.3
天津新华二印刷有限公司	1496	1480	101.1	1496	1480	101.1
天津新华印刷三厂	803	808	99.4	803	808	99.4
天津金彩美术印刷有限公司	1830.3	1663.4	110.0	1830.3	1663.4	110.0
天津高教出版社印刷厂	3118	3073	101.5	3118	3073	101.5
上海印刷（集团）公司	23323.4	28520.6	81.8	21475.7	28516.7	75.3
上海新华印刷有限公司	2136	2090	102.2	2181	2181	100.0
上海市印刷三厂	2425	4633	52.3	2425	4633	52.3
上海中华印刷有限公司	18080.4	21083.6	85.8	16107.7	21005.7	76.7
上海市印刷四厂	682	714	95.5	762	697	109.3
北京新华印刷有限公司	19500	14093	138.4	19041	13351	142.6
中印南方印刷有限公司	9285	8122	114.3	8625	7813	110.4
京华印刷厂	37.6	1304.7	2.9	37.6	1304.7	2.9
北京一二〇一印刷厂	3645	3500	104.1	3645	3500	104.1
解放军一二〇五工厂	2900.4	2911.1	99.6	2905	2666.6	108.9
解放军报印刷厂	11980.2	10685.4	112.1	11980.2	10685.4	112.1
北京凌奇印刷有限公司	5705.22	5470.56	104.3	6665.36	5447.65	122.4
北京金盾印刷厂	7530	6358	118.4	7530	6358	118.4
海军政治部印刷厂	1575	2750	57.3	1575	2750	57.3
廊坊一二〇六印刷厂	4510	4261.4	105.8	4743.5	4722.98	100.4
北京国防印刷厂	2324	1644	141.4	2324	1644	141.4
北京交通印务实业公司	2084	2010	103.7	2084	2010	103.7
人民教育出版社印刷厂	4043	4560	88.7	4043	4560	88.7
人民日报社印刷厂	15405.3	14022.3	109.9	15405.3	14022.3	109.9
煤炭工业出版社印刷厂	960.9	1112.4	86.4	1051.6	1085.3	96.9
中国农业出版社印刷厂	2033.1	2294.2	88.6	2824.1	3336.7	84.6
北京建筑工业印刷厂	924.41	1091.59	84.7	924.41	1091.59	84.7
北京机工印刷厂	1362	1534	88.8	1362	1534	88.8
中青印刷厂	2594.5	3427.3	75.7	2648.7	3489.7	75.9

企业经济效益完成情况汇总表（三）

工业增加值（万元）			主营业务收入（万元）			成本费用总额（万元）		
2012年	2011年	同比（%）	2012年	2011年	同比（%）	2012年	2011年	同比（%）
13930.4	13445.7	103.6	53491.1	48316.4	110.7	55309.8	50487.4	109.6
1070.7	995.2	107.6	2030.5	2201.4	92.2	3182.7	3285.5	96.9
2626.7	2834.5	92.7	8939.6	9808	91.1	9472.1	10697.9	88.5
10233	9616	106.4	42521	36307	117.1	42655	36504	116.9
3517.6	4201.6	83.7	5588.3	5998.4	93.2	8094.2	7699.2	105.1
1782	1884	94.6	1459	2047	71.3	2787	2367	117.7
812	1334	60.9	1496	1480	101.1	2151	2231	96.4
0	0	0.0	803	808	99.4	999	995	100.4
1017.6	991.6	102.6	1830.3	1663.4	110.0	2157.2	2106.2	102.4
1139	1058	107.7	3388	3391	99.9	3435	3387	101.4
4209.1	7067	59.6	21397.6	28497.7	75.1	28224.5	33557.8	84.1
1045	1070	97.7	2132	2181	97.8	2975	2382	124.9
73.9	2379.8	3.1	2425	4633	52.3	2926.5	4603.7	63.6
2766.2	3299.2	83.8	16107.6	21005.7	76.7	21575	25951.1	83.1
324	318	101.9	733	678	108.1	748	621	120.5
2471	2640	93.6	20702	14087	147.0	21125	15569	135.7
2842	1454	195.5	7817	7216	108.3	8271	7445	111.1
1120	845.9	132.4	37.3	1304.7	2.9	1058	2099	50.4
456	315	144.8	3809	6578	57.9	6217	6168	100.8
1021.3	991.4	103.0	3152	2997.7	105.1	2553.7	3791.6	67.4
4995.9	4829.4	103.4	11980.2	10685.4	112.1	11993.6	10746.4	111.6
1715.19	1482.98	115.7	5879.29	5447.65	107.9	5523.17	6924.07	79.8
3985	3134	127.2	5335	5312.5	100.4	4228.5	3934.8	107.5
928	1258	73.8	1575	2750	57.3	1788	2788	64.1
2137.1	1647.96	129.7	4730.35	4722.98	100.2	4610.93	4602.55	100.2
2324	1644	141.4	2324	1644	141.4	1753	1635	107.2
541	216	250.5	2005	1886	106.3	1545	1540	100.3
2872	2960	97.0	4043	4560	88.7	41153	24787	166.0
10656.4	8596.8	124.0	15405.3	14022.3	109.9	16691.3	14636.3	114.0
0	1144.7	0.0	1051.6	1085.3	96.9	952.9	1169.6	81.5
102.4	426.6	24.0	2824.1	3336.7	84.6	3431.8	4164.8	82.4
479.57	711.8	67.4	849.29	982.87	86.4	1762.88	1829.47	96.4
517.9	1430	36.2	1362	1534	88.8	2381	2496	95.4
620.7	501.9	123.7	2650.1	3619.2	73.2	4707.3	5228.7	90.0

单位名称	工业总产值（万元）			工业销售产值（万元）		
	2012 年	2011 年	同比（%）	2012 年	2011 年	同比（%）
文物出版社印刷厂	402	563	71.4	505	577	87.5
北京中科印刷有限公司	11313	8146	138.9	11313	8146	138.9
北京外文印务有限公司	2298.3	2582.8	89.0	2298.3	2582.8	89.0
北京人卫印刷厂	3874	3596	107.7	3874	3596	107.7
新华通讯社印务有限公司	10944	11376	96.2	10944	11376	96.2
北京京安印刷厂	1255	1060	118.4	1255	1060	118.4
中国电影出版社印刷厂	2180	2091	104.3	2064	1660	124.3
北京轻工印刷厂	685	641	106.9	680	635	107.1
北京中兴印刷有限公司	708	747	94.8	708	747	94.8
清华大学印刷厂	1903	1831	103.9	2023	1829	110.6
北京大学印刷厂	569.8	538	105.9	591.2	654.2	90.4
北京毕诚彩印厂	300	686	43.7	300	42	714.3
北京佳信达欣艺术印刷公司	3017	2963	101.8	3017	2963	101.8
北京华联印刷有限公司	31841.4	35627	89.4	37132	42034.4	88.3
北京日邦印刷有限公司	16366.9	19629.2	83.4	16333.9	19614	83.3
北京画中画印刷有限公司	9820.9	9296.5	105.6	9820.9	9296.5	105.6
雅昌企业（集团）有限公司	85378.88	74346.3	114.8	80119.73	82387.3	97.2
北京顶佳世纪印刷有限公司	7724.6	6156.4	125.5	7724.6	6156.4	125.5
化学工业出版社印刷厂	1534	1616.5	94.9	1479	1445.8	102.3
北京盛通印刷股份有限公司	25767.9	23884	107.9	51564.7	47976	107.5
中国铁道出版社印刷厂	8818	5478	161.0	7155	5714	125.2
北京东港安全印刷有限公司	12051.3	8560.3	140.8	20109.3	16080.6	125.1
北京印刷学院实习工厂	163.8	193	84.9	142.5	188.7	75.5
北京联兴盛业印刷股份公司	6740	6767	99.6	6802	7421	91.7
山东新华印刷厂	6675	7463	89.4	7451	8192	91.0
山东临沂新华印刷物流集团	28094	15984	175.8	29687	18915	156.9
山东新华印刷厂潍坊厂	2661.3	2996.7	88.8	2460.1	3003.3	81.9
山东德州新华印务有限公司	5171.8	5338.2	96.9	5374.7	5103.7	105.3
中闻集团济南印务有限公司	4834.36	5463.4	88.5	4834.36	5463.4	88.5
河北新华第一印刷有限公司	7571	7967	95.0	7571	7967	95.0
河北新华第二印刷有限公司	6809	7124	95.6	6809	7124	95.6
中国标准社秦皇岛印刷厂	2368.4	2003.2	118.2	2368.4	2003.2	118.2
保定五四三印刷厂	30482.21	25006.21	121.9	28601.2	26674.73	107.2
山西新华印业有限公司	10395	10042	103.5	10395	10042	103.5
山西人民印刷有限公司	11852	11208.1	105.7	10581	9865.9	107.2
沈阳新华印刷厂	4679	6040	77.5	4329	6264	69.1
东北印刷厂	3144	3760	83.6	3034	3996	75.9

（续）

工业增加值（万元）			主营业务收入（万元）			成本费用总额（万元）		
2012 年	2011 年	同比（%）	2012 年	2011 年	同比（%）	2012 年	2011 年	同比（%）
38	40	95.0	441	477	92.5	1315	1092	120.4
4576	5757	79.5	11610	10077	115.2	11006.3	9560	115.1
2217	628.6	352.7	2298.3	2582.8	89.0	2897.2	3095.4	93.6
0	2268	0.0	3874	3596	107.7	3699	3591	103.0
9372	8747	107.1	10944	11376	96.2	10790	10851	99.4
755	677	111.5	1255	1060	118.4	1891	1614	117.2
0	0	0.0	3123	2539	123.0	2614	2500	104.6
714	653	109.3	786	707	111.2	1355	1201	112.8
376.9	442.7	85.1	757	699	108.3	589	549	107.3
1446	1250	115.7	2023	1829	110.6	2063	1835	112.4
313.9	497.4	63.1	591.2	654.2	90.4	758.5	974.6	77.8
122	43	283.7	300	686	43.7	297	656	45.3
908	826	109.9	3017	2963	101.8	3014	2960	101.8
0	439.5	0.0	37132	42034.4	88.3	37935	42584.7	89.1
1846.8	3468.8	53.2	16333.9	19614	83.3	18299.6	22974.3	79.7
3692.3	2826.9	130.6	9820.9	9296.5	105.6	9809.4	9260.8	105.9
32759.41	27234.07	120.3	80119.73	77033.13	104.0	70510.35	64062.25	110.1
0	0	0.0	7724.6	6156.4	125.5	6419.6	5116	125.5
938	1014	92.5	1479	1235	119.8	2146	1247	172.1
16797.6	14780	113.7	50851.9	48052	105.8	41786.6	39260	106.4
0	0	0.0	7049	6455	109.2	4967	4818	103.1
6557.8	4335.6	151.3	17187.5	13744.1	125.1	13488.8	11004.8	122.6
55.2	10.8	511.1	233.4	258.4	90.3	299.2	265.7	112.6
3107	3120	99.6	6802	7421	91.7	6734	7476	90.1
1578	1855	85.1	7949	7254	109.6	9737	10101	96.4
9213	6663	138.3	30687	18915	162.2	27575	19243	143.3
1677	1443.3	116.2	3072.1	3038.3	101.1	3344.4	3625	92.3
2497.4	1926.9	129.6	5631.2	6703.2	84.0	4578.5	6463	70.8
2028.14	2007.4	101.0	5017.59	5566.28	90.1	5351.33	4622.3	115.8
2675	2958.5	90.4	10586	13583	77.9	12090	13434	90.0
0	0	0.0	10704	7395	144.7	15924	7362	216.3
1269.1	1108.8	114.5	2368.4	2003.2	118.2	1662.4	1440.6	115.4
9174.6	8922.04	102.8	28601.17	26674.75	107.2	25982.58	24636.83	105.5
3848	3782	101.7	10113.9	9676	104.5	10366.4	10099	102.6
5726	5702.2	100.4	15086	11135.7	135.5	14887	9634.1	154.5
3424	3496	97.9	4329	6264	69.1	6422	7313	87.8
1592	1420	112.1	2990	3960	75.5	2846	3610	78.8

单位名称	工业总产值(万元)			工业销售产值(万元)		
	2012年	2011年	同比(%)	2012年	2011年	同比(%)
长春新华印刷集团有限公司	11158	12346	90.4	11643	12823	90.8
延边新华印刷有限公司	2539	2486	102.1	2486	2431	102.3
长春第二新华印刷有限公司	1453	1413	102.8	1431	1635	87.5
黑龙江新华印刷集团	1973	2482	79.5	1486	2265	65.6
黑龙江新华印刷二厂	3717	3415	108.8	3661	3802	96.3
安徽新华印刷股份公司	74256.16	69602.26	106.7	76562.48	72972.69	104.9
合肥远东印务有限公司	9006	8865	101.6	8214	7910	103.8
江西新华印刷集团有限公司	30350	30049	101.0	30950	30790	100.5
江西新华九江印刷总厂	2869	3136	91.5	2869	3136	91.5
皖南海峰印刷包装有限公司	5501	5373	102.4	5501	5373	102.4
江苏新华印刷厂	27176	38183	71.2	29347	35250	83.3
江苏淮阴新华印刷厂	1926	1925	100.1	1637	1636	100.1
江苏徐州新华印刷厂	1964	2171	90.5	2278	2263	100.7
南通韬奋印刷有限公司	1951	1448	134.7	2241	1723	130.1
南京爱德印刷有限公司	28500	26506	107.5	27829	27008	103.0
中闻集团南京印务有限公司	6060	5819	104.1	6040	5866	103.0
浙江印刷集团有限公司	34753	33991	102.2	35006	34238	102.2
常熟市华通印刷有限公司	5724.8	7051.8	81.2	4448.2	5479.2	81.2
福建新华印刷有限公司	9455.2	8913.3	106.1	9433.6	7852.7	120.1
中闻集团福州印务有限公司	3566	3342	106.7	3534	3216	109.9
湖北新华印务有限公司	20928	24067	87.0	20928	24067	87.0
湖北日报社印刷厂	47531	46157	103.0	47779	43821	109.0
中闻集团武汉印务有限公司	5964	5711	104.4	5964	5711	104.4
安徽宣城海峰印刷包装公司	3043	2792	109.0	0	0	0.0
河南新华印刷集团有限公司	15209.9	15615.9	97.4	15162	15235.7	99.5
湖南天闻新华印务有限公司	95228	87673	108.6	95228	87673	108.6
广东新华印刷有限公司	16277	13821	117.8	16266	13370	121.7
广州华南印刷厂有限公司	8540	8636	98.9	7293	8665	84.2
深圳市德立隆印刷公司	18.9	24.7	76.5	18.9	24.7	76.5
文圣彩印(深圳)有限公司	3032.9	541.8	559.8	3664.3	621.9	589.2
东莞金杯印刷有限公司	19030.9	15306	124.3	18612.3	16934.1	109.9
广西民族印刷包装集团公司	6588	0	0.0	6588	0	0.0
重庆新华印刷厂	1980	2238	88.5	2033	3067	66.3
成都君区印务有限公司	512	334	153.3	403	606	66.5
四川新华印刷有限公司	4111	3134	131.2	2284	2408	94.9
自贡兴华印务有限公司	1468	1746	84.1	1468	1746	84.1
云南新华印刷实业总公司	7582	8342	90.9	9654	9248	104.4

（续）

工业增加值（万元）			主营业务收入（万元）			成本费用总额（万元）		
2012 年	2011 年	同比（%）	2012 年	2011 年	同比（%）	2012 年	2011 年	同比（%）
2750	3235	85.0	11643	12823	90.8	10677	11457	93.2
1453	1442	100.8	2615	2647	98.8	2535	2552	99.3
800	754	106.1	1431	1635	87.5	1049	1106	94.8
0	0	0.0	2142	0	0.0	2392	0	0.0
1839	2431	75.6	3661	3802	96.3	2728	3583	76.1
47265.62	45689.63	103.4	66521.56	60474.14	110.0	43904.23	39548.65	111.0
4503	3946	114.1	5475	5367	102.0	4832	4718	102.4
4890	4818	101.5	33231.9	28286	117.5	33901.6	28599	118.5
0	0	0.0	5599	5997	93.4	5099	5511	92.5
1705	1719	99.2	5523	5343	103.4	4750	4703	101.0
15226	15349	99.2	29347	35250	83.3	28897	34629	83.4
407	502	81.1	1951	2420	80.6	3141	3525	89.1
1182	1313	90.0	2278	2218	102.7	1911	1751	109.1
791	700	113.0	2172	1960	110.8	2330	2076	112.2
10946	9042	121.1	26384	26506	99.5	23293	21327	109.2
1857	1672	111.1	6040	5866	103.0	7331	7539	97.2
10651	7766	137.1	62079	57469	108.0	62910	56769	110.8
1452	1788.5	81.2	4448.2	5479.2	81.2	3343.4	4755.5	70.3
8383.3	7927.2	105.8	9433.6	7852.7	120.1	10003.3	8526.5	117.3
1343	1362	98.6	3534	3216	109.9	3907	3651	107.0
4520	6640	68.1	24695	24811	99.5	25228	25509	98.9
29107	36664	79.4	48827	44723	109.2	8567	5929	144.5
2572	2422	106.2	5049	4916	102.7	5409	5363	100.9
212	75	282.7	3004	2792	107.6	2236	2083	107.3
10243.7	9726.9	105.3	17655.2	17930.5	98.5	16342.9	16693.5	97.9
26076	29672	87.9	89820.39	84764	106.0	83661.91	78549.63	106.5
9086	8366	108.6	16633	13558.7	122.7	12864.5	8831	145.7
2596	1750	148.3	7293	9267	78.7	6854	8017	85.5
18.9	24.7	76.5	18.9	24.7	76.5	45.2	48.5	93.2
0	0	0.0	3664.3	621.9	589.2	3629.8	609.6	595.4
6181.4	4136.1	149.4	18612.3	16934.1	109.9	14429.9	13858.2	104.1
0	0	0.0	6588	11970	55.0	8204	12031	68.2
0	719	0.0	2558	3148	81.3	5780	4570	126.5
472	–24	0.0	403	606	66.5	463	825	56.1
1831	1378	132.9	2284	2408	94.9	2201	2576	85.4
735	846	86.9	1468	1478	99.3	1467	1935	75.8
3366	4347	77.4	9654	9248	104.4	5975	4954	120.6

单位名称	工业总产值（万元）			工业销售产值（万元）		
	2012年	2011年	同比（%）	2012年	2011年	同比（%）
云南国防印刷厂	9947	10445	95.2	9947	10445	95.2
贵州新华印刷厂	7559	8191	92.3	8356	8155	102.5
西安新华印务有限公司	8415	8170	103.0	7844	7881	99.5
中闻集团西安印务有限公司	6591	6348	103.8	6700	6415	104.4
甘肃新华印刷厂	6992	7347	95.2	7382	7020	105.2
四川新华彩色印务公司	10742	10816	99.3	10742	10816	99.3
甘肃云盛印刷有限公司	1000	950	105.3	930	883	105.3
兰州奥林印刷有限责任公司	1029	1649	62.4	1132	1429	79.2
甘肃天地印务有限公司	1912	3336	57.3	1912	3336	57.3
甘肃日报集团印务分公司	11075	9194	120.5	11075	9194	120.5
兰州新华印刷厂	7049	6852	102.9	9900	9200	107.6
天水新华印刷厂	4021	5699	70.6	3949	5561	71.0
青海新华印刷厂	874	968	90.3	874	968	90.3
新疆新华印刷厂	6677	6499	102.7	7444	6568	113.3
新疆八艺印刷厂	1983	1630	121.7	1983	1630	121.7
新疆新华印刷二厂	906	1004	90.2	1032	1012	102.0
西藏新华印刷厂	3790	3528	107.4	3790	3528	107.4
拉萨明鑫印刷有限责任公司	1286	1083	118.7	1286	1083	118.7
内蒙古爱信达教育印务公司	5700	5700	100.0	5700	5700	100.0
浙江新华数码印务公司	20574	18935	108.7	20672	19207	107.6

数据来源：中国印刷设备及器材工业协会书刊印刷专业委员会。

（续）

工业增加值（万元）			主营业务收入（万元）			成本费用总额（万元）		
2012年	2011年	同比（%）	2012年	2011年	同比（%）	2012年	2011年	同比（%）
3904	4100	95.2	11088	11337	97.8	10854	10953	99.1
2787	3478	80.1	9140	8209	111.3	11854	8735	135.7
2400	2400	100.0	8245	7565	109.0	8198	8050	101.8
3142	2658	118.2	6700	6145	109.0	6894	6838	100.8
4274	3917	109.1	7609	7809	97.4	7674	7685	99.9
3075	3458	88.9	10742	10816	99.3	11130	10979	101.4
382	367	104.1	1142	987	115.7	1146	988	116.0
234	383	61.1	1132	1429	79.2	1219	1515	80.5
2211	3825	57.8	1912	3336	57.3	1908	3302	57.8
4010	2528	158.6	11075	9194	120.5	7257	7063	102.7
4401	3726	118.1	9096	8800	103.4	5229	4917	106.3
578	1185	48.8	3949	5561	71.0	5082	5544	91.7
880	1301	67.6	874	968	90.3	727	569	127.8
3031	2848	106.4	7444	6632	112.2	8645	8049	107.4
457	315	145.1	2282	1744	130.8	2255	1636	137.8
290	275	105.5	1032	1012	102.0	1322	1402	94.3
2079	1558	133.4	3790	3528	107.4	3529	3930	89.8
584	487	119.9	1286	1083	118.7	1156	1029	112.3
0	0	0.0	5143	4987	103.1	4685	4567	102.6
6097	3601	169.3	20812	19207	108.4	21256	19624	108.3

2012年全国128家骨干书刊印刷（含其他印刷）

单位名称	工业企业中间投入（万元）			工资总额（万元）		
	2012年	2011年	同比（%）	2012年	2011年	同比（%）
北京隆达印刷包装集团	41175	37750	109.1	8074	6995	115.4
北京印刷一厂	1083	1299	83.3	1188	1095	108.5
北京印刷二厂	6546	7609	86.0	1734	1641	105.7
北京利丰雅高长城印刷公司	33547	28842	116.3	5151	4259	120.9
天津出版传媒集团公司	2702	2422	111.6	2435	2464	98.9
天津新华一印刷有限公司	308	291	105.8	835	825	101.2
天津新华二印刷有限公司	614	689	89.1	708	666	106.3
天津新华印刷三厂	934	872	107.1	297	324	91.7
天津金彩美术印刷有限公司	846	570	148.6	595	649	91.8
天津高教出版社印刷厂	3370	2268	148.6	1098	1017	108.0
上海印刷（集团）公司	20533	22538	91.1	4658	5015	92.9
上海新华印刷有限公司	1684	1143	147.3	724	646	112.1
上海市印刷三厂	2410	2548	94.6	778	948	82.1
上海中华印刷有限公司	15987	18391	86.9	2761	3103	89.0
上海市印刷四厂	452	457	98.9	395	318	124.2
北京新华印刷有限公司	17022	11425	149.0	2965	2749	107.9
中印南方印刷有限公司	6124	6743	90.8	835	721	115.8
京华印刷厂	249	1431	17.4	440	395	111.4
北京一二〇一印刷厂	3919	3185	123.0	1671	1586	105.4
解放军一二〇五工厂	1984	1963	101.1	1014	835	121.5
解放军报印刷厂	7529	6588	114.3	2232	1857	120.2
北京凌奇印刷有限公司	4262	4263	100.0	1888	1814	104.1
北京金盾印刷厂	3269	3401	96.1	1542	1216	126.7
海军政治部印刷厂	1054	1124	93.8	455	396	114.9
廊坊一二〇六印刷厂	2586	2869	90.1	845	852	99.1
北京国防印刷厂	1175	1102	106.6	385	341	112.9
北京交通印务实业公司	1692	2360	71.7	629	640	98.3
人民教育出版社印刷厂	1474	2084	70.7	1538	1549	99.3
人民日报社印刷厂	6193	6012	103.0	5186	4402	117.8
煤炭工业出版社印刷厂	901	1124	80.1	444	412	107.7
中国农业出版社印刷厂	2137	2163	98.8	1218	1174	103.7
北京建筑工业印刷厂	588	545	107.8	475	493	96.3
北京机工印刷厂	928	0	0.0	730	746	97.9
中青印刷厂	2117	3068	69.0	1197	1187	100.8

企业经济效益完成情况汇总表（四）

资产总额（万元）			负债总额（万元）			期末所有者权益（万元）			应交增值税（万元）		
2012 年	2011 年	同比（%）	2012 年	2011 年	同比（%）	2012 年	2011 年	同比（%）	2012 年	2011 年	同比（%）
60872	56968	106.9	40266	36838	109.3	20606	20130	102.4	2836	1173	241.7
5253	5407	97.1	4318	4477	96.5	936	931	100.5	123	93	131.8
13081	12268	106.6	7684	7271	105.7	5397	4997	108.0	599	352	170.0
42538	39293	108.3	28264	25091	112.6	14274	14202	100.5	2114	728	290.4
33497	22569	148.4	26452	17073	154.9	7045	5496	128.2	156	82	191.2
10701	7844	136.4	10133	5942	170.5	568	1902	29.9	47	128	36.7
5190	5616	92.4	6957	6834	101.8	–1767	–1218	0.0	38	0	0.0
1493	1988	75.1	1304	834	156.4	189	1154	16.4	38	56	67.9
16113	7121	226.3	8058	3463	232.7	8055	3658	220.2	33		0.0
4035	5504	73.3	982	1394	70.4	3053	4110	74.3	391	253	154.5
72100	85929	83.9	44414	56162	79.1	27686	29767	93.0	887	1119	79.3
2397	2251	106.5	1680	983	170.9	717	1268	56.6	100	153	65.1
4484	4685	95.7	1258	1458	86.2	3226	3227	100.0	59	300	19.6
59744	76889	77.7	36399	52006	70.0	23345	24883	93.8	673	606	111.0
5475	2104	260.2	5078	1715	296.1	397	389	102.1	56	60	93.3
37759	33599	112.4	14022	9925	141.3	23737	23674	100.3	452		0.0
13147	12771	102.9	5841	5464	106.9	7306	7307	100.0	150	74	202.7
10285	10471	98.2	10285	10471	98.2	0	0	0.0	0	0	0.0
16878	16954	99.6	13713	13350	102.7	3165	3604	87.8	26	51	51.0
15036	14692	102.3	3327	2962	112.3	11709	11730	99.8	88	43	203.9
17280	16585	104.2	3443	2481	138.8	13837	14104	98.1	545	732	74.4
12020	12977	92.6	5456	5706	95.6	6564	7271	90.3	272	171	159.3
6137	6196	99.0	1158	1265	91.5	4979	4931	101.0	184	181	101.7
2499	2403	104.0	2219	1877	118.2	280	526	53.2	37	31	119.6
8573	8805	97.4	4970	5267	94.4	3603	3537	101.9	213	256	83.3
1324	1401	94.5	399	483	82.6	925	918	100.8	23	24	95.8
3493	3684	94.8	511	705	72.5	2982	2979	100.1	149	134	111.2
14259	12514	113.9	6447	3264	197.5	7812	9250	84.5	302	484	62.4
27160	26711	101.7	3712	4026	92.2	23448	22685	103.4	1444	586	246.5
2148	2247	95.6	1474	1484	99.3	675	764	88.3	34	95	35.5
7160	7765	92.2	5814	6422	90.5	1346	1343	100.3	206	357	57.8
4530	4145	109.3	5189	4430	117.1	–659	–285	0.0	64	66	96.3
1491	1427	104.4	547	485	112.7	944	942	100.2	84	107	78.6
5863	6499	90.2	3034	2911	104.2	2829	3588	78.9	143	143	100.3

单位名称	工业企业中间投入（万元）			工资总额（万元）		
	2012年	2011年	同比（%）	2012年	2011年	同比（%）
文物出版社印刷厂	460	490	93.9	384	353	108.8
北京中科印刷有限公司	7529	3262	230.8	2476	2174	113.9
北京外文印务有限公司	197	2121	9.3	484	522	92.7
北京人卫印刷厂	0	1328	0.0	1729	1153	150.0
新华通讯社印务有限公司	2529	3168	79.8	4149	3707	111.9
北京京安印刷厂	701	485	144.5	582	547	106.4
中国电影出版社印刷厂	1539	1378	111.7	438	420	104.3
北京轻工印刷厂	603	602	100.2	414	408	101.5
北京中兴印刷有限公司	404	285	141.8	220	218	100.9
清华大学印刷厂	457	731	62.5	818	781	104.7
北京大学印刷厂	268	219	122.0	575	366	157.0
北京毕诚彩印厂	239	656	36.4	52	108	48.1
北京佳信达欣艺术印刷公司	2197	2220	99.0	355	187	189.8
北京华联印刷有限公司	33509	36674	91.4	4044	4056	99.7
北京日邦印刷有限公司	14934	16837	88.7	1413	1428	99.0
北京画中画印刷有限公司	6279	6558	95.8	1696	1575	107.7
雅昌企业（集团）有限公司	58172	48858	119.1	12437	12368	100.6
北京顶佳世纪印刷有限公司	6951	5540	125.5	311	233	133.6
化学工业出版社印刷厂	731	705	103.7	712	615	115.8
北京盛通印刷股份有限公司	43752	39887	109.7	5808	4420	131.4
中国铁道出版社印刷厂	0	0	0.0	1362	1447	94.1
北京东港安全印刷有限公司	5494	4225	130.0	672	651	103.3
北京印刷学院实习工厂	132	127	104.1	116	131	88.8
北京联兴盛业印刷股份公司	4332	4224	102.6	1211	1251	96.8
山东新华印刷厂	5667	5709	99.3	1164	1207	96.4
山东临沂新华印刷物流集团	13817	9321	148.2	3154	2628	120.0
山东新华印刷厂潍坊厂	1364	1867	73.0	960	900	106.6
山东德州新华印务有限公司	2285	3411	67.0	1559	1503	103.7
中闻集团济南印务有限公司	3079	3692	83.4	1005	934	107.5
河北新华第一印刷有限公司	5549	5850	94.9	2369	2200	107.7
河北新华第二印刷有限公司	0	0	0.0	2142	2153	99.5
中国标准社秦皇岛印刷厂	1243	1013	122.7	705	687	102.6
保定五四三印刷厂	22081	20717	106.6	3376	3068	110.0
山西新华印业有限公司	6390	4652	137.4	1777	1666	106.6
山西人民印刷有限公司	6591	5185	127.1	2345	1998	117.3
沈阳新华印刷厂	3243	3779	85.8	1634	1563	104.5
东北印刷厂	1713	2501	68.5	1010	959	105.3

（续）

资产总额（万元）			负债总额（万元）			期末所有者权益（万元）			应交增值税（万元）		
2012年	2011年	同比（%）	2012年	2011年	同比（%）	2012年	2011年	同比（%）	2012年	2011年	同比（%）
3990	4002	99.7	788	818	96.3	3202	3184	100.6	33	46	71.7
29262	24081	121.5	10726	12015	89.3	18536	12066	153.6	792	873	90.7
4961	5036	98.5	1398	2586	54.0	3563	2450	145.4	116	167	69.5
10112	10416	97.1	4274	889	480.8	5838	9527	61.3	272	314	86.6
31887	29530	108.0	4904	6044	81.1	26983	23486	114.9	957	539	177.6
2907	2883	100.8	1174	1238	94.8	1733	1645	105.3	120	102	117.6
3016	2231	135.2	2663	1889	141.0	353	342	103.2	181	138	131.2
2092	2067	101.2	873	906	96.4	1219	1161	105.0	37	42	88.1
1462	1449	100.9	242	242	99.9	1220	1207	101.1	73	51	142.7
2319	2179	106.4	1230	1107	111.1	1089	1072	101.6	214	169	126.6
2030	1647	123.2	1056	556	190.1	974	1092	89.2	12	62	18.6
1258	1077	116.8	604	518	116.6	654	559	117.0	6	13	46.2
7160	6831	104.8	6927	6600	105.0	233	231	100.9	88	83	106.0
46455	45822	101.4	14094	13819	102.0	32361	32003	101.1	680	1486	45.8
19444	21996	88.4	4790	5652	84.7	14654	16344	89.7	414	677	61.2
18712	16321	114.6	12759	10392	122.8	5953	5929	100.4	151	88	170.7
100648	98887	101.8	64310	68176	94.3	36338	30712	118.3	5553	4804	115.6
14399	13077	110.1	8337	7054	118.2	6062	6023	100.7	182	156	116.8
8141	8302	98.1	2851	2405	118.5	5290	5897	89.7	135	103	131.1
88789	86735	102.4	32022	30742	104.2	56767	55993	101.4	955	983	97.2
16685	16351	102.0	10162	9881	102.8	6523	6470	100.8	571	457	124.9
18875	12000	157.3	9083	3433	264.6	9792	8567	114.3	896	741	121.0
109	127	86.2	292	313	93.2	-182	-186	0.0	23	22	106.4
26359	30218	87.2	11150	12023	92.7	15209	18195	83.6	568	577	98.4
30711	31406	97.8	17342	29457	58.9	13369	1949	685.9	570	116	491.4
35950	29707	121.0	24470	23593	103.7	11480	6114	187.8	958	826	116.0
5419	6162	87.9	4544	4569	99.5	875	1593	54.9	380	314	120.9
19658	10094	194.8	10132	5496	184.4	9526	4598	207.2	711	628	113.2
8553	8637	99.0	4766	4558	104.6	3788	4079	92.9	272	236	115.3
23433	24218	96.8	8683	8668	100.2	14750	15550	94.9	520	893	58.2
29937	19194	156.0	18050	7755	232.8	11887	11439	103.9	570	354	161.0
898	908	98.9	114	139	81.9	784	769	101.9	144	119	121.2
20325	18618	109.2	6312	6385	98.9	14013	12233	114.5	1324	1357	97.5
27322	20786	131.4	20181	13652	147.8	7141	7134	100.1	426	322	132.2
10279	9826	104.6	3689	3323	111.0	6590	6503	101.3	465	479	97.1
15631	16215	96.4	5763	5817	99.1	9868	10398	94.9	495	625	79.2
5750	6628	86.8	1882	1973	95.4	3868	4655	83.1	161	161	100.0

单位名称	工业企业中间投入（万元）			工资总额（万元）		
	2012年	2011年	同比（%）	2012年	2011年	同比（%）
长春新华印刷集团有限公司	8705	9508	91.6	2004	1773	113.0
延边新华印刷有限公司	1349	1320	102.2	774	722	107.2
长春第二新华印刷有限公司	776	810	95.8	355	381	93.2
黑龙江新华印刷集团	0	0	0.0	843	750	112.4
黑龙江新华印刷二厂	2272	1819	124.9	1028	916	112.2
安徽新华印刷股份公司	24886	22623	110.0	4949	4590	107.8
合肥远东印务有限公司	4605	4219	109.1	391	372	105.1
江西新华印刷集团有限公司	30512	25972	117.5	6858	4899	140.0
江西新华九江印刷总厂	0	0	0.0	1045	970	107.7
皖南海峰印刷包装有限公司	4431	4118	107.6	626	530	118.1
江苏新华印刷厂	14455	24717	58.5	5623	7543	74.5
江苏淮阴新华印刷厂	1641	1617	101.5	787	766	102.7
江苏徐州新华印刷厂	1034	1035	99.9	896	854	104.9
南通韬奋印刷有限公司	1290	839	153.8	401	389	103.1
南京爱德印刷有限公司	17719	17464	101.5	2930	2604	112.5
中闻集团南京印务有限公司	4403	4354	101.1	1249	1027	121.6
浙江印刷集团有限公司	25145	27320	92.0	3295	2901	113.6
常熟市华通印刷有限公司	74	76	97.2	1078	887	121.5
福建新华印刷有限公司	1205	1294	93.1	1452	1444	100.6
中闻集团福州印务有限公司	2223	2071	107.3	622	629	98.9
湖北新华印务有限公司	17160	18057	95.0	3201	3508	91.2
湖北日报社印刷厂	21279	11524	184.6	4958	2158	229.7
中闻集团武汉印务有限公司	3561	3544	100.5	1114	973	114.5
安徽宣城海峰印刷包装公司	0	0	0.0	467	350	133.4
河南新华印刷集团有限公司	6144	7057	87.1	5509	5230	105.3
湖南天闻新华印务有限公司	72733	58897	123.5	8348	7691	108.5
广东新华印刷有限公司	8393	6608	127.0	2827	2208	128.0
广州华南印刷厂有限公司	4980	4500	110.7	2284	1332	171.5
深圳市德立隆印刷公司	13	7	192.6	18	25	72.2
文圣彩印（深圳）有限公司	0	0	0.0	941	900	104.5
东莞金杯印刷有限公司	11035	11109	99.3	2844	2579	110.3
广西民族印刷包装集团公司	577	0	0.0	1414	0	0.0
重庆新华印刷厂	2242	1981	113.2	1009	974	103.6
成都君区印务有限公司	253	221	114.5	220	205	107.3
四川新华印刷有限公司	1475	1745	84.5	1030	933	110.4
自贡兴华印务有限公司	797	1000	79.7	440	754	58.4
云南新华印刷实业总公司	4354	4269	102.0	1792	1422	126.0

（续）

资产总额（万元）			负债总额（万元）			期末所有者权益（万元）			应交增值税（万元）		
2012年	2011年	同比（%）	2012年	2011年	同比（%）	2012年	2011年	同比（%）	2012年	2011年	同比（%）
29927	25462	117.5	22477	18268	123.0	7450	7194	103.6	297	397	74.8
4645	4763	97.5	1222	1389	88.0	3423	3374	101.5	263	276	95.3
3691	3785	97.5	1793	1881	95.3	1898	1904	99.7	123	151	81.5
3262	3946	82.7	4804	4031	119.2	–1542	–85	0.0	125	0	0.0
6485	6380	101.6	1252	773	162.0	5233	5607	93.3	394	362	108.8
82915	79919	103.7	36519	34946	104.5	46396	44972	103.2	3426	3357	102.1
12520	12650	99.0	8889	9448	94.1	3631	3202	113.4	146	138	105.8
78157	78127	100.0	41164	41658	98.8	36992	36469	101.4	558	610	91.5
4012	4095	98.0	704	801	87.9	3308	3294	100.4	33	27	122.2
12520	11500	108.9	8195	7525	108.9	4325	3975	108.8	635	464	136.9
44315	50251	88.2	13538	17713	76.4	30777	32538	94.6	2505	1883	133.0
3449	3993	86.4	2046	1954	104.7	1403	2039	68.8	122	194	62.9
2151	2261	95.1	2415	2131	113.3	–264	130	0.0	251	177	141.8
2224	2380	93.4	1737	1972	88.1	487	408	119.4	130	91	142.9
23708	25690	92.3	10572	13546	78.0	13136	12144	108.2	165	22	750.0
21701	20658	105.0	11509	10043	114.6	10192	10615	96.0	200	208	96.2
67431	66546	101.3	19142	18417	103.9	48289	48129	100.3	1867	1339	139.4
16275	15685	103.8	13346	10832	123.2	2929	4854	60.4	193	221	87.3
9889	8536	115.9	5255	3887	135.2	4635	4649	99.7	133	308	43.3
11266	10938	103.0	3610	3601	100.2	7656	7337	104.3	181	186	97.3
34782	33668	103.3	20909	13571	154.1	13873	20097	69.0	752	630	119.4
67116	64437	104.2	65206	62400	104.5	1910	2037	93.8	2855	2031	140.6
11886	12637	94.1	1092	1291	84.6	10794	11346	95.1	213	255	83.5
4664	4739	98.4	3213	3533	90.9	1451	1206	120.3	92	76	121.1
38250	38070	100.5	2853	3422	83.4	35397	34649	102.2	1178	1168	100.8
107649	95720	112.5	56903	49476	115.0	50747	46244	109.7	3581	3805	94.1
23208	20533	113.0	4972	6003	82.8	18236	14530	125.5	1202	1153	104.2
16470	17115	96.2	9273	9532	97.3	7197	7583	94.9	282	238	118.5
28	32	88.7	65	42	156.1	–37	–10	0.0	1	1	85.7
2774	992	279.6	387	381	101.6	2386	611	390.6	51		0.0
25632	24522	104.5	3520	3160	111.4	22112	21362	103.5	521	430	121.2
35365	20970	168.6	16224	12737	127.4	19141	8233	232.5	415	0	0.0
11553	16961	68.1	10945	14650	74.7	608	2311	26.3	162	179	90.5
11068	11142	99.3	1914	1946	98.4	9154	9196	99.5	26	62	41.9
28683	23299	123.1	25233	21855	115.5	3450	1444	238.9			0.0
762	3078	24.8	361	8769	4.1	401	–5691	0.0	55	100	55.0
20971	21739	96.5	9707	10365	93.7	11264	11374	99.0	139		0.0

单位名称	工业企业中间投入（万元）			工资总额（万元）		
	2012年	2011年	同比（%）	2012年	2011年	同比（%）
云南国防印刷厂	6584	6717	98.0	1726	1588	108.7
贵州新华印刷厂	4772	4713	101.3	2073	1885	110.0
西安新华印务有限公司	4676	4580	102.1	1585	1266	125.2
中闻集团西安印务有限公司	3819	4046	94.4	1273	1285	99.1
甘肃新华印刷厂	2987	3736	80.0	2064	1829	112.8
四川新华彩色印务公司	8136	7678	106.0	1340	1208	110.9
甘肃云盛印刷有限公司	655	620	105.6	80	81	98.8
兰州奥林印刷有限责任公司	1028	1266	81.2	120	109	110.1
甘肃天地印务有限公司	1908	3302	57.8	303	268	113.1
甘肃日报集团印务分公司	0	0	0.0	1646	1726	95.4
兰州新华印刷厂	5821	5644	103.1	1958	1903	102.9
天水新华印刷厂	3696	4455	83.0	1070	1295	82.6
青海新华印刷厂	40	30	133.3	481	3858	12.5
新疆新华印刷厂	4180	3932	106.3	2014	1922	104.8
新疆八艺印刷厂	1459	1366	106.8	688	611	112.6
新疆新华印刷二厂	616	729	84.5	313	280	111.8
西藏新华印刷厂	1711	1970	86.9	947	1010	93.8
拉萨明鑫印刷有限责任公司	753	628	119.9	230	151	152.3
内蒙古爱信达教育印务公司	1547	1524	101.5	1257	956	131.5
浙江新华数码印务公司	15168	15795	96.0	2100	1886	111.3

数据来源：中国印刷设备及器材工业协会书刊印刷专业委员会。

（续）

资产总额（万元）			负债总额（万元）			期末所有者权益（万元）			应交增值税（万元）		
2012 年	2011 年	同比（%）	2012 年	2011 年	同比（%）	2012 年	2011 年	同比（%）	2012 年	2011 年	同比（%）
15205	15638	97.2	6299	7180	87.7	8906	8458	105.3	295	394	74.9
12369	11834	104.5	5429	5976	90.8	6940	5858	118.5	583	536	108.8
13558	12636	107.3	12555	11572	108.5	1003	1064	94.3	362	229	158.1
20449	15048	135.9	15453	10102	153.0	4996	4946	101.0	291	289	100.7
10819	10408	103.9	6057	5828	103.9	4762	4580	104.0	269	306	87.9
18618	19110	97.4	11661	12273	95.0	6957	6837	101.8	470	319	147.3
1635	1477	110.7	885	723	122.4	750	754	99.5	37	48	77.1
3345	3561	93.9	551	678	81.3	2794	2883	96.9	23	0	0.0
2190	2867	76.4	1862	2540	73.3	328	327	100.3	6	0	0.0
12502	13386	93.4	−2215	1633	0.0	14717	11753	125.2	192	372	51.6
9198	8998	102.2	5016	4864	103.1	4182	4134	101.2	639	431	148.3
15951	16115	99.0	12188	11282	108.0	3763	4833	77.9	254	382	66.5
3605	482	747.9	1508	1762	85.6	2097	−1280	0.0	97	116	83.6
25627	24893	102.9	13295	13029	102.0	12332	11864	103.9	533	281	189.7
16954	18339	92.4	15369	16441	93.5	1585	1898	83.5		51	0.0
6671	3637	183.4	2157	1028	209.8	4514	2609	173.0	54	94	57.4
5210	5519	94.4	1606	2340	68.6	3604	3179	113.4	214	110	194.5
1714	1241	138.1	1221	1037	117.7	493	204	241.7	51	32	159.4
13048	12297	106.1	4307	4104	104.9	8741	8193	106.7	486	496	98.0
19782	20784	95.2	6396	6145	104.1	13386	14639	91.4	691	461	149.9

2012年全国128家骨干书刊印刷（含其他印刷）

单位名称	人均利税（元/人）			人均工资（元/人）		
	2012年	2011年	同比（%）	2012年	2011年	同比（%）
北京隆达印刷包装集团	27075	14376	188.3	46029	39102	117.7
北京印刷一厂	6150	4669	131.7	31767	28748	110.5
北京印刷二厂	40053	25959	154.3	46251	42513	108.8
北京利丰雅高长城印刷公司	30020	13620	220.4	51254	41673	123.0
天津出版传媒集团公司	-23125	-18432	0.0	26271	23710	110.8
天津新华一印刷有限公司	-44714	-26676	0.0	28114	24265	115.9
天津新华二印刷有限公司	-18394	-19218	0.0	25839	21694	119.1
天津新华印刷三厂	-8500	-6789	0.0	16500	17053	96.8
天津金彩美术印刷有限公司	-9017	-14312	0.0	33824	32104	105.4
天津高教出版社印刷厂	22411	23277	96.3	38936	34358	113.3
上海印刷（集团）公司	4215	10455	40.3	48273	47811	101.0
上海新华印刷有限公司	-25638	-199	0.0	41149	38916	105.7
上海市印刷三厂	4490	20673	21.7	51550	58531	88.1
上海中华印刷有限公司	13060	10843	120.4	49922	48336	103.3
上海市印刷四厂	8000	8734	91.6	46471	40253	115.4
北京新华印刷有限公司	6876	-8144	0.0	47746	38938	122.6
中印南方印刷有限公司	9692	8993	107.8	28596	25035	114.2
京华印刷厂	0	0	272.8	0	0	111.4
北京一二〇一印刷厂	9813	8692	112.9	52056	47485	109.6
解放军一二〇五工厂	10081	20825	48.4	68054	58371	116.6
解放军报印刷厂	18158	27871	65.2	78606	64711	121.5
北京凌奇印刷有限公司	8795	6952	126.5	41219	40485	101.8
北京金盾印刷厂	8231	9879	83.3	52439	36861	142.3
海军政治部印刷厂	-16563	-734	0.0	47396	36330	130.5
廊坊一二〇六印刷厂	16697	14580	114.5	43318	33298	130.1
北京国防印刷厂	2911	2813	103.5	24367	21313	114.3
北京交通印务实业公司	129703	-82063	0.0	62277	40000	155.7
人民教育出版社印刷厂	-61247	-95901	0.0	41680	45029	92.6
人民日报社印刷厂	53991	9000	599.9	114479	92863	123.3
煤炭工业出版社印刷厂	-8036	-6182	0.0	40382	34074	118.5
中国农业出版社印刷厂	9657	11249	85.9	43964	32434	135.6
北京建筑工业印刷厂	20316	17760	114.4	53977	48846	110.5
北京机工印刷厂	8026	7756	103.5	31615	29370	107.6

企业经济效益完成情况汇总表（五）

排字						书刊印刷					
产量（万字）			产值（万元）			产量（万令）			产值（万元）		
2012年	2011年	同比（%）	2012年	2011年	同比（%）	2012年	2011年	同比（%）	2012年	2011年	同比（%）
0	0	0.0	0	0	0.0	7.3	8.9	82.0	352	374.2	94.1
0	0	0.0	0	0	0.0	3.8	5.5	69.1	135.7	174.9	77.6
0	0	0.0	0	0	0.0	3.5	3.4	102.9	216.3	199.3	108.5
0	0	0.0	0	0	0.0	0	0	0.0	0	0	0.0
2023	2371	85.3	16.9	18.6	90.9	9.6	8.8	109.1	359.3	319	112.6
0	0	0.0	0	0	0.0	2.5	2	125.0	45	36	125.0
1922	2318	82.9	12	16	75.0	6	6	100.0	302	274	110.2
101	53	190.6	4.9	2.6	188.5	1.1	0.8	137.5	12.3	9	136.7
0	0	0.0	0	0	0.0	0	0	0.0	0	0	0.0
0	0	0.0	0	0	0.0	25	23	108.7	688	594	115.8
364	503	72.4	4	5	80.0	6.6	8.2	80.5	284	314.7	90.2
364	503	72.4	4	5	80.0	4.6	6.2	74.2	133	176.7	75.3
0	0	0.0	0	0	0.0	0	0	0.0	0	0	0.0
0	0	0.0	0	0	0.0	0	0	0.0	0	0	0.0
0	0	0.0	0	0	0.0	2	2	100.0	151	138	109.4
8	5	160.0	1049	567	185.0	36.6	27.1	135.1	819.1	640.8	127.8
0	0	0.0	0	0	0.0	31	34	91.2	1946	2520	77.2
0	0	0.0	0	0	0.0	0	0	0.0	0	0	0.0
4	5	80.0	75	83	90.4	8	13	61.5	251	332	75.6
0	0	0.0	0	0	0.0	0	0	0.0	0	0	0.0
0	0	0.0	0	0	0.0	0	0	0.0	0	0	0.0
1842	1466.4	125.6	87.93	77.95	112.8	28.47	25.95	109.7	941.05	956.08	98.4
8677	9128	95.1	240	214.8	111.7	18.2	16.5	110.3	591.5	534.8	110.6
2670	2890	92.4	35	40	87.5	4	5.5	72.7	195	252	77.4
0	0	0.0	0	0	0.0	0	0	0.0	0	0	0.0
2000	1200	166.7	100	98	102.0	5.8	7	82.9	202	210	96.2
0	0	0.0	0	0	0.0	6.3	9.1	69.2	248	416	59.6
687	148	464.2	9	9	100.0	22	34	64.7	482	743	64.9
3221	4938.9	65.2	41.1	61.9	66.4	1	1	100.0	28.5	31.5	90.5
0	0	0.0	0	0	0.0	3.9	5	78.0	216.6	233.1	92.9
9518	12723.9	74.8	73.2	172.8	42.4	17.3	22.5	76.9	602.8	1019.4	59.1
0	0	0.0	0	0	0.0	6.31	7.49	84.2	383.43	427.72	89.6
12330	14672	84.0	264.3	276.7	95.5	9.8	107461	0.0	699.4	710	98.5

单位名称	人均利税（元/人）			人均工资（元/人）		
	2012年	2011年	同比（%）	2012年	2011年	同比（%）
中青印刷厂	–18263	–17898	0.0	35838	31909	112.3
文物出版社印刷厂	7107	9766	72.8	31736	28468	111.5
北京中科印刷有限公司	20375	21387	95.3	30950	28987	106.8
北京外文印务有限公司	–55704	–60455	0.0	31809	36469	87.2
北京人卫印刷厂	15976	13308	120.1	51154	29338	174.4
新华通讯社印务有限公司	56807	42572	133.4	124970	107139	116.6
北京京安印刷厂	32400	37407	86.6	38800	33765	114.9
中国电影出版社印刷厂	22041	16337	134.9	44694	41584	107.5
北京轻工印刷厂	–5094	2288	0.0	39057	34576	113.0
北京中兴印刷有限公司	12049	10068	119.7	26805	24761	108.3
清华大学印刷厂	14679	12971	113.2	52436	44629	117.5
北京大学印刷厂	1219	7228	16.9	54771	36267	151.0
北京毕诚彩印厂	4545	13056	34.8	23636	30000	78.8
北京佳信达欣艺术印刷公司	8500	7037	120.8	29583	13852	213.6
北京华联印刷有限公司	17982	29353	61.3	56007	53363	105.0
北京日邦印刷有限公司	–55419	–102982	0.0	67290	62614	107.5
北京画中画印刷有限公司	7302	3813	191.5	52838	42680	123.8
雅昌企业（集团）有限公司	83329	57159	145.8	53380	53310	100.1
北京顶佳世纪印刷有限公司	41778	28191	148.2	34600	24798	139.5
化学工业出版社印刷厂	–14306	–20239	0.0	34067	24502	139.0
北京盛通印刷股份有限公司	52618	64372	81.7	56941	44737	127.3
中国铁道出版社印刷厂	22647	22647	100.0	50074	60798	82.4
北京东港安全印刷有限公司	348818	272359	128.1	49066	49687	98.7
北京印刷学院实习工厂	21600	15633	138.2	58100	43633	133.2
北京联兴盛业印刷股份公司	26436	21531	122.8	39967	31913	125.2
山东新华印刷厂	–672	–752	0.0	17373	18150	95.7
山东临沂新华印刷物流集团	32753	24830	131.9	37106	29864	124.3
山东新华印刷厂潍坊厂	–181	–10513	0.0	19990	18478	108.2
山东德州新华印务有限公司	8081	10957	73.8	21349	19171	111.4
中闻集团济南印务有限公司	4152	5570	74.5	25115	22951	109.4
河北新华第一印刷有限公司	8938	9211	97.0	22078	19947	110.7
河北新华第二印刷有限公司	13400	8063	166.2	25111	24245	103.6
中国标准社秦皇岛印刷厂	7333	6953	105.5	32625	29481	110.7
保定五四三印刷厂	63821	59497	107.3	43788	43519	100.6
山西新华印业有限公司	9480	7905	119.9	26163	24075	108.7
山西人民印刷有限公司	12472	17133	72.8	36929	31620	116.8

（续）

排字						书刊印刷					
产量（万字）			产值（万元）			产量（万令）			产值（万元）		
2012 年	2011 年	同比（%）	2012 年	2011 年	同比（%）	2012 年	2011 年	同比（%）	2012 年	2011 年	同比（%）
0	0	0.0	0	0	0.0	9.8	16.3	60.1	146.9	340.4	43.2
0	0	0.0	0	0	0.0	3	5	60.0	81	135	60.0
0	0	0.0	0	0	0.0	525	486	108.0	2962	2770	106.9
0	0	0.0	0	0	0.0	5.7	14.1	40.4	0	0	0.0
24627	22690	108.5	390	355	109.9	26	27	96.3	824	796	103.5
6508	7049	92.3	444	508	87.4	22	23	95.7	1095	996	109.9
6326	6991	90.5	101.2	111.9	90.4	1	1.3	76.9	23.7	29.2	81.2
0	0	0.0	0	0	0.0	47	57	82.5	2102	2539	82.8
0	0	0.0	0	0	0.0	0	0	0.0	0	0	0.0
1439	800	179.9	11	5.8	189.7	5.2	5.7	91.2	281.6	286.8	98.2
0	0	0.0	359	359	100.0	20	18	111.1	373	332	112.3
0	0	0.0	0	0	0.0	5.3	5.5	96.4	78	85.7	91.0
0	0	0.0	0	0	0.0	15	18	83.3	226	284	79.6
0	0	0.0	0	0	0.0	20	29	69.0	396	348	113.8
0	0	0.0	0	0	0.0	0	0	0.0	0	0	0.0
0	0	0.0	0	0	0.0	0	0	0.0	0	0	0.0
0	0	0.0	0	0	0.0	0	0	0.0	0	0	0.0
0	0	0.0	0	0	0.0	154	126.5	121.7	51645	46100	112.0
260	210	123.8	6	4.6	130.4	0.8	0.8	100.0	32	32	100.0
1761	6254	28.2	15	62.8	23.9	13	13.3	97.7	714	813.1	87.8
0	0	0.0	0	0	0.0	0	0	0.0	0	0	0.0
5352	6791.1	78.8	50.8	58.3	87.1	1	1.5	66.7	22.8	26.1	87.4
0	0	0.0	0	0	0.0	0	0	0.0	0	0	0.0
200	100	200.0	14.3	10	143.0	7.5	5	150.0	126	100	126.0
0	0	0.0	0	0	0.0	60	98.4	61.0	3897	4259.5	91.5
8728	11370	76.8	50	68	73.5	17	14	121.4	391	396	98.7
8838	8479.7	104.2	176.35	135.79	129.9	33.3	23.11	144.1	2935.2	442.34	663.6
2922	3694.5	79.1	27.8	33.1	84.0	4.7	5.8	81.0	132.8	111.1	119.5
2682	4138	64.8	43.1	70.3	61.3	13.1	13.2	99.2	297	297	100.0
1086	951	114.2	9.47	7.75	122.2	26.74	29.35	91.1	914.44	1062.19	86.1
0	2361.1	0.0	0	19.4	0.0	26	28.1	92.5	582	595.4	97.7
4134	4116	100.4	75	75	100.0	13	19	68.4	349	510	68.4
5173	8780.5	58.9	74.8	140.1	53.4	11	9.4	117.0	592.4	523.2	113.2
0	0	0.0	0	0	0.0	0	0	0.0	0	0	0.0
6540	7974	82.0	35	115	30.4	6	7	85.7	140	165	84.8
124	297.4	41.7	11	13	84.6	9	11.8	76.3	245	308	79.5

单位名称	人均利税（元/人）			人均工资（元/人）		
	2012年	2011年	同比（%）	2012年	2011年	同比（%）
沈阳新华印刷厂	4055	2202	184.2	31852	26269	121.3
东北印刷厂	–14751	–8808	0.0	29619	22407	132.2
长春新华印刷集团有限公司	24359	24464	99.6	35658	30675	116.2
延边新华印刷有限公司	17866	16571	107.8	30593	25786	118.6
长春第二新华印刷有限公司	10584	12025	88.0	23052	24114	95.6
黑龙江新华印刷集团	–22040	–1405	0.0	14097	1254	1124.0
黑龙江新华印刷二厂	20219	13424	150.6	22495	17821	126.2
安徽新华印刷股份公司	49975	47108	106.1	31601	29267	108.0
合肥远东印务有限公司	33010	32602	101.3	19949	18980	105.1
江西新华印刷集团有限公司	22287	22691	98.2	47527	32315	147.1
江西新华九江印刷总厂	21609	22216	97.3	30029	29042	103.4
皖南海峰印刷包装有限公司	73907	62170	118.9	29116	25000	116.5
江苏新华印刷厂	17336	15498	111.9	36442	38544	94.5
江苏淮阴新华印刷厂	–13627	3715	0.0	25719	23715	108.4
江苏徐州新华印刷厂	–2566	–1971	0.0	21487	20285	105.9
南通韬奋印刷有限公司	5922	5348	110.7	22402	20802	107.7
南京爱德印刷有限公司	66979	48904	137.0	68618	57105	120.2
中闻集团南京印务有限公司	13495	12697	106.3	40421	33783	119.6
浙江印刷集团有限公司	59274	59072	100.3	49849	45613	109.3
常熟市华通印刷有限公司	3660	9313	39.3	38230	30809	124.1
福建新华印刷有限公司	6469	9138	70.8	33227	30652	108.4
中闻集团福州印务有限公司	8915	7570	117.8	18240	17570	103.8
湖北新华印务有限公司	16284	18217	89.4	39913	43741	91.2
湖北日报社印刷厂	84608	88216	95.9	92500	40949	225.9
中闻集团武汉印务有限公司	11310	10344	109.3	33155	27880	118.9
安徽宣城海峰印刷包装公司	37905	34741	109.1	31554	25926	121.7
河南新华印刷集团有限公司	25862	23631	109.4	48623	42554	114.3
湖南天闻新华印务有限公司	71693	73531	97.5	48196	45084	106.9
广东新华印刷有限公司	79916	100906	79.2	45812	43465	105.4
广州华南印刷厂有限公司	22356	21909	102.0	65632	31790	206.5
深圳市德立隆印刷公司	600	600	100.0	17900	24800	72.2
文圣彩印（深圳）有限公司	2759	–3408	0.0	28018	18408	152.2
东莞金杯印刷有限公司	16347	9393	174.0	44031	39920	110.3
广西民族印刷包装集团公司	–15010		0.0	29275		
重庆新华印刷厂	–2402	–9578	0.0	14171	12833	110.4
成都君区印务有限公司	67460	232899	29.0	34921	29710	117.5

（续）

排字						书刊印刷					
产量（万字）			产值（万元）			产量（万令）			产值（万元）		
2012 年	2011 年	同比（%）	2012 年	2011 年	同比（%）	2012 年	2011 年	同比（%）	2012 年	2011 年	同比（%）
12552	9728	129.0	89	61	145.9	22	30	73.3	487	607	80.2
0	23	0.0	21	29	72.4	17	17	100.0	302	291	103.8
26	26	100.0	10	6	166.7	17	18	94.4	406	380	106.8
2830	2863	98.8	6	10	60.0	9	7	128.6	176	135	130.4
20	20	100.0	1	1	100.0	7	7	100.0	126	155	81.3
0	0	0.0	13	0	0.0	18	12	150.0	10	0	0.0
0	0	0.0	0	0	0.0	3	5	60.0	147	307	47.9
0	0	0.0	0	0	0.0	353	344.87	102.4	24190	23891.6	101.2
0	0	0.0	0	0	0.0	46	44	104.5	1955	1871	104.5
11270	11260	100.1	155	150	103.3	58	56	103.6	1050	1040	101.0
0	0	0.0	0	0	0.0	0	0	0.0	0	0	0.0
0	0	0.0	0	0	0.0	5.8	6.5	89.2	0	0	0.0
77243	20023	385.8	463	501	92.4	112	113	99.1	4574	4615	99.1
0	0	0.0	0	0	0.0	8.8	9.4	93.6	808.2	932	86.7
0	0	0.0	0	0	0.0	19	16	118.8	230	223	103.1
0	0	0.0	0	0	0.0	3.5	3.5	100.0	140	122.5	114.3
0	0	0.0	0	0	0.0	71	68	104.4	1071	1030	104.0
4381	729	601.0	15	5	300.0	48	47	102.1	3748	4082	91.8
0	0	0.0	0	0	0.0	30	21	142.9	1887	683	276.3
0	0	0.0	0	0	0.0	11.6	12.9	89.9	1029.1	1140.1	90.3
0	0	0.0	0	0	0.0	5.6	7.7	72.7	0	0	0.0
2547	2378	107.1	35	33	106.1	27	25	108.0	596	558	106.8
0	0	0.0	0	0	0.0	74	102	72.5	5878	7475	78.6
0	0	0.0	0	0	0.0	40	39	102.6	12400	12090	102.6
87270	81531	107.0	255	243	104.9	45	43	104.7	3481	3335	104.4
0	0	0.0	0	0	0.0	10	13.7	73.0	0	0	0.0
3752	4558.3	82.3	28.8	29.2	98.6	91.6	83.2	110.1	8197.2	6345.9	129.2
14669	15287	96.0	71.33	74.34	96.0	167	171	97.7	6681	6841	97.7
0	0	0.0	0	0	0.0	82.7	71.1	116.3	0	0	0.0
11544	906		17	13.6	125.0	15	215	7.0	386	1772	21.8
0	0	0.0	0	0	0.0	0.1	0.1	100.0	19.5	25.5	76.5
0	0	0.0	0	0	0.0	0	0	0.0	0	0	0.0
0	0	0.0	0	0	0.0	158.3	164.5	96.2	0	0	0.0
0	0	0.0	0	0	0.0	0	0	0.0	0	0	0.0
1	1	60.0	15	19	78.9	58	66	87.9	1597	1848	86.4
0	0	0.0	0	0	0.0	3	2.8	107.1	180	168	107.1

单位名称	人均利税（元/人）			人均工资（元/人）		
	2012年	2011年	同比（%）	2012年	2011年	同比（%）
四川新华印刷有限公司	58462	–26018	0.0	46606	42217	110.4
自贡兴华印务有限公司	3474	–6537	0.0	23158	29339	78.9
云南新华印刷实业总公司	–15907	18482	0.0	37806	28785	131.3
云南国防印刷厂	35634	37983	93.8	50914	45114	112.9
贵州新华印刷厂	14186	9350	151.7	29614	26624	111.2
西安新华印务有限公司	8678	8210	105.7	29190	24114	121.0
中闻集团西安印务有限公司	15958	7345	217.3	38114	36299	105.0
甘肃新华印刷厂	5432	5310	102.3	27892	23123	120.6
四川新华彩色印务公司	21086	24217	87.1	37326	38594	96.7
甘肃云盛印刷有限公司	15000	14615	102.6	26667	20769	128.4
兰州奥林印刷有限责任公司	–9231	–12000	0.0	18462	15571	118.6
甘肃天地印务有限公司	526	4474	11.8	39868	35263	113.1
甘肃日报集团印务分公司	154835	98473	157.2	60293	62764	96.1
兰州新华印刷厂	14820	8226	180.2	33875	26765	126.6
天水新华印刷厂	–8051	7741	0.0	18291	21512	85.0
青海新华印刷厂	6218	6311	98.5	24922	187282	13.3
新疆新华印刷厂	20491	14470	141.6	41186	37033	111.2
新疆八艺印刷厂	8802	11111	79.2	41198	35731	115.3
新疆新华印刷二厂	–10283	–2941	0.0	29528	23529	125.5
西藏新华印刷厂	31234	6176	505.7	40298	42437	95.0
拉萨明鑫印刷有限责任公司	18793	16545	113.6	39655	27455	144.4
内蒙古爱信达教育印务公司	67773	77217	87.8	57136	45094	126.7
浙江新华数码印务公司	37033	17434	212.4	70000	62039	112.8

数据来源：中国印刷设备及器材工业协会书刊印刷专业委员会。

（续）

排字						书刊印刷					
产量（万字）			产值（万元）			产量（万令）			产值（万元）		
2012 年	2011 年	同比（%）	2012 年	2011 年	同比（%）	2012 年	2011 年	同比（%）	2012 年	2011 年	同比（%）
993	1541	64.4	7	8	87.5	6	7	85.7	214	201	106.5
540	380	142.1	5	3	166.7	2.8	4	70.0	183	231	79.2
0	0	0.0	0	0	0.0	17	18	94.4	1386	1224	113.2
2500	2500	100.0	42	43	97.7	50	52	96.2	4501	5165	87.1
4433	4375	101.3	29	36	80.6	3	3.5	85.7	239	66	362.1
0	0	0.0	0	0	0.0	7.2	8	90.0	580	548	105.8
0	0	0.0	0	0	0.0	52.4	52.5	99.8	1479	1360	108.8
8750	5115	171.1	41	29	141.4	38	38	100.0	1775	1887	94.1
0	0	0.0	0	0	0.0	320	285	112.3	5446	5280	103.1
0	0	0.0	19	0	0.0	0.9	0	0.0	205	0	0.0
0	0	0.0	0	0	0.0	0.7	0.9	77.8	677	1055	64.2
0	0	0.0	0	0	0.0	11.66	9.72	120.0	0	0	0.0
378	459.3	82.3	0	0	0.0	0.2	0.3	66.7	0	0	0.0
1906	1610	118.4	42	24	175.0	31	33	93.9	2053	2214	92.7
2188	387	565.4	36	27	133.3	20	25	80.0	1338	1612	83.0
0	0	0.0	37.1	21.3	174.2	0	1.3	0.0	0	0	0.0
9904	14252	69.5	69	78	88.5	5	4	125.0	103	90	114.4
445	931	47.8	5	39	12.8	22	30	73.3	747	631	118.4
324	586	55.3	6	6	100.0	25	20	125.0	559	480	116.5
5656	5672	99.7	0	0	0.0	1	2	50.0	0	0	0.0
0	0	0.0	0	0	0.0	0	0	0.0	0	0	0.0
0	0	0.0	0	0	0.0	6	6.5	92.3	218	236	92.4
0	0	0.0	0	0	0.0	23	21	109.5	616	683	90.2

2012年全国128家骨干书刊印刷（含其他印刷）

单位名称	胶印印刷					
	产量（万对开色令）			产值（万元）		
	2012年	2011年	同比（%）	2012年	2011年	同比（%）
北京隆达印刷包装集团	899	712	126.3	13097	11632	112.6
北京印刷一厂	20	16	123.9	492	464	106.0
北京印刷二厂	13	16	78.5	1882	2699	69.7
北京利丰雅高长城印刷公司	866	679	127.5	10723	8469	126.6
天津出版传媒集团公司	87	78	111.4	2609	2587	100.8
天津新华一印刷有限公司	17	18	94.4	494	523	94.5
天津新华二印刷有限公司	34	30	113.3	694	797	87.1
天津新华印刷三厂	9	7	118.9	220	185	118.9
天津金彩美术印刷有限公司	27	23	119.7	1201	1082	111.0
天津高教出版社印刷厂	55	48	114.6	1273	982	129.6
上海印刷（集团）公司	457	524	87.2	6279	7483	83.9
上海新华印刷有限公司	25	26	94.7	547	681	80.3
上海市印刷三厂	0	0	0.0	0	0	0.0
上海中华印刷有限公司	425	488	87.0	5584	6567	85.0
上海市印刷四厂	7	9	77.8	149	235	63.4
北京新华印刷有限公司	248	184	134.3	3420	2882	118.7
中印南方印刷有限公司	33	20	165.0	1803	869	207.5
京华印刷厂	0	0	0.0	0	0	0.0
北京一二〇一印刷厂	4	7	57.1	174	216	80.6
解放军一二〇五工厂	31	23	134.9	1507	757	199.0
解放军报印刷厂	0	0	0.0	0	0	0.0
北京凌奇印刷有限公司	37	37	98.7	1250	1253	99.7
北京金盾印刷厂	53	46	114.6	1120	934	119.9
海军政治部印刷厂	2	2	75.0	55	65	84.6
廊坊一二〇六印刷厂	41	39	104.8	1390	1272	109.3
北京国防印刷厂	0	0	0.0	0	0	0.0
北京交通印务实业公司	0	0	0.0	0	0	0.0
人民教育出版社印刷厂	56	57	98.2	2607	2802	93.0
人民日报社印刷厂	0	0	100.0	17	31	55.7
煤炭工业出版社印刷厂	4	6	61.3	136	213	63.8
中国农业出版社印刷厂	15	16	94.3	46	600	7.6
北京建筑工业印刷厂	1	1	92.2	153	198	77.5
北京机工印刷厂	0	0	0.0	0	0	0.0

企业经济效益完成情况汇总表（六）

书刊装订						照相制版					
产量（万令）			产值（万元）			产量（四开块）			产值（万元）		
2012 年	2011 年	同比（%）	2012 年	2011 年	同比（%）	2012 年	2011 年	同比（%）	2012 年	2011 年	同比（%）
90	70	128.6	6123	5580	109.7	198806	170327	116.7	3400	2913	116.7
3	6	50.0	102	171	59.6	0	0	0.0	0	0	0.0
0	0	0.0	0	0	0.0	0	0	0.0	0	0	0.0
87	64	135.9	6021	5409	111.3	198806	170327	116.7	3400	2913	116.7
18	16	113.5	448	372	120.3	13074	15781	82.8	138	133	103.8
5	4	120.0	67	59	113.6	4221	3276	128.8	11	8	137.5
8	8	100.0	233	216	107.9	5053	4415	114.5	105	78	134.6
2	2	146.7	24	16	146.0	0	0	0.0	0	0	0.0
3	3	125.7	124	81	153.2	3800	8090	47.0	22	47	47.0
18	16	112.5	481	551	87.3	1593	2686	59.3	32	53	60.4
53	51	103.1	2024	2140	94.6	221862	183369	121.0	137	121	113.8
6	7	95.5	214	152	141.0	464	400	116.0	7	7	113.8
0	0	0.0	0	0	0.0	0	0	0.0	0	0	0.0
46	45	104.3	1810	1988	91.1	218998	179219	122.2	77	72	106.5
0	0	0.0	0	0	0.0	2400	3750	64.0	53	42	126.2
80	51	156.9	3334	2032	164.1	0	0	0.0	0	0	0.0
31	29	106.9	779	798	97.6	0	0	0.0	0	0	0.0
0	0	0.0	0	0	0.0	0	0	0.0	0	0	0.0
3	4	75.0	146	154	94.8	3890	3765	103.3	78	75	104.0
0	0	0.0	0	0	0.0	0	10250	0.0	0	199	0.0
0	0	0.0	0	0	0.0	0	0	0.0	0	0	0.0
31	28	109.9	704	701	100.5	13735	13495	101.8	179	175	101.8
24	21	113.5	861	727	118.4	8494	7000	121.3	115	88	130.4
2	3	71.4	41	46	89.1	34000	39200	86.7	65	80	81.3
1	0	863.6	79	6	1302.3	67960	66512	102.2	387	333	116.4
2	1	133.3	48	36	133.3	0	0	0.0	0	0	0.0
0	0	0.0	0	0	0.0	0	0	0.0	0	0	0.0
21	28	75.0	967	1112	87.0	0	0	0.0	209	159	131.4
5	5	93.8	45	45	101.3	5987	4841.3	123.7	41	34	120.2
1	1	100.0	48	50	96.2	1	1	100.0	17	19	92.5
13	16	79.8	683	801	85.3	0	0	0.0	0	0	0.0
3	4	78.1	96	96	99.5	0	0	0.0	0	0	0.0
0	0	0.0	0	0	0.0	0	0	0.0	0	0	0.0

单位名称	胶印印刷					
	产量（万对开色令）			产值（万元）		
	2012年	2011年	同比（%）	2012年	2011年	同比（%）
中青印刷厂	31	35	89.3	838	1268	66.1
文物出版社印刷厂	13	15	86.7	163	188	86.7
北京中科印刷有限公司	110	104	105.8	3683	3267	112.7
北京外文印务有限公司	0	0	0.0	0	0	0.0
北京人卫印刷厂	48	49	98.0	1397	1455	96.0
新华通讯社印务有限公司	1	1	100.0	7	13	53.8
北京京安印刷厂	2	2	90.9	25	35	72.7
中国电影出版社印刷厂	0	0	0.0	0	0	0.0
北京轻工印刷厂	0	0	0.0	0	0	0.0
北京中兴印刷有限公司	0	0	86.7	34	38	90.7
清华大学印刷厂	12	10	120.0	386	371	104.0
北京大学印刷厂	13	10	124.0	166	188	88.4
北京毕诚彩印厂	18	20	90.0	230	316	72.8
北京佳信达欣艺术印刷公司	214	301	71.1	1712	1806	94.8
北京华联印刷有限公司	1119	1090	102.7	31841	35627	89.4
北京日邦印刷有限公司	494	639	77.3	16222	19444	83.4
北京画中画印刷有限公司	99	110	90.6	2585	2853	90.6
雅昌企业（集团）有限公司	227	205	110.9	18780	18440	101.8
北京顶佳世纪印刷有限公司	41	42	97.6	3700	3730	99.2
化学工业出版社印刷厂	7	3	224.2	316	193	163.9
北京盛通印刷股份有限公司	1210	1050	115.2	0	0	0.0
中国铁道出版社印刷厂	30	29	102.7	451	369	122.3
北京东港安全印刷有限公司	0	0	0.0	0	0	0.0
北京印刷学院实习工厂	9	6	153.3	145	120	120.8
北京联兴盛业印刷股份公司	60	98	61.0	3897	4260	91.5
山东新华印刷厂	198	187	105.9	3304	2982	110.8
山东临沂新华印刷物流集团	318	251	126.8	6410	7240	88.5
山东新华印刷厂潍坊厂	102	104	97.4	2043	2243	91.1
山东德州新华印务有限公司	168	175	96.1	2597	2842	91.4
中闻集团济南印务有限公司	32	41	78.5	731	864	84.5
河北新华第一印刷有限公司	201	204	98.4	5001	3639	137.4
河北新华第二印刷有限公司	215	227	94.7	4300	4438	96.9
中国标准社秦皇岛印刷厂	12	10	124.7	316	303	104.1
保定五四三印刷厂	104	99	104.6	30413	24919	122.0
山西新华印业有限公司	197	203	97.0	2917	2952	98.8
山西人民印刷有限公司	180	169	106.7	4320	4049	106.7

（续）

书刊装订						照相制版					
产量（万令）			产值（万元）			产量（四开块）			产值（万元）		
2012 年	2011 年	同比（%）	2012 年	2011 年	同比（%）	2012 年	2011 年	同比（%）	2012 年	2011 年	同比（%）
4	11	36.2	47	230	20.3	4216	7468	56.5	47	99	47.4
1	1	100.0	40	40	100.0	0	0	0.0	0	0	0.0
470	459	102.4	3478	326	1066.9	0	0	0.0	270	256	105.5
0	0	0.0	0	0	0.0	0	0	0.0	0	0	0.0
19	18	105.6	598	444	134.7	24414	26552	91.9	33	43	76.7
4	6	66.7	172	110	156.4	32537	36868	88.3	651	737	88.3
1	1	100.0	13	13	102.3	0	0	0.0	0	0	0.0
0	0	0.0	0	0	0.0	0	0	0.0	0	0	0.0
0	0	0.0	0	0	0.0	0	0	0.0	0	0	0.0
6	7	83.3	169	186	90.9	0	0	0.0	0	0	0.0
10	11	90.9	262	272	96.3	0	0	0.0	0	0	0.0
0	0	0.0	0	0	0.0	12363	12537	98.6	247	251	98.6
10	20	50.0	50	120	41.7	1100	3200	34.4	20	64	31.3
216	274	78.8	540	548	98.5	23	15	153.3	369	234	157.7
0	0	0.0	0	0	0.0	0	0	0.0	0	0	0.0
0	0	0.0	0	0	0.0	7248	9279	78.1	145	186	78.1
59	50	118.6	2280	2055	110.9	41772	32698	127.8	835	654	127.7
60	51	119.4	21691	19362	112.0	516450	507100	101.8	10329	10142	101.8
1	1	100.0	60	60	100.0	0	0	0.0	0	0	0.0
11	10	115.5	348	360	96.8	0	0	0.0	0	0	0.0
0	0	0,0	0	0	0,0	0	0	0.0	0	0	0.0
7	8	96,1	226	223	101.5	109780	94140	116.6	350	322	108.8
0	0	0,0	0	0	0,0	0	0	0.0	0	0	0.0
14	10	140.0	66	40	165.0	13080	5000	261.6	17	10	167.0
40	37	108.7	1851	1946	95.2	24760	28100	88.1	503	562	89.5
42	39	107.7	1142	859	132.9	0	0	0.0	0	0	0.0
82	70	116.9	3400	2600	130.8	31251	29056	107.6	287	257	111.6
19	20	94.1	379	536	70.6	40020	38142	104.9	79	74	107.3
37	38	97.1	740	778	95.1	22410	22891	97.9	137	138	99.7
18	20	88.8	272	312	87.4	610	360	169.4	5	3	176.5
50	56	89.1	1282	1398	91.7	31238	41776	74.8	411	345	119.0
41	48	85.4	915	1064	86.0	21106	21061	100.2	118	118	100.0
8	7	117.2	293	249	117.6	0	0	0.0	0	0	0.0
0	0	0.0	0	0	0.0	1182	1367	86.5	3	21	12.2
27	28	96.4	664	627	105.9	7078	6741	105.0	31	21	147.6
40	38	105.3	1208	1146	105.4	0	0	0.0	0	0	0.0

单位名称	胶印印刷					
	产量（万对开色令）			产值（万元）		
	2012 年	2011 年	同比（%）	2012 年	2011 年	同比（%）
沈阳新华印刷厂	120	165	72.7	2170	2923	74.2
东北印刷厂	15	18	83.3	300	364	82.4
长春新华印刷集团有限公司	161	196	82.1	2815	3056	92.1
延边新华印刷有限公司	46	47	97.9	771	808	95.4
长春第二新华印刷有限公司	37	37	100.0	674	756	89.2
黑龙江新华印刷集团	26	66	39.4	176	0	0.0
黑龙江新华印刷二厂	109	86	126.7	2251	1970	114.3
安徽新华印刷股份公司	688	676	101.8	21475	20951	102.5
合肥远东印务有限公司	64	61	104.9	2286	2180	104.9
江西新华印刷集团有限公司	1235	1227	100.7	24690	24533	100.6
江西新华九江印刷总厂	0	0	0.0	18	0	0.0
皖南海峰印刷包装有限公司	2	1	133.3	0	0	0.0
江苏新华印刷厂	313	283	110.6	13395	12111	110.6
江苏淮阴新华印刷厂	17	22	76.2	425	473	89.9
江苏徐州新华印刷厂	29	28	103.6	555	554	100.2
南通韬奋印刷有限公司	34	35	97.1	1186	805	147.3
南京爱德印刷有限公司	31	29	107.6	525	504	104.2
中闻集团南京印务有限公司	29	28	103.6	1318	1422	92.7
浙江印刷集团有限公司	448	468	95.7	18152	17404	104.3
常熟市华通印刷有限公司	40	48	83.6	2817	3417	82.4
福建新华印刷有限公司	32	31	104.5	0	0	0.0
中闻集团福州印务有限公司	28	33	84.8	567	669	84.8
湖北新华印务有限公司	68	74	91.9	1326	1460	90.8
湖北日报社印刷厂	279	248	112.5	6975	6048	115.3
中闻集团武汉印务有限公司	25	24	104.2	1752	1691	103.6
安徽宣城海峰印刷包装公司	8	7	123.1	0	0	0.0
河南新华印刷集团有限公司	94	111	84.6	3688	3472	106.2
湖南天闻新华印务有限公司	1788	1630	109.7	30680	27970	109.7
广东新华印刷有限公司	30	27	109.6	0	0	0.0
广州华南印刷厂有限公司	129	30	430.0	1371	550	249.3
深圳市德立隆印刷公司	0	0	0.0	0	0	0.0
文圣彩印（深圳）有限公司	866	12	7279.8	3033	542	559.8
东莞金杯印刷有限公司	1	1	100.0	0	0	0.0
广西民族印刷包装集团公司	27	35	77.0	1160	1034	112.2
重庆新华印刷厂	13	14	92.9	301	322	93.5
成都君区印务有限公司	4	2	187.0	47	41	114.5

（续）

书刊装订						照相制版					
产量（万令）			产值（万元）			产量（四开块）			产值（万元）		
2012 年	2011 年	同比（%）	2012 年	2011 年	同比（%）	2012 年	2011 年	同比（%）	2012 年	2011 年	同比（%）
39	49	79.6	1009	1243	81.2	8	6	133.3	278	289	96.2
16	15	106.7	256	241	106.2	373	1652	22.6	5	24	20.8
36	36	100.0	950	996	95.4	94571	87640	107.9	200	210	95.2
18	16	112.5	362	332	109.0	1	2	50.0	23	22	104.5
11	11	100.0	239	279	85.7	100	100	100.0	3	3	100.0
10	13	76.9	74	0	0.0	2	0.6	333.3	58	0	0.0
18	17	105.9	694	611	113.6	17835	19248	92.7	187	191	97.9
326	319	102.2	4613	4508	102.3	333672	325534	102.5	2517	2466	102.1
50	48	104.2	1092	1047	104.3	0	0	0.0	0	0	0.0
228	224	101.8	4165	4146	100.5	26900	26200	102.7	190	180	105.6
0	0	0.0	0	0	0.0	0	0	0.0	0	0	0.0
3	8	37.5	0	0	0.0	0	0	0.0	0	0	0.0
71	301	23.6	1802	7640	23.6	121963	66213	184.2	695	1040	66.8
10	11	88.2	278	325	85.4	26000	24000	108.3	91	84	108.3
12	11	109.1	334	304	109.9	0	0	0.0	0	0	0.0
6	7	92.3	144	156	92.3	0	0	0.0	0	0	0.0
65	62	104.8	1547	1473	105.0	165886	157986	105.0	2307	2218	104.0
19	19	100.0	310	304	102.0	92474	0	0.0	669	6	#####
115	71	162.0	3745	2045	183.1	0	0	0.0	0	0	0.0
12	13	89.9	473	520	90.9	0	0	0.0	0	0	0.0
26	27	96.4	0	0	0.0	0	0	0.0	0	0	0.0
9	9	100.0	170	170	100.0	10556	6017	175.4	19	11	172.7
53	52	101.9	971	1057	91.9	151880	180856	84.0	319	460	69.3
27	23	117.4	511	480	106.5	365000	543007	67.2	2372	3529	67.2
19	18	105.6	197	195	101.0	25030	21733	115.2	279	247	113.0
0	0	0.0	0	0	0.0	0	0	0.0	0	0	0.0
102	96	107.2	2885	2931	98.5	81290	94135	86.4	308	320	96.2
246	234	105.3	4330	4113	105.3	115318	105627	109.2	1269	1162	109.2
77	64	121.1	0	0	0.0	0	0	0.0	0	0	0.0
28	34	82.4	567	624	90.9	28338	30424	93.1	459	498	92.2
0	0	0.0	0	0	0.0	0	0	0.0	0	0	0.0
0	0	0.0	0	0	0.0	0	0	0.0	0	0	0.0
3477	2658	130.8	0	0	0.0	0	0	0.0	0	0	0.0
6	26	24.3	53	293	18.1	0	0	0.0	0	0	0.0
18	19	94.7	408	437	93.4	1025	916	111.9	2	33	6.1
4	4	100.0	100	95	105.3	0	0	0.0	0	0	0.0

单位名称	胶印印刷					
	产量（万对开色令）			产值（万元）		
	2012 年	2011 年	同比（%）	2012 年	2011 年	同比（%）
四川新华印刷有限公司	78	69	113.0	3302	2789	118.4
自贡兴华印务有限公司	42	54	77.8	924	1134	81.5
云南新华印刷实业总公司	51	64	79.7	1615	1514	106.7
云南国防印刷厂	80	86	93.0	3685	4325	85.2
贵州新华印刷厂	222	230	96.5	4772	4696	101.6
西安新华印务有限公司	153	150	102.0	6200	6440	96.3
中闻集团西安印务有限公司	36	36	99.7	656	675	97.2
甘肃新华印刷厂	33	41	80.5	678	828	81.9
四川新华彩色印务公司	391	363	107.7	4035	4007	100.7
甘肃云盛印刷有限公司	2	0	0.0	625	0	0.0
兰州奥林印刷有限责任公司	0	1	80.0	552	594	92.9
甘肃天地印务有限公司	2	2	119.5	0	0	0.0
甘肃日报集团印务分公司	0	0	0.0	0	0	0.0
兰州新华印刷厂	47	37	127.0	994	709	140.2
天水新华印刷厂	98	117	83.8	383	646	59.3
青海新华印刷厂	40	34	117.4	485	496	97.7
新疆新华印刷厂	138	125	110.8	3441	3342	102.9
新疆八艺印刷厂	22	21	104.8	683	645	105.9
新疆新华印刷二厂	5	3	166.7	81	26	311.5
西藏新华印刷厂	39	32	121.9	0	0	0.0
拉萨明鑫印刷有限责任公司	0	0	0.0	0	0	0.0
内蒙古爱信达教育印务公司	178	175	101.7	4095	3963	103.3
浙江新华数码印务公司	329	287	114.6	5188	4371	118.7

注：1. 参加资料汇编企业情况说明。本资料共汇集了全国 128 家书刊印刷（含其他印刷）企业 2012 年主要经济效益指标完成情况。这些企业分布在全国 29 个省、自治区、直辖市。其中：北京隆达印刷包装集团 4 家，天津新闻出版局 5 家，上海印刷（集团）有限公司 5 家，在京部队印刷企业 7 家，中央在京各部委印刷企业及其他在京印刷企业 33 家，分布在各省、自治区的印刷企业 74 家。

2. 主要经济指标总量完成情况统计。工业总产值（现价）：119 亿元，工业销售产值（现价）：123 亿元，工业增加值（生产法）：46 亿元，主营业务收入：128 亿元，实现利税：12.4 亿元，利润总额：4.9 亿元，人均创利税：24285 元 / 人，年人均工资：40432 元 / 人。

3. 主要产品产量完成情况统计。照相排字：39.7 亿字，书刊印刷：3629 万令，胶印印刷：16329 万对开色令，书刊装订：7276 万令。

（供稿单位：中国印刷及设备器材工业协会书刊印刷专业委员会、北京印刷协会、中国人民解放军印刷协会）

（续）

书刊装订						照相制版					
产量（万令）			产值（万元）			产量（四开块）			产值（万元）		
2012年	2011年	同比（%）	2012年	2011年	同比（%）	2012年	2011年	同比（%）	2012年	2011年	同比（%）
16	15	106.7	481	141	341.1	82	120	68.3	1	1	100.0
12	15	80.0	350	372	94.1	6860	7100	96.6	6	6	100.0
26	25	104.0	974	906	107.5	0	0	0.0	0	0	0.0
13	16	81.3	566	603	93.9	754	683	110.4	52	47	110.6
30	30	100.0	862	858	100.5	24491	26039	94.1	135	144	93.8
25	25	100.0	431	423	101.9	80000	70000	114.3	245	218	112.4
18	18	99.4	249	230	108.2	160421	141496	113.4	939	863	108.8
24	28	85.7	473	527	89.8	45489	38444	118.3	102	99	103.0
46	39	117.9	1681	1557	108.0	183688	170788	107.6	533	571	93.3
2	0	0.0	59	0	0.0	13000	0	0.0	23	0	0.0
1	2	75.0	1210	1600	75.6	0	0	0.0	0	0	0.0
18	15	120.0	0	0	0.0	36120	30100	120.0	0	0	0.0
0	0	0.0	0	0	0.0	0	0	0.0	0	0	0.0
38	37	102.7	856	713	120.1	12103	19287	62.8	143	250	57.2
17	23	73.9	385	463	83.2	4049	4043	100.1	239	40	597.5
0	0	0.0	72	66	109.2	0	0	0.0	54	35	155.9
25	23	107.3	662	562	117.8	45605	51013	89.4	265	264	100.4
4	5	80.0	70	80	87.5	6492	8877	73.1	68	154	44.2
7	7	100.0	100	103	97.1	628	774	81.1	6	5	120.0
4	6	66.7	0	0	0.0	18787	19548	96.1	0	0	0.0
0	0	0.0	0	0	0.0	0	0	0.0	0	0	0.0
30	28	103.9	1387	1301	106.6	0	0	0.0	0	0	0.0
71	63	112.7	2273	1877	121.1	0	0	0.0	0	0	0.0

分类统计

2012年全国124家骨干书刊印刷

排序	经济效益综合指数		实现利税	
	单位名称	%	单位名称	万元
1	北京东港安全印刷有限公司	511.4	雅昌企业（集团）有限公司	19416
2	湖北日报社印刷厂	467.0	湖南天闻新华印务有限公司	12417
3	甘肃日报集团印务分公司	417.2	安徽新华印刷股份公司	7826
4	四川新华印刷有限公司	339.7	北京盛通印刷股份有限公司	5367
5	安徽新华印刷股份公司	303.8	广东新华印刷有限公司	4931
6	广东新华印刷有限公司	285.2	保定五四三印刷厂	4921
7	南京爱德印刷有限公司	280.2	北京东港安全印刷有限公司	4779
8	新华通讯社印务有限公司	254.2	湖北日报社印刷厂	4535
9	成都君区印务有限公司	252.4	甘肃日报集团印务分公司	4227
10	甘肃天地印务有限公司	250.9	浙江印刷集团有限公司	3918
11	雅昌企业（集团）有限公司	238.0	江西新华印刷集团有限公司	3216
12	合肥远东印务有限公司	234.6	北京利丰雅高长城印刷公司	3017
13	人民日报社印刷厂	228.1	河南新华印刷集团有限公司	2930
14	保定五四三印刷厂	214.5	南京爱德印刷有限公司	2860
15	北京盛通印刷股份有限公司	214.2	山东临沂新华印刷物流集团	2784
16	浙江新华数码印务公司	208.1	江苏新华印刷厂	2675
17	湖南天闻新华印务有限公司	206.5	人民日报社印刷厂	2446
18	西藏新华印刷厂	189.3	新华通讯社印务有限公司	1886
19	皖南海峰印刷包装有限公司	186.3	北京中科印刷有限公司	1630
20	浙江印刷集团有限公司	180.6	皖南海峰印刷包装有限公司	1589
21	福建新华印刷有限公司	179.0	北京印刷二厂	1502
22	山东临沂新华印刷物流集团	175.2	内蒙古爱信达教育印务公司	1491
23	北京国防印刷厂	168.0	长春新华印刷集团有限公司	1369
24	黑龙江新华印刷二厂	163.5	北京交通印务实业公司	1310
25	解放军报印刷厂	162.2	湖北新华印务有限公司	1306
26	化学工业出版社印刷厂	161.9	北京华联印刷有限公司	1298
27	中国标准社秦皇岛印刷厂	161.3	四川新华印刷有限公司	1292
28	云南国防印刷厂	161.2	云南国防印刷厂	1208
29	拉萨明鑫印刷有限责任公司	160.1	河北新华第二印刷有限公司	1143
30	北京印刷学院实习工厂	155.9	浙江新华数码印务公司	1111
31	北京京安印刷厂	153.6	东莞金杯印刷有限公司	1056
32	北京金盾印刷厂	153.4	新疆新华印刷厂	1002
33	北京印刷二厂	148.2	贵州新华印刷厂	993
34	河南新华印刷集团有限公司	145.9	河北新华第一印刷有限公司	959

企业主要经济指标排行表（一）

利润总额		工业增加值		产品销售收入	
单位名称	万元	单位名称	万元	单位名称	万元
雅昌企业（集团）有限公司	11602	安徽新华印刷股份公司	47266	湖南天闻新华印务有限公司	89820
湖南天闻新华印务有限公司	8118	雅昌企业（集团）有限公司	32759	雅昌企业（集团）有限公司	80120
安徽新华印刷股份公司	4903	湖北日报社印刷厂	29107	安徽新华印刷股份公司	66522
北京盛通印刷股份有限公司	4253	湖南天闻新华印务有限公司	26076	浙江印刷集团有限公司	62079
甘肃日报集团印务分公司	4033	北京盛通印刷股份有限公司	16798	北京盛通印刷股份有限公司	50852
北京东港安全印刷有限公司	3793	江苏新华印刷厂	15226	湖北日报社印刷厂	48827
广东新华印刷有限公司	3550	南京爱德印刷有限公司	10946	北京利丰雅高长城印刷公司	42521
保定五四三印刷厂	2527	人民日报社印刷厂	10656	北京华联印刷有限公司	37132
南京爱德印刷有限公司	2143	浙江印刷集团有限公司	10651	江西新华印刷集团有限公司	33232
浙江印刷集团有限公司	1878	河南新华印刷集团有限公司	10244	山东临沂新华印刷物流集团	30687
江西新华印刷集团有限公司	1788	北京利丰雅高长城印刷公司	10233	江苏新华印刷厂	29347
湖北日报社印刷厂	1577	新华通讯社印务有限公司	9372	保定五四三印刷厂	28601
山东临沂新华印刷物流集团	1341	山东临沂新华印刷物流集团	9213	南京爱德印刷有限公司	26384
四川新华印刷有限公司	1292	保定五四三印刷厂	9175	湖北新华印务有限公司	24695
河南新华印刷集团有限公司	1085	广东新华印刷有限公司	9086	浙江新华数码印务公司	20812
东莞金杯印刷有限公司	1004	福建新华印刷有限公司	8383	北京新华印刷有限公司	20702
人民日报社印刷厂	838	北京东港安全印刷有限公司	6558	东莞金杯印刷有限公司	18612
新华通讯社印务有限公司	809	东莞金杯印刷有限公司	6181	河南新华印刷集团有限公司	17655
皖南海峰印刷包装有限公司	767	浙江新华数码印务公司	6097	北京东港安全印刷有限公司	17188
内蒙古爱信达教育印务公司	739	山西人民印刷有限公司	5726	广东新华印刷有限公司	16633
长春新华印刷集团有限公司	708	解放军报印刷厂	4996	北京日邦印刷有限公司	16334
北京利丰雅高长城印刷公司	694	江西新华印刷集团有限公司	4890	上海中华印刷有限公司	16108
云南国防印刷厂	642	北京中科印刷有限公司	4576	人民日报社印刷厂	15405
北京印刷二厂	603	湖北新华印务有限公司	4520	山西人民印刷有限公司	15086
北京中科印刷有限公司	561	合肥远东印务有限公司	4503	解放军报印刷厂	11980
上海新华印刷有限公司	551	兰州新华印刷厂	4401	长春新华印刷集团有限公司	11643
西藏新华印刷厂	500	甘肃新华印刷厂	4274	北京中科印刷有限公司	11610
化学工业出版社印刷厂	487	甘肃日报集团印务分公司	4010	云南国防印刷厂	11088
北京华联印刷有限公司	484	北京金盾印刷厂	3985	甘肃日报集团印务分公司	11075
江西新华九江印刷总厂	468	云南国防印刷厂	3904	新华通讯社印务有限公司	10944
黑龙江新华印刷二厂	450	山西新华印业有限公司	3848	四川新华彩色印务公司	10742
合肥远东印务有限公司	429	北京画中画印刷有限公司	3692	河北新华第二印刷有限公司	10704
河北新华第一印刷有限公司	376	沈阳新华印刷厂	3424	河北新华第一印刷有限公司	10586
河北新华第二印刷有限公司	354	云南新华印刷实业总公司	3366	山西新华印业有限公司	10114

排序	经济效益综合指数		实现利税	
	单位名称	%	单位名称	万元
35	东莞金杯印刷有限公司	145.1	黑龙江新华印刷二厂	924
36	江西新华九江印刷总厂	143.7	兰州新华印刷厂	857
37	北京利丰雅高长城印刷公司	139.4	北京联兴盛业印刷股份公司	801
38	兰州新华印刷厂	137.6	山西人民印刷有限公司	792
39	内蒙古爱信达教育印务公司	135.7	广州华南印刷厂有限公司	778
40	甘肃云盛印刷有限公司	135.0	四川新华彩色印务公司	757
41	山西人民印刷有限公司	133.0	江西新华九江印刷总厂	752
42	北京顶佳世纪印刷有限公司	132.8	西藏新华印刷厂	734
43	清华大学印刷厂	130.3	上海中华印刷有限公司	722
44	长春新华印刷集团有限公司	126.2	合肥远东印务有限公司	647
45	廊坊一二〇六印刷厂	125.1	山西新华印业有限公司	644
46	解放军一二〇五工厂	124.9	天津高教出版社印刷厂	632
47	北京中科印刷有限公司	124.9	中国铁道出版社印刷厂	616
48	北京画中画印刷有限公司	123.5	山东德州新华印务有限公司	590
49	延边新华印刷有限公司	123.5	安徽宣城海峰印刷包装公司	561
50	北京联兴盛业印刷股份公司	121.9	北京人卫印刷厂	540
51	中印南方印刷有限公司	121.3	中闻集团西安印务有限公司	533
52	四川新华彩色印务公司	117.5	解放军报印刷厂	516
53	中闻集团西安印务有限公司	116.1	北京京安印刷厂	486
54	上海新华印刷有限公司	116.0	西安新华印务有限公司	471
55	安徽宣城海峰印刷包装公司	115.1	延边新华印刷有限公司	452
56	文圣彩印（深圳）有限公司	114.8	北京新华印刷有限公司	427
57	中国电影出版社印刷厂	114.3	成都君区印务有限公司	425
58	广州华南印刷厂有限公司	112.9	中闻集团南京印务有限公司	417
59	江苏新华印刷厂	112.8	北京凌奇印刷有限公司	403
60	贵州新华印刷厂	112.7	甘肃新华印刷厂	402
61	山东新华印刷厂	112.6	中闻集团武汉印务有限公司	380
62	天津高教出版社印刷厂	109.7	北京顶佳世纪印刷有限公司	376
63	新疆新华印刷厂	104.5	廊坊一二〇六印刷厂	326
64	中闻集团武汉印务有限公司	103.5	北京一二〇一印刷厂	315
65	北京建筑工业印刷厂	103.2	中闻集团福州印务有限公司	304
66	湖北新华印务有限公司	101.9	中印南方印刷有限公司	283
67	甘肃新华印刷厂	100.8	福建新华印刷有限公司	283
68	北京佳信达欣艺术印刷公司	98.5	中国农业出版社印刷厂	268
69	北京中兴印刷有限公司	96.5	北京金盾印刷厂	242
70	北京机工印刷厂	95.4	北京画中画印刷有限公司	234
71	江西新华印刷集团有限公司	95.3	北京印刷一厂	230

（续）

利润总额		工业增加值		产品销售收入	
单位名称	万元	单位名称	万元	单位名称	万元
湖北新华印务有限公司	339	中闻集团西安印务有限公司	3142	北京画中画印刷有限公司	9821
贵州新华印刷厂	306	北京联兴盛业印刷股份公司	3107	云南新华印刷实业总公司	9654
安徽宣城海峰印刷包装公司	270	四川新华彩色印务公司	3075	福建新华印刷有限公司	9434
解放军一二〇五工厂	237	新疆新华印刷厂	3031	贵州新华印刷厂	9140
北京京安印刷厂	207	人民教育出版社印刷厂	2872	兰州新华印刷厂	9096
成都君区印务有限公司	204	中印南方印刷有限公司	2842	北京印刷二厂	8940
广州华南印刷厂有限公司	203	贵州新华印刷厂	2787	西安新华印务有限公司	8245
浙江新华数码印务公司	178	上海中华印刷有限公司	2766	山东新华印刷厂	7949
新疆新华印刷厂	160	长春新华印刷集团有限公司	2750	中印南方印刷有限公司	7817
延边新华印刷有限公司	131	河北新华第一印刷有限公司	2675	北京顶佳世纪印刷有限公司	7725
北京人卫印刷厂	130	北京印刷二厂	2627	甘肃新华印刷厂	7609
四川新华彩色印务公司	120	广州华南印刷厂有限公司	2596	新疆新华印刷厂	7444
山西人民印刷有限公司	119	中闻集团武汉印务有限公司	2572	广州华南印刷厂有限公司	7293
北京一二〇一印刷厂	103	山东德州新华印务有限公司	2497	中国铁道出版社印刷厂	7049
廊坊一二〇六印刷厂	87	北京新华印刷有限公司	2471	北京联兴盛业印刷股份公司	6802
北京新华印刷有限公司	63	西安新华印务有限公司	2400	中闻集团西安印务有限公司	6700
北京金盾印刷厂	63	北京国防印刷厂	2324	广西民族印刷包装集团公司	6588
北京联兴盛业印刷股份公司	62	北京外文印务有限公司	2217	中闻集团南京印务有限公司	6040
甘肃新华印刷厂	58	甘肃天地印务有限公司	2211	北京凌奇印刷有限公司	5879
北京顶佳世纪印刷有限公司	54	廊坊一二〇六印刷厂	2137	山东德州新华印务有限公司	5631
天津高教出版社印刷厂	52	西藏新华印刷厂	2079	江西新华九江印刷总厂	5599
中闻集团西安印务有限公司	50	中闻集团济南印务有限公司	2028	皖南海峰印刷包装有限公司	5523
拉萨明鑫印刷有限责任公司	47	中闻集团南京印务有限公司	1857	合肥远东印务有限公司	5475
兰州新华印刷厂	46	北京日邦印刷有限公司	1847	北京金盾印刷厂	5335
中国铁道出版社印刷厂	45	黑龙江新华印刷二厂	1839	内蒙古爱信达教育印务公司	5143
北京画中画印刷有限公司	42	四川新华印刷有限公司	1831	中闻集团武汉印务有限公司	5049
中闻集团南京印务有限公司	41	天津新华一印刷有限公司	1782	中闻集团济南印务有限公司	5018
文圣彩印（深圳）有限公司	30	北京凌奇印刷有限公司	1715	廊坊一二〇六印刷厂	4730
常熟市华通印刷有限公司	28	皖南海峰印刷包装有限公司	1705	常熟市华通印刷有限公司	4448
清华大学印刷厂	23	山东新华印刷厂潍坊厂	1677	沈阳新华印刷厂	4329
中闻集团福州印务有限公司	20	东北印刷厂	1592	人民教育出版社印刷厂	4043
中闻集团武汉印务有限公司	20	山东新华印刷厂	1578	天水新华印刷厂	3949
中国标准社秦皇岛印刷厂	20	延边新华印刷有限公司	1453	北京人卫印刷厂	3874
上海中华印刷有限公司	19	常熟市华通印刷有限公司	1452	北京一二〇一印刷厂	3809
北京凌奇印刷有限公司	18	清华大学印刷厂	1446	西藏新华印刷厂	3790
中印南方印刷有限公司	15	中闻集团福州印务有限公司	1343	文圣彩印（深圳）有限公司	3664
北京国防印刷厂	13	中国标准社秦皇岛印刷厂	1269	黑龙江新华印刷二厂	3661

排序	经济效益综合指数		实现利税	
	单位名称	%	单位名称	万元
72	中闻集团福州印务有限公司	93.5	清华大学印刷厂	229
73	南通韬奋印刷有限公司	92.3	中国电影出版社印刷厂	216
74	中闻集团南京印务有限公司	91.5	沈阳新华印刷厂	208
75	山西新华印业有限公司	90.5	北京机工印刷厂	185
76	长春第二新华印刷有限公司	88.3	北京建筑工业印刷厂	179
77	河北新华第一印刷有限公司	88.3	中闻集团济南印务有限公司	166
78	西安新华印务有限公司	87.9	长春第二新华印刷有限公司	163
79	自贡兴华印务有限公司	87.1	中国标准社秦皇岛印刷厂	158
80	北京毕诚彩印厂	85.9	解放军一二〇五工厂	150
81	北京新华印刷有限公司	85.6	新疆八艺印刷厂	147
82	北京一二〇一印刷厂	84.0	青海新华印刷厂	120
83	常熟市华通印刷有限公司	80.6	拉萨明鑫印刷有限责任公司	109
84	北京凌奇印刷有限公司	78.8	南通韬奋印刷有限公司	106
85	中闻集团济南印务有限公司	77.8	常熟市华通印刷有限公司	103
86	北京印刷一厂	76.7	北京佳信达欣艺术印刷公司	102
87	上海中华印刷有限公司	76.3	北京中兴印刷有限公司	99
88	云南新华印刷实业总公司	76.1	文圣彩印（深圳）有限公司	93
89	上海市印刷四厂	75.6	文物出版社印刷厂	86
90	北京华联印刷有限公司	66.9	上海市印刷四厂	68
91	河北新华第二印刷有限公司	66.7	上海市印刷三厂	68
92	山东德州新华印务有限公司	63.8	自贡兴华印务有限公司	66
93	中国农业出版社印刷厂	62.5	北京国防印刷厂	46
94	沈阳新华印刷厂	59.1	甘肃云盛印刷有限公司	45
95	上海市印刷三厂	57.8	北京印刷学院实习工厂	43
96	北京人卫印刷厂	57.4	北京大学印刷厂	13
97	北京日邦印刷有限公司	57.2	北京毕诚彩印厂	10
98	天津金彩美术印刷有限公司	55.3	甘肃天地印务有限公司	4
99	中国铁道出版社印刷厂	55.2	深圳市德立隆印刷公司	1
100	青海新华印刷厂	47.9	山东新华印刷厂潍坊厂	–9
101	文物出版社印刷厂	47.0	山东新华印刷厂	–45
102	海军政治部印刷厂	46.5	北京轻工印刷厂	–54
103	北京轻工印刷厂	46.4	兰州奥林印刷有限责任公司	–60
104	人民教育出版社印刷厂	45.6	煤炭工业出版社印刷厂	–88
105	兰州奥林印刷有限责任公司	39.7	江苏徐州新华印刷厂	–107
106	山东新华印刷厂潍坊厂	36.5	新疆新华印刷二厂	–109
107	新疆新华印刷二厂	19.4	天津新华印刷三厂	–153
108	北京外文印务有限公司	4.9	天津金彩美术印刷有限公司	–159

（续）

利润总额		工业增加值		产品销售收入	
单位名称	万元	单位名称	万元	单位名称	万元
中国电影出版社印刷厂	11	江苏徐州新华印刷厂	1182	中闻集团福州印务有限公司	3534
北京中兴印刷有限公司	11	天津高教出版社印刷厂	1139	天津高教出版社印刷厂	3388
北京建筑工业印刷厂	10	北京印刷一厂	1071	解放军一二〇五工厂	3152
山西新华印业有限公司	7	上海新华印刷有限公司	1045	中国电影出版社印刷厂	3123
上海市印刷四厂	6	解放军一二〇五工厂	1021	山东新华印刷厂潍坊厂	3072
西安新华印务有限公司	6	天津金彩美术印刷有限公司	1018	北京佳信达欣艺术印刷公司	3017
北京印刷一厂	5	化学工业出版社印刷厂	938	安徽宣城海峰印刷包装公司	3004
中国农业出版社印刷厂	5	海军政治部印刷厂	928	东北印刷厂	2990
北京印刷学院实习工厂	4	北京佳信达欣艺术印刷公司	908	中国农业出版社印刷厂	2824
北京毕诚彩印厂	3	青海新华印刷厂	880	中青印刷厂	2650
北京佳信达欣艺术印刷公司	3	天津新华二印刷有限公司	812	延边新华印刷有限公司	2615
甘肃天地印务有限公司	3	长春第二新华印刷有限公司	800	重庆新华印刷厂	2558
自贡兴华印务有限公司	3	南通韬奋印刷有限公司	791	上海市印刷三厂	2425
北京机工印刷厂	2	北京京安印刷厂	755	中国标准社秦皇岛印刷厂	2368
上海市印刷三厂	2	自贡兴华印务有限公司	735	北京国防印刷厂	2324
青海新华印刷厂	1	北京轻工印刷厂	714	北京外文印务有限公司	2298
长春第二新华印刷有限公司	0	中青印刷厂	621	四川新华印刷有限公司	2284
甘肃云盛印刷有限公司	–4	拉萨明鑫印刷有限责任公司	584	新疆八艺印刷厂	2282
福建新华印刷有限公司	–9	天水新华印刷厂	578	江苏徐州新华印刷厂	2278
文物出版社印刷厂	–12	北京交通印务实业公司	541	南通韬奋印刷有限公司	2172
深圳市德立隆印刷公司	–26	北京机工印刷厂	518	黑龙江新华印刷集团	2142
南通韬奋印刷有限公司	–47	北京建筑工业印刷厂	480	上海新华印刷有限公司	2132
煤炭工业出版社印刷厂	–88	成都君区印务有限公司	472	北京印刷一厂	2031
兰州奥林印刷有限责任公司	–89	新疆八艺印刷厂	457	清华大学印刷厂	2023
解放军报印刷厂	–94	北京一二〇一印刷厂	456	北京交通印务实业公司	2005
北京轻工印刷厂	–142	江苏淮阴新华印刷厂	407	江苏淮阴新华印刷厂	1951
北京大学印刷厂	–167	甘肃云盛印刷有限公司	382	甘肃天地印务有限公司	1912
天津新华印刷三厂	–183	北京中兴印刷有限公司	377	天津金彩美术印刷有限公司	1830
新疆新华印刷二厂	–192	上海市印刷四厂	324	海军政治部印刷厂	1575
天津金彩美术印刷有限公司	–199	北京大学印刷厂	314	天津新华二印刷有限公司	1496
海军政治部印刷厂	–200	新疆新华印刷二厂	290	化学工业出版社印刷厂	1479
中闻集团济南印务有限公司	–214	兰州奥林印刷有限责任公司	234	自贡兴华印务有限公司	1468
云南新华印刷实业总公司	–260	安徽宣城海峰印刷包装公司	212	天津新华一印刷有限公司	1459
山东德州新华印务有限公司	–370	北京毕诚彩印厂	122	长春第二新华印刷有限公司	1431
江苏徐州新华印刷厂	–394	中国农业出版社印刷厂	102	北京机工印刷厂	1362
山东新华印刷厂潍坊厂	–404	上海市印刷三厂	74	拉萨明鑫印刷有限责任公司	1286
新疆八艺印刷厂	–446	北京印刷学院实习工厂	55	北京京安印刷厂	1255

排序	经济效益综合指数		实现利税	
	单位名称	%	单位名称	万元
109	煤炭工业出版社印刷厂	4.9	海军政治部印刷厂	–159
110	广西民族印刷包装集团公司	–6.6	重庆新华印刷厂	–171
111	重庆新华印刷厂	–16.6	化学工业出版社印刷厂	–299
112	新疆八艺印刷厂	–17.3	江苏淮阴新华印刷厂	–417
113	天水新华印刷厂	–18.5	上海新华印刷有限公司	–451
114	北京大学印刷厂	–20.9	天水新华印刷厂	–471
115	北京交通印务实业公司	–22.8	东北印刷厂	–503
116	黑龙江新华印刷集团	–33.0	天津新华二印刷有限公司	–504
117	中青印刷厂	–34.4	中青印刷厂	–610
118	东北印刷厂	–37.1	广西民族印刷包装集团公司	–725
119	江苏淮阴新华印刷厂	–43.6	云南新华印刷实业总公司	–754
120	天津新华二印刷有限公司	–45.0	北京外文印务有限公司	–847
121	江苏徐州新华印刷厂	–50.5	北京日邦印刷有限公司	–1164
122	天津新华印刷三厂	–53.1	黑龙江新华印刷集团	–1318
123	深圳市德立隆印刷公司	–114.2	天津新华一印刷有限公司	–1328
124	天津新华一印刷有限公司	–135.3	人民教育出版社印刷厂	–2260

数据来源：中国印刷设备及器材工业协会书刊印刷专业委员会。

（续）

利润总额		工业增加值		产品销售收入	
单位名称	万元	单位名称	万元	单位名称	万元
沈阳新华印刷厂	–492	文物出版社印刷厂	38	甘肃云盛印刷有限公司	1142
天津新华二印刷有限公司	–550	深圳市德立隆印刷公司	19	兰州奥林印刷有限责任公司	1132
江苏淮阴新华印刷厂	–636	天津新华印刷三厂	0	煤炭工业出版社印刷厂	1052
山东新华印刷厂	–760	煤炭工业出版社印刷厂	0	新疆新华印刷二厂	1032
东北印刷厂	–787	北京人卫印刷厂	0	青海新华印刷厂	874
江苏新华印刷厂	–822	中国电影出版社印刷厂	0	北京建筑工业印刷厂	849
北京外文印务有限公司	–847	北京华联印刷有限公司	0	天津新华印刷三厂	803
天水新华印刷厂	–848	北京顶佳世纪印刷有限公司	0	北京轻工印刷厂	786
重庆新华印刷厂	–853	中国铁道出版社印刷厂	0	北京中兴印刷有限公司	757
中青印刷厂	–909	河北新华第二印刷有限公司	0	上海市印刷四厂	733
天津新华一印刷有限公司	–1334	黑龙江新华印刷集团	0	北京大学印刷厂	591
北京交通印务实业公司	–1371	江西新华九江印刷总厂	0	文物出版社印刷厂	441
广西民族印刷包装集团公司	–1450	文圣彩印（深圳）有限公司	0	成都君区印务有限公司	403
黑龙江新华印刷集团	–1457	广西民族印刷包装集团公司	0	北京毕诚彩印厂	300
北京日邦印刷有限公司	–1703	重庆新华印刷厂	0	北京印刷学院实习工厂	233
人民教育出版社印刷厂	–1790	内蒙古爱信达教育印务公司	0	深圳市德立隆印刷公司	19

2012年全国124家骨干书刊印刷

排序	资产总额		人均利税	
	单位名称	万元	单位名称	元／人
1	湖南天闻新华印务有限公司	107649	北京东港安全印刷有限公司	348818
2	雅昌企业（集团）有限公司	100648	甘肃日报集团印务分公司	154835
3	北京盛通印刷股份有限公司	88789	北京交通印务实业公司	129703
4	安徽新华印刷股份公司	82915	湖北日报社印刷厂	84608
5	江西新华印刷集团有限公司	78157	雅昌企业（集团）有限公司	83329
6	浙江印刷集团有限公司	67431	广东新华印刷有限公司	79916
7	湖北日报社印刷厂	67116	皖南海峰印刷包装有限公司	73907
8	上海中华印刷有限公司	59744	湖南天闻新华印务有限公司	71693
9	北京华联印刷有限公司	46455	内蒙古爱信达教育印务公司	67773
10	江苏新华印刷厂	44315	成都君区印务有限公司	67460
11	北京利丰雅高长城印刷公司	42538	南京爱德印刷有限公司	66979
12	河南新华印刷集团有限公司	38250	保定五四三印刷厂	63821
13	北京新华印刷有限公司	37759	浙江印刷集团有限公司	59274
14	山东临沂新华印刷物流集团	35950	四川新华印刷有限公司	58462
15	广西民族印刷包装集团公司	35365	新华通讯社印务有限公司	56807
16	湖北新华印务有限公司	34782	人民日报社印刷厂	53991
17	新华通讯社印务有限公司	31887	北京盛通印刷股份有限公司	52618
18	山东新华印刷厂	30711	安徽新华印刷股份公司	49975
19	河北新华第二印刷有限公司	29937	北京顶佳世纪印刷有限公司	41778
20	长春新华印刷集团有限公司	29927	北京印刷二厂	40053
21	北京中科印刷有限公司	29262	安徽宣城海峰印刷包装公司	37905
22	四川新华印刷有限公司	28683	浙江新华数码印务公司	37033
23	山西新华印业有限公司	27322	云南国防印刷厂	35634
24	人民日报社印刷厂	27160	合肥远东印务有限公司	33010
25	北京联兴盛业印刷股份公司	26359	山东临沂新华印刷物流集团	32753
26	东莞金杯印刷有限公司	25632	北京京安印刷厂	32400
27	新疆新华印刷厂	25627	西藏新华印刷厂	31234
28	南京爱德印刷有限公司	23708	北京利丰雅高长城印刷公司	30020
29	河北新华第一印刷有限公司	23433	北京联兴盛业印刷股份公司	26436
30	广东新华印刷有限公司	23208	河南新华印刷集团有限公司	25862
31	中闻集团南京印务有限公司	21701	长春新华印刷集团有限公司	24359
32	云南新华印刷实业总公司	20971	中国铁道出版社印刷厂	22647
33	中闻集团西安印务有限公司	20449	天津高教出版社印刷厂	22411
34	保定五四三印刷厂	20325	广州华南印刷厂有限公司	22356

企业主要经济指标排行表（二）

人均工资		胶印印刷		书刊印刷	
单位名称	元/人	单位名称	万对开色令	单位名称	万令
新华通讯社印务有限公司	124970	湖南天闻新华印务有限公司	1788	北京中科印刷有限公司	525
人民日报社印刷厂	114479	江西新华印刷集团有限公司	1235	安徽新华印刷股份公司	353
湖北日报社印刷厂	92500	北京盛通印刷股份有限公司	1210	四川新华彩色印务公司	320
解放军报印刷厂	78606	北京华联印刷有限公司	1119	湖南天闻新华印务有限公司	167
浙江新华数码印务公司	70000	文圣彩印（深圳）有限公司	866	东莞金杯印刷有限公司	158
南京爱德印刷有限公司	68618	北京利丰雅高长城印刷公司	866	雅昌企业（集团）有限公司	154
解放军一二〇五工厂	68054	安徽新华印刷股份公司	688	江苏新华印刷厂	112
北京日邦印刷有限公司	67290	北京日邦印刷有限公司	494	河南新华印刷集团有限公司	92
广州华南印刷厂有限公司	65632	浙江印刷集团有限公司	448	广东新华印刷有限公司	83
北京交通印务实业公司	62277	上海中华印刷有限公司	425	湖北新华印务有限公司	74
甘肃日报集团印务分公司	60293	四川新华彩色印务公司	391	南京爱德印刷有限公司	71
北京印刷学院实习工厂	58100	浙江新华数码印务公司	329	北京联兴盛业印刷股份公司	60
内蒙古爱信达教育印务公司	57136	山东临沂新华印刷物流集团	318	江西新华印刷集团有限公司	58
北京盛通印刷股份有限公司	56941	江苏新华印刷厂	313	重庆新华印刷厂	58
北京华联印刷有限公司	56007	湖北日报社印刷厂	279	中闻集团西安印务有限公司	52
北京大学印刷厂	54771	北京新华印刷有限公司	248	云南国防印刷厂	50
北京建筑工业印刷厂	53977	雅昌企业（集团）有限公司	227	中闻集团南京印务有限公司	48
雅昌企业（集团）有限公司	53380	贵州新华印刷厂	222	中国电影出版社印刷厂	47
北京画中画印刷有限公司	52838	河北新华第二印刷有限公司	215	合肥远东印务有限公司	46
北京金盾印刷厂	52439	北京佳信达欣艺术印刷公司	214	中闻集团武汉印务有限公司	45
清华大学印刷厂	52436	河北新华第一印刷有限公司	201	湖北日报社印刷厂	40
北京一二〇一印刷厂	52056	山东新华印刷厂	198	甘肃新华印刷厂	38
上海市印刷三厂	51550	山西新华印业有限公司	197	北京新华印刷有限公司	37
北京利丰雅高长城印刷公司	51254	山西人民印刷有限公司	180	山东临沂新华印刷物流集团	33
北京人卫印刷厂	51154	内蒙古爱信达教育印务公司	178	中印南方印刷有限公司	31
云南国防印刷厂	50914	山东德州新华印务有限公司	168	兰州新华印刷厂	31
中国铁道出版社印刷厂	50074	长春新华印刷集团有限公司	161	浙江印刷集团有限公司	30
上海中华印刷有限公司	49922	西安新华印务有限公司	153	北京凌奇印刷有限公司	28
浙江印刷集团有限公司	49849	新疆新华印刷厂	138	中闻集团福州印务有限公司	27
北京东港安全印刷有限公司	49066	广州华南印刷厂有限公司	129	中闻集团济南印务有限公司	27
河南新华印刷集团有限公司	48623	沈阳新华印刷厂	120	北京人卫印刷厂	26
湖南天闻新华印务有限公司	48196	北京中科印刷有限公司	110	河北新华第一印刷有限公司	26
北京新华印刷有限公司	47746	黑龙江新华印刷二厂	109	天津高教出版社印刷厂	25
江西新华印刷集团有限公司	47527	保定五四三印刷厂	104	新疆新华印刷二厂	25

排序	资产总额		人均利税	
	单位名称	万元	单位名称	元/人
35	浙江新华数码印务公司	19782	江西新华印刷集团有限公司	22287
36	山东德州新华印务有限公司	19658	中国电影出版社印刷厂	22041
37	北京日邦印刷有限公司	19444	江西新华九江印刷总厂	21609
38	北京东港安全印刷有限公司	18875	北京印刷学院实习工厂	21600
39	北京画中画印刷有限公司	18712	四川新华彩色印务公司	21086
40	四川新华彩色印务公司	18618	新疆新华印刷厂	20491
41	解放军报印刷厂	17280	北京中科印刷有限公司	20375
42	新疆八艺印刷厂	16954	北京建筑工业印刷厂	20316
43	北京一二〇一印刷厂	16878	黑龙江新华印刷二厂	20219
44	中国铁道出版社印刷厂	16685	拉萨明鑫印刷有限责任公司	18793
45	广州华南印刷厂有限公司	16470	解放军报印刷厂	18158
46	常熟市华通印刷有限公司	16275	北京华联印刷有限公司	17982
47	天津金彩美术印刷有限公司	16113	延边新华印刷有限公司	17866
48	天水新华印刷厂	15951	江苏新华印刷厂	17336
49	沈阳新华印刷厂	15631	廊坊一二〇六印刷厂	16697
50	云南国防印刷厂	15205	东莞金杯印刷有限公司	16347
51	解放军一二〇五工厂	15036	湖北新华印务有限公司	16284
52	北京顶佳世纪印刷有限公司	14399	北京人卫印刷厂	15976
53	人民教育出版社印刷厂	14259	中闻集团西安印务有限公司	15958
54	西安新华印务有限公司	13558	甘肃云盛印刷有限公司	15000
55	中印南方印刷有限公司	13147	兰州新华印刷厂	14820
56	北京印刷二厂	13081	清华大学印刷厂	14679
57	内蒙古爱信达教育印务公司	13048	贵州新华印刷厂	14186
58	合肥远东印务有限公司	12520	中闻集团南京印务有限公司	13495
59	皖南海峰印刷包装有限公司	12520	河北新华第二印刷有限公司	13400
60	甘肃日报集团印务分公司	12502	上海中华印刷有限公司	13060
61	贵州新华印刷厂	12369	山西人民印刷有限公司	12472
62	北京凌奇印刷有限公司	12020	北京中兴印刷有限公司	12049
63	中闻集团武汉印务有限公司	11886	中闻集团武汉印务有限公司	11310
64	重庆新华印刷厂	11553	长春第二新华印刷有限公司	10584
65	中闻集团福州印务有限公司	11266	解放军一二〇五工厂	10081
66	成都君区印务有限公司	11068	北京一二〇一印刷厂	9813
67	甘肃新华印刷厂	10819	中印南方印刷有限公司	9692
68	天津新华一印刷有限公司	10701	中国农业出版社印刷厂	9657
69	山西人民印刷有限公司	10279	山西新华印业有限公司	9480
70	北京人卫印刷厂	10112	河北新华第一印刷有限公司	8938
71	福建新华印刷有限公司	9889	中闻集团福州印务有限公司	8915

（续）

人均工资		胶印印刷		书刊印刷	
单位名称	元／人	单位名称	万对开色令	单位名称	万令
海军政治部印刷厂	47396	山东新华印刷厂潍坊厂	102	浙江新华数码印务公司	23
四川新华印刷有限公司	46606	北京画中画印刷有限公司	99	人民教育出版社印刷厂	22
上海市印刷四厂	46471	天水新华印刷厂	98	新华通讯社印务有限公司	22
北京印刷二厂	46251	河南新华印刷集团有限公司	94	沈阳新华印刷厂	22
广东新华印刷有限公司	45812	云南国防印刷厂	80	新疆八艺印刷厂	22
中国电影出版社印刷厂	44694	四川新华印刷有限公司	78	清华大学印刷厂	20
东莞金杯印刷有限公司	44031	湖北新华印务有限公司	68	北京佳信达欣艺术印刷公司	20
中国农业出版社印刷厂	43964	合肥远东印务有限公司	64	天水新华印刷厂	20
保定五四三印刷厂	43788	北京联兴盛业印刷股份公司	60	江苏徐州新华印刷厂	19
廊坊一二〇六印刷厂	43318	人民教育出版社印刷厂	56	北京金盾印刷厂	18
人民教育出版社印刷厂	41680	天津高教出版社印刷厂	55	黑龙江新华印刷集团哈尔滨	18
北京凌奇印刷有限公司	41219	北京金盾印刷厂	53	中国农业出版社印刷厂	17
新疆八艺印刷厂	41198	云南新华印刷实业总公司	51	山东新华印刷厂	17
新疆新华印刷厂	41186	北京人卫印刷厂	48	东北印刷厂	17
上海新华印刷有限公司	41149	兰州新华印刷厂	47	长春新华印刷集团有限公司	17
中闻集团南京印务有限公司	40421	延边新华印刷有限公司	46	云南新华印刷实业总公司	17
煤炭工业出版社印刷厂	40382	自贡兴华印务有限公司	42	北京毕诚彩印厂	15
西藏新华印刷厂	40298	北京顶佳世纪印刷有限公司	41	广州华南印刷厂有限公司	15
北京联兴盛业印刷股份公司	39967	廊坊一二〇六印刷厂	41	山东德州新华印务有限公司	13
湖北新华印务有限公司	39913	青海新华印刷厂	40	化学工业出版社印刷厂	13
甘肃天地印务有限公司	39868	常熟市华通印刷有限公司	40	河北新华第二印刷有限公司	13
拉萨明鑫印刷有限责任公司	39655	西藏新华印刷厂	39	甘肃天地印务有限公司	12
北京轻工印刷厂	39057	长春第二新华印刷有限公司	37	常熟市华通印刷有限公司	12
天津高教出版社印刷厂	38936	北京凌奇印刷有限公司	37	中国标准社秦皇岛印刷厂	11
北京京安印刷厂	38800	中闻集团西安印务有限公司	36	安徽宣城海峰印刷包装公司	10
常熟市华通印刷有限公司	38230	天津新华二印刷有限公司	34	北京机工印刷厂	10
中闻集团西安印务有限公司	38114	南通韬奋印刷有限公司	34	中青印刷厂	10
云南新华印刷实业总公司	37806	中印南方印刷有限公司	33	山西人民印刷有限公司	9
四川新华彩色印务公司	37326	甘肃新华印刷厂	33	延边新华印刷有限公司	9
山东临沂新华印刷物流集团	37106	福建新华印刷有限公司	32	江苏淮阴新华印刷厂	9
山西人民印刷有限公司	36929	中闻集团济南印务有限公司	32	北京一二〇一印刷厂	8
江苏新华印刷厂	36442	南京爱德印刷有限公司	31	北京印刷学院实习工厂	8
中青印刷厂	35838	解放军一二〇五工厂	31	西安新华印务有限公司	7
长春新华印刷集团有限公司	35658	中青印刷厂	31	长春第二新华印刷有限公司	7
成都君区印务有限公司	34921	中国铁道出版社印刷厂	30	北京建筑工业印刷厂	6
北京顶佳世纪印刷有限公司	34600	广东新华印刷有限公司	30	北京交通印务实业公司	6
化学工业出版社印刷厂	34067	江苏徐州新华印刷厂	29	天津新华二印刷有限公司	6

排序	资产总额		人均利税	
	单位名称	万元	单位名称	元 / 人
72	兰州新华印刷厂	9198	新疆八艺印刷厂	8802
73	廊坊一二〇六印刷厂	8573	北京凌奇印刷有限公司	8795
74	中闻集团济南印务有限公司	8553	西安新华印务有限公司	8678
75	化学工业出版社印刷厂	8141	北京佳信达欣艺术印刷公司	8500
76	中国农业出版社印刷厂	7160	北京金盾印刷厂	8231
77	北京佳信达欣艺术印刷公司	7160	山东德州新华印务有限公司	8081
78	新疆新华印刷二厂	6671	北京机工印刷厂	8026
79	黑龙江新华印刷二厂	6485	上海市印刷四厂	8000
80	北京金盾印刷厂	6137	中国标准社秦皇岛印刷厂	7333
81	中青印刷厂	5863	北京画中画印刷有限公司	7302
82	东北印刷厂	5750	文物出版社印刷厂	7107
83	上海市印刷四厂	5475	北京新华印刷有限公司	6876
84	山东新华印刷厂潍坊厂	5419	福建新华印刷有限公司	6469
85	北京印刷一厂	5253	青海新华印刷厂	6218
86	西藏新华印刷厂	5210	北京印刷一厂	6150
87	天津新华二印刷有限公司	5190	南通韬奋印刷有限公司	5922
88	北京外文印务有限公司	4961	甘肃新华印刷厂	5432
89	安徽宣城海峰印刷包装公司	4664	北京毕诚彩印厂	4545
90	延边新华印刷有限公司	4645	上海市印刷三厂	4490
91	北京建筑工业印刷厂	4530	中闻集团济南印务有限公司	4152
92	上海市印刷三厂	4484	沈阳新华印刷厂	4055
93	天津高教出版社印刷厂	4035	常熟市华通印刷有限公司	3660
94	江西新华九江印刷总厂	4012	自贡兴华印务有限公司	3474
95	文物出版社印刷厂	3990	北京国防印刷厂	2911
96	长春第二新华印刷有限公司	3691	文圣彩印（深圳）有限公司	2759
97	青海新华印刷厂	3605	北京大学印刷厂	1219
98	北京交通印务实业公司	3493	深圳市德立隆印刷公司	600
99	江苏淮阴新华印刷厂	3449	甘肃天地印务有限公司	526
100	兰州奥林印刷有限责任公司	3345	山东新华印刷厂潍坊厂	−181
101	黑龙江新华印刷集团	3262	山东新华印刷厂	−672
102	中国电影出版社印刷厂	3016	重庆新华印刷厂	−2402
103	北京京安印刷厂	2907	江苏徐州新华印刷厂	−2566
104	文圣彩印（深圳）有限公司	2774	北京轻工印刷厂	−5094
105	海军政治部印刷厂	2499	煤炭工业出版社印刷厂	−8036
106	上海新华印刷有限公司	2397	天水新华印刷厂	−8051
107	清华大学印刷厂	2319	天津新华印刷三厂	−8500
108	南通韬奋印刷有限公司	2224	天津金彩美术印刷有限公司	−9017

（续）

人均工资		胶印印刷		书刊印刷	
单位名称	元/人	单位名称	万对开色令	单位名称	万令
兰州新华印刷厂	33875	中闻集团南京印务有限公司	29	山西新华印业有限公司	6
天津金彩美术印刷有限公司	33824	中闻集团福州印务有限公司	28	四川新华印刷有限公司	6
福建新华印刷有限公司	33227	天津金彩美术印刷有限公司	27	内蒙古爱信达教育印务公司	6
中闻集团武汉印务有限公司	33155	广西民族印刷包装集团公司	27	北京国防印刷厂	6
中国标准社秦皇岛印刷厂	32625	黑龙江新华印刷集团哈尔滨	26	皖南海峰印刷包装有限公司	6
沈阳新华印刷厂	31852	中闻集团武汉印务有限公司	25	北京外文印务有限公司	6
北京外文印务有限公司	31809	上海新华印刷有限公司	25	福建新华印刷有限公司	6
北京印刷一厂	31767	新疆八艺印刷厂	22	北京大学印刷厂	5
文物出版社印刷厂	31736	北京印刷一厂	20	北京中兴印刷有限公司	5
北京机工印刷厂	31615	北京毕诚彩印厂	18	新疆新华印刷厂	5
安徽新华印刷股份公司	31601	天津新华一印刷有限公司	17	山东新华印刷厂潍坊厂	5
安徽宣城海峰印刷包装公司	31554	江苏淮阴新华印刷厂	17	上海新华印刷有限公司	5
北京中科印刷有限公司	30950	中国农业出版社印刷厂	15	海军政治部印刷厂	4
延边新华印刷有限公司	30593	东北印刷厂	15	煤炭工业出版社印刷厂	4
江西新华九江印刷总厂	30029	文物出版社印刷厂	13	北京印刷一厂	4
东北印刷厂	29619	重庆新华印刷厂	13	北京印刷二厂	4
贵州新华印刷厂	29614	北京大学印刷厂	13	南通韬奋印刷有限公司	4
北京佳信达欣艺术印刷公司	29583	北京印刷二厂	13	文物出版社印刷厂	3
新疆新华印刷二厂	29528	中国标准社秦皇岛印刷厂	12	黑龙江新华印刷二厂	3
广西民族印刷包装集团公司	29275	清华大学印刷厂	12	成都君区印务有限公司	3
西安新华印务有限公司	29190	北京印刷学院实习工厂	9	贵州新华印刷厂	3
皖南海峰印刷包装有限公司	29116	天津新华印刷三厂	9	自贡兴华印务有限公司	3
中印南方印刷有限公司	28596	安徽宣城海峰印刷包装公司	8	天津新华一印刷有限公司	3
天津新华一印刷有限公司	28114	化学工业出版社印刷厂	7	上海市印刷四厂	2
文圣彩印（深圳）有限公司	28018	上海市印刷四厂	7	天津新华印刷三厂	1
甘肃新华印刷厂	27892	新疆新华印刷二厂	5	人民日报社印刷厂	1
北京中兴印刷有限公司	26805	成都君区印务有限公司	4	北京京安印刷厂	1
甘肃云盛印刷有限公司	26667	北京一二〇一印刷厂	4	中国铁道出版社印刷厂	1
山西新华印业有限公司	26163	煤炭工业出版社印刷厂	4	西藏新华印刷厂	1
天津新华二印刷有限公司	25839	北京京安印刷厂	2	甘肃云盛印刷有限公司	1
江苏淮阴新华印刷厂	25719	甘肃天地印务有限公司	2	北京顶佳世纪印刷有限公司	1
中闻集团济南印务有限公司	25115	甘肃云盛印刷有限公司	2	兰州奥林印刷有限责任公司	1
河北新华第二印刷有限公司	25111	海军政治部印刷厂	2	甘肃日报集团印务分公司	
青海新华印刷厂	24922	皖南海峰印刷包装有限公司	2	深圳市德立隆印刷公司	
北京国防印刷厂	24367	北京建筑工业印刷厂	1	北京利丰雅高长城印刷公司	
北京毕诚彩印厂	23636	新华通讯社印务有限公司	1	天津金彩美术印刷有限公司	
自贡兴华印务有限公司	23158	东莞金杯印刷有限公司	1	上海市印刷三厂	

排序	资产总额		人均利税	
	单位名称	万元	单位名称	元 / 人
109	甘肃天地印务有限公司	2190	兰州奥林印刷有限责任公司	−9231
110	江苏徐州新华印刷厂	2151	新疆新华印刷二厂	−10283
111	煤炭工业出版社印刷厂	2148	江苏淮阴新华印刷厂	−13627
112	北京轻工印刷厂	2092	化学工业出版社印刷厂	−14306
113	北京大学印刷厂	2030	东北印刷厂	−14751
114	拉萨明鑫印刷有限责任公司	1714	广西民族印刷包装集团公司	−15010
115	甘肃云盛印刷有限公司	1635	云南新华印刷实业总公司	−15907
116	天津新华印刷三厂	1493	海军政治部印刷厂	−16563
117	北京机工印刷厂	1491	中青印刷厂	−18263
118	北京中兴印刷有限公司	1462	天津新华二印刷有限公司	−18394
119	北京国防印刷厂	1324	黑龙江新华印刷集团	−22040
120	北京毕诚彩印厂	1258	上海新华印刷有限公司	−25638
121	中国标准社秦皇岛印刷厂	898	天津新华一印刷有限公司	−44714
122	自贡兴华印务有限公司	762	北京日邦印刷有限公司	−55419
123	北京印刷学院实习工厂	109	北京外文印务有限公司	−55704
124	深圳市德立隆印刷公司	28	人民教育出版社印刷厂	−61247

注：1. 数据来源：中国印刷设备及器材工业协会书刊印刷专业委员会。

2. 印刷企业盈利情况统计。盈利企业共 88 家，占全部统计企业的 71%，其中：100 万元以上的 48 家，200 万元以上的 41 家，300 万元以上的 30 家，500 万元以上的 27 家，1000 万元以上的 16 家。实现利税 1000 万元以上的 32 家，500 万元以上的 52 家。

（续）

人均工资		胶印印刷		书刊印刷	
单位名称	元/人	单位名称	万对开色令	单位名称	万令
长春第二新华印刷有限公司	23052	兰州奥林印刷有限责任公司		上海中华印刷有限公司	
黑龙江新华印刷二厂	22495	北京中兴印刷有限公司		解放军一二〇五工厂	
南通韬奋印刷有限公司	22402	人民日报社印刷厂		解放军报印刷厂	
河北新华第一印刷有限公司	22078	上海市印刷三厂		廊坊一二〇六印刷厂	
江苏徐州新华印刷厂	21487	解放军报印刷厂		北京轻工印刷厂	
山东德州新华印务有限公司	21349	北京国防印刷厂		北京华联印刷有限公司	
山东新华印刷厂潍坊厂	19990	北京交通印务实业公司		北京日邦印刷有限公司	
合肥远东印务有限公司	19949	北京机工印刷厂		北京画中画印刷有限公司	
兰州奥林印刷有限责任公司	18462	北京外文印务有限公司		北京盛通印刷股份有限公司	
天水新华印刷厂	18291	中国电影出版社印刷厂		北京东港安全印刷有限公司	
中闻集团福州印务有限公司	18240	北京轻工印刷厂		保定五四三印刷厂	
深圳市德立隆印刷公司	17900	北京东港安全印刷有限公司		江西新华九江印刷总厂	
山东新华印刷厂	17373	江西新华九江印刷总厂		文圣彩印（深圳）有限公司	
天津新华印刷三厂	16500	深圳市德立隆印刷公司		广西民族印刷包装集团公司	
重庆新华印刷厂	14171	甘肃日报集团印务分公司		青海新华印刷厂	
黑龙江新华印刷集团哈尔滨	14097	拉萨明鑫印刷有限责任公司		拉萨明鑫印刷有限责任公司	

2012年全国125家包装印刷企业经济效益调查汇总表

（单位：万元）

企业名称	职工人数	工业总产值	工业增加值	销售收入	利税总额	利润	资产总额	出口总额
浙江广博集团股份有限公司	4177	374508	85153	850123	34830	31434	1132626	
上海界龙集团有限公司	3202	243070	42661	229396	14538	3321	394592	2561
四川省宜宾丽彩集团有限公司	870	82494	26073	146792	17736	10442	93374	
北京隆达印刷包装集团有限公司	13	0	172.8	89280	6086.9	1310.3	165031.5	
立可达包装有限公司	578	65234	14833	62489	11293	7504	84934	
浙江新大力电光源科技有限公司	628	61596.3	25190.9	52041.7	5678.3	4668.7	26357.6	
温州康尔达印刷器材有限公司	396	37279	6031	45604	3961	1293	53878	
北京利丰雅高长城印刷有限公司	1029	41690	10227.1	42521.3	2482.8	694	42538.3	
温州天虹印业有限公司	150	41999	1044	41999	347	66	4733	
嘉兴市嘉报印务有限公司	69	4316	2630	40296	2577	2363	7083	
力嘉包装（深圳）有限公司	2243	43778	8385	37394	–8360	–954	25576	30033
宁波成路纸品制造有限公司	1000	35599	2885	36233	2946	2710	24429	
宁波报业印刷发展有限公司	348	33514	17129	30501	2312	1734	25981	
湖州天外绿色包装印刷有限公司	489	26257.4	8713.7	27896.2	2427.5	–320	88232.4	
浙江万盛达实业公司	472	24809	2949	24880	627	315	23179	
宁波三A集团有限公司	711	25439	5297	23129	1222	65.6	54380.5	
浙江新雅投资集团有限公司	405	22955	3160	22955	2180	–610	76134	
浙江东经包装有限公司	246	22735	3472	22530	723	498	30274	
中国富康包装印刷有限公司	322	20010	6453	20010	3010	2100	33194	
曙光印业集团有限公司	350	17946	2130	18282	926	594	65972	
温州报业集团印务分公司	226	16720	5942	16856	3061	3061	1829	
上海古林国际印务有限公司	341	15112.6	4685.4	15112.6	2432	1124.3	11666	
嘉兴市海口纸品有限公司	285	14521	3563	14645	1357	1034.1	9514	
天津环球磁卡股份有限公司	1048	21829	5857	14348	3987	2670	58742	54
北京德宝商三包装印刷有限公司	226	14911.7	3912.7	14327.2	1134.5	423.2	13473.3	
浙江三浃包装有限公司	485	13832	2628	13832	378	284	15486	
兰溪凯迪恩印刷有限公司	182	12960	2332	13539	447	175	34435	
桐乡印刷有限公司	75	13432	0	13519	71	47	11070	
浙江伟博包装印刷有限公司	226	13450	2945	13445	2436	423	17616	
浙江金石包装有限公司	217	13480	3235	12962	645	250	14273	
浙江德冠金属包装有限公司	149	10914	633	11620	46	13	8416	
湖州达多塑料制品有限公司	165	11588	4530	11335	657	348	33303	
平湖汇诚通用印刷有限公司	256	10204	1655	10066	468	468	13616	
宁波长江印业发展有限公司	253	11098	3314	9500	509	88.5	17733	
上海人民印刷八厂	368	8986.4	1472.9	8986.4	–413.7	–949.1	30199.6	

（续）

企业名称	职工人数	工业总产值	工业增加值	销售收入	利税总额	利润	资产总额	出口总额
北京印刷集团有限责任公司印刷二厂	408	8573.6	2626.8	8939.6	1502	603	13081	
盐城宏景包装机械有限公司	265	8430.8	4690	7210	936	463	6910	410
温州新华印刷有限公司	105	7519	1426	7000	210	100	9415	
北京印刷集团有限责任公司	28	0	492.7	6968.2	240.4	157.4	18921.1	
上海人民塑料印刷厂	191	6965.5	1619.1	6965.5	319.7	162.6	14382	191.7
浙江百汇包装有限公司	55	7829	299	6718	283	–1.2	22368	
浙江港发软包装有限公司	181	6210	1242	6208	450	164	3090	
北京宝岛包装印刷有限公司	180	5908	1965	5908	658	192	7060.6	
浙江永通彩印有限公司	150	5805	1221	5805	260	39.8	8896	
湖州金杰实业有限公司	122	4708.6	710.6	4644.2	267.4	159	23535.8	
上海凹凸世知印务有限公司	203	4623.9	591.5	4623.9	–415.8	–637.1	5352	
嘉善人民印刷包装有限公司	118	0	0	4577	233.7	40.91	6642.5	
浙江文华印业有限公司	207	4287.5	1286.3	4282.5	257.9	107.4	4416.6	
浙江德邦印务有限公司	170	3752	1223	3885	446	71	10549	
绍兴新华印刷有限公司	97	3880	719.6	3880	249.9	83.5	10225	
宁波三和印刷有限公司	83	3900	695	3577	300.9	134.2	44272	
嘉兴市南湖纸品纸箱厂	189	3527	1077	3553	225.3	2.3	3972.3	
宁波群英印务有限公司	124	3550	1150	3515	320	40	4010	
浙江嘉盛特种印刷有限公司	121	3144	850	3274	361	78	3655	
北京轻联富文新特印刷有限公司	131	3315	811.7	3227.8	48.9	20.6	9159.1	
湖州新星彩印有限公司	43	3146	456	3146	210	82	2195	
浙江南方印业有限公司	96	3014	3014	3004	220	93	2558	
平湖新仓印刷有限公司	147	3020	0	2981	236	62	5772	
宁波美达柯式印刷有限公司	55	2648	530	2605	–38	–7	5140	
湖州日报印务有限公司	80	2517	1770	2517	280	163	1659	
上海画中画包装印刷有限公司	27	2431.5	919	2487.4	100.6	100.5	3565	
温州市北大方印务有限公司	90	2481	467	2481	71	53	4910	
温州宋氏印刷包装有限公司	70	2308	2404	2341	60	45	1905	
浙江宝光印业有限公司	90	2315	529	2315	190	81	3961	
宁波大梁山彩印有限公司	110	2307	819	2307	208	12	5702	
上海人民印刷二厂有限公司	54	2182.4	1452	2182.4	251.2	70.9	2058	
台州印刷厂（有限公司	119	2156.4	979	2156.4	759.3	493.1	2450	
上海永新塑料制品有限公司	86	2091.7	676	2091.7	304.7	179.5	1992	
安吉县元一包装材料有限公司	22	2175	362	2074	67.5	54.6	1303	
德清县力科包装有限公司	24	2062.4	515.6	2062.4	70.5	25.5	1249.9	
余姚港舜现代印务有限公司	65	2465	877	2061	482	361	2094	
北京印刷集团有限责任公司印刷一厂	380	2030.5	1070.7	2030.7	230	4.7	5253.2	
宁波新华印刷有限公司	50	2282	562	1966	316	241		

企业名称	职工人数	工业总产值	工业增加值	销售收入	利税总额	利润	资产总额	出口总额
德清家乐舒塑化有限公司	25	1500	500	1812	7	–25	1333	
宁波天臣印务实业有限公司	37	1712	0	1721	107	97	1363	
湖州创兴动力设备服务有限公司	16	1635	304	1635	38	17.6	960	
绍兴市越生彩印有限公司	63	1625	809	1625	99	89	1900	
北京轻联富诚彩色印刷有限公司	137	1767	1106	1616.4	432	262	10243.5	
慈溪日报报业有限公司	158	1553	343	1553	39	39	4216	
宁波银行印刷厂	64	1550	534	1536	192.9	84.8	780	
金华三彩印业有限公司	58	1415	306	1412	7	7	1195	
安吉盛宇彩印包装有限公司	47	1600	205	1368	127	66	2138	
嘉兴市大雪印刷有限公司	51	1240	0	1361	0	12.6	908.7	
安吉县科达印刷有限公司	130	1359	306	1359	211	184	7560	
金华环球包装公司	55	1395	0	1342	39	–0.9	700	
北京印刷集团有限责任公司京华印刷厂	188	37.6	1120	1337.1	287	188	10285.4	
湖州立方实业有限公司	58	1296	373	1296	335	292	5905	
嘉兴市德伊印刷厂	125	1180	290	1180	18	11	3707	
宁波海曙德利印刷有限公司	44	1149	270	1149	45	10	980	
浙江方正印务有限公司	53	1040	224	1143	54.8	12.3	1117	
宁波江北丰穗纸制品厂	58	867	882	980	5.9	5.9	1205	
嘉兴市新海纸业有限公司	72	963.1	144	963.1	61.8	8.7	1080	
湖州怡和商标印刷有限公司	57	1150	780	960	75	–24	2992	
定海同润印刷中心	53	1100	414	937	96	16	2684	
浙江黄龙纸塑包装有限公司	42	950.1	220.8	918.4	6.04	4.8	1961.4	
浦江华鑫印务有限公司	42	1050	310	894	56	52	1601	
宁波大港印务有限公司	63	853.5	216.9	852.5	–101	–101	3677	
湖州忠诚印刷有限公司	30	848	81	848	12	7	1188	
舟山人民印刷有限公司	35	768	139	749	40	14	1378	
舟山海力生包装有限公司	30	634.7	0	746.5	–168.1	–182.4	229.6	
北京乾沣印刷有限公司	139	0	–46.5	742.7	235	154	4863.2	
兰溪信大包装印刷公司	23	500	327	700	20	12.4	829	
浦江求真印务有限公司	50	699	0	699	65.1	35.7	662	
嘉兴市大桥印刷厂	33	630	244	599	60.1	19.6	321	
宁波天华印刷有限公司	60	621	60	553	8	5	2700	
金华曙光印务有限公司	27	867	462	517	26	–3.1	827	
绍兴市义鸣彩印包装厂	25	483.7	36.1	483.7	21.3	13.6	1078.6	
北京包装装潢制品厂	102	0	0	478.3	–638.6	–657.3	2502	
绍兴邮电印刷厂	40	578	163	477	66.7	19.2	265	
宁波市江东甬贸包装纸箱有限公司	24	436	132	436	19.1	14.3	148	
北京北人羽新胶印有限责任公司	18	362.8	54	432.8	–256	–352.2	4016.7	

（续）

企业名称	职工人数	工业总产值	工业增加值	销售收入	利税总额	利润	资产总额	出口总额
温州市一村印务有限公司	62	420	21	400	45	30	9211	
湖州市机关文印中心	30	383.3	189.7	391.8	28.2	6.6	740.4	
湖州沅杉印刷有限公司	31	415.7	291.2	373.3	47.2	31.6	298.2	
嘉兴市云豪印刷有限公司	30	361	0	361	76	43	838	
德清县东帆包装有限公司	24	345	65	345	10	4	643	
宁波公运集团股份有限公司	21	518	168	319	82.5	45	209	
北京市纸箱厂	19	0	–231.9	310.6	–381.5	–391.5	6445.9	
湖州精美装潢有限公司	8	182	15.4	182	7	5	226	
德清县晨诚包装有限公司	18	170	40	170	6	2	235	
瑞安印刷总厂	16	165	48.4	146.3	8.3	–4.9	225.9	
定海和平海洋生物制品厂	30	132	26.8	132	7.5	7.8	721	
北京印刷集团有限责任公司制版厂	63	88.9	–53.7	88.9	90.1	8	2381.2	
舟山市金融印刷厂	19	66.1	20	66.1	2	–43	246.5	
嘉兴市嘉大印刷厂	11	140	0	49	–1	–2.9	51	
合计	29493	1607869.7	375220.8	2248111.3	137594.84	82966.11	3137662.9	

注：1. 本统计资料汇集了全国 125 家包装印刷企业 2012 年经济效益指标完成情况。

2. 本统计资料以销售收入额进行排序。

3. 数据来源于中国印刷及设备器材工业协会包装印刷分会。

2012年全国报纸印刷厂报纸年印刷量统计表（一）

（年印刷量在10亿印张以上的单位）

编号	单位	年印刷量（亿印张）			
		2012年		2011年	
		印量	比上年增长（%）	印量	比上年增长（%）
1	广州日报社印务中心	50.90	–20.61	64.11	–2.75
2	广东南方报业传媒控股有限公司印务分公司	44.30	–3.32	45.82	4.88
3	半岛都市报社印刷厂	43.68	3.41	42.24	1.44
4	浙江日报报业集团印务有限公司	37.20	–4.27	38.86	7.35
5	辽宁新闻印刷集团有限公司	33.80	–6.37	36.10	1.69
6	湖北日报传媒集团楚天印务总公司	32.98	14.20	28.88	–4.24
7	文汇新民联合报业集团印务中心	31.64	–8.21	34.47	–3.72
8	杭报集团盛元印务有限公司	30.66	–1.38	31.09	4.40
9	成都博瑞传播股份有限公司印务分公司	27.40	–9.87	30.40	1.00
10	四川日报报业集团印务公司	25.45	–4.93	26.77	1.44
11	深圳报业集团印务有限公司	23.88	–7.12	25.71	1.50
12	河南日报报业集团有限公司印务中心	22.46	–4.43	23.50	2.44
13	长江日报报业集团印务总公司	21.12	10.00	19.20	4.86
14	羊城晚报社印刷厂	20.80	–5.88	22.10	–4.74
15	华商数码信息股份有限公司	20.72	1.52	20.41	–2.39
16	福建日报报业集团印务中心	19.89	–0.40	19.97	11.92
17	人民日报印刷厂	17.62	–1.12	17.82	4.82
18	今晚报印刷厂	16.58	–6.80	17.79	2.36
19	山东大众华泰印务有限责任公司	16.51	–6.19	17.60	16.26
20	江西日报社印务中心	14.11	–3.42	14.61	9.85
21	重庆重报传媒有限公司印务中心	13.80	–8.06	15.01	4.24
22	青岛日报报业集团印务中心	13.80	1.47	13.60	13.33
23	云南报业传媒集团印务中心	13.75	2.15	13.46	4.26
24	解放军报印刷厂	13.13	–0.45	13.19	1.70
25	黑龙江龙江传媒有限责任公司	12.59	1.70	12.38	4.30
26	大连报业集团印务公司	12.56	–11.67	14.22	1.50
27	新华报业传媒集团印务中心	12.52	–7.60	13.55	3.43
28	南京时代传媒股份有限公司印务分公司	12.18	–14.94	14.32	25.61
29	新华社印务有限责任公司	12.00	–14.29	14.00	1.80
30	天津北方报业印务股份有限公司	12.00	16.28	10.32	7.05
31	北京日报社印务中心	11.62	11.52	10.42	2.35
32	哈尔滨报达印务股份有限公司	11.57	3.30	11.20	9.80
33	广西日报社印刷厂	11.52	–3.76	11.97	1.44
34	解放日报报业集团印刷厂	10.80	–17.43	13.08	6.34
35	宁波报业印刷发展有限公司	10.36	–15.64	12.28	4.07
36	湖南日报报业集团印务中心	10.19	–3.04	10.51	0.73
37	温州日报报业集团印务分公司	10.02	1.01	9.92	3.77
总计	37家	756.11	-4.40	790.88	2.79

2012 年全国报纸印刷厂报纸年印刷量统计表（二）

（年印刷量在 5 亿～ 10 亿印张的单位）

编号	单位	年印刷量（亿印张）			
		2012 年		2011 年	
		印量	比上年增长（%）	印量	比上年增长（%）
38	新安传媒有限公司印务公司	9.95	3.43	9.62	22.70
39	苏州日报印务中心	9.71	2.21	9.50	8.82
40	甘肃日报社印务中心	9.43	12.93	8.35	10.89
41	长沙晚报传媒有限公司印务分公司	9.26	–0.64	9.32	1.33
42	贵州日报报业集团传媒有限责任公司印务分公司	9.25	3.12	8.97	9.80
43	上海解放传媒印刷有限公司	9.00	1.58	8.86	–1.00
44	浙江广育爱多印务有限公司	8.84	9.95	8.04	–1.98
45	吉林华商数码印务有限公司	8.61	–6.21	9.18	23.72
46	济南日报社印刷厂	8.12	16.17	6.99	27.79
47	合肥报业传媒有限公司印务分公司	7.98	–8.90	8.76	14.13
48	厦门日报社印务中心	7.74	4.17	7.43	7.99
49	石家庄日报社印务公司	7.74	12.17	6.90	4.55
50	山西太报传媒有限公司印务分公司	7.50	–2.60	7.70	1.32
51	沈阳日报报业集团印务中心	7.47	14.40	6.53	–18.88
52	无锡报业发展有限公司印务分公司	7.28	–8.43	7.95	–5.36
53	山西闻兴印务有限责任公司	7.20	6.67	6.75	3.13
54	海南日报社印刷厂	7.13	–8.94	7.83	4.68
55	新疆日报社印务中心	7.10	–2.74	7.30	4.29
56	中国青年报社印刷厂	7.02	–7.39	7.58	3.31
57	河北日报报业集团印务中心	6.73	0.90	6.67	2.43
58	华商数码信息股份有限公司重庆分公司	6.60	–12.81	7.57	9.39
59	泉州晚报社印务中心	6.30	3.79	6.07	–3.65
60	烟台报捷新闻印刷有限责任公司	6.29	8.64	5.79	16.27
61	工人日报社印刷厂	6.20	0.00	6.20	6.90
62	郑州日报社印刷厂	6.20	13.97	5.44	11.25
63	重庆商报印务有限公司	6.09	–5.58	6.45	6.91
64	贵阳日报传媒集团印务中心	6.03	–1.13	6.11	31.22
65	陕西日报社印刷厂	6.02	11.90	5.38	13.50
66	西安日报社印务中心	5.90	7.27	5.50	3.77
67	经济日报印刷厂	5.86	–12.01	6.66	–3.62
68	南昌日报传媒集团印刷有限公司	5.40	–5.26	5.70	—
69	成都日报社印刷厂	5.18	–4.07	5.40	2.47
70	中国日报社印刷厂	5.10	–3.59	5.29	–2.04
总计	33 家	240.23	1.03	237.79	6.32

2012 年全国报纸印刷厂报纸年印刷量统计表（三）

（年印刷量在 2 亿～5 亿印张的单位）

编号	单位	年印刷量（亿印张）			
		2012 年		2011 年	
		印量	比上年增长（%）	印量	比上年增长（%）
71	吉林日报社印刷厂	4.59	–2.55	4.71	–5.56
72	昆明日报印刷厂	4.57	–5.77	4.85	11.49
73	扬州日报印刷有限责任公司	4.46	–12.72	5.11	16.14
74	台州日报印务有限公司	4.26	2.16	4.17	0.72
75	金华日报社印刷厂	4.10	1.23	4.05	6.58
76	内蒙古日报社印务中心	3.98	–1.49	4.04	8.89
77	泰州日报社印务有限公司	3.95	3.95	3.80	21.54
78	劳动报社印务中心	3.81	1.33	3.76	–4.33
79	福州报业印务有限公司	3.67	9.23	3.36	1.82
80	新疆乌鲁木齐晚报社印务中心	3.62	9.70	3.30	6.45
81	洛阳市报业印刷有限责任公司	3.45	2.37	3.37	6.31
82	光明日报社印厂	3.42	9.62	3.12	20.00
83	湛江日报社印刷厂	3.30	6.45	3.10	5.08
84	佛山珠江传媒印务有限公司	3.25	16.49	2.79	7.70
85	常州日报社印刷厂	3.20	–3.03	3.30	57.14
86	浙江嘉报设计印刷有限公司	3.15	–4.83	3.31	–2.93
87	东莞日报印刷厂	3.15	–2.17	3.22	–6.12
88	临沂日报社印刷厂	3.01	15.77	2.60	23.81
89	大庆日报社印刷厂	2.74	–8.36	2.99	22.38
90	保定日报社印刷厂	2.70	5.88	2.55	–0.39
91	宁夏报业传媒印刷有限公司	2.68	–1.47	2.72	10.57
92	汕头经济特区报社印务中心	2.67	–7.29	2.88	–0.69
93	南宁日报社印刷厂	2.58	4.45	2.47	7.30
94	珠海特区报社印务中心	2.50	–7.41	2.70	4.25
95	上海证券报印务中心	2.49	–6.04	2.65	3.11
96	镇江报业印务有限公司	2.47	–23.53	3.23	–19.25
97	中国体育报印刷厂	2.40	4.35	2.30	43.75
98	潍坊日报社印刷厂	2.29	21.16	1.89	—
99	泸州日报社印刷厂	2.15	2.38	2.10	11.11
100	青海日报社印刷厂	2.13	10.94	1.92	12.28
101	湖北日报传媒集团三峡印务有限公司	2.11	4.98	2.01	–1.47
102	衢州日报印务有限责任公司	2.05	2.50	2.00	10.22
总计	32 家	100.90	0.53	100.37	8.13

2012 年全国报纸印刷厂报纸年印刷量统计表（四）

（年印刷量在 1 亿～2 亿印张的单位）

编号	单位	年印刷量（亿印张）			
		2012 年		2011 年	
		印量	比上年增长（%）	印量	比上年增长（%）
103	农民日报社印刷厂	1.85	6.94	1.73	26.28
104	邯郸日报印刷厂	1.80	12.50	1.60	5.88
105	沧州日报社印务中心	1.80	12.50	1.60	11.11
106	北京人铁报印刷厂	1.80	20.00	1.50	20.97
107	商丘京九印务有限公司	1.78	14.10	1.56	5.41
108	绍兴日报报业印务有限公司	1.76	0.00	1.76	–2.22
109	中山日报社印务中心	1.63	–2.98	1.68	6.67
110	河北经济日报社印务中心	1.62	9.46	1.48	2.78
111	法制日报社印刷厂	1.60	–11.11	1.80	0.00
112	唐山劳动日报社印刷厂	1.52	–3.80	1.58	8.97
113	新乡市新报商务彩印有限公司	1.49	–1.97	1.52	–1.30
114	南阳日报社印刷厂	1.45	4.32	1.39	13.93
115	西藏日报社印刷厂	1.32	22.22	1.08	17.78
116	芜湖日报报业集团印务有限公司	1.30	3.17	1.26	5.00
117	青海西宁印刷厂	1.30	18.18	1.10	12.24
118	三峡日报传媒集团印刷厂	1.26	–1.56	1.28	9.40
119	宜宾日报社印刷中心	1.24	–10.79	1.39	3.95
120	枣庄日报社印刷厂	1.23	4.24	1.18	11.32
121	秦皇岛日报社印刷厂	1.13	–12.40	1.29	18.35
122	宜兴报业印务有限公司	1.10	–8.33	1.20	–4.76
123	桂林日报印刷厂	1.01	–0.98	1.02	–1.92
总计	21 家	30.99	3.30	30.00	7.70

2012年全国报纸印刷厂报纸年印刷量统计表（五）

（年印刷量在1亿印张以下的单位）

编号	单位	年印刷量（亿印张）			
		2012年		2011年	
		印量	比上年增长（%）	印量	比上年增长（%）
124	呼和浩特日报社印刷厂	0.94	0.00	0.94	4.44
125	衡水日报社印刷厂	0.92	8.24	0.85	6.25
126	许昌日报社印务中心	0.87	2.35	0.85	4.94
127	包头日报社印刷厂	0.87	3.57	0.84	26.67
128	新疆日报社南疆印务中心	0.80	42.86	0.56	–30.00
129	襄阳鑫汉江印务有限公司	0.79	17.91	0.67	11.67
130	开封日报社印务中心	0.78	11.43	0.70	—
131	廊坊报业印务有限公司	0.70	0.00	0.70	–12.50
132	承德日报社印刷厂	0.69	11.29	0.62	–24.39
133	延安日报印务有限责任公司	0.66	13.79	0.58	0.00
134	长治日报印刷厂	0.61	3.39	0.59	13.46
135	周口日报社印务中心	0.60	13.21	0.53	12.77
136	赤峰日报印刷厂	0.59	13.46	0.52	12.50
137	延边报捷印务有限公司	0.43	–8.51	0.47	2.17
138	上海一众印务中心	0.42	–10.64	0.47	–7.84
139	锦州日报社印刷厂	0.38	8.57	0.35	—
140	海门市海门日报印务中心	0.36	–5.26	0.38	19.44
141	齐齐哈尔日报社印刷厂	0.31	6.90	0.29	11.54
142	呼伦贝尔日报社出版印务中心	0.30	0.00	0.30	0.00
143	信阳日报社印刷厂	0.28	12.00	0.25	3.57
144	漯河日报社印刷厂	0.25	–10.71	0.28	7.69
145	营口日报印刷厂	0.24	4.35	0.23	—
146	景德镇日报社印刷厂	0.07	0.00	0.07	0.00
总计	23家	12.86	6.81	12.04	0.27

数据来源：中国报协报纸印刷工作委员会。

2012 年全国各省、市报纸印刷厂报纸年印刷量统计情况

编号	单位	年印刷量（亿印张）			
		2012 年		2011 年	
		印量	比上年增长（%）	印量	比上年增长（%）
北京地区（包括中央各报印刷厂）		89.62	-2.17	91.61	4.13
1	人民日报印刷厂	17.62	-1.12	17.82	4.82
2	解放军报印刷厂	13.13	-0.45	13.19	1.70
3	新华社印务有限责任公司	12.00	-14.29	14.00	1.80
4	北京日报社印务中心	11.62	11.52	10.42	2.35
5	中国青年报社印刷厂	7.02	-7.39	7.58	3.31
6	工人日报社印刷厂	6.20	0.00	6.20	6.90
7	经济日报印刷厂	5.86	-12.01	6.66	-3.62
8	中国日报社印刷厂	5.10	-3.59	5.29	-2.04
9	光明日报社印厂	3.42	9.62	3.12	20.00
10	中国体育报印刷厂	2.40	4.35	2.30	43.75
11	农民日报社印刷厂	1.85	6.94	1.73	26.28
12	北京人铁报印刷厂	1.80	20.20	1.50	20.97
13	法制日报社印刷厂	1.60	-11.11	1.80	0.00
天津市		28.58	1.67	28.11	4.03
1	今晚报印刷厂	16.58	-6.80	17.79	2.36
2	天津北方报业印务股份有限公司	12.00	16.28	10.32	7.05
河北省		27.35	5.84	25.84	3.09
1	石家庄日报社印务公司	7.74	12.17	6.90	4.55
2	河北日报报业集团印务中心	6.73	0.90	6.67	2.43
3	保定日报社印刷厂	2.70	5.88	2.55	-0.39
4	邯郸日报印刷厂	1.80	12.50	1.60	5.88
5	沧州日报社印务中心	1.80	12.50	1.60	11.11
6	河北经济日报社印务中心	1.62	9.46	1.48	2.78
7	唐山劳动日报社印刷厂	1.52	-3.80	1.58	8.97
8	秦皇岛日报社印刷厂	1.13	-12.40	1.29	18.35
9	衡水日报社印刷厂	0.92	8.24	0.85	6.25
10	廊坊报业印务有限公司	0.70	0.00	0.70	-12.50
11	承德日报社印刷厂	0.69	11.29	0.62	-24.39

（续）

编号	单位	年印刷量（亿印张）			
		2012 年		2011 年	
		印量	比上年增长（%）	印量	比上年增长（%）
山西省		15.31	1.80	15.04	2.55
1	山西太报传媒有限公司印务分公司	7.50	−2.60	7.70	1.32
2	山西闻兴印务有限责任公司	7.20	6.67	6.75	3.13
3	长治日报印刷厂	0.61	3.39	0.59	13.46
内蒙古自治区		6.68	0.60	6.64	9.81
1	内蒙古日报社印务中心	3.98	−1.49	4.04	8.89
2	呼和浩特日报社印刷厂	0.94	0.00	0.94	4.44
3	包头日报社印刷厂	0.87	3.57	0.84	26.67
4	赤峰日报印刷厂	0.59	13.46	0.52	12.50
5	呼伦贝尔日报社出版印务中心	0.30	0.00	0.30	0.00
辽宁省		54.45	−5.19	57.43	−1.23
1	辽宁新闻印刷集团有限公司	33.80	−6.37	36.10	1.69
2	大连报业集团印务公司	12.56	−11.67	14.22	1.50
3	沈阳日报报业集团印务中心	7.47	14.40	6.53	−18.88
4	锦州日报社印刷厂	0.38	8.57	0.35	—
5	营口日报印刷厂	0.24	4.35	0.23	—
吉林省		13.63	−5.08	14.36	18.06
1	吉林华商数码印务有限公司	8.61	−6.21	9.18	23.72
2	吉林日报社印刷厂	4.59	−2.55	4.71	−5.56
3	延边报捷印务有限公司	0.43	−8.51	0.47	2.17
黑龙江省		27.21	1.30	26.86	8.68
1	黑龙江龙江传媒有限责任公司	12.59	1.70	12.38	4.30
2	哈尔滨报达印务股份有限公司	11.57	3.30	11.20	9.80
3	大庆日报社印刷厂	2.74	−8.36	2.99	22.38
4	齐齐哈尔日报社印刷厂	0.31	6.90	0.29	11.54
上海市		58.16	−8.11	63.29	−1.20
1	文汇新民联合报业集团印务中心	31.64	−8.21	34.47	−3.72
2	解放日报报业集团印刷厂	10.80	−17.43	13.08	6.34
3	上海解放传媒印刷有限公司	9.00	1.58	8.86	−1.00
4	劳动报社印务中心	3.81	1.33	3.76	−4.33
5	上海证券报印务中心	2.49	−6.04	2.65	3.11
6	上海一众印务中心	0.42	−10.64	0.47	−7.84

（续）

编号	单位	年印刷量（亿印张）			
		2012 年		2011 年	
		印量	比上年增长（%）	印量	比上年增长（%）
江苏省		57.23	-8.20	62.34	10.18
1	新华报业传媒集团印务中心	12.52	-7.60	13.55	3.43
2	南京时代传媒股份公司印务分公司	12.18	-14.94	14.32	25.61
3	苏州日报印刷中心	9.71	2.21	9.50	8.82
4	无锡报业发展有限公司印务分公司	7.28	-8.43	7.95	-5.36
5	扬州日报印刷有限责任公司	4.46	-12.72	5.11	16.11
6	泰州日报社印务有限公司	3.95	3.95	3.80	21.54
7	常州日报社印刷厂	3.20	-3.03	3.30	57.14
8	镇江报业印务有限公司	2.47	-23.53	3.23	-19.25
9	宜兴报业印务有限公司	1.10	-8.33	1.20	-4.76
10	海门市海门日报印务中心	0.36	-5.26	0.38	19.44
浙江省		112.40	-2.67	115.48	4.10
1	浙江日报报业集团印务有限公司	37.20	-4.27	38.86	7.35
2	杭报集团盛元印务有限公司	30.66	-1.38	31.09	4.40
3	宁波报业印刷发展有限公司	10.36	-15.64	12.28	4.07
4	温州日报报业集团有限公司印务分公司	10.02	1.01	9.92	3.77
5	浙江省广育爱多印务有限公司	8.84	9.95	8.04	-1.98
6	台州日报印务有限公司	4.26	2.16	4.17	0.72
7	金华日报社印刷厂	4.10	1.23	4.05	6.58
8	浙江嘉报设计印刷有限公司	3.15	-4.83	3.31	-2.93
9	衢州日报印务有限责任公司	2.05	2.50	2.00	10.22
10	绍兴日报报业印务有限公司	1.76	0.00	1.76	-2.22
安徽省		19.23	-2.09	19.64	17.60
1	新安传媒有限公司印务公司	9.95	3.43	9.62	22.70
2	合肥报业传媒有限公司印务分公司	7.98	-8.90	8.76	14.13
3	芜湖日报报业集团印务有限公司	1.30	3.17	1.26	5.00
福建省		37.60	2.09	36.83	7.30
1	福建日报报业集团印务中心	19.89	-0.40	19.97	11.92
2	厦门日报社印务中心	7.74	4.17	7.43	7.99
3	泉州晚报社印务中心	6.30	3.79	6.07	-3.65
4	福州报业印务有限公司	3.67	9.23	3.36	1.82

（续）

编号	单位	年印刷量（亿印张）			
		2012 年		2011 年	
		印量	比上年增长（%）	印量	比上年增长（%）
江西省		19.58	–3.93	20.38	9.80
1	江西日报社印务中心	14.11	–3.42	14.61	9.85
2	南昌日报传媒集团印刷有限公司	5.40	–5.26	5.70	—
3	景德镇日报社印刷厂	0.07	0.00	0.07	0.00
山东省		94.93	3.31	91.89	9.25
1	半岛都市报社印刷厂	43.68	3.41	42.24	1.44
2	山东大众华泰印务有限责任公司	16.51	–6.19	17.60	16.26
3	青岛日报报业集团印务中心	13.80	1.47	13.60	13.33
4	济南日报社印刷厂	8.12	16.17	6.99	27.79
5	烟台报捷新闻印刷有限责任公司	6.29	8.64	5.79	16.27
6	临沂日报社印刷厂	3.01	15.77	2.60	23.81
7	潍坊日报社印刷厂	2.29	21.16	1.89	—
8	枣庄日报社印刷厂	1.23	4.24	1.18	11.32
河南省		39.61	0.56	39.39	4.51
1	河南日报报业集团有限公司印务中心	22.46	–4.43	23.50	2.44
2	郑州日报社印刷厂	6.20	13.97	5.44	11.25
3	洛阳市报业印刷有限责任公司	3.45	2.37	3.37	6.31
4	商丘京九印务有限公司	1.78	14.10	1.56	5.41
5	新乡市新报商务彩印有限公司	1.49	–1.97	1.52	–1.30
6	南阳日报社印刷厂	1.45	4.32	1.39	13.93
7	许昌日报社印务中心	0.87	2.35	0.85	4.94
8	开封日报社印务中心	0.78	11.43	0.70	—
9	周口日报社印务中心	0.60	13.21	0.53	12.77
10	信阳日报社印刷厂	0.28	12.00	0.25	3.57
11	漯河日报社印刷厂	0.25	–10.71	0.28	7.69
湖北省		58.26	11.95	52.04	–0.46
1	湖北日报传媒集团楚天印务总公司	32.98	14.20	28.88	–4.24
2	长江日报报业集团印务总公司	21.12	10.00	19.20	4.86
3	湖北日报传媒集团三峡印务有限公司	2.11	4.98	2.01	–1.47
4	三峡日报传媒集团印刷厂	1.26	–1.56	1.28	9.40
5	襄阳鑫汉江印务有限公司	0.79	17.91	0.67	11.67

（续）

编号	单位	年印刷量（亿印张）			
		2012 年		2011 年	
		印量	比上年增长（%）	印量	比上年增长（%）
湖南省		19.45	–1.92	19.83	0.97
1	湖南日报报业集团印务中心	10.19	–3.04	10.51	0.73
2	长沙晚报传媒有限公司印务分公司	9.26	–0.64	9.32	1.33
广东省		156.38	–10.18	174.11	–0.04
1	广州日报社印务中心	50.90	–20.61	64.11	–2.75
2	广东南方报业传媒控股有限公司印务分公司	44.30	–3.32	45.82	4.88
3	深圳报业集团印务有限公司	23.88	–7.12	25.71	1.50
4	羊城晚报社印刷厂	20.80	–5.88	22.10	–4.74
5	湛江日报社印刷厂	3.30	6.45	3.10	5.08
6	佛山珠江传媒印务有限公司	3.25	16.49	2.79	7.70
7	东莞日报印刷厂	3.15	–2.17	3.22	–6.12
8	汕头经济特区报社印务中心	2.67	–7.29	2.88	–0.69
9	珠海特区报社印务中心	2.50	–7.41	2.70	4.25
10	中山日报社印务中心	1.63	–2.98	1.68	6.67
广西壮族自治区		15.11	–2.26	15.46	2.11
1	广西日报社印刷厂	11.52	–3.76	11.97	1.44
2	南宁日报社印刷厂	2.58	4.45	2.47	7.30
3	桂林日报印刷厂	1.01	–0.98	1.02	–1.92
重庆市		26.49	–8.75	29.03	6.13
1	重庆重报传媒有限公司印务中心	13.80	–8.06	15.01	4.24
2	华商数码信息股份有限公司重庆分公司	6.60	–12.81	7.57	9.39
3	重庆商报印务有限公司	6.09	–5.58	6.45	6.91
四川省		61.42	–7.02	66.06	1.66
1	成都博瑞传播股份有限公司印务分公司	27.40	–9.87	30.40	1.00
2	四川日报报业集团印务公司	25.45	–4.93	26.77	1.44
3	成都日报社印刷厂	5.18	–4.07	5.40	2.47
4	泸州日报社印刷厂	2.15	2.38	2.10	11.11
5	宜宾日报社印刷中心	1.24	–10.79	1.39	3.95

（续）

编号	单位	年印刷量（亿印张）			
		2012 年		2011 年	
		印量	比上年增长（%）	印量	比上年增长（%）
海南省		7.13	-8.94	7.83	4.68
1	海南日报社印刷厂	7.13	-8.94	7.83	4.68
贵州省		15.28	1.33	15.08	17.83
1	贵州日报报业集团传媒有限责任公司印务分公司	9.25	3.12	8.97	9.80
2	贵阳日报传媒集团印务中心	6.03	-1.31	6.11	31.22
云南省		18.32	0.05	18.31	6.08
1	云南报业传媒集团印务中心	13.75	2.15	13.46	4.26
2	昆明日报印刷厂	4.57	-5.77	4.85	11.49
西藏自治区		1.32	22.22	1.08	17.78
1	西藏日报社印刷厂	1.32	22.22	1.08	17.78
陕西省		33.30	4.49	31.87	1.15
1	华商数码信息股份有限公司	20.72	1.52	20.41	-2.39
2	陕西日报社印刷厂	6.02	11.90	5.38	13.50
3	西安日报社印务中心	5.90	7.27	5.50	3.77
4	延安日报印务有限责任公司	0.66	13.79	0.58	0.00
甘肃省		9.43	12.93	8.35	10.89
1	甘肃日报社印务中心	9.43	12.93	8.35	10.89
青海省		3.43	13.58	3.02	12.27
1	青海日报社印刷厂	2.13	10.94	1.92	12.28
2	青海西宁印刷厂	1.30	18.18	1.10	12.24
宁夏回族自治区		2.68	-1.47	2.72	10.57
1	宁夏报业传媒印刷有限公司	2.68	-1.47	2.72	10.57
新疆维吾尔自治区		11.52	3.23	11.16	2.39
1	新疆日报社印务中心	7.10	-2.74	7.30	4.29
2	新疆乌鲁木齐晚报社印务中心	3.62	9.70	3.30	6.45
3	新疆日报社南疆印务中心	0.80	42.86	0.56	-30.00

数据来源：中国报协报纸印刷工作委员会。

2012 年全国报业制版量统计

地区	省份	排名	单位	2012 年制版量					2011 年制版量			
				总制版量（张）	总量增长（%）	PS 制版量（张）	CTP 制版量（张）	CTP 制版占比（%）	总制版量（张）	PS 制版量（张）	CTP 制版量（张）	CTP 制版占比（%）
华北地区	北京	11	人民日报印刷厂	402700	23.34	168000	234700	58.28	326494	213652	112842	34.56
		21	新华通讯社印刷厂	231540	9.41	61350	170190	73.50	211630	188950	22680	10.72
		18	解放军报印刷厂	263100	–0.34	50400	212700	80.84	263997	246642	17355	6.57
		17	北京日报社印刷厂	300194	12.13	206380	93814	31.25	267715	267715	0	0.00
		36	中国青年报社印刷厂	156570	13.46	9395	147175	94.00	138000	27600	110400	80.00
		49	经济日报印刷厂	118740	–4.59	50300	68440	57.64	124455	56855	67600	54.32
		67	工人日报社印刷厂	81500	–1.51	12600	68900	84.54	82750	12800	69950	84.53
		62	中国日报社印刷厂	90000	20.00	2000	88000	97.78	75000	5000	70000	93.33
		70	光明日报社印刷厂	72000	40.90	18000	54000	75.00	51100	18250	32850	64.29
		102	中体（北京）彩印有限公司	32500	1.56	3000	29500	90.77	32000	5000	27000	84.38
		140	农民日报社印刷厂	8032	–12.12	8032	0	0.00	9140	9140	0	0.00
		120	北京人铁报印刷厂	20100	32.67	0	20100	100.00	15150	1450	13700	90.43
	天津	16	今晚报印刷厂	307303	–2.25	253849	61251	19.93	314386	272292	42094	13.39
		44	天津北方报业印务股份有限公司	132854	–26.81	78774	54080	40.71	181524	122757	58767	32.37
	河北	50	石家庄日报社印务公司	117155	26.90	3530	113625	96.99	92319	20850	71469	77.42
		60	河北日报报业集团印务中心	92266	11.35	0	92266	100.00	82863	5792	77071	93.01
		98	保定日报社印刷厂	37100	26.32	6300	30800	83.02	29370	11650	17720	60.33
		115	邯郸日报社印刷厂	24000	9.09	0	24000	100.00	22000	400	21600	98.18
		118	沧州日报社印务中心	21900	–0.93	1100	20800	94.98	22106	18081	4025	18.21
		139	唐山劳动日报社印刷厂	8700	–0.36	200	8500	97.70	8731	3731	5000	57.27
		108	河北经济日报社印务中心	28568	–10.24	3128	25440	89.05	31827	31563	264	0.83
		122	秦皇岛日报社印刷厂	18650	–2.10	18650	0	0.00	19051	19051	0	0.00
		130	衡水日报社印刷厂	13000	–23.53	0	13000	100.00	17000	6500	10500	61.76
		126	廊坊报业印务有限公司	16185	9.36	1585	14600	90.21	14800	14800	0	0.00
		125	承德日报社印刷厂	17500	–2.78	0	17500	100.00	18000	13500	4500	25.00
			张家口市报印刷厂	——	——	——	——	——	6500	6500	0	0.00
	山西	20	山西太报传媒有限公司	231931	18.67	37332	194599	83.90	195444	55681	139763	71.51
		48	山西闻兴印务有限责任公司公司	119439	6.86	12112	107327	89.86	111770	28181	83589	74.79
		114	山西长治日报印刷厂	24350	7.41	7700	16650	68.38	22670	7350	15320	67.58
	内蒙古	57	内蒙古日报印务中心	100545	0.54	45021	55524	55.22	100000	50000	50000	50.00
		97	呼和浩特日报社印刷厂	38000	8.57	0	38000	100.00	35000	0	35000	100.00
		111	包头日报社印刷厂	26256	–2.02	0	26256	100.00	26797	0	26797	100.00
		113	内蒙古赤峰日报社	25400	37.30	0	25400	100.00	18500	0	18500	100.00
		129	呼伦贝尔日报社出版印务中心	13890	0.07	13890	0	0.00	13880	13880	0	0.00

（续）

地区	省份	排名	单位	2012 年制版量					2011 年制版量			
				总制版量（张）	总量增长（%）	PS 制版量（张）	CTP 制版量（张）	CTP 制版占比（%）	总制版量（张）	PS 制版量（张）	CTP 制版量（张）	CTP 制版占比（%）
东北地区	辽宁	4	辽宁新闻印刷集团有限公司	543000	-3.04	170000	373000	68.69	560000	430000	130000	23.21
		55	沈阳日报报业集团印务中心	105000	16.67	80000	25000	23.81	90000	73000	17000	18.89
		133	锦州日报社印刷厂	12800	——	0.00	12800.00	100.00	——	——	——	——
		138	营口日报印刷厂	9000	——	9000	0	0.00	——	——	——	——
		22	大连报业集团印务公司	215372	11.69	250	215122	99.88	192838	32250	160588	83.28
	吉林	43	吉林华商数码印务有限公司	135196	-10.63	61077	74119	54.82	151285	114803	36482	24.11
		65	吉林日报社印务中心	82866	6.61	82866	0	0.00	77731	77731	0	0.00
			长春市美程印刷有限公司	——	——	——	——	——	43000	3000	40000	93.02
		128	延边报捷印务有限公司	14283	-13.84	0	14283	100.00	16577	50	16527	99.70
	黑龙江	26	黑龙江龙江传媒有限责任公司	200663	-20.37	70232	130431	65.00	252000	96000	156000	61.90
		30	哈尔滨报达印务股份有限公司	187431	11.04	2100	185331	98.88	168800	2780	166020	98.35
		136	齐齐哈尔日报社印刷厂	11895	18.41	0	11895	100.00	10046	10046	0	0.00
		96	大庆日报社印刷厂	37830	3.08	3500	34330	90.75	36700	3300	33400	91.01
华东地区	上海	5	文汇新民联合报业印务中心	516975	-1.80	51000	465975	90.13	526430	44000	482430	91.64
		29	解放日报报业集团印刷厂	198700	-7.58	0	198700	100.00	215000	55000	160000	74.42
		75	上海解放传媒印务公司	70000	-19.63	0	70000	100.00	87092	0	87092	100.00
		77	劳动报社印务中心	69630	6.81	15300	54330	78.03	65190	52450	12740	19.54
		93	上海证券报印务中心	42118	-5.30	0	42118	100.00	44474	0	44474	100.00
		142	上海一众印务中心	6219	12.28	6219	0	0.00	5539	5539	0	0.00
	江苏	33	南京时代传媒股份有限公司	160500	-19.75	5500	155000	96.57	200000	50000	150000	75.00
		24	新华报业传媒集团印务中心	208000	-13.33	12000	196000	94.23	240000	157000	83000	34.58
		35	苏州日报印刷中心	156700	4.31	30700	126000	80.41	150226	41284	108942	72.52
		58	无锡报业发展公司印务分公司	99000	12.50	2000	97000	97.98	88000	8400	79600	90.45
		74	扬州日报印刷有限责任公司	70339	-4.50	9411	60928	86.62	73657	26448	47209	64.09
		92	泰州日报社印务有限公司	48000	-17.24	0	48000	100.00	58000	52500	5500	9.48
		137	海门市海门日报印务中心	10980	-0.36	900	10080	91.80	11020	10820	200	1.81
		84	常州日报社印刷厂	56497	841.62	946	55551	98.33	6000	1000	5000	83.33
		90	镇江报业印务有限公司	49000	-7.90	0	49000	100.00	53202	0	53202	100.00
		110	宜兴报业印务有限公司	27000	-6.90	4000	23000	85.19	29000	12000	17000	58.62
	浙江	6	浙江日报报业集团印务有限公司	501504	-4.43	104074	397430	79.25	524730	283600	241130	45.95
		12	杭报集团盛元印务有限公司	361202	18.59	22487	338175	93.62	304583	20869	283714	93.15
		63	浙江省广育爱多印务有限公司	89473	37.65	20506	68697	76.78	65000	35000	30000	46.15
		47	宁波报业印刷发展有限公司	121270	-24.50	4380	116890	96.39	160620	5450	155170	96.61
		56	温州日报报业集团印务分公司	105000	11.46	105000	0	0.00	94200	94200	0	0.00
		103	台州日报社印刷厂	32100	-10.25	6000	26100	81.31	35768	35768	0	0.00
		95	金华日报社印刷厂	39446	8.68	19520	19926	50.51	36294	36294	0	0.00

（续）

地区	省份	排名	单位	2012 年制版量					2011 年制版量			
				总制版量（张）	总量增长（%）	PS 制版量（张）	CTP 制版量（张）	CTP 制版占比（%）	总制版量（张）	PS 制版量（张）	CTP 制版量（张）	CTP 制版占比（%）
华东地区	浙江	81	浙江嘉报设计印刷有限公司	58563	–5.85	188	58365	99.66	62203	35318	26885	43.22
		82	衢州日报印务有限公司	57603	6.46	515	57088	99.11	54106	33870	20236	37.40
		130	绍兴日报报业印务有限公司	13000	–48.00	0	13000	100.00	25000	21000	4000	16.00
	安徽	52	新安传媒有限公司印务公司	110992	–26.60	4880	106112	95.60	151207	63675	87532	57.89
		40	合肥报业传媒公司印务分公司	140000	–4.55	0	140000	100.00	146666	0	146666	100.00
		121	芜湖日报报业集团印务有限公司	20000	–34.85	400	19600	98.00	30700	8750	21950	71.50
	福建	34	福建日报报业集团印务中心	160000	–39.32	9600	15400	9.63	263686	176189	87497	33.18
		80	福州晚报印刷厂	59873	–3.23	37567	22306	37.26	61874	61874	0	0.00
		54	厦门日报社印刷厂	109500	308.22	18000	91500	83.56	26824	26824	0	0.00
			泉州晚报印务中心	——	——	——	——	——	37430	0	37430	100.00
	江西	91	南昌日报传媒集团印刷有限公司	48450	——	48450	0	0.00	——	——	——	——
		38	江西日报社印务中心	146953	–2.88	38983	107970	73.47	151308	44032	107276	70.90
	山东	8	半岛都市报社印刷厂	453926	92.00	131639	322287	71.00	236420	118832	117588	49.74
		15	山东大众华泰印务有限责任公司	309400	12.10	0	309400	100.00	276000	86000	190000	68.84
		23	青岛日报报业集团印务中心	211000	0.96	166000	45000	21.33	209000	17000	39000	18.66
		42	济南日报社印刷厂	136000	10.57	7500	128500	94.49	123000	27800	95200	77.40
		68	烟台报捷新闻印刷有限责任公司	80571	–4.76	0	80571	100.00	84602	0	84602	100.00
		72	临沂日报社印刷厂	70839	55.35	0	70839	100.00	45600	0	45600	100.00
		100	潍坊日报社印刷厂	34235	——	20394	13841	40.43	——	——	——	——
		119	枣庄日报社印刷厂	21600	12.50	0	21600	100.00	19200	0	19200	100.00
中南地区	河南	27	河南日报报业集团印务中心	200522	–0.46	1040	199480	99.48	201457	113079	88378	43.87
		61	郑州日报社印刷厂	92200	0.59	0	92200	100.00	91659	21115	70544	76.96
		71	洛阳市报业印刷有限责任公司	71221	15.12	17149	54072	75.92	61867	28197	33670	54.42
		104	商丘京九印务有限公司	32000	37.93	800	31200	97.50	23200	0	23200	100.00
		109	新乡市新报商务彩印有限公司	27847	2.61	0	27847	100.00	27138	0	27138	100.00
		123	南阳日报社印刷厂	17982	–18.77	0	17982	100.00	22138	1920	20218	91.33
		107	许昌日报社印务中心	29300	16.27	0	29300	100.00	25200	0	25200	100.00
		141	周口日报社印务中心	7500	36.36	0	7500	100.00	5500	0	5500	100.00
		143	信阳日报社印刷厂	3240	——	1900	1340	41.36	——	——	——	——
		130	开封日报社印务中心	13000	——	1000	12000	92.31	——	——	——	——
		117	漯河日报社印刷厂	22000	–11.29	2800	19200	87.27	24800	5600	19200	77.42
	湖北	2	湖北日报集团楚天印务总公司	645848	30.59	99843	546005	84.54	494578	121630	372948	75.41
		14	长江日报报业集团印务总公司	321155	22.41	84798	236357	73.60	262370	216800	45570	17.37
		85	湖北日报集团三峡印务有限公司	54574	51.59	4904	49670	91.01	36000	33000	3000	8.33
		124	三峡日报传媒集团印刷厂	17700	–9.83	0	17700	100.00	19630	500	19130	97.45
		135	襄阳鑫汉江印务有限公司	12392	31.66	0	12392	100.00	9412	2106	7306	77.62

（续）

地区	省份	排名	单位	2012 年制版量					2011 年制版量			
				总制版量（张）	总量增长（%）	PS 制版量（张）	CTP 制版量（张）	CTP 制版占比（%）	总制版量（张）	PS 制版量（张）	CTP 制版量（张）	CTP 制版占比（%）
中南地区	湖南	51	湖南日报报业集团印务中心	115060	−12.73	12007	103053	89.56	131850	19700	112150	85.06
		37	长沙晚报报业集团印务公司	150950	58.12	93301	57649	38.19	95465	95465	0	0.00
	广东	1	广州日报社印务中心	657724	−6.96	155976	501748	76.29	706950	190869	516081	73.00
		7	广东南方报业公司印务分公司	459266	−12.15	116126	343140	74.71	522802	321403	201399	38.52
		3	深圳报业集团印务有限公司	558570	16.37	8530	550040	98.47	480000	18000	462000	96.25
		9	羊城晚报社印刷厂	435015	2.19	0	435015	100.00	425696	0	425696	100.00
		89	东莞日报印刷厂	49892	−0.22	1400	48492	97.19	50000	27000	23000	46.00
		87	湛江日报社印刷厂	50000	4.17	3500	46500	93.00	48000	48000	0	0.00
		86	汕头经济特区报社印务中心	54381	−7.41	0	54381	100.00	58730	0	58730	100.00
		88	佛山珠江传媒印务有限公司	49931	16.08	49931	0	0.00	43016	43016	0	0.00
		79	珠海特区报社印务中心	60000	−14.29	0	60000	100.00	70000	0	70000	100.00
		112	中山日报社印务中心	25478	−4.60	0	25478	100.00	26706	0	26706	100.00
	广西	25	广西日报社印刷厂	204227	0.91	0	204227	100.00	202387	66951	135436	66.92
		78	南宁日报社印刷厂	60500	−4.04	6100	54400	89.92	63050	47800	15250	24.19
		101	桂林日报印刷厂	33318	66.59	4978	28340	85.06	20000	18000	2000	10.00
	海南	39	海南日报报业集团印刷厂	142907	2.68	0	142907	100.00	139179	0	139179	100.00
西南地区	重庆	19	重庆重报传媒有限公司印务中心	262674	6.15	51018	211656	80.58	247457	148057	99400	40.17
		76	华商数码信息公司重庆分公司	69791.5	−48.73	27560	42231.5	60.51	136136	97566	38570	28.33
		66	重庆商报印务有限公司	82026	−5.39	53775	28251	34.44	86700	86700	0	0.00
	四川	13	成都博瑞传播股份有限公司	322000	2.12	82000	240000	74.53	315302	143939	171363	54.35
		10	四川日报报业集团印务公司	404268	−8.12	124402	279866	69.23	440018	344134	95884	21.79
		69	成都日报社印刷厂	79639	−2.88	10729	68910	86.53	82000	69000	13000	15.85
		94	泸州日报社印刷厂	42000	2.94	500	41500	98.81	40800	2400	38400	94.12
		98	宜宾日报社印刷中心	37100	9.56	0	37100	100.00	33864	0	33864	100.00
	贵州	45	贵州日报报业集团印务分公司	131400	−12.40	64400	67000	50.99	150000	150000	0	0.00
		59	贵阳日报印务中心	98500	——	27300	71200	72.28	——	——	——	——
	云南	31	云南报业集团公司印务中心	178961	1.31	38468	140493	78.50	176650	78150	98500	55.76
		83	昆明日报印刷厂	57120	76.84	57120	0	0.00	32300	32300	0	0.00
	西藏	105	西藏日报印刷厂	31477	−1.63	950	30527	96.98	32000	2000	30000	93.75
西北地区	陕西	127	延安日报印务有限公司	14350	——	50	14300	99.65	——	——	——	——
		28	华商数码信息股份有限公司	200000	−7.07	160000	50000	25.00	215206	215206	0	0.00
		64	西安日报社印务中心	84790	135.53	23501	61289	72.28	36000	36000	0	0.00
		46	陕西日报社印刷厂	127000	8.71	48200	78800	62.05	116827	28964	87863	75.21
			汉中日报社印刷厂	——	——	——	——	——	2454	2454	0	0.00

（续）

地区	省份	排名	单位	2012年制版量					2011年制版量			
				总制版量（张）	总量增长（%）	PS制版量（张）	CTP制版量（张）	CTP制版占比（%）	总制版量（张）	PS制版量（张）	CTP制版量（张）	CTP制版占比（%）
西北地区	甘肃	32	甘肃日报社印务中心	176354	17.77	31962	144392	81.88	149739	80922	68817	45.96
	青海	73	青海日报社印刷厂	70420	15.84	5570	64850	92.09	60792	12657	48135	79.18
		134	青海西宁印刷厂	12461	–12.86	0	12461	100.00	14300	3500	10800	75.52
	宁夏	53	宁夏报业传媒印刷有限公司	110922	35.52	0	110922	100.00	81849	635	81214	99.22
	新疆	41	新疆日报社印务中心	140000	5.26	25000	115000	82.14	133000	55000	78000	58.65
		106	新疆乌鲁木齐晚报社印务中心	30346	–61.16	0	30346	100.00	78139	8049	70090	89.70
		116	新疆日报社南疆印务中心	22200	27.59	0	22200	100.00	17400	14000	3400	19.54
总计				17490962	4.56	3954300	13418637	76.72	16727510	7399143	9175367	54.85

注：1. 表中排名为制版总量（CT版P+PS版）排名。

2. 数据由中国报协报纸印刷工作委员会提供。

2012年全国骨干印刷机械制

序号	单位名称	工业总产值	工业销售产值	工业增加值	产品销售收入	实现利税	利润总额
	北人集团公司	83059	82790	14260	87485	-13371	-18182
	上海电气集团印刷包装机械有限公司	105084	105965	21689	119020	8119	5950
1	北人集团公司	83059	82790	14260	87485	-13371	-18182
2	北京北人富士印刷机械有限公司	4599	5239	1099	5239	236	-479
3	陕西北人印刷机械有限责任公司	35912	35912	9674	36502	2105	635
4	高斯图文印刷系统（中国）有限公司	46009	46249	12642	46251	5588	5189
5	上海光华印刷机械有限公司	24934	26819	2025	33100	418	553
6	上海紫明印刷机械有限公司	3195	2836	1041	5116	146	21
7	上海申威达机械有限公司	4638	5172	1495	5171	316	5
8	上海亚华印刷机械有限公司	17634	16551	3032	17359	519	148
9	上海紫宏机械有限公司	6419	6121	1876	6768	-175	-445
10	上海德拉根印刷机械有限公司	8500	8500	750	8500	405	280
11	上海紫光机械有限公司	11419	10720	4497	11470	1691	691
12	上海爱凯思机械刀片有限公司	6378	6428	1660	6427	579	268
13	上海新星印刷器材有限公司	8801	7849	1800	7774	1174	1126
14	上海华太信息技术有限公司	4893	6094	1640	7482	449	299
15	好利旺机械（上海）有限公司	5504	6847	1773	6847	1289	1110
16	天津长荣印刷设备股份有限公司	68647	68647	28586	60600	23700	19182
17	江苏昌昇集团股份有限公司	15303	16168	4479	16669	1156	23
18	中外合资镇江斯伊格机械有限公司	750	873	300	879	0	-901
19	常州市永盾机械有限公司	3925	3894	863	3894	166	134
20	南通海盟罗兰机械有限公司	1640	1602	511	1602	144	76
21	无锡长城机器制造有限公司	1942	1880	360	1966	-127	-221
22	江西中景集团有限公司	17511	17323	6753	15629	1891	1314
23	浙江通业印刷机械有限公司	6025	5942	1386	6288	458	220
24	浙江飞云机械有限公司	1622	1597	388	1597	90	28
25	浙江蓝宝机械有限公司	10874	10747	3371	11503	1394	812
26	浙江华岳包装机械有限公司	2405	2515	149	2515	238	91
27	浙江国威印刷机械有限公司	2429	2429	1830	2429	300	113
28	江苏方邦机械有限公司	7050	9320	920	6160	320	243
29	瑞安市华威印刷机械有限公司	3772	3461	685	3461	428	207
30	温州正博印刷机械有限公司	5984	5582	1135	5582	498	323
31	国望机械集团有限公司	10694	10037	2650	10037	728	601

造企业综合经济指标完成情况统计表（一）

（单位：万元）

利息支出	平均固定资产净值	平均流动资产	平均资产总额	成本费用总额	报告期期末所有者权益	上年同期期末所有者权益	期末负债总额	期末资产总额	工资总额	全部从业人员平均人数（人）	新产品产值	出口交货值
1669	69036	114121	263394	103535	114742	163647	119007	233749	9481	1747	22999	4957
1263	25246	160335	262813	115137	134347	123524	144837	279184	15955	2135	75352	17574
1669	69036	114121	263394	103535	114742	163647	119007	233749	9481	1747	22999	4957
53	360	6639	6938	5398	2142	2621	3621	5763	854	147	431	320
595	14576	22943	41332	35637	14133	13517	28454	42587	4518	1053	20973	3358
–252	4520	77324	90154	41684	34405	29922	72463	106868	6435	658	43293	9741
540	11686	32921	45551	29908	12254	12716	32115	44369	2854	549	15986	2203
177	2119	6534	8678	5803	3720	2801	5866	9586	664	170	793	538
0	923	8211	9134	5177	3711	3910	4397	8108	1256	209	1905	364
112	2591	14566	18767	17099	8003	7848	9801	17804	2324	310	5741	4977
–48	1026	10248	11729	6860	8047	9465	3648	11695	1095	193	699	689
0	2780	2300	6583	8095	4880	4325	1703	6583	888	183	4150	3050
–18	839	14949	16754	11748	11891	12089	4872	16763	2116	310	8427	289
81	3080	4018	8031	6333	5179	5100	2777	7956	973	169	538	843
108	1372	5371	8912	7014	5881	5098	4234	10115	489	103	0	1951
175	3633	10683	14233	7183	6042	6025	9107	15149	1199	150	3656	0
0	750	5849	6630	5747	5430	4795	1779	7209	381	59	0	797
–1798	22109	109371	146023	41418	124289	119782	19987	144275	3207	528	53748	6107
792	6450	15110	27247	16557	8115	8283	19131	27246	1828	573	13505	0
67	621	1783	2287	1036	853	–750	3164	2311	319	161	0	0
49	1815	1495	4302	1728	2990	772	1754	4744	331	89	1311	321
18	797	530	1380	1526	942	1045	452	1394	85	31	1111	0
20	1806	2885	5402	1999	7072	1542	909	7981	329	106	0	0
31	8074	14795	34201	12428	28896	27986	7423	36319	1682	517	16135	46
371	4978	4237	9420	6068	4921	4734	4997	9918	532	140	5121	18
50	672	2770	3443	1576	1032	1026	2175	3207	156	63	0	0
327	1946	5097	8766	9499	2234	2466	7868	10102	1196	156	10221	3191
64	1548	1162	2787	2465	968	827	1819	2787	305	134	1610	686
2	1400	1204	3010	1561	2334	2238	593	2927	226	75	0	495
78	1345	1520	3618	5917	2433	2190	1320	3753	705	103	2352	3050
63	1038	1066	3452	3254	2317	2363	937	3254	495	169	2391	594
11	1125	1784	2895	4295	1935	1705	1284	3219	604	168	2840	895
36	3942	2782	9885	9324	6644	6340	3067	9711	943	280	6200	0

序号	单位名称	工业总产值	工业销售产值	工业增加值	产品销售收入	实现利税	利润总额
32	潍坊华光精工设备有限公司	9835	9880	4237	9697	1398	913
33	潍坊东航印刷科技股份有限公司	9321	8980	3533	7741	1676	1138
34	潍坊华田精工设备有限公司	2227	1860	757	1860	85	50
35	青岛瑞普电气有限责任公司	9061	8243	1743	7711	–1329	–1324
36	菏泽生建机械有限责任公司	12192	12166	3850	12024	1276	455
37	威海印刷机械有限公司	9649	7492	5656	6236	326	63
38	威海滨田印刷机械有限公司	4639	5501	2969	5501	389	–107
39	晋城市天泽太行机械制造有限公司	3349	3355	1327	3359	221	9
40	渭南科赛机电设备有限责任公司	2365	2303	381	2303	319	104
41	咸阳印刷包装机械厂	402	360	0	260	–160	–171
42	咸阳超越离合器有限公司	4528	4230	1811	4230	888	420
43	湖南新邵印刷机器有限公司	4556	4122	1139	4009	249	38
44	长沙奥托机械股份有限公司	6133	6034	2192	6034	918	473
45	辽宁大族冠华印刷科技股份有限公司	32681	32255	14950	30943	4414	2810
46	长春印刷机械有限责任公司	5206	5109	2109	5305	521	311
47	白山市轻工机械厂	672	634	112	667	36	–1
48	哈尔滨三环印刷包装机械有限责任公司	7550	6472	3340	3674	57	20
49	德阳市利通印刷机械有限公司	6455	6340	2395	6357	888	387
50	舞阳雷世奥印刷机械有限责任公司	1580	1425	460	1388	54	–12
51	松德机械股份有限公司	31171	28694	5581	25245	4336	3368
52	广东汕漳轻工机械有限公司	17148	16546	2016	16546	2942	1988
53	深圳市精密达机械有限公司	9781	10166	4886	10166	3336	2402
54	深圳嘉洛激光工艺有限公司	480	351	500	475	50	10
55	汕头韩江实业（集团）公司	1115	747	595	769	40	–1
56	汕头市欧格包装机械有限公司	2405	2405	255	2405	317	241
57	平凉亨达机械制造有限责任公司	4047	3821	870	3821	420	115
58	宜昌市东方印刷机械有限责任公司	715	685	–57	812	–93	–103
59	河北海贺胜利印刷机械集团有限公司	15080	13572	5428	13420	2516	1811
60	河北玉田兴业印刷机械有限公司	4100	3000	1300	2400	131	–249
61	淮南光华光神机械电子有限公司	8483	8642	2545	8623	1966	1287
62	淮南市鑫盛印刷包装机械厂	0	61	0	61	2	1
63	淮南市耀华机械厂	680	651	258	651	78	64
64	南宁七彩虹印刷机械有限责任公司	1843	1327	538	1360	–80	–80
	总　计	661916	653573	191306	648355	60940	29894

（续）

利息支出	平均固定资产净值	平均流动资产	平均资产总额	成本费用总额	报告期期末所有者权益	上年同期期末所有者权益	期末负债总额	期末资产总额	工资总额	全部从业人员平均人数（人）	新产品产值	出口交货值
488	5917	11684	19726	8784	7591	9896	11386	18977	1303	512	8451	244
805	5454	15385	20839	7035	10387	9964	9836	20223	1332	302	2671	587
0	308	1150	1458	1810	1353	1070	105	1458	121	50	780	700
0	3672	28910	41644	9043	3013	6662	49670	52683	1754	305	3042	1871
2	3919	12250	16855	11714	10808	8933	6825	17633	3476	577	0	0
139	3200	11494	16653	5626	6667	10649	8937	15604	785	292	2639	110
89	614	7498	8068	5608	5200	6362	2934	8134	698	145	3762	461
0	557	4618	5192	2689	2436	2548	2976	5412	772	295	1340	0
72	305	3362	3667	2179	924	835	2557	3481	331	136	0	0
5	5109	542	5882	391	164	334	5867	6031	130	54	0	0
1	698	2495	3612	3508	2488	2238	1205	3693	496	156	3384	0
176	503	3266	7060	3645	2777	2846	4716	7493	482	218	3645	0
0	797	11370	12275	5520	9799	9373	4275	14074	532	156	1351	0
893	15375	37008	55787	20766	31984	32942	27710	59694	4091	711	27605	2187
201	5303	3274	9859	4725	5721	5689	4238	9959	581	267	1502	80
0	85	297	735	668	1	8	755	756	183	78	0	0
44	6674	7531	18194	3716	10998	10884	8675	19673	619	309	1933	0
291	2020	3627	7603	5970	4589	4260	3391	7980	479	151	6086	72
17	3728	3549	7732	1082	3579	3603	4393	7972	184	70	0	0
489	12063	61703	86591	21672	62368	62187	24893	87261	3059	560	15781	3782
30	2246	6703	9675	13760	7171	5292	3715	10886	696	175	13827	1878
23	392	12352	17107	8262	10621	8525	8315	18936	1708	252	6847	512
3	600	350	890	600	589	616	301	890	108	64	62	0
0	1120	1190	2656	270	1118	1165	1514	2632	228	95	0	0
12	43	1238	1340	2183	1034	818	672	1706	206	60	0	328
0	9802	4206	12247	3668	11456	11000	4308	15764	720	270	2088	326
24	652	2011	3143	919	847	935	2370	3217	83	37	214	0
348	3763	10139	15413	8255	7974	6163	10900	18874	977	278	12980	1021
0	1800	4300	6280	2519	4417	4666	2101	6518	630	185	0	0
401	1747	8810	17334	9036	5162	3925	12646	17808	1169	270	8165	446
0	2	100	101	60	7	0	94	101	8	4	0	0
4	660	405	1201	476	579	741	495	1074	91	38	152	0
0	3849	3152	9499	1444	5010	757	4247	9257	328	117	0	0
7930	281934	790237	1271256	595475	677267	702314	617746	1293306	76830	16492	374443	64085

2012年全国骨干印刷机械制造企业综合经济指标完成情况统计表（二）

序号	单位名称	经济效益综合指数（%）	总资产贡献率（%）	资本保值增值率（%）	资产负债率（%）	流动资产周转率（次）	成本费用利润率（%）	全员劳动生产率（元/人）	产品销售率（%）	人均收入（元/人）	按经济效益综合指数排名
	北人集团公司	15.49	–4.44	70.12	50.91	0.77	–17.56	81626	99.68	54270.2	
	上海电气集团印刷包装机械有限公司	133.60	3.57	108.76	51.88	0.74	5.17	101588	100.84	74730.7	
1	北人集团公司	15.49	–4.44	70.12	50.91	0.77	–17.56	81626	99.68	54270.2	60
2	北京北人富士印刷机械有限公司	66.29	4.17	81.72	62.83	0.79	–8.87	74762	113.92	58095.2	55
3	陕西北人印刷机械有限责任公司	128.89	6.53	104.56	66.81	1.59	1.78	91871	100.00	42906	35
4	高斯图文印刷系统（中国）有限公司	220.25	5.92	114.98	67.81	0.60	12.45	192128	100.52	97796.4	11
5	上海光华印刷机械有限公司	80.60	2.10	96.37	72.38	1.01	1.85	36885	107.56	51985.4	50
6	上海紫明印刷机械有限公司	95.13	3.72	132.81	61.19	0.78	0.36	61235	88.76	39058.8	46
7	上海申威达机械有限公司	95.00	3.46	94.91	54.23	0.63	0.10	71531	111.51	60095.7	47
8	上海亚华印刷机械有限公司	117.90	3.36	101.98	55.05	1.19	0.87	97806	93.86	74967.7	37
9	上海紫宏机械有限公司	67.88	–1.90	85.02	31.19	0.66	–6.49	97202	95.36	56735.8	54
10	上海德拉根印刷机械有限公司	119.62	6.15	112.83	25.87	3.70	3.46	40984	100.00	48524.6	36
11	上海紫光机械有限公司	167.99	9.99	98.36	29.06	0.77	5.88	145065	93.88	68258.1	23
12	上海爱凯思机械刀片有限公司	140.81	8.22	101.55	34.90	1.60	4.23	98225	100.78	57574	31
13	上海新星印刷器材有限公司	243.49	14.39	115.36	41.86	1.45	16.05	174757	89.18	47475.7	9
14	上海华太信息技术有限公司	139.34	4.38	100.28	60.12	0.70	4.16	109333	124.55	79933.3	32
15	好利旺机械（上海）有限公司	339.78	19.44	113.24	24.68	1.17	19.31	300508	124.40	64576.3	3
16	天津长荣印刷设备股份有限公司	566.54	15.00	103.76	13.85	0.55	46.31	541402	100.00	60738.6	1
17	江苏昌昇集团股份有限公司	109.97	7.15	97.97	70.22	1.10	0.14	78168	105.65	31902.3	40
18	中外合资镇江斯伊格机械有限公司	–330.16	2.93	–113.73	136.91	0.49	–86.97	18634	116.40	19813.7	64
19	常州市永盾机械有限公司	195.55	5.00	387.31	36.97	2.60	7.75	96966	99.21	37191	16
20	南通海盟罗兰机械有限公司	202.20	11.74	90.14	32.42	3.02	4.98	164839	97.68	27419.4	14
21	无锡长城机器制造有限公司	58.42	–1.98	458.63	11.39	0.68	–11.06	33962	96.81	31037.7	56
22	江西中景集团有限公司	171.24	5.62	103.25	20.44	1.06	10.57	130619	98.93	32533.8	17
23	浙江通业印刷机械有限公司	142.07	8.80	103.95	50.38	1.48	3.63	99000	98.62	38000	30
24	浙江飞云机械有限公司	94.98	4.07	100.58	67.82	0.58	1.78	61587	98.46	24761.9	48
25	浙江蓝宝机械有限公司	256.36	19.63	90.59	77.89	2.26	8.55	216090	98.83	76666.7	6
26	浙江华岳包装机械有限公司	103.39	10.84	117.05	65.27	2.16	3.69	11119	104.57	22761.2	43
27	浙江国威印刷机械有限公司	245.36	10.03	104.29	20.26	2.02	7.24	244000	100.00	30133.3	7
28	江苏方邦机械有限公司	169.93	11.00	111.10	35.17	4.05	4.11	89320	132.20	68446.6	20
29	瑞安市华威印刷机械有限公司	138.45	14.22	98.05	28.80	3.25	6.36	40533	91.76	29289.9	33
30	温州正博印刷机械有限公司	168.81	17.58	113.49	39.89	3.13	7.52	67560	93.28	35952.4	22
31	国望机械集团有限公司	164.73	7.73	104.79	31.58	3.61	6.45	94643	93.86	33678.6	25
32	潍坊华光精工设备有限公司	151.27	9.56	76.71	60.00	0.83	10.39	82754	100.46	25449.2	29

（续）

序号	单位名称	经济效益综合指数（%）	总资产贡献率（%）	资本保值增值率（%）	资产负债率（%）	流动资产周转率（次）	成本费用利润率（%）	全员劳动生产率（元/人）	产品销售率（%）	人均收入（元/人）	按经济效益综合指数排名
33	潍坊东航印刷科技股份有限公司	195.84	11.91	104.25	48.64	0.50	16.18	116987	96.34	44106	15
34	潍坊华田精工设备有限公司	158.65	5.83	126.45	7.20	1.62	2.76	151400	83.52	24200	27
35	青岛瑞普电气有限责任公司	−2.90	−3.19	45.23	94.28	0.27	−14.64	57148	90.97	57508.2	61
36	菏泽生建机械有限责任公司	116.34	7.58	120.99	38.71	0.98	3.88	66724	99.79	60242.6	39
37	威海印刷机械有限公司	162.51	2.79	62.61	57.27	0.54	1.12	193699	77.65	26883.6	26
38	威海滨田印刷机械有限公司	169.38	5.92	81.74	36.07	0.73	−1.91	204759	118.58	48137.9	21
39	晋城市天泽太行机械制造有限公司	80.97	4.26	95.60	54.99	0.73	0.33	44983	100.18	26169.5	49
40	渭南科赛机电设备有限责任公司	99.37	10.66	110.66	73.46	0.69	4.77	28015	97.38	24338.2	44
41	咸阳印刷包装机械厂	−145.23	−2.64	49.10	97.28	0.48	−43.73	0	89.55	24074.1	63
42	咸阳超越离合器有限公司	212.27	24.61	111.17	32.63	1.70	11.97	116090	93.42	31794.9	12
43	湖南新邵印刷机器有限公司	95.88	6.02	97.58	62.94	1.23	1.04	52248	90.47	22110.1	45
44	长沙奥托机械股份有限公司	170.05	7.48	104.54	30.38	0.53	8.57	140513	98.39	34102.6	19
45	辽宁大族冠华印刷科技股份有限公司	240.12	9.51	97.09	46.42	0.84	13.53	210267	98.70	57538.7	10
46	长春印刷机械有限责任公司	137.60	7.32	100.56	42.55	1.62	6.58	78989	98.14	21760.3	34
47	白山市轻工机械厂	53.97	4.90	12.50	99.87	2.25	−0.15	14359	94.35	23461.5	57
48	哈尔滨三环印刷包装机械有限责任公司	107.29	0.56	101.05	44.10	0.49	0.54	108091	85.72	20032.4	42
49	德阳市利通印刷机械有限公司	203.03	15.51	107.72	42.49	1.75	6.48	158609	98.22	31721.9	13
50	舞阳雷世奥印刷机械有限责任公司	77.70	0.92	99.33	55.11	0.39	−1.11	65714	90.19	26285.7	53
51	松德机械股份有限公司	165.04	5.57	100.29	28.53	0.41	15.54	99661	92.05	54625	24
52	广东汕樟轻工机械有限公司	244.07	30.72	135.51	34.13	2.47	14.45	115200	96.49	39771.4	8
53	深圳市精密达机械有限公司	311.51	19.64	124.59	43.91	0.82	29.07	193889	103.94	67777.8	4
54	深圳嘉洛激光工艺有限公司	107.58	5.96	95.62	33.82	1.36	1.67	78125	73.13	16875	41
55	汕头韩江实业（集团）公司	79.13	1.51	95.97	57.52	0.65	−0.37	62632	67.00	24000	51
56	汕头市欧格包装机械有限公司	170.75	24.55	126.41	39.39	1.94	11.04	42500	100.00	34333.3	18
57	平凉亨达机械制造有限责任公司	78.87	3.43	104.15	27.33	0.91	3.14	32222	94.42	26666.7	52
58	宜昌市东方印刷机械有限责任公司	−16.99	−2.20	90.59	73.67	0.40	−11.21	−15405	95.80	22432.4	62
59	河北海贺胜利印刷机械集团有限公司	289.90	18.58	129.39	57.75	1.32	21.94	195252	90.00	35143.9	5
60	河北玉田兴业印刷机械有限公司	43.67	2.09	94.66	32.23	0.56	−9.88	70270	73.17	34054.1	58
61	淮南光华光神机械电子有限公司	429.33	13.66	131.52	71.01	0.98	14.24	94259	101.87	43296.3	2
62	淮南市鑫盛印刷包装机械厂	34.62	1.98	0.00	93.07	0.61	1.67	0	0.00	20000	59
63	淮南市耀华机械厂	153.11	6.83	78.14	46.09	1.61	13.45	67895	95.74	23947.4	28
64	南宁七彩虹印刷机械有限责任公司	116.82	−0.84	661.82	45.88	0.43	−5.54	45983	72.00	28034.2	38
	总计	143.25	5.42	96.43	47.76	0.82	5.02	115999	98.74	46586.2	

数据来源：中国印刷及设备器材工业协会印刷机械分会

2012年全国印刷机械制造主要企业产品完成情况汇总表

单位名称	产品型号及名称	产量台/吨	产品型号及名称	产量台/吨	产品型号及名称	产量台/吨
北人集团公司	平张纸单双色胶印机	129/1359	卷筒纸胶印机	74/3154	其他印刷机械	21/134
	平张纸多色胶印机	20/457			合计	244/5104
高斯图文印刷系统（中国）有限公司	SSC卷筒纸胶印机	63/3485	SG-104四色机	3/90	WS-C胶印机	8/276
	WS-D胶印机	1/43	WS-A胶印机	1/27	合计	76/3921
北京北人富士印刷机械有限公司	BF系列表格印刷机	14台	BFF系列柔版机	4台	喷墨平台	4台
	印后设备	7台			合计	29台
上海光华印刷机械有限公司	单、双色胶印机	11/64	多色胶印机	78/2226	合计	89/2290
上海紫明印刷机械有限公司	200B双面印刷机	1/5	2104-AL双色胶印机	3/56	B104-AL双面平版印刷机	4/76
	2P294-AL双面双色平版印刷机	4/94	94-AL酒精高B	2/27	94B双面印刷机	5/58
	104UV上光机	7/100	104双面平版印刷机	6/90	QSB90F三面切书机	5/18
					合计	37/524
江西中景集团有限公司	单色胶印机	200台	双色胶印机	50台	四色胶印机	110台
					合计	360台
江苏昌昇集团股份有限公司	YP系列胶印机	34/476	CS系列胶印机	122/2901		
	其中：双色机	34/476	其中：多色机	16/740		
			双色机	106/2161	合计	156/3377
舞阳雷世奥印刷机械有限责任公司	YP1A2-5四开单色胶印机	33/148	QZKF920对开双液压数显切纸机	30/136	QZYX920对开液压数显切纸机	45/135
	YP1740四开单色胶印机	25/120	QZX920对开数显切纸机	49/88	切纸机合计	124/359
					胶印机合计	58/268
陕西北人印刷机械有限责任公司	AZJ系列机组式塑凹机	90/2800	TAZJ系列机组式纸凹机	24/940	GFH系列复合机系列	50/1002
	QFZ系列分切机系列	20/80	涂布机系列	10/610	其他产品及备件	2/30
					合计	196/5462
无锡长城机器制造有限公司	YP787塔式轮转机	2/42	YPT787对开八色书报轮转机	2/40	YP787型对开九色轮转机	1/21
	PS2101型对开单色胶印机	1/5			合计	6/108
青岛瑞普电气有限责任公司	350多功能商业胶印机	1/12	25系列双色胶印机	9/45	25系列四色胶印机	22/223
	25系列单色胶印机	5/15			合计	37/295
浙江飞云机械有限公司	FYS102A胶印机	26台	YPS1A1-G胶印机	20台	合计	46台

（续）

单位名称	产品型号及名称	产量台/吨	产品型号及名称	产量台/吨	产品型号及名称	产量台/吨
哈尔滨三环印刷包装机械有限责任公司	YPS1AC1E 对开双面胶印机	21/179	YPS1A1F 对开双面胶印机	21/193	YPS1A1B 对开双面胶印机	4/28
	YPS1B1 对开双面胶印机	10/100	糊盒机 Z65	24/82	模切机	29/362
	模切机 MYB1500	12/204	折页机 ZYH680	10/25	合 计	131/1173
潍坊华光精工设备有限公司	WF47 系列胶印机	165/102	HG452 系列多色胶印机	57/457	印后设备	25/6
	HG452 以上系列多色胶印机	56/591	其中：多色机	113/1049	合 计	303/1156
辽宁大族冠华印刷科技股份有限公司	GH47 系列胶印机	87/170	GH 66 系列胶印机	46/681	GH52 系列胶印机	241/2641
	GH18 系列胶印机	40/23	其中：多色机	289 台	打孔机等	485/102
	筱原系例胶印机	12/196	单色机	137 台	合 计	911/3813
威海印刷机械有限公司	WIN50 系列胶印机	108/822	其中：单色胶印机	22 台	其中：多色胶印机	86 台
威海滨田印刷机械有限公司	WH47 系列胶印机	89/167	WH66 系列胶印机	16/172	WH466	12/186
	WH452 系列	10/66	WH30 系列	19/21	合 计	146/612
潍坊东航印刷科技股份有限公司	DH47NP 胶印机	30/23	DH56 Ⅱ S	4/3	DH56 Ⅱ NP	13/10
	DH47 Ⅱ胶印机	24/14	DH47L	10/6	DH56 Ⅱ SNP	2/2
	柔板印刷机	38/390	DH56 Ⅱ	11/7	DH66	1/3
	DH452	26/195	DH456	33/257	320 标签机	6/60
	DH47 Ⅱ S 胶印机	1/1	DH47 Ⅱ –NP 胶印机	51/38	DH47 Ⅱ S–NP 胶印机	9/8
	520 标签机	3/35			合 计	262/1052
潍坊华田精工设备有限公司	CF47I 胶印机	10 台	CF56II 胶印机	8 台	CF47 Ⅱ NP–2 打码胶印机	7 台
	CF47 Ⅱ胶印机	8 台	CF620C 胶印机	10 台	CF450PY 配页机	10 台
	CF47I–NP 胶印机	65 台	CF56II–NP 胶印机	15 台	CP500D 打孔机	10 台
	CF47II–NP 胶印机	70 台	CF470–4PYNP、–4PY、–2NP4PY 系列打码机	99/85	CF470–4PY 配页机	
	CF47 Ⅱ –2 打码胶印机	7 台	CF56 Ⅰ胶印机	1 台	CF56 Ⅰ –NP 胶印机	2 台
	CF470SPJ 追印机	5 台	CF62–NP 胶印机	5 台	合 计	332 台
南宁七彩虹印刷机械有限责任公司	YPS1920 对开单色机	2/22	双面双色胶印机	6/96	机组双色胶印机	2/36
					合 计	10/154
晋城市天泽太行机械制造有限公司	YP330	4/40	YT300W	14/98	LYBQ4230S–01 标签机	6/22
	MWS300 模切机	6/18	6250	2/20	LYBQ4230–01 标签机	4/15
	8250	2/18	420 模切机	5/10	合 计	43/241
上海申威达机械有限公司	QZX、QZK 系列切纸机	277/928	工矿配件	275 吨	包装机	1/13
宜昌市东方印刷机械有限责任公司	QZX1300 数显切纸机	9/36	QZK920 数显切纸机	17/48		
	QZK1300 数显切纸机	16/64	QZX920 数显切纸机	109/218	合 计	151/366

（续）

单位名称	产品型号及名称	产量台 / 吨	产品型号及名称	产量台 / 吨	产品型号及名称	产量台 / 吨
长春印刷机械有限责任公司	QZKX 系列切纸机	82/313	QZKC 系列切纸机	20/79	QZF1400 分切机	14/208
	QZKD 系列切纸机	9/227	QZH 系列切纸机	54/162	QZKB 系列切纸机	102/316
	QZKA 系列切纸机	55/193	包本机系列	21/16	其他	3/2
					合 计	360/1516
德阳市利通印刷机械有限公司	QZY1370 系列切纸机	310/1395	QZY920 系列切纸机	92/276	QZY780 系列切纸机	5/14
	QZY1150 系列切纸机	60/210	QZY1680 系列切纸机	3/20	QZY1550 系列切纸机	8/44
					合 计	478/1959
南通海盟罗兰机械有限公司	QZX1300 液压数显切纸机	70/210	QZK1300 程控切纸机	55/165	QZK205 程控切纸机	12/24
	QZX205 液压数显切纸机	26/52	DQB440 半自动订书机	10/0	QS900D 三面切书机	8/20
	QZK1370 程控切纸机	10/40			合 计	191/511
平凉亨达机械制造有限责任公司	QZ-202 对开切纸机	36/72	QZJ1300 切纸机	6/18	QZYXK1150 切纸机	12/48
	QZYXK920A、920 切纸机	74/185	QZYXK1300A、1300 切纸机	108/438	QZYXS920E 切纸机	10/20
	QZYXK1370 切纸机	20/100	QZYXK1660 切纸机	5/30	MP1050 模切机	12/180
	TM1020 烫金机	9/153			合 计	292/1244
浙江华岳包装机械有限公司	程控切纸机	296 台				
上海亚华印刷机械有限公司	TYMB 半自动烫印模切机	85/1042	MW 自动模切机	234/2670	合 计	319/3712
天津长荣印刷设备股份有限公司	模切机	109 台	模烫机	199 台	糊盒机	62 台
	检品机	28 台			合 计	398 台
上海紫宏机械有限公司	折页机系列	291/653	三面切书机系列	106/311	精装类系列	87/148
					合 计	484/1112
湖南新邵印刷机械有限公司	ZYH680A 折页机 - 环抱式	1/4	ZYHD490B 折页机	70/175	YP660DA 压平机	6/2
	ZYH680 折页机	219/767	ZYH680A	59/207	QSB100 三面切	3/10
	QS100 三面切	4/12	ZYH490C 折页机	17/34	ZYJ440 折页机	2/3
	STR780 折页机 - 环抱式	1/3	ZYHJ680 折页机	43/151	ZK335 三面机	3/13
	ZYHD660A 折页机	10/38	ZYH780 折页机 - 堆积式	2/6	ZYH780 折页机	9/34
					合 计	449/1459
长沙奥托机械股份有限公司	混合式折页机 -670、490、780 等	376 台	前口机	25 台	压平式收纸机	56 台
	折页单机	3 台	三面切折页机	5 台	合 计	465 台
国望机械集团有限公司	切纸机	940 台	升降机	28 台	闯纸机	30 台
	三面切 TM28TKT	5 台	三面切书机 S-28D	26 台	卸纸机 LG-1	25 台
	卷筒纸分切机 CHM1400	10 台	三面切书机 S28H	25 台	模切机	10 台
					合 计	1099 台

（续）

单位名称	产品型号及名称	产量台/吨	产品型号及名称	产量台/吨	产品型号及名称	产量台/吨
淮南光华光神机械电子有限公司	DQ404 骑马订书机	149/81	LQD8E 联动线	72/455	PYG450A 配页机	22/88
	ZYH660A 折页机	13/64	JB450/10A 胶订机	10/90	其他设备	56/280
					合 计	322/1058
瑞安市华威印刷机械有限公司	复膜机	56 台	上光过油机	25 台	水胶机	58 台
	无粉复膜机	17 台	UV 全面上光机	12 台	UV 局部上光机	5 台
	分条配牌机	9 台	液压压光机	19 台	自动复膜机—桥式	13 台
	水溶性复印膜机	14 台	纸盒联机	4 台	自动全面上光机	16 台
	配牌喷码平台	28 台	拉纸机	28 台	涂膜复膜机	14 台
					合 计	318 台
广东汕漳轻工机械有限公司	SGF 型全自动彩印机	41 台	SDP 型全自动复合机	20 台	STB 型自动涂布机	38 台
					合 计	99 台
浙江蓝宝机械有限公司	YXR2 930 1020 柔版印线机	11/134	笔记本联动线	6/125	联动线	30/685
	QS380\QS420 三面切书机	8/29	其他	685/99	CKCZ330 穿线机	5/38
	无碳复写拍本线	1/65			合 计	746/1175
江苏方邦机械有限公司	平张纸全自动卷筒纸袋机	8 台	机组式柔印机	6 台	全自动卷筒纸袋机	6 台
	卷筒方底纸袋机	22 台			合 计	42 台
菏泽生建机械有限责任公司	QS 三面切书机	39/98				
上海德拉根印刷机械有限公司	上光机	80 台	覆面机	141 台	糊盒机	51 台
	喷码机	60 台			合 计	332 台
汕头韩江实业（集团）公司	复膜压合机	55/220	上、压光机	27/108	合 计	82/328
松德机械股份有限公司	纸凹机	9 台	复合机	23 台	涂布机	16 台
	塑凹机	29 台	其他	18 台	合 计	95 台
浙江通业印刷机械有限公司	SP 小全张输纸机	331/827	四开系列输纸机	172/198	对开系列输纸机	389/778
					合 计	892/1803
淮南市鑫盛印刷包装机械厂	电动压圈机	11 台	园弧机头	2 套	多用冲孔机	39 台
	骑马订书机 -6 头	3 台	骑马订书机 -4 头	4 台		
白山市轻工机械厂	MDD1700B 磨刀机	19/38	MDD2200A 磨刀机	3/7	MDD1700A 磨刀机	21/42
	MDD1700C 磨刀机	39/78	YP480-01 压平机	6/12	YP480-02 压平机	3/11
					合 计	91/188
深圳嘉洛激光工艺有限公司	自动弯刀机	22 台	激光切割机	20 台	清废机	78 台
	手动设备	60 台	设备配件	一批		
上海紫光机械有限公司	铁丝机	46/368	卷筒印刷机	6/40	胶订机	43/766
	商用表格机	8/69	锁线机	9/20	合 计	112/1263

（续）

单位名称	产品型号及名称	产量台/吨	产品型号及名称	产量台/吨	产品型号及名称	产量台/吨
河北海贺胜利印刷机械集团有限公司	模切、烫金机	168 台	裱纸机	59 台	合 计	227 台
河北玉田兴业印刷机械有限公司	MY1050AP 自动模切压痕机	16/180	MY1050A 自动模切压痕机	15/160	MY1020 自动模切压痕机	12/90
	TYM1020H 自动烫金模切机	10/200	MY800 自动模切压痕机	5/40	合 计	58/670
温州正博印刷机械有限公司	手提袋 ZB1100A	49/147	手提袋糊底机 50B	53/98	成型机 960C	14/140
	手提袋 ZB1100B	56/258	糊底机 ZB80B	18/49	糊底机 ZB60B	19/23
	上胶机 1200A	7/14			合 计	216/729
深圳市精密达机械有限公司	胶订机系列	149 台	订书机系列	56 台	锁线机系列	42 台
	其 他	50 台			合 计	297 台
上海华太信息技术有限公司	胶印机控制系列	497 台	遥控系列	149 台	其他电器类	174 台
					合 计	820 台
浙江国威印刷机械有限公司	切纸机	282 台	上糊机		升降机	13 台
	闯纸机	8 台	抛光机		卸纸机	9 台
					合 计	312 台
淮南市耀华机械厂	JT–4 装订机头	1750 套	JT–15 装订机头	140 套	DQB604–A 多头订书机	50 台
	JT–8 装订机头	118 套	JTY–4 圆环挂钩机头	80 套	DQB404–C 多头订书机	40 台
	JT–4–6 装订机头	30 套	JT–4–9 装订机头	40 套	DT4–15 多头订书机	80 台
	DT4–8 多头铁丝订书机	30 台			DT4–4 多头铁丝订书机	65 台
上海爱凯思机械刀片有限公司					工矿配件	1971 吨
上海新星印刷器材有限公司					印刷机械产品	37/11
汕头市欧格包装机械有限公司	复印式柔版印刷机	2 台	宽幅卫星式柔版印刷机	8 台	全自动制袋机	4 台
	精密涂布机	1 台	太阳能膜涂生产线	1 台	合 计	16 台
中外合资镇江斯伊格机械有限公司	有油泵		无油泵		旋涡泵	
常州市永盾机械有限公司	ZYBW 系列气泵	3179 台	各种气泵配件	11246 件	印刷机械部件	488 台套
咸阳超越离合器有限公司	离合器	54498 台	联结套	36584 套		
渭南科赛机电设备有限公司	自动套色控制系统	373 台	图像监测系统	235 台	合 计	608 台
好利旺机械（上海）有限公司	无油式真空气泵	8772 台	过滤器	1349 台	散热器、空气箱等	147080 个
	干燥机	927 台				

数据来源：中国印刷及设备器材工业协会印刷机械分会。

2012年我国进口印刷机械（分类）海关统计表

表1 计算机直接制版设备

共进口492台，总金额为37971024美元								
来源地	数量（台）	金额（美元）	来源地	数量（台）	金额（美元）	来源地	数量（台）	金额（美元）
以色列	1	28362	比利时	39	4274689	荷兰	1	814010
日本	88	4214506	丹麦	6	42549	瑞士	3	548642
韩国	11	569923	英国	64	2834653	斯洛伐克	44	433428
中国	31	1721052	德国	167	18723801	墨西哥	17	2954880
加拿大	15	532893	美国	5	277636			
进口企业性质	国有	中外合作	中外合资	外商独资	集体	私营	个体工商户	其他
进口数量（台）	95		5	255	13	124		
进口金额（美元）	8587307		530545	14334797	1399202	13119173		

表2 单张纸单色胶印机

共进口17台，总金额为745856美元								
来源地	数量（台）	金额（美元）	来源地	数量（台）	金额（美元）	来源地	数量（台）	金额（美元）
日本	13	664009	台澎金马单独关税区	1	3610	意大利	2	70612
美国	1	7625						
进口企业性质	国有	中外合作	中外合资	外商独资	集体	私营	个体工商户	其他
进口数量（台）				3		14		
进口金额（美元）				138861		606995		

表3 单张纸双色胶印机

共进口13台，总金额为5833991美元								
来源地	数量（台）	金额（美元）	来源地	数量（台）	金额（美元）	来源地	数量（台）	金额（美元）
日本	2	1216727	德国	11	4617264			
进口企业性质	国有	中外合作	中外合资	外商独资	集体	私营	个体工商户	其他
进口数量（台）	2		1	1		9		
进口金额（美元）	1441256		575000	640728		3177007		

表4 单张纸四色胶印机

共进口620台，总金额为350597430美元								
来源地	数量（台）	金额（美元）	来源地	数量（台）	金额（美元）	来源地	数量（台）	金额（美元）
日本	228	153273629	德国	382	191805764	捷克	8	4562567
中国	2	955470						
进口企业性质	国有	中外合作	中外合资	外商独资	集体	私营	个体工商户	其他
进口数量（台）	173		1	206	6	234		
进口金额（美元）	131435868		1070000	54860927	2835052	160395583		

表 5　其他单张纸胶印机

共进口 376 台，总金额为 469049050 美元								
来源地	数量（台）	金额（美元）	来源地	数量（台）	金额（美元）	来源地	数量（台）	金额（美元）
日本	56	58958475	德国	316	408050362	捷克	3	2014813
韩国	1	25400						
进口企业性质	国有	中外合作	中外合资	外商独资	集体	私营	个体工商户	其他
进口数量（台）	102	1	17	66	12	178		
进口金额（美元）	142598606	1830000	34025644	76033642	9918243	204642915		

表 6　未列名胶印机

共进口 115 台，总金额为 99750348 美元								
来源地	数量（台）	金额（美元）	来源地	数量（台）	金额（美元）	来源地	数量（台）	金额（美元）
中国	1	62	台澎金马单独关税区	11	643030	德国	22	20396608
日本	30	29742924	马来西亚	2	86108	波兰	1	627975
韩国	22	7193171	英国	10	14903506	美国	15	26042060
荷兰	1	114904						
进口企业性质	国有	中外合作	中外合资	外商独资	集体	私营	个体工商户	其他
进口数量（台）	20		21	49		25		
进口金额（美元）	27151190		23665973	34816615		14116570		

表 7　卷筒纸胶印机

共进口 37 台，总金额为 82842427 美元								
来源地	数量（台）	金额（美元）	来源地	数量（台）	金额（美元）	来源地	数量（台）	金额（美元）
台澎金马关税区	2	38292	英国	2	1548706	德国	10	37743554
印度	3	387088	法国	6	23023728	荷兰	1	130060
日本	8	10846194	瑞典	1	9046974	美国	4	77831
进口企业性质	国有	中外合作	中外合资	外商独资	集体	私营	个体工商户	其他
进口数量（台）	6		2	10	1	18		
进口金额（美元）	16507028		6267617	2706671	9046974	48313537		

表 8　卷筒纸凸版印刷机

共进口 84 台，总金额为 6671206 美元								
来源地	数量（台）	金额（美元）	来源地	数量（台）	金额（美元）	来源地	数量（台）	金额（美元）
日本	22	3613237	中国香港	1	13520	台澎金马单独关税区	48	2700016
韩国	3	37843	荷兰	1	1249	美国	5	200646
中国	1	251	德国	1	84483	比利时	1	62
葡萄牙	1	19899						
进口企业性质	国有	中外合作	中外合资	外商独资	集体	私营	个体工商户	其他
进口数量（台）	13	1	5	26	1	38		
进口金额（美元）	159160	7079	44669	3560669	84483	2815146		

表 9　其他凸版印刷机

共进口 76 台，总金额为 14773071 美元

来源地	数量（台）	金额（美元）	来源地	数量（台）	金额（美元）	来源地	数量（台）	金额（美元）
日本	27	3786303	台澎金马单独关税区	25	1977954	印度尼西亚	1	5136
韩国	3	62702	葡萄牙	1	13219	美国	13	8711130
丹麦	1	28226	英国	2	28450	意大利	2	18652
荷兰	1	141299						

进口企业性质	国有	中外合作	中外合资	外商独资	集体	私营	个体工商户	其他
进口数量（台）	3	1	10	51		11		
进口金额（美元）	3466761	14700	4083223	5482796		1725591		

表 10　柔性版印刷机

共进口 49 台，总金额为 36884573 美元

来源地	数量（台）	金额（美元）	来源地	数量（台）	金额（美元）	来源地	数量（台）	金额（美元）
中国香港	2	27726	中国	2	1926200	丹麦	4	5425751
日本	1	220254	英国	1	1614101	德国	4	4911965
法国	1	242563	意大利	11	9924980	瑞士	2	2688349
新加坡	1	43500	西班牙	1	1994972	美国	7	4646273
台澎金马单独关税区	12	3217939						

进口企业性质	国有	中外合作	中外合资	外商独资	集体	私营	个体工商户	其他
进口数量（台）	7	1	2	21		18		
进口金额（美元）	5481757	1431125	8852334	13182982		7936375		

表 11　凹版印刷机

共进口 81 台，总金额为 140360536 美元

来源地	数量（台）	金额（美元）	来源地	数量（台）	金额（美元）	来源地	数量（台）	金额（美元）
比利时	1	257150	中国	3	6827	德国	2	1347685
日本	13	5227424	马来西亚	7	65479	法国	1	3707704
新加坡	1	18448	台澎金马单独关税区	7	1220921	意大利亚	15	40295208
韩国	19	15367965	瑞士	7	71790231	美国	3	74676
英国	2	980818						

进口企业性质	国有	中外合作	中外合资	外商独资	集体	私营	个体工商户	其他
进口数量（台）	11		29	35	1	5		
进口金额（美元）	73595317		38818356	14214462	3110977	10621424		

表 12　圆网印刷机

共进口 43 台，总金额为 21616162 美元								
来源地	数量（台）	金额（美元）	来源地	数量（台）	金额（美元）	来源地	数量（台）	金额（美元）
印度	1	360648	日本	32	18968020	台澎金马单独关税区	5	93106
意大利亚	1	84956	奥地利	4	2109432			
进口企业性质	国有	中外合作	中外合资	外商独资	集体	私营	个体工商户	其他
进口数量（台）	9		6	12	2	14		
进口金额（美元）	4782017		3310648	4307973	1170000	8045524		

表 13　平网印刷机

共进口 2427 台，总金额为 110517537 美元								
来源地	数量（台）	金额（美元）	来源地	数量（台）	金额（美元）	来源地	数量（台）	金额（美元）
中国香港	1	23665	泰国	15	1386555	德国	9	1794878
日本	166	29175914	中国	47	3441380	意大利	17	2627085
马来西亚	1	3237	台澎金马单独关税区	2050	56529474	葡萄牙	1	143274
新加坡	1	66500	比利时	5	26876	西班牙	5	720103
韩国	80	4804672	英国	3	357037	奥地利	7	1336521
波兰	4	325193	瑞士	3	498390	加拿大	5	5940000
美国	5	998420	澳大利亚	2	318363			
进口企业性质	国有	中外合作	中外合资	外商独资	集体	私营	个体工商户	其他
进口数量（台）	14	2	559	1655	3	194		
进口金额（美元）	1933600	542000	2085315	63497307	1523318	22168155		

表 14　可与数字处理设备及网络连接的数字式喷墨印刷机

共进口 189646 台，总金额为 237793542 美元								
来源地	数量（台）	金额（美元）	来源地	数量（台）	金额（美元）	来源地	数量（台）	金额（美元）
中国香港	16	29658	泰国	59452	8811295	法国	4262	18669424
印度	1	6303	土耳其	1	6210	意大利	34	8863546
印度尼西亚	67129	17234120	中国	11298	31544543	荷兰	7	709895
以色列	41	13257589	台澎金马单独关税区	221	3255459	西班牙	11	3376570
日本	9994	63543811	比利时	2	163719	奥地利	7	3137077
马来西亚	32940	15375841	丹麦	25	80724	冰岛	1	1786
新加坡	29	1812304	英国	968	6986911	波兰	560	914006
韩国	164	6313857	德国	603	4658851	瑞典	57	2483965
瑞士	17	1023627	巴西	1	2665	国（地）别不详	1	18140
俄罗斯联邦	5	18455	加拿大	41	3406360	美国	1757	22085773
捷克	1	1058						
进口企业性质	国有	中外合作	中外合资	外商独资	集体	私营	个体工商户	其他
进口数量（台）	1176		139	179633	8	8689		1
进口金额（美元）	27436916		3664411	151145040	2136656	53410016		503

表 15　可与数字处理设备及网络连接的数字式激光印刷机

共进口 2228 台，总金额为 75478353 美元								
来源地	数量（台）	金额（美元）	来源地	数量（台）	金额（美元）	来源地	数量（台）	金额（美元）
以色列	107	25685814	韩国	12	224636	英国	1	12925
日本	316	19406833	土耳其	1	25000	德国	66	1677667
马来西亚	425	3328864	中国	667	6608146	爱尔兰	1	163710
新加坡	3	981111	比利时	1	311331	意大利	1	5198
荷兰	259	7918948	加拿大	7	438582	美国	361	8689588
进口企业性质	国有	中外合作	中外合资	外商独资	集体	私营	个体工商户	其他
进口数量（台）	134		83	1609	8	394		
进口金额（美元）	19903258		505222	45540213	378772	9150888		

表 16　可与数字处理设备及网络连接的其他数字式印刷机

共进口 2766 台，总金额为 13528040 美元								
来源地	数量（台）	金额（美元）	来源地	数量（台）	金额（美元）	来源地	数量（台）	金额（美元）
中国香港	3	17959	韩国	12	387779	法国	30	351306
印度	2	2860	泰国	2	6960	意大利	6	38073
以色列	27	2378078	中国	286	39597	荷兰	1	2385
日本	365	2710004	台澎金马单独关税区	1	10000	奥地利	2	952988
马来西亚	340	6509	英国	209	1867938	芬兰	1	5028
新加坡	8	19840	德国	624	687370	捷克	766	3521098
加拿大	4	1614	美国	77	520654			
进口企业性质	国有	中外合作	中外合资	外商独资	集体	私营	个体工商户	其他
进口数量（台）	38	1	8	2331		388		
进口金额（美元）	1289485	13117	325393	8871549		3028496		

表 17　其他数字式喷墨印刷机

共进口 558 台，总金额为 7045250 美元								
来源地	数量（台）	金额（美元）	来源地	数量（台）	金额（美元）	来源地	数量（台）	金额（美元）
日本	65	1827498	台澎金马单独关税区	8	192860	荷兰	3	247188
新加坡	1	3000	英国	28	239583	奥地利	3	314850
韩国	99	1430847	德国	46	818669	瑞典	3	35006
泰国	2	7534	法国	4	119480	俄罗斯联邦	50	146682
中国	27	524841	意大利	38	321104	哥伦比亚	14	27440
美国	167	788677						
进口企业性质	国有	中外合作	中外合资	外商独资	集体	私营	个体工商户	其他
进口数量（台）	27	1	115	200	10	205		
进口金额（美元）	588898	76786	1126263	3734449	55734	1463120		

表 18 其他数字式激光印刷机

共进口 5 台，总金额为 681431 美元								
来源地	数量（台）	金额（美元）	来源地	数量（台）	金额（美元）	来源地	数量（台）	金额（美元）
日本	4	605850	德国	1	75581			
进口企业性质	国有	中外合作	中外合资	外商独资	集体	私营	个体工商户	其他
进口数量（台）				5				
进口金额（美元）				681431				

表 19 其他数字式印刷设备

共进口 3241 台，总金额为 3044255 美元								
来源地	数量（台）	金额（美元）	来源地	数量（台）	金额（美元）	来源地	数量（台）	金额（美元）
中国香港	3	36329	中国	2695	116815	法国	5	256861
日本	164	2028199	台澎金马单独关税区	28	98853	意大利	2	3396
新加坡	1	1015	比利时	102	2338	西班牙	35	103869
韩国	153	29685	英国	6	188089	美国	21	102410
土耳其	5	14230	德国	3	24708	澳大利亚	18	37458
进口企业性质	国有	中外合作	中外合资	外商独资	集体	私营	个体工商户	其他
进口数量（台）	5		20	3090	1	125		
进口金额（美元）	22882		181122	2202674	2123	635454		

表 20 锁线装订机

共进口 78 台，总金额为 8515473 美元								
来源地	数量（台）	金额（美元）	来源地	数量（台）	金额（美元）	来源地	数量（台）	金额（美元）
中国	1	54105	法国	4	149904	美国	1	9664
台澎金马关税区	12	411719	意大利	37	4434164	澳大利亚	2	332
德国	15	2798426	瑞士	6	657159			
进口企业性质	国有	中外合作	中外合资	外商独资	集体	私营	个体工商户	其他
进口数量（台）	30	1	1	7	2	37		
进口金额（美元）	3680403	191089	132190	742864	302299	3466628		

表 21 切纸机

共进口 5015 台，总金额为 134406109 美元								
来源地	数量（台）	金额（美元）	来源地	数量（台）	金额（美元）	来源地	数量（台）	金额（美元）
日本	239	3174994	奥地利	3	48752	芬兰	3	693526
菲律宾	6	382000	比利时	1	7919	捷克	21	4530
韩国	48	1177184	丹麦	1	4000	瑞典	11	119976
越南	4	43129	英国	17	1021029	瑞士	16	2040956
中国	3400	73566	德国	303	45784194	罗马尼亚	1	23969
台澎金马单独关税区	407	16095239	法国	9	1446912	拉脱维亚	225	28373
美国	169	6580257	意大利	97	22991092	加拿大	4	457789
澳大利亚	5	1349000	西班牙	25	30857723			

（续）

共进口 5015 台，总金额为 134406109 美元								
来源地	数量（台）	金额（美元）	来源地	数量（台）	金额（美元）	来源地	数量（台）	金额（美元）
进口企业性质	国有	中外合作	中外合资	外商独资	集体	私营	个体工商户	其他
进口数量（台）	3695	13	62	816	9	420		
进口金额（美元）	9983379	8610527	28865161	61215654	2024426	23706962		

表 22　胶订机

共进口 197 台，总金额为 21204904 美元								
来源地	数量（台）	金额（美元）	来源地	数量（台）	金额（美元）	来源地	数量（台）	金额（美元）
日本	75	2566179	中国	30	41571	德国	17	9825978
韩国	13	75321	台澎金马单独关税区	1	275	意大利	1	56696
越南	1	1100	比利时	4	106077	瑞士	46	7982593
美国	9	549114						
进口企业性质	国有	中外合作	中外合资	外商独资	集体	私营	个体工商户	其他
进口数量（台）	75			59	1	62		
进口金额（美元）	9205793			2993362	200000	8805749		

表 23　其他书本装订机器

共进口 1067 台，总金额为 30574249 美元								
来源地	数量（台）	金额（美元）	来源地	数量（台）	金额（美元）	来源地	数量（台）	金额（美元）
日本	366	3464570	英国	16	277743	葡萄牙	119	4427723
韩国	27	57680	德国	115	13239780	瑞典	2	80112
中国	3	2283	法国	14	393113	瑞士	89	7126573
台澎金马单独关税区	32	740056	意大利	23	153127	拉托维亚	184	31871
比利时	7	186323	荷兰	20	207790	捷克	12	13632
加拿大	1	360	美国	37	171513			
进口企业性质	国有	中外合作	中外合资	外商独资	集体	私营	个体工商户	其他
进口数量（台）	106	1	16	550	3	391		
进口金额（美元）	7214230	73600	4332070	10716717	444549	7793083		

表 24　其他制版机器、器具及设备

共进口 192 台，总金额为 4176127 美元								
来源地	数量（台）	金额（美元）	来源地	数量（台）	金额（美元）	来源地	数量（台）	金额（美元）
日本	26	1394846	丹麦	1	74178	荷兰	1	7394
马来西亚	11	51468	英国	1	18397	奥地利	3	135341
韩国	8	43883	德国	33	933706	斯洛伐克	1	6274
中国	2	26000	意大利	5	328829	美国	77	163184
台澎金马单独关税区	21	199613	卢森堡	1	35033	瑞典	1	757981
进口企业性质	国有	中外合作	中外合资	外商独资	集体	私营	个体工商户	其他
进口数量（台）	12	1	15	111		53		
进口金额（美元）	111906	17981	1249465	2079500		717275		

2012 年我国进口印刷器材（分类）海关统计表

表 1　CTP 版材（任一边 >255mm）

共进口 718510 平方米，总金额为 8076307 美元								
来源地	数量（m^2）	金额（美元）	来源地	数量（m^2）	金额（美元）	来源地	数量（m^2）	金额（美元）
中国香港	24898	189576	中国	99270	926949	荷兰	320	3603
印度	10	245	台澎金马单独关税区	14769	86339	西班牙	32	826
日本	110149	1339886	比利时	682	7854	巴西	80	580
新加坡	392	8441	英国	1566	13538	美国	71931	2563727
韩国	663	2738	德国	358565	2430424	澳大利亚	30	225
越南	38	74	法国	35115	501282			
进口企业性质	国有	中外合作	中外合资	外商独资	集体	私营	个体工商户	其他
进口数量（m^2）	311718	7396	65077	307748	12	26559		
进口金额（美元）	2010366	76140	2341252	3248121	127	400301		

表 2　PS 版材（任一边 >255mm）

共进口 1025434 平方米，总金额为 10399578 美元								
来源地	数量（m^2）	金额（美元）	来源地	数量（m^2）	金额（美元）	来源地	数量（m^2）	金额（美元）
日本	153853	1700547	台澎金马单独关税区	842843	6541739	荷兰	82	781
新加坡	1571	7357	德国	23085	2032097	瑞士	1205	34792
中国	2645	19742	意大利	35	361	美国	115	62162
进口企业性质	国有	中外合作	中外合资	外商独资	集体	私营	个体工商户	其他
进口数量（m^2）	24875		368	100110		900081		
进口金额（美元）	2147339		3468	938114		7310657		

表 3　柔性印刷版财（任何一边 >255mm）

共进口 810889 平方米，总金额为 14799070 美元								
来源地	数量（m^2）	金额（美元）	来源地	数量（m^2）	金额（美元）	来源地	数量（m^2）	金额（美元）
日本	190299	2619794	德国	99972	2805022	加拿大	152	5693
台澎金马单独关税区	42544	371543	美国	477922	8997018			
进口企业性质	国有	中外合作	中外合资	外商独资	集体	私营	个体工商户	其他
进口数量（m^2）	8309		14347	199824		588409		
进口金额（美元）	125475		300093	3628102		10745400		

表 4　其他照相制版用硬片及软片（任一边 >255mm）

共进口 1703262 平方米，总金额为 70056802 美元								
来源地	数量（m^2）	金额（美元）	来源地	数量（m^2）	金额（美元）	来源地	数量（m^2）	金额（美元）
以色列	8809	4462971	中国	3234	507119	德国	445686	13386052
日本	477811	30903059	台澎金马单独关税区	17219	2623149	瑞士	39389	1209963
马来西亚	11090	205900	比利时	5365	153258	美国	692257	14622544
韩国	2380	1982582	英国	22	205			
进口企业性质	国有	中外合作	中外合资	外商独资	集体	私营	个体工商户	其他
进口数量（m^2）	254868		186957	563445		697992		
进口金额（美元）	11155251		15818862	21835322		21247367		

表 5　激光照排片（任一边 >255mm）

共进口 910729 平方米，总金额为 18352484 美元								
来源地	数量（m^2）	金额（美元）	来源地	数量（m^2）	金额（美元）	来源地	数量（m^2）	金额（美元）
日本	624130	13951155	比利时	121509	2660034	瑞士	126623	789202
韩国	3764	168602	德国	240	7805	立陶宛	4	1505
台澎金马单独关税区	54	1518	法国	23	1019	美国	34382	771644
进口企业性质	国有	中外合作	中外合资	外商独资	集体	私营	个体工商户	其他
进口数量（m^2）	397		249984	455140		205208		
进口金额（美元）	11503		3063105	10289601		4988275		

表 6　黑色印刷油墨

共进口 2579706 千克，总金额为 50609959 美元								
来源地	数量（千克）	金额（美元）	来源地	数量（千克）	金额（美元）	来源地	数量（千克）	金额（美元）
中国香港	13953	259005	台澎金马单独关税区	169739	3980779	奥地利	62	3717
印度	143704	398559	南非	5034	66712	匈牙利	4	1829
印度尼西亚	2844	32639	比利时	4438	113540	瑞典	4445	60975
以色列	4733	138513	丹麦	4	67	瑞士	14432	424819
日本	899346	18996917	英国	68267	2600463	巴西	13	769
马来西亚	24497	770665	德国	192492	4328924	墨西哥	323	5176
菲律宾	5266	193695	法国	82882	3516171	波多黎各	2036	50034
新加坡	88297	3421541	意大利	62547	983733	加拿大	3	19
韩国	282560	2322248	荷兰	8290	337836	美国	392150	6622345
泰国	6653	598775	葡萄牙	5	720	澳大利亚	2736	16995
中国	51797	196967	西班牙	3954	111970	新西兰	42200	52842
进口企业性质	国有	中外合作	中外合资	外商独资	集体	私营	个体工商户	其他
进口数量（kg）	159719	16851	544004	1522891	11071	324870		300
进口金额（美元）	3759711	224141	4931154	33562555	291081	7837687		3630

表 7　其他印刷油墨

共进口 21652603 千克，总金额为 319793778 美元

来源地	数量（千克）	金额（美元）	来源地	数量（千克）	金额（美元）	来源地	数量（千克）	金额（美元）
中国香港	629603	3490181	比利时	55176	1093098	挪威	1020	15268
印度	708964	2229860	丹麦	202	7316	波兰	722	14437
印度尼西亚	5800	25688	英国	566988	10759483	瑞典	150923	1975595
以色列	39959	1244895	德国	1983975	19759268	瑞士	261241	6295358
日本	4651136	123796951	法国	71622	2628121	俄罗斯联邦	77	4200
马来西亚	203087	2599306	爱尔兰	79	10461	捷克	108	36548
菲律宾	21768	598319	意大利	111253	1554348	斯洛伐克	20	392
沙特阿拉伯	2	403	卢森堡	10	152	巴西	583	26079
新加坡	280192	9016530	荷兰	19737	663336	墨西哥	806	7358
韩国	3044675	41637227	葡萄牙	30	1297	秘鲁	58	1459
泰国	85457	878555	西班牙	65370	1354557	波多黎各	4100	119943
土耳其	15942	73127	奥地利	140	20755	加拿大	6182	139517
中国	2509106	27202507	芬兰	11	609	美国	1669523	20615116
台澎金马单独关税区	4217554	38846346	匈牙利	11	371	澳大利亚	35606	145714
南非	28185	290557	列支敦士登	9	412	新西兰	205649	612205
国（地）别不详	2	553						
进口企业性质	国有	中外合作	中外合资	外商独资	集体	私营	个体工商户	其他
进口数量（kg）	2431419	81171	3254312	12412962	196481	3267858		8400
进口金额（美元）	19803771	962330	48919416	207461815	2501772	40069264		75410

2012年全国进口印刷机械、器材数量、金额统计总表

类别	产品名称	单位	数量	金额（美元）	占分项（%）	占印刷机（%）	占印刷设备或印刷器材（%）	占进口总额（%）
	印刷设备进口金额合计			2634355748				
印前设备	铸字机	台	13	77592	0.10		0.00	0.0026
	计算机直接制版设备	台	491	37854407	48.94		1.44	1.2459
	其他制版机器、器具及设备	台	192	4176127	5.40		0.16	0.1374
	品目8442其他的机器、器具及设备	台	43	1031838	1.33		0.04	0.0340
	制版用机器、器具及设备的零件	千克	196144	11529869	14.91		0.44	0.3795
	印版、滚筒等；制成供印刷用的板、筒等	千克	1108936	22675032	29.32		0.86	0.7463
	合计		1305819	77344865	100.00		2.94	2.5456
印后设备	锁线装订机	台	78	8515473	3.51		0.32	0.2803
	胶订机	台	197	21204904	8.73		0.80	0.6979
	其他书本装订机器	台	1067	30574249	12.59		1.16	1.0063
	书本装订机器的零件	千克	51017	3466270	1.43		0.13	0.1141
	切纸机	台	5015	134406109	55.34		5.10	4.4237
	制造包、袋或信封的机器	台	64	27229314	11.21		1.03	0.8962
	切纸机零件	千克	706387	17473760	7.19		0.66	0.5751
	印后合计		762407	242870079	100.00		9.22	7.9935
印刷机	胶印机	台	1179	1008441949		57.71	38.28	33.1905
	其他常规印刷机	台	11702	401531554		22.98	15.24	13.2155
	数码印刷机	台	198400	337412962		19.31	12.81	11.1052
	合计	台	211281	1747386465		100.00	66.33	57.5111
辅机、零附件	卷筒料给料机	千克	139658	3455269	0.61		0.13	0.1137
	其他印刷用辅助机器	千克	8354215	19627924	3.46		0.75	0.6460
	用8442所列印版等印刷的机器用其零件附件	千克	1858720	59831316	10.56		2.27	1.9692
	非数字印刷用合计		10352593	82914509	14.63		3.15	2.7289
	数字印刷设备用辅助机器	千克	57742	3063550	0.54		0.12	0.1008
	数字印刷设备用热敏打印头	千克	404267	224405351	39.59		8.52	7.3858
	数字印刷设备的其他零件及附件	千克	2048529	256370929	45.23		9.73	8.4378
	数字印刷用合计		2510538	483839830	85.37		18.37	15.9245
	合计		12863131	566754339	100.00		21.51	18.6534
胶印机	卷取进料式胶印机	台	37	82842427	8.21	4.74	3.14	2.7266
	办公室用片取进料式胶印机	台	1	1022	0.00	0.00	0.00	0.0000
	平张纸进料式单色胶印机	台	17	745856	0.07	0.04	0.03	0.0245
	平张纸进料式双色胶印机	台	13	5833991	0.58	0.33	0.22	0.1920
	平张纸进料式四色胶印机	台	620	350597430	34.77	20.06	13.31	11.5391
	其他平张纸进料式胶印机	台	376	468670875	46.47	26.82	17.79	15.4252
	未列名胶印机	台	115	99750348	9.89	5.71	3.79	3.2830
	合计		1179	1008441949	100.00	57.71	38.28	33.1905

（续）

类别	产品名称	单位	数量	金额（美元）	占分项（%）	占印刷机（%）	占印刷设备或印刷器材（%）	占进口总额（%）
其他常规印刷机	卷取进料式凸版印刷机，不包括苯胺印刷机	台	85	6672106	1.66	0.38	0.25	0.2196
	非卷取进料式的凸版印刷机，不包括苯胺印刷机	台	76	14773071	3.68	0.85	0.56	0.4862
	苯胺印刷机	台	49	36884573	9.19	2.11	1.40	1.2140
	凹版印刷机	台	81	140360536	34.96	8.03	5.33	4.6196
	圆网印刷机	台	43	21616162	5.38	1.24	0.82	0.7114
	平网印刷机	台	2427	110517537	27.52	6.32	4.20	3.6374
	其他网式印刷机	台	719	29393926	7.32	1.68	1.12	0.9674
	未列名印刷机	台	8222	41313643	10.29	2.36	1.57	1.3597
	合计		11702	401531554	100.00	22.98	15.24	13.2155
数码印刷机	数字式喷墨印刷机可连接	台	189603	237636533	70.43	13.60	9.02	7.8212
	数字式静电照相印刷机（激光印刷机），可连接 *	台	2228	75478353	22.37	4.32	2.87	2.4842
	其他数字式印刷设备可连接	台	2766	13528040	4.01	0.77	0.51	0.4452
	数字式喷墨印刷机	台	557	7044350	2.09	0.40	0.27	0.2318
	数字式静电照相印刷机（激光印刷机），可连接 *	台	5	681431	0.20	0.04	0.03	0.0224
	其他数字式印刷设备	台	3241	3044255	0.90	0.17	0.12	0.1002
	合计	台	198400	337412962	100.00	19.31	12.81	11.1052
	印刷器材进口金额合计			403989405				
印刷油墨	黑色印刷油墨	千克	2580906	50614759	13.65		12.53	1.6659
	其他印刷油墨	千克	21662926	320099691	86.35		79.23	10.5353
	合计	千克	24243832	370714450	100.00		91.76	12.2012
胶印版材	PS 版	m^2	329810	10399578	56.29		2.57	0.3423
	CTP 版	m^2	832206	8076307	43.71		2.00	0.2658
	合计	m^2	1162016	18475885	100.00		4.57	0.6081
柔性版	柔性印刷版，任何一边超过 255mm	m^2	217811	14799070			3.66	0.4871
	参考项							
软片	其他照相制版用硬片及软片，任一边 >255mm	m^2	1426348	70056802	13.85			
	未列名硬片及软片，任一边 >255mm	m^2	5383031	37900432	7.49			
	其他照相制版单色无孔卷片宽 >610mm 长 >200m	m^2	35696653	144834338	28.63			
	未曝光红色或红外激光胶片宽 >610mm，长 >200m	m^2	28837254	253081318	50.03			
	合计	m^2	71343286	505872890	100.00			
	非数字印刷体系			1492888012				
	数字印刷体系			821252792				

＊可连接：指可与数据处理装置或网络连接

2012年印刷设备、器材出口商品数量、金额汇总表

类别	产品名称	单位	数量	金额（美元）	占分项（%）	占印刷机（%）	占印刷设备或印刷器材（%）	占出口总额（%）
	印刷设备出口金额合计	1547769122						
印前设备	铸字机	台	2667	555738	0.39		0.04	0.0259
	计算机直接制版设备	台	1777	81733814	58.03		5.28	3.8042
	其他制版机器、器具及设备	台	2013	6887991	4.89		0.45	0.3206
	品目8442其他的机器、器具及设备	台	2610	1737837	1.23		0.11	0.0809
	制版用机器、器具及设备的零件	千克	117690	4789711	3.40		0.31	0.2229
	印版、滚筒等；制成供印刷用的板、筒等	千克	4571884	45141110	32.05		2.92	2.1010
	合计		4698641	140846201	100.00		9.10	6.5555
印后设备	锁线装订机	台	2798	1289391	0.64		0.08	0.0600
	胶订机	台	4890	5006245	2.47		0.32	0.2330
	其他书本装订机器	台	193271	16710735	8.24		1.08	0.7778
	书本装订机器的零件	千克	142123	1275867	0.63		0.08	0.0594
	切纸机	台	3310891	132404673	65.25		8.55	6.1626
	制造包、袋或信封的机器	台	2002	32852100	16.19		2.12	1.5291
	切纸机零件	千克	1843437	13361702	6.59		0.86	0.6219
	合计		5499412	202900713	100.00		13.11	9.4438
印刷机	胶印机合计	台	3241	77388760		7.99	5.00	3.6020
	其他常规印刷机	台	92906	233859317		24.14	15.11	10.8847
	数码印刷机合计	台	247191	657427787		67.87	42.48	30.5992
	合计	台	343338	968675864		100.00	62.59	45.0859
辅机、零附件	卷筒料给料机	千克	176116	582933	0.25		0.04	0.0271
	其他印刷用辅助机器	千克	2699174	24907707	10.58		1.61	1.1593
	用8442所列印版等印刷的机器用其它零件附件	千克	4158595	26155519	11.11		1.69	1.2174
	非数字印刷用合计		7033885	51646159	21.94		3.34	2.4038
	数字印刷设备用辅助机器	千克	198216	2017567	0.86		0.13	0.0939
	数字印刷设备用热敏打印头	千克	230699	102161774	43.41		6.60	4.7550
	数字印刷设备的其他零件及附件	千克	2403218	79520844	33.79		5.14	3.7012
	数字印刷用合计		2832133	183700185	78.06		11.87	8.5501
	合计		9866018	235346344	100.00		15.21	10.9539
胶印机	卷取进料式胶印机	台	218	26291657	33.97	2.71	1.70	1.2237
	办公室用片取进料式胶印机	台	1014	29709	0.04	0.00	0.00	0.0014
	平张纸进料式单色胶印机	台	325	2986527	3.86	0.31	0.19	0.1390
	平张纸进料式双色胶印机	台	84	1123201	1.45	0.12	0.07	0.0523
	平张纸进料式四色胶印机	台	46	10087943	13.04	1.04	0.65	0.4695
	其他平张纸进料式胶印机	台	203	28436392	36.74	2.94	1.84	1.3235
	未列名胶印机	台	1351	8433331	10.90	0.87	0.54	0.3925
	胶印机合计	台	3241	77388760	100.00	7.99	5.00	3.6020

（续）

类别	产品名称	单位	数量	金额（美元）	占分项（%）	占印刷机（%）	占印刷设备或印刷器材（%）	占出口总额（%）
其他常规印刷机	卷取进料式凸版印刷机，不包括苯胺印刷机	台	1127	17692058	7.58	1.83	1.14	0.8235
	非卷取进料式的凸版印刷机，不包括苯胺印刷机	台	240	11911855	5.09	1.23	0.77	0.5544
	苯胺印刷机	台	609	23852041	10.23	2.47	1.54	1.1102
	凹版印刷机	台	1825	48212556	20.61	4.98	3.11	2.2440
	圆网印刷机	台	602	5801029	2.48	0.60	0.37	0.2700
	平网印刷机	台	8113	32941107	14.08	3.40	2.13	1.5332
	其他网式印刷机	台	1106	9924634	4.21	1.02	0.64	0.4619
	未列名印刷机	台	79284	83524037	35.71	8.62	5.40	3.8875
	合计		92906	233859317	100.00	24.14	15.11	10.8847
数码印刷机	数字式喷墨印刷机，可连接	台	229791	622915488	94.75	64.31	40.25	28.9929
	数字式静电照相印刷机（激光印刷机），可连接 *	台	1883	11403535	1.73	1.18	0.74	0.5308
	其他数字式印刷设备，可连接	台	2251	3265461	0.50	0.34	0.21	0.1520
	数字式喷墨印刷机	台	3811	10186835	1.55	1.05	0.66	0.4741
	数字式静电照相印刷机（激光印刷机）	台	5	46764	0.01	0.00	0.00	0.0022
	其他数字式印刷设备	台	9450	9609704	1.46	0.99	0.62	0.4473
	数码印刷机合计	台	247191	657427787	100.00	67.87	42.48	30.5992
	印刷器材出口金额总计		600744742					
印刷油墨	黑色印刷油墨	千克	3204221	15591386	14.02		2.60	0.7257
	其他印刷油墨	千克	21537973	95599385	85.98		15.91	4.4496
	合计	千克	24742194	111190771	100.00		18.51	5.1752
胶印版材	PS 版	m^2	69927430	201730328	41.33		33.58	9.3893
	CTP 版	m^2	63273850	286228622	58.67		47.65	13.3222
	合计		86270431	487958950	100.00		81.23	22.7115
柔性版	柔性印刷版，任何一边超过 255mm	m^2	36966	1595021			0.27	0.0742
	参考项							
软片	其他照相制版用硬片及软片，任一边 >255mm	m^2	2601230	19204283	49.75			
	未列名硬片及软片，任一边 >255mm	m^2	2308998	18875831	48.90			
	其他照相制版单色无孔卷片，宽 >610mm，长 >200m	m^2	1153	15504	0.04			
	未曝光红色或红外激光胶片，宽 >610mm，长 >200m	m^2	96087	509095	1.32			
	合计		5007468	38604713	100.00			
	非数字印刷体系			362894236				
	数字印刷体系			841127972				

注：① * 可连接：指可与数据处理装置或网络连接。

② 数据来源：中国印刷及设备器材工业协会。